Abenteuer Schule

Rüdiger Gilsdorf,
Kathi Volkert (Hrsg.)

ziel

Gelbe Reihe : Praktische Erlebnispädagogik

Wichtiger Hinweis des Verlages: Der Verlag hat sich bemüht, die Copyright-Inhaber aller verwendeten Zitate, Texte, Bilder, Abbildungen und Illustrationen zu ermitteln. Leider gelang dies nicht in allen Fällen. Sollten wir jemanden übergangen haben, so bitten wir die Copyright-Inhaber, sich mit uns in Verbindung zu setzen.

Inhalt und Form des vorliegenden Bandes liegen in der Verantwortung der Herausgeber bzw. der Autoren.

Bibliografische Information der Deutschen Nationalbibliothek
Die Deutsche Nationalbibliothek verzeichnet diese Publikation in der Deutschen Nationalbibliografie; detaillierte bibliografische Daten sind im Internet über *http://dnb.d-nb.de* abrufbar.

Printed in Germany

ISBN 978-3-937 210-11-7

Verlag	ZIEL – Zentrum für interdisziplinäres erfahrungsorientiertes Lernen GmbH Zeuggasse 7–9, 86150 Augsburg, www.ziel-verlag.de 2. überarbeitete Auflage 2004, Nachdruck 2010
Grafik und Layoutgestaltung	***alex media*** Zeuggasse 7, 86150 Augsburg
Fotos und Abbildungen	von den jeweiligen Autorinnen und Autoren der Artikel
Zeichnungen	Kathi Volkert – Titelbild, „Wandertag ins Abenteuerland“, „Auf den Spuren der Booser Geschichte“, „Ein Jahr Argo“, Logos zu den Artikeln Lisa Jacobi – „Die gemeinsame Vertreibung des Drachen von Dhan“ und zugehöriges Drachenlogo Margit Mickley – „Die Eroberung der Burg Manda“ Wilhelm Grünberg – „Die 9-Freunde-Aufgaben“ Ulrike Roth – „Der kleine Hobbit“ Julia Willms – Bild S. 3 Katharina Becker und Günter Kistner – NEPAL-Logo Matthias Hünemann – Karte des Nesilas-Tals (S. 275) Außerdem finden sich Originalzeichnungen von Schülerinnen und Schülern der jeweiligen Projekte in folgenden Berichten: „Phantastische Abenteuer“ und „Der kleine Hobbit“
Druck und buchbinderische Verarbeitung	Kessler Druck + Medien Michael-Schäffer-Straße 1 86399 Bobingen

Gedruckt auf Recystar matt (100 % Altpapier, „Blauer Engel“)

Julia Willms
KRRR!

Teil 1: Kontext & Konzept

Teil 2: Kurzzeitprojekte

Teil 3: Klassenfahrten

Teil 4: Langzeitprojekte

Teil 5: Perspektiven

Dieses Buch widmen wir den Menschen, die uns Lehrer waren, die uns ein Stück unseres Lebensweges als Förderer und auch Kritiker wohlwollend begleitet haben, die unser Denken mit Phantasie beflügelt haben, die uns ermutigt haben, *selbst* zu denken und eigene Entscheidungen zu treffen.

Einleitung

Manche Bücher haben schon eine lange Geschichte hinter sich, wenn sie vom ersten Leser aufgeschlagen werden. So ist es auch mit diesem Buch. Bereits 1994 entstanden im Anschluss an die Fortbildungsreihe „Abenteuer, Risiko, Kreativität" erste skizzenhafte Projektberichte, die den VerfasserInnen zum gegenseitigen Informationsaustausch dienten. Einige der für dieses Buch ausgewählten Berichte wurden – meist in kürzerer Form und z.T. auch unter anderem Titel – bereits in pädagogischen Fachzeitschriften veröffentlicht. Es sind dies die Artikel „Auf den Spuren der Booser Geschichte", „Soziales Lernen an Gymnasien?" und „Natur- und Erlebnis-AG", die in e&I – Zeitschrift für handlungsorientierte Pädagogik,Heft 6/95, sowie die Artikel „Kanuexpedition auf Nahe und Glan" und „Klettern am Schulzentrum Herxheim", die in umwelterziehung praktisch, Heft 34 „Sport und Umwelt",1995 erschienen sind.

Unter der Vielzahl erlebnispädagogischer Erfahrungsberichte waren und sind solche aus dem schulischen Bereich doch bislang eher selten. So entwickelte sich mit zunehmenden erlebnispädagogischen Praxiserfahrungen in der Schule die Idee eines Projektbuches. Ein Autorenteam fand sich zusammen und traf sich über fast drei Jahre hinweg immer wieder mit dem Ziel, eine praxisrelevante Veröffentlichung zu erstellen, die sowohl für erlebnispädagogische „Insider" interessant ist, vor allem aber auch PädagogInnen, die bislang wenig oder noch gar nicht mit Erlebnispädagogik vertraut sind, einen Einblick in Theorie und Praxis dieses Ansatzes bietet.

Mit dem breiten Spektrum an Erfahrungsberichten, die in diesem Buch zu finden sind, denken wir diesem Anspruch gerecht zu werden. In ihrem zeitlichen Umfang variieren die Projekte von der Spielaktion an einem Wandertag über mehrtägige Klassenfahrten bis hin zum einjährigen Unterrichtsprojekt. Es finden sich hier also sowohl Anregungen für überschaubare Arbeitseinheiten als auch Perspektiven für eine konzeptuelle Integration der Erlebnispädagogik in den Schulalltag. Vor allem aber sind Projekte aus fast allen Schularten dokumentiert. Das macht deutlich, dass der Ansatz der Erlebnispädagogik vielfältig im schulischen Bereich zum Tragen kommen kann. Ein Schwerpunkt liegt dabei in den weiterführenden Schulen: Haupt- und Realschule, Regionale Schule, Gesamtschule und Gymnasium. Kindern und Jugendlichen dieser Altersgruppe hat die Erlebnispädagogik einiges bei der Bewältigung ihrer natürlichen Entwicklungsaufgaben zu bieten. Einige Berichte aus Grund- und Sonderschulen zeigen aber auch, dass Erlebnispädagogik mit etwas Kreativität auch für jüngere SchülerInnen sinnvoll verwirklicht werden kann.

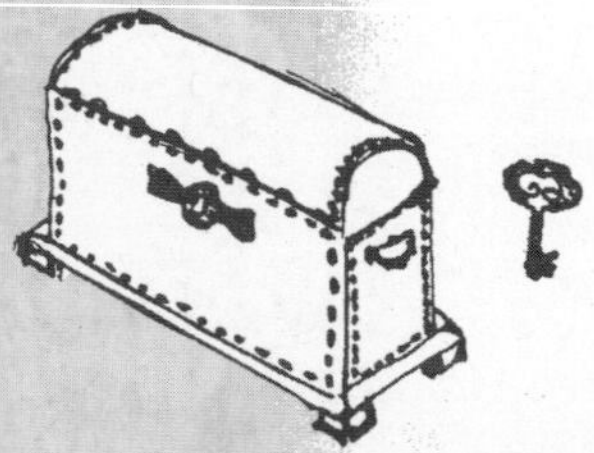

22 AutorInnen haben dieses Projektbuch gestaltet. Das bedeutet, dass sie unterschiedliche Erfahrungen gemacht haben und dass sie auch in ihrem Stil, diese mitzuteilen, variieren. Wir haben uns bemüht, dieser individuellen Vielfalt Raum zu geben und gleichzeitig einen Rahmen mit verbindlichen Kriterien für alle Berichte abzustecken.
Im Sprach- und Schreibstil der Dokumentationen erschien uns allen keine sprachliche Form der Differenzierung zwischen und Berücksichtigung von weiblichen und männlichen Menschen befriedigend, so dass wir die verschiedensten Varianten zuliessen. Auch in den Texten, in denen nur die männliche Sprachform gewählt wurde, sind immer beide Geschlechter gemeint.
Was die Rechtschreibung angeht, so konnten uns die neuen Regeln noch nicht völlig überzeugen. Aber auch der alten Rechtschreibung haben wir nicht durchgängig die Treue gehalten, so dass beide Formen zur Geltung kommen.

Wir hoffen, dass unsere LeserInnen – dem Titel entsprechend – ein spannendes und praxisrelevantes Buch vorfinden und zu neuen Abenteuern in der Schule angeregt werden. An dieser Stelle aussprechen wollen wir jedoch auch eine
Warnung!
Dies ist kein Rezeptbuch. Wir freuen uns, wenn die Berichte dieses Buches zur Konzeption und Durchführung neuer erlebnispädagogischer Projekte in der Schule oder auch in anderen Bereichen beitragen. Deshalb haben wir uns bemüht, sie so anschaulich zu gestalten, dass sie nachvollziehbar sind und konkrete Anregungen für die eigene Praxis liefern. Wer jedoch ein Projekt „kopiert", ohne dabei die unterschiedlichen Rahmenbedingungen des eigenen Praxisfeldes umfassend zu berücksichtigen, läuft Gefahr, damit Schiffbruch zu erleiden. Ein Projekt, das nicht in der einen oder anderen Form Neuland erschließt, also auch für die Initiatoren spannend ist, wäre im Grunde genommen ohnehin nicht erlebnispädagogisch zu nennen.
In diesem Sinne hoffen wir, einen Anstoß zu einer phantasievollen Weiterentwicklung der Erlebnispädagogik zu geben in dem Bewusstsein, dass unsere Projekte erst einen Teil der abenteuerlichen Möglichkeiten erschließen, welche gerade in der Schule noch verborgen liegen.

Doch bevor die LeserInnen sich in Konzeptüberlegungen und Praxiserfahrungen der Erlebnispädagogik vertiefen, möchten wir nicht versäumen, auf all jene hinzuweisen, die in irgendeiner Form an der Entstehung dieses Buches mitgewirkt haben. Wenn so viele AutorInnen an einem Buch beteiligt sind, wie es hier der Fall ist, lassen sich die Personen, die uns mit Rat und Tat zur Seite standen, kaum mehr vollständig erfassen. Deshalb möchten wir uns an dieser Stelle ganz herzlich bei allen die mitgemacht, geholfen bzw. unsere Projekte wohlwollend unterstützt haben, bedanken.

1 Kontext & Konzept

Rüdiger Gilsdorf

Abenteuer in der Schule?

Woran denken wir, wenn die Rede auf die Schule kommt? Sicherlich nicht an Abenteuer. Ganz im Gegenteil! Den meisten Menschen dürften im Rückgriff auf ihre eigene Schulerfahrung unmittelbar recht stereotype Bilder durch den Kopf gehen: von scheinbar endlosen Unterrichtsstunden, von lästigen Hausaufgaben, von unangenehmen Prüfungen. Auch Jahrzehnte nach ihrer Verfilmung scheint die „Feuerzangenbowle“ den recht unbeweglichen um nicht zu sagen geradezu starren Kern von Schule ganz gut zu treffen. „Der Club der toten Dichter“ ergänzt dieses Bild: die guten Erinnerungen, die wir an Schule haben, verbinden sich meist mit einzelnen LehrerInnen, die durch ihre Persönlichkeit aus dieser monotonen Struktur herausragten. Wenn es aber um Inhalte und Formen des Lernens geht, sind selbst der Phantasie derer, die sich eine andere Schule wünschen, oft enge Grenzen gesetzt.

Schule, das ist eine sehr ernste Sache, bei der allein der Gedanke an Spielräume schon als Bedrohung erlebt werden kann. So sorgen sich Eltern, gerade in Zeiten hoher Arbeitslosigkeit, zunächst einmal um gute Noten und Abschlüsse als Voraussetzung für die berufliche Zukunft ihrer Kinder. LehrerInnen sehen sich immer noch überwiegend als VertreterInnen ihrer Fächer, und deren Inhalte scheinen vielen kaum Platz für kreative Lernwege zu lassen.

Und die SchülerInnen selbst? Was für Bilder und Visionen haben sie von Schule? Eine groß angelegte Befragung von Jugendlichen innerhalb einer Längsschnittstudie kam zu folgenden interessanten Ergebnissen (Hurrelmann 1994, 109ff):

- Der Sinn der Schule wird, in Einklang mit den ebenfalls befragten LehrerInnen und Eltern, in der „Vorbereitung auf das spätere Leben“ gesehen.
- Die Verteilung gesellschaftlicher Chancen und die damit verbundene Auslese wird von den Jugendlichen als zentrale Funktion von Schule erkannt und auch anerkannt. Entsprechend richten sich ihre Lernbemühungen vor allem auf das Ergebnis in Form eines möglichst guten Abschlußzeugnisses.
- Schule fordert aus der Sicht der SchülerInnen schließlich eine Zurückstellung der eigenen Bedürfnisse und Interessen, wird quasi wie eine industrielle, den Gesetzen der Lohnarbeit folgende Tätigkeit gesehen.
- Viele Jugendliche lassen sich auf das offizielle Programm der Schule, den Unterricht, nur soweit ein, wie es unbedingt nötig ist. Ihre sozialen Erfahrungen organisieren sie hingegen auf „Hinterbühnen“, die sich dem Einfluß der LehrerInnen entziehen.

Ein eher trostloses Bild von der Schule zeichnet sich in dieser Untersuchung ab. Assoziationen von Freiheit, Entdeckung und eigener Gestaltung jedenfalls scheint sie bei den unmittelbar von ihr Betroffenen nicht gerade wachzurufen.

Hurrelmann kommt anläßlich seiner Ergebnisse sogar zu folgender Schlußfolgerung: „Wahrscheinlich gehört die Schule zu denjenigen gesellschaftlichen Instanzen, in denen das Leistungsprinzip als Basis der Selektionsfunktion und damit der Vergabe von Privilegien innerhalb und der Vorbereitung von Privilegien außerhalb der Schule in der reinsten Form in Kraft ist“ (ebd., 108).

Kein Wunder also, dass die Abenteuer- und Erlebnispädagogik, die seit einigen Jahren in der außerschulischen Jugendarbeit und – wenngleich unter anderem Label – in der beruflichen Bildung und im Managementtraining eine beachtliche Resonanz gefunden hat, in der Schule bestenfalls ein Schattendasein fristet. Abenteuer – das nicht vollständig planbare, spannende und außergewöhnliche Erlebnis – scheint in vielerlei Hinsicht geradezu das Gegenteil der auf Kontrollierbarkeit angelegten schulischen Routine zu sein. Und der Anstaltscharakter der Schule ist trotz aller Reformbemühungen und tatsächlichen Entwicklungen der letzten Jahre in Richtung offener Unterricht tief im Bewußtsein aller Beteiligten eingeprägt. So kommen selbst der Erlebnispädagogik interessiert gegenüberstehende PädagogInnen zu dem Schluß, dass SchülerInnen sich an der Schule reiben müssten, Erlebnisse durchaus wichtig aber nicht pädagogisierbar seien, eine lineare Verbindung von Erziehung und Erlebnissen also weder möglich noch wünschenswert wäre, weil die Folgen letzterer weder absehbar noch beherrschbar sind (Oelkers 1992, 107).

Wenn Erlebnispädagogik bislang von der Schule nur am Rande wahrgenommen wird, so hat das aber sicherlich auch etwas damit zu tun, wie sie sich selber darstellt. Bauer (1993, 148) stellt fest, dass insgesamt diejenigen Ausprägungsformen das Bild von der Erlebnispädagogik prägen, „die eher hin zum Spektakulären, Aktionistisch-Materialhaften, Äußerlichen und Extremen tendieren“. LehrerInnen suchen hingegen verständlicherweise eher methodische Anregungen, die sie ohne allzuviel Aufwand in ihren unterrichtlichen Alltag integrieren können. Das Abenteuer, verstanden als Extremerlebnis, bietet sich dazu kaum an.
Diese Selbstdarstellung und Fremdwahrnehmung hat zu einer gewissen Randposition der Erlebnispädagogik innerhalb der aktuellen Bemühungen um die Weiterentwicklung der Schule geführt. Das geht bisweilen so weit, dass selbst dort, wo spannende und abenteuerliche Projekte durchgeführt und geschildert werden, der Begriff Erlebnispädagogik bewußt vermieden oder sogar abgelehnt wird (z.B. Kressel 1995, 6).

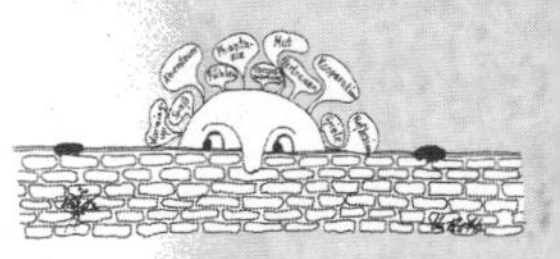

Ein bedeutsamer Punkt in diesem Zusammenhang dürfte es sein, dass in der deutschsprachigen erlebnispädagogischen Literatur bislang nur wenig über Lernen nachgedacht, gelegentlich sogar plakativ der Eindruck erweckt wird, als handele es sich bei Erleben und Lernen um Gegensätze (Fischer 1996, Fischer et al. 1985).

Dabei erscheint es zunächst naheliegend, wenn sich die Erlebnispädagogik über den Erlebnisbegriff definiert. Ein Blick auf die Literatur aus dem amerikanischen Raum macht jedoch deutlich, dass darin die Gefahr einer unnötigen Verengung ihres Selbstverständnisses liegt. Der dort verwendete Begriff „experiential education“ ließe sich vielleicht am treffensten mit „erfahrungsorientierte Pädagogik“ übersetzen. Der Focus liegt hier weniger auf dem einmaligen, außergewöhnlichen Erlebnis, als vielmehr darauf, Lernen so zu organisieren, dass abstrakte Inhalte auf dem Hintergrund eigener konkreter Erlebnisse, Erfahrungen und Handlungen begriffen werden können.

Eine Abenteuer- und Erlebnispädagogik, die sich auf diesen Weg macht, hat, so meinen wir, der Schule einiges zu bieten. Sie kann mehr sein als ein gelegentliches Highlight in einem ansonsten grauen Schulalltag. In ihrer besten Form ist sie ein fortlaufender Beitrag dazu, dass Lernen sich in der Schule als ein spannender, manchmal gemeinschaftlicher, manchmal höchst individueller Prozess entfalten kann.
Einige der Chancen und Ziele erlebnispädagogischen Arbeitens in der Schule sollen im folgenden etwas eingehender beschrieben werden.

1. Aufbruch als Chance – die besondere Bedeutung von Abenteuern und Grenzerfahrungen im Jugendalter

„Das Jugendalter ist typischerweise durch eine Aufbruchstimmung gekennzeichnet, die zu intensiven Gefühlen, starken und unmittelbar erfahrbaren Identitätserlebnissen und Sinneserfahrungen im körperlichen, psychischen und sozialen Bereich und zur Expansion des eigenen Ich mit dem Wunsch von Stärke und Durchsetzungsfähigkeit neigt. Die Ansprüche an seelische und sensorische Sensationen sind hoch, auch die Erwartungen von Glück und Lebenserfüllung bewegen sich oft auf einem extrem hohen Niveau“ (Hurrelmann 1994, 234/235). Das Abenteuer, wenngleich eine grundlegende menschliche Lebenserfahrung, scheint in besonderer Weise eine Antwort auf die entwicklungspsychologische Situation des Jugendalters und somit auch ein möglicher Weg zur Jugend (Thiersch 1993) zu sein. Jugendliche sind auf der Suche, und auf dieser Suche testen sie immer wieder auch ihre Grenzen. S-Bahn-Surfen, Car-Crashing und Stage-Diving sind Beispiele für die den Erwachsenen oft bizarr und grotesk vorkommenden Erscheinungsbilder der jugendlichen Suche nach dem Extremen. Jenseits dieser medienwirksamen Formen dürfte jedoch eine wesentlich größere Vielfalt problematischen, wenngleich weniger spektakulären Risikoverhaltens liegen. Und größer noch ist vielleicht die Frustration angesichts fehlender Möglichkeiten, die eigenen legitimen Bedürfnisse auszuleben. Jugendliche wollen Action, sie wollen etwas losmachen, das subjektiv bedeutungsvoll ist. Jugendliche wollen sich als Handelnde und Gestaltende erleben, wollen geistig *und* körperlich aktiv sein.

Doch wo sind die *Spielräume*, in denen das möglich ist? In mancher Hinsicht können problematische Risikoverhaltensweisen geradezu als eine Folge der von den Erwachsenen geschaffenen und im Laufe der letzten Jahrzehnte deutlich veränderten Lebensbedingungen gesehen werden. „Umweltnahräume sind enger, gefährlicher, lauter, verschmutzter, monotoner, vergifteter und vieles mehr geworden – ökologisch wilde, ursprüngliche Räume sind kaum mehr vorhanden" (Bauer 1993, 149). Entsprechend schwierig ist es für Kinder und Jugendliche, heute authentische, selbstorganisierte Abenteuer zu erleben.
Weitgehend von der Bildfläche verschwunden sind auch die Kinder- und Jugendbanden (Heckmair & Michl 1998[3], 95ff), die früher in diesen Räumen ein vergleichsweise ungefährliches Erfahrungsfeld hatten. An ihre Stelle getreten sind einerseits stärker vorstrukturierte Freizeit- und Konsumangebote, insbesondere auch die Welt der elektronischen Medien mit ihrer Tendenz zur Vereinzelung. Andererseits machen von Ausgrenzung bedrohte oder betroffene Jugendliche in letzter Zeit wieder stärker in Form von Banden auf sich aufmerksam, Banden allerdings, die mit hohen Risiken für sich selbst und für ihr Umfeld experimentieren.

Die Schule scheint auf den ersten Blick nicht prädestiniert zu sein, in dieser Situation einen Beitrag zur konstruktiven Entfaltung jugendspezifischer Bedürfnisse zu leisten. Ihre gegenwärtigen Rahmenbedingungen – große Klassen, 45-Minuten-Takt, Fachlehrersystem, Notendruck u.v.m. – machen erfahrungsorientiertes Arbeiten nicht gerade leicht. Hinzu kommt, dass sich in der Folge der Einstellungspolitik der vergangenen Jahre das durchschnittliche Alter der LehrerInnen in einem Bereich bewegt, in dem – ebenfalls legitimerweise – Bedürfnisse nach Ruhe und nach überschaubaren Abläufen vorrangig werden. Wenn Schule sich aber von ihrem Selbstverständnis her bezüglich jugendlicher Bedürfnisse nach Abenteuer, Aufbruch und Erlebnis nicht für zuständig erklärt, ist das aus der Geschichte der Institution zwar verständlich, keineswegs aber akzeptabel. Das haben auch viele LehrerInnen erkannt. Zahlreiche Beispiele unterschiedlicher Innovationen spiegeln die sich durchsetzende Erkenntnis wider, dass „schwierigen" Schülern und Schülerinnen und „schwierigen" Klassen nicht mehr alleine durch mehr Leistungsdruck oder Disziplin begegnet werden kann.

Abenteuer- und Erlebnispädagogik kann hier mehr bieten, als bislang von schulischer Seite wahrgenommen wird. Insbesondere kann sie anregen, Spielräume zu schaffen, in denen Jugendliche innerhalb eines verantwortbaren Rahmens mit Herausforderungen und Grenzen experimentieren können. Für die Schule liegt darin die Chance, einen weiteren Schritt weg von der Anstalt und hin zu einem attraktiven Ort des Lernens zu gehen. Nicht zuletzt sind solche Spielräume auch eine Chance für die begleitenden LehrerInnen, aus einer veränderten, weniger direktiven Rolle heraus, neu mit ihren SchülerInnen in Kontakt zu kommen. Natürlich hat die Begegnung der Generationen auf dem Gebiet des Abenteuers auch Grenzen. Die jugendliche Erfahrungssuche zeichnet sich u.a. aus durch ein

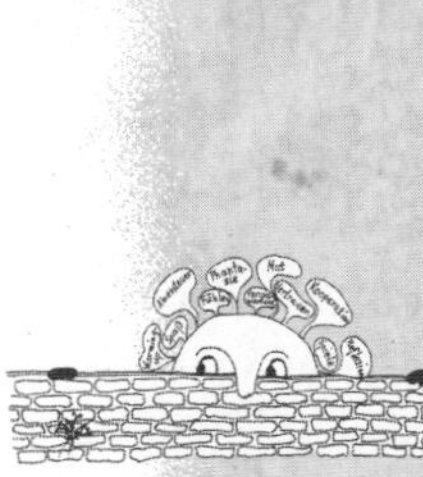

Bedürfnis nach Autonomie und Abgrenzung gegenüber der Erwachsenenwelt. Zacharias (1995) warnt in diesem Sinne vor einer pädagogischen Kolonisation des Raums. Pädagogisch begleitete Abenteuer können die „wirklichen" Abenteuer nie ersetzen. Hinterbühnen und Nebenschauplätze müssen den Jugendlichen bleiben. Die Erfahrung zeigt, dass sie dafür immer auch selbst sorgen.

2. Gefahren auf dem Weg – Herausforderungen an die Sucht- und Gewaltprävention

Jede Suche birgt in sich die Gefahr der Verirrung. Und so ist das Jugendalter natürlicherweise auch eine Zeit der Krisen. Ohnehin ist der Weg ins Erwachsenenalter in der modernen westlichen Gesellschaft durch zunehmende Ausbildungszeiten ein sehr langer und bei steigender Arbeitslosigkeit auch ein sehr unsicherer Weg geworden. Hinzu kommt, dass angesichts der Vielfalt möglicher Lebensszenarien von einem richtigen Weg eigentlich gar nicht mehr die Rede sein kann.
Umgekehrt scheint es leichter, „fehlgeleitete Formen der Auseinandersetzung mit der eigenen Lebenslage" (Hurrelmann 1994, 196) auszumachen. Sucht und Gewalt stehen als solche im Brennpunkt der pädagogischen Diskussion. Beide können als Bewältigungsstrategien in schwierigen Lebenssituationen verstanden werden (ebd., 197f). Der wesentliche Unterschied besteht in der Art der Verarbeitung von Frustration: während aggressive und gewalttätige Jugendliche nach außen und direkt gegen andere gerichtet reagieren, ist das Kennzeichen von Sucht eine rückzugsorientierte Problemverarbeitung nach innen.
Schiffer (1993, 8) sieht Sucht als ein Handeln, „über das ein innerer Zustand des Unglücklichseins, der Spannung und der Unruhe oder der qualvollen Leere verändert werden soll". Mit der eindrucksvollen Metapher von der Sucht als „Phantasie auf der Intensivstation" (ebd., 72) lenkt er den Blick vor allem auf die Bedeutung der Kreativität und der zweckfreien spielerischen Tätigkeit für eine gesunde menschliche Entwicklung. Und auch er macht deutlich, wie nah Aggressionen nach innen oder nach außen als Folge mangelnder Ich-Stärkung beieinander liegen: „Wenn die eigene Phantasie eines Menschen sich nicht entfaltet, das heißt: wenn er keinen Eigen-Sinn entfalten kann, so bleibt er blind, auch für den Eigen-Sinn seines Gegenübers, kann diesen dann genauso überrollen, wie er selbst überrollt worden ist" (ebd., 40).

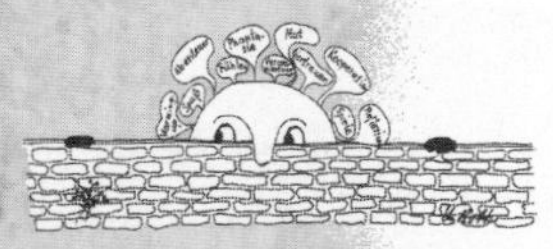

Was hat das alles mit Schule zu tun? Auch wenn der Einfluß der familialen Erziehung bei der Entstehung von Sucht- oder Gewaltproblemen sicherlich hoch gewertet werden muss, spielen schulische Mißerfolgs- und Versagenserlebnisse ebenfalls eine Rolle (Hurrelmann 1994, 111ff). Gerade Jugendlichen aus sozial benachteiligen Familien erscheint Schule „als ein fremdartiger und belastender Erfahrungsbereich, für dessen Bewältigung sie nicht ausreichend gerüstet sind"

(ebd., 109). Erlebnisse, die im Sinne von Schiffer die Phantasie und die innere Welt der Kinder und Jugendlichen anregen, stehen dagegen immer noch zu wenig im Mittelpunkt der Lehrpläne und der Unterrichtsrealität.
Die Schule kann nicht für die Lösung so weitreichender Phänomene wie Sucht und Gewalt verantwortlich gemacht werden. Aber sie kann einen Beitrag zur Sucht- und Gewaltprävention leisten, der über Information, Abschreckung und Belehrung hinausgeht. Der erlebnispädagogische Ansatz weist einen Weg im Sinne einer ganzheitlichen Prävention. Die jugendliche Risikosuche wird hier nicht grundsätzlich verurteilt, sondern zum Ausgangspunkt einer Suche nach alternativen Handlungsfeldern genommen. Spannende Herausforderungen ermöglichen ein Probehandeln, in dem gerade auch kreative Lösungen gefragt sind. Frustrationen, die beispielhaft überwunden werden können, sind Bestandteil dieses Prozesses. Bei allem bleibt immer ein spielerischer Grundton, der für die Entfaltung der Phantasie so wichtig ist.

3. Auf der Suche nach dem Selbst – Erlebnispädagogik als Pädagogik des Möglichen

So wichtig die Auseinandersetzung mit den Gefahren in der jugendlichen Entwicklungsphase ist, so sehr kann sie auch den Blick auf deren Möglichkeiten verstellen. Gerade die Erlebnispädagogik läuft Gefahr, als exklusive Methode für besonders schwierige Jugendliche mißverstanden zu werden. Eine ausschließliche Arbeit mit Randgruppen im Sinne einer „Pädagogik des letzten Rettungsankers" beinhaltet nicht nur die Gefahr einer weiteren Ausgrenzung eben dieser Gruppen, sie vernachlässigt auch die emotionalen und sozialen Bedürfnisse der Jugendlichen, die nicht auffallen. Auf der Suche sind aber auch diese Jugendlichen.

Grundlegende Themen jeglicher Entwicklung sind die Suche nach der eigenen Identität und nach Möglichkeiten einer sinnvollen und befriedigenden Lebensgestaltung. Die pädagogische Zielrichtung, die sich aus dieser Erkenntnis ableitet, wird am besten durch den Begriff *Empowerment* auf den Punkt gebracht. Dabei geht es um so vielfältige Dinge wie das Vertrauen in die eigenen Fähigkeiten, die Wahrnehmung und Akzeptanz der eigenen Gefühle, die Fähigkeit intensiv zu erleben und zu genießen, den Mut sich mit Neuem und Unbekanntem auseinanderzusetzen und die Sicherheit, dem eigenen Urteil zu vertrauen und eigene Entscheidungen zu treffen.
Genau darum geht es der Erlebnispädagogik: Menschen stark zu machen, gerade auch in der Konfrontation mit schwierigen Situationen. Mehr als auf die Beschäftigung mit Defiziten und Störungen ist ihr Augenmerk, wie Kimball und Bacon (1993, 34f) hervorheben, auf die Entdeckung und Nutzung von inneren Potentialen gerichtet. Das verleiht ihr eine Anziehungskraft, mit der sich viele Chancen verbinden. Jugendliche schauen nach vorne, beschäftigen sich mit

Entwürfen für ihre eigene Zukunft. Ihre Zeitperspektive ist andererseits unmittelbarer als die der meisten Erwachsenen.
Unmittelbarkeit aber ist in der Erlebnispädagogik geradezu Programm. Anders als das in der Regel in der Schule ist, gehen Lernprozesse von ganz konkreten Erfahrungen aus und werden erst anschließend abstrahiert. Gerade in der Auseinandersetzung mit der Persönlichkeitsentwicklung der SchülerInnen dürfte dieser Weg zumindest eine Bereicherung der schulischen Praxis darstellen.

Wenn es um die Stärkung des Selbstwertgefühls und die Suche nach Lebensentwürfen geht, dann müssen allerdings auch geschlechtsspezifische Unterschiede bedacht werden.
Thiersch weist auf die bedenkliche Nähe des Abenteuers zum traditionellen männlichen Lebensentwurf hin, und appelliert, „kritisch die Struktur des Abenteuerlichen von der Struktur des besonders Männlichen zu unterscheiden" (1993 39ff). Und Rose macht deutlich, dass in „der grundsätzlich anderen weiblichen Sozialisationsgeschichte Risiko, Wagnis und Abenteuer zunächst keine identitätsstiftende Rolle spielen" (1993, 100). Jungen gehen direkter an klassische Risikosituationen heran, sie interpretieren sie leistungs- und konkurrenzorientiert und scheinen sich oftmals fast zwanghaft an ihnen beweisen zu müssen. Mädchen brauchen mehr Zeit und Sicherheit, um sich solchen Risiken anzunähern, haben andererseits auch eine größere Wahrnehmungsvielschichtigkeit, die es ihnen erlaubt, im Abenteuer mehr als einen beständigen Kampf gegen die Natur oder gegen Konkurrenten zu erleben.
Für die erlebnispädagogische Praxis ergeben sich daraus wichtige Folgerungen bezüglich der Auswahl und der Präsentation von Abenteueraktivitäten.
Amesberger formuliert die in dieser Hinsicht interessante Zielrichtung, „Abgrenzung von Konzepten des Überlebens, hin zu Konzepten des Lebens und der Lebensqualität abseits von materiellem Luxus und Konsum" (1992, 69).

4. Gemeinschaft erleben – Soziales Lernen in der Konkurrenzgesellschaft

„Die Beziehung zu den Gleichaltrigen hat im Jugendalter große sozialisatorische Bedeutung" (Hurrelmann 1994, 150). Insbesondere Cliquen spielen eine wichtige Rolle, und Jugendliche definieren sich häufig durch die Zugehörigkeit oder in Abgrenzung zu einer bestimmten Gruppe. Auch intensive Freundschaften, die sich in mancher Hinsicht in diesem Lebensabschnitt leichter anbahnen und oft bis weit ins Erwachsenenleben halten, haben einen hohen Stellenwert. In ihrem Umfeld von Gleichaltrigen entwickeln Jugendliche eigene Verhaltensnormen, oft gerade auch in Abgrenzung zu Elternhaus und Schule. Andererseits wirken gesamtgesellschaftliche Tendenzen in die jugendliche Subkultur hinein und prägen diese entscheidend mit. Die allgegenwärtige Konsumorientierung und das Konkurrenzdenken dürften daher wohl einen besonders prägenden Charakter haben.

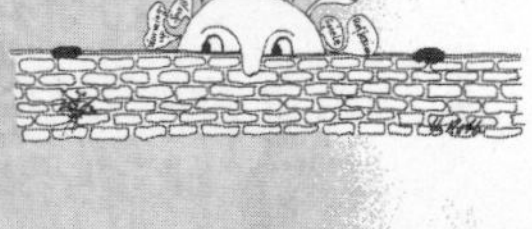

Für die Pädagogik ergibt sich die Aufgabe, diese Tendenzen im Sinne einer gesunden Persönlichkeitsentwicklung auszubalancieren. Einige der Ziele sozialen Lernens, über die wohl weitgehend Übereinstimmung herrscht, sind die Fähigkeit mit anderen offen und direkt zu kommunizieren, die Fähigkeit zuzuhören, Toleranz für Andersartigkeit, die Bereitschaft anderen zu helfen und sich helfen zu lassen sowie die Fähigkeit eigene Impulse zu kontrollieren, Regeln einzuhalten und Kompromisse auszuhandeln.
Interessanterweise werden viele dieser Qualitäten, insbesondere auch die Fähigkeit zum gemeinsamen Planen, Entscheiden und Handeln im Team seit einigen Jahren unter dem Begriff *Schlüsselqualifikationen* von seiten der Berufswelt eingefordert. Gerade in verantwortlichen Positionen sind immer weniger die einsamen Macher gefragt, immer mehr hingegen sensible Koordinatoren, die es verstehen, vielfältige Interessen und Fähigkeiten wahrzunehmen und miteinander in Einklang zu bringen. Dem liegt die Erkenntnis zugrunde, dass mangelnde Teamfähigkeit enorme Schwierigkeiten bei der Lösung sachlicher Fragen nach sich ziehen kann, gut funktionierende Teams hingegen ein hohes Maß an Motivation freisetzen und somit eine entscheidende Voraussetzung qualitativ hochwertiger Ergebnisse sind.

Bereits in vielen Schulklassen machen sich mangelnde soziale Fähigkeiten schmerzlich bemerkbar. Oft fehlt es im Umgang miteinander an ganz elementaren Dingen: die SchülerInnnen haben nie gelernt, einander ausreden zu lassen und zuzuhören, sie können keine gemeinsamen Entscheidungen treffen oder gar Konflikte ohne den Einsatz massiver Beschimpfungen oder körperlicher Gewalt lösen. Dabei eignet sich die Schule eigentlich in besonderer Weise als soziales Lernfeld. Mit der Klasse besteht hier eine Struktur, in der Kinder und Jugendliche meist über mehrere Jahre hinweg Gruppenerfahrungen sammeln können. Für manche SchülerInnen dürfte die Klassengemeinschaft sogar die einzige dauerhafte Bezugsgruppe neben der Familie sein. Und auch die „intakte" Kleinfamilie bietet für manche sozialen Lernprozesse allein aufgrund ihrer Größe gar keine Gelegenheiten.
Die Schule kann die Familie in Bezug auf soziales Lernen nicht ersetzen, sie kann sie aber überaus sinnvoll ergänzen. Diese Chance wird jedoch noch nicht hinreichend wahrgenommen. Fachliche Lernziele haben in der Unterrichtsrealität viel zu oft Vorrang vor sozialen Lernzielen. Frontalunterricht und Einzelarbeit dominieren, Gruppenarbeit und projektorientiertes Arbeiten sind leider immer noch die Ausnahme. Die individuelle Leistungsbewertung schließlich, ausschlaggebend für die Verteilung von Bildungs- und Lebenschancen und verbunden mit einem permanenten Notendruck, ist sogar bewußt auf Vergleich und Konkurrenz hin orientiert. Jugendliche dürften Schule daher so erleben, dass sie verbal ein Miteinander fordert, de facto aber bestenfalls ein Nebeneinander, letztendlich sogar eher ein Gegeneinander fördert.

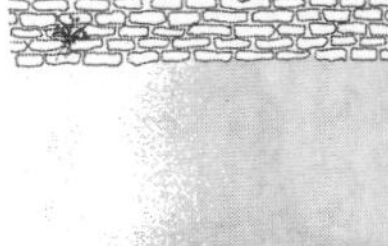

Erlebnispädagogische Aufgaben und Problemstellungen richten sich überwiegend an die Gruppe. Diese wird nicht bloß als formale Einheit verstanden, sondern als Übungsfeld für soziales Lernen. Gemeinsame Anstrengung und Leistung sowie die bewußte Auseinandersetzung mit Stärken und Schwächen innerhalb der Gruppe werden betont. Dabei stehen nicht irgendwelche, von außen festgelegten Ziele im Vordergrund, sondern der Gruppenprozess selbst. Kooperation ist also eines der bestimmenden Merkmale erlebnispädagogischen Arbeitens, Abenteuer- und Erlebnispädagogik eine Methode der Wahl, wenn es um die Arbeit an sozialen Lernzielen mit Jugendlichen geht.
Lernen ist andererseits ein sehr individueller Prozess. Dieser Erkenntnis wird in letzter Zeit immer mehr mit offenen Formen des Unterrichts Rechnung getragen. Respektierung persönlicher Lernstile und Förderung sozialer Fähigkeiten aber können und müssen sich organisch ergänzen. Stephen Levy, ein amerikanischer Lehrer, der für seine herausragenden Unterrichtsprojekte ausgezeichnet wurde, macht deutlich, wie wichtig eine Kultur des miteinander Lernens gerade auch als Voraussetzung für anspruchsvolle akademische Vorhaben ist: „Meine größte Herausfoderung ist es, eine Gemeinschaft starker Individuen zu bilden. Alle Lernprojekte hängen davon ab“ (1996, 161, übers. rg).

5. Verantwortung erfahren – Lernen in der Auseinandersetzung mit Werten

Läßt sich zumindest grundsätzlich noch ein pädagogischer Konsens erreichen, wenn es um wünschenswerte soziale Fähigkeiten geht, so betreten wir ein äußerst unsicheres Terrain, sobald es um persönliche Werte und Sinnfragen geht. Sich mit diesen Fragen auseinanderzusetzen ist in der Schule Aufgabe des Religions- bzw. Ethikunterrichtes. Doch die Bedeutung der Kirche und des Glaubens in der heutigen Gesellschaft sind erschüttert. Darüber hinaus sind und waren Kinder und Jugendliche vielen anderen, wenngleich versteckteren, Wertebotschaften ausgesetzt, die ihr Verhalten beeinflussen und ihr Denken prägen. Kann die Schule es sich leisten, dieses Thema auszublenden oder an ein einziges Fach zu delegieren?
Aus der Perspektive einer anderen Kultur wirft Gregory Cajete ein interessantes Licht auf diese Frage. „Jede Kultur hat eine Sammlung von Idealen, eine Art zentrale Vision, die alle Lernprozesse in ihrem Erziehungssystem steuert“ (1994, 25, Übers. rg). Für die indianische Gesellschaft stand die Bedeutung einer solchen Vision außer Frage. *„Das Leben suchen und vollständig werden“* ist offensichtlich ein Leitmotiv, welches das gesamte indianische Lebenskonzept tief durchdringt.

Haben auch wir eine vergleichbare Vision, die unserem Leben Kraft und Richtung gibt? Cajetes Antwort fällt wenig schmeichelhaft für die westliche Gesellschaft aus: „Das Ausmaß, in dem dieses Konzept verinnerlicht war, ist vergleich-

bar mit der alles durchdringenden Internalisierung des Kapitalismus und des Konsumdenkens im modernen Amerika“ (ebd., 46).
Aber der Vergleich eröffnet auch Perspektiven. Der Blick auf eine so andere Gesellschaft wie die indianische, in der Persönlichkeitsförderung und Sinnsuche *der* Kern der Erziehung sind, läßt die Schwierigkeiten jugendlicher Identitätsfindung in einem umfassenderen Zusammenhang sehen.
Sicherlich ist die Auseinandersetzung mit Werten in der modernen, einem schnellen Wandel unterliegenden Gesellschaft um vieles schwieriger als in einer stabilen Stammesgesellschaft. Eine Werteerziehung, die allgemein gültige Vorgaben zu vermitteln versucht, erscheint auf diesem Hintergrund eher fragwürdig und geradezu zum Scheitern verurteilt. Vielleicht kommt es im Kern daher auch für uns gerade auf die *Suchhaltung* an, die in der indianischen Formulierung zum Ausdruck kommt.
Hurrelmann hebt in einem vergleichbaren Kontext, jedoch in einer soziologisch geprägten Sprache, die Bedeutung der *Selbststeuerungsfähigkeit* hevor: „Hat ein Jugendlicher die Kompetenzen, mit eigenen Deutungen und eigenen Bewertungen Umweltinformationen aufzunehmen und sie mit den individuellen Handlungsmöglichkeiten zu konfrontieren, dann sind auch die Voraussetzungen dafür günstig, dass Problemverhaltensweisen entweder gemieden oder nur vorübergehend, gewissermaßen spielerisch und im Rahmen eines Probierverhaltens, gewählt werden“ (1994, 235f).
Und Hinte weist auf die Bedeutung der eigenen moralischen Urteilsfähigkeit gerade für das Funktionieren eines demokratischen Staates hin: „Denn wenn die eigene Erfahrung als `innerer Kompaß´ ausgeschaltet wird, steht die Tür für äußere Autoritäten offen, die nach Belieben manipulieren können“ (1990, 128).

In vielerlei Hinsicht ist die Schule ein ideales Übungsfeld für demokratisches Handeln und für die Auseinandersetzung mit Werten. Hartmut von Hentig (1993, vgl. auch Daschner 1995) geht noch ein Stück weiter, indem er das Leitbild von der *Schule als Polis* formuliert. Und bereits Lawrence Kohlberg ging daran, ein solches Leitbild in Form der „Gerechten Gemeinschaftsschule“ in die Wirklichkeit umzusetzen (Kohlberg et al. 1975).
Im Alltag einer „normalen“ Regelschule aber findet sich auch heute noch wenig Platz für die Auseinandersetzung mit Werten und Sinnfragen. Statt einer Suchhaltung bestimmen weitgehend vorgegebene fachliche Inhalte zusammen mit einem Korsett unflexibler Stundenpläne den Rhythmus des Lernens.
Selbst dort, wo Sinnfragen angesprochen werden, bleiben sie in der Regel auf einem weitgehend abstrakten Niveau. Der erlebnispädagogische Ansatz, von Anfang an nicht nur erfahrungs- sondern auch werteorientiert (Kimball & Bacon 1993, 13), kann auch unter diesem Aspekt Wege im Rahmen einer Weiterentwicklung der Schule weisen. Er stellt Jugendlichen Erfahrungsräume zur Verfügung, in denen Wertfragen stets mitschwingen und letztlich ganz konkret entschieden

werden müssen. Andererseits hat die Verantwortung in diesen Situationen noch genug von dem spielerischen Charakter, der Mut macht, selbst Position zu beziehen, statt fremden Autoritäten das Feld zu überlassen.

6. Lernen als lebenslanges Abenteuer – Erfahrungsorientierung und selbstbestimmtes Lernen

Neben Persönlichkeitsförderung und sozialem Lernen, das werden selbst radikale Vertreter einer Reformpädagogik nicht bestreiten, hat natürlich weiterhin die Vermittlung bzw. Erarbeitung fachlichen Wissens einen zentralen Stellenwert in der Schule.
Freilich gibt es sehr unterschiedliche Auffassungen darüber, *wie* die Vermittlung fachlicher Inhalte am besten zu organisieren sei. Das klassische Lernparadigma, an dem sich ein großer Teil schulischen Unterrichts nach wie vor orientiert, läßt sich sehr komprimiert durch vier Eigenschaften kennzeichnen:
Verkopfung: Lernen wird als ein rationaler, von Gefühlen weitgehend unabhängiger Vorgang angesehen.
Fragmentierung: Die Vermittlung von Wissen geschieht in wohldosierten Einheiten. Es wird in Sachgebiete zerlegt, die untereinander und zur Lebenswirklichkeit der SchülerInnen kaum Bezug haben.
Fremdbestimmung: Auf die Auswahl des Lernstoffs können die Lernenden selbst nur sehr begrenzt Einfluß nehmen. Fachliche Autoritäten treffen die wesentlichen Entscheidungen im Voraus und legen sie in Lehrplänen fest.
Fremdkontrolle: Ein unmittelbares Interesse an den Lerninhalten wird als unzureichender Motor für den Lernprozess gesehen. An dessen Stelle treten Prüfungen, deren Ergebnisse sich wiederum nicht am individuellen Lernfortschritt, sondern am Ziel einer ungefähren Normalverteilung der Noten orientieren.
Der Erfolg eines solchen Lernens besteht de facto im kurzfristigen Erinnern großer Wissensmengen. Insgesamt recht wenig Gedanken scheint man sich darum zu machen, was einige Zeit nach den Prüfungen aus diesen Wissensmengen geworden ist.

Erfahrungsorientierte Pädagogik orientiert sich an einem grundlegend anderen Lernverständnis. Lernen wird als ganzheitliche Tätigkeit gesehen, deren Erfolg ganz wesentlich von der Art und dem Ausmaß der beteiligten Gefühle bestimmt wird. Neue Inhalte werden um so einfacher gelernt und behalten, je besser und sinnvoller sie in bereits bestehende Zusammenhänge eingeordnet werden können. Ein entscheidendes Merkmal ist daher die individuelle Sinnhaftigkeit, und das einzig sinnvolle Erfolgskriterium ist der individuelle Lernfortschritt. Ziel des Lernens ist nicht die Abspeicherung riesiger Mengen unzusammenhängenden Wissens sondern die Fähigkeit, bei neuen Fragen Zusammenhänge herstellen zu können und dadurch Zugriffsmöglichkeiten auf Quellen bereits vorhandenen oder anderweitig verfügbaren Wissens zu haben.

Caine & Caine (1994) legen dar, dass die kurzfristige Speicherung von Faktenwissen und ein verstehendes Lernen mit unterschiedlichen Prozessen im Gehirn einhergehen. Offensichtlich haben wir Speicherungskapazitäten für unzusammenhängende oder sogar sinnlose Einzelinformationen. Diese sind jedoch begrenzt und derart gespeichertes Wissen geht mit der Zeit verloren, wenn es nicht wiederholt abgerufen wird. Daneben gibt es eine Art natürliches Gedächtnis, in dem alle Erfahrungen, die sinnvoll miteinander in Beziehung gebracht werden können, abgespeichert werden. Die Kapazität dieses Gedächtnisses ist praktisch unbegrenzt, es arbeitet ununterbrochen auf der Basis unseres Bedürfnisses, Sinn in unsere Eindrücke, Erlebnisse und Erfahrungen zu bringen.

Erleben und Lernen sind also keineswegs Gegensätze, sie bedürfen vielmehr einer engen Verzahnung. Ein entsprechend *ganzheitliches Verständnis von Lernen* kommt auch in der unlängst veröffentlichten Definition von Erlebnispädagogik durch die Association for Experiential Education zum Ausdruck: „Erfahrungsorientierte Erziehung / Erlebnispädagogik ist ein Prozess, in dem Lernende sich *Wissen*, Fähigkeiten und Werte durch direkte Erfahrung aneignen" (Luckmann 1996, 7, übers. und hervorh. rg). Und ein reichhaltiger Fundus an Erfahrungsberichten insbesondere aus Nordamerika (Lentz et al.1976, Horwood 1995, Kraft & Kielsmeier 1995, Knapp 1996, Cousins & Rodgers 1995) gibt Aufschluß über das vielfältige Spektrum, innerhalb dessen eine erfahrungsorientierte Pädagogik Lernprozesse anstoßen, bereichern und vertiefen kann.
Bezüge zum handlungsorientierten Unterricht (Gudjons 1992) liegen auf der Hand, und doch scheint gerade in der Betonung des Abenteuerlichen noch einmal eine ganz besondere Chance zu liegen. Die vielleicht entscheidendste Grundlage sinnhaften Lernens dürfte nämlich *ein inneres Berührtsein vom Gegenstand des Lernens* sein. Viele Faktoren spielen dabei eine Rolle, ob es zu einer solchen intensiven Berührung von Lernenden und Lernstoff kommt. Abenteuer und Erlebnis haben auch an dieser Stelle einen bislang von der Schule eher vernachlässigten Platz.

Lernen in seiner wertvollsten Form entzieht sich der Planbarkeit, es wird ein lebenslanger Prozess, eine selbstbestimmte Suche nach immer neuen Herausforderungen.
Sich auf diese Erkenntnis einzulassen dürfte eine gewaltige Aufgabe für die Schule darstellen. Nimmt sie die Herausforderung an und macht sich auf den Weg, so stehen ihr bereits Methoden zur Verfügung, u.a. eben auch erlebnispädagogische Methoden. Doch sollten diese Methoden idealerweise nur als Hilfsinstrumente verstanden werden, derer man sich bedient, um ein Stück weit auf unbekanntem Terrain voranzukommen. „Lernen als Abenteuer" verweist auf ein weites Feld erst ansatzweise erschlossener Möglichkeiten, das keine Pädagogik, auch nicht die Erlebnispädagogik, für sich verbuchen kann.

Rüdiger Gilsdorf

Aufbruch ins Ungewisse

Grundzüge eines erlebnispädagogischen Konzepts

Eine der ersten Tagungen zur Erlebnispädagogik im deutschsprachigen Raum hatte den programatischen Titel „Erlebnispädagogik: Mode, Methode oder mehr?“ (Bedacht et al. 1992). Diese Frage hat die Erlebnispädagogik seitdem nicht mehr losgelassen. Ist sie ein emanzipatorischer Ansatz oder letztlich nur ein Sammelbecken für eine Vielfalt interessanter Methoden, die man mit weitgehend beliebiger Zielrichtung einsetzen kann? Mit Bezug auf eine Aufbruchbewegung früherer Zeiten formuliert Leo Kauffeldt es besonders prägnant: „Sind wir aus den Mauern der grauen Städte ausgezogen, oder nutzen wir die Mauern, um lediglich an ihren Innenseiten klettern zu üben?“ (1996, 8).
Unter der Überschrift „Zu neuen Ufern“ fand kürzlich erneut eine der inzwischen regelmäßigen Fachtagungen statt (Paffrath 1998). Darin wird die Aufbruchstimmung, welche das erlebnispädagogische Arbeitsfeld derzeit kennzeichnet, treffend zum Ausdruck gebracht. Wenngleich insbesondere Outdoor-Aktivitäten an und für sich eine gewisse Faszination ausstrahlen wären sie als Methoden alleine wohl kaum in der Lage, eine solche Stimmung zu verbreiten. Was aber sind die Charakteristika und Ziele des pädagogischen Aufbruchs? An welchen Leitgedanken kann sich eine erlebnispädagogische Arbeit orientieren, und an welchen konkreten Merkmalen läßt sich erlebnispädagogisches Handeln in der Praxis erkennen?

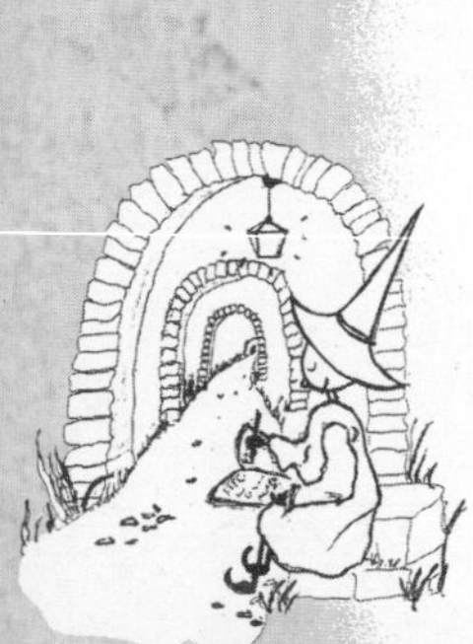

Wenngleich der erlebnispädagogischen Praxis in den letzten Jahren eine umfangreiche Literatur gefolgt ist, ist das Feld von einer halbwegs einheitlichen Theoriebildung weit entfernt. Das hat durchaus Vorteile: in der Vielfalt von Praxisfeldern – Schule, außerschulische Jugendarbeit, Heimerziehung, Bewährungshilfe, betriebliche Weiterbildung, Managementtraining u.a. – kommt so eine Vielzahl von unterschiedlichen Ansätzen zum Tragen. Es liegt darin aber auch eine Gefahr: Abenteuer, Risiko und Erlebnis können ohnehin auch von anderen Kräften und Interessen vereinnahmt, pädagogische Elemente hingegen weitgehend verwässert werden.

Im folgenden soll daher der Versuch unternommen werden, mögliche Antworten auf die oben gestellten Fragen zu geben[1] . Drei Leitideen bilden dabei eine Art gedankliches Gerüst:
Wachstumsorientierung, Ganzheitlichkeit und Selbstorganisation. Diese Prinzipien stehen in Abgrenzung zu vorherrschenden Lernparadigmen, welche die Praxis der Schule weitgehend bestimmen. Sie sind ihrerseits in philosophischen Traditionen verwurzelt und haben sich seit der Zeit der Reformpädagogik im ersten Drittel des 20sten Jahrhunderts immer wieder in Form von innovativen Ansätzen in der Schule manifestiert.
Die genannten Leitideen haben natürlich über die Pädagogik hinaus Bedeutung. In der Tat sind wesentliche Impulse, die das Denken in diese Richtung beeinflußt haben, aus dem Bereich anderer, insbesondere der Naturwissenschaften gekommen. Vor allem Ganzheitlichkeit und Selbstorganisation sind Schlüsselbegriffe im Zusammenhang eines sich zur Zeit vollziehenden Paradigmenwechsels (Capra 1996) von einem mechanistischen Weltbild hin zu einem **Denken in Netzwerken und Systemen**.
Diese Zusammenhänge sind insofern interessant, als die Sozialwissenschaften sich in ihrer Arbeitsweise sehr stark an das empirische Forschungsmodell der Naturwissenschaften angelehnt haben. Auch wenn man das eher kritisch sehen mag – ein neues Denken in den Naturwissenschaften wird mit großer Wahrscheinlichkeit auch Auswirkungen auf das Denken und Handeln in den Sozialwissenschaften haben.
Die Hintergründe und Zusammenhänge dieses Paradigmenwechsels sind allerdings so komplex, dass sie hier immer nur angedeutet werden können. Dies geschieht im Bewußtsein, dass die Übertragung von Erkenntnissen von einem Kontext in einen anderen immer die Gefahr von Vereinfachungen, Verzerrungen oder auch Fehlinterpretationen mit sich bringt.

Den Leitideen sind jeweils mehrere Arbeitsprinzipien zugeordnet, die als Ganzes ein Konzept erlebnispädagogischen Handelns abstecken sollen. Auch diese Arbeitsprinzipien haben in einem weiter gefaßten pädagogischen Kontext Bedeutung und können somit Richtungen für eine wünschenswerte schulische Entwicklung insgesamt weisen. Ein Anspruch auf Vollständigkeit besteht dabei nicht. Wenngleich versucht werden soll, die Arbeitsprinzipien so konkret wie möglich zu veranschaulichen, dürfen sie doch nicht mit Handlungsanweisungen verwechselt werden. Zu komplex und immer wieder anders sind zwischenmenschliche

1 Das in diesem Artikel dargestellte Konzept verdankt sein Entstehen zwei wesentlichen Einflüssen: zum einen der reflektierten Praxis des NEPAL-Teams, zum anderen meinen Erfahrungen als Mitarbeiter von Hors Limites – Outward Bound Frankreich. Wertvolle Anregungen verdanke ich außerdem Johan Hovelynck und Mareike van t'Zet.

Situationen, als das einfache Rezepte etwas taugen könnten. Häufig werden daher eher Spannungsfelder aufgezeigt, in denen es neben einer bewußten Reflexion handlungsrelevanter Zusammenhänge auch auf ein Gespür für das Einmalige der Situation ankommt. An dieser Stelle enden die Möglichkeiten einer theoretischen Darstellung, und die Notwendigkeit einer reflexiven Praxis (Schön 1982) wird deutlich.

Getreu dem Motto von Giambattista Vico „Wissenschaft besteht darin, die Dinge in eine schöne Ordnung zu bringen" (zit. nach Watzlawick 1992, 89) wird hier der Versuch unternommen, ein möglichst „rundes" Konzept zu präsentieren. Das geschieht allerdings in dem Bewußtsein, dass vielfache Zusammenhänge, Überschneidungen und natürlich auch Auslassungen andere Ordnungen ebensogut zulassen würden.

1. Wachstumsorientierung

Zunächst könnte man die Frage stellen: ist nicht jede Pädagogik wachstumsorientiert? Ein Blick auf zentrale Praktiken der Schule zeigt aber, dass vieles, was Tag für Tag kaum hinterfragt stattfindet, gerade aus der gegenteiligen Perspektive, nämlich einer Defizitorientierung zu verstehen ist. Viel Aufmerksamkeit wird Fehlern gewidmet, sie werden optisch hervorgehoben, addiert, verrechnet und sind die vielleicht bedeutsamste Grundlage der Notengebung und der Bewertung des Lernfortschritts. Im Bereich des Verhaltens werden SchülerInnen, die Schwierigkeiten haben, sich den gegebenen Rahmenbedingungen anzupassen, als verhaltensgestört oder gar therapiebedürftig bezeichnet. Generell scheint es, als ob LehrerInnen sich leichter täten, die Schwächen von SchülerInnen wahrzunehmen und zu besprechen, als deren Stärken.
Das hat sicher auch etwas mit den gesellschaftlichen Erwartungen, die an die Schule herangetragen werden, zu tun. Analog zur Psychologie, die sich mit der Korrektur abweichenden Verhaltens beschäftigen soll, wird es als Aufgabe der Pädagogik gesehen, Kindern und Jugendlichen mehr oder weniger vorgefertigtes Wissen nahe zu bringen. Immer steht die – weitgehend unreflektierte – Anpassung an Bestehendes im Vordergrund. Dem liegt letztendlich die Vorstellung zugrunde, dass Kontrolle – von Wissen, von Menschen, von Entwicklungen – wünschenswert und grundsätzlich möglich ist.

Dieses Denken war lange Zeit auch in den Naturwissenschaften vorherrschend. Man ging davon aus, dass komplexe physikalische, chemische oder biologische Zusammenhänge sich auf einige wenige Grundgesetze zurückführen lassen würden, und dass die Kenntnis dieser Gesetze eine kontrollierte Einflußnahme und Steuerung dieser Zusammenhänge ermöglichen würde. Mit der Chaostheorie wurde diese Sichtweise ernsthaft herausgefordert. Man hatte entdeckt, dass als geordnet geglaubte Zustände ins Chaos übergehen können, und dass aus dem Chaos heraus spontan neue Ordnungen entstehen können. Solche Veränderungen ließen sich durch Verstörungen des Ausgangszustandes in Gang setzen, keinesfalls jedoch in ihren Auswirkungen vorhersagen.
Übertragen auf den pädagogischen Bereich könnte das bedeuten: der Versuch, Lernprozesse so genau wie möglich an im Voraus festgelegten Zielen auszurichten und zu kontrollieren, ist grundsätzlich zum Scheitern verurteilt und sollte aufgegeben werden zugunsten eines Lernverständnisses, das auf Anregungen und Anstöße und auf die Möglichkeit erstaunlicher und unvorhergesehener Entwicklungen setzt.

Ein gewagtes Unterfangen für vorsichtige Geister. Und doch ist das der Kern dessen, was in der Reformpädagogik schon lange praktiziert wird. Im Zentrum aller Überlegungen steht hier die Entfaltung der Potentiale, die in den Lernenden angelegt sind. Der Focus verschiebt sich dabei von einer Vermittlung von Inhalten zu einer Vermittlung von Kompetenzen, sich Inhalte anzueignen. Lerntechniken wird stärkere Aufmerksamkeit gewidmet und allem voran der Fähigkeit, Wesentliches von Unwesentlichem zu unterscheiden; eine Fähigkeit, die in einer Zeit sich explosionsartig entwickelnden Wissens von unschätzbarem Wert sein dürfte. Noch bedeutsamer ist vielleicht der Grundsatz, die natürliche Lernfreude zum Ausgangspunkt neuer Erfahrungen zu machen und den Lernenden ein Gefühl der Zuversicht zu vermitteln.

In einem Satz ausgedrückt ist das Ziel aus wachstumsorientierter Perspektive, **SchülerInnen eine Weile auf einem Weg zu begleiten, den sie als lebenslang Lernende fortsetzen.** Für die Erlebnispädagogik bringen Kimball und Bacon dieses Konzept auf einen Nenner: „Während die meisten traditionellen Behandlungsprogramme die Jugendlichen als krank und abhängig definieren, ist die therapeutische Reise in der Wildnis weitgehend eine der Selbstentdeckung und Autonomie" (1993, 34, Übers. rg). Dass diese Reise keineswegs ein unbeschwerter Spaziergang ist, dürfte anhand der im folgenden zu erläuternden Arbeitsprinzipien deutlich werden.

1.1 Herausforderung

„Die Krise ist ein produktiver Zustand, man muss ihr nur den Beigeschmack von Katastrophe nehmen."
Max Frisch

Kaum ein anderer Schlüsselbegriff taucht in der erlebnispädagogischen Literatur so oft auf wie „Herausforderung" bzw. das englische Pendant: „challenge". Was ist wirklich damit gemeint? Ein Blick auf die Beschreibung des erlebnispädagogischen Lernprozesses, die Nadler und Luckner (1992, 7ff) gegeben haben, kann darauf vielleicht eine Antwort geben:

Ausgangspunkt der Arbeit ist es, die TeilnehmerInnen in einen **Zustand des Ungleichgewichts** zu versetzen. In der Regel wird das dadurch erreicht, dass sie in eine **neuartige Situation** gebracht werden, in der sich **einzigartige Problemlöseaufgaben** stellen. Gleichzeitig wird ein **kooperatives Umfeld** geschaffen, so dass die Aufgaben bewältigbar sind und **Erfolgserlebnisse** möglich werden. Über eine **Reflexion** wird schließlich **Generalisierung und Transfer** der neuen Lernerfahrung angestrebt.

Den Kern eines Ungleichgewichtszustandes sehen Nadler und Luckner darin, dass „im Bewußtsein des Individuums ein Mißverhältnis zwischen neuer Information und der gewohnten Art zu denken besteht" (7, Übers. rg). Ein Ungleichgewicht, eine Verstörung, eine Spannung oder wie immer man den Zustand beschreiben will, ist im Rahmen dieser Theorie quasi die Grundvoraussetzung dafür, dass Lernen stattfinden kann. Im Gleichgewichtszustand besteht dazu keine Veranlassung. Für letzteren haben Nadler und Luckner den Begriff der „comfort zone" geprägt bzw. aufgegriffen. Das ist der Bereich des Bekannten, Vertrauten und Vorhersagbaren, in dem das Individuum sich sicher bewegt. Solange es innerhalb dieses Bereiches verweilt, bleibt es allerdings auch stehen, entwickelt sich nicht weiter. **Wachstum und Lernen haben immer etwas mit Risiko zu tun, mit einem Aufbruch ins Unbekannte, Ungewisse, Unvorhersagbare**.

Kritisch läßt sich zu diesem Modell natürlich anmerken, dass es die Impulse, die der Lernprozess von außen erhält, einseitig hervorhebt. Lernen hängt aber auch von einer inneren Bereitschaft, Neues überhaupt an sich heranzulassen, ab. Insofern bedarf ein Zustand des produktiven Ungleichgewichts nicht immer des äußeren Anstoßes. Und umgekehrt kann die innere Befindlichkeit so sein, dass eine Störung des Gleichgewichts unangebracht ist.

Was aber sind die Qualitäten einer Herausforderung, die einen produktiven Ungleichgewichtszustand auszulösen vermögen? Drei Charakteristika bieten sich zur Beschreibung an:

- **Neuartigkeit**: Auf alles, was wir gut kennen oder zu kennen glauben, reagieren wir in der Regel mit relativ automatisierten Denk- und Verhaltensmustern. Nadler und Luckner betonen deshalb die Bedeutung, die eine neue und ungewohnte Umgebung haben kann. Geradezu ideal ist in dieser Hinsicht die klassische Abenteuerlandschaft: die Berge, das Meer, oder ein anderer Ort in der Natur, die uns Zivilisationsmenschen in der Regel ziemlich fremd geworden ist. Aber bereits ein Selbstversorgerhaus, in dem die Gruppe für ein paar Tage ohne große Ablenkungen der Außenwelt auf sich gestellt ist, kann diese Funktion gut erfüllen. Rohnke (1989) gibt zahlreiche Anregungen, wie der Einsatz witziger Materialien bei einer stärker spielerisch orientierten Arbeitsweise ein Gefühl von Neuheit und spannender Erwartung auslösen kann. Schon ein Softball oder ein Strandball beispielsweise verleiten uns eher kreativ zu denken als ein Fußball oder ein Volleyball. Mindestens so bedeutsam wie äußere Faktoren ist aber wohl die Fähigkeit der LehrerIn, scheinbare Vertrautheit zu hinterfragen, in Altem Neues zu erkennen, und damit auch die SchülerInnen herauszufordern, jenseits ihrer gewohnten Denk- und Handlungsmuster neue Perspektiven zu entdecken.
- **Aufforderungscharakter**: Neue Angebote müssen an vorhandene Interessen und Bedürfnisse anknüpfen. Zudem sollte eine Herausforderung ein klares und überschaubares Feld an Handlungsmöglichkeiten eröffnen, in dem Erfolgserlebnisse realisiert werden können. Von daher sind Outdoor-Aktivitäten wie Klettern oder Kanufahren, die Jugendlichen spannende körperliche Erfahrungen in einem interessanten Sinnzusammenhang versprechen, äußerst wertvolle Medien. Abenteuerspiele und -aktivitäten haben ebenfalls eine ausgeprägte körperliche Komponente und laden unmittelbar zum Handeln ein. Grundsätzlich ist das Feld erlebnispädagogischer Medien so weit, wie die intrinsische Motivation der Jugendlichen angesprochen bzw. aktiviert werden kann.
- **Ernstcharakter**: Eine grundlegende Idee des erlebnispädagogischen Ansatzes ist es, dass Lernprozesse angestoßen, in ihrem weiteren Verlauf aber möglichst wenig seitens der LehrerInnen kontrolliert werden sollten. Das impliziert natürlich auch eine kritische Sichtweise von Verstärkungen: Belohnungen oder Bestrafungen nehmen der Herausforderung etwas von ihrer Authentizität. Wo immer selbstregulative Prozesse an deren Stelle treten können, sollte dies zugelassen werden. Die Natur ist dafür ein besonders gutes Beispiel. Sie kennt weder Belohnungen noch Bestrafungen, nur Konsequenzen. Angesichts ihres nicht wegzudiskutierenden Ernstcharakters, etwa der einfallenden Dunkelheit oder des drohenden Regens während einer Orientierungswanderung, erübrigen sich manche Mahnungen. Voraussetzung ist allerdings, dass man auch bereit ist, die Konsequenzen wirklich wirken zu lassen. In diesem Sinne kann auch der soziale Kontext, die Gruppenprozesse also, die ja stets „nebenher" ablaufen, einen produktiven Ernstcharakter bekommen, wenn ein ausreichend großer Rahmen für autonome Entscheidungen der Jugendlichen abgesteckt wird.

Ein folgenschweres Mißverständnis wäre es, die erlebnispädagogischen Medien selbst bereits für Herausforderungen zu halten. Herausforderungen manifestieren sich vielmehr in diesen Medien über bestimmte Aufgabenstellungen. Für die Praxis bedeutet das, dass einerseits das Spektrum der Aktivitäten, mit denen in einem erlebnispädagogischen Sinne gearbeitet werden kann, größer ist als das Repertoire der klassischen Medien, also Outdoor-Aktivitäten und Abenteuerspiele. Andererseits steht und fällt die Qualität des erlebnispädagogischen Prozesses damit, wie diese Aktivitäten präsentiert und moderiert werden. Herausforderungen sind nichts Statisches, sie müssen immer wieder aus der jeweiligen Situation heraus geschaffen werden. Dieser Prozess läßt sich als ein beständiges Experimentieren beschreiben. Dazu sollen abschließend ein paar Anregungen gegeben werden:

- Welches **Medium** man auch wählt, es **ist immer nur eine Art Rohmaterial**. Am besten läßt sich das am Beispiel von Spielen veranschaulichen. Von den Spielutensilien über die vielfältigen Aspekte der Regeln – zeitliche und räumliche Begrenzungen, Rollen, Bewegungsmöglichkeiten, Erfolgskriterien – bis hin zum Kontext und den Zielen, die im Vordergrund stehen, läßt sich – innerhalb eines gewissen Spielraums – alles variieren. Rohnke und Butler (1995, 45ff) geben dazu pragmatische Hinweise und Beispiele.
- Eine besondere Bedeutung kommt der **Variation des Schwierigkeitsgrades** der Aufgaben zu. Herausforderungen müssen anspruchsvoll sein, ihre Bewältigung andererseits auch im Bereich der Möglichkeiten der TeilnehmerInnen liegen. Genau das richtige Niveau zu finden, ist keine leichte Aufgabe. Murray (in: Rohnke 1989, 106ff) illustriert diesbezügliche Überlegungen anschaulich am Beispiel des Abenteuerspiels „Spinnennetz“.
- Herausforderungen müssen der Vielfalt und Heterogenität der TeilnehmerInnen gerecht werden. Wenn immer möglich, sollten **im Rahmen einer Aufgabenstellung alternative Handlungsmöglichkeiten** bestehen, welche die Bewältigung unterschiedlich großer Schwierigkeiten und den Einsatz verschiedener Fähigkeiten erlauben. Aus dem gleichen Grunde ist ein Wechsel vielfältiger Aktivitäten der Arbeit mit nur einem Medium vorzuziehen. Schließlich können Aufgabenstellungen, die sich an die Gruppe als Ganzes wenden mit individuellen Herausforderungen, wie etwa einem Solo – einer Zeit, die man ganz mit sich alleine verbringt – abwechseln.

Zuletzt sei noch eine Überlegung jenseits der unmittelbaren Planung von Arbeitseinheiten und Projekten angemerkt. Wer gezielt mit Herausforderungen arbeitet, sollte ein Gefühl dafür haben, wie es ist, wenn man den Bereich des Vertrauten verläßt. Das erfährt man natürlich am besten, wenn man auch sich selbst immer wieder neuen Herausforderungen stellt. Das werden vielleicht ganz andere sein als jene, die man den SchülerInnen präsentiert.

1.2 Problemlösung

„Wenn Du Menschen sagst, wo sie hingehen sollen,
aber nicht, wie sie dort hinkommen,
wirst Du über die Ergebnisse überrascht sein."
George Patton

Lernen an Herausforderungen, wie es hier beschrieben worden ist, fordert die Beteiligten in vielfältiger Weise. Und es fördert in diesem Sinne ihre Begabungen, etwa im Sinne der emotionalen Intelligenz (Goleman 1995) oder der körperlich-kinästhetischen und der personalen Intelligenz (Gardner 1983). Aber hat es auch noch etwas mit Lernen im klassischen Sinne zu tun?
John Dewey, einer der Reformpädagogen, welche die Grundlagen für eine erfahrungsorientierte Pädagogik gelegt haben, formulierte dazu pointiert: „Wachstum beruht auf dem Vorhandensein von Schwierigkeiten, die durch den Einsatz von Intelligenz überwunden werden" (1938, 79, Übers. rg). Und den Begriff Intelligenz verwendete er hier durchaus im allgemein üblichen Sinne. **Erfahrungsorientierung impliziert keine Ausschaltung des Denkens. Das Gegenteil ist der Fall.**

Die Herausforderungen, die am Anfang des Lernprozesses stehen, sind in der Regel komplexe Problemstellungen, die, obwohl physischer Natur, allein durch den Einsatz körperlicher Fähigkeiten wie Kraft, Geschicklichkeit und Schnelligkeit nicht zu lösen sind. Mindestens genauso groß sind die mentalen Anforderungen. Fast immer ist es so, dass eine sorgfältige Planung sich bezahlt macht. Das Ausarbeiten einer Strategie erweist sich gegenüber einem blinden Versuch-und-Irrtum Vorgehen als überlegen. Flexibilität im Denken ist gefragt, wenn Pläne angesichts einer widerspenstigen Realität angepaßt oder umgeworfen werden müssen. Auch im emotionalen und sozialen Bereich wird einiges verlangt. Entscheidungen müssen gemeinsam getroffen werden, ohne dass die Art der Entscheidungsfindung vorgegeben wird. Dabei kommt es zwangsläufig auch zu Konflikten. Enttäuschungen und Frustrationen müssen verarbeitet werden. Immer wieder muss ein neuer Anfang gemacht werden.

Problemlöseprozesse sind oft mühsam, zäh und spannungsgeladen. Unter dem Blickwinkel der Animation eines leicht verdaulichen und unbeschwerten Erlebnisprogramms würde man alles tun, um sie den TeilnehmerInnen zu ersparen. In der Erlebnispädagogik gehören sie zum Konzept. **Der Zustand des Ungleichgewichts dient vor allem einem: komplexe Lernprozesse in Gang zu setzen.**

Einige Aspekte dieses Lernverständnisses sollen hier kurz umrissen werden:

- Die Lernsituation wird so gestaltet, dass sich eine Notwendigkeit zum eigenen Handeln für die SchülerInnen unmittelbar daraus ergibt. Das kann sehr direkt durch eine klar umrissene Aufgabenstellung geschehen, wie etwa in einem kooperativen Abenteuerspiel, oder auch indirekt im Rahmen einer offenen und zunächst unstrukturierten Situation, wie dem Aufenthalt in einem Selbstversorgerhaus. Fürst (1992, 34ff) spricht in diesem Zusammenhang von der **„Dynamik der unfertigen Situation"**. Drei Elemente zeichnen die Struktur dieser Situation aus: konstruktive Gestaltungsmöglichkeiten, viel Unfertiges und Elemente zur Begrenzung destruktiver Entwicklungen.
- Die **LehrerInnen passen ihre Rolle den Phasen des Lernprozesses an.** Während es eines durchdachten Impulses zur Eingabe der Herausforderung bedarf, halten sie sich im Verlauf des Problemlöseprozesses so weit wie möglich zurück, damit die Dynamik der jeweiligen Gruppe zum Tragen kommen kann. Insbesondere Hilfestellungen sind äußerst sorgfältig daraufhin abzuwägen, ob das, was man vorschlägt, nicht von den SchülerInnen selbst entdeckt werden könnte.
- Auch bei einer klaren Problemstellung mit einem eindeutig abgesteckten Ziel, wie z.B. dem Bau eines Floßes zur Überquerung eines Sees, geht es nicht nur um das Erreichen dieses Ziels. Mindestens genauso wichtig wird der Prozess der Problemlösung selbst genommen. Aufgaben werden als Chancen gesehen, etwas über die eigenen Handlungsmechanismen zu lernen und sie gegebenenfalls zu verändern. Entsprechend liegt die Betonung bei den Präsentationen weniger auf detaillierten Anforderungen an die Qualität des Produktes, als auf **Anforderungen an die Qualität des Prozesses**, insbesondere auf der grundsätzlichen Bereitschaft, sich einzulassen und zu der gemeinsamen Anstrengung beizutragen.
- Aus dem bislang Gesagten resultiert ein anderer Umgang mit Fehlern. Statt als lästige und möglichst auszuschaltende Störfaktoren werden **Fehler** als natürliche Elemente eines jeden Lernprozesses und darüber hinaus **als willkommene Lernchancen** betrachtet. Wenn Fehler vermieden werden sollen, führt das in der Regel zu Angst und Blockierungen. Eine Sichtweise von Fehlern als Lerngelegenheiten hingegen eröffnet mit jeder Sackgasse neue Perspektiven und Erkenntnisse, die über den direkten Anlaß hinaus nützlich sein können.

In der Wahl des Wortes „Problemlöseprozesse" steckt bereits eine semantische Botschaft, die es in der Präsentation des erlebnispädagogischen Ansatzes zu transportieren gilt. Sie könnte kurzgefasst wie folgt lauten: Es gibt eine Menge *Probleme*, überall und immer wieder. Sie lassen sich *lösen*, auch wenn zunächst einmal völlig unklar ist, wie das gehen soll. Man muss nur den Mut und die Ausdauer haben, die Probleme *gemeinsam anzupacken*.
Gass und Gillis (1995) zeigen auf, dass diese Botschaft konsequenterweise mit einem Arbeitsansatz einhergeht, welcher sich stärker auf die Schritte auf dem Weg

zur Lösung als auf die noch verbleibenden Schwierigkeiten konzentriert. Dafür spricht in jedem Fall, dass sich mit einer nach vorne gerichteten Perspektive eine positivere Energie mobilisieren läßt als mit einem Blick zurück in Zorn oder Frustration. Unbesehen davon sollte nicht der Eindruck erweckt werden, dass *alle* Probleme grundsätzlich lösbar sind. Es kann ebenfalls eine wertvolle Lernerfahrung sein, bestimmte Schwierigkeiten in ihrem So-sein zu akzeptieren und sie eben nicht mehr verändern zu wollen.

1.3 Grenzerfahrung

„Das Leben ist ein Risiko. Mehr Risiko kann auch mehr Leben bedeuten."
Henrik Ibsen

Auch ein intrinsisch motivierter Lernprozess, in dem Schwierigkeiten als Chancen betrachtet werden, braucht Höhepunkte. So sind denn auch Erfolgserlebnisse ein konstitutives Element in Nadlers und Luckners Modell. Die Höhepunkte des erlebnispädagogischen Lernprozesses haben aber auch noch eine andere Qualität, die sich am treffendsten als Grenzerfahrung beschreiben läßt.
Jenseits des Gleichgewichts im Bereich des Bekannten und Vertrauten, so die Überzeugung dieser wie wohl jeder wachstumsorientierten Pädagogik, liegen im Menschen ungeahnte Möglichkeiten, auf die er normalerweise nie zurückgreift. Nur auf der Grundlage eines Menschenbildes, das an diese Möglichkeiten und Potentiale glaubt, ist eine Pädagogik, die auf Herausforderungen und Destabilisierungen setzt, überhaupt verantwortbar.

Was aber passiert, wenn jenseits der Grenzen des bislang Möglichen neue Erfahrungen gemacht werden? Csikszentmihalyi (1987) hat solche Momente jenseits von Angst und Langeweile eingehender erforscht und für sie den Ausdruck „flow" geprägt. Er beschreibt **Flow-Erlebnisse** anhand folgender Kriterien:

Grundvoraussetzung ist die **Freiheit der Wahl**, d.h. Flow kann nur da entstehen, wo Menschen sich selbst als Lenkende und Entscheidende erleben. Die bewußte Konzentration auf eine bestimmte Tätigkeit führt zu einer **Zentrierung der Aufmerksamkeit**, bei der alles, was nicht unmittelbar bedeutsam ist, aus dem Bewußtsein verschwindet. Beim Handeln besteht ein **Gefühl der Kompetenz und Kontrolle**. Es geht einher mit einer **Klarheit der Ziele und der Rückmeldungen**, d.h. die Konsequenzen der eigenen Handlungsschritte sind unmittelbar einsichtig und überschaubar. Angesichts dessen kommt es zu einer **Verschmelzung von Handlung und Bewußtsein**, die Gedanken beschäftigen sich mit dem, was man tut, und man tut was man denkt. In diesem Zustand ist eine **Überschreitung der Ich-Grenzen** möglich, man ist ganz eins mit sich selbst und gerade dadurch in einem intensiven Kontakt mit der Umwelt.

Flow-Erlebnisse sind ganz offensichtlich Augenblicke eines gesteigerten Lebensgefühls, die allein um ihrer selbst willen gesucht werden. Darüber hinaus ist es nicht schwer sich vorzustellen, wie solche Erlebnisse, um noch einmal mit Kimball und Bacon (1993, 20) zu sprechen, ein „Frontalangriff auf gelernte Hilflosigkeit, Abhängigkeit und geringes Selbstwertgefühl" sind. Die besondere Chance von Flow-Erlebnissen, zu einer positiven Veränderung des Selbstbildes beizutragen, liegt darin, dass das positive Selbstbild mit den Aspekten Freiheit, Kompetenz und Orientierung im Flow-Erleben selbst schon vorhanden ist.

Die Grenzerfahrung hat aber auch eine andere, eher bedrohliche Seite. Schoel, Prouty und Radcliffe bringen das sehr klar auf den Punkt, wenn sie schreiben: „Herausforderung ist ein zweischneidiges Schwert. Während sie einerseits die Möglichkeit zu Veränderung und Erfolg bietet, legt sie andererseits auch die Dinge offen, vor denen wir Angst haben: Gesichtsverlust, Versagen und Verletzung" (1988, 130, Übers. rg). **Nicht jede Erfahrung an der Grenze ist eine Grenzüberschreitung**. Manchmal müssen wir auch zurückweichen, die Grenze anerkennen, oder beim Versuch sie zu überschreiten scheitern. Oder wir müssen unsere eigenen Grenzen gegen die Überschreitung durch andere wahren. Wenngleich solche Erfahrungen nicht unbedingt erfreulich sind, liegt auch in ihnen ein großes Lernpotential. Damit sie positiv verarbeitet werden können, bedürfen sie allerdings einer einfühlsamen Begleitung. Die Metapher vom „Frontalangriff" ist also durchaus kritisch zu hinterfragen. In manchen Situationen mag „behutsames Schmelzen" ein angemesseneres Bild sein. Schließlich sind auch Sicherheit und Geborgenheit wertvolle Grenzerfahrungen, ja letztlich sogar die Grundlage des Vertrauens, Grenzen erforschen und überwinden zu können.

Grenzerfahrungen sind ein weites Feld, das von der erlebnispädagogischen Literatur und Praxis bislang vielleicht noch nicht umfassend genug verstanden worden ist. Fürst (1992, 71ff) liefert in dieser Hinsicht einen wertvollen Beitrag, indem er vier verschiedene Typen von Grenzerlebnissen zu unterscheiden versucht:

- das *Durchbeißen*, bei dem das Überschreiten der eigenen Grenzen im Vordergrund steht,
- das *Ertragen*, bei dem es umgekehrt um ein Akzeptieren eigener Grenzen geht,
- das *Erforschen der Selbstbegrenzungen*, bei dem die bewußte Wahrnehmung der Situation an der Grenze gefördert wird,
- die *Gestaltung von Beziehungen*, bei welcher der Focus auf dem Umgang mit zwischenmenschlichen Grenzen liegt.

Aus all dem wird deutlich, dass der Umgang mit Grenzerfahrungen eine äußerst verantwortungsvolle Aufgabe ist. Ohne den Anspruch, alle Aspekte einer solchen Arbeit erfassen zu können, sollen wiederum einige praktische Hinweise zu diesem Bereich gegeben werden:

- **Ohne subjektives Risiko ist keine Grenzerfahrung möglich, ohne objektive Sicherheit ist sie pädagogisch nicht verantwortbar.** Herausforderungen werden also idealerweise so präsentiert, dass das subjektive Risiko als hoch erlebt wird, jenseits von Langeweile, aber doch wieder nicht so hoch, dass panische Angst ausgelöst wird. Eine hundertprozentige objektive Sicherheit kann es natürlich auf der anderen Seite nie geben. Aber alle Abläufe müssen auf Risiken hin durchdacht werden, und es müssen umfassende Sicherheitsvorkehrungen vorgenommen werden, um diese Risiken mit aller Wahrscheinlichkeit auszuschalten (siehe z.B. Kraus&Schwiersch 1996, Siebert 1992).
  Meist ist dies im physischen Bereich eindeutiger einzuschätzen als im psychischen Bereich. Ein gutes Beispiel für die wünschenswerte Diskrepanz zwischen hohem subjektiven Risiko und geringem objektiven Risiko ist das Klettern: Während am Fels schon in wenigen Metern Höhe ein existentielles Gefühl von Gefahr aufkommen kann, sind die realen Risiken mit Hilfe moderner Sicherungstechnik – kompetente Bedienung vorausgesetzt – umfassend zu kontrollieren.
- **Grenzerfahrungen haben einen Aspekt von Unplanbarkeit.** Der Aufbruch ins Ungewisse bringt auch für die LehrerInnen ein gewisses Maß an Unsicherheit mit sich. Wiederum am Beispiel Klettern: Nie läßt sich sicher vorhersagen, wie einzelne SchülerInnen die Situation am Fels erleben, wie sie auf Schwierigkeiten reagieren werden. Und die entscheidende Situation angesichts einer Grenze kann eine Frage weniger Sekunden oder langer Minuten sein. Insofern verbietet es sich von selbst, die Arbeit an Grenzerfahrungen in ein starres Ablaufschema pressen zu wollen. Angemessen ist vielmehr ein offener Zeitrahmen, der flexibel den Gegebenheiten der Situation angepaßt werden kann.
- **Arbeit an Grenzerfahrungen ist eine Arbeit in und mit dem Augenblick.** Da die entscheidenden Momente zeitlich nicht vorausplanbar sind, kommt der Präsenz der LehrerInnen größte Bedeutung zu. Das gilt zum einen in einer ganz banalen Hinsicht: man muss einfach immer da sein. Präsenz meint andererseits mehr als bloße Anwesenheit: die Aufmerksamkeit muss voll und ganz dem Prozess gewidmet werden. Seitengespräche, Vorbereitungen für weitere Aktivitäten u.a. beeinträchtigen die Fähigkeit der LehrerInnen, auf das zu reagieren, was in der Gruppe geschieht. Vielmehr sollte ihr nonverbales Verhalten signalisieren, dass sie ganz bei der Sache sind. Noch treffender läßt sich die Qualität einer solchen Prozessbegleitung mit dem Begriff Achtsamkeit beschreiben: was immer geschieht, die BegleiterInnen nehmen es aufmerksam wahr und sind bereit, unterstützend, konfrontierend oder hinterfragend einzugreifen.

1.4 Beziehung

„Jede lebendige Situation hat trotz aller Ähnlichkeiten ein neues Gesicht, nie dagewesen, nie wiederkehrend. Sie verlangt eine Äußerung von dir, die nicht schon bereitliegen kann. Sie verlangt nichts, was gewesen ist. Sie verlangt Gegenwart, Verantwortung, dich."

Martin Buber

Erlebnispädagogik ist ein belebender, gleichwohl auch anstrengender und manchmal konfrontativer Lernansatz. Die SchülerInnen werden nicht mit mundgerecht servierten Erlebnissen verwöhnt, sie werden vielmehr gefordert, in offenen Lernsituationen neue Wege zu entdecken und sich dabei auch noch mit sich selbst auseinanderzusetzen. Wo den SchülerInnen mehr Verantwortung zugemutet wird, bedeutet das nicht unbedingt weniger Verantwortung für die LehrerInnen. Statt dessen verschiebt sich der Focus: sehen LehrerInnen sich im klassischen Verständnis von Schule in erster Linie als für die Vermittlung von Inhalten zuständig, liegt die Betonung im erfahrungsorientierten Lernmodell der Erlebnispädagogik auf der Verantwortung für die Gestaltung des Lern*prozesses.*

Einige Aspekte dieser Lehrerrolle wurden bereits genannt: Impulssetzung zu Beginn, Präsenz und gleichzeitig Zurückhaltung während des Prozesses selbst. Dem zugrunde muss wohl aber noch eine andere Qualität liegen, die nichts mit Prozessphasen und Rollen zu tun hat. Zwischen LehrerInnen und SchülerInnen muss eine grundlegende Vertrauensbeziehung bestehen. Ohne eine solche Beziehung läuft die Erlebnispädagogik Gefahr, einseitig traditionell männliche Ideale wie Härte, Durchbeißen und Durchsetzung von Stärke zu fördern.

Die Signale, die von einer grundlegenden Vertrauensbeziehung ausgehen, lauten dagegen:

- Alle SchülerInnen sind o.k. so wie sie sind, unabhängig von ihrer Leistung und ihrem Lernfortschritt.
- Alle SchülerInnen sind in der Lage, zum Gelingen der gemeinsamen Erfahrung beizutragen, wenn auf ihre spezifischen Bedürfnisse und Voraussetzungen eingegangen wird.
- Alle SchülerInnen erleben einen jeweils einzigartigen Lernprozess, der es wert ist, wahrgenommen und verstanden zu werden.

Am umfassendsten und eindrucksvollsten hat Carl Rogers (1977) die grundlegenden Qualitäten einer hilfreichen Beziehung mit den drei Aspekten **Wertschätzung, Einfühlungsvermögen und Echtheit** beschrieben. Eine Pädagogik der Herausforderung tut wahrscheinlich besonders gut daran, ihre Verunsicherungen und Destabilisierungen auf ein solches Fundament aufzubauen.

Fürst (1992, 118ff) bringt in Bezug auf die Gestaltung von Beziehungen einen anderen interessanten Gedanken ins Spiel, wenn er zwischen vier Leitungsfunktionen – Organisator und Vertreter der Normen und Werte, Experte für erlebnispädagogische Medien, Begleiter von Erfahrungsprozessen und Erlebnisgefährte – unterscheidet. Die beiden letzten Funktionen betonen die Beziehungsebene jeweils von einer anderen Seite. Während die BegleiterIn von Erfahrungsprozessen aus der Rolle des aufmerksamen Beobachters heraus Hilfen zur Verarbeitung von Erlebnissen anbieten kann, ist die ErlebnisgefährtIn unmittelbar involviert, hat das Gleiche erlebt wie die SchülerInnen selbst. In solchen gemeinsamen Erlebnissen, wie etwa einer Nachtwanderung durch einen dunklen Wald, bei der alle ein Gefühl von Unheimlichkeit beschleicht, liegt natürlich eine besondere Chance zum Aufbau von vertrauensvollen Beziehungen, denn alle Beteiligten können auf eine lebendige Erinnerung zurückgreifen, die manchmal mehr wert ist als tausend Worte.

Nichts würde dem Wesen von Beziehungen mehr widersprechen als Anleitungen oder Gebrauchsanweisungen. Trotzdem sollen auch hier wieder einige möglichst konkrete Hinweise zur Beziehungsarbeit gegeben werden:

- **Beziehung ist nichts Statisches.** Sie unterliegt einer Dynamik fortwährender Veränderung und muss von daher immer wieder neu aufgebaut werden. Vor allem zu Beginn einer gemeinsamen Arbeit, wie auch am Anfang jeder neuen Arbeitsphase sollte man sich Zeit nehmen zum gegenseitigen Abtasten, zum Kennenlernen, zum Anknüpfen an Vergangenes und zur Wiedergewinnung eines Gefühls füreinander. Je nach Situation können dazu Aufwärmspiele, meditative Einstimmungen oder auch einfach unstrukturierte Gespräche hilfreich sein.
- **Beziehung braucht Zeit und Freiheit**, um sich zu entwickeln. Muss das Programm auf der einen Seite intensiv sein, um Spannung zu erzeugen, so darf es andererseits nicht zu durchstrukturiert sein, dass keine freie Zeit für Gespräche und Kontakte am Rande bleibt. Auch im Programm selbst sollten aktionsgeladene Phasen mit ruhigen Abschnitten wechseln, in denen die Möglichkeit zur gemeinsamen Verarbeitung des Erlebten besteht. Auch in einem noch so spannenden Programm geschieht das Wichtigste manchmal in den Pausen.
- **Beziehung braucht echte Begegnung**. LehrerInnen müssen als Menschen mit Stärken und Schwächen wahrnehmbar sein, und dürfen sich nicht hinter ihrer Rolle verstecken. Gerade in der Erlebnispädagogik besteht die Gefahr, dass Schülerinnen und mehr noch Schüler, von technischen Aspekten wie Seilen, Karabinern, Booten etc. fasziniert, die Lehrerin oder wahrscheinlicher den Lehrer sogar ohne deren großes Zutun in eine Guru-Rolle drängen. Alle technischen Aspekte erlebnispädagogischer Arbeit sollten daher gegenüber den SchülerInnen eher im Hintergrund gehalten werden, und LehrerInnen sollten Demonstrationen ihrer technischen Kompetenzen einzig auf den Bereich der Sicherungsmaßnahmen beschränken.

- **Beziehung braucht Flexibilität**. So überzeugend das der Erlebnispädagogik zugrunde liegende Wachstumsmodell auch erscheinen mag, nicht immer ist Wachstum angesagt. Respektiert werden müssen auch Phasen, in denen die Integration zurückliegender Erfahrung im Vordergrund steht, und solche, in denen das Bedürfnis nach Sicherheit die Oberhand behält gegenüber Tendenzen zur Veränderung. Herausforderungen sind nicht immer für alle SchülerInnen gleichermaßen angebracht, und man muss ein Gefühl dafür entwickeln, wann Konfrontation sinnvoll ist, und wann Verständnis gebraucht wird. Die Balance zwischen Herausforderung und Unterstützung dürfte ohnehin eine der anspruchsvollsten Aspekte pädagogischer Kunst schlechthin sein.

Vieles, was über die Bedeutung und Gestaltung von Beziehungen geschrieben worden ist, entstammt dem psychologisch-therapeutischen Feld, und die meisten LehrerInnen fühlen sich in diesem Bereich eher unsicher. Doch bedarf es wohl weniger therapeutischer Kompetenzen, um erlebnispädagogisch zu arbeiten, als eines gewissen Gespürs für nonverbale Botschaften, einer Bereitschaft zur Selbstreflexivität und der Entschlossenheit, die sozial-emotionale Seite des Lehrerberufs genauso ernst zu nehmen wie die kognitive. Darüber hinaus ist es sicher wünschenswert, wenn in eine Arbeit, die im Grenzbereich zwischen Pädagogik und Psychologie angesiedelt ist, möglichst vielfältige Kompetenzen einfließen. Teamarbeit und die Kooperation auch mit außerschulischen Partnern sind daher grundsätzlich anzustreben.

2. Ganzheitlichkeit

Ganzheitlichkeit ist ein schillernder Begriff. Scheint das dahinter stehende Konzept auf den ersten Blick unmittelbar einleuchtend, verflüchtigt sich das Verständnis um dessen Zusammenhänge bei eingehender Betrachtung. Das hat vielleicht auch etwas damit zu tun, dass unser Lebensstil alles andere als ganzheitlich ist, dass unser Denken von einer reduktionistischen Sichtweise geprägt ist.
Betrachten wir wieder die Schule. Fragmentierung scheint geradezu das Leitprinzip schulischer Organisation zu sein. Der Unterricht ist sorgfältig in zahlreiche Fächer untergliedert, in denen Wissensgebiete nebeneinander und doch meist ohne jeden Bezug zueinander abgehandelt werden. Auch innerhalb der Fächer ist der gleiche Mechanismus am Werke: in ausgeklügelten Lehrplänen wird das zu lehrende Wissen in kleine Portionen eingeteilt, und die zeitliche Abfolge der Vermittlung wird festgelegt. Stephen Levy karikiert diese Situation treffend: „Die ganze Welt, so scheint es, ist zur Konsumierung durch die SchülerInnen verarbeitet und verpackt worden"(1996, 19, Übers.rg).

Besonders deutlich ist die Trennung von Verstand, Körper und Gefühl. Die Schule versteht sich im Wesentlichen als Stätte intellektueller Bildung. Dem körperlichen Bedürfnis nach Bewegung wird mit dem Sportunterricht noch ein Fach zugeordnet, die emotionale Seite des Menschen bleibt bei der derzeitigen Konzeption ganz vor der Tür. Während sich in der Grundschule, begünstigt auch durch die Situation, dass LehrerInnen meist viele Stunden in einer oder wenigen Klassen unterrichten, ein ganzheitlicheres Lernverständnis durchzusetzen beginnt, scheint die Fragmentierung in der weiterführenden Schule und ganz besonders im Gymnasium noch weitgehend ungebrochen.
Diese Praxis steht in einer langen Tradition, die sich bis auf die griechischen Atomisten zurückverfolgen läßt, und die mit dem Siegeszug des naturwissenschaftlichen Denkens zum zentralen Paradigma der Industriegesellschaft geworden ist. Kern des mechanistisch – reduktionistischen Weltbildes ist die Annahme, dass sich alle Phänomene erklären lassen, wenn man sie in ihre einzelnen Bestandteile zerlegt. Auf dieser Basis ist alles grundsätzlich messbar und berechenbar, Abfolgen von Ereignissen können linear auf eindeutige Ursachen zurückgeführt werden. Folglich war das Bestreben der Physik lange Zeit darauf konzentriert, kleinste, unteilbare Grundbestandteile der Materie zu finden. Gerade dabei bahnte sich aber eine tiefgreifende Wende an. Bei der Zerlegung von Atomen stieß man auf ein hochkomplexes Geflecht von Partikeln und Wellen, in dem die alten mechanistischen Prinzipien hoffnungslos versagten. Selbst auf einer physikalischen Ebene sind die Phänomene offensichtlich nicht alleine anhand der Kenntnis ihrer materiellen Bestandteile erklärbar. **Das Ganze ist mehr als die Summe seiner Teile. Es hat immer auch eine Struktur, die nicht schon in den Bestandteilen angelegt ist.**

Ganzheitliches Denken ist also immer auch systemisches Denken. Dieses Denken zeichnet sich dadurch aus, dass komplexe Zusammenhänge als Netzwerke verstanden werden, statt sie in ein klar gegliedertes Raster von Hierarchien zu pressen. An die Stelle monokausaler Erklärungen tritt die Vorstellung von Rückkopplungen und Kreisläufen; Veränderungen sind nicht mehr beliebig reversibel. Für lebendige Organismen scheint ein ganzheitlich – systemisches Denken unmittelbar angemessener zu sein. Doch das mechanistische Weltbild hat weit über die Physik hinaus das Denken geprägt, hat zur Entstehung eines mechanistischen Menschenbildes beigetragen und so auch im pädagogischen Bereich umfassende Auswirkungen gehabt.
Eine Umorientierung wird daher weit mehr verlangen als die Einführung neuer Methoden. Zur Disposition stehen das Prinzip des isolierten Fachunterrichts, die Illusion eines gerechten Vergleichs in Form von Noten, die Rolle von LehrerInnen als Wissensvermittler und die strikte Trennung von Lernen und Leben.

Jede einzelne dieser grundsätzlichen Fragen ist in verschiedenen Ansätzen der Reformpädagogik bereits aufgegriffen worden. Ein fächerübergreifendes Lernen in Projekten, der Verzicht auf Notengebung zugunsten verbal-qualitativer Beschreibungen des Lernprozesses, ein Selbstverständnis der LehrerInnen als BeraterInnen und ein Lernen an außerschulischen Orten waren und sind einige der Antworten.
Für die Erlebnispädagogik ist Kurt Hahns Motto „Lernen mit Kopf, Herz und Hand" zum Leitmotiv geworden. Doch es wäre wohl vermessen, für diesen wie für irgend einen anderen einzelnen Ansatz eine umfassende Verwirklichung von Ganzheitlichkeit in Anspruch nehmen zu wollen. Vielleicht könnte man statt dessen von ganzheitlichen Inseln sprechen, im Bewußtsein, dass diese immer auch in der Gefahr sind, auf Methoden in einem mechanistischen Sinne reduziert zu werden. Ganzheitliches Lernen dürfte zum gegenwärtigen Zeitpunkt eher eine Vision sein, die wir selbst immer nur bruchstückhaft verstehen. Ein Wechsel des Lernparadigmas ist kein Katzensprung, eher „eine unendliche Reise, deren ganzer Sinn es ist, in Bewegung zu bleiben und nicht zu erstarren" (Fuhr&Gremmler-Fuhr 1995, 187).
Die im folgenden ausgewählten Aspekte verstehen sich in diesem Sinne nicht als geschlossenes Konzept von Ganzheitlichkeit; sie sollen lediglich einige Bereiche, die für die Fortsetzung der erlebnispädagogischen Reise von Bedeutung sein könnten, genauer beleuchten.

2.1 Wechselspiel von Aktion und Reflexion

„Ein Mensch hat eine Erfahrung gemacht, jetzt sucht er die Geschichte dazu – man kann nicht leben mit einer Erfahrung, die ohne Geschichte bleibt, scheint es..."
Max Frisch

Wir sind so an die Verkopfung von Lernprozessen gewöhnt, dass wir automatisch an eine stärkere Betonung von Körper und Gefühl denken, wenn von Ganzheitlichkeit die Rede ist. In der Erlebnispädagogik besteht dagegen eher die umgekehrte Gefahr eines unreflektierten Aktionismus. Dewey findet eindrückliche Worte, um davor zu warnen: „Das kritische Problem in der Erziehung besteht darin, eine unmittelbare Aktion, die sich an den Impulsen und Wünschen orientiert, zurückzustellen, bis Beobachtung und Beurteilung stattgefunden haben... Die verstandesmäßige Vorausschau, die Idee von Konsequenzen, muss mit Impulsen und Wünschen zusammenfließen, um eine treibende Kraft zu werden. Sie gibt dann Richtung in etwas, was ansonsten blind ist, während Wünsche und Bedürfnisse den Ideen Anstoß und Kraft geben" (1938, 69, Übers. rg).

Wenn Erlebnispädagogik mehr sein will als Kompensation, muss sie diesen Überlegungen Rechnung tragen. Entsprechend hat die Integration von Momenten der Reflexion ein breites Echo in der Literatur gefunden. Die Gruppe Project Adventure hat in diesem Zusammenhang das anschauliche Bild der „adventure wave" geprägt (Schoel et al. 1988, 27ff). Die Welle ist ein schönes Symbol für die intendierte Fortbewegung und Entwicklung, bei der die Aktion einem weithin sichtbaren Wellenberg gleicht, die Reflexion dem eher verborgenen Wellental. In diesem Bild kommt ebenfalls gut zum Ausdruck, dass Aktion und Reflexion idealerweise in einem beständigen Wechselspiel aufeinander bezogen sind: Die Reflexion gibt Raum und Zeit, Ziele zu formulieren und Pläne zu schmieden. In der Aktion können diese dann erprobt und verwirklicht werden. Anläßlich einer darauffolgenden Reflexion besteht schließlich die Gelegenheit, die Erfahrungen auszuwerten, Erkenntnisse festzuhalten und für kommende Aktionen Anpassungen an den ursprünglichen Zielen und Plänen vorzunehmen.

Reflexionen haben also eine doppelte Funktion: Rückblick im Sinne einer Integration der gemachten Erfahrung und Vorausschau im Sinne einer Nutzung dieser Erfahrung für künftige Lernsituationen.

Im Bild der „adventure wave" steckt noch eine andere Symbolik, die oft übersehen wird. Wellenberg und Wellental sind durch nichts voneinander getrennt. Sie sind Teil ein und desselben Phänomens, der Welle. Konsequent übersetzt heißt das, dass auch Aktion und Reflexion nicht grundsätzlich voneinander getrennt werden können. Während man handelt, ist man immer auch am denken, und auch Nachdenken ist eine Handlung. Eine vernünftige Reflexion kann nicht erst im Wellental beginnen. Die Höhe des Wellenberges ist keineswegs standardisiert, manche Wellen können viel früher abbrechen als erwartet. Die Reflexion muss in ihrem Kern dann bereits angelegt sein. Nadler und Luckner (1992, 59ff) bringen dieses Reflexionsverständnis mit der Formel „processing at the edge" auf den Punkt. Je dichter die Reflexion inhaltlich und zeitlich am entscheidenden Moment des Erlebens dran ist, um so sinnvoller, energiegeladener und vielversprechender wird sie sein.

Zugegebenermaßen ist es nicht ganz einfach, das alles in die Praxis umzusetzen. LehrerInnen wie SchülerInnen tun sich denn auch oft schwer mit Reflexionen. Die Integration und intelligente Nutzung von Erfahrungen ist oft mühsamer als der Erfahrungsprozess selbst, und weniger gelungene Reflexionen erwecken manchmal den Eindruck verordneter Rituale. Das klassische Reflexionskonzept ist denn auch nicht unumstritten geblieben. Bacon (1983) schlägt vor, den Akzent stärker auf eine bedeutungsgeladene Präsentation der Aktivitäten zu verschieben, und Handley (1997) gibt zu bedenken, dass direkte Fragen und Gespräche oft weniger geeignet sind, Veränderungsprozesse auszulösen, als indirekte Interventionen.

Insgesamt dürfte die Frage aber eher lauten, wie Reflexionen am besten zu gestalten sind, damit sie einen Beitrag dazu leisten können, die Geschichten der Erlebnisse und Erfahrungen zu finden. Einige Anregungen dazu könnten lauten:

- **Reflexionen sind Angebote**. Sie bieten in erster Linie ein Setting, das allen ermöglicht, nachzudenken und ihre Beobachtungen und Ideen zu äußern. Dabei sollte alles vermieden werden, was Druck erzeugen könnte. In einem Kreisgespräch etwa müssen alle die Möglichkeit haben, ohne viel Aufhebens das Wort weiterzugeben. Insgesamt muss ein Rahmen hergestellt werden, in dem alle sich sicher fühlen können, dass ihre Beiträge respektiert werden. Das kann etwa durch die Vereinbarung einiger weniger Gesprächsregeln geschehen. Reflexionen sollten immer in dem Bewußtsein durchgeführt werden, dass der richtige Zeitpunkt nachzudenken oder sich zu äußern nicht für alle gleich sein kann.
- **Reflexionen können vielfältige Formen annehmen.** Das Kreisgespräch in der Gesamtgruppe ist das ideale Forum, in dem das, was alle angeht, mit allen besprochen werden kann. Andererseits kann es, gerade in größeren Gruppen, manchmal auch einen schwerfälligen Charakter bekommen. Und es muss eben auch nicht immer alles vor allen gesagt werden, manchmal ist es sinnvoller, den Schwerpunkt darauf zu legen, dass die SchülerInnen Zeit zum Nachdenken und zum Austausch untereinander erhalten. Als Alternativen bieten sich dann Kleingruppen-, Paar- oder Soloreflexionen an. Reflexionen müssen auch nicht immer rein verbal sein. Kreative Medien wie Malutensilien, Ton oder andere gestalterische Elemente können Wege des Ausdrucks eröffnen, die über Sprache verschlossen blieben. Schließlich bieten sich das individuelle Tagebuch oder auch das Gruppenlogbuch als Reflexionsmedien an. Methoden können sich allerdings auch verselbständigen. Die Wahl einer Reflexionsmethode sollte einer Entscheidung über die Fragerichtung daher stets nachgeordnet sein.
- **Reflexionen sollten einen festen Platz haben, sich aber auch spontan ergeben können**. Dadurch, dass feste Zeiten im Programmablauf für Reflexionsphasen eingeplant werden, wird ein deutliches Zeichen gesetzt: Erlebnispädagogische Aktivitäten sind kein Selbstzweck, die in ihnen gemachten Erfahrungen werden vielmehr als Lernanlässe betrachtet, in einem Prozess, der auch über den Kurs, die Klasse oder die Arbeitsgemeinschaft hinaus weist. Feste Zeiten sind im aktionsgeladenen Prozess der Erlebnispädagogik auch eine Art Selbstverpflichtung für LehrerInnen und SchülerInnen. Schließlich beinhaltet die Ritualisierung der Reflexion die Chance, dass die SchülerInnen die Gruppengespräche zunehmend selbst in die Hand nehmen können. Andererseits macht Reflexion nur Sinn, wenn es auch wirklich etwas zu besprechen oder zu überlegen gibt. Und das ist oft ganz unerwartet der Fall. Die Entscheidung, ob der Gruppenprozess an einer wichtigen Stelle spontan unterbrochen werden sollte, ist nie ganz einfach. Andererseits muss man sich von der Vorstellung lösen, dass Reflexion immer an ein formalisiertes Ritual gekoppelt sein muss. Eine Bemerkung oder Frage im richtigen Moment kann einen spontanen Reflexionsprozess auslösen, der intensiver ist als eine ausgiebige Gesprächsrunde nach Abschluß der Aktivität.

- **Reflexionsimpulse sollten so konkret wie möglich sein**. Abstraktionen, die nicht auf dem Hintergrund konkreter Beispiele lebendig werden, sind immer in der Gefahr, zu leeren Worthülsen zu verkommen. Konkrete Fragen sind oft mühsamer zu beantworten, sie geben andererseits auch eine gewisse Sicherheit, dass das Gespräch auf dem Boden der Tatsachen bleibt und nicht in Bereiche vordringt, über die man nicht gerne sprechen möchte. Borton´s Reflexionsmodell, das entlang der drei Fragen „what", „so what" und „now what" strukturiert ist (Schoel et al. 1988, 170ff), vereint eine Betonung der Konkretheit mit einem sinnvollen sequentiellen Aufbau von Fragen:
  - *Was ist passiert?* Zunächst geht es darum, aus der Vielfalt individueller Wahrnehmungen und Beobachtungen ein Bild der gemeinsam durchlebten Erfahrung zu rekonstruieren.
  - *Was hat das zu bedeuten?* Ein und dieselbe Handlung löst meist bei verschiedenen Beteiligten ganz unterschiedliche Gefühle und Interpretationen aus. Alle diese subjektiven Realitäten haben ihre Berechtigung. Indem sie geäußert werden, kann eine Annäherung stattfinden bzw. Differenzen können zumindest anerkannt werden.
  - *Was machen wir damit?* Schließlich gilt es, aus dem Gesagten Konsequenzen zu ziehen: was soll beim nächsten Mal anders, genauso, mehr oder weniger gemacht werden?
- **Reflexionen gewinnen eine positive Energie, wenn sie nach vorne gerichtet sind**. Der Blick zurück droht weniger im Zorn oder in Selbstvorwürfen stecken zu bleiben, wenn man weiß, dass die nächste Chance vor der Tür steht. Hier liegt eine besondere Stärke des erlebnispädagogischen Lernprozesses, die ja bereits im Bild der „adventure wave" zum Ausdruck kommt: die nächste Herausforderung kommt bestimmt. Diesen Sinnzusammenhang, in dem Erkenntnisse immer einen unmittelbar einsichtigen Nutzen haben, gilt es in der Moderation der Reflexion zu betonen.
- **Reflexionen sollten einen Impuls geben, der genug Freiheit zur Entwicklung in andere Richtungen läßt.** Aus der Beobachtung des Gruppenprozesses gehen die LehrerInnen mit Ideen, Hypothesen und Fragen hervor. Als Außenstehende nehmen sie Dinge wahr, die den involvierten SchülerInnen entgangen sein könnten. Diese Wahrnehmungen gilt es zu nutzen, und in Form von Fragen, die der Reflexion einen Focus geben können, an die Gruppe zurückzuspiegeln. Beispielsweise kann dadurch die Kommunikation in der Gruppe, die Frage, wie Entscheidungen gefällt werden, oder der Umgang mit unterschiedlichen Einstellungen und Fähigkeiten ins Zentrum der Aufmerksamkeit gerückt werden (siehe z.B. Knapp 1992). Der Focus darf andererseits nicht zu eng eingestellt werden, es muss immer noch Raum genug vorhanden sein, dass sich das Gespräch in eine andere, von den SchülerInnen favorisierte Richtung entwickelt. Vage und doch sehr schön beschreibt Levy den Geist, der hinter den Fragen stehen sollte: „Eine Frage läßt den SchülerInnen die Freiheit, Entdeckungen zu machen. Das ist der Kern der Sache" (1996, 36, Übers. rg).

Eine ernsthafte Arbeit mit Reflexionen kann sich nicht nur auf die SchülerInnen beziehen. Sie setzt voraus, dass LehrerInnen sich selbst auch als Lernende begreifen und ihre Art zu arbeiten immer wieder hinterfragen. Regelmäßige Reflexionen innerhalb des Leitungsteams und Supervisionstreffen in einem größeren Kontext sind daher wünschenswerte Bestandteile erlebnispädagogischer Arbeit.

2.2 Die Sprache der Bilder

„Menschliche Sprache hat Zugang nur zum Schatten des Sinns."
Malidoma Somé

Watzlawick, Beavin und Jackson (1969, 61ff) haben darauf hingewiesen, dass es zwei grundsätzlich verschiedene Formen der Kommunikation gibt, die nebeneinander bestehen und sich gegenseitig ergänzen.
Digitale Kommunikation bedient sich eines Systems von Zeichen, deren Bezüge zu den Objekten willkürlich festgelegt werden. In der *analogen Kommunikation* dagegen besteht eine grundsätzliche Ähnlichkeit zwischen Symbolen und den dadurch bezeichneten Objekten. Während die Stärke der digitalen Kommunikation in ihrer Exaktheit und in einem prinzipiell unerschöpflichen Vorrat an möglichen Zeichen liegt, hat analoge Kommunikation etwas unmittelbar und universal Verständliches, das direkt unsere tiefsten Instinkte und Gefühle anspricht. Und **„überall, wo die Beziehung zum zentralen Thema der Kommunikation wird, erweist sich die digitale Kommunikation als fast bedeutungslos"** (Watzlawick et al. 1969, 64).
Vieles deutet darauf hin, dass diesen Formen der Kommunikation auch zwei Arten zu denken entsprechen, die aus verschiedenen Teilen unseres Gehirns gesteuert werden. Während wir komplexe logische Zusammenhänge am besten anhand eines klar strukturierten Denkens in Zahlen, Zeichen und Abstraktionen nachvollziehen können, haben wir über Bilder, Analogien und Metaphern einen besseren Zugang zu unseren Gefühlen.

In der Erlebnispädagogik ist man schon immer davon ausgegangen, dass wesentliche Erfahrungen transportiert werden können, obwohl sie sich menschlicher Sprache weitgehend entziehen. Programmatisch wurde in diesem Sinne der Ausdruck „the mountains speak for themselves" geprägt. Seit einigen Jahren werden darüber hinaus verstärkt Überlegungen angestellt, das Bemühen um die rationale Aufarbeitung von Erfahrungen in Reflexionen durch eine stärker die Intuition ansprechende Arbeit mit Metaphern zu ergänzen.
Stephen Bacon (1983) war der erste, der, mit Bezug zu Jungs Archetypen, ein umfassendes Konzept zur bewußten Nutzung metaphorischer Kommunikation im erlebnispädagogischen Lernprozess vorlegte. Eine zentrale Rolle spielt dabei der

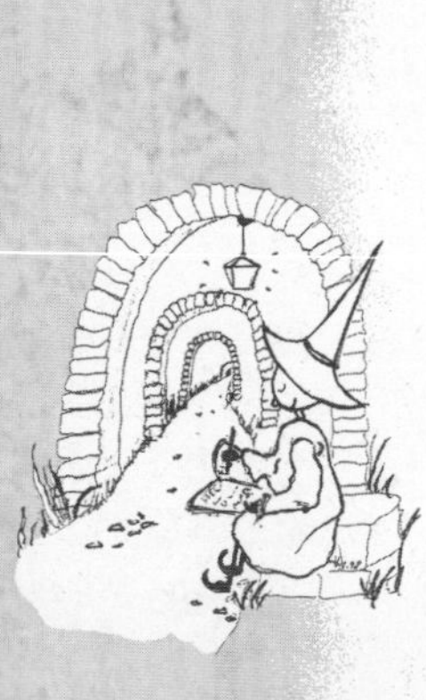

Begriff der *Isomorphie* oder Strukturähnlichkeit: Erlebnispädagogische Aktivitäten wie etwa Spiele, Fahrradtouren oder die Organisation des Zusammenlebens in einem Selbstversorgerhaus haben *inhaltlich* oft wenig mit Alltagssituationen der SchülerInnen wie Hausaufgaben, Klassenarbeiten oder dem individuellen Freizeitverhalten zu tun. *Strukturell* können jedoch vielfältige Parallelen bestehen, z.B. in der Art, wie mit unangenehmen oder schwierigen Situationen umgegangen wird. Aufgabe der Metapher ist es nach Bacon, über die symbolische Hervorhebung der strukturellen Ähnlichkeiten eine Brücke zwischen erlebnispädagogischem Kontext und Alltag zu schlagen. Der Begriff Metapher wird dabei in einem über das literarische Konzept der Redewendung hinausgehenden Sinn verstanden. Im Kern geht es um die Suche nach Analogien, die intuitiv verstanden werden.
Michael Gass (1993) hat diese Ideen aufgegriffen und daraus ein Modell entwickelt, das LeiterInnen die Konstruktion von geeigneten Metaphern für verschiedene Gruppensituationen ermöglichen soll: Ausgehend von einer expliziten Benennung und Gewichtung von Zielen wird eine strukturell passende Aktivität ausgesucht. Von großer Bedeutung ist, dass hier Problemlösungen möglich sind, die den TeilnehmerInnen im Alltagshandeln bislang verschlossen waren. Um die strukturellen Parallelen zwischen dem Alltgsproblem und der Übung zu stärken, werden bei letzterer dann eine Reihe von Änderungen – Ergänzung, Streichung oder Variation von Regeln, eine spezifische Präsentation u.a. – vorgenommen. Die anschließende Reflexion focussiert dann auf die Analogien zwischen Übung und Alltag. Zahlreiche Beispiele für derart gezielt konstruierte Metaphern präsentiert Gass in seinem „Book of Metaphors" (1995).
Johan Hovelynck (1998) hinterfragt dieses Modell, indem er darauf hinweist, dass konstruierte Metaphern der LeiterInnen den natürlichen Prozess der Entfaltung von individuellen Metaphern der TeilnehmerInnen blockieren können. Auf dem Hintergrund des von Outward Bound Belgien entwickelten und praktizierten Arbeitsmodells plädiert er dafür, den erlebnispädagogischen Prozess als ein offnes Lernfeld zu sehen, in das die TeilnehmerInnen die ihnen selbst wichtigen Erfahrungen mit Hilfe ihrer eigenen Bilder einbringen können. Aufgabe des Leitungsteams ist es dann, diese Bilder aufzugreifen und den Prozess einer konstruktiven Weiterentwicklung bzw. Veränderung von Metaphern zu begleiten.

Schließen sich die hier skizzierten Ansätze gegenseitig aus, oder können sie sich ergänzen? Im Rahmen einer vergleichenden Darstellung favorisiert Cornelia Schödlbauer (1997) ebenfalls ein offenes, teilnehmerverantwortetes metaphorisches Modell. Sie gibt zu bedenken, dass metaphorische Kommunikation auch einen ästhetischen Wert in sich hat, der keiner weiteren Funktionalisierung bedarf, und dass es sich ohnehin meist als unmöglich erweisen dürfte, die für die TeilnehmerInnen spontan auftauchenden Bilder und Themen vorauszusehen. Gleichwohl macht sie Mut, Metaphern auch aktiv zu gestalten, um den SchülerInnen damit einen aufmerksamen Umgang mit den eigenen Bildern schmackhaft zu machen.

Einige abschließende Hinweise sollen ermutigen, sich weiter mit diesem komplexen Thema zu beschäftigen:

- Im Rahmen des metaphorischen Modells kommt der Präsentation von Aktivitäten besondere Bedeutung zu. In dem englischen Begriff „frontloading“ kommt die Tatsache, dass hier bereits folgenschwere Vorentscheidungen getroffen werden, gut zum Ausdruck. Grundsätzlich bestehen vier verschiedene **Möglichkeiten der Präsentation**:
  - Eine sachliche und nüchterne Darstellung der Aufgabe ohne Erklärungen zum Kontext. Das kommt der Idee eines offenen Lernfeldes, welches die SchülerInnen im Sinne der für sie relevanten Themen nutzen können, am nächsten.
  - Eine sachliche und nüchterne Darstellung unter gleichzeitiger Nahelegung eines Sinnzusammenhanges, etwa in Bezug auf bereits formulierte Ziele. Diese Vorgehen zeichnet sich durch eine hohe Transparenz aus.
  - Eine metaphorische Präsentation, durch welche der Focus – unausgesprochen- auf ein bestimmtes Problem oder Lernfeld gerichtet wird. Die Chance dabei liegt in der gezielten Bearbeitung eines Themas auf einer potentiell sehr tiefgehenden Ebene.
  - Eine Präsentation, die sich analoger Kommunikation bedient, etwa in Form der Einbindung in eine Geschichte, wobei bewußt vielfältige Interpretations- und Assoziationsmöglichkeiten gelassen werden. Hier wird die Phantasie und Kreativität der SchülerInnen in besonderer Weise angesprochen.

  Eine neutrale oder wertfreie Präsentation kann es in diesem Sinne nicht geben – auch die sachlich-offene Variante geht mit einer Vorentscheidung einher, immer vorhandene Planungsüberlegungen eben gerade nicht mitzuteilen.
- Ein – auch dem Leitungsteam nicht immer bewußtes – Signal, wieviel Raum der Bilder- und Symbolsprache in der Arbeit eingeräumt werden soll, wird auch mit der **Gestaltung des äußeren Rahmens** gesetzt. Ein kahler und spartanisch eingerichteter Raum spricht eine andere Sprache als ein Raum, der z.B. mit Hilfe von Tüchern, Bildern und kleineren Gegenständen dekoriert worden ist. Und eine Übung auf einer romantischen Waldlichtung weckt andere Assoziationen als die gleiche Übung auf einem betonierten Parkplatz. Aber auch das Ästhetische sollte nicht unreflektiert zum Selbstzweck werden, denn es geht in der Regel nicht ausschließlich um „schöne“ Lernerfahrungen.
- Manche Arbeit auf der metaphorischen Ebene findet statt, ohne dass man sich dessen bewußt ist, etwa wenn ein von einem Schüler oder einer Schülerin benutztes sprachliches Bild aufgegriffen und „weitergesponnen“ wird. Eine gezieltere Arbeit mit metaphorischen Elementen kann auf eine **Vielzahl von Medien** zurückgreifen. Im Zusammenhang der Reflexion wurden bereits Malutensilien, Ton und andere gestalterische Medien genannt. Auf der sprachlichen Ebene können Zitate, Märchen und fiktive oder reale Geschichten vorgetragen werden. Phantasiereisen können einen thematischen Rahmen abstecken und gleichzeitig viel Freiheit zur Entdeckung individueller Bilder geben. Elemente aus dem Bereich des Theaters schließlich eröffnen schier unerschöpfliche Möglichkeiten analoger Kommunikation.

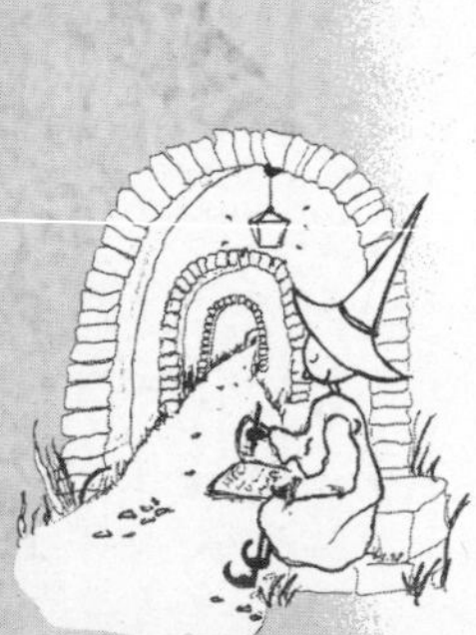

In der Sprache der Bilder steckt zweifelsohne ein großes Potential zur Begleitung von Lern- und Entwicklungsprozessen. Es verantwortungsvoll zu nutzen ist hingegen keine leichte Aufgabe. Während wir alle beständig in Metaphern denken und kommunizieren, haben wir meist sehr wenig Erfahrung im bewußten Umgang mit der Bilder- und Symbolsprache. Eine eingehendere Beschäftigung mit den hier skizzierten methodischen Ansätzen ist daher unabdingbar, wenn deren Nutzung in Betracht gezogen wird. Wichtiger aber noch als methodische Kompetenzen dürfte bei der Arbeit mit Metaphern ein Vertrauen in die eigene Intuition sein, auf dessen Hintergrund bedeutungsgeladene Äußerungen und Situationen spontan aufgegriffen werden können. Intuition läßt sich schulen. Dazu wiederum dürften sich Lernsituationen, in denen man selbst betroffen ist, oft als die besten erweisen.

2.3 Werteentdeckung

„Wo die Visionen fehlen, verkommen die Menschen."
Salomon

In Kurt Hahns Motto „Lernen mit Kopf, Herz und Hand" klingt noch eine andere Dimension an, ohne die ein Lernverständnis nicht wirklich ganzheitlich wäre. In dem Begriff Herz steckt mehr, als wir normalerweise mit der moderneren Formulierung „emotionales Lernen" verbinden. Angesprochen ist hier auch das Feld der Werte, des Sinns und der Spiritualität. Damit verbinden sich schwierige und sehr sensible Fragen, weshalb es pragmatische Tendenzen gibt, sie aus dem Unterricht weitgehend fernzuhalten. Doch **Wertneutralität ist eine Illusion**. Paolo Freire akzentuiert das bewußt provokant: „Erziehung kann niemals neutral sein. Entweder ist sie ein Instrument zur Befreiung des Menschen, oder sie ist ein Instrument seiner Domestizierung, seiner Abrichtung für die Unterdrückung" (1973, 13). Wie auch immer man dazu stehen mag, tut man sicher gut daran, sich über die eigenen grundlegenden pädagogischen Ziele klar zu werden. „Wenn unsere Entscheidungen über das, was wir unterrichten nicht auf unseren innersten Überzeugungen basieren, verselbstständigen sich die Materialien und Methoden, die wir benutzen, und werden zum Selbstzweck" (Levy 1996, 18, Übers. rg). Werte werden auch dann unserem Handeln zugrunde liegen, aber wir treffen die Entscheidungen nicht mehr selbst, jedenfalls nicht bewußt. „Zu häufig werden wir von unseren unbewußten Annahmen eingeschränkt und von denen, die wir aus der Tradition der Vergangenheit übernommen haben, gesteuert" (ebd.).
Wenn wir uns über unsere zentralen Werte klar werden, diese offenlegen und bereit sind, uns mit anderen darüber auseinanderzusetzen, dann schaffen wir damit auch einen gewissen Schutz gegen die Manipulation und den Mißbrauch von Konzepten. Davon war die Erlebnispädagogik und in einem weiteren Kontext

das ganzheitliche Menschen- und Weltbild ja schon in besonderer Weise betroffen, worauf beispielsweise Roszak (1992, 167) hinweist. Die Nationalsozialisten griffen das ganzheitliche Konzept auf und verzerrten es bis zur Unkenntlichkeit, indem sie ihm ihr völkisch-rassistisches Denken überstülpten.
Erlebnispädagogische Ansätze benutzten sie dazu passend in der Hitlerjugend.

An welchen Werten aber orientiert sich die Erlebnispädagogik? Kimball und Bacon merken an, dass „Hahn´s Einsatz für Erfahrungslernen und intellektuelle Freiheit ein ebenso engagierter Einsatz für ein relativ traditionelles Set persönlicher Werte gegenüberstand" (1993, 12, Übers. rg). Ebenso wie Dewey (1916) sah Hahn eine wesentliche Aufgabe der Schule in der Erziehung zu mündigen Staatsbürgern. Und ähnlich wie Kohlberg (1982) betrachteten beide die Schule als ein praktisches Lernfeld im Sinne eines Abbildes der Gesellschaft.
Das hat die Erlebnispädagogik bis heute geprägt. In besonderer Weise geht es ihr um soziales Lernen, um das Bemühen, **dem Nebeneinander und dem Gegeneinander**, welche den Alltag in den westlichen Gesellschaften prägen, **ein lebendiges Miteinander entgegenzustellen**. Ganz konkret hat das seinen Niederschlag im sozialen Projekt gefunden, das unter dem Begriff „service learning" insbesondere in der amerikanischen „experiential education" einen festen Platz hat. Aber auch in vielen anderen erlebnispädagogischen Arbeitsprinzipien manifestiert sich diese grundlegende Zielsetzung:

- **Medien, in denen das Prinzip gegenseitiger Abhängigkeit und Verantwortung symbolisch und praktisch zum Ausdruck kommt**, haben gegenüber rein individuellen Aktivitäten den Vorzug. Zwei Beispiele dafür wären
  - das Klettern, bei dem die Interaktion zwischen Kletternden und Sichernden von zentraler Bedeutung ist, gegenüber dem Bungeejumping, bei dem die Verantwortung für die Sicherheit des Sprungs ganz von Außenstehenden übernommen wird.
  - das Kanufahren mit Kanadierbooten, in denen ein ständiges Bemühen um Koordination die Voraussetzung des Fortkommens ist, gegenüber dem Kayak, das von einer Person ganz alleine gesteuert wird.
- **Aufgaben, die Kooperation nahelegen oder erfordern**, werden gegenüber solchen bevorzugt, in denen Konkurrenz und Wettbewerb im Vordergrund stehen. Die kooperativen Abenteuerspiele, auch unter der Bezeichnung Initiativ- und Problemlösespiele bekannt, sind der Prototyp dieser Spielform, die aus der erlebnispädagogischen Arbeit hervorging und immer weiter entwickelt worden ist.
- **Konflikte** werden nicht als unangenehme und möglichst zu vermeidende Ereignisse angesehen, sondern **als Lernchancen**, die geradezu in den Vordergrund des erlebnispädagogischen Prozesses gerückt werden.

Einen weiteren bedeutungsvollen Wertehintergrund stellt das Naturverständnis in der Erlebnispädagogik dar. Outdoor-Aktivitäten, Expeditionen und Rettungsdienste waren von Anfang an und sind z.T. bis heute zentrale Medien, über die Erlebnispädagogik sich entfaltet. Ein großer Teil des Geschehens spielt sich in der Natur ab. Die **Bewahrung von Naturräumen und -schönheiten** hat von daher einen hohen Stellenwert bekommen. Die Vorstellung von der Ursprünglichkeit, Unberührtheit und Wildheit der Natur, die in dem englischen Ausdruck „wilderness“ prägnant zum Ausdruck kommt, hat darüber hinaus einen fast spirituellen Charakter. Miles (1993) legt sehr eindrucksvoll dar, welches heilsame Potential in der Berührung mit ursprünglichen Naturlandschaften – wie wir sie ja leider kaum noch haben – liegt.
Andererseits steht die Erlebnispädagogik in einem durchaus ambivalenten Verhältnis zum Naturschutz, trägt sie doch durch eine gezielte Nutzung von Naturlandschaften auch zu deren Bedrohung bei. Einige Impulse für das praktische Handeln in diesem Spannungsfeld könnten sein:

- **Naturräume dürfen nicht als reine Nutzräume mißbraucht werden**. Die Felsen, an denen geklettert wird, dürfen nicht zu Sportgeräten verkommen. Es gibt zahlreiche Möglichkeiten, dieser Gefahr zu begegnen: die Einbettung von Aktivitäten mit einem sportlichen Charakter in einen umfassenderen Kontext, das Aufsuchen von ungewöhnlichen Orten zu ungewöhnlichen Zeiten wie Nacht, Dämmerung oder Morgengrauen, und die Anregung von Assoziationen und Gedanken duch das Vorlesen kurzer Texte sind einige davon. Am wichtigsten dürfte sich wohl das innere Verhältnis der LehrerInnen selbst zur Natur, das in tausend kleinen Dingen zum Ausdruck kommt, erweisen.
- **Naturschutz kann sich nicht auf die Verhinderung oder Bekämpfung von Gefahren**, etwa in Form des strikten Verbleibens auf ausgezeichneten Wegen oder des Einsammelns von Müll **beschränken**. Zu groß ist die Wahrscheinlichkeit, dass die allein von einer solchen Erziehung Betroffenen sich über kurz oder lang angesichts eines allgegenwärtigen Gefühls von Schuld und Hoffnungslosigkeit (Roszak 1992, 35ff) ganz von dem Thema abwenden dürften. Mindestens genauso wichtig ist es, Gelegenheiten zu schaffen, angesichts derer die SchülerInnen sich selbst in der Natur intensiv erleben und gut fühlen können. An solchen Gelegenheiten wiederum mangelt es in der Erlebnispädagogik nicht.
- Wo die ursprüngliche Natur nicht mehr vorhanden ist oder nur noch durch weite Reisen zu erreichen wäre gilt es, **Schönheit und Ursprünglichkeit im Kleinen zu entdecken** bzw. wiederzuentdecken. Naturerfahrungsspiele, in denen die Sinne auf vielfältige Weise angeregt werden, auf Entdeckungsreise zu gehen, bieten sich als ein Medium dazu an.

Seit den Anfängen Kurt Hahns hat sich das Werteverständnis der Erlebnispädagogik weiterentwickelt. Wenngleich das Einstehen für bestimmte Werte weiterhin in der Praxis zum Ausdruck kommt, hat sich die Sichtweise **von einer Werteerziehung zu einer Werteentdeckung** verschoben. „Für Lernende und Lehrende sollen Gelegenheiten geschaffen werden, die eigenen Werte zu erfahren und zu überprüfen" (Luckmann 1996, 7, Übers. rg). In dieser Formulierung, welche die Association for Experiential Education (AEE) im Zusammenhang ihrer Leitprinzipien veröffentlicht hat, spiegelt sich die Betonung eines erfahrungsorientierten und selbstbestimmten Lernens wider.
Am eindringlichsten bringt vielleicht Heinz von Foersters ethischer Imperativ das aktuelle Werteverständnis der Erlebnispädagogik zum Ausdruck: „Handle stets so, dass die Anzahl der Wahlmöglichkeiten erhöht wird" (v.Foerster, zit. nach Portele 1992, 212). Darin klingt eine gewisse Skepsis vor „richtigen" Werten und einfachen Lösungen an. Und deutlich wird auch, dass kein noch so bewährtes Wertesystem den SchülerInnen die Verantwortung vor immer wieder neuen Werteentscheidungen nehmen kann.

2.4 Leichtigkeit, Humor, Kreativität

„If you take yourself too seriously, no one else will."
Karl Rohnke

Herausforderung, Problemlösung, Reflexion, analoge Kommunikation, Werteentdeckung...
Wer all diese „Dinge" zu ernst nimmt, läuft Gefahr von ihnen erdrückt zu werden. Hinter der oft locker-flockigen Fassade der Erlebnispädagogik versteckt sich ein anspruchsvoller Ansatz. Mit diesem Anspruch sollte idealerweise wiederum eine gewisse Gelassenheit einhergehen, die es erlaubt, auch sich selbst gelegentlich in Frage zu stellen.
Spaß, Ausgelassenheit und Humor sind Formen des Ausdrucks einer solchen gelassenen Grundeinstellung. Sehr klar erkannt und konsequent in ihre Praxis umgesetzt hat das die Gruppe Project Adventure (siehe z.B. Rohnke& Butler 1995). Im Kontext der von ihm entwickelten, weiterentwickelten bzw. gesammelten Spiele und in Anspielung auf das englische Wort „fun" ist Karl Rohnke sogar so weit gegangen, den Begriff „funn" – functional understanding not necessary – zu prägen (Rohnke 1996).
Wenngleich damit nicht gemeint ist, dass die LeiterInnen nicht mehr wissen, was sie tun – in unserem Kulturkreis tun wir uns schwer, so etwas als seriöse Pädagogik zu akzeptieren. Gedanklich wie praktisch tendieren wir dazu, Spiel und Spaß vom Ernst des Lebens abzusondern. Spaß bekommt dadurch einen Beigeschmack von Unterhaltung, Flachheit und Bedeutungslosigkeit. Schoel et al.

(1988, 21) machen darüber hinaus darauf aufmerksam, dass viele Jugendliche Humor in ihrem Leben vorwiegend in seiner sarkastischen Form – als Waffe, um andere abzuwerten – kennengelernt haben mögen. Humor kann aber auch gerade das Gegenteil sein: eine Brücke zur Verständigung und Begegnung gerade auch in Situationen, in denen die Kommunikation ansonsten schwierig ist.
Auf dem Hintergrund solcher Überlegungen plädiert Nussbaum (1993) dafür, im erlebnispädagogischen Prozess Erfahrungen des *miteinander* Spaß habens zu fördern und lebendige Beispiele dafür zu schaffen, dass **Leichtigkeit und Humor integrale Bestandteile ernsthaften Lernens** sein können.

Kein Medium ist dafür wohl geeigneter als das Spiel. Es hat eine besondere Qualität, die Levy (1978, 12ff) in der Formulierung „suspension of reality" zum Ausdruck bringt: die Alltagsrealität ist außer Kraft gesetzt, alle Handlungen sind innerhalb des Spiels bedeutungsvoll und doch ohne schwerwiegende Konsequenzen. Anders ausgedrückt: das Spiel ist eine weitgehend geschlossene Gestalt, überschaubar in seinen Zusammenhängen, wenig belastet von anderen Lebensereignissen und sinnvoll in sich selbst. Ein Experimentieren mit neuen Verhaltensmöglichkeiten wird dadurch leichter. Man kann im Spiel etwas ausprobieren, was man sich sonst nicht erlauben würde.
Spielen ist eine Gelegenheit loszulassen und Fassaden abzulegen. Gerade das kann aber auch Ängste auslösen. Einige Anregungen können vielleicht dazu beitragen, auch den SchülerInnen, die sich damit schwertun, ein bißchen Leichtigkeit zu vermitteln:

- Viele Spiele lassen ein **Mitspielen der LehrerInnen** problemlos zu. Das gilt insbesondere für die vielen Aufwärmspiele, die immer wieder in den Programmablauf eingebaut werden können. Diese Chancen sollten vom Leitungsteam genutzt werden, um aus dem Spiel heraus einen leichten Ton zu setzen und die SchülerInnen durch die eigene Begeisterung mitzureißen.
- Die größte Angst beim Spielen ist wohl die, sich lächerlich zu machen. Ihr kann man am besten mit einer **Portion eigener Unbeschwertheit** begegnen. Wo immer es paßt, sollte man daher auch nicht davor zurückschrecken, sich selber einmal zum Clown zu machen. Das ist wohl das überzeugendste Signal, welches man senden kann, um deutlich zu machen, dass es völlig o.k. ist, nicht immer alles unter Kontrolle zu haben.
- Leichtigkeit, Humor und Kreativität sind nicht auf das Spielen beschränkt. Gerade auch Phasen wie **Reflexionen**, mit denen man einen ernsten Grundton verbindet, **können aufgelockert werden**, ohne dass dadurch Ernsthaftigkeit verloren gehen muss. Ein Beispiel dafür ist der Einsatz einer Sammlung von Schlümpfen, mit Hilfe derer die SchülerInnen bestimmte Erfahrungen symbolisch zum Ausdruck bringen können.

Leichtigkeit hat einen Wert in sich. Ohne ihr Pendant, die Schwere, droht sie zur Belanglosigkeit zu verkommen. Beide stehen in einem Spannungsfeld, das sie miteinander verbindet. Milan Kundera bringt das bedeutungsschwer zum Ausdruck: „Der Gegensatz schwer – leicht ist der geheimnisvollste und ambivalenteste aller Gegensätze“ (1984, 12, Übers. rg). Auch in der Erlebnispädagogik gilt es, diese beiden Pole angemessen auszubalancieren. Man muss erkennen, wann einer Gruppe eine Phase spielerischer Ausgelassenheit gut tun würde, und wann es besser ist, sie mit einer schwierigen Aufgabe, einem Problem oder gar einer Krise sich selbst zu überlassen. Eine Gebrauchsanweisung dafür kann es wieder einmal nicht geben.
Am besten ist es, wenn es einem gelingt, einen Grundton der Leichtigkeit *und* Ernsthaftigkeit zu finden, und diesen als roten Faden durch das gesamte Geschehen zu ziehen. Ein solches Wesen ist im Humor bereits angelegt, wie die Lehrerin und Kindertherapeutin Torey Hayden an sich selbst beobachtet hat: „Oft waren die Dinge, über die ich gelacht habe, genau betrachtet eigentlich tragisch. Vielleicht ist der größte Zauber des menschlichen Geistes die Fähigkeit zu lachen: über uns selbst, über einander, über unsere manchmal hoffnungslose Situation“ (1980, 139, Übers. rg).

3. Selbstorganisation

„Die Geschichte der Erziehungswissenschaft ist durch den Gegensatz zweier Ideen geprägt: Erziehung ist Entwicklung von innen heraus, bzw. Formung von außen...“ (Dewey 1938, 17, Übers. rg).
Dabei hat sich offensichtlich letztere Idee weitgehend durchgesetzt: **„Das traditionelle Schema ist in seinem Kern eines der Auferlegung von oben und von außen“** (18). Das sind harte Worte, aber man muss sich vor Augen halten, dass Dewey hier kein Urteil über die Unterrichtspraxis einzelner LehrerInnen abgibt, sondern den Kern der Sache, die Grundstrukturen schulischer Organisation anspricht.
Und Schule in ihrer heutigen Form ist ihrem Wesen nach fremdbestimmt. Weder Kinder noch Jugendliche haben einen wesentlichen Einfluß darauf, ob, wann und wohin sie zur Schule gehen. So wesentliche Fragen wie die, was sie lernen, von wem sie unterrichtet werden und mit wem sie lernen, werden nicht von, sondern für die SchülerInnen entschieden. Schule macht keine Lern*angebote*, sie setzt die Inhalte des Lernens bis hin zu den Hausaufgaben fest. Und schließlich beurteilt sie die Resultate dieses Lernens, statt den Lernenden zu helfen, ihre Fähigkeiten und „Produkte“ selbst einzuschätzen.
Untrennbar damit verbunden, wenngleich weniger augenfällig ist, dass es den LehrerInnen selbst nicht viel anders ergeht. Auch sie durchlaufen einen Ausbildungsprozess, der durch Fremdkontrolle bestimmt ist, werden Schulen zugewie-

sen, und haben detaillierte Auflagen, was sie zu unterrichten, wie oft und auf welche Weise sie zu prüfen haben.
Natürlich lassen sich zu all den aufgezählten Fakten Ausnahmen finden und Relativierungen vornehmen. Aber es ist nicht zu übersehen, dass das Prinzip Fremdbestimmung weitreichende und tiefgreifende Spuren bei allen Beteiligten hinterläßt: SchülerInnen wie LehrerInnen fühlen sich machtlos gegenüber der Institution Schule, sie erleben sich als Rädchen im Getriebe, nicht als ihr Lernen und Lehren *selbst* und *gemeinsam* Gestaltende.

Auch hier läßt sich ein größerer Zusammenhang erkennen: „In allen evolutionären Prozessen gibt es ein Wechselspiel von unbeherrschbarem Chaos und kontrollierbarer Ordnung, und seit Jahrtausenden versuchen die Menschen, das Chaos zugunsten der Ordnung zu verbannen..." (Fuhr&Gremmler-Fuhr 1995, 28).
Roszak (1992) analysiert, dass dieses starke Bedürfnis nach Kontrolle u.a. im Weltbild der Naturwissenschaften verankert ist. In Abgrenzung zur Theologie galt bzw. gilt z.T bis heute ein grundlegendes Axiom als unantastbar: die Annahme, dass alle Phänomene dieser Welt letztlich auf Zufall beruhen. Wo aber ein inneres oder sinngebendes Steuerungssystem fehlt, muss der Mensch versuchen, die Dinge zu kontrollieren so gut er kann. Ein im existentialistischen Sinne hoffnungsloses Unterfangen obendrein angesichts einer Gesetzmäßigkeit, die unter dem Begriff Entropie als zweiter Hauptsatz der Thermodynamik bekannt wurde. Sie besagt, dass jedes geschlossene physikalische System sich spontan in Richtung einer ständig zunehmenden Unordnung bewegt.
Auf dem Hintergrund von Forschungen im Bereich der Biologie (Maturana& Varela1987), der Biochemie (Lovelock 1991, Margulis&Sagan 1995) und der Chemie (Prigogine&Stengers 1981), über die Capra (1996) einen Überblick gibt, wurde dem Prinzip Zufall in den letzten Jahren ein grundlegend anderes Weltverständnis entgegengesetzt: das Prinzip Selbstorganisation. Im Kern geht es dabei um die Erkenntnis, dass **lebende Systeme von innen heraus bestimmt** sind. Kräfte von außen können das System beeinflussen – und sie tun das unentwegt, da lebende Systeme sich in einem ständigen Austausch mit ihrer Umwelt befinden – aber die Richtung und die Art und Weise, wie diese Einflüsse sich auswirken, können nicht vorausgesagt werden. Sie werden durch die innere Struktur des Systems – seine Geschichte – determiniert.

Eng verbunden mit der Selbstorganisationstheorie ist die Position des Konstruktivismus, die in den Sozialwissenschaften eine zunehmend bedeutsame Rolle spielt. Ausgehend von der Feststellung, dass alle Wahrnehmung subjektiv ist, wird die **Möglichkeit objektiver Aussagen über die Welt grundsätzlich in Frage gestellt**. Über das, was wir im allgemeinen für unsere Entdeckungen über die Wirklichkeit halten, besteht nur auf den ersten Blick Konsens. Genauer betrachtet unterscheiden sich die jeweils individuellen Bilder, sind unterschiedliche Konstruktionen, letztlich Erfindungen. „Die Umwelt, so wie wir sie wahrnehmen, ist

unsere Erfindung“ (v. Foerster 1981). Und: „Wir konstruieren *eine*, nicht *die* Welt“ (Portele 1992, 33). Mehr noch, unsere Konstruktionen sind immer auch sozial bestimmt: „Wirklichkeit ist nichts Absolutes, sie ändert sich mit der Gruppe, zu der das Individuum gehört“ (Lewin, zit. nach Portele 1992, 33).

Selbstorganisationstheorie und Konstruktivismus sind im wahrsten Sinne des Wortes radikale Konzepte, sie gehen an die Wurzel unseres Denkens. Nicht weniger wichtig dürfte die „Tatsache“ sein, dass sie auch an die Wurzel unserer Gefühle gehen, denn die Aufgabe des Strebens nach Steuerung und Kontrolle, den diese Konzepte den PädagogInnen nahelegen, muss letztlich getragen werden von einem grundlegenden Vertrauen in die inneren Selbststeuerungskräfte des Menschen. Dabei geht es nicht um den Verzicht auf Erziehung. Das wäre sogar eine andere gefährliche Illusion. Auch Interventionen, die soweit wie möglich vom Indiviuum bzw. der Gruppe und ihrer Geschichte ausgehen und die sich als Anregungen sehen, haben Macht und Richtung. Und dafür müssen PädagogInnen weiterhin Verantwortung übernehmen. Kontrolle, im Sinne einer Selbstkontrolle der eigenen Interventionen ist in diesem Sinne ein wichtiger Bestandteil verantwortlicher Erziehung.

Trotz der langen Vorherrschaft des mechanistischen Kontrollparadigmas, das mit seinen Vorstellungen von der Notwendigkeit starrer Ordnungen, Regeln und Hierarchien das schulische Selbstverständnis nachhaltig geprägt hat, gab und gibt es immer wieder Ansätze in Richtung Selbstorganisation in der Reformpädagogik. Drei Aspekte, die auch in der aktuellen Diskussion um die Weiterentwicklung von Schule eine mehr oder weniger zentrale Rolle spielen, sollen kurz hervorgehoben werden.

Das Prinzip des offenen Unterrichts: Wenn Menschen von innen heraus bestimmen, was für sie wichtig ist und wie sie Lernangebote letztendlich nutzen, dann ist es geradezu widersinnig und mit ungeheuren Verlusten an Energie verbunden, allen das Gleiche vorzusetzen und in einem einheitlichen Tempo vorzugehen.

Das Prinzip der demokratischen Schulgemeinschaft: Wenn die Fähigkeit zur Selbstorganisation auch auf den sozialen Bereich, auf Gruppen und Institutionen also, übertragen werden kann – und das ist ja eine der Grundannahmen des demokratischen Gesellschaftsverständnisses – dann ist es eine gefährliche Unterlassungssünde, dafür in der Schule keine relevanten Übungsfelder bereitzustellen.

Das Prinzip der Autonomie von Schule: Wenn es – analog zur Vielfalt individueller Lernwege – eine Vielfalt von sinnvollen Lernangeboten geben kann, dann bedeutet eine Verhinderung dieser Vielfalt auch eine Einschränkung der individuellen Lern- und Entwicklungsmöglichkeiten.

Die zentrale Aufgabe der Pädagogik aus der Sicht der Selbstorganisationstheorie ist die Unterstützung der Fähigkeit zu selbstbestimmtem und selbstverantwortlichem Lernen. Was kann die Erlebnispädagogik dazu beitragen? Sie bietet vor allem einen exemplarischen Rahmen, innerhalb dessen Selbstorganisation von der Zielsetzung über den Lernprozess selbst bis hin zur Bewertung praktiziert und reflektiert werden kann.

3.1 Selbstgesteckte Ziele

„Auf den Gipfeln der Berge wirst Du soviel
Glück finden, wie Du mitbringst."
Zen-Spruch

Selbstorganisation von Gruppen beginnt damit, dass die an einem Handlungsprozess Beteiligten sich klar darüber werden, was sie erreichen wollen. Das klingt relativ banal und ist doch in sich bereits ein oft mühsamer und zugleich lohnenswerter Prozess.
Angesichts der vielen inhaltlichen und organisatorischen Vorgaben, die Schule normalerweise macht, mangelt es SchülerInnen wie LehrerInnen an konkreten Erfahrungen im Aushandeln von Zielen. Auch in der Erlebnispädagogik ist die Versuchung groß, über den Prozess der Zielfindung und Zielsetzung relativ schnell hinweg zu gehen. Für die LehrerInnen liegen die Lernziele im Bereich der Persönlichkeitsentwicklung ja geradezu auf der Hand: Stärkung des Selbstwertgefühls und Förderung sozialer Kompetenzen sind schließlich integrale Bestandteile des Programms, mit dem die Erlebnispädagogik antritt.
Für die Jugendlichen sieht die Situation jedoch etwas anders aus. Sie haben sich anhand ihrer Erfahrungen im Laufe der Jahre ein Bild von Schule gemacht, in das ein Angebot zur Persönlichkeitsentwicklung nicht mehr recht zu passen scheint. Es liegt daher nahe, dass sie Erlebnispädagogik zunächst einmal als das wahrnehmen, als was sie sich rein äußerlich darstellt: ziemlich ungewöhnliche Aktivitäten, die eine Unterbrechung der schulischen Routine versprechen. Die Idee, dass die Beschäftigung mit diesen Aktivitäten über den unmittelbaren Spaß hinaus im Sinne exemplarischer Lernerfahrungen etwas zu bieten hat, ist keineswegs einfach zu vermitteln. Und SchülerInnen können durchaus berechtigte und ernst zu nehmende Bedenken gegen diese neuen pädagogischen Intentionen zu erkennen geben, denn schließlich soll es dabei um ihre persönlichen Gewohnheiten, Gefühle und Werte gehen.

Arbeit an sich selbst im Sinne selbstgesteckter Ziele kann immer nur ein Angebot sein. Ein Angebot allerdings, das zu machen es gute Gründe gibt. Lewin (1944, zit. nach Schoel et al. 1988, 16) legt dar, dass Menschen sich dann erfolgreich fühlen, wenn

– sie in der Lage sind, für sich selbst Ziele festzulegen,
– ihre Ziele einen Bezug zu ihren zentralen Bedürfnissen und Werten haben,
– sie in der Lage sind, Wege zu beschreiben, die zum Erreichen der Ziele führen,
– ihre Ziele auf einem realistischen Level liegen, weder zu hoch noch zu niedrig, aber hoch genug, um eine Herausforderung darzustellen.

Persönliche Zielsetzung ist so gesehen eine Kunst und ein nicht zu unterschätzender Faktor, der zu einer befriedigenden Lebensgestaltung beitragen kann. Wer sich selbst bedeutungsvolle und realistische Ziele stecken kann, dessen Wünsche werden weniger leicht von den Interessen anderer gesteuert und mißbraucht werden können.

Einige praktische Aspekte der Arbeit an und mit Zielen sind:

- Die Idee der Arbeit an eigenen Zielen sollte gleich zu Beginn des gemeinsamen Prozesses eingeführt werden, im Bewußtsein, dass viele Jugendliche sie sich erst mit der Zeit zu eigen machen werden. **Ziele können sich nach und nach entfalten**. Relativ schnell stoßen die SchülerInnen darauf, dass es unumgänglich ist, sich mit dem Gruppenprozess auseinanderzusetzen, wenn sie ihn nicht einfach nur erdulden wollen. Gruppenbezogene Ziele werden daher in der Regel als erste formuliert werden, und sie haben den Vorteil, dass sie sich auf die unmittelbare Realität des Gruppengeschehens beziehen und an dieser immer wieder überprüft werden können. Individuelle Ziele verlangen ein höheres Maß an gedanklicher Auseinandersetzung der Jugendlichen. Allem vorweg setzen sie einen authentischen Wunsch nach Entwicklung oder Veränderung voraus, und werden daher erfahrungsgemäß in unterschiedlich starkem Ausmaß von den SchülerInnen formuliert werden.
- **Ziele sind nichts Statisches**. Sie können und werden sich im Verlauf der gemeinsamen Arbeit verändern. Anfängliche Zielformulierungen stellen so gesehen eine Ausgangsbasis dar, auf die man immer wieder mit der Einstellung zurückkommen sollte, sie auf ihre Bedeutung für die aktuelle Situation zu hinterfragen und gegebenenfalls umzuformulieren. Nichts wäre in diesem Sinne kontraproduktiver als das Erreichen von Zielen abzuhaken oder gar SchülerInnen auf einmal formulierte Ziele festlegen zu wollen.
- Wo die Formulierung eigener Ziele nur zögerlich in Bewegung kommt, ist es möglich, **Anstöße** unterschiedlicher Art zu **geben**. So kann man z.B. Symbole dafür, wo die Gruppe hin will, wo sie nicht hin will und auch für die Gruppe selbst vorschlagen oder erarbeiten lassen. Man kann die SchülerInnen bitten, ein oder zwei individuelle Ziele auf Zettel zu schreiben und gelegentlich einen Blick darauf zu werfen. Schließlich ist es sogar möglich, das Nachdenken über Ziele durch exemplarische Listen möglicher Ziele anzuregen. Je mehr Vorgaben man allerdings macht, um so größer ist auch die Gefahr, dass SchülerInnen Impulse aufgreifen, ohne wirklich dahinter zu stehen.

- Gelegentlich macht es Sinn, von den SchülerInnen formulierte **Ziele** zu **hinterfragen**. Das ist insbesondere dann der Fall,wenn
  - die Ziele unrealistisch sind. Ziele, die auf einem zu hohen Level angesiedelt sind, beinhalten die Gefahr wiederholter Mißerfolgserlebnisse. Es kann daher eine große Hilfe für den Schüler oder die Schülerin sein, das Ziel auf ein erreichbares Maß herunterzuholen.
  - die Ziele zu abstrakt sind. Die Gefahr ist hier, dass es der oder dem Jugendlichen nicht gelingt, eine Beziehung zwischen dem Ziel und den eigenen Handlungsmöglichkeiten herzustellen. Eine angemessene Hilfe besteht darin, dass Ziel so konkret wie möglich zu formulieren.
  - die Ziele unglaubwürdig sind. Natürlich wittern manche SchülerInnen beim Thema Ziele den pädagogischen Zeigefinger. In einem solchen Fall ist es am besten, sie damit zu konfrontieren, dass erst mal gar kein Ziel zu haben besser ist, als ein scheinbares Ziel vor sich her zu schieben.
- Wenn man **Ziele** formulieren läßt, muss man sie auch **ernst nehmen**. Hinter den Zielen können nämlich lebensgeschichtliche Erfahrungen stehen, die weit über das aktuelle Geschehen hinaus reichen, und die für die Betroffenen eine hohe Sensibilität zur Folge haben. Das bedeutet u.a., dass das Programm sich an den Zielen orientieren muss, d.h. man muss Aktivitäten anbieten, anläßlich derer die genannten Ziele sich auch realisieren lassen. Aus der Perspektive individueller Zielsetzungen verändert sich auch das Verständnis der Herausforderungen. Im Vordergrund steht nicht mehr die erfolgreiche Bewältigung einer Aktivität, sondern das Herangehen an diese Aktivität in einer den Zielen des Individuums angemessenen Weise. Angesichts der persönlichen Zielsetzung „mich nicht ständig zu überfordern" kann die Herausforderung bei einer schwierigen Aufgabe z.B. gerade darin liegen, rechtzeitig „nein" zu sagen. Für die LehrerInnen wird die Arbeit damit natürlich wesentlich komplexer. Eine Fixierung auf die erfolgreiche Bewältigung von Aufgaben geht u.U. am Kern der Sache vorbei.

Das Prinzip der Arbeit an Zielen, welche die SchülerInnen sich selbst stecken, negiert nicht die Bedeutung von Zielen, welche die LehrerInnen ihrerseits haben. Diese „Metaziele" bestimmen ja in ganz entscheidender Weise den Charakter des erlebnispädagogischen Angebots. Die Ziele der SchülerInnen sind aber quasi der Treibstoff, ohne den dieses Angebot nicht recht in Schwung kommen kann. Oder in der Sprache der Selbstorganisationstheorie: mit selbstgesteckten Zielen knüpft man an die innere Struktur des Systems an, welche letztlich die Auswirkungen äußerer Einflüsse bestimmt.

3.2 Selbstgesteuerter Prozess

„Entwirf Deinen Reiseplan im großen, und laß Dich im einzelnen von der bunten Stunde treiben."
Kurt Tucholsky

Exakte Steuerbarkeit und Voraussage der Ergebnisse sind Illusionen, die bereits im naturwissenschaftlichen Bereich an ihre Grenzen stoßen. Und doch geht das klassische Verständnis von Unterrichtsplanung davon aus, über eine dosierte Steuerung von Lernimpulsen bei allen SchülerInnen *einen* vergleichbaren Lernprozess zu erreichen.
Konsequent für das pädagogische Feld weiter gedacht impliziert der Grundgedanke der Selbstorganisation aber vielmehr einen Ansatz, in dem durchdachte Impulse *viele* unterschiedliche Lernprozesse auslösen, die zwar miteinander in Beziehung stehen, sich jedoch immer wieder auch in ganz eigene Richtungen bewegen.
Damit diese Lernprozesse Sinn machen, ist es unverzichtbar, dass die SchülerInnen weitgehend selbständig Entscheidungen treffen können. Wolfgang Hinte (1990) fordert in diesem Sinne eine „non-direktive Pädagogik". „Non-direktiv meint... das konstante Bemühen, dem Lernpartner die Verantwortung und die (möglichst) volle Entscheidungsfreiheit zu belassen, wie, wo, mit wem, was und wodurch er lernen will" (ebd., 91).
Das ist eine radikale Vision selbstorganisierten Lernens. Aber auch Hinte räumt ein, dass auf dem Weg zu dieser Vision erst viele kleine Schritte gemacht werden müssen. „Selbstbestimmtes Handeln kann nur nach und nach gelernt werden, es ist nicht einfach da oder stellt sich automatisch ein. Wer ständig fremdbestimmt gelebt hat, ist nicht ohne weiteres in der Lage, selbstbestimmt zu handeln. Oder noch bedenklicher: er hält Selbstbestimmung häufig gar nicht mehr für erstrebenswert. Deshalb müssen zunächst in kleinen Freiräumen vorsichtige Erfahrungen mit Selbstbestimmung gemacht werden, die vielleicht dazu ermutigen, sich weitere Freiräume zu schaffen" (ebd., 113–114).

Genau das ist der Ansatz der Erlebnispädagogik. Sie steht quasi konzeptionell in einem **Spannungsfeld von Direktivität und Non-Direktivität**, wenn ganz gezielt Freiräume geplant, vorbereitet und angeboten werden, in denen Jugendliche dann eine weitgehende Autonomie und Entscheidungsfreiheit haben. Das ist das, was Fürst als die „Dynamik der unfertigen Situation" bezeichnet und Hovelynck als „offenes Lernfeld".

Eine solche Arbeit beinhaltet im Vorfeld eine sehr sorgfältige, an den Bedürfnissen und Zielen der SchülerInnen orientierte Planung. Während der Aktivitäten dagegen ist eine konsequente Prozessorientierung erforderlich. Das bedeutet,

dass den SchülerInnen die volle Verantwortung für das, was sie aus einer Aufgabe oder Aktivität machen, zugemutet wird, und dass sie bei ihren Lösungsversuchen aber auch auf ihren Umwegen oder in ihren Sackgassen nicht von den LehrerInnen gestört werden. Sinnvoll und zulässig sind in diesem Sinne nur Interventionen, die dazu dienen, das Bewußtsein für das, was in diesem Prozess gerade abläuft zu schärfen. Soviel Zurückhaltung und Konzentration auf den *Prozess* stellt natürlich gerade für LehrerInnen, die es normalerweise als ihre Aufgabe betrachten *Inhalte* zu vermitteln, eine große Herausforderung dar.
Prozessorientierung impliziert dabei keineswegs eine Geringschätzung der Inhalte. Vielmehr ist es ja so, dass in der Erlebnispädagogik gerade über spannende Inhalte die Chance eines intensiven Lernprozesses zwischen LehrerInnen und SchülerInnen angebahnt wird. Es ist die gemeinsame Sache (Portele 1992, 137ff), welche die Auseinandersetzung mit persönlichen und sozialen Themen in Gang bringt. Gerade weil ihnen die Radtour, die Kanuwanderung oder die spannende Problemlöseaufgabe etwas bedeutet, entwickeln die Jugendlichen vielleicht nach und nach die Bereitschaft, darüber nachzudenken, was und wie sie dazu beitragen, dass das gemeinsame Projekt gelingt oder mißlingt. Und eben diese Verantwortung für das Gelingen oder Mißlingen nehmen ihnen die LehrerInnen – im Gegenssatz zum meist viel stärker gelenkten Schulalltag – nicht ab, sie belassen sie im Gegenteil bewußt und betont bei den SchülerInnen.
Es geht also in letzter Konsequenz nicht darum, den Jugendlichen etwas Tolles zu bieten oder etwas Schönes mit ihnen zu machen. Prägnant, doch schwer übersetzbar, bringt Randolph DeLay das auf den Punkt: „Experiential education is not a series of activities *done* to a learner“ (1996, 80).

Keine andere Präsentation ist wahrscheinlich so gut geeignet, den SchülerInnen den Grundgedanken der Selbstverantwortung zu vermitteln wie das von Project Adventure formulierte Konzept **„challenge by choice“** (Schoel et al. 1988, 130ff). Sinngemäß, wenngleich wenig elegant, ließe sich das als Konzept der selbstgewählten Herausforderung übersetzen. Mit „challenge by choice“ wird einerseits die Freiwilligkeit der Teilnahme und der durchgängige Angebotscharakter der Erlebnispädagogik hervorgehoben. Zum Ausdruck kommt darüber hinaus, dass Beteiligung keine Frage des „entweder oder“ ist, dass es vielmehr immer verschiedene Formen und Abstufungen im Grad des sich auf eine Herausforderung Einlassens gibt. „Challenge by choice“ beinhaltet also sowohl das Recht des „nein“-Sagens als auch die Möglichkeit, im Rahmen einer jeden Situation ein eigenes „ja“ zu entwickeln.
Und schließlich schwingt in der Formulierung die essentielle Botschaft mit, dass Lernende nicht als Empfänger eines Programms, sondern als Gestaltende eines Prozesses, der sich von außen weder vorhersagen noch kontrollieren läßt, gesehen werden. „Challenge by choice“ eignet sich von daher, die Arbeit wie eine Art Leitmotiv zu begleiten.

Da das Prinzip der Selbstverantwortung für den Lernprozess das gesamte Konzept durchzieht, sind viele praktische Konsequenzen bereits genannt worden und sollen hier nur noch einmal kurz angedeutet werden:

- Das **Programm** muss **flexibel** genug sein, um Anpassungen, Umstellungen oder gar völlige Veränderungen, die sich aus der Logik des Prozesses ergeben, zuzulassen.
- Der **zeitliche Rahmen** muss so **offen** sein, dass ein selbstgesteuerter Prozess sich auch wirklich entfalten kann und nicht ständig abgebrochen oder durch neue Aktivitäten überlagert wird.
- **Spontane Entwicklungen** müssen **wahrgenommen und aufgegriffen** werden. In ihnen bahnen sich häufig wertvolle Lernerfahrungen an, die im Vorfeld gar nicht planbar sind.
- Last not least: **der äußere Rahmen** sollte **das innere Konzept widerspiegeln**. Selbstversorgung z.B ist in diesem Sinne weit mehr als ein ökonomisches oder rein praktisches Konzept.

3.3 Selbstbewertung

„Das Vergleichen ist das Ende des Glücks
und der Anfang der Unzufriedenheit"
Sören Kierkegaard

Es liegt nahe, einen Lernprozess, dessen Ziele die Jugendlichen selbst abstecken und dessen Verlauf sie zunehmend selbst organisieren, auch von den Jugendlichen selbst bewerten zu lassen. Wenn am Ende hingegen die Erwachsenen wieder einmal das letzte Wort haben, drängt sich der Eindruck auf, dass es mit der Selbstorganisation doch gar nicht so ernst gemeint war. Doch das Prinzip der Fremdbewertung ist tief in der Schule verankert. So tief, dass die SchülerInnen, nachdem sie sich über so lange Zeit an die omnipräsente Herrschaft der Noten gewöhnt haben, Bewertungen und Vergleiche schließlich selbst einfordern. Dahinter verbirgt sich ein schwerwiegendes Defizit: die SchülerInnen haben nicht gelernt, sich selbst realistisch einzuschätzen. In der Folge sind viele von ihnen bzgl. ihrer eigenen Leistungen, ihrer Fähigkeiten und ihres Auftretens äußerst unsicher. Sie bleiben abhängig vom Urteil fremder Autoritäten.

Um zu einer selbstständigen und realistischen Urteilsfähigkeit zu kommen, bedarf es eines Lernprozesses, in dem das eigene Urteil immer wieder gefragt ist und zugleich auch hinterfragt wird. Die Arbeiten von Kohlberg (s. Oser&Althof 1992) und Gilligan (1984) weisen darauf hin, dass das in besonderem Maße auch für die Bildung des moralischen Urteilsvermögens gilt. Dieses entwickelt sich in einem langfristigen Prozess, ausgehend von einem unreflektierten Gehorsam des Kleinkindes gegenüber Autoritäten hin zum autonomen Urteil des reifen Erwachsenen, das sich an allgemeingültigen ethischen Prinzipien orientiert. Doch diese Entwicklung verläuft nicht automatisch. Wenn fremde Beurteilungen und Entscheidungen das eigene Denken überflüssig machen, wird es in unreiferen und manipulierbareren Stadien steckenbleiben.

Die Aufgabe der Pädagogik muss es folglich sein, einen geeigneten Rahmen zur Schulung der Urteilsfähigkeit bereitzustellen. Dieser Rahmen muss überschaubar sein, eigene Ziele und Leistungsansprüche müssen realisiert, ihr Erreichen unmittelbar selbst überprüft und bewertet werden können. Unrealistische Selbsteinschätzungen wie die Tendenz, sich viel zu anspruchsvolle Ziele zu stecken oder umgekehrt, die eigenen Fähigkeiten zu verkennen, können dabei erkannt und schrittweise korrigiert werden.
Moralisch relevante Entscheidungen müssen von der Gruppe selbst ausgehandelt, ihre Folgen von allen spürbar erlebt werden können. Fragwürdige Annahmen und Urteile werden dann offensichtlich und können durch verantwortlichere Entscheidungen ersetzt werden.

Im Gegensatz zu den meisten Alltagssituationen, in denen das eigene Verhalten oft nur ein winziger Faktor in einem komplexen Bedingungsgeflecht ist, und in denen die Konsequenzen dieses Verhaltens sich der eigenen Wahrnehmung entziehen, bietet das erlebnispädagogische Szenario ein hohes Maß an Überschaubarkeit und direkter Rückkopplung. Ein Abenteuerspiel etwa ist eine relativ geschlossene Gestalt in sich: die Aufgabenstellung ist klar, die Gruppe überschaubar, Einflüsse von außen auf ein Minimum beschränkt, und der Zeitraum zwischen Zielsetzung und Auswertung kurz.

Jeder Eingriff von außen läuft grundsätzlich Gefahr, die selbstorganisierten Lernprozesse in diesem Szenario zu stören und zu überlagern. Das impliziert allerdings nicht, dass LehrerInnen sich mit ihren eigenen Beobachtungen und Einschätzungen völlig heraushalten sollten. Ihre Rückmeldung bekommt allerdings in diesem Verständnis einen anderen Stellenwert und einen anderen Charakter. Statt einer von allen zu akzeptierenden Bewertung versteht sie sich als Angebot, das dazu beitragen will, allzu schnelle oder pauschale Beurteilungen der SchülerInnen zu hinterfragen, blinde Flecken zu beleuchten und neue und ungewohnte Perspektiven in Erwägung zu ziehen.
Die Fähigkeit zu einer angemessenen Selbstbewertung kann nicht einfach vorausgesetzt werden. LehrerInnen und SchülerInnen nähern sich vielmehr diesem Ziel in einem gemeinsamen Prozess, in dem alle Rückmeldungen der LehrerInnen darauf ausgerichtet sind, die Urteilsfähigkeit der SchülerInnen zu stärken.

Einige Anregungen zu diesem veränderten Verständnis von Bewertung wären:

- **Rückmeldungen** sollten **sparsam und in Anlehnung an die Feed-back-Regeln** der Themenzentrierten Interaktion (Cohn 1975, 120ff) gegeben werden. Vier Kriterien können als Orientierungshilfe dienen:
  - *Subjektivität:* Rückmeldungen beruhen grundsätzlich auf subjektiven Wahrnehmungen und sollten sich daher immer auch als persönliche Aussagen zu erkennen geben.
  - *Situationsbezogenheit:* Rückmeldungen gehen immer auf Beobachtungen in konkreten Situationen zurück und dieser Situationsbezug sollte für die Empfänger auch erkenntlich sein.
  - *Brauchbarkeit:* Rückmeldungen sind nur dann nützlich, wenn aus ihnen konstruktive Veränderungen ableitbar sind. Auch in einer kritischen Rückmeldung sollte daher immer ein konstruktiver und nach vorne gerichteter Impuls zum Ausdruck kommen.
  - *Erwünschtheit:* Rückmeldungen sind nur dann sinnvoll, wenn sie auch aufgenommen werden können. Vor jeder Äußerung sollte man sich also über die Offenheit des Empfängers oder der Empfängerin rückversichern.
- Bewertungen orientieren sich oft an feststehenden Normen oder arbeiten mit Vergleichen gegenüber Anderen. So werden etwa sportliche Leistungen in der Leichtathletik anhand eines für alle gleichen Punktesystems bewertet, und Noten in Klassenarbeiten orientieren sich bis zu einem gewissen Grade an der durchschnittlichen Leistung der Lerngruppe. Beide Maßstäbe nehmen für sich in Anspruch gerecht zu sein. Den oft sehr unterschiedlichen Ausgangsbedingungen der SchülerInnen werden sie allerdings nicht gerecht.
  Rückmeldungen sollten sich daher stärker **am Lernprozess und Lernfortschritt des jeweiligen Individuums bzw. der jeweiligen Gruppe orientieren.** Rohnke (1989) gibt interessante Anregungen, wie der Bezugspunkt des Vergleichens in spielerischen Aktivitäten von äußeren Maßstäben auf die Gruppe selbst verlagert werden kann.
- „The mountains speak for themselves" lautet einer der bekanntesten erlebnispädagogischen Slogans. „...wenn man Ihnen nicht voreilig ins Wort fällt" wäre vielleicht hinzuzufügen. Ein Setting, welches so gestaltet ist, dass die **Handlungen der Beteiligten für alle nachvollziehbare und zugleich begrenzte Konsequenzen** haben, reduziert die Notwendigkeit eines beurteilenden Eingreifens der LehrerInnen erheblich. Oft werden die SchülerInnen dabei allerdings zu anderen Einschätzungen und Bewertungen kommen als die LehrerInnen. Das gilt es auszuhalten im Bewußtsein, dass der Weg zu einem reifen Urteilsvermögen eher einem Bergpfad mit vielen Windungen, steilen Aufstiegen und plötzlichen Abbrüchen gleicht, als einer Schnellstraße durch eine übersichtliche Landschaft.

3.4 Glasnost

„Alle Reisen haben eine heimliche Bestimmung,
die der Reisende nicht ahnt."
Martin Buber

Selbstorganisation kann in der Pädagogik wohl nie ein absolutes Prinzip sein, denn wäre sie es, hätte sich die Rolle der Pädagogen eigentlich erledigt. Die Erlebnispädagogik bietet, genau betrachtet, Spielräume für selbstverantwortliches Handeln innerhalb eines im Vorfeld wohldurchdachten und sorgfältig geplanten Rahmens. Das kommt in einer Formulierung der AEE-Arbeitsprinzipien klar zum Ausdruck: „Erfahrungen *werden so strukturiert*, dass die Lernenden Initiative ergreifen, Entscheidungen treffen und Verantwortung für die Resultate übernehmen müssen" (Luckmann 1996, 7, Übers. u. Hervorh. rg).
Vielfältige Verantwortungen und Entscheidungen liegen also bei den LehrerInnen: „Die wesentlichen Aufgaben der Pädagogen liegen also in der Auswahl passender Erfahrungen, im Stellen von Problemen, im Setzen von Grenzen, in der Unterstützung der Lernenden, in der Gewährleistung der körperlichen und seelischen Sicherheit und in der Moderation des Lernprozesses" (ebd., 7). Jede dieser Tätigkeiten beeinträchtigt auf ihre Art und Weise die Autonomie der SchülerInnen. Das macht Sinn, denn es entlastet sie auch und ermöglicht ihnen die Konzentration auf Wesentliches.
Sowohl die Art des Rahmens als auch das Ausmaß und die Grenzen der Spielräume sollten jedoch transparent gemacht werden. Ganz in diesem Sinne schlägt Fürst (1992, 98ff) vor, zwischen drei **Entscheidungsebenen** zu unterscheiden:

- *Vorgegebene Bedingungen:* Das sind all die Entscheidungen, die ein Leitungsteam im Vorfeld der eigentlichen Arbeit mit den SchülerInnen fällt, und auch solche, die es während des Kurses nicht den Jugendlichen überlassen kann. Beispiele dafür sind eindeutige Sicherheitsvorgaben, Regelungen zum Schutz der Interessen Dritter oder der Natur, aber auch eine logistische Vorauswahl und Beschränkung auf bestimmte Aktivitäten.
- *Vereinbarte Bedingungen:* Das sind alle Entscheidungen, die zwischen SchülerInnen und LehrerInnen gemeinsam ausgehandelt werden. Beispiele wären Vereinbarungen über den zeitlichen Rahmen und über die Einschränkung von Ersatzbefriedigungen wie Fernsehen, Walkman, Süßigkeiten sowie – bei älteren Jugendlichen – Zigaretten und Alkohol.
- *Verantwortungsspielraum der Gruppe:* Das sind alle Entscheidungen, aus denen sich die LehrerInnen bewußt heraushalten, um den SchülerInnen Erfahrungen der Selbstorganisation und Selbstverantwortung zu ermöglichen. Hierunter fällt das Ausmaß des Einlassens auf die Herausforderungen, Planungs- und Entscheidungsprozesse während der Aufgaben und natürlich die Gestaltung der Freiräume innerhalb des Programms.

Die Zuordnung bestimmter Entscheidungen zu einer der Ebenen wird von Gruppe zu Gruppe variieren. Ein Beispiel dafür ist die Haushalts- und Essensplanung, die sowohl ein Gegenstand gemeinsamer Vereinbarungen sein als auch vollständig in den Verantwortungsspielraum der Gruppe fallen kann. Die LehrerInnen müssen ihre diesbezüglichen Toleranzschwellen vorher genau abwägen, denn entscheidend ist, dass eingeräumte Entscheidungsspielräume auch tatsächlich respektiert werden. Die Devise kann andererseits nicht leichtfertig „im Zweifelsfall lieber weniger" lauten. „Einschränkende Normen können den Ernstcharakter einer erlebnispädagogischen Situation zunichte machen, wenn sie inhaltlich unangemessen sind, zu hohe Anforderungen stellen oder zuviel Raum einnehmen; sie dürfen daher den Rahmen nicht dominieren. Das positiv Herausfordernde und das Unfertige müssen den Inhalt bestimmen, nicht die Restriktionen, die auf bloße Unterlassung zielen" (Fürst 1992, 111).

Schoel et al. (1988, 94ff) schlagen in diesem Sinne den Abschluß eines **„full value contract"**, einer Art grundlegenden Vertrages zwischen Leitungsteam und TeilnehmerInnen vor. Drei wesentliche Vereinbarungen bilden die Substanz dieses Vertrages:
- Die Vereinbarung, als Gruppe zusammenzuarbeiten und an individuellen und gemeinsamen Zielsetzungen zu arbeiten.
- Die Vereinbarung, bestimmte Sicherheitsvorgaben und Verhaltensrichtlinien zu respektieren.
- Die Vereinbarung, sich gegenseitig Rückmeldungen zu geben, diese auch anzuhören und zu versuchen, das eigene Verhalten zu verändern, wenn das angemessen erscheint.

In einem solchen Vertrag liegt die Chance, das Wesentliche der erlebnispädagogischen Arbeit auf den Punkt zu bringen und für alle Beteiligten transparent zu machen. Auch können potentiell destruktive Tendenzen damit begrenzt werden. Die Vorgabe von Verhaltensrichtlinien und die Betonung der Verhaltensänderung können andererseits relativ leicht auch einen kontrollierenden Charakter bekommen und damit der Grundintention der Selbstorganisation zuwiderlaufen. Diese Gefahr ist bei einem fest vorgegebenen Vertrag natürlich größer als bei einem Vertrag, in den alle Beteiligten ihre Ideen eingebracht haben, und der immer wieder Gegenstand konstruktiver Verhandlungen ist.

Unabhängig davon, ob man die Vereinbarungen mit den SchülerInnen in eine vertragliche Form bringen will oder nicht, sollte eine möglichst große **Transparenz** des Angebots und der Arbeitsweise angestrebt werden. Drei Aspekte sollen diesbezüglich hervorgehoben werden:

- Bereits mit der Ausschreibung bzw. Bekanntmachung des Angebots werden wesentliche Weichen gestellt. Es ist verführerisch und auch viel einfacher, die spannenden Aktivitäten in den Mittelpunkt der Darstellung zu setzen. Pädagogische Intentionen lassen sich aber nicht so einfach nachschieben. Sie gar nicht transparent zu machen ist nicht nur unredlich, sondern wird fast zwangsläufig zu Widerständen oder einer Verflachung der Arbeit führen.
- Zeit, die in gemeinsame Vorbesprechungen und Vorbereitungen investiert wird, zahlt sich in diesem Sinne meistens gut aus. Dabei kann die Interessenlage der SchülerInnen genauer erfragt werden, Sinn und Art der Arbeit können anhand einer exemplarischen Erfahrung wie etwa eines einfachen Kooperationsspiels veranschaulicht werden, und wichtige Vereinbarungen können bereits im Vorfeld getroffen werden.
- Während des Kursgeschehens bewegen sich die LehrerInnen im Idealfall ständig flexibel zwischen verschiedenen Rollen hin und her. Diese Rollen sollten vorher mit den SchülerInnen abgesprochen werden, und der Charakter der Interventionen auf verschiedenen Ebenen sollte deutlich unterscheidbar sein.

Erlebnispädagogik bietet den SchülerInnen Spielräume zur Selbstorganisation in einem klar strukturierten und somit in seiner Reichweite immer auch begrenzten Setting. Das beinhaltet die grundsätzliche Gefahr, dass Selbstorganisation in routinemäßigen Abläufen auf ein Programmelement verkürzt wird und die dahinter stehende Vision verloren geht.
Das Gegenstück zur Transparenz, die aktuellen Möglichkeiten und Grenzen offen zu legen, ist daher die **Offenheit**, diese Grenzen hinaus zu schieben und die Handlungsspielräume der SchülerInnen zu erweitern, wenn sich eine Perspektive dazu aus dem gemeinsamen Prozess heraus entwickelt.
Eine solche Einstellung weist auch allen Aktivitäten, Medien und Methoden den ihnen gebührenden Platz zu: es sind Hilfsmittel, durch die Lernen zu einer positiven Erfahrung werden soll, die sich dem Lernprozess selbst aber immer unterzuordnen haben.

Offenheit impliziert auch ein **verändertes Selbstverständnis der Lehrenden**. Eine Metapher aus der Seefahrt mag das vielleicht verdeutlichen. Das Leitbild wäre nicht das einer Passagierfähre, die möglichst viele Menschen möglichst schnell auf einer wohlbekannten Route zu einem wohlbekannten Zielhafen bringen soll. Passender wäre vielmehr das Bild eines Segelschiffs, das zu einer Entdeckungsreise aufbricht. Die Rollen und Verantwortungen auf einem solchen Schiff sind keineswegs gleich verteilt, aber es wird sich um so besser vorwärts bewegen, je mehr alle hinter dem Ziel der Reise stehen und Hand in Hand arbeiten. Kapitän und Offiziere haben eine grobe Vorstellung von der Richtung, vor allem aber verstehen sie genug von Navigation, um den Kurs immer wieder den aktuellen Gegebenheiten anzupassen. Und warum wären sie schon auf einer Entdeckungsreise, wenn nicht aus dem heimlichen Wunsch, unterwegs auf Dinge zu stoßen, die sie niemals hätten voraussagen können?

Günter Kistner, Katharina Becker,
Rüdiger Gilsdorf, Stephanie Loser & Kerstin Utsch

NEPAL

Das Netzwerk erlebnispädagogischer Projekte und abenteuerlichen Lernens

Welche Voraussetzungen sind hilfreich, damit Erlebnispädagogik in der Schule Fuß fassen kann? Der Beantwortung dieser Frage möchten wir uns hier auf dem Hintergrund unserer eigenen Erfahrungen annähern. Beispielhaft für eine gelungene Kooperation von Schule, außerschulischer Jugendarbeit und Beratungseinrichtungen sollen hier Geschichte, Arbeit und Perspektiven des in Bad Kreuznach gegründeten Netzwerks erlebnispädagogischer Projekte und abenteuerlichen Lernens skizziert werden.

Wer oder was ist NEPAL?

NEPAL ist ein Netzwerk, das sich Ende der 80er Jahre aus einem gemeinsamen erlebnispädagogischen Interesse mehrerer PädagogInnen in Bad Kreuznach entwickelt hat. Aus anfangs losen Treffen zur Konzeptentwicklung erwuchs im Laufe der Jahre eine intensive Zusammenarbeit zahlreicher Institutionen: Jugendreferat des evangelischen Kirchenkreises an Nahe und Glan, Jugendabteilungen des Kreises und der Stadt Bad Kreuznach, Kreisjugendring, Schulpsychologische Beratungsstelle, Fachschule für Sozialwesen der kreuznacher diakonie und andere. LehrerInnen aus verschiedenen Schulen des Kreises stießen mit der Zeit dazu, und freie MitarbeiterInnen vergrößerten die Aktionsmöglichkeiten des Netzwerkes.
Interessant erscheint uns die Erfahrung, dass der erlebnispädagogische Impuls zunächst im außerschulischen Bereich aufgegriffen wurde, und von da aus langsam seinen Weg in die Schule genommen hat. Die Kooperation von Schule, außerschulischer Jugendarbeit und Beratungsstellen ist aus unserer Erfahrung auf jeden Fall ein wesentliches Moment für die erfolgversprechende Arbeit mit dem erlebnispädagogischen Ansatz.

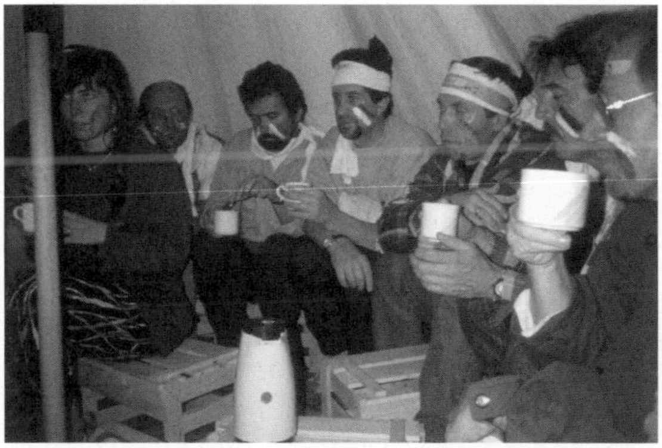

Was macht NEPAL?

Entsprechend dem klassischen erlebnispädagogischen Ansatz haben auch unsere Angebote sich ursprünglich vor allem an die Zielgruppe der Jugendlichen gerichtet. Projekte, Fahrten, Abenteuertage oder -nächte werden inzwischen aber zunehmend auch mit Kindern bis hin ins Grundschulalter durchgeführt. Die Integration von Elementen aus der Spielpädagogik, insbesondere die Arbeit mit Spielgeschichten, hat unserer Einschätzung nach eine wichtige Rolle beim Ansprechen dieser Zielgruppe gespielt. Aufwendigere Outdoor-Aktivitäten spielen bei vielen Projekten oft nur eine untergeordnete Rolle bzw. werden als Höhepunkte längerer Sequenzen eingesetzt.
Im schulischen Bereich hat sich ein Schwerpunkt der Nachfrage in der Orientierungsstufe, der Arbeit mit SchülerInnen also im Alter von 10 bis 13 Jahren, herausgebildet, denn der Neubeginn in der weiterführenden Schule wird von LehrerInnen zu Recht als Chance zur Setzung eines pädagogischen Grundtons gesehen. In der außerschulischen Jugendarbeit haben wir in den letzten Jahren sehr positive Erfahrungen mit mädchenspezifischen Angeboten gemacht.
Allen Projekten ist das Prinzip gemein, Erlebnispädagogik vor Ort oder jedenfalls mit einem begrenzten Reiseaufwand zu realisieren. Vorzugsweise werden also Ressourcen genutzt, die leicht zugänglich sind, und auch Fahrten führen fast immer in Selbstversorgerhäuser, die nicht weit vom Heimatort entfernt sind.
Ein zentrales Arbeitsprinzip ist es auch, Projekte nicht für andere, sondern mit ihnen zusammen zu planen und durchzuführen. Für den schulischen Bereich bedeutet dies, dass die Kooperation mit solchen LehrerInnen gesucht wird, die Interesse daran haben, den erlebnispädagogischen Ansatz auch über ein einzelnes Projekt hinaus in den schulischen Alltag zu tragen.

NEPAL

Eine steigende Anzahl von Anfragen hat inzwischen dazu geführt, dass neben der Konzeption und Duchführung von Projekten mehr und mehr andere Formen der Begleitung – Beratung bei der Konzeptentwicklung und Auswertung, logistische Unterstützung mit Spiel-, Kletter- und Bootsmaterialien sowie punktuelle Unterstützung bei einzelnen Programmelementen – den Hauptteil der Arbeit, die sich direkt auf Kinder und Jugendliche bezieht, einnehmen.

Ein wesentlicher Schwerpunkt des Angebots von NEPAL war von Anfang an die Arbeit mit MultiplikatorInnen. Aus anfänglich dreitägigen Kursangeboten entwickelte sich sehr bald die zweijährige **Fortbildungsreihe „Abenteuer, Lernen, Kreativität“**, die sich inzwischen in ihrem dritten Durchgang befindet. LehrerInnen und MitarbeiterInnen der außerschulischen Jugendarbeit sollen in dieser Fortbildung qualifiziert werden, selbständig erlebnispädagogische Projekte zu konzipieren und durchzuführen. Wesentliche Bausteine dieser sich im Laufe der Jahre immer wieder etwas verändernden Kursreihe sind ein Grundkurs, in dem es in erster Linie um eine intensive erlebnispädagogische Selbsterfahrung geht, ein Aufbaukurs, in dem die vielseitig umsetzbare Arbeit mit kooperativen Abenteuerspielen im Vordergrund steht, und ein Vertiefungskurs, in dem Möglichkeiten der Moderation und Reflexion von Aktivitäten intensiver beleuchtet werden. Die Kurse sind in der Regel 5-tägig und finden in der Jugendbildungsstätte Schloß Dhaun, einem Selbstversorgerhaus des Kreises Bad Kreuznach statt. Möglich und für die TeilnehmerInnen vergleichsweise kostengünstig wurde dieses intensive Fortbildungsangebot durch die langjährige Zusammenarbeit mit der Landeszentrale für Gesundheitsförderung in Rheinland-Pfalz e.V. (LZG). Für den nunmehr angelaufenen dritten Durchgang konnten darüber hinaus das Institut für Lehrerfort- und -weiterbildung Mainz (ILF) und die Arbeitsgemeinschaft für katholische Familienbildung e.V. (AKF) als Partner gewonnen, und durch letztere der Teilnehmerkreis auch auf MitarbeiterInnen der Familienbildung ausgeweitet werden. Schließlich sei an dieser Stelle das Staatliche Institut für Lehrerfort- und -weiterbildung (SIL) genannt, in dessen Trägerschaft 1990 der allererste Kurs stattfand.

Als Pendant zu der Fortbildungsreihe hat sich ebenfalls seit einigen Jahren ein Forum des fortlaufenden Erfahrungsaustausches etabliert: die **Erlebnispädagogik Praxis-AG**. Dieses im monatlichen Rhythmus stattfindende Treffen ist bewußt offen für alle an der Thematik interessierten Menschen und hat sowohl regelmäßige wie auch gelegentliche TeilnehmerInnen. Neue Spiel- und Aktionsideen werden erprobt und reflektiert, und es besteht die Möglichkeit, Tips und Rückmeldungen zu geplanten Projekten zu bekommen. Die Praxis-AG hat somit eine zweifache Funktion: sie ist ein weitgehend informelles Fortbildungsangebot und ein regelmäßiges Treffen der Bad Kreuznacher NEPAL – MitarbeiterInnen in einem.

Aus unserer Erfahrung ist ein solches Forum gerade für den ja vergleichsweise losen Zusammenhang eines Netzwerkes von großer Bedeutung. Der aktive Charakter der Treffen hat einen motivierenden Charakter, ModeratorInnen wie TeilnehmerInnen lernen immer etwas Neues dazu. Daneben geben die Treffen auch Raum für einen gewissen Informationsaustausch.

Das Netzwerk zieht weitere Kreise

NEPAL versteht sich als ein offenes Netzwerk. Insbesondere durch die TeilnehmerInnen an den Fortbildungskursen wurden vielfältige erlebnispädagogische Aktivitäten in andere Teile von Rheinland-Pfalz und darüber hinaus getragen. Fast alle AutorInnen dieses Buches haben an einer der Kursreihen teilgenommen, und neben der Realisierung von Projekten mit Kindern und Jugendlichen haben sie auch anderenorts vielversprechende Kooperationsstrukturen geschaffen. So wurde etwa die Idee der Praxis-AG schon verschiedentlich aufgegriffen und den jeweiligen Bedürfnissen entsprechend modifiziert. Zahlreiche schulinterne Studientage zur Erlebnispädagogik haben stattgefunden, und in einem Fall wurde sogar ein eigenes Kurskonzept entwickelt und inzwischen schon in mehreren Fortbildungsveranstaltungen umgesetzt.
Sucht- und Gewaltprävention haben in den letzten Jahren zunehmend einen Stellenwert auch an Schulen bekommen, und verschiedene Projekte sind explizit in diesem Kontext angeboten worden. Erfreulicherweise wurden dadurch z. T. von Seiten der zuständigen Ministerien auch zusätzliche Sachmittel zur Verfügung gestellt, und einige Projekte haben über den Rahmen der jeweiligen Schule hinaus Anerkennung gefunden.

Immer wieder gab es aber auch Ansätze, die an den Schulen selbst bzw. an vorgesetzten Stellen auf Unverständnis gestoßen und im besten Fall mehr oder weniger toleriert, in wenigen Fällen sogar verhindert worden sind. Widerstände und Schwierigkeiten, das haben die bisherigen Erfahrungen recht deutlich gezeigt, lassen sich dort viel besser bewältigen, wo KollegInnen im Team arbeiten bzw. selbst regionale Netzwerkstrukturen geschaffen haben.

Chancen und Schwierigkeiten einer offenen Struktur

Die Zusammenarbeit in einem offenen Netzwerk eröffnet unserer Erfahrung nach eine Reihe von Vorteilen gegenüber der üblichen Tätigkeit im Rahmen einer einzelnen Institution. Angebote können „von unten“ entwickelt werden und sich dabei sowohl an den Bedürfnissen der jeweiligen Zielgruppe als auch an den Interessen und Stärken der beteiligten MitarbeiterInnen orientieren. Überhaupt dürfte in einem Netzwerk eine größere Vielfalt an beruflichen Qualifikationen, Hintergründen und Perspektiven, in unserem Fall z.B aus den Bereichen schulischer und außerschulischer Pädagogik, Sozialpädagogik und Psychologie zusammenkommen. Auch auf logistischem Gebiet wird vieles leichter, kann durch die Zusammenlegung von, einzeln betrachtet eher beschränkten Mitteln, ein durchaus ansehnliches Materialdepot zusammenkommen. Ein weiterer Punkt kann in seiner Bedeutung wohl kaum überschätzt werden: es gibt keine lästigen hierarchischen Strukturen, die einer partnerschaftlichen Zusammenarbeit im Wege stehen und die allzu oft eine nerven- und zeitaufreibende Eigendynamik an internen Vorgängen und Aufträgen mit sich bringen.

Andererseits ist „Networking“ auch nicht gerade einfach. Die Personen in den entsprechenden Stellen müssen auch „miteinander können“. Mehr noch vielleicht als im durchstrukturierten Rahmen einer Institution bedarf die effektive Zusammenarbeit im Netzwerk eines menschlichen Austauschs und einer gewissen gegenseitigen Sympathie. Vieles muss informell und außerhalb der Arbeitszeit stattfinden, und kann schon von daher auf Dauer nur funktionieren, wenn die Beteiligten es gerne machen. Entsprechend kann in einem Netzwerk viel positive Energie entwickelt werden, aber es ist dadurch auch störungsanfälliger als routinemäßige Abläufe und Tätigkeiten.

Ein grundsätzliches Problem ist der Informationsaustausch. Dadurch, dass vieles informell weitergegeben werden muss, entsteht leicht ein Informationsdefizit für all diejenigen, die nicht so viel Zeit investieren können. Eine unserer weniger ermutigenden Erfahrungen war es, dass insbesondere für LehrerInnen die Netzwerkarbeit nur schwer kontinuierlich leistbar ist, da sie über ein feststehendes Arbeitspensum hinaus geleistet werden muss und nicht mit dem Berufsalltag verknüpft werden kann. Gerade aber auch in diesem Zusammenhang haben sich für uns die Chancen gezeigt, die in der Zusammenarbeit von Schule und außerschulischer Jugendarbeit liegen. Service- und Beratungseinrichtungen wie die Jugendpflege, das Ev. Jugendreferat oder die schulpsychologische Beratungsstelle haben nämlich trotz großer Aufgabenvielfalt und in der Regel personell eher spärlicher Besetzung die Freiheit und sogar den Auftrag, neue Ideen zu entwickeln bzw. als Multiplikatoren weiter zu vermitteln. An kaum einem anderen Ort aber sind Kinder und Jugendliche so leicht zu erreichen wie in der Schule – wenn denn die Bereitschaft besteht, die Türen zu öffnen und Lernen als einen Prozess zu sehen, der weit mehr einschließt als die klassischen Unterrichtsfächer.

NEPAL

Kathi Volkert

Projektberichte im Überblick

Praktische Erlebnispädagogik in der Schule kann sehr vielfältig und facettenreich sein, das zeigen die nachfolgenden Projektberichte.
Als Orientierungs- und Nachschlaghilfe für den Leser ordnen wir die Berichte nach Kurzzeitprojekten, Klassenfahrten und Langzeitprojekten und geben einen ersten Überblick über die jeweiligen Schwerpunkte.

Kurzzeitprojekte

Alle hier beschriebenen Projekte zeichnen sich dadurch aus, dass sie durch eine einführende Rahmengeschichte (phantastischer, mystischer, zauberhafter oder abenteuerlicher Natur) eine neue Realität, eine „Spielatmosphäre" schaffen, die einen starken Herausforderungscharakter besitzt und zur Handlung motiviert.

Projekt und Projektdauer	Schulart und Altersgruppe	Zielsetzung und Besonderheiten
Rainer Loosen: **Wandertag ins Abenteuerland** (1 Tag)	Gymnasium Kl. 11 Stammkurs Biologie 20 SchülerInnen	Sich Kennenlernen in einer neuen Gruppe Entwicklung eines „Wir-Gefühls"; abwechslungsreicheSpielsequenz mit Phantasiereise, Kooperationsspielen und Abenteueraufgabe
Jule Elfert-Jacobi: **Die gemeinsame Vertreibung des Drachen von Dahn** (1 Tag)	Schule für Sprachbehinderte, Klasse 4, 7 SchülerInnen	Sehr persönlicher Bericht über erste Projekterfahrungen mit der Erlebnispädagogik in der Schule;

	Stefanie Loser: **Spannung – Spaß – Abenteuer** (3 Tage)	Gymnasium Kl. 5 25 SchülerInnen	Verbesserung der Klassengemeinschaft durch besseres Kennenlernen der Gruppenmitglieder; Kooperation schulischer und außerschulischer Jugendarbeit
	Margit Mickley: **Die Eroberung der Burg Manda** (3 Tage)	Grund- u. Sonderschule; 3./4. Klasse 12 SchülerInnen	„Etwas Neues erleben – Miteinander handeln – sich selbst positiv erleben“ schulartübergreifendes Projekt von Grund- u. Sonderschule
	Heide Kunz: **Das Projekt Klettern** (2 Tage mit umfassender Vorbereitungseinheit)	Gymnasium Klasse 7 24 SchülerInnen	Kooperation, Sportunterricht und Erlebnispädagogik; „Miteinander statt Konkurrenz“ Klettern als Höhepunkt einer Unterrichtseinheit mit dem Schwerpunkt kooperativer Elemente im Sportunterricht
	Thomas Mößer: **Deutsch-Französische Begegnung am dritten Ort** (3 Tage)	Gymnasium Kl. 9 45 SchülerInnen zweier neunter Klassen eines deutschen und eines französischen Gymnasiums	Authentische Kommunikation in einem handlungs- und erlebnisorientierten Rahmen „Wir machen – statt ich mache und du machst“ Erlebnispädagogische Aspekte im interkulturellen Lernprozess

Klassenfahrten

Die nachfolgenden Erfahrungsberichte haben gemeinsam, dass vor der Fahrt eine intensive Planung in der Schule erfolgte, die die Verantwortung aller für das **„gemeinsame Unternehmen Klassenfahrt“** in den Vordergrund rückte. In allen Fällen wurde als Zielort ein Selbstversorgerhaus gewählt, denn Selbstversorgung kann als ein wichtiges Element zur Erprobung der Eigenverantwortlichkeit und Selbständigkeit angesehen werden. Im weiteren war die jeweilige Gruppe in ihrer Unterkunft allein, so dass eine intensive Arbeit miteinander ohne Störungen von außen möglich war. Darüber hinaus lässt die Unterkunft in einem Selbstversorgerhaus der Gruppe einen großen Handlungsspielraum, den sie frei nutzen kann, da äußere einengende Bedingungen wie feste Essenszeiten, Zubettgehzeiten u.a. fehlen.

Projekt und Projektdauer	Schulart und Altersgruppe	Zielsetzung und Besonderheiten
 Olaf Willms: **Der weite Weg zum Schatz** (6 Tage)	Hauptschule Kl. 9 18 SchülerInnen	Stärkung der Klassen gemeinschaft: Rücksichtnahme und gegenseitige Hilfe. „Erheiternde“ und motivierende Piratengeschichte
 Kathi Volkert: **Auf den Spuren der Booser Geschichte** (5 Tage)	Regionale Schule Klasse 6 25 SchülerInnen	„Miteinander erleben und lernen“ Rahmengeschichte aufbauend auf den historischen und ökologischen Besonderheiten der Region; außerschulische Lernorte für fächerübergreifende Projekte
 Hans-Martin Schmitz: **Die Albert-Schweitzer-Ritter auf einer klasse(n) Fahrt** (3 Tage)	Schule für Lernbehinderte Klassen 3/4 21 SchülerInnen	Gewinnung von Selbstvertrauen, Gemeinschaft erleben, Sensibilität für Natur und Umwelt entwickeln, Detaillierte Beschreibung der Planungs-, Aktions- und Reflexionsphase; gruppenbezogene Rahmengeschichte
 Heide Kunz & Rüdiger Gilsdorf: **Kanuexpedition auf Glan und Nahe** (3 Tage)	Gymnasium Kl. 6 20 SchülerInnen	Klassengemeinschaft stärken, Selbstständigkeit fördern, Lebensraum Fluss erfahren und erforschen, Kanuexpedition mit Forschungsauftrag Kritische Auseinandersetzung mit Anspruch und Wirklichkeit erlebnispädagogischer Aktionen
 Sylvia Gruber: **Auf den Spuren Manitus** (3 Tage)	Hauptschule Kl. 6 Klassenpartnerschaft von 2 Schulen, 46 SchülerInnen	gemeinsames Erleben, Kennenlernen einer neuen Partnerklasse, Naturerleben, Rahmenhandlung in Form eines indianischen Stammestreffens

 Martina Sprotte & Martin Rink: **Erlebnispädagogisch orientierte Klassenfahrten – Versuch eines Vergleichs**	Hauptschule Kl. 9 und 6; 18 bzw. 25 SchülerInnen	Verbessern der Klassengemeinschaft, Integration schwieriger SchülerInnen und ausländischer MitschülerInnen Vergleich verschiedener Projekte; Kritische Hinterfragung und Perspektiven

Langzeitprojekte

Erlebnispädagogik als längerfristige Arbeitsweise – wie lässt sich das in den Unterricht integrieren? Die folgenden, von ihren thematischen Ansätzen her sehr unterschiedlichen Projekte, geben Aufschluß darüber und sicherlich auch Anregungen, wie erlebnispädagogisches Arbeiten frischen Wind in den Schulalltag bringen kann.

Projekt und Projektdauer	**Schulart und Altersgruppe**	**Zielsetzung und Besonderheiten**
 Matthias Hünemann & Rüdiger Gilsdorf: **Ein Jahr Argo** (1 Jahr)	Gymnasium Klasse 11 10 SchülerInnen	Soziales Lernen an Gymnasien; freiwillige AG am Nachmittag, 14 tägig
 Rainer Tempel: **Vom Abenteuerspiel ins Abenteuer** (1 Jahr)	Schule für Erziehungshilfe, Kl. 7–9 16 Schüler	Positive Beeinflussung des Schülerverhaltens Nutzung außergewöhnlicher Lernchancen; freiwillige AG Kritische Auseinandersetzung mit Anspruch und Wirklichkeit, Möglichkeiten und Grenzen
 Wolfgang Arbogast: **Die Adventure-AG** (Langjähriges Projekt)	Kooperative Gesamtschule Kl. 7–9 12 SchülerInnen	Langzeiterfahrung mit erlebnispädagogischen Projekten unter besonderer Berücksichtigung der Outdooraktivitäten Mountainbiking, Klettern und Kanufahren

 Gerhard Röthig & Michael Vyskocil: **Phantastische Abenteuer** (ca. 3monatige Sequenz, Langzeitprojekt)	Realschule Kl. 5 sowie Kl. 6-10 20-30 SchülerInnen	„Kinder stark machen" Erlebnispädagogik als Unterrichtsprinzip; Dokumentation eines besonderen Schulkonzeptes
 Hans Martin Schmitz: **Die 9-Freunde-Aufgaben** (1 Jahr)	Sonderschule für Lernbehinderte Klasse 3 9 SchülerInnen	Erleben von Gemeinsamkeit, Spannung und Herausforderung zum Ziele der Erweiterung persönlicher Handlungskompetenzen; Fächerübergreifendes Projekt mit einer sehr gruppenspezifischen Rahmengeschichte Persönliche Reflexion unter den Gesichtspunkten: Perspektiven der Erlebnispädagogik und kritische Auseinandersetzung mit der Lehrerrolle
  Ulrike Roth & Rüdiger Gilsdorf: **Der kleine Hobbit** (1 Jahr)	Hauptschule Kl. 6 22 SchülerInnen	Förderung der sozial-& emotionalen Lernprozesse Fächerübergreifendes Unterrichtsprojekt mit Spielsequenzen, Nachtabenteuer und Klassenfahrt unter dem Schwerpunkt: „Literatur erleben"

Kurzzeit-projekte

2

Rainer Loosen

Wandertag ins Abenteuerland

Intention:

Die hier dargestellte Spielaktion wurde mit SchülerInnen eines Biologie-Leistungskurses an einem Gymnasium durchgeführt.
Zu Beginn der Klasse 11 werden die Lerngruppen regelmäßig neu zusammengestellt. Sie umfassen dann meist etwa 20 bis 25 TeilnehmerInnen, die sich untereinander häufig nicht kennen, da sie aus verschiedenen Parallelklassen des Gymnasiums, mitunter auch aus unterschiedlichen Schultypen stammen.

Durch gemeinsames Planen, Durchführen, Erleben und Überdenken von spielerischen Aktionen erhalten die SchülerInnen die Möglichkeit, sich näher kennenzulernen. Diesmal auf eine Art und Weise, die sich vom normalen Schulalltag unterscheidet. Die Chance für mehr Verständnis füreinander, eventuell auch für die Entwicklung eines „Wir-Gefühls" wird spielerisch angeboten.

Planung:

Eine mehrtägige Kursfahrt als idealer Rahmen für erlebnispädagogische Aktionen ist leider nicht vorgesehen. Es bietet sich aber der turnusmäßige Wandertag für das Vorhaben an. Als Ort des „Wanderns" dient die Turnhalle, weil sich damit eine Reihe von Vorteilen verbindet. Die Turnhalle ist an Wandertagen in aller Regel nicht besetzt, zudem stehen hier ausreichend Geräte für Aktionen zur Verfügung, schließlich ist man unabhängig von der Witterung.

Den Wandertag stelle ich unter das Motto „Abenteuer". Die SchülerInnen sollen Abenteuer in einer Art Märchenland gemeinsam bestreiten, wobei ihre Phantasie, aber auch körperlicher Einsatz, Mut und gegenseitiges Vertrauen gefordert werden. Den neugierigen Fragen komme ich nur insoweit entgegen, dass ich ihnen mitteile, sie müßten Mut aufbringen, sich auf etwas Neues einzulassen.
Außerdem sollen alle bequeme Kleidung, Schreibutensilien und in Absprache (!) Zutaten für ein gemeinsames Frühstück mitbringen. Das Spektrum der Reaktionen seitens der SchülerInnen reicht von spontaner Zustimmung: „Super, endlich mal was anderes am Wandertag", über skeptische Mienen bis hin zu offener Ablehnung: „Da schließe ich mich lieber dem Parallelkurs an, die fahren nach Köln zum Schokoladenmuseum!".

Bedenken meinerseits, ob OberstufenschülerInnen sich überhaupt auf Spiele im „Abenteuerland“ einlassen, werden durch die Ausweichmöglichkeit, in der Turnhalle gängige Spiele ersatzweise durchzuführen, zerstreut.

Zeitrahmen: Beginn: 8.15 Uhr Ende: gegen 13.15 Uhr

Verlaufsplan (Aktionen)	**Dauer**
1. Simulation des Fluges ins Abenteuerland in Form einer Phantasiereise	ca. 15–20 min
2. Warming-up: Fangspiel: Zwerg / Riese / Zauberer	ca. 20 min
3. Kooperationsspiel: Positionswechsel auf einer Turnbank	ca. 30 min
4. Abenteuerspiel: Überquerung des Teufelsmoors	ca. 40–50 min
5. Reflexion: Wetterkarte	ca. 15 min
Pause: gemeinsames Frühstück	ca. 45 min
6. Kooperationsspiel: Ringelraupe mit Stacheln	ca. 15 min
7. Abenteuerspiel: Überquerung des Dschungelflusses	ca. 60–80 min
8. Reflexion: Geheimnisbörse	ca. 25 min

1. Phantasiereise als Einstimmung:

Simulation des Fluges ins Abenteuerland

Material:
Kassettenrecorder, Hochsprungmatte

Intention:
Mithilfe einer Phantasiereise wird versucht, die SchülerInnen in einen entspannten Zustand zu versetzten. Dabei werden ihnen Vorstellungsbilder angeboten, die sie vorbereiten und einstimmen auf das Abenteuerland.

Aufgabe:

Setzt euch so bequem wie möglich auf die Hochsprungmatte, schließt die Augen und seid ganz still. Achtet nun auf euren Atem und fühlt, wie er langsam kommt und wieder geht. Stellt euch vor, ihr sitzt im Flugzeug und wartet auf den Start. Ihr schnallt euch an und legt dazu eure Hände mit leichtem Druck auf euren Bauch. Ihr fühlt, wie das Flugzeug zur Startbahn rollt. Der Pilot gibt Vollgas, die Turbinen heulen auf und ihr werdet in den Sitz gedrückt. Ihr fühlt aber auch, dass der Gurt (eure Hände) euch sicher hält.
Nun folgt die Schilderung einer Phantasieflugreise, die verschiedene Eindrücke wie z.B. Wolkenbilder, Landschaften (Meer, Gebirge, Gletscher etc.) und die Landung bildhaft und möglichst auch „fühlbar" beschreibt.

Während dieser Phantasieflugreise läuft im Hintergrund Musik zur Entspannung, z.B. Vollenweider: Behind the Gardens: Sunday, Afternoon.
Genauso behutsam, wie zur „Reise" hingeführt wird, sollte auch die Rückführung in die Realität erfolgen.

2. Warming up: Fangspiel: Zwerg / Riese / Zauberer

(nach Flügelman 1982)

Material:

3 Seile à 5 m oder 3 Markierungen (Linien) auf dem Hallenboden

Intention:

Nach dem langen Flug sollte man sich erst einmal etwas aufwärmen. Zunächst stellen sich alle Teilnehmer nach der Größe der Handflächen geordnet in einer Reihe auf. Die erste Hälfte mit den größten Handflächen bildet eine Mannschaft, der Rest die andere Mannschaft.

Aufgabe:

Entscheidet innerhalb eurer Mannschaft in geheimer Absprache, welche Figur alle Mannschaftsteilnehmer darstellen, entweder:

- den Zauberer – dabei richtet ihr euren Zeigefinger kreisend auf euer Gegenüber
- den Riesen – dabei bildet ihr mit den Armen und Händen ein Dreieck über dem Kopf
- den Zwerg – dabei geht ihr in leichte Vorwärtsschrittstellung.

Es gilt: Der Zauberer ist stärker als der Riese, der Riese ist stärker als der Zwerg, der Zwerg ist stärker als der Zauberer.

An der mit einem Seil markierten Mittellinie stellen sich die beiden Mannschaften im gegenseitigen Abstand von ca. 3 m auf. Auf das Kommando des Spielleiters stellt jede Mannschaft die zuvor abgesprochene Figur dar ②. Die unterlegene Figurengruppe (Mannschaft) flüchtet nun so schnell wie möglich hinter eine Grenzlinie, während die Teilnehmer der „stärkeren" Gruppe versuchen, so viele Flüchtlinge wie möglich einzuholen und abzuschlagen ③. Die abgeschlagenen Gegner verstärken die Siegergruppe.
Sollten zufällig beide Mannschaften die gleiche Figur an der Mittellinie darstellen, so wird neu beratschlagt ① und die nächste Runde gespielt. Sieger ist diejenige Gruppe, die nach mehreren Durchgängen die meisten Mitglieder besitzt.

3. Platzwechsel auf der Turnbank
(nach Gilsdorf, Kistner1995)

Intention:
Bevor die Schüler ihr erstes großes Abenteuer bestehen, müssen sie lernen, sich helfen zu lassen, ihren Mitspielern zu vertrauen, selbst vertrauensvoll zu handeln und Berührungsängste abzubauen.

Material:
2 Turnbänke mit den beiden Kopfenden aneinandergestellt

Aufgabe:
Stellt euch so in einer Reihe auf, dass links derjenige steht, der zu Beginn und rechts derjenige, der am Ende eines Jahres geboren wurde. Nun wechselt eure Plätze auf der Bank so, dass am Ende alle genau in umgekehrter Reihenfolge auf den Bänken stehen, also links nun derjenige, der am Ende eines Jahres geboren wurde. Dabei darf keiner von euch die Bank verlassen und den Boden berühren. Ihr könnt zunächst den Platzwechsel proben und Strategien entwickeln.

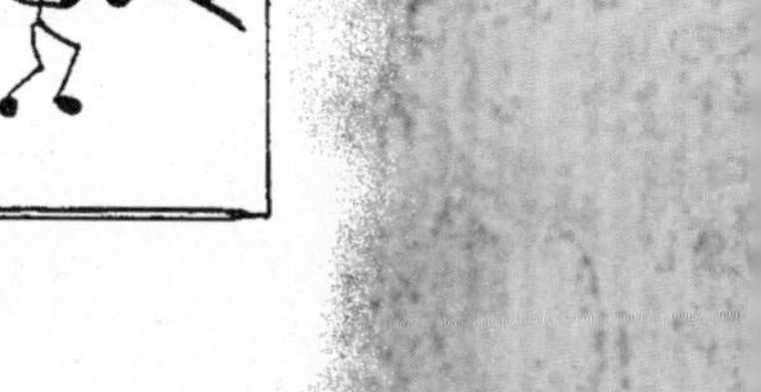

Danach muss der Platzwechsel innerhalb von 20 min vollzogen sein, ohne dass einer den Boden berührt. Passiert dies doch, so müssen alle Teilnehmer wieder auf ihre Ausgangsposition zurück, während die Zeit weiterläuft.

4. Überquerung des Teufelsmoors

Material:

2 (3) Skatebords, 2 Seile à ca. 20–30 m, ein Seil ca. 40–50 m lang, Turnmatten, Mast oder Stange, z. B. zum Aufbau des Volleyball- oder Badmintonnetzes, 4 Gymnastikbänder, mehrere Bretter: Länge ca. 0,5 m, Breite ca. 0,20 m, 2 Stöcke, ein Karabinerhaken, ein kurzes Seil oder eine Bandschlinge, eventuell Augenbinden

Intention:

Es gilt für die SchülerInnen, kooperativ eine Aufgabe zu lösen, wobei Phantasie, Geschicklichkeit und Hilfsbereitschaft gefordert werden.

Vorbereitung:

Mit Hilfe von zwei 20 m langen Seilen wird das Teufelsmoor als eine ca. 12 m lange und 6–8 m breite Zone abgegrenzt. Das Teufelsmoor sollte sich in der Nähe z. B. einer Volleyballnetzstange oder ähnlichem befinden, die man in einer entsprechenden Halterung im Hallenboden befestigt hat.

Die Gruppe steht zu Beginn neben der Stange mit der Aufgabe, das rettende Ufer auf der gegenüberliegenden Seite des Teufelsmoors zu erreichen. Dies ist nur möglich über einen z. B. mit Gymnastikbändern begrenzten, kurvenreichen Sektor im Moor, die „Trans-Moor-Passage“.

Zur Überquerung dieser Passage stehen den SchülerInnen ein bis drei Skatebords, die „Moor-Shuttles“, zur Verfügung, sowie das 50 m lange Seil, mehrere Bretter, Stöcke, ein Karabiner und ein kurzes Stück Seil.
Die Stöcke dürfen nur zur ersten Überfahrt benutzt werden.

Uberqueren des Teufelsmoors

Aufgabe:

Ihr steht neben einem Baumstumpf vor einem lebensgefährlichen Teufelsmoor. Jeder von euch muss das Moor überqueren. Das gelingt euch aber nur innerhalb der markierten Zone, der Trans-Moor-Passage.

Als Hilfsmittel, mit dem ihr das rettende Ufer erreichen könnt, stehen euch ein Seil, Bretter, zwei Stöcke und zwei (drei) „Moor-Shuttles" zur Verfügung. Diese sind aber „altersschwach" und können nur noch insgesamt 20 mal zum anderen Ufer fahren. Dabei ist es euch nur einmal möglich, während der Fahrt den Sumpf mit Hilfsmitteln zu berühren. Danach wird alles Material, das den Sumpf berührt, mit Ausnahme der „Moor-Shuttles" unwiederbringlich verschluckt. Fällt ein Abenteurer vom „Moor-Shuttle", so muss es samt Passagieren wieder zum Ausgangspunkt zurück und ein neuer Passageversuch erfolgt.

Zu bedenken ist aber, dass insgesamt nur 20 Überquerungsversuche möglich sind!

Das Moor stellt euch noch eine weitere teuflische Aufgabe:

Das „Moor-Shuttle" muss vom rettenden Ufer wieder zur Restgruppe zurückgelangen, ohne dass es das Teufelsmoor berührt.

Ihr habt 10 min Zeit, während der ihr Strategien entwickeln und die Überfahrttechniken mit den Moor-Shuttles ausprobieren könnt. Dann muss die gesamte Gruppe innerhalb von 30 Minuten am rettenden Ufer angelangt sein.

Variationen:

a) Während der Passage steigen giftige Dämpfe aus dem Sumpf, die zur Erblindung führen können. Zum Schutz müssen die Abenteurer während der Überfahrt Augenbinden tragen.

b) Bei Zeitmangel wird ein drittes Moor-Shuttle (Skatebord) im Ufergestrüpp gefunden und steht der Gruppe zusätzlich zur Verfügung.

5. Reflexion: Wetterkarte

(nach Gilsdorf, Kistner 1995)

Material:

ca. 70 Zettel DIN A 5 Format, Klebeband bzw. Tesa-Film, Schreibutensilien

Intention:

Die Teilnehmer sollen ihre jeweiligen Erfahrungen, Gefühle aus den bisherigen Aktionen symbolhaft darstellen

Vorbereitung:

Drei Wettersymbole samt Text DIN A 5 Format (s. Abb.) werden an der Turnhallenwand mit Klebestreifen befestigt und deren Bedeutung kurz erklärt; vier große Poster für die bisherigen Aktionen aufgehangen.

Aufgabe:

Jeder gibt mit Hilfe eines Wettersymbols zeichnerisch wieder, wie er sich beim jeweiligen Spiel gefühlt hat, welche Erfahrungen er gemacht hat. Dazu verteilt ihr euch in der Halle, um ungestört zu sein. Anschließend klebt ihr eure Wettersymbole pro Spiel neben gleichartige Wetterkarten eurer Klassenkameraden auf die jeweiligen Poster.

Es entsteht für jedes der bisher durchgeführten Spiele eine Gesamtwetterkarte, die sich die Gruppe dann anschaut:

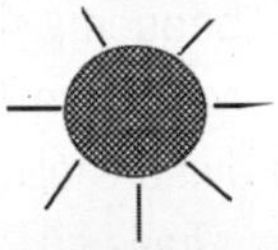

wohlgefühlt, gute Erfahrungen im Spiel gemacht

ärgerlich, traurig

mit meinen Ideen bei der Gruppe abgeblitzt,
Spannungen in der Gruppe

Pause: Gemeinsames Frühstück

Material:

mitgebrachte Lebensmittel, Geschirr
sowie Kasten als Buffet

Aufgabe:

Baut mit Hilfe von großen Kasten und euren mitgebrachten Lebensmitteln eine Art „kaltes Buffet“ auf und laßt es euch schmecken.

6. Ringelraupe mit Stacheln
(nach Flügelmann, Tembeck 1979)

Material:
entfällt

Intention:
Nach dem gemeinsamen Frühstück soll die Gruppe mental wieder in's Abenteuerland zurückversetzt werden. Gleichzeitig dient die Aktion als Vorbereitung auf das letzte größere Abenteuerspiel.

Aufgabe:
Ein menschenfressender Riese hat ein Auge auf euch geworfen. Als Einzelgänger habt ihr keine Chance, ihm zu entkommen. Ihr könnt aber sein Interesse von euch abwenden, wenn ihr eine stachelige Ringelraupe bildet und zwar folgendermaßen:
Alle Teilnehmer bilden einen Kreis, wobei jeder seinem Vordermann beide Hände auf die Schultern legt. Alle rücken nun ganz nahe zusammen und gehen dann gleichzeitig langsam in Hockstellung bis jeder seinem Hintermann auf dem Schoß sitzt. Eine stabile Ringelraupe hat sich gebildet, in der alle „bequem„ sitzen. Nun hebt jeder vorsichtig ein Bein, so dass es für den Riesen von oben so aussieht, als habe die Raupe viele Stacheln. Aber Achtung, haltet diese Stellung mindestens eine Minute ohne umzufallen, denn sonst schnappt der Riese zu.

7. Überquerung des Dschungelflusses
(nach Gilsdorf, Kistner1995)

Material:
pro Teilnehmer ein Gymnastikreifen, Turnbank, Matten, einer von den beiden Turnerringen

Aufgabe:
Auf der Flucht vor einer Gruppe Säbelzahntiger kommt ihr an einen Dschungelfluß, in dem Krokodile lauern. Auf der gegenüberliegenden Seite ragen Felsen (Reifen) aus dem Uferwasser, die ihr erreichen müßt. Als Hilfsmittel

dient euch eine Liane (Turnerring). Jeder von euch muss aber auf einen anderen Felsen gelangen (in einen Ring), denn nur einer hat hier einen sicheren Platz. Ist der Fels (Ring) einmal betreten, so muss diese Person auch hier bleiben. Tritt sie neben den Felsen (Ring), oder berühren zwei Teilnehmer gleichzeitig einen Felsen, so muss (müssen) die Person(en) wieder zum Ausgangspunkt zurück. Das Spiel ist zu Ende, wenn alle Felsen von unterschiedlichen Abenteurern besetzt sind. Vorher habt ihr zunächst 10 Minuten Zeit, um Strategien zu entwickeln. Danach muss die Aufgabe in 30 min gelöst sein.

8. Reflexion: Geheimnisbörse

(nach einer Idee von Siegfried Seeger)

Material:

ca. 70 Zettel DIN A 6, Schreibstifte

Intention:

Die SchülerInnen erhalten die Möglichkeit, in aller Ruhe die Aktionen nochmals zu überdenken und die dabei für sie wichtigsten Erfahrungen anonym mitzuteilen.

Vorbereitung:

Jedem Teilnehmer werden 3 Zettel ausgeteilt.

Aufgabe:

Schreibt auf den ersten Zettel „wichtiges Ereignis“, auf den zweiten Zettel „wichtiges Erlebnis“ und auf den dritten „wichtige Erkenntnis“. Verteilt euch dann gleichmäßig in der Turnhalle, damit keiner sich beobachtet fühlt und schreibt die für euch wichtigen Ereignisse, Erlebnisse und Erkenntnisse dieses Wandertages auf. Laßt euch dabei Zeit. Anschließend werden die Zettel mit der beschrifteten Seite nach unten eingesammelt und ebenfalls verdeckt nach dem Zufallsprinzip ausgeteilt. Die Gruppe setzt sich im Kreis zusammen und jeder liest den Text der ihm ausgeteilten Zettel vor.

Auswertung

Augenblick

Als man auf der Bank die Position gewechselt hat, das war ein guter Augenblick, weil man von den anderen in der Gruppe abhängig war und jeder aufgenommen worden ist, keiner wurde losgelassen.

Augenblick:

Man zitterte mit den anderen mit, damit sie auch mit einer schwierigen Situation fertig wurden (z. B. Sumpf.)

Erlebnisse:

Ich habe erlebt, wie gut man etwas in einer Gruppe schaffen kann. In einer Gruppe gibt es keine einzelnen Verlierer oder Gewinner. Man bekommt das Gefühl der Zusammengehörigkeit.

Erlebnisse:

Es war super, bei dem letzten Spiel einmal auf Händen getragen zu werden.

Einsicht

Wir sind ein toller Kurs, der gut zusammenarbeiten kann. Jeder hat versucht zusammen eine Lösung zu finden, es wurde nicht gemotzt über eine blöde Bemerkung etc.

Einsichten

Die Gruppe hält zusammen, akzeptierte es, wenn jemand nicht mitmachen wollte. Gruppenklima sehr gut.

Erlebnisse:

Ich war sehr über den starken Zusammenhalt des gesamten Kurses überrascht. Niemand war abgeneigt, mit jemandem, mit dem man noch nicht so viel zu tun hatte, zusammen zu spielen.

Erlebnisse

Ich fand es ganz toll, den Wandertag irgendwie anders zu gestalten. Ich fand mich richtig wohl in der Gruppe. Überhaupt man kann sich irgendwie bei allen Spielen nähern!

Beispielhaft sollen zunächst einige Schülerbeiträge aus der „Geheimnisbörse“, der letzten Reflexionsphase angeführt werden.

Überraschenderweise finden sich keine kritischen Kommentare in den Beiträgen der „Geheimnisbörse“.
Offensichtlich ist es vielen SchülerInnen gelungen, Kontakte zu „Fremden“ zu knüpfen und sich unkonventionell schnell näher kennenzulernen, und das, obwohl zu Beginn größere Bedenken und Unsicherheiten vorherrschen.
Auch die Erfahrung des „Wir-Gefühls“ kommt zustande. Es findet etwas statt, was viele SchülerInnen eigentlich für sehr unwahrscheinlich bzw. unmöglich halten. So etwas wie eine „Initialzündung des gegenseitigen Respektierens und Helfens“ ereignet sich und ist für die SchülerInnen erfahrbar.
Erstaunlich ist für mich auch, mit welcher Konzentration die SchülerInnen zuhören und auch die meisten Spiele durchführen. Einige befinden sich bei den Abenteuerspielen gedanklich offensichtlich im Abenteuerland, sind voll bei der Sache und der Realität der Turnhalle kurzfristig entrückt, was besonders auf das letzte Spiel zutrifft. Hier verlangen eine ganze Reihe von SchülerInnen nach einer Wiederholung der Aktion.
Wesentlich schwerer tun sich viele beim Spiel Nr.6 „Ringelraupe mit Stacheln“. Möglicherweise bereitet hier der Neubeginn nach dem Frühstück und/oder der enge Körperkontakt Probleme. Auch die Phantasiereise zu Beginn fordert von einigen Schülern viel Überwindung. Es fällt ihnen sichtlich schwer, sich auf eine Phantasiereise ohne äußere Aktion einzulassen. Hier ist es wichtig, dass bei den Anweisungen meinerseits das richtige „Feeling“ vermittelt wird.
Der Wandertag ins Abenteuerland ist unerwartet problemlos verlaufen. Er stellt, wie oben bereits erwähnt, eine Art Initialzündung dar, deren Wirkung aber Gefahr läuft, zu verpuffen, wenn solche Erlebnisse nicht vertieft werden bzw. kein Transfer in den Schulalltag angestrebt wird.

Jule Elfert-Jacobi

Die gemeinsame Vertreibung des Drachen von Dahn

Wie es überhaupt dazu kam ...

Eigentlich wußte ich nicht, warum ich wieder zur Erlebnispädagogik-Woche nach Dhaun gekommen war. Schlechtes Wetter, kalte Zimmer; irgend jemand schnarchte hier ja immer...

Und dazu noch Selbstversorgung neben anstrengendem Kursprogramm. „Wie? Ihr geht abends nicht mal in die Kneipe?!" (Kommentar von zu Hause). Trotzdem war ich wieder dabei; denn mit der Zeit geschahen hier kleine Wunder...

SpielleiterInnenverhalten sollte erprobt – Spielsequenzen sollten zum ersten Mal von uns erarbeitet und durchgeführt werden. Eine anstrengende Arbeit, alle in der Kleingruppe „unter einen Hut zu bringen". Ein reinigendes Gewitter zwischendurch, und am Ende stand die Sequenz, die Durchführung machte Spaß (uns und den Spielenden), und die Reflexion wurde eine feine Sache. Hätte ich nie gedacht! Ich hatte viel gelernt.

So wurde das, was ich mir vor einer Woche noch nicht hatte vorstellen können, möglich, und es brannte mir auf den Nägeln:

Sabine, Christoph und ich unterrichteten zu dieser Zeit eine vierte Klasse der Schule für sprachbehinderte Kinder in Mainz. Übernächste Woche würden wir für drei Tage die Abschlußfahrt in den Pfälzer Wald nach Dahn unternehmen. So begann ich spontan schon in Dhaun, in einer Zeit, die dem Logbuch zugedacht war, die Rahmenhandlung zu einer Abenteuereinheit auszuarbeiten, die ich im Dahner Wald durchführen wollte. Es würden mir noch zwei Schulstunden zur Verfügung stehen, in denen ich die Kinder auf das zu bestehende Abenteuer einstimmen konnte. Also, 'ran an die Arbeit!

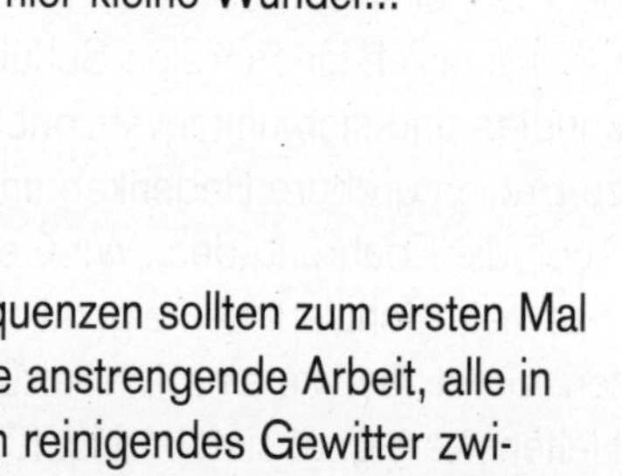

Zielgruppe

Bei den Kindern handelte es sich um fünf Jungen und zwei Mädchen, die im sprachlichen Ausdruck alle behindert und in ihrem Verhalten teilweise gehemmt und sehr unsicher waren. Ihre sozialen Hintergründe waren unterschiedlichster Art. Von „liebevoller Verwahrlosung" bis hin zu emotional stark defizitärer Sozialisation. Und da, wo im Elternhaus die Nestwärme und sprachlichen Angebote vorhanden waren, lagen beim Kind Störungen der gesamten Umwelterfassung aus hirnorganischer Schädigung vor.

Vorbereitende Aktivitäten
Einstimmung in das Abenteuer zu Hause

Ich musste zur Spielsequenz folgende Dinge beschaffen oder herstellen: Tücher, Fahrradhelme, Mützen, Reifen, einen Stock, Urkunden, Medaillen, zwei Briefe, das Drachentuch, die Drachenschuppen, Geräuschdosen, einen Kassettenrecorder, Stifte, Kleber, Papiere, Süßigkeiten und eine Schatzkiste.

Das vorrangige Ziel meiner Sequenz war es, Kooperation zu trainieren.

Die Rahmenhandlung lautete: "Die gemeinsame Vertreibung des Drachen von Dahn" und beinhaltete eine Abenteuerspielsequenz von 3 Abenteuern, die sich in ihrer Schwierigkeit steigern sollten und der Phantasiewelt der Kinder dieser Altersstufe angepaßt wurden.

Kurz zum Inhalt

Die Dahner Bürger und ihr Bürgermeister wurden von einem Drachen im Dahner Wald geplagt. Nur eine 4. Klasse aus Mainz wäre in der Lage, durch das Bestehen eines dreiteiligen Abenteuers den Drachen zum Davonfliegen ins Drachenland zu bewegen. In einem Brief an die Mainzer Kinder bat der Bürgermeister um Hilfe und versprach eine Belohnung, falls die Kinder das Abenteuer gemeinsam bestehen würden.

Die Kinder wurden folgendermaßen eingestimmt: „ Habt ihr Lust, gemeinsam ein Abenteuer im Dahner Wald zu bestehen? Der Bürgermeister hat an mich geschrieben ..." Es wurde alles aus dem Brief berichtet, nur, dass es sich um einen Drachen handele, wurde nicht verraten. Um die Spannung zu erhalten, wurde von einem „Wesen" im Dahner Wald gesprochen, das es zu vertreiben gelte. Ergänzt wurde, dass der Klassenleiter die Rolle des Filmemachers übernommen hatte. Ich stellte mich als ihre Spielleiterin vor, der es von dem „Wesen" in Ab-

sprache mit dem Bürgermeister erlaubt worden war, einige Hilfsmittel zum Bestehen der drei Abenteuer mitzunehmen und den Kindern jedes Abenteuer genau zu erklären. Meine während der Einstimmung anwesende Kollegin Sabine entschloß sich spontan mitzuspielen, und die Kinder waren damit einverstanden.

Um im Vorhinein festzustellen, wieweit das „Blindsein“ und Aufeinanderangewiesensein problematisch sein würden, wurde eine Übung mit verbundenen Augen durchgeführt, bei der Geräusche vom linken Nachbarn erhört und weitergegeben werden sollten. Außerdem wurde das „Regnen im Dahner Wald“ durch Aneinanderklopfen von Steinchen mit geschlossenen Augen als weitere Vorbereitungsübung durchgespielt.

Es stellte sich so heraus, dass ein Mädchen, das teilweise autistische Züge aufwies, Probleme hatte, sich ein Tuch vor die Augen binden zu lassen und das daher die Augen, so gut es ihm gelang, ohne Binde geschlossen hielt.

„Der ist gespannt, wir schaffen das.“

„Einerseits freut er sich, aber er weiß noch nicht, ob er das schaffen kann.“

Um für die Reflexion ein Projektionsfigürchen zu haben, wurde das Kopffüßlerstrichmännchen der kleine „Uff“ eingeübt, der mit großer Freude gezeichnet wurde. Er drückte durch Gestik und Mimik aus, ob den Kindern das bevorstehende Abenteuer jetzt schon spannend und bewältigbar erschien, oder ob sie ihm „nicht so ganz über den Weg trauten“, jedenfalls **noch nicht**...
Um bei den erwartungsvollen Kindern bis zur Abfahrt in knapp einer Woche die Spannung zu erhalten, wurden ihnen Aufgaben erteilt, nämlich, füreinander in einer Kiste bis zur Abfahrt folgende Materialien anzusammeln, über deren Einsatzmöglichkeiten

phantasievoll spekuliert wurde: Fahrradhelme, Seile, Decken und Kopfbedeckungen wie Mützen oder Hüte.
Mit dem Slogan „Gemeinsam sind wir spitze“ schworen sie sich aufeinander ein und erwarteten teils etwas aufgeregt aber in jedem Fall gespannt das gemeinsame Abenteuer im Dahner Wald.

Die Abenteuerspielsequenz

Bis es dazu kam...

Am Morgen der Abfahrt saß der Dahner Drache in meinem Zimmer.
Er musste über Nacht durchs offene Fenster hereingefunden haben.
Eine zierliche Miniaturausgabe vom 8 cm Länge...
Ein gutes Omen!

In Dahn angekommen regnete es und regnete...
Sollte denn alles ins Wasser fallen?
Zuversichtlich weihte ich meine Kollegin Sabine vor dem Schlafengehen in die Sequenz ein. Sie wollte zwar „ehrlich mitspielen“, war aber bereit, auch Beobachterin zu sein (also z.B. das Warming-up nicht mitzuspielen), sich außerdem mit Ideen nicht in den Vordergrund zu stellen.
Sie half mir am nächsten Tag beim Aufbau der Hilfsmittel usw. zur Spielsequenz, beim Aussuchen der Orte im Wald und vor allem – sie war in einer Nachreflexion meine wichtige Diskussionspartnerin.
Das nächtliche Regenkonzert ließ meine Hoffnung auf den Nullpunkt sinken ....
Aber erstaunlicherweise hellte sich der Himmel am nächsten Nachmittag auf und Sabine und ich bauten am Waldrand und im Wald von Dahn die Abenteuerspielsequenz auf. Sie begann auf einer Wiese vor dem Wald (warming-up) und führte auf einen „Schuppensuchpfad“ durch die „Giftschlucht“ bis der „Blindwurm“ hin zum Baum am „Drachenfelsen“ gefunden hatte, vor dem sich der Drache, sollte das Abenteuer bestanden sein, in die Lüfte erheben würde.

Einführende Präsentation ins Abenteuer

„Liebe Kinder!
Wie ihr ja schon wißt, sollt ihr hier im Dahner Wald ein Abenteuer bestehen, das für die Dahner Bürger von äußerster Wichtigkeit ist. Ihr wißt auch, dass eine Belohnung für diese tapfere Tat bereitliegt. Das Unwesen, das im Dahner Wald seine bösen Streiche ausführt, ist – und nun haltet euch fest – ein Drache! Aber ich kann euch versichern, er hat mehr Angst vor euch, als ihr vor ihm haben müßt,

denn erstens seid ihr gemeinsam stark und zweitens hört folgende Geschichte: Der Drache hat dem Bürgermeister versprochen, dass er, sobald ihr bis an seinen Drachenfelsen gelangt seid, die 3 Abenteuer also glücklich bestanden habt, sich sogleich auf den Flug ins Drachenland aufmachen wird.
Vor jedem Abenteuer darf ich euch genaue Anweisungen geben und ihr dürft, bevor ihr alleine das Abenteuer durchstehen müßt, Fragen an mich stellen."

1. Warming up: Das Mützenherunterschlagen

„Der Dahner Drache hat die Unart, sich unsichtbar zu machen und den Bauern im Winter die Mützen beim Holzfällen vom Kopf zu schlagen. Um die Wut der Bauern nachzuempfinden, spielt in dem hier abgesteckten Spielfeld folgendes Spiel:

Setzt diese Mützen auf! Werft euch gegenseitig die Mützen herunter. Ihr dürft sie nicht festhalten. Liegt eure Mütze unten, schlagt sie 3x auf den Boden mit dem Ruf: „Mist! Mist! Mist!" und beginnt, nachdem ihr sie wieder aufgesetzt habt, das Spiel erneut!"

Beobachtungen in der Aktionsphase

Das Spiel verlief mit viel Spaß und Tumult. Es fand keine Intervention statt. Es wurde nach etwa 2–3 Minuten beendet. Man wurde ungeduldig und wollte das erste Abenteuer endlich kennenlernen, vor allem, da die anfängliche Ankündigung, dass es sich um einen Drachen handele, einige in Erregung versetzt hatte, die es abzubauen galt.

2. Erstes Abenteuer: Schuppensuche mit blindem Partner

Präsentation:

„Hört genau zu, damit ihr das erste Abenteuer bestehen werdet:
Ab hier hat der Drache die Luft die nächste Wegstrecke lang leicht vergiftet, mit einem Qualm, der den Augen schaden würde, wenn sie nicht die Hälfte der Strecke durch eine Augenbinde geschützt werden. Also darf jedes Kind nur eine halbe Wegstrecke sehend gehen. Ihr sollt euch also zu zweit zusammenfinden.

Bis ihr auf der Hälfte des Weges ankommt, muss einer von euch vom anderen geführt werden. Auf der Hälfte des Weges ertönt ein Geräusch, hier ist die Luft rein. Hier tauscht ihr eure Rollen und die, die geführt haben, werden nun mit verbundenen Augen geführt werden, bis am Ende des Weges wieder ein Geräusch zu erkennen gibt, dass das erste Abenteuer beendet ist. Dies ist aber nur ein Teil des Abenteuers. Ihr dürft auf der Wegstrecke nicht sprechen, damit der Drache nicht merkt, dass ihr in der Nähe seid.
Zum anderen verlangt er als Beweis des bestandenen ersten Abenteuers, dass jedes Kind am Ende eine Drachenschuppe mitbringt. Die Drachenschuppen befinden sich an den Bäumen rechts und links des Weges. Da ihr vier Paare sein werdet, müssen am Ende des Abenteuerweges 8 Schuppen vorhanden sein.“

Aktionsphase / Beobachtungen:

Es entstand eine rege Diskussion. Es wurde rückgefragt und man stellte die Paare zusammen. Sabine spielte mit, damit 4 Paare entstanden; sie führte das zum Anfang erwähnte Mädchen K., damit dieses sich „blind“ sicher fühlen konnte. Man einigte sich auf einen Händedruck als Zeichen zum Stehenbleiben des blinden Partners bei der Schuppensuche, bevor das Paar sich dann wieder in Bewegung setzen sollte, wenn die Schuppe geholt worden war. Die Augen wurden verbunden und die Paare machten sich auf den Weg.
Beobachtet wurde, dass die blinden Partner relativ schonungslos mitgezogen wurden. Der Händedruck als Signal zum Stehenbleiben jedoch funktionierte gut. Es war sinnvoll, dass ich eine noch ebene Wegstrecke ausgesucht hatte, denn die Rücksichtnahme war gering. In Wahrheit beobachtete ich keinen, der sich nach seinem Partner umgedreht hätte. Nachdem die Endstation erreicht war, musste noch längere Zeit auf das Mädchen K. gewartet werden, da für es die Aufgabe, jemanden zu führen und gleichzeitig nach einer Schuppe Ausschau zu halten, zu schwierig war. Christoph, der Photos machte, führte sie zu dem Schuppenbaum, vor dem sie lange verweilte, bis sie die grüne Schuppe entdeckte. Sie erschien leicht verzweifelt, doch gab sie nicht auf. Sie war jedoch an ihre Grenze gekommen.
Ich intervenierte daher folgendermaßen:
„Ihr habt das erste Abenteuer bestanden. Vor allem habt ihr das K. zu verdanken; denn obwohl sie es sehr schwer hatte, die Schuppe zu finden, hat sie nicht aufgegeben. Sonst wäre hier euer Abenteuer schon zu Ende gewesen. Sie hat ein Lob verdient. Bravo K.!“ Die Kinder klatschten Beifall und K. „tankte sichtbar auf“.
„Doch müßt ihr gewarnt werden. Noch war die Strecke glatt und eben, aber

wenn ihr in Zukunft so wenig aufeinander aufpaßt wie bisher, geschieht leicht ein Unglück...." Man wurde nachdenklicher, fand erst jetzt ins Abenteuer. Auf einem mit Büschen bewachsenen Waldweg gelangte man zum 2. Abenteuerplatz, der „Giftschlucht".

3. Zweites Abenteuer: Das Überwinden der Giftschlucht

Präsentation:

„Hier, von 2 grünen Bändern gekennzeichnet und begrenzt, seht ihr die Schlucht, die vom Drachen mit Drachengift völlig verseucht wurde. Den Boden dürft ihr also nicht betreten. Trotzdem müßt ihr die Schlucht hier überqueren, um auf die andere Seite zu gelangen. Dazu stellt euch der Drache 3 Hilfsmittel zur Verfügung:

1. Ihr dürft euch unterhalten
2. Ihr bekommt 2 Reifen, die mit einem unsichtbaren Boden bespannt sind, auf dem ihr giftfrei hinübergelangen könnt, und:
3. Ihr bekommt einen Ast als weitere Hilfe zur Verfügung.

Bedingung ist: Alle müssen giftfrei die Schlucht überqueren (Fallen sie in den Graben, müssen sie noch mal am jenseitigen Ufer „entgiftet" werden und neu beginnen), und alle Hilfsmittel müssen als Beweis am Ende mitgebracht werden. Besprecht die Lage, fragt dann und teilt mir mit, ob ihr das Abenteuer gemeinsam in Angriff nehmen wollt!"

Aktionsphase / Beobachtungen

Hier war der bisherige Spannungshöhepunkt erreicht. Eifrig diskutierte man über Lösungsmöglichkeiten. Ein Übereifriger, der schon im ersten Reifen stand, wurde empört zurückbeordert, da neue Schwierigkeiten aufgetaucht waren:

Wie bekommt man die Reifen zurück?
Was, wenn ein Reifen ins Abseits rollt und nicht mehr zu erreichen ist?
Rollen oder werfen wir die Reifen zurück?

Nach einer Intervention der Spielleitung, dass auch **auf** dem Stock giftfreies Gehen möglich sei, erkannte man darin eine gute Möglichkeit, die Schwierigkeiten zu überwinden, die sich aus dem ins Abseitsrollen ergeben könnten und bekundete seine Bereitschaft, anzufangen. Aber es musste erst noch die Reihenfolge festgelegt werden, bevor das erste Kind aufgeregt auf den Weg geschickt wurde.
Es fiel auf, dass jedes Kind mitlitt, wenn ein Überquerer in Schwierigkeiten war. Gute Ideen wurden geboren und die Aufmerksamkeit war ungeteilt. Von beiden Seiten der Schlucht ertönten Anfeuerungsrufe und jeder Neuankömmling wurde freudig klatschend begrüßt. Nachdem man das **Werfen** der Reifen als beste Möglichkeit erkannt hatte, verirrte sich gegen Ende ein Reifen ins Abseits und ein abenteuerliches Heranpirschen mittels Stock und zweitem Reifen wurde Höhepunkt der Überquerung. Jubel über das bestandene 2. Abenteuer erscholl, nachdem die Spielleiterin festgestellt hatte, dass Reifen und Stock als Beweismittel vorhanden waren. Eine **spontane** und **informelle Zwischenreflexion** schloß sich an. Aber bald wollte man mutig und selbstbewußt geworden das letzte Abenteuer in Angriff nehmen, vor allem, da man in Sichtweite Fahrradhelme und Augenbinden entdeckt hatte.

4. Drittes Abenteuer „Der Blindwurm"

Präsentation

„Nun habt ihr nur noch ein einziges Abenteuer zu bestehen. Wenn ihr weiter so gut aufeinander aufpaßt wie eben in der Giftschlucht, werdet ihr es schaffen.
Hört die Aufgabe:
Da ihr dem Drachen sehr nahe gekommen seid, kann es sein, dass er euch mit Spucke und Steinewerfen erschrecken will. Davor können euch die Fahrradhelme schützen. Auf einem gut sichtbaren Weg durch die Bäume müßt ihr nun zum letzten Höhepunkt gelangen, flüsternd wegen der Nähe des Drachen und mit Fahrradhelmen versehen. Ihr sollt euch aneinander festhalten, denn ihr dürft nur blind die letzte Wegstrecke überwinden, da die Luft um den Drachen herum zu giftverseucht ist. Aber, es wächst ein Augenkraut hier im Dahner Wald (Ich ziehe das Pflänzchen behutsam aus dem Boden), das ausreicht, einem Kind die Augen mit schützendem Saft einzureiben, so dass es offenen Auges die letzte Strecke eure Anführerin sein kann. Dieses Kind kann den „Blindwurm" anführen. Es wird euch zu einem gekennzeichneten Baum in der Nähe des Drachen führen, wo auch ihm für kurze Zeit die Augen verbunden werden müssen – wegen der Nähe zum Drachen.

Hat der Drache anhand der von mir mitgeführten Beweisgegenstände eingesehen, dass ihr das Abenteuer bestanden habt, werdet ihr gemeinsam um den Baum versammelt das Geräusch des davonfliegenden Drachens vernehmen! Dann könnt ihr die Augen öffnen – das Abenteuer ist bestanden und die Dahner sind befreit."

Aktionsphase / Beobachtungen

Die Aufgabenstellung wurde sofort verstanden.
Neugierig und gespannt wurde die Pflanze begutachtet. Man einigte sich sehr schnell, dass das Mädchen K., da es Schwierigkeiten habe, mit verbundenen Augen zu gehen, sehend den Kopf des „Blindwurms" bilden dürfe. Dieses war auch mit der Wahl einverstanden. Nachdem ihm das Augenkraut aufgetragen worden war, und es bestätigt hatte, seine Augen seien in Ordnung, verbanden die übrigen Kinder sich gegenseitig und mit Hilfe der Spielleiterin die Augen, wurden „aneinandergereiht", K. setzte sich an den Kopf. Es wurde noch rasch vereinbart, dass bei Wegunebenheiten ein geflüstertes „Vorsicht!" vom Kopf des Wurmes ausgegeben und nach hinten weitergegeben werden sollte. Alle Helme waren aufgesetzt, die Augen verbunden, der Blindwurm setzte sich auf dem vorgegebenen Weg in Bewegung.
K. bewegte sich steif und feierlich mit „streng" anliegenden Armen. Bei jeder Unebenheit machte ein nicht immer geflüstertes „Vorsicht!" seinen Weg von vorne nach hinten.
So gelangte man langsam und gespannt bis zum Baum, dem Endpunkt der Abenteuerreise.

Intervention

Am Baum angekommen griff die Spielleiterin ein; sie flüsterte:
„Toll, ihr seid angekommen! Nur noch etwas Geduld. K. bekommt hier für eine kurze Zeit ebenfalls die Augen verbunden. Wenn dann der Drache eingesehen hat, dass ihr alle Abenteuer bestanden habt, werdet ihr sogleich das Geräusch des davonfliegenden Drachens hören."
K. ließ sich geduldig die Augen verbinden.
Der in der Nähe versteckte Kassettenrecorder ließ das „Geräusch des davonfliegenden Drachens" ertönen. „Ihr seid erlöst, ihr könnt eure Augenbinden herunternehmen. Die Dahner und ihr Bürgermeister sind befreit, geht nun, und sucht das rote Drachentuch, von dem aus sich der Drache in die Lüfte erhoben hat!"
Alle blinzelten ins Licht und standen etwas benommen vor einem Felsen. Schnell

schwärmten sie aus und fanden endlich das rote Tuch, auf dem sich eine grüne Schwanzschuppe sowie der Brief des davongeflogenen Drachen befanden. Man las ihn vor.

„Grrr! Ihr habt es geschafft! Grrr! Ich habe die Wette verloren! Ich werde ins Drachenland zurückkehren! Zschschschschsch!!!

5. Die Schatzsuche

Mit der Aufforderung, die versprochene Belohnung, den Schatz des Bürgermeisters, zu suchen, der am Drachenfelsen versteckt worden sei, strömten sie in alle Richtungen auseinander. Nach längerer Suche ein Jubelschrei! Der Schatz war gefunden! Er wurde hergebracht, denn er sollte auf dem Drachenabflugplatz geöffnet werden.
Hastig öffnete man das Kästchen und fand folgenden Brief des Bürgermeisters an die Kinder obenauf, der zuerst gelesen werden sollte:

Zuerst vorlesen!!!

Liebe Klasse 4 aus Mainz!
Wenn Ihr das lest, habt Ihr uns alle befreit! Hurra! Hurra! Ihr sollt hochleben! Zum Dank futtert gemeinsam die Schokolade zur Stärkung! HALT! Bittet Eure Abenteuerbegleiterin Frau Elfert-Jacobi in meinem Namen, Euch zum Dank die Urkunden und MEDAILLEN der Tapferkeit und des MUTES zu überreichen!

Euer dankbarer
Erlebnis-Bürgermeister
aus Dahn

„Kommt, wir stellen uns alle in eine Reihe!“, war die spontane Reaktion auf dieses Schreiben.
So nahm ich das Kästchen mit dem Beutel Süßigkeiten und den darunter verborgen liegenden silbern schimmernden Medaillen und bunten Urkunden und teilte unter Verlesung folgenden Textes die Urkunden und mit Namen und giftgrünen Drachenzacken versehenen Medaillen am lila oder grünen Band aus:

Urkunde

In dem Abenteuer
„die gemeinsame Vertreibung
des Drachen von Dahn"

hast Du zusammen mit
der 4. Klasse aus Mainz
den Sieg errungen.

In Dankbarkeit
der Bürgermeister und die
Dahner Bürger

Nach Bestaunen der Medaillen und Gedankenaustausch teilte man die Süßigkeiten auf.

Dann folgte das Entlassen aus dem Abenteuer

„Der Wald ist wieder giftfrei; ihr dürft nun überall herumklettern...
Wir treffen uns an den Autos vor dem Wald wieder, um gemeinsam zurück zur Pension zu fahren.
Seid ihr einverstanden, dass wir noch mal über das Erlebte reden?"
So blieben zum **Herrichten des Reflexionsraumes** und zum Zeichnen des Planes der Spielsequenz nach 30 Minuten Zeit, während die Kinder spielten und Erlebnisse austauschten. Die Tür zum Reflexionsraum blieb für alle verschlossen.

6. Reflexion und Nachreflexion

Die Kinder wurden im leergeräumten Teil des gemeinsamen Zimmers von Sabine und mir empfangen. Vor einer weißen Wand war ein Deckensitzhalbkreis entstanden. Dort ließen sich die Kinder nieder. Vor ihnen war für alle sichtbar ein von uns in Eile gemalter Spielsequenz-Plan ausgebreitet, auf dem in naiv-einfacher Weise das Abenteuer im Wald in aneinandergereihten Stationen aufgezeichnet war. Darüber thronte, an ein an die Wand gelehntes Kissen gestellt, der Brief des Drachen mit giftgrünem Konterfei. Vor den Kindern lagen ein Stapel Stifte, Blätter, Blattunterlagen sowie Schere und Klebeband bereit:

Einleitung der Reflexion (verkürzt)

„Liebe Kinder, ihr habt viel erlebt, ein tolles Abenteuer gemeinsam bestanden. Wie es jedem von euch dabei ergangen ist, wißt ihr nur ganz alleine. Ihr könnt nun euer kleines Männchen Uff zeichnen. Laßt es so aussehen, wie ihr euch bei dem Abenteuer gefühlt habt. Dann klebt ihr es auf dem Plan, auf dem die 3 Abenteuer aufgezeichnet sind, dorthin, wo es für euch am aufregendsten, schönsten oder gefährlichsten gewesen ist. Wenn ihr das getan habt, kann jeder von euch erzählen, wie es dem kleinen Uff im Abenteuer ergangen ist und warum ihr ihn an die Stelle auf dem Plan gestellt habt. Habt ihr alles verstanden? – Dann beginnt nun mit dem Zeichnen!"

Malphase

In Ruhe zeichneten die Kinder, nur durch gelegentliches Flüstern unterbrochen, ihre Uffs, die ihnen von der Einführungsstunde zu Hause vertraut waren und die sie gemocht hatten. Danach klebten alle nacheinander ihre Uffs auf den Plan und betrachteten sie.

Erzählphase

Dazu aufgefordert, berichteten die Kinder nacheinander über ihre Erlebnisse. Stichworte davon:

... Da hatte ich so ein Kribbeln im Bauch ...
... Erst als ich merkte, dass I. es geschafft hatte, wußte ich, wir packen das Abenteuer ...
... Mir hat am besten gefallen das Schatzsuchen, weil wir da alles schon geschafft hatten ...
... Mein Uff war nervös, deshalb hängen seine Mundwinkel nach unten ...
... Zuerst dachte ich, vor der Giftschlucht, da dachte ich, das schaffen wir nicht; aber dann ...
... Mir hat am besten gefallen, dass wir alle aufeinander Rücksicht genommen haben ...

Die Uffs zeigten in Gestik und Mimik Erleichterung, bis auf den, der nervös die Mundwinkel nach unten hängen ließ.
Einmal wurde **interveniert**, als ein Kind bei seiner Äußerung über unsoziales Verhalten eines anderen Kindes von diesem schroff unterbrochen wurde („Das stimmt überhaupt nicht..."). Wie das erzählende Kind das Verhalten empfunden habe, sei seine ureigene Sache und außerdem seien nur Berichte erlaubt und keine Kommentare darüber durch die übrige Gruppe, da es hier um das Ausdrücken der eigenen Gefühle beim Abenteuer und sonst nichts ginge.

Der zurechtgewiesene „Boss“ der Klasse war von da an unzufrieden, störte bisweilen, beruhigte sich wieder (Der Zwist wurde noch am Abendbrottisch weiter ausgetragen).

Ein Zusammenfluß aller Erfahrungen ergab sich spontan, als Sabine als letzte von ihren Gefühlen berichtet hatte. Erleichtert und in freiem, lockeren Gespräch erzählte man, was im Abenteuer lustig, aufregend und spaßig gewesen war. Hier konnten ein starkes Zusammengehörigkeitsgefühl sowie große Erleichterung wahrgenommen werden.

Nach einer kurzen Zusammenfassung durch die Spielleiterin und einem Dank an alle, die zur gemeinsamen Vertreibung des Drachen, also zum Bestehen des Abenteuers, beigetragen hatten, wurden die Kinder entlassen.

Nachreflexion

Sabine und ich besprachen in einer Art kollegialer Beratung noch einmal die gesamte Sequenz und Reflexion:

- Warum die fehlende Rücksichtnahme im 1. Abenteuer?
- Wann wuchsen die Kinder – und warum – ins Abenteuer hinein?
- War die Ausgewogenheit zwischen eigenständigem Handeln einerseits und dem hohen Maß an Kooperationsnotwendigkeit andererseits Ursache, dass das „Giftschluchtüberqueren“ so dicht und spannend gewesen war?

Wir reflektierten,

- warum K. nicht 2 Aufgaben zur gleichen Zeit bewältigen konnte...
- und wieweit ein(e) Spielleiter(in) den Schutz der Gefühlsäußerungen der einzelnen Kinder gewährleisten kann...

Die Nachreflexion dauerte eine Stunde.

Währenddessen spielten die Kinder, und Christoph arbeitete für alle: 2 saftige Pizzen entstanden als Belohnung.

Mit gesundem Selbstbewußtsein kennzeichneten die Kinder trotz „gelernter Kooperation“ die von ihnen selbst unterschiedlich belegten Pizzastücke, damit diese nach dem Backen auch auf ihren eigenen Tellern landeten.

Das Abenteuer spukte noch bis zur Abfahrt in den Köpfen herum: Geräusche im Wald wurden erregt diskutiert. 2 Kinder gingen noch mal die Wege des Abenteuers mit mir ab. Sie trauten sich in die „Giftschlucht" und zum Drachenfelsen ....

- „Da kannst du sicher sein, dass es hier einen Drachen gab, ich habe sogar ein Denkmal von ihm gesehen."
- „Meinen Namen hat der Bürgermeister aber falsch auf die Medaille und Urkunde geschrieben." u. ä.

7. Nachbereitung – Ausklang zu Hause

Es ging nach Mainz zurück.
Ein gemeinsames Frühstück schloß sich im Schulalltag zu Hause am nächsten Morgen an.
Es wurde erzählt, wie die Eltern und Geschwister auf das Berichtete reagiert hatten.

Gemeinsam entstanden Gemälde über:
Das Abenteuer im Dahner Wald
Das Überqueren der Giftschlucht
Die Schatzsuche
Den Drachenfelsen usw.

Zeichnungen der Spielsequenz wurden geordnet und beschriftet.
Der Videofilm wurde angesehen. Hier war alles beurkundet, man hatte es geschafft. Und ich?
Einmal keine Lehrerin gewesen zu sein, sondern Begleiterin eines inneren und äußeren Abenteuers...
Für mich hat es sich gelohnt. Und für die Kinder?
Ich denke sie haben in ihrem Abenteuer ein wichtiges Bedingungsgeflecht kennengelernt: Ich stärke die Gruppe, und die Gruppe stärkt mich. Dabei erfuhren sie in ihrem Abenteuer ebenso Frustration wie Freude. Sie stärkten somit ihre Lebendigkeit, und zwar auf spielerische und daher für sie ungefährliche Art und Weise. Die Erfahrung ihrer eigenen Persönlichkeit in Stärke wie Abhängigkeit in der Gemeinschaft wäre für jeden einzelnen der Abenteurer lohnendes Ergebnis der „gemeinsamen Vertreibung des Drachen von Dahn".

Stephanie Loser

Spannung – Spaß – Abenteuer

Projekttage einer 5. Klasse im Rahmen einer Kooperation von Schule und Jugendarbeit

Der Anlaß – Eine ganz normale Klasse mit ganz normalen Problemen

„Spannung – Spaß – Abenteuer" war der Titel der Projekttage, die im Frühjahr 1995 in der Jugendbildungsstätte Schloß Dhaun des Landkreises Bad Kreuznach mit 25 SchülerInnen einer 5. Klasse des Lina-Hilger-Gymnasiums stattfanden.

Sie wurden in Kooperation zwischen der Klassenlehrerin Ulla Zink, der Referendarin Bettina Peter-Knecht und mir als Mitarbeiterin des Jugendreferates des ev. Kirchenkreises an Nahe und Glan vorbereitet und durchgeführt. Durch die Kooperation zwischen Schule und Jugendarbeit konnten unterschiedliche Kompetenzen genutzt werden. Die beiden Lehrerinnen konnten ihre Erfahrungen aus der Schule einbringen und ich meine aus dem Bereich der Erlebnispädagogik und der Spielpädagogik. Leitgedanke unserer Zusammenarbeit war es ein genau für die Situation dieser Klasse passendes Konzept zusammenzustellen.

Die Lehrerin hatte eine nur sehr gering ausgeprägte Klassengemeinschaft festgestellt. Auch die Kinder hatten von sich aus in Gesprächen ihre Unzufriedenheit geäußert. So entstand die Idee, die Projekttage im Sinne einer Verbesserung des Kontaktes und Verständnisses untereinander zu nutzen.

Die SchülerInnen waren zum Zeitpunkt der Projekttage ein halbes Jahr in der Klasse. Sie kannten sich also schon vom Schulalltag her, aber da die meisten FahrschülerInnen waren, bestand nur wenig Gelegenheit, außerhalb der Schulzeit gemeinsam etwas zu unternehmen. Es hatten sich in den ersten Monaten des 5. Schuljahres schon Cliquen gebildet und ein Kind war zum Außenseiter geworden. Aus diesen Gründen wurde als Thema für die Projekttage: „Verbesserung der Klassengemeinschaft" gewählt.

Die Klassenleiterin hatte in der Vorbereitungsphase, als alle Projekte an dem Bad Kreuznacher Gymnasium vorgestellt wurden, ihre Klasse gefragt, ob sie damit einverstanden wären, dass sie alle gemeinsam an einem Projekt teilnehmen. Nach der Vorstellung der Projektinhalte konnten alle dieser Idee zustimmen.

Bevor es richtig losgeht.

Während unseres ersten Vorbereitungstreffens etwa zwei Monate vor den Projekttagen, wurde festgelegt, dass die Projekttage in der Jugendbildungsstätte Schloß Dhaun, einem Selbstversorgerhaus, stattfinden sollten. Im anschließenden Gespräch wurden die grundsätzlichen Ziele und Inhalte besprochen und die Vorbereitungsaufgaben verteilt. Bei diesem Treffen fiel auch die Entscheidung, die Einführungssequenz in der Praxis-AG vorzustellen, um die dort gemachten Erfahrungen noch nutzen zu können.
An dieser Praxis-AG nehmen LehrerInnen und MitarbeiterInnen der außerschulischen Jugendarbeit teil. Es besteht dort die Möglichkeit Spielsequenzen vorzustellen, durchzuführen und anschließend den Ablauf, die Zielsetzung und die Übertragbarkeit auf eine bestimmte Altersgruppe zu reflektieren.
Wir hatten uns überlegt, am ersten Tag mit einer Spielsequenz aus dem Bereich der kooperativen Spiele und Problemlöseaufgaben zu beginnen (die meisten Spielerklärungen sind in dem Buch „Kooperative Abenteuerspiele“, Gilsdorf/Kistner zu finden).
Unsere Unterkunft liegt innerhalb eines Schloßgeländes. Das Gelände war uns schon vorher bekannt und wir hatten deshalb auch die zu diesem Ambiente passende Spielgeschichte des Zauberers Magitrauma auf seiner Burg Schwarzenstein entwickeln können.
Um die SchülerInnen mit in die Vorbereitung mit einzubeziehen wurden Teams gebildet und Aufgaben verteilt. Die Kinder teilten sich selbständig in Kochgruppen für jeden Tag ein. Alle Kleingruppen erhielten von der Klassenleiterin Geld zum Einkaufen. Damit einige Dinge nicht doppelt eingekauft wurden, mussten die Kleingruppen ihre Einkaufslisten miteinander absprechen und entsprechend aufteilen.
An einem Abend wurden auch die Eltern über die Ziele und Inhalte der Projekttage informiert und ebenfalls in die Vorbereitung mit einbezogen.
Bei dem zweiten Vorbereitungstreffen wurde der genaue Ablauf der Spielsequenz besprochen. Außerdem entstanden Plakate, auf denen Fragen für die Auswertungen formuliert waren, um damit eine detaillierte Rückmeldung der SchülerInnen zu erhalten.
Bei dem letzten Treffen wurden die Anregungen der Praxis-AG diskutiert und in die Planung mit aufgenommen. Es wurden noch abschließend Details des Ablaufes und des Materialtransport geklärt.

Erster Projekttag

Am Mittwoch fuhr die Klasse mit einem Bus von Bad Kreuznach nach Schloß Dhaun. Nachdem alle ihre Zimmer bezogen und sich mit dem Haus und der Umgebung vertraut gemacht hatten, konnten wir mit der Spielgeschichte beginnen. Bei der Erzählung der Spielgeschichte und der Anleitung der Spiele wechselten wir uns ab. Damit für die SchülerInnen ersichtlich war, wer gerade die Spielleitung hatte, trug diejenige einen großen, auffälligen Hut und hatte einen Zauberstab in der Hand.

Der Zauberer Magitrauma auf Burg Schwarzenstein

Geschichte und Spielsequenz

In einer wunderschönen Landschaft mit sanften Hügeln, dichtem Wald und rauschenden Bächen liegt der kleine und ruhige Ort Fantashausen. Am Rande dieses Ortes befindet sich die finstere Burg Schwarzenstein. In der Burg wohnt der schreckliche Zauberer Magitrauma, der die Luft des Ortes mit dem Gestank seiner Zaubergetränke vergiftet. Immer wieder versuchten Wanderer die Geheimnisse der Burg zu ergründen, aber es ist noch keiner zurückgekehrt um zu berichten was in der Burg vor sich geht. Es ist nur bekannt geworden, dass sieben Prüfungen bestanden werden müssen, um den Bann des Zauberers zu brechen Nun habt Ihr Euch zu einer Gruppe junger mutiger Menschen zusammengeschlossen, um das Geheimnis der Burg zu ergründen. Der Weisenrat des Ortes hat Euch noch einige Ratschläge mit auf den Weg gegeben:

* *Damit Ihr wieder heil aus der Burg herauskommt, müßt Ihr Euch andere Namen geben, damit Euch der Zauberer Magitrauma nicht mit einem Fluch belegen kann. Verwendet Namen aus der Tierwelt und schreibt sie Euch auf Eure Hände.*
* *Ihr müßt als Gruppe ein erkenntliches einheitliches Merkmal haben, dafür stellt Euch der Weisenrat diese Farben zur Verfügung.*

Seid Ihr bereit, das Wagnis auf Euch zu nehmen und die Aufgaben, die Euch erwarten mit all Eurem Wissen und Eurer Kraft anzugehen ???

„Katze und Mäuse"
Ihr seid in der Nähe der Burg Schwarzenstein. Der schwarze Kater des Zauberers Magitrauma schleicht hier herum. Ihr seid eine Gruppe von Mäusen und der Kater versucht, einen von Euch zu fangen. Wer von ihm berührt wird, verwandelt sich in den Kater, der alte Kater wird zur Maus. Die Mäuse können sich schützen, wenn sie sich paarweise zusammenstellen und an den Händen fassen. Der Kater trägt immer ein Halsband.
(Variante: Die Mäuse sind sehr mutig und gehen auf Entdeckungstour, deshalb wechseln sie ständig ihren Ort und ihren Partner.)

„Blinde Schlange"
Nur einer von Euch darf den Weg in die Burg Schwarzenstein sehen. Ihr wandert als Schlange in die Burg und nur der Schlangenkopf darf etwas sehen und Euch beschreiben, wie der Weg aussieht. Ihr wandert bis zur verwunschenen Wiese. Dort wartet die nächste Aufgabe auf Euch.

„Gordischer Knoten"
Der Zauberer Magitrauma versucht Euch zu verwünschen. Ihr könnt das verhindern, wenn Ihr beweist, dass Ihr die allergrößten Knäuel auflösen könnt. Um das dem Zauberer zu zeigen stellt Ihr Euch in zwei Kreisen auf. Ihr müßt ganz eng nebeneinander stehen, so eng, dass sich Eure Schultern berühren. Dann schließt Ihr die Augen und tastet blind nach der Hand eines anderen. Haltet die Hand fest und sucht Euch auch für Eure andere Hand einen Partner/in. Wenn alle Hände vergeben sind, öffnet Ihr die Augen und versucht nun, das Knäuel aufzulösen, bis Ihr wieder im Kreis steht. Dabei dürft Ihr die Hände nicht loslassen.

„Balken und Kisten"
Mitten in der Burg ist ein großer schwarzer Teich. In ihm schwimmen die Raubtiere des Zauberers Magitrauma. Ihr müßt auf die Insel, die mitten auf dem Teich ist, gelangen. Dort wartet die nächste Aufgabe auf Euch. Ihr dürft aber auf keinen Fall das Wasser des Sees berühren, sonst erblindet Ihr auf der Stelle. Alles Material zur Überquerung des Sees liegt an den beiden Ufern. Bildet zwei Gruppen und beginnt die Überquerung von den gegenüberliegenden Ufern.
Folgende Regeln hat der Zauberer Magitrauma vorgegeben:

* Die Balken müssen, bevor sie betreten werden, auf mindestens drei Kisten aufliegen!
* Auf einer Kiste dürfen maximal zwei Personen stehen!
* Wenn Ihr am anderen Ufer angekommen seid, darf sich keine Person und kein Material mehr am Ausgangsufer befinden!

Denkt daran:
Wer das Wasser des Sees berührt, erblindet für die Zeit der Überquerung!!!

Nachdem Ihr die Aufgabe auf der Insel gelöst habt, müßt Ihr von dort mit dem Material der anderen Gruppe zu deren Ausgangsufer gelangen.

Auf der Insel wartet folgende Aufgabe auf Euch:
Um weiter vorgehen zu dürfen, müßt Ihr aus den dort liegenden Buchstaben den Lösungssatz herausfinden.

Zwischenrefelexion:
Die Spielsequenz wurde an dieser Stelle mit folgenden Fragen unterbrochen:
a) Wie fandest Du Eure Zusammenarbeit? Gib auf einer Skala von 1 – 10 eine Einschätzung und begründe diese.
b) Was würdest Du für die nächsten Aufgaben ändern bzw. beibehalten?

Anschließend wurde die Spielgeschichte fortgesetzt.

„Essen im Baum“
Der Koch des Zauberers Magitrauma ist sehr beeindruckt von Euch. Er hat Euch zu Eurer Stärkung diesen Korb mit Essen hingestellt. Allerdings darf der Zauberer nichts davon mitbekommen. Deshalb müßt Ihr Euer Essen im Baum einnehmen. Das gesamte Essen und alle Personen müssen im Baum sein, nur dann kann der Zauberer Euch nicht sehen.

„Seilkegeln“
Um den Zauberer zu bestechen, benötigt Ihr Schwarzenstein-Dollars. Diese könnt Ihr durch Kegeln erwerben. Ihr habt 15 Minuten Zeit, möglichst viele Kegel umzustoßen. Für jeden umgefallenen Kegel gibt es einen Schwarzenstein-Dollar. Ihr benötigt mindestens so viele Dollar, wie Ihr Personen seid. Jeder Dollar mehr erleichtert Euch die nächste Aufgabe.

„Das Spinnennetz“
Als letzte Hürde zum Inneren der Burg müßt Ihr das magische Spinnennetz überwinden. Der Zauberer Magitrauma hat es mit einem Fluch belegt. Keiner darf das Netz berühren. Jedes Loch im Spinnennetz darf nur von einer Person passiert werden. Die Person kann durch dieses Feld auch wieder zurückkehren und es so für eine andere Person durchlässig machen.

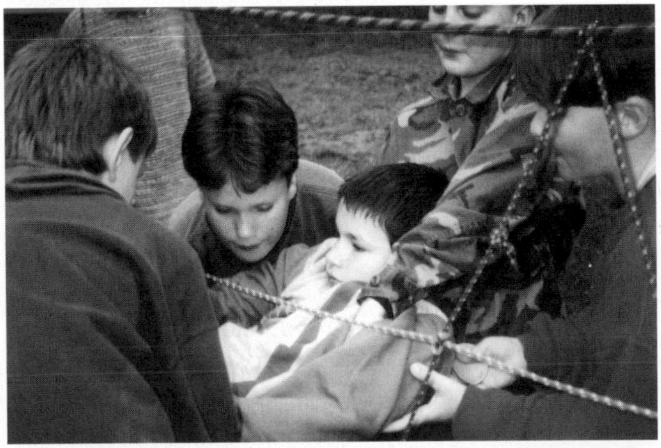

Berührt eine Person das Spinnennetz, so müssen alle diejenigen, die zum Zeitpunkt der Berührung in körperlichem Kontakt zu diesem Spieler standen, auf die Ausgangsseite zurück.
Wenn Ihr diese Aufgabe bewältigt, ist der Bann des Zauberers Magitraumas gebrochen. Ihr könnt in der ganzen Burg herumlaufen, ohne verflucht zu werden.

Auswertung der Spielsequenz
Am Ende der Spielsequenz setzten wir uns im Gruppenraum zusammen. Jede/r SchülerIn sollte seine/ihre Eindrücke zur Zusammenarbeit der Klasse mit Hilfe von Wettersymbolen darstellen. Anschließend erläuterte jedes Kind die von ihm gewählten Symbole und ihre Bedeutung.
In einer abschließenden Runde konnten die SchülerInnen sich noch gegenseitig Fragen zu den Bildern stellen oder auch ergänzende Kommentare abgeben.

Der Verlauf der Spielsequenz aus unserer Sicht

Die SchülerInnen konnten sich sehr gut auf die Spielgeschichte einlassen. Nach dem Warming-up Spiel gingen sie als blinde Kette in das Burggelände und wurden dabei von einer Schülerin geführt. Zu Beginn dieses Spieles wurde noch sehr viel gekichert und geredet. Nach kurzer Zeit jedoch konzentrierten sich alle auf die Stimme der Schülerin, die voranging.
Bei der Überquerung des Teiches mit Hilfe der Balken und Kisten war das Verhalten sehr ähnlich. Erst nachdem einige Kinder den Boden berührt hatten und die Aufgabe „erblindet“ fortsetzen mussten, konzentrierten sich die anderen mehr und die Überquerung konnte, ohne dass noch weitere Kinder den See berührten, beendet werden. In einer Gruppe war der Außenseiter der Klasse. Der Junge äußerte sehr ruhig seine Überlegungen und Ideen. Die anderen ignorierten ihn zunächst, kamen aber dann auf seine Vorschläge zurück, als andere Versuche gescheitert waren.

Bei der letzten Aufgabe, dem „Spinnennetz" wurden die Regeln vereinfacht, da die Aufgabe sonst eine Überforderung für die Klasse gewesen wäre.
Die Mädchen wurden hier eher in den Hintergrund gedrängt. Nach der Spielerklärung war der Eindruck entstanden, dass es bei dieser Aufgabe sehr viel auf Kraft ankomme. Deshalb hielten sie sich zurück und die Jungen bestimmten die Vorgehensweise.

Zweiter Projekttag

Am Donnerstag begannen wir mit der Aufteilung der Gruppe mit Hilfe eines Kartenspiels. Die erste Aufgabe war dann, dass sich jede Kleingruppe einen Namen gibt und auf einer Stoffbahn ein eigenes Wappen aufmalt. Anschließend startete die Abenteuerrallye mit verschiedenen Stationen und Aufgaben. Die letzte Aufgabe der Rallye mussten alle gemeinsam lösen. Davor musste zunächst ein Bach überquert werden, auf der anderen Seite lag ein Schatzplan und nach diesem Plan musste eine Schatztruhe gefunden werden, in der eine Überraschung für jede/n SchülerIn deponiert war.

Die Abenteuerrallye

Die Stationen eins bis drei befanden sich auf dem Schloßgelände. Im folgenden ist der Aufgabenzettel wiedergegeben, der an die SchülerInnen verteilt wurde.

Abenteuerrallye

Aufgabe 1: eine Pyramide aus Dosen möglichst vollständig umwerfen:
Anzahl der Dosen.................

Aufgabe 2: einen möglichst hohen Turm aus Holzbausteinen bauen, wobei jede/r SchülerIn mindestens einen Baustein setzen sollte:
Anzahl der Bauklötze..............

Aufgabe 3: die Anzahl der Pfennige in einem großen Glas erraten:
Anzahl der Pfennige........

Die vierte Station war auf dem Weg zum Bach, hier mussten unterschiedliche Gewürze in kleinen Dosen erkannt werden.
Aufgabe 4:
Nach was riecht das???

Die Aufgaben 5 bis 8 sollten unterwegs oder in der Umgebung des Schlosses gelöst werden.
Aufgabe 5:
Macht einen kleinen Vierzeiler:

Aufgabe 6:
Löst diese schwierigen Fragen:

a) Was ist eine Amazone?
  - eine asiatische Blume
  - eine Angehörige des sagenhaften asiatischen Frauenvolkes
  - ein südamerikanischer Fluß

b) Welche Tiersymbolik steht für Fleiß?
  - Ameise
  - Rabe
  - Biene

c) Wer erfand die beweglichen Lettern für den Druck und die mechanische Vervielfältigung?
  - Fuchs
  - Gutenberg
  - Senefelder

d) In welcher Sportart wird der Davispokal vergeben?
  - Hockey
  - Golf
  - Tennis

Aufgabe 7:
Wie lauten die Sprichwörter richtig? Versucht, möglichst viele Sprichwörter herauszufinden.

- Morgenstund ist aller Laster Anfang.
- Ein Spatz in der Hand macht noch keinen Sommer.
- Neue Besen verderben den Brei.
- Frisch gewagt hat nie gereut.
- Wo zwei sich streiten fallen Späne.

Aufgabe 8:

- Wie viele Treppenstufen sind in den Katakomben? (auf dem Hauptweg, ab der Gittertür)
- In welchem Jahrhundert wurde Schloß Dhaun gegründet?
- Wann wurde die Freiheitslinde gepflanzt?

Aufgabe 9:
Die auf der folgenden Liste genannten Dinge sollten im Verlauf des Tages gesammelt werden.
Auf der Liste standen Dinge, die die SchülerInnen während der Rallye sammeln sollten:
den längsten Grashalm der Welt/ etwas Angefressenes/ fünf verschiedene Samen/ fünf verschiedene eßbare Dinge/ einen Beleg für die Anwesenheit von Menschen in diesem Gebiet/ etwas ganz besonders Schönes/ etwas Weiches/ etwas, womit man sehr laute Geräusche erzeugen kann/ fünfzig Dinge einer Art/ etwas, von dem keiner weiß was es ist/ eine Zeichnung von einer Stelle, die Euch besonders gut gefallen hat.

Als die SchülerInnen am Kellenbach ankamen, fanden sie dort ein Schild, das sie darauf hinwies, dass es erst dann mit der nächsten Aufgabe weitergehen wird, wenn alle Kleingruppen versammelt sind. Die ersten Gruppen nutzten diese Zeit noch, um die Gegenstände der Suchliste zu sammeln, die beiden letzten Gruppen hatten dies schon am Anfang der Rallye machen können. Nachdem alle Gruppen angekommen waren, wurde die nächste Aufgabe bekanntgegeben. Die ganze Gruppe sollte den Bach überqueren: als Hilfsmittel standen ein 30 Meter langes Bergseil, Schlingen und Karabiner zur Verfügung.
Nach einer längeren Diskussion einigte sich die Gruppe auf die Stelle, an der sie den Bach überqueren wollten. Alle, bis auf drei Jungen wateten an dieser Stelle durch den Bach, der an diesem Tag Hochwasser hatte. Die Jungen wanderten ein Stück Bach aufwärts, gingen dort über eine Brücke und kamen dann wieder zur Klasse zurück. Sie näherten sich der Klasse und äußerten schon von weitem, dass es völlig unnötig wäre durch den Bach zu waten, wenn einen Kilometer weiter oben eine Brücke sei. Die anderen SchülerInnen faßten dies als Ausrede auf.

Darauf äußerten die drei zunächst nichts, beteiligten sich dann aber sehr intensiv an der Schatzsuche, um selbst noch ein Erfolgserlebnis zu haben und wieder mit den anderen zusammenzuarbeiten.
Als alle wieder versammelt waren, wurde der Klasse der Plan für die Schatzsuche übergeben. Nachdem die Schatztruhe gefunden war, wurden die Lösungen der Aufgaben und die Gegenstände der Suchliste vorgestellt.
Anschließend wurde die Truhe geöffnet, in der für jede/n eine kleine Schokolade war.
Danach wanderten wir alle wieder zum Schloß.

Tagesauswertung:
Nach dem Abendessen wurde der Tag mit folgenden Fragen ausgewertet:
Was war das Schönste an diesem Tag ?
Was war das Schlechteste an diesem Tag ?

An diesem Gespräch beteiligten sich alle. Der Tag hatte ihnen viele neue Erfahrungen in der Zusammenarbeit ermöglicht. Es wurde von einigen festgestellt, dass die Kooperation in einer kleineren Gruppe einfacher ist als bei Unternehmungen mit der ganzen Klasse. Dies führten die SchülerInnen vor allem darauf zurück, dass es in einer kleine Gruppe leichter ist, eigene Ideen vorzustellen und durchzusetzen. Auch der Vorfall am Bach kam nochmals kurz zur Sprache.

Anschließend wurde das Abendessen gemeinsam vorbereitet. Am Abend spielten einige noch Ballspiele und zum Abschluß in der Dämmerung alle noch gemeinsam Verstecken.

Der dritte Tag

Der Vormittag des letzten Projekttages war für die Auswertung vorgesehen. Wir hatten auf einen großen Papierbogen einen Baum aufgemalt und diesen dann in einzelne Blätter zerschnitten. Jedes Kind erhielt ein Blatt mit einem Teil der Konturen des Baumes. Dieses Blatt sollte gestaltet werden und anschließend sollte jede/r SchülerIn drei Begriffe auswählen, die für sie/ihn zentrale Bedeutung zu dem Thema Zusammenarbeit haben. An der Wand hatten wir ein Plakat als Ideenbörse mit möglichen Begriffen aufgehängt.

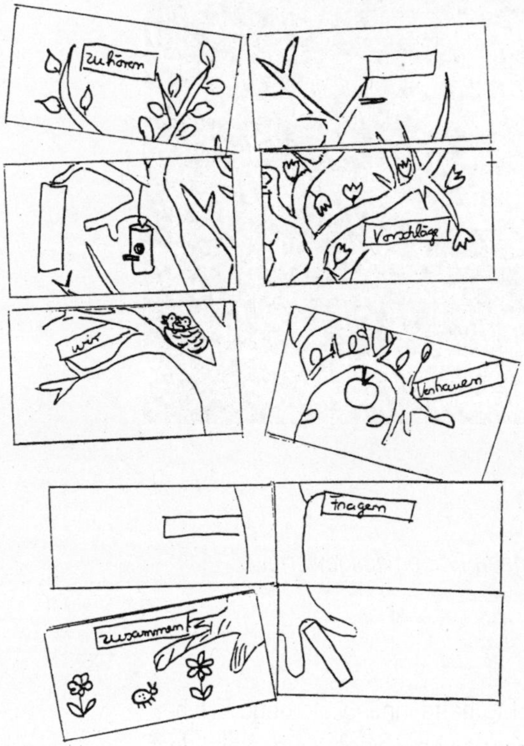

Anschließend stellte jede/r sein Blatt vor und der Baum wurde wie ein Puzzle wieder zusammengesetzt.

Die SchülerInnen äußerten bei der Auswertung, dass sie ihre MitschülerInnen besser kennengelernt hätten als dies im normalen Schulalltag möglich gewesen wäre. Es war in den Projekttagen möglich, Stärken und Schwächen der anderen wahrzunehmen und dadurch auch bei einigen die schon gefestigten Rollen innerhalb der Klassenverbandes zu verändern.

Zu den Projekttagen insgesamt äußerten sich die SchülerInnen sehr positiv. Alle bedauerten, dass die Projekttage viel zu kurz waren. Sie hätten sich auch außerhalb des Programmes noch freie Zeit für sich selbst gewünscht.

Ein Blick zurück und in die Zukunft

Die ausführliche Vorbereitung und auch das Ausprobieren der Spielsequenz in der Praxis-AG haben sich positiv auf den Verlauf der Projekttage ausgewirkt. Auch die Einbeziehung der SchülerInnen in die Vorbereitung und Essensplanung war gut, da die SchülerInnen genau wußten wann sie für bestimmte Bereiche die Verantwortung hatten.

Es wäre auch möglich die beiden Tage in umgekehrter Reihenfolge durchzuführen. Bei der Abenteuerrallye müssen die SchülerInnen nur in Kleingruppen zusammenarbeiten, bei der Spielsequenz mit der ganzen Klasse. Wenn die Rallye zuerst durchgeführt werden würde, könnten die hierbei gemachten Erfahrungen auf die größere Gruppe übertragen werden. So erkannten die SchülerInnen z.B. nach einigen Spielen, dass es günstig ist, während der Planungsphase im Kreis zu stehen, damit alle gehört und gesehen werden.
Die Spielsequenz war begeistert aufgenommen worden. Die Spielregeln für das Spinnennetz wurden vereinfacht. Es würde sich bei dieser Aufgabe auch noch anbieten, die Klasse in eine Mädchen- und eine Jungengruppe zu unterteilen. In getrennten Gruppen könnten unterschiedliche Strategien entwickelt werden, die Mädchen hätten so die Möglichkeit, eine eigene Technik zur Problemlösung zu entwickeln.
Die Abenteuerrallye fand sehr großen Anklang, vor allem aus dem Grund, dass die SchülerInnen sich in Kleingruppen selbständig im Gelände bewegen konnten. Bei der Bachüberquerung weigerten sich drei Jungen mitzumachen. Diese drei bildeten in der Klasse eine eigene Clique, die sich häufig über andere, vor allem auch über die Mädchen lustig machten, wenn z.B. jemand Angst bei einer Übung im Sportunterricht äußerte. Sie gaben in der Klasse sehr häufig den Ton an. Viele MitschülerInnen waren zum einen fasziniert von ihrer Art aufzutreten, erkannten aber andererseits auch ihr egoistisches Verhalten gegenüber Schwächeren. Sie waren auch für die Projekttage sehr auffällig gekleidet. Alle trugen Tarnkleidung und hatten feststehende Messer bei sich. Nach den Projekttagen hatte sich ihre Rolle in der Klasse sehr stark verändert, da die anderen gesehen hatten, dass sie auch mal Angst haben. Die drei haben an Bewunderung verloren, während andere SchülerInnen an Selbstbewußtsein gewonnen haben. Auch hatte die Bachüberquerung deutlich gemacht, dass sie in der Lage sind eine abenteuerliche Aufgabe ohne die drei „Helden" zu meistern.
Der Baum, der am letzten Tag entstanden ist, hängt noch heute in der Klasse und die SchülerInnen weisen immer wieder auf ihn hin. Auch die Fahnen, die die Kleingruppen sich gestaltet hatten, sind in der Klasse aufgehängt. Es hat sich als sehr wichtig erwiesen, dass Produkte der Projekttage mit in den Schulalltag integriert werden, um so einen Transfer der Ergebnisse zu erleichtern.

Als Konsequenz aus den Erfahrungen dieser Projekttage werden nun in allen 5. Klassen dieses Gymnasiums „Kennenlerntage" angeboten.

Margit Mickley

Die Eroberung der Burg Manda

Projekttage mit Grund- und Sonderschülern

Rahmenbedingungen

Das Projekt wurde geplant im Zusammenhang mit gemeinsamen Projekttagen einer Schule für Lernbehinderte und einer benachbarten Grundschule. Gegeben war ein zeitlicher Rahmen von drei Vormittagen. Zu diesem Projekt meldeten sich 12 Schüler der Klassen 3 und 4 aus beiden Schulen. Somit war eine große Diskrepanz in der Gruppe hinsichtlich intellektueller Fähigkeiten, aber auch hinsichtlich des motorischen Vermögens gegeben. Zudem musste für den Einstieg in die Projekttage bedacht werden, dass Grundschüler und Sonderschüler und auch ein Großteil der Schüler und die Leiter sich nicht kannten.

Eigene Gedanken und Zielsetzung

Ich hatte die Idee der Erlebnispädagogik an einem Studientag der Sonderschule kennengelernt. Zunächst war ich äußerst skeptisch eingestellt, da mir nach Erlebnisreisen, Erlebniskaufen, Erlebnisschwimmbädern u.s.w. die Vorstellung einer Erlebnispädagogik sehr merkwürdig vorkam. Doch als das Kollegium zum praktischen Teil überging und selbst „Abenteuer spielte", war ich sehr überrascht von meinen eigenen positiven Gefühlen. Es machte Spaß und war äußerst interessant, sich auf eine Geschichte einzulassen, die Kollegen einmal anders zu erfahren, sich anzustrengen und eine Aufgabe zu bewältigen, gemeinsam zu planen, bei anderen Ängste, Unsicherheiten zu spüren, sich mal anders in der gewohnten Gruppe zu erleben, kurz gesagt, mal etwas ganz anderes zu erleben. Wichtig war auch die Erfahrung, wie entspannend dieser Tag auf mich wirkte.

So entstand bei mir der Wunsch, auch mit Schülern einmal erlebnispädagogisch zu arbeiten, zumal ich glaube, dass es für die eigene Motivation und die Einstellung zum Lehreralltag wichtig ist, ab und zu mal etwas ganz Neues zu wagen, um dem Alltagstrott zu entkommen.

Mit den gemeinsamen Projekttagen bot sich mir diese Gelegenheit, wenn ich auch unsicher war, ob das Konzept für diese neu zusammengestellte Gruppe das richtige wäre und ob die Voraussetzungen bei den Schülern aus Grund- und Sonderschule nicht zu unterschiedlich wären.

Weil die Erfahrungsmöglichkeiten gerade auch von Sonderschülern im engen häuslichen Bereich oft sehr eingeschränkt sind, ergab sich das Ziel **„sich in eine neue Gruppe mit ungewohnten Rahmenbedingungen und noch offener Rollenverteilung einzubringen“**. Da die Aktivitäten der Kinder sich oft auf sitzende Tätigkeiten beschränken, sollten **„körperliche Erfahrungen möglichst auch draußen“** der zweite Schwerpunkt sein. Das dritte Ziel, gerade auch für diese Gruppe aus Grund- und Sonderschülern war das **„Aufeinander Zugehen und Miteinander Handeln“**. Damit war die Hoffnung verbunden, dass **Grund- und Sonderschüler „sich gegenseitig positiv erleben“** sollten, um **„gegenseitige Vorurteile abzubauen“**.

Meine eigene Zielsetzung war die, nun innerhalb der Projekttage losgelöst von Lernzielorientierung und Stundenrhythmus mehr spielerisch und offen in Bezug auf meine Lehrerrolle mit der Kindergruppe umzugehen als dies im „normalen“ Unterricht der Fall ist.

Planungsprozess

Hier waren zwei Punkte sehr hilfreich:

Zwei Mütter von Grundschulkindern stellten sich als Projekthelferinnen zur Verfügung. Die Planung erfolgte gemeinsam, so dass im Gespräch eher Schwachstellen deutlich wurden als bei der Arbeit allein am Schreibtisch.

In einem Vorgespräch mit unserem Schulpsychologen erhielten wir außerdem wertvolle Spielanregungen und Tips sowie später einige der für die Durchführung nützlichen Materialien.

Zur Dramaturgie des Projektes bot sich natürlich die in unmittelbarer Nähe der Sonderschule liegende Burg Schloßböckelheim an. Das Erstellen der Spielgeschichte machte sehr viel Spaß. Ich lehnte mich dabei an die Abenteuersequenz „Der verlorene Stein der Kraft“ (Kooperative Abenteuerspiele, Gilsdorf/Kistner 1995, S.187 ff) an, entwickelte sie unseren Begebenheiten entsprechend um und paßte die Sprache an das Niveau unserer Kinder an.

Dieses Buch konnte mir auch einige Anregungen zu Spielen geben, die in dem Projekt durchgeführt wurden.

Schwierigkeiten bereitete mir die zeitliche Planung, so dass ich jeweils noch Zusatzspiele vorbereitet hatte.

Der Projektverlauf

Erster Tag

Wir hatten uns entschlossen, die Kinder gleich zu Beginn des gemeinsamen Abenteuers in eine märchenhafte und magische Atmosphäre zu „entführen“. Dazu dunkelten wir den Klassenraum etwas ab, legten Sitzkissen auf den Boden und stellten eine Kerze in die Mitte.
Diese veränderte Stimmung im Klassenraum wirkte sich sehr positiv aus. Die Grundschüler ließen sich sehr schnell auf die Geschichte ein. Für die Kinder der Sonderschule war es wichtig, dass die Geschichte frei erzählt wurde und sie immer wieder einbezogen wurden, indem wir spontan auf Fragen und Kommentare eingingen.

Die Geschichte:

In unserer wunderschönen Landschaft mit sanften Hügeln, dichtem Wald ,fruchtbaren Weinbergen und dem rauschenden Fluß liegt der kleine und ruhige Ort Schloßböckelheim, gekrönt von der Burgruine Schloßböckelheim.

Doch nicht immer waren hier die Wiesen so grün, die Luft so rein und die Menschen so zufrieden.

Nein, denn vor vielen tausend Jahren beherrschten hier nur Angst und Schrecken Tier und Mensch. Schwarzverbrannt und ausgedörrt lagen die Felder. Hungersnöte überzogen das Land, Seuchen rafften ganze Dörfer dahin. Der Fluß, meist träge dahinplätschernd, verwandelte sich immer wieder plötzlich in ein reißendes Ungeheuer, das schäumend und reißend über Felsen und Untiefen dahinschoß. Boote kenterten und ganze Höfe wurden mit den Fluten weggerissen. Unter den Menschen herrschten Mißgunst und Feindschaften. Sie verbrauchten ihre verbliebenen Kräfte in andauernden Fehden untereinander.

All dieses Unheil nahm seinen Ausgangspunkt von der drohend und unheilvoll über dem Tal liegenden Burg. Schwarz und mit mächtigen Mauern jagte sie den Menschen Angst ein. Denn sie war zu dieser Zeit keineswegs eine Burg, in der tapfere Ritter und sanfte Edelfräulein lebten und sich in Spielen und Kurzweil übten oder sich in munteren Wettkämpfen erprobten. Keineswegs! Denn hier herrschte der schreckliche Zauberer Manda, der die Luft mit dem durchdringenden Gestank seiner Zaubergetränke vergiftete, dessen Blitze verzischende Augen jeden in seine Macht brachten und dessen schwefliger Atem den Menschen ihre Besinnung nahm. Nicht Mensch, noch Tier wagten sich in die Nähe der Burg. Keiner von denen, die ihren ganzen Mut aufbrachten, um das Land von dem Zauberer Manda zu befreien, kehrte von den Höhen des Berges zurück.

Doch wanderte eine Sage – heimlich geflüstert an flackernden Feuern der langen Winternächte – von Mund zu Mund:

Prächtige Edelsteine, die in der Sonne erstrahlten und die Herzen der Menschen erwärmten, waren einst von spielenden Kindern auf dem Berg gefunden worden. Damals stand hier noch keine Burg. Obstbäume und Gärten schmückten den Hügel. Viele Tiere lebten in seinem Schutz. Ein schmuckes Dörflein schmiegte sich an seinen Fuß. Voller Bewunderung betrachtete die Dorfgemeinschaft den von den Kindern herbeigetragenen Schatz. Viele wurden von den Steinen magisch angezogen und berührten sie zaghaft mit den Händen. Unerklärlicherweise verspürten sie daraufhin neue Kraft, Mut und Frohsinn. Sie drängten ihre Nachbarn, die Steine ebenfalls zu berühren. Alle wurden von der geheimnisvollen Kraft der Steine erfüllt. Von nun an herrschten Fröhlichkeit und Gesundheit im Dorf. Alles im Tal blühte und gedieh. Die Steine hob man in einem eigens für sie errichteten Schrein auf der Spitze des Berges auf. Einmal im Monat versammelte sich dort die Dorfgemeinschaft. Man aß und trank gemeinsam. Gedanken wurden ausgetauscht und vor allem: Einer nach dem anderen durfte die Steine berühren.

Doch in das Herz eines Dorfbewohners schlich sich ein böser Gedanke und nahm von ihm Besitz. Er wollte die Steine alleine besitzen und mächtig werden – mächtiger als alle anderen zusammen. In einer finsteren Nacht schlich er sich im Schutze der Nebelschwaden den gewundenen Pfad zum Berg hinauf. Oben erblickte er mit gierigen Augen die Steine. Rasch nahm er sie an sich, versteckte sie unter seinem dunklen Umhang und brachte sie in sein Haus.

Am nächsten Tag herrschte große Trauer im Tal. Noch ahnte man nichts. Doch begann der Dieb, die Macht der Steine für seine persönlichen Zwecke zu mißbrauchen. In seiner Gier verschaffte er sich mit der Kraft der Steine immer größere Macht, erschuf die Burg Manda und wurde zum gefürchteten Zauberer Manda.

Allerdings merkte er im Laufe der Jahre nicht, dass sich die Steine verfärbten und ihr Leuchten verblaßte. Denn er wußte nicht, dass die Steine auf Dauer nur den beglückten, der sich würdig erwies und ihre Kraft nicht mißbrauchte. So wurde die Kraft des Zauberers schwächer. Himmel und Hölle beschwor er. Doch in einer von Blitzen durchzuckten schwarzen Nacht fuhren Blitze mit tosendem Gezische in die Burg Manda und ließen sie in Flammen aufgehen. Die Menschen im Dorf betrachteten schauernd das Schauspiel.

Es gab keine Burg, keinen Zauberer mehr. Doch auch die Steine blieben verschwunden – bis auf den heutigen Tag.

Doch es heißt in den Erzählungen der Menschen, dass Kinder, fröhlichen Herzens, tapfer, kameradschaftlich und voller Kraft die Steine wiederfinden könnten. Aber nur wenn sie viele Proben bestünden, könnten sie nach drei Tagen die Steine, strahlend und leuchtend , wiederfinden und damit neue Kraft und neuen Mut für ihre Heimat erringen.

Ihr habt Euch nun am Fuße des Berges zusammengefunden, um diese Aufgabe zu übernehmen. Ihr habt die Geschichte gehört. Seid ihr bereit dazu?

Auswahl der Ausrüstung

Gleich im Anschluß an die Geschichte, nachdem sich alle begeistert bereit erklärt hatten, die Herausforderung anzunehmen, präsentierten wir den Kindern die erste Herausforderung, mit der auch ein erster Bezugspunkt gemeinsam vereinbarter Gruppenziele geschaffen werden sollte:

Die Zurückeroberung der Steine wird die Gruppe durch fremde Gegenden führen und vor schwierige Aufgaben stellen.
Es ist wichtig, dass ihr euch gut ausrüstet:
– äußerlich (Schuhe, Kleidung usw.)
– innerliche Qualitäten (Kraft, Mut, Stärke, Fröhlichkeit, Rücksicht, nicht Auslachen...)

Diese„Qualitäten“ liegen auf Zetteln geschrieben und mit einem Symbol versehen (Feder, Muschel, Stein usw.) vor den Kindern. Die Gruppe wählt von etwa 10 Angeboten 5 Qualitäten aus und vertraut sie Kindern an, die sie an allen Tagen mitbringen müssen.

Diese Aufgabe, „Ausrüstung“ in Form von Kraft, Mut, Stärke usw. auszusuchen, wirkte auf die Schüler sehr ansprechend und wurde ernstgenommen. (Boa, jetzt bin ich mutig). Das gemeinsame Absprechen scheiterte allerdings noch. Fünf

Kinder (nicht nur dominante) griffen sich Symbole und Karten. Der Rest war einverstanden, ohne Einspruch zu erheben oder Alternativen ins Spiel zu bringen, und legte zum Teil sogar seine eigene Auswahl zurück.

Im Land der Kräuterhexe

Diese Aufgabe sollte die Kinder erstmals vor die Aufgabe stellen, gemeinsam ohne die Spielleiter eine Herausforderung zu bewältigen und in kleinen Gruppen von etwa drei Kindern erste Kontakte zu knüpfen.

Wir sind im Land der Kräuterhexe. Sie ist uns freundschaftlich gesonnen und will uns mit ihren Geschenken unterstützen. Leider ist sie etwas vergeßlich und findet die Sachen nicht mehr. Ihr müßt drei Rücksäcke suchen. Weil das Gelände vielen noch unbekannt ist, sollte in jeder Gruppe ein Schüler sein, der mit den örtlichen Gegebenheiten vertraut war – hier also ein Schüler der Sonderschule.

Anschließende Überlegung, wer die Rucksäcke für die Gruppe trägt.

Diese Aufgabe wurde sehr positiv aufgenommen. Ohne Probleme fanden sich die Kinder zu Gruppen zusammen. Durch das gemeinsame Tun entwickelten sich erste Gespräche.

Der geheime Pfad

An dieser Stelle wagte ich, der Gruppe die erste schwierige Herausforderung zu stellen, von der Sache her als auch von den erforderlichen Gruppenprozessen her gesehen.

Der Plan sieht nun vor, dass wir zur inneren, geistigen und körperlichen Ertüchtigung schreiten, um die Kraft zu erlangen, gemeinsam die Steine zu finden.
Der Weg führt durch eine tiefe Klamm. Seit jeher ist es den Menschen verboten, diesen Weg auf eigene Faust zu nehmen. Nur ein oder zwei einer Gruppe Menschenkinder sind Auserwählte, die den Weg sehenden Auges gehen dürfen. Die anderen dürfen ihre Blicke nicht auf den Pfad werfen. Sie müssen blind gehen. Sonst würden gleißende Hitzestrahlen ihren Augen schaden.

So müßt ihr als Schlange gehen. Nur der Schlangenkopf kann sehen und führen und den Weg beschreiben. Alle anderen, die sich an ihn anhängen, folgen ihm mit verbundenen Augen.

Reflexion: Wer oder welche beiden sind die Anführer?

Zwei Kinder führten die restlichen mit verbundenen Augen über eine Strecke von ca 150m vom Schulgelände zur Turnhalle. Dort setzten sich alle in einen großen Kreis.

Auch hier ergab sich schnell eine Aufteilung in zwei Gruppen und in Führer und Geführte – kaum durch Absprache, sondern mehr durch „Ich will der Führer sein" und allseitiges Akzeptieren.

Die Durchführung über diese doch recht lange Strecke gestaltete sich als schwierig. Die eine Schlange, die mit den Händen auf den Schultern verbunden war, war sehr langsam und trat sich ständig auf die Füße. In der zweiten Schlange, in der sich die Kinder an den Händen festhielten, gingen die Kinder immer wieder seitlich nebeneinander, so dass sie immer wieder drohten, gegen Hindernisse zu stoßen, zumal der „Schlangenkopf" sprachlich und intellektuell nicht in der Lage war, die anderen Kinder auf Gefahren hinzuweisen und sie verbal zu führen. Hier griffen wir als Projektleiter ein, weil wir Verletzungen fürchteten. Trotzdem hatte die Aufgabe positive Effekte. Denn besonders den beiden Führern, Kinder, die es ansonsten eher gewohnt sind, innerhalb einer Gruppe zu den Geführten zu gehören, machte diese Aufgabe sichtlich viel Spaß.

Reflexion Sonne – Regenwolke

Da Schüler der Sonderschule oft Probleme haben, sich sprachlich zu artikulieren, hatten wir für die Reflexionsphasen als Hilfe, die eigenen Empfindungen zu verbalisieren, die Symbole „Sonne und Regenwolke" gewählt. Jedes Kind der Gruppe sollte entsprechend seiner Gefühlslage eines der Symbole auswählen und je nach Möglichkeit seine Wahl begründen.
Diese Art und Weise der Bewertung wurde von den Kindern als positiv aufgenommen und wurde von uns als durchgängiges Element eingesetzt, so dass die Bewertungsphase sogar des öfteren von den Kindern gefordert wurde. Auf diese Art und Weise bewerteten die Kinder das Spiel „Der geheime Pfad" insgesamt als spannend und positiv.

Insgesamt bezog sich die Reflexion der Kinder auf das jeweilige Spiel und nicht so sehr auf das persönliche Erleben. Es gelang den Kindern noch kaum, sich in Bezug auf ihre Empfindungen und ihre Rolle im Spiel zu äußern.

Kennenlern- und Kooperationsspiele

An dieser Stelle boten wir einige Spiele ähnlich den Turnierspielen von Rittern an, bei denen sich die Kinder gegenseitig beim Namen kennenlernen sollten, aber sich auch bezüglich ihrer Stärken und Schwächen besser kennenlernen sollten.

Ähnlich wie einst tapfere Ritter sich auf den Wiesen unterhalb der Burg erprobten, wollen auch wir nun unseren Mut und unsere Tapferkeit unter Beweis stellen und wollen uns in Spielen ertüchtigen. Ungeheuer wichtig ist es, dass wir uns gut untereinander kennenlernen, um uns auch in gefährlichen Situationen warnen oder um Hilfe rufen zu können.

Namensball: Die Kinder stehen im Kreis. Bevor sie den Ball hoch in die Luft werfen, rufen sie einen Namen auf. Das aufgerufene Kind muss den Ball fangen.

Namenspatschen: Die Kinder sitzen im Kreis. In der Mitte steht ein Kind mit einer zusammengerollten Zeitung. Ein Kind aus dem Kreis muss einen Namen rufen. Das aufgerufene Kind muss wieder ein anderes Kind mit Namen aufrufen, bevor es vom Zeitungspatscher auf die Füße gepatscht bekommt.

AH-SO-KO: *Wir wollen nun unsere geistigen Kräfte stärken. Wer Judo kennt, weiß, dass sich auch die Japaner und Chinesen vor jedem Wettkampf zuerst auf ihre geistigen Kräfte konzentrieren.*

Hier müssen in schneller Folge zu den Lauten Ah, So, Ko bestimmte Bewegungen ausgeführt werden.

Diese Phase, wenn auch nicht jedes einzelne Spiel empfand ich insgesamt als schwerfällig und zäh. Dem Ziel, die Namen kennenzulernen, kam man dabei näher. Doch taten sich die Kinder schwer und brauchten sehr lange, um einen Namen zu nennen oder um überhaupt den Spielablauf zu verstehen. Großen Spaß bereitete ihnen das Spiel Namenspatschen, obwohl alle anfangs Schwierigkeiten hatten, schnell zu reagieren, schnell einen Namen zu nennen, schnell zu patschen. Doch die Kinder bewerteten alle Spiele außer AH-SO-KO mit „Sonne". Dieses Spiel war nicht hinreichend addressatenadäquat, so dass man an Grenzen stieß. Denn die Kinder konnten es nicht richtig und schnell genug ausführen, so dass Sinn und Witz verlorengingen.

Balljagd: *Zusammen mit den Edelfräulein spielten die Knappen ein Spiel, das viel Geschicklichkeit, aber auch viel Rücksichtnahme erforderte.*

Hier wurden die Mitspieler in zwei Gruppen aufgeteilt. Um einen Punkt zu erreichen, mussten sich die jeweiligen Gruppenmitglieder den Ball achtmal untereinander zuspielen, ohne dass jemand der anderen Gruppe den Ball berührte.

Dabei teilten sich die Kinder in eine sehr starke und eine sehr schwache Mannschaft auf. Wir ließen sie gewähren, aber durch die sichere Aussicht auf Sieg auf der einen bzw. Niederlage auf der anderen Seite wurde es langweilig.

Magische Reifen: *Wilde Drachen hausten einst in dieser Gegend und lauerten jedem Wanderer auf, der einsam seinen Pfad suchte. Manch einer verschwand hier auf Nimmerwiedersehen. Nur wer mit seinen Freunden verbunden war und seinen Weg durch magische Reifen nehmen konnte, war vor der teuflischen Gier der Drachen sicher.*

Die Kinder bildeten einen geschlossenen Kreis. Reifen hingen um die Hände. Alle sollten durch diese Reifen durchkrabbeln, ohne die Hände loszulassen und ohne dass sich die Reifen berührten.

Hier fingen Kinder vereinzelt an, andere vor Fehlern zu warnen, um dadurch das Gelingen für die ganze Gruppe zu gewährleisten. Aber auch wir Projektleiterinnen warnten und gaben Hinweise, weil wir selbst noch zu sehr auf das Ziel hin orientiert waren und uns nicht trauten, der Gruppe einen Mißerfolg zuzumuten.

Die Insel der magischen Stärkung

Abschließen wollten wir diesen ersten Tag mit einem Höhepunkt und hatten dazu folgende Aufgabenstellung vorbereitet:

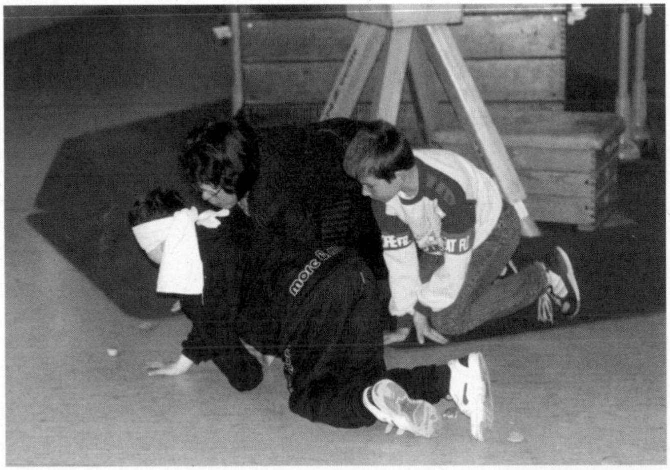

Auf dem Weg zur „Insel der Magischen Stärkung“

Im Reich des Zauberers Manda lag der berüchtigte schwarze Teich. Seine schwarzen unergründlichen Untiefen schimmerten verführerisch den Wanderer an. Berührte er jedoch, um Erfrischung suchend, das Wasser, brachte das Unglück und Verderben.

Gelang aber einem Glücklichen die Überquerung des Teiches, gelangte er auf die Insel der Stärkung (aufgebaut aus Matten, Barren, Kasten, Tüchern),die ihm mit ihren Zauberkugeln (Pralinen)wundersame Kräfte verlieh.
Ihr schafft es nur, den Teich zu überqueren, indem ihr euch von Zauberstein zu Zauberstein vortastet, um zur Zauberleiter zu gelangen. Diese führt direkt zur Insel der Stärkung. Wer angelangt ist, darf die Augenbinden abnehmen und seinen Freunden durch Zurufe helfen.

Dieses Spiel, als Höhepunkt geplant, wurde auch von den Kindern als solcher empfunden. Eine abschließende Reflexion mit „Sonne und Wolke“ ergab einstimmig das Ergebnis „Sonne“. Es wurde sehr schön deutlich, dass die Kinder die Aufgabe annahmen und ernstnahmen – keiner öffnete die Binde – und dass sie schon ein großes Stück Weg aufeinander zugegangen waren. Denn die angekommenen und wieder sehenden Kinder unterstützten die noch blinden durch Zurufe. Keiner der schon Angekommenen stürzte sich auf die Zauberkugeln oder auf die Speisen und Getränke in den Rucksäcken. Auch auf der Insel genossen alle das gemeinsame Essen aus den Rucksäcken der Kräuterhexe und achteten beim Herumklettern sehr auf das Nichtberühren des Wassers.

Zweiter Tag

Die Aktionen des zweiten Tages sollten draußen im Gelände weit außerhalb der Schule stattfinden, um damit den natürlichen Rahmen für die geplanten Spiele zu geben und die Kinder ihre Freude am Spielen in der Natur ausleben zu lassen.

Nachdem wir gestern Geist und Körper gestärkt haben und uns durch die Zauberkugeln wundersame Kräfte angeeignet haben, wollen wir heute unsere längste, aber noch nicht die gefährlichste Wegstrecke zurücklegen.

Habt ihr Eure Ausrüstung dabei? (gegenseitige Kontrolle, ob die beauftragten Kinder die Symbole für die ausgesuchten Stärken mitgebracht hatten)

Pfad der Verwirrung:

Der erste Teil führt uns durch den Pfad der Verwirrung. Hier in den Randbezirken seines Herrschaftsbereiches versuchte der Zauberer, den Geist des nahenden Wanderers zu verwirren und ihn so blind für die Gefahren zu machen und ihn die Suche nach den Zaubersteinen vergessen zu lassen.
Auf der Strecke von hier bis zu einem der Spielleiter müßt ihr 17 Gegenstände finden, die nicht von allein, sondern nur durch Menschenhand dorthin gelangt sein können.

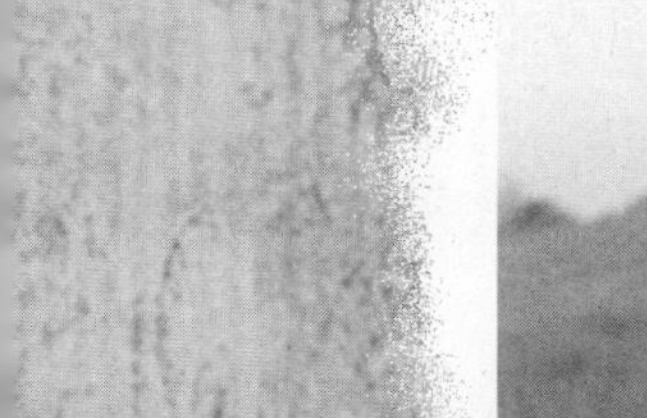

Material: Muscheln, Tannenzapfen, Walnüsse, Erdnüsse, Eicheln, Bucheckern, Sand, Kies, Weinrebe, Ei, Möhre, Tomate, Apfel, Blüte, Gehörn, Mais, Pistazien, Federn, Zettel, Stifte

Geht paarweise – einer, der schreiben kann, mit jemandem zusammen, der es nicht kann.

Nur, wenn ihr alles findet, könnt ihr mit voller Kraft weiterwandern.

Tal der Einsamkeit

Vor Euch liegt nun eine schwere Prüfung. Denn allein und blind müßt ihr den Weg nehmen. Denn Ihr dürft die wilden Kobolde nicht sehen. Wer sie sieht, wird allzu leicht von ihnen in die Tiefe gelockt.

Haltet Euch am Seil fest und geht immer weiter am Seil entlang. Ihr könnt Euch untereinander durch Rufe verständigen.

Die Kinder mussten mit verbundenen Augen eine ca. 30 m lange Wegstrecke, die ein Seil markierte, bewältigen.

Das an dieser Stelle vorgesehene Spiel „Baum der Stärkung", bei dem die Kinder zusammen auf einen Baum klettern sollten , um dort ihr Frühstück einzunehmen, ließen wir aufgrund der feuchten Witterung ausfallen.

Weg der tausend Hürden

Um dem Reisenden das Fortkommen zu erschweren, baute Manda den Weg der Hürden, den ihr gemeinsam überwinden müßt. Laßt keinen Schwächeren zurück, damit Ihr ihm helfen könnt.

Auf einer Treppe, die einen Hügel hochführte, wurden etwa 15 Gummischnüre gespannt, entweder in 30 cm oder in 1,30m Höhe. Die Gruppe musste den Parcours überwinden, ohne die Schnüre zu berühren.
Bei der Durchführung zeigte sich, dass die Seile zu einfach gespannt waren und kein eigentliches Hindernis darstellten. Die Kinder gelangten ohne Probleme allein darüber. Es gefiel ihnen aber sehr.

Fotorallye

Wir sind an den Ort unsren gestrigen Wirkens (Sonderschule) zurückgekehrt. Ihr habt euch gestärkt und erfrischt.

Morgen an unserem letzten Tag ist das unser Basislager, um endlich nach all diesen Mühen die Zaubersteine zu erobern.

Wir müssen unser Ausgangslager gut kennenlernen und uns hier sicher fühlen können.

Deshalb ist es jetzt Eure Aufgabe, das Gelände der Burgschule zu erkunden.

Bildet Paare!

Ihr bekommt je ein Foto. Sucht das darauf Dargestellte und meldet den Leitern die Nummer. Erst dann bekommt Ihr das nächste Foto.

Ihr dürft alle Räume betreten. Klopft an. Sagt Euren Wunsch. Verhaltet Euch leise.

Die Kinder bekamen nacheinander 15 Fotos von Gegenständen oder Personen aus der Schule vorgelegt, die sie dann im gesamten Schulbereich suchen mussten. Die jeweils auf dem gefundenen Gegenstand abgebildete Nummer mussten sie als Erfolgsmeldung dem Spielleiter nennen, um auf die Suche nach dem nächsten Gegenstand gehen zu können.

Die Spielsequenz dieses Tages wurde fast ausschließlich draußen durchgeführt. Obwohl es kühl und naß war, machten die Kinder ausnahmslos alle Spiele begeistert mit. Anders als noch am Tag zuvor teilten sie sich z. B. mit Absprache beim „Pfad der Verwirrung“ sinnvoll in Schreiber und Nichtschreiber ein, vor allem auch ohne Diskriminierungen auszusprechen. Auch bei der Fotorallye fanden sich Grundschüler und Sonderschüler zusammen: „Ich geh mit dir, du kennst dich hier besser aus“.

Regelrecht leuchtende Augen waren nach dem „Tal der Einsamkeit“ zu sehen: „Das war toll“ – „Das war total spannend“ – „Das war cool“ .
Viel stärker als erwartet empfanden die Kinder das „Blindsein“ als äußerst positiv.

Dritter Tag

In der Zauberhöhle

Heute haben wir endlich das Ziel vor Augen. Wir haben Mut und Kraft gesammelt und uns in der Gemeinschaft würdig erwiesen. Wenn wir nun auch die letzten Aufgaben erfüllen, werden sich die Zaubersteine unseren Augen offenbaren und wir können sie berühren und ihre Schönheit sehen.

Aber zwei Hindernisse müssen wir überwinden:

Die unterirdische Zauberhöhle und das Spinnennetz

Wollt Ihr das Risiko auf Euch nehmen?

In der Zauberhöhle

Finster liegt die einstige Zauberhöhle Mandas in der Tiefe. Nichts kann man sehen. Wieder zeigt uns ein Seil den Weg. Seid tapfer! Laßt Eure Augen geschlossen! Denn nur so gelangt Ihr zu höchster Kraft und größtem Mut.
Trotzdem sollt Ihr euch nicht scheuen, die Augen zu öffnen, wenn zu große Angst euch ergreift.

Mit verbundenen Augen sollten die Kinder an einem Seil entlang einen Parcours aus Netzen, Höhlen, Weichbodenmatte auf Medizinbällen, Kästen usw. überwinden. Dazu lief sanfte Musik.(Klangfelder von Orten der Kraft, Shantiprem)

Diese Sequenz erwies sich als Höhepunkt der drei Projekttage, dies in hohem Maße auch, weil wir Leiterinnen gelernt hatten, ruhiger zu sein, mehr Zeit zu lassen und nach zwei Tagen auch besser mit der neuen Kindergruppe umgehen konnten, so dass auch die Kinder selbst sich selbst und den anderen mehr Zeit und Ruhe gaben. Auch die Fähigkeiten der Kinder konnten wir besser einschätzen und konnten so den Parcours adäquat aufbauen. Ein gleichgewichtig positiver Punkt war der Einsatz von „sphärischer Musik“. „Durch die Musik war das so echt“, sagten die Kinder. Auch wurden Geräusche von außen durch die Musik überdeckt, so dass man sich wirklich in eine einsame Höhle versetzt fühlen konnte. Nach dem Parcours erzählten sich die Kinder ihre Erfahrungen: „Was hast du denn gedacht bei dem komischen Netz?“. Auf allen vieren durchkrabbelten sie noch mehrmals den Parcours, um ihre blind gemachten Erfahrungen zu überprüfen. „100 mal Sonne“ war die einhellige Meinung.

Spinnennetz

Als allerletzte Hürde aus Mandas Zeiten muss der Suchende der Zaubersteine das Spinnennetz überwinden, ehe er auf dem Burggelände die Steine finden kann.

Der Eingang zum Burggelände war durch ein 3 mal 2 m großlöchriges Netz versperrt. Jede Öffnung durfte nur einmal benutzt werden, so dass es erforderlich war, dass Kinder durch die oberen Öffnungen hindurchgehoben wurden.

Dieses Hindernis zu überwinden hatte ich mir als langwierig und spannend vorgestellt, es wurde jedoch im Schnelldurchgang überwunden. Es war aufgrund der äußeren Bedingungen zu niedrig angebracht. Doch wurde dieser Schritt von den Kindern als gemeinsames Überwinden einer Hürde empfunden: „Jetzt haben wir es geschafft“.

Schatzsuche auf dem Burggelände

Wir sind am Ziel. Macht euch auf die Suche nach den Zaubersteinen! Sie liegen in einer blau – goldenen Schatzkiste. Öffnet die Kiste erst, wenn alle Kinder zusammengekommen sind!

Die Kinder mussten eine gut versteckte Schatzkiste suchen, in der kleinere Edelsteine lagen, so dass sich jedes Kind einen Edelstein nehmen konnte.

In höherem Maße als vermutet waren die Kinder von der Burg begeistert: „Die ist ja echt". Sie sprangen im Regen begeistert zwischen den Mauern umher. Als sie dann noch echte Edelsteine in einer echten Schatzkiste fanden, waren einige regelrecht aus dem Häuschen. Wie sehr sie die Geschichte internalisiert hatten, zeigte sich an Äußerungen wie „Von jetzt an habe ich Glück" oder „Den geb ich nie wieder her". Es war sehr wichtig, dieses „Echte" an den Schluß zu setzen. Die Kinder hatten das Gefühl, ernsthaft etwas geleistet zu haben.

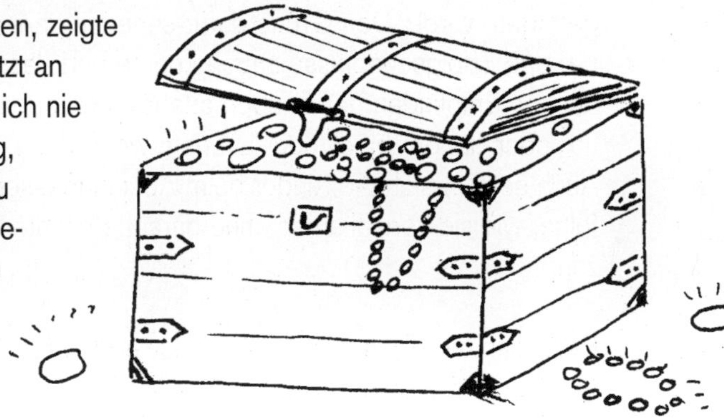

Gemeinsames Grillen auf der Burg als Abschlußfeier für die Projekttage und den erfolgreichen Abschluß der Eroberung der Burg Manda.

Ein Blick zurück: Höhe- und Tiefpunkte – Lernerfolg – Perspektiven

Ich denke, dass die Höhepunkte aus den bisherigen Darstellungen ersichtlich wurden. Von den Spielen her gesehen waren es Kräuterhexe, Geheimer Pfad, Namenpatschen, Pfad der Verwirrung, Tal der Einsamkeit, Fotorallye und besonders die Zauberhöhle. In der Aktion entwickelte sich oft erst die Bedeutung eines Spieles für die Kindergruppe, so dass man bezüglich der zeitlichen Planung und der Spielregeln flexibel reagieren muss.

Doch wenn auch manche Spiele von mir oder den Kindern als nicht so positiv empfunden wurden, sollte man dennoch nicht versuchen, nur Höhepunkte aneinanderzureihen. Eine Steigerung oder zwischendurch ein einfacheres nicht so packendes Spiel lassen, denke ich, ganz besondere Empfindungen besser entstehen.

Bezüglich der genannten Ziele haben die Kinder weit mehr als erwartet das „etwas anderes erleben" – sehr stark empfunden. Sie ließen sich sehr intensiv auf die Geschichte ein und empfanden sich wirklich als tapfere Streiter auf dem Weg zur Eroberung. Noch Wochen nach den Projekttagen fielen positive Bemerkungen. Auch für uns Betreuerinnen waren diese drei Tage etwas ganz besonderes. Während mir vorher etwas mulmig zumute war, hatte ich anschließend keine Lust mehr auf „normale Schule".

Auch bezüglich des Ziels „aufeinander zugehen – miteinander handeln – Vorurteile abbauen " konnten deutliche Tendenzen wahrgenommen werden hin zum Zusammenwachsen der Gruppe, so dass dem übergeordneten Ziel des besseren Verständnisses zwischen Grund- und Sonderschülern in hohem Maße Rechnung getragen wurde. Den Grund dafür sehe ich darin, dass jeder einzelne in der Gruppe Erfolgserlebnisse haben konnte und dass sich die positiven Erlebnisse auf das Empfinden der Gruppe ausgewirkt haben. Es gab kein „Den faß ich nicht an" oder „ist der blöd" oder Lachen, wenn das Würstchen in die Asche fiel. Auch setzten sich die Kinder beim Abschlußessen an den Tisch in der Reihenfolge, wie sie hereinkamen,ohne darauf zu achten, nur neben dem Freund zu sitzen.

Bezüglich des Ziels, sich aktiv zu bewegen, den Körper einzusetzen, fielen mir drei Schüler besonders auf:
Ein Grundschüler, der in der Schule und auch im Dorf als verhaltensauffällig gilt, fügte sich umso besser in die Gruppe ein und zeigte umso mehr Begeisterung, je mehr er körperlich aktiv gefordert war. Einer der recht leistungsschwachen Sonderschüler, der aber motorisch sehr gewandt ist, gehörte zu den Anerkanntesten in der Gruppe, sicherlich auch ein besonderes Gefühl für ihn. Ein sehr ruhiger, ängstlicher und oft gehemmt erscheinender Junge, der erst kürzlich in die Sonderschule gekommen war, blühte regelrecht auf, zeigte zum erstenmal Begeisterung und äußerte sich mit lauter Stimme. Sein Selbstbewußtsein schien durch diese Tage einen deutlichen Auftrieb erhalten zu haben.

Als sehr positiv und notwendig habe ich die Unterstützung durch meine Projekthelferinnen empfunden. Manche Spiele im Gelände wären ohne Hilfe nicht möglich gewesen, auch nicht der Parcours durch die Zauberhöhle. So wurde auch die zeitliche Belastung der Vorbereitung minimiert und machte mehr Spaß als sonst, da man sonst als Lehrer meist allein arbeitet und plant.

Die unterschiedlichen Voraussetzungen der Schüler bereiteten den Leiterinnen, nicht den Mitschülern, nur dort Probleme, wo Spiele durch schnelles Agieren und konzentriertes Mitdenken bewältigt werden mussten. (wie z. B. Namensball, AH-SO-KO)

Die Zeitplanung konnte in etwa eingehalten werden. Meine Erfahrungen zeigten, dass die einzelnen Spiele und die damit initiierten Gruppenprozesse intensiver verlaufen, wenn nicht eine Vielzahl von Spielen aneinandergereiht wird, sondern eher einmal ein „Leerlauf" in Kauf genommen wird.

Probleme während der Durchführung habe ich des öfteren bezüglich des Maßes der Führung empfunden. Verständlicherweise war mir das Erreichen der einzelnen Ziele durch die Gruppe sehr wichtig, vor allem um das Ziel des besseren Verständnisses zwischen Grund- und Sonderschülern zu erreichen. So halfen wir des öftern, wo vielleicht ein Mißerfolg der Gruppe geholfen hätte, besser mit der Aufgabe fertig zu werden und eigenständiger Lösungsmöglichkeiten zu finden (Geheimer Pfad, Magische Reifen) oder übergingen nicht so gute Ergebnisse und lobten einzelne, um nicht ein Gefühl des Versagens entstehen zu lassen (Pfad der Verwirrung). Statt dieses mehr ergebnisorientierten Vorgehens sollte eine stärkere Prozessorientierung bevorzugt werden. Mir stellte sich auch erst während der Durchführung die Frage der Konsequenzen bei Mißerfolgen der Gruppe. Für eine nächste Einheit „Abenteuerspiele" möchte ich diesem Punkt mehr Aufmerksamkeit schenken. Eine erste Idee, die auch in der Literatur angesprochen wurde, ist die, dass die Gruppe Ausrüstungsgegenstände, die sie eigentlich benötigt, oder Münzen oder Chips bei Mißerfolgen abgeben muss.

Mit dieser Darstellung meiner kleinen Abenteuersequenz möchte ich denjenigen Mut machen, die den Gedanken der Erlebnispädagogik zwar toll finden, aber dennoch nicht die praktische Umsetzung wagen, weil sie glauben, noch viel zu wenig zu wissen und erst noch Fortbildungen dazu machen zu müssen, oder weil sie Befürchtungen hinsichtlich eines nicht zu bewältigenden Arbeitsaufwandes und der Beschaffung der notwendigen Materialien haben. Ich hoffe gezeigt zu haben, dass man mit relativ wenigen Vorerfahrungen, mit einfachen, fast komplett in Schulen und im Haushalt verfügbaren Materialien und einem erträglichen Arbeitsaufwand mit Spaß und Erfolg erlebnispädagogisch arbeiten kann.

Heide Kunz

Das Projekt Klettern

Erlebnispädagogik und Sportunterricht

Prolog

Liebe Eltern der 7b!

Im Juli möchten wir am Wandertag mit der Klasse an den Oberhauser Felsen klettern, wozu wir Ihr Einverständnis benötigen.
Körperliche Fähigkeiten wie Kraft, Ausdauer, Beweglichkeit, Gleichgewichtsgefühl sind natürlich ebenso Voraussetzung für dieses „Abenteuer“ wie die Kenntnis und der Umgang mit der Kletterausrüstung. Aber auch der Bereitschaft, in kleinen Teams vertrauensvoll zusammenzuarbeiten, sich auf Neues und Ungewohntes einzulassen, situationsbedingt spontan und verantwortungsvoll zu handeln, kommt Bedeutung zu. Da der Sportunterricht verschiedene Möglichkeiten bietet, diese Fertigkeiten auszubilden, sollen einige Sportstunden zur Vorbereitung dienen.
Das Klettern selber findet unter fachmännischer Begleitung statt. Alle Aktivitäten werden mit Seil gesichert und von erfahrenen erwachsenen Begleitpersonen überwacht. Das Material wird kostenlos vom Kreisjugendring zur Verfügung gestellt.
Selbstverständlich sind alle Kletterübungen freiwillig. Wir wollen den Kindern etwas Neues anbieten, aber es wird niemand zu etwas gezwungen, was er nicht machen möchte!

Mit freundlichen Grüßen
Heide Kunz *Walter Süss*

Einverständniserklärung:
Hiermit erkläre ich mich einverstanden, dass mein(e) Sohn / Tochter ____________ am Wandertag Klettern und den damit verbundenen vorbereitenden Übungen im Sportunterricht teilnimmt.

Anlaß

Eine sport- und leistungsbereite Klasse (19 Mädchen und 10 Jungen) lernte ich zu Beginn des Schuljahres kennen. Was mir erst nach einer Weile auffiel, war das sehr stark konkurrenzbetonte Verhalten der Schüler, das sich vor allem in Spielsituationen bemerkbar machte. Nicht selten wurden Klassenkameraden bei vermeintlich schlechten Aktionen so beschimpft, dass sie in Tränen ausbrachen und nicht weiterspielen wollten. Meine Versuche, dieses in Einzel- bzw. Gruppengesprächen zu thematisieren, brachten weder Einsicht in die Problematik noch eine Verhaltensänderung – außer, dass die Streitigkeiten jetzt nach dem Unterricht ausgetragen wurden. Auch auf nicht konkurrenzbetonte Inhalte ließen sich die Schüler kaum ein: kein Gewinner? – keine Note? – kein richtig / falsch? – **W**as soll das?
Mir stellten sich an diesem Punkt folgende Fragen:

- **W**ie kann ich Schüler, denen nicht notwendigerweise etwas in ihrem Sportunterricht fehlt, trotzdem für neue und ihnen unbekannte Inhalte gewinnen, um sie auch andere Erfahrungen machen zu lassen, von denen sie profitieren können?
- **W**ie kann ich auch diesen Schülern Sport in seiner Vielschichtigkeit aufzeigen, um ihnen damit die Möglichkeit zur Entscheidung geben? Der Entscheidung, in welcher Weise (ob leistungs-, gesundheits-, geselligkeits- oder persönlichkeitsorientiert) sie welchen Sport – auch in ihrem weiteren Leben – ausüben wollen.

Das Projekt Klettern wurde geboren.

Idee

Für das Lebensgefühl und die Lebenserfahrung Heranwachsender spielt das Abenteuer eine zentrale Rolle – Abenteuer als ein Weg zur Selbstfindung, zur Selbständigkeit. Doch die Möglichkeiten, sich in herausgehobenen Unternehmungen zu erproben, zu erfahren und sich selbst zu spüren, werden immer begrenzter und von Jugendlichen kaum gesehen. D.h. viele Heranwachsende leben schon abenteuerlich, aber in Formen, die für sie selbst, für andere und die Umwelt problematisch sind wie z.B. U-Bahn-Surfen, Sprayen, Autorennen, betont aggressives Verhalten in Gruppen, etc.. Ein Auftrag von Schule muss daher auch sein, den Schülern sonst nicht zugängliche Formen des abenteuerlichen Erlebens anzubieten. Formen, die für die Beteiligten und ihre Umwelt weniger bedrohlich und schädlich sind. Der Abenteuercharakter des Kletterns liegt auf der Hand. Wer kennt nicht den Nervenkitzel, ob er sich noch etwas höher, noch etwas weiter hinaus wagen soll bzw. die Angst, wenn er bemerkt, dass man zwar hoch gekommen ist, aber nicht wieder herunterweiß. Gesichert durch Helm, Gurt und Seil klettern bedeutet, dass das Unfallrisiko erheblich gesenkt wird, ohne der Kletteraktion selbst ihren Reiz zu nehmen, kann man doch in andere Dimensionen des sich Ausprobierens vordringen.

Die Idee des Projektes 'Klettern' war, den Abenteuer- und Aufforderungscharakter des Kletterns zu nutzen, um die Schüler gezielt Erfahrungen machen zu lassen, die ihnen eine größere Handlungskompetenz für sich selber, allein und in der Gruppe ermöglichen sollte. Der Wandertag 'Klettern' würde den Höhepunkt einer Unterrichtssequenz darstellen, in der die Schüler sich bewußt in körperlicher, geistiger und sozialer Hinsicht auf das Klettern am Fels vorbereiten würden.

Akzeptanz

Ein Wandertag mit Inhalt Klettern fällt aus dem sonst üblichen Rahmen dieser Unternehmungen. Um so wichtiger ist es, eine breite Zustimmung für solch ein Projekt zu gewinnen, um einen Erfolg nicht zusätzlich durch äußere Störeinflüsse zu gefährden. Die Resonanz war überraschend:

- *Der Klassenlehrer* reagierte erstaunt, positiv angetan, zunächst etwas zurückhaltend wegen fehlender Sachkompetenz, aber freudig bereit, das Unternehmen zu unterstützen und phototechnisch zu dokumentieren.
- *Die Schulleitung* nahm das Projekt sehr unterschiedlich auf: Während der Schulleiter die Möglichkeiten der für ihn neuen Erlebnispädagogik sah und nach Abklärung der sicherheitstechnischen Dinge „grünes Licht" gab, erwies sich die stellvertretende Schulleitung wenig kooperativ: so musste ich zuletzt den Unterricht in der Klasse mitten im Halbjahr abgeben. Ein Teil der Vorbereitung musste dadurch auf einen zweiten Wandertag gelegt werden, an dem der Klassenlehrer nicht freigestellt werden konnte.
- *Die Schüler* waren, nachdem ich ihnen das Angebot, richtig zu klettern, gemacht hatte, vollkommen „geplättet": Sprachlosigkeit, Unglaube, Unsicherheit, ob sie sich **das** zutrauen könnten und ob die Eltern **das** erlauben würden, aber dann große Begeisterung und Vorfreude. Beeindruckend war, wie sich die Stimmung im Sportunterricht schlagartig änderte. Die Schüler waren in ihrer Bereitschaft miteinander Sport zu treiben wie ausgewechselt.
- *Die Eltern* waren wider Erwarten ähnlich begeistert wie ihre Kinder. Da aber doch einige Fragen bestanden, veranstalteten wir einen Elternstammtisch, um diese zu klären. Dabei ging es weniger um sicherheitstechnische Dinge als vielmehr um Organisatorisches und darum, wie die Schüler, die nicht klettern könnten/wollten in das Projekt eingebunden würden, um nicht außen vor zu bleiben. Zwei Schülerinnen konnten gesundheitsbedingt nicht klettern, bei einer weiteren Schülerin war die Tante gerade im Gebirge schwer verunglückt, so dass die Mutter verständliche Bedenken hatte. Alle drei nahmen aber an allen Veranstaltungen bzw. auch an einigen vorbereitenden Übungen teil.
- *Das Kollegium* war wenig interessiert, tolerierte aber das Unternehmen als Projektunterricht der Klasse7 im Fach Sport.

Vorbereitung

Die äußeren Rahmenbedingungen für ein Projekt Klettern sind in Kirn nahezu ideal: Die vom DAV offiziell ausgewiesenen Oberhauser (Kletter-)Felsen liegen in einer ca. 30-minütigen Fußmarschentfernung zur Schule und bieten eine Vielzahl von Kletterrouten auch in leichteren Schwierigkeitsbereichen. So ist es gut möglich, dass an mehreren Stellen gleichzeitig geklettert werden kann. Ein Grillplatz mit großer Wiese bietet Raum für Aktivitäten zwischen den einzelnen Kletterphasen. Die komplette Ausrüstung kann beim Kreisjugendring kostenlos ausgeliehen werden. Für die unbedingt notwendige Unterstützung und fachmännische Begleitung beim Klettern können gegen Entgelt Mitarbeiter beim DAV oder über den Kreisjugendring gewonnen werden. Erfreulicherweise mussten ich darauf nicht zurückgreifen, sondern fand Hilfe bei an dem Projekt interessierten Freunden.
Die Vorbereitungphase, die die Schüler befähigen sollte, den Wandertag 'Klettern' weitestgehend eigenständig und eigenverantwortlich durchzuführen, ließ sich in zwei Bereiche untergliedern, die jeweils einen unterschiedlichen Zeitrahmen benötigten. Während der Erwerb von sozialen Kompetenzen – wie vertrauensvolle Zusammenarbeit, Verständigung untereinander und Verständnis füreinander – ein Prozess ist, der für seine Entwicklung entsprechend Zeit benötigt, lassen sich kletterspezifische Kompetenzen – wie Sicherungssysteme und Prinzipien des Kletterns – relativ kurzfristig erlernen und sollten aus Gründen der Verfügbarkeit zeitlich eng an den Wandertag gebunden sein. Insofern könnte dieser Teil auch in einem vorangestellten Wandertag gut realisiert werden.
Bei der Auswahl der Inhalte ließ ich mich von Stichworten der Erlebnispädagogik leiten und suchte Umsetzungsmöglichkeiten in den Unterrichtseinheiten Gerätturnen (Gerätgewöhnung) und Fußball (Spielschulung). Die im folgenden beschriebenen Spiele entstammen in ihrer Grundidee einem Seminar „Kleine Spiele“ (Dieter Bremer, TH Darmstadt 1981). Sie wurden seitdem von mir bzw. vielen Schülern frei nach dem Motto „es gibt kein schlechtes Spiel sondern nur unpassende Regeln“ weiter entwickelt.

➢ Abenteuer, Herausforderung, Grenzsituationen

Die Schüler setzen sich in neuer, ungewohnter Art mit Geräten und dem eigenen Körper in teilweise subjektiv anspruchsvoll erlebten Situationen auseinander.

- ***Das Piratenspiel:*** Aus einer möglichst großen Anzahl von (Turn-)Geräten, Ringen, Tauen planen und bauen die Schüler einen Parcours, der auf möglichst vielen verzweigten Wegen in alle Richtungen begehbar sein soll: das Piratenschiff. Um das Schiff herum ist tiefes Wasser, so dass alle Piraten, die ja bekanntlich nicht schwimmen können, unweigerlich ertrinken, sobald sie über Bord gehen.

Fangspiele in vielen verschiedenen Variationen sind auf diesem Schiff möglich:
- 1 Pirat fängt, bis er alle Passagiere „über Bord geworfen hat".
- 1 Pirat beginnt, später kommt ein weiterer Kumpane hinzu
- 2 Piraten fangen, wenn sie 6 Gefangene gemacht haben, darf der erste wieder auf Deck (frische Luft schnappen), usw... – 12 Passagiere verteidigen ihr Schiff gegen 12 Piraten.

Das Spiel hat einen hohen Aufforderungscharakter und ist höchst intensiv. Die notwendigen Pausen bieten sich dazu an, über mögliche Umbaumaßnahmen (zu schwer, zu wenig Verzweigungen, nur in eine Richtung begehbare Wege, zu gefährlich, etc.) zu beraten.

➢ **Selbstbewertung statt Fremdbewertung, Wechselspiel von Aktion und Reflexion**

Kleine Spiele werden aus einer Grundidee für die Gruppe passend verändert.

- ***Ringhockey:*** Spielgeräte sind Gymnastikstäbe, ein Gummiring für Ringtennis und Tore
  Der erste Spielgedanke ist, den Gummiring mit Hilfe der Stäbe in ein Tor zu befördern. Es bietet sich an, zunächst mit 2 Mannschaften zu spielen. Fast immer spielen die Kinder sofort mit Feuereifer los, wobei jedes intuitiv bestimmte Regeln zugrunde legt. Da diese Regeln je nach Vorerfahrung aber sehr unterschiedlich aussehen können, kommt es irgendwann vermehrt zu Protesten und der Frage an den „Schiedsrichter": „Darf man das?".
  Dies erscheint als der geeignete Zeitpunkt, die Kinder darüber aufzuklären, dass es sich bei Ringhockey um kein Spiel handelt, für das verbindliche (internationale) Regeln existieren. Wenn das Spiel aber an sich Spaß macht, muss es auch möglich sein, sich auf irgendwelche Regeln zu einigen. Die Schüler haben meistens einige Vorschläge, die sie diskutieren und dann ausprobieren wollen (mit dem Stab in den Ring?, mit dem Stab im Ring laufen?, unter den Stab schlagen dürfen?, mit dem Fuß stoppen?, mit dem Fuß spielen?, Torwartsonderregelung?, Ausregel?, Ring-ins-Spiel-Regel?, etc.). Mit den so gefundenen Regeln wird nun gespielt (bei 3 Mannschaften könnte die pausierende eine Beobachterrolle übernehmen) und danach wird besprochen, ob sie sich als sinnvoll oder nicht erwiesen haben. Neue Ideen werden eingebracht und erneut ausprobiert. Dabei erscheint es durchaus sinnvoll, auch als Moderator Vorschläge zu machen und damit den Ideenspielraum zu erweitern (Tore ins Spielfeld verlegen, Tore nach beiden Seiten öffnen, Tore beweglich machen, mit 3 Mannschaften auf 3 Tore spielen, etc.).

Uns macht **unser** Spiel Spaß! Dieses Motto sollte bewußt im Vordergrund stehen und auch immer hinterfragt werden, d.h. gibt es etwas, was keinen Spaß daran macht, und wie können wir das ändern.

➢ Prozess ist wichtiger als Ergebnis

Bewegungsaufgaben (statt Bewegungsanweisungen) werden in kleinen Gruppen gelöst.

- ***Tatzelwurm:*** Den Wurm bildet eine Kette von Kindern, die jeweils zu zweit mit einem Reifen verbunden sind.
  Aufgabe des Tatzelwurms ist es, so elegant wie möglich über ein Hindernis (Kasten) zu krabbeln.
  Alternativ kann sich auch ein ***Ringelwurm*** (alle Kinder halten sich an der Hand und bilden einen Ring) an die beschwerliche Aufgabe machen.
- ***Kletteraffe:*** Die Kletteraffen wollen sich an Lianen (Seile) hängen und gerne damit schaukeln. Die schönsten Lianen hängen über Wasser (Weichböden). Wie kommen die Kletteraffen an die Lianen ohne ins krokodilverseuchte Wasser zu müssen, und können alle Kletteraffen gleichzeitig schaukeln (Hilfsmittel sind erlaubt!)?
- ***Warentransport:*** Welche Möglichkeiten (sicherste, witzigste, schnellste, etc.) gibt es, mit 3–5 Behältnissen (diverse Bälle), die nicht von den Händen berührt werden dürfen, als Reisegruppe über eine schmale Brücke (Schwebebalken) zu kommen?.
- ***Platz ist auf dem schmalsten Berggipfel:*** Je nach Gruppengröße dient ein Bock oder Seitpferd als Gipfel.
  Ist es möglich, dass alle Gruppenmitglieder gleichzeitig auf dem Gipfel für ein Gruppenphoto posieren?
- ***Turmbau zu Babel:*** Die Bauleute sollen ohne weitere Hilfsmittel (also mit ihren Körpern) einen architektonisch schönen und repräsentativen Turm bauen.

Der Erfahrung nach ist es von Vorteil, wenn sich die einzelnen Gruppen jeweils mit verschiedenen Aufgaben beschäftigen. Nach einer bestimmten Zeit können dann die Stationen gewechselt werden.

➢ Freiwilligkeit, Spaß, Humor

Jeder Sportunterricht sollte auch Nischen der Freiwilligkeit enthalten. Die Kinder sollten in ihnen selber entscheiden können, ob und in welcher Form sie sich am Geschehen beteiligen wollen, so dass es ihnen Spaß macht. In diesen Nischen darf keine Furcht vor irgendwelchen negativen Konsequenzen (Benotung, Versagen, Blamage, o.ä.) seitens des Lehrers oder auch der Mitschüler herrschen. In den oben angeführten Fangspielen bestimmt jeder für sich, welche Herausforderung er für sich in Anspruch nimmt: begeht er schwierigere oder leichtere Wege, wie nah läßt er die Piraten an sich heran bevor er flieht, welche Rolle möchte er übernehmen? Bei den „unendlichen" Spielformen spielt es keine Rolle, ob man ungewollt oder aber auch mit Absicht (ein kleines Päuschen ist nötig!) gefangen wird. Kurze Zeit später ist man wieder dabei.
Zur Freiwilligkeit gehört hier aber auch, bestimmte Regeln einzuhalten. Dies fällt erfahrungsgemäß leichter, wenn man die Regeln selber aufgestellt hat.

Die Bewegungsaufgaben haben nicht nur eine Lösung. Es gibt die unterschiedlichsten Bewältigungsstrategien, die jede für sich ihren Reiz hat. Förderlich für eine humorvolle Auseinandersetzung ist sicherlich, wenn die Gruppenzusammenstellung freiwillig erfolgt, d.h. wenn die „Chemie" stimmt.

Durchführung

Wie schon vorher erwähnt, musste ein Teil der Vorbereitungen auf einen weiteren Wandertag gelegt werden, so dass beide als Einheit geplant und durchgeführt werden konnten. Unterstützt wurde ich an beiden Tagen von R. Gilsdorf. Abwechselnd ergänzten G. Kistner und A. Vogt das Hilfsteam. Der Leser wird im folgenden eventuell an einigen Stellen eine detailliertere Darstellung vermissen, auf die aber bewußt verzichtet worden ist. Ich möchte nicht den Eindruck erwecken, dass ein solches Projekt Klettern ohne fachmännische Begleitung möglich ist. Erfahrung und besonders das In-Übung-Sein ist unbedingte Voraussetzung für ein frühes Erkennen von Gefahren und schnelles Reagieren. Im Sinne der Sicherheit sollte darauf nicht verzichtet werden!

– 1. Tag

Wir treffen uns am Morgen im Klassenraum. Nachdem die Schüler Paare gebildet haben und sich gegenseitig mit bereitgelegten Tüchern die Augen verbunden haben, bilden sie eine Kette. Ich bemühe mich, ihnen deutlich zu machen, dass die nun kommende Aufgabe nur interessant ist, wenn sie sie an- und ernstnehmen, d.h. auf das übliche Schüler-Lehrer-Schema mit z.B. Schummeln verzichten. Zudem können sie sich jetzt auch noch einmal entscheiden, ob und wieweit sie sich mir in den kommenden zwei Tagen anvertrauen wollen.

1. Thema: Vertrauen

- ***Blindenführung:***
  Die Schüler werden mit verbundenen Augen von mir in einer Kette zur Turnhalle geführt. Dort dürfen sie, nachdem sie ihre Partner wiedergefunden haben, sich setzen und dann die Augenbinden abnehmen.

- ***Piratenschiff:*** (Ein Schiff ist bereits für diese Aufgabe entsprechend abgewandelt aufgebaut).
Die Piraten haben Gefangene gemacht und

wollen ihnen bei einem Deckgang Gelegenheit zum frische Luft schnappen geben. Damit diese sich nicht orientieren können, werden ihnen natürlich die Augen verbunden. Das Führen (paarweise) soll zunächst verbal und ohne Körperkontakt später umgekehrt, d.h. nonverbal mit Körperkontakt erfolgen. Nach einer gewissen Zeit werden die Rollen getauscht.

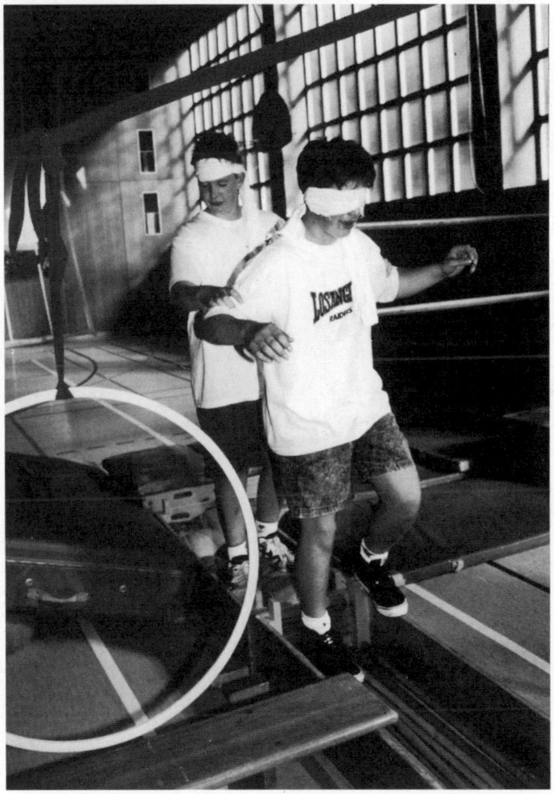

- ***Reflexion:*** Im Gespräch werden Beispiele für gutes/schlechtes Geführtwerden genannt und an der Wand schriftlich festgehalten.

2. Thema: Verständigung

- ***Quadrate legen:*** Vier Gruppen, jeweils zwei zusammen, sollen mit Hilfe von 4 Seilen und verbundenen Augen eine der nebenstehend gezeigten Formen legen. Die Schüler können selber bestimmen, wann sie mit der Aufgabe anfangen wollen, d.h. sie dürfen sich vorher (noch sehend) beraten. Jede Gruppe hat einen Beobachter, der aber nicht eingreifen darf.

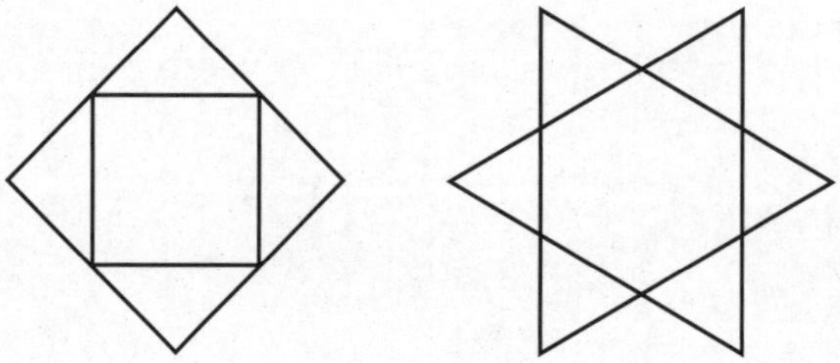

- ***Kurzreflexion:*** Wie gut sind wir im Team, wie gut war unsere Kooperation? Die Bewertung (1 – 10) wird auf ein Kärtchen geschrieben und dann gemeinsam hochgehalten
- ***Reflexion:*** Warum haben wir im Hinblick auf das bevorstehende Klettern diese Übungen gemacht?
  Im Gesprächskreis besprechen die Schüler die Bedeutung von Vertrauen und Verständigung für das Klettern.

3. Thema: Sicherungssysteme

- ***Klettergurte anlegen:*** In 3er Gruppen mit möglichst gleicher Größe und Gewicht (um das Wechseln der Gurte zu erleichtern) legt jeder einen Gurt an und läßt den richtigen Sitz kontrollieren.
- ***Knoten:*** Achterknoten und Halbmastwurf (HM) werden in Gruppen geübt
- ***Kraft des HM-Knotens:*** Demonstration der HM-Sicherung, indem alle Schüler am Seil ziehen und einer hält
- ***Sicherungssystem in der Horizontalen:*** In den 3er Gruppen, zwei Schüler sichern, wird das dosierte Nachgeben und Einholen des Seils geübt.
- ***Kurzreflexion:*** Was war bisher das Beeindruckendste für mich bzw., was hat mir am besten/schlechtesten gefallen?

Mittagessen

Das von Schülern in einer Vorbesprechung gemeinsam geplant und dann selbständig vorbereitete Essen wird von denjenigen, die nicht klettern wollen oder können, in der schuleigenen Mensa aufgewärmt (die Schüler haben sich freiwillig dazu gemeldet, denn sie wissen, wie wichtig eine gute Versorgung im „Basiscamp" ist!). Gemeinsam und in Eigenregie wird aufgeräumt.

4. Thema: Ablassen

- ***An verschieden schwierigen Stellen*** wie Sprossenwand, Kletterquadrat und Kletterstange, die alle mit Weichböden gesichert sind, wird geübt. Die Schüler bestimmen selber, was sie sich zutrauen. Nach Möglichkeit sollen die bestehenden Teams zusammenbleiben.
- ***Ende der Sequenz in der Turnhalle:*** Die Schüler räumen auf, ziehen sich um und verstauen ihre Sachen
- ***Gemeinsamer Marsch zum Busbahnhof:*** Wir nehmen die Abkürzung!

5. Thema: Flußüberquerung auf einer Taubrücke

(Idee, Aufbau und Sicherung durch R.Gilsdorf und G.Kistner)
Der direkte Weg zu den Bussen ist durch einen Bach versperrt, der trockenen Fußes ohne Brücke nicht überquert werden kann. Die Schüler werden zu der eigens für diesen Tag gespannten Taubrücke geführt. Jedem Schüler ist freigestellt, diese „Abkürzung" zu wählen oder mich auf dem „Umweg" zu begleiten. Die Überquerung kann so auch vom anderen Ufer aus beobachtet werden, wo wir die Gruppe erwarten werden.

- ***Überquerung der Brücke:*** Die Schüler überqueren einzeln mit ihrem Gepäck mit einem Brustgurt und mit Helm gesichert den Hahnenbach. Auf beiden Uferseiten steht ein Helfer, um die korrekte Handhabung der Sicherungssysteme zu überprüfen und im Notfall helfend einzugreifen.
- ***Reflexion:*** Wer möchte, kann etwas zum Selbsterleben bei der Überquerung sagen. Hätte ich mir **das** vorher zugetraut?
Welche Erwartungen habe ich für den morgigen Tag?

– 2. Tag

Gemeinsam wandern wir am Morgen mit leichtem Gepäck zu den Oberhauser-Felsen. Die beiden Helfer sind bereits mit der Kletterausrüstung zur Vorbereitung der Kletterstellen vorgefahren. Eltern werden die Grillsachen später am Vormittag vorbeibringen.

6. Thema: Warmig up

- ***Mondball:*** Ein aufgeblasener Wasserball soll unter variierenden Aufgabenstellungen (ohne Hände, nicht zweimal hintereinander, der Reihe nach, etc.) permanent in der Luft gehalten werden
- ***Pendel:*** Bis zu 14 Schüler stellen sich Schulter an Schulter in einen Kreis, in dessen Mitte ein weiterer Schüler steht. Dieser läßt sich mit geschlossenen Augen in gestreckter Körperhaltung (Zinnsoldat) zu irgendeiner Seite fallen. Bevor er zu weit fällt, wird er weich von den Händen seiner Mitschüler aufgefangen und in eine andere Richtung bewegt. Jeder Schüler, der möchte, sollte die Gelegenheit erhalten, sich im „Vertrauenskreis“ fallen zu lassen.

7. Thema: Gratwanderung

Über zwei kleine Klettersteige als Ein- bzw. Ausstieg erfolgt eine mit Gurt, Helm und Seil gesicherte Wanderung über den Grat der Oberhauser Felsen. Da das Seil wie ein Geländer an den in den Fels gebohrten Haken befestigt ist, müssen die Schüler selbständig ihre Karabinerhaken umsetzen. Im Unterschied zu den Kletterübungen am Vortag und dem noch folgenden Klettern, ist das Sicherungsseil nicht fest mit dem Kletternden bzw. Wandernden verbunden, d.h. die Schüler können schon fallen, aber maximal den Weg zwischen zwei Haken.

- ***Kurzreflexion:*** Ein größerer Stein symbolisiert das Herz der eben erlebten Aktion. Die Schüler sollen ihre Kletterhelme ablegen und durch die Entfernung zum „Herzen“ dokumentieren, wie dicht sie sich dem Herzschlag gefühlt haben.

Mittagessen

Während der Gratwanderung macht das „Basiscamp“ Feuer und beginnt zu grillen.

8. Thema: Klettern am Fels

- ***Wiederholung Sicherungssysteme und Knoten***
- ***Das Klettern*** erfolgt an drei Übungsstellen unterschiedlichen Schwierigkeitsgrades am Hauptmassiv. Es wird in Vierergruppen geübt: Kletterer, 1. und 2. Sicherer und Beobachter (an jeder Kletterstelle ist ein Betreuer als stiller Beobachter).
- ***Abschließende Reflexion „Fingerspitzengefühl“:*** Die Schüler bekommen ein Blatt mit den Anfangsbuchstaben des Alphabetes. Sie sollen hinter jeden Buchstaben ein Adjektiv schreiben, das das beschreibt, was sie während der letzten beiden Tage beeindruckt hat – positiv wie negativ. Dies sollen sie in Ruhe zu Hause machen, eine Auswertung wird am nächsten Morgen erfolgen.

Diese Auswertung konnte in den Unterrichtsstunden des Klassenlehrers stattfinden: Jeder Schüler war aufgefordert, drei seiner Begriffe auszuwählen, die für ihn besondere Bedeutung hatten – dabei auch ein negatives. Danach hatte jeder, der wollte, Gelegenheit seine Adjektive vorzulesen und kurz zu erläutern, ohne dass sie von den anderen kommentiert werden sollten. Hieraus entwickelte sich ein fruchtbares Klassengespräch, in dem auch noch einmal ein Ereignis vom ersten Tag zur Sprache kam, das ich nicht unerwähnt lassen möchte, da es bei den Schülern eine hohe Sensibilität für den Umgang miteinander hervorgerufen hat: Beim Piratenspiel hatte ein Pirat versäumt, seinen Gefangenen über das Ende des Weges zu informieren. Beim Übertreten der Bankkante trat dieser nun so unglücklich auf, dass er sich den Knöchel verstauchte. Die Aktion war von dem Piraten nicht böswillig gemeint (die beiden waren zwar nicht eng befreundet, verstanden sich aber gut), er wollte nur sehen, was passiert. Die Folgen waren aber für den Betroffenen nicht so schön, konnte er doch an den weiteren Aktionen nicht mehr teilnehmen.

Fazit

Auch mit einiger Zeit Abstand halte ich das Konzept für gut und mit Erfolg durchführbar. Mir ist wieder aufgefallen, wie wichtig für Lernende (und sicher nicht nur für Kinder) eine ansprechende Zielformulierung ist. Haben Schüler einmal ein Ziel vor Augen und wollen sie es erreichen, so haben sie auch Vertrauen in die Vorbereitung. Dazu ist es nicht notwendigerweise von Bedeutung, dass der Lehrer Fachmann ist, wenn er sich in den entsprechenden Bereichen von professionellen Betreuern beraten und unterstützen läßt. Ein erfolgreich durchgeführtes Projekt schafft eine Vertrauensbasis, die letztlich auch wieder dem Unterricht zugute kommt.
Es war beeindruckend, wie bereitwillig sich die Schüler auf alle diese Inhalte einließen, nachdem sie ihr Ziel: Klettern vor Augen hatten. Einmal auf den Weg gebracht, machte es ihnen Spaß, sich mit ihren Mitschülern auseinanderzusetzen. Sie betrachteten die durch ihre Erfahrungen ausgelösten Veränderungen im Umgang miteinander als ausgesprochen wohltuend. Durch das gegenseitig gewonnene Vertrauen redeten die Schüler jetzt sehr viel offener miteinander und konnten Probleme angehen, bevor sie eskalierten. Natürlich gab es nach wie vor Animositäten, aber die Schüler gingen ein Stück toleranter und respektvoller miteinander um – ließen sich dann gegebenenfalls in Ruhe.
Abschließen möchte ich mit einem Schülerzitat von Thomas. Er äußerte in den großen Ferien: „Ich freue mich richtig auf die Schule. Unsere Klassengemeinschaft ist jetzt so toll!"

Thomas Mößer

Deutsch-französische Begegnung am dritten Ort

Erlebnis- und handlungsorientierte Formen des interkulturellen Lernens als Alternative zum herkömmlichen Austausch

Vorüberlegungen

Als Adenauer und de Gaulle bald nach dem Krieg die leidgeprüften deutsch-französischen Beziehungen in einem Vertragswerk neu definierten und in dessen Folge das deutsch-französische Jugendwerk ins Leben riefen, trafen sie die Befindlichkeiten der Bevölkerung ihrer beiden Länder recht gut.

Allen waren die traurigen Höhepunkte des zurückliegenden Jahrhunderts noch gut in Erinnerung und man fühlte, dass es so nicht mehr weitergehen konnte. Die ersten Begegnungen von Erwachsenen, aber auch von Jugendlichen waren von einem Pioniergeist geprägt, der sich mit Begriffen wie Neugier, Rücksicht, Wille zur Verständigung, *Plus jamais ça* charakterisieren läßt; das Zusammentreffen von Deutschen und Franzosen, so lautete eines der wichtigsten Ziele, solle so zur Normalität werden, wie das Zusammentreffen von befreundeten deutschen Jugendgruppen.

Schulen kam bei solchen Partnerschaften immer eine besondere Bedeutung zu; zum einen haben Sprachenlehrerinnen und -lehrer ein natürliches Interesse daran, ihre Schülerinnen und Schüler in den entsprechenden Sprachraum zur Steigerung der Motivation und der Sprachbeherrschung zu bringen, zum anderen entsteht in den Schulen ein Reservoir von Sprachkundigen, die das Problem der fremden Sprache als eines der größten Probleme solcher Begegnungen erheblich reduzieren können. Über die Touristenperspektive hinaus öffnen sich Türen, und den Jugendlichen wird ein kleiner Einblick in das (fast) normale Familienleben gewährt.

Die Bilanz nach über drei Jahrzehnten von Austausch- und Verschwisterungsbegegnungen ist rundherum positiv; und dennoch fühlt man allenthalben Ermüdungserscheinungen bei allen Betroffenen. Um dagegen anzugehen, ist die Suche nach Ursachen unerläßlich.

Ein erster und vielleicht der wichtigste Grund liegt gerade im Erreichen der grossen Ziele, die man sich vor dreißig Jahren gesteckt hat: Reisen nach Frankreich und in andere europäische Länder sind zur Normalität geworden; Jugendliche begegnen sich unbeschwert, die Fremdheit ist geringer geworden, eine europäische, grenzübergreifende Jugendkultur hat sich herausgebildet, ein Blick in die Charts oder die Attraktivität von McDonalds mögen als Indikatoren dienen.

Natürlich hat sich auch die Gesellschaft gewandelt: die Kinderzahl pro Familie ist gesunken, die Zahl von Alleinerziehenden ist gestiegen, die Ansprüche an den Lebensstandard werden höher, die Individualisierung schreitet fort, die Forderung nach Sozialkompetenz zeigt Nachholbedarf an, Unterrichtsinhalte und -formen sind im Wandel, ...

Unumstritten bleiben Notwendigkeit und Sinnhaftigkeit von Austauschveranstaltungen; auch sie müssen sich jedoch den neuen Gegebenheiten anpassen, geänderte Bedürfnisse aufgreifen, aber auch versuchen, erkannte Defizite zu füllen, ohne Bewährtes aufzugeben.

Kennenlernspiele, Phasen des gemeinsamen Singens, Bastelns, Spielens, Arbeitens ersetzen zunehmend die x-te Stadtführung, die y-ste Konversationsstunde und die z-ste Exkursion; Ideen, einen ganzen Austausch unter ein Motto zu stellen machen die Runde, „wir machen“ statt „ich mache und du machst“ sind Gedanken, die mehr und mehr diskutiert werden. [1]

Wir machen ...

„Wir machen“, beim klassischen Austausch ist dieses „wir“ häufig eine aus vielen Klassen zusammengewürfelte Gruppe mit heterogener Altersstruktur, deren einziges gruppenstiftendes Merkmal die Herkunft von derselben Schule ist. Warum nicht einmal eine Begegnung organisieren, die zwei Klassen zusammenbringt, die ein „Wir-Gefühl“ entwickeln, die zusammen arbeiten und eine gewisse Zeit zusammen leben und zusammen interkulturell lernen?

[1] Beispielhaft für die Reflexion dieser Fragen stehen die ersten beiden Bände der vom Freundschaftskreis Rheinland-Pfalz/Burgund herausgegebenen Reihe „Begegnung Dialog. Modelle interkulturellen Lernens“, Bd. 1 E.J. Scheiner (Hg.): Fremdsprachen Ratgeber für die Partnerschaft Rheinland-Pfalz/Burgund. Mainz 1993 und Bd. 2 E.J. Scheiner (Hg.): Hambacher Manifest 1995. Deutsch-französisch-polnische Jugendbegegnung. Mainz 1996

Hiermit ist der Ausgangspunkt zu einem Begegnungstreffen der Klasse 9 E des Gymnasiums am Römerkastell in Bad Kreuznach mit der *4ᵉ européenne des Collège Gaston Roupnel aus Dijon* beschrieben, die auf jeweils halbem Wege in Metz [2] stattfand.

Die erste Kontaktaufnahme mit dem französischen Kollegen war ausgesprochen erfreulich und erlaubte eine zügige Planung, da sich schnell Einigkeit über die Zielsetzung sowie über einen handlungs- und erlebnisorientierten Ansatz zeigte. Man war der Meinung, dass interkulturelle Lernprozesse am besten durch gemeinsames Arbeiten und gemeinsames Leben, also interkulturelle Authentizität in Gang gesetzt werden können. Dieses Arbeiten sollte nicht allein themenorientiert erfolgen, sondern Elemente der Erlebnispädagogik waren einzubringen, um soziale und emotionale Rahmenbedingungen zu schaffen, die interkulturelles Arbeiten im Grund erst ermöglichen.

Einige Rahmenbedingungen waren zu berücksichtigen, wie z.B.: alle Schülerinnen und Schüler der beiden beteiligten Klassen lernen Französisch bzw. Deutsch; in Klasse 10 steht traditionell eine Klassenfahrt an, so dass zum einen die Kosten für diese Veranstaltung möglichst gering gehalten werden sollten (Inklusive Fahrt, Unterkunft, Verpflegung: € 75,–) und zum anderen der Unterrichtsausfall einzugrenzen war. Bei den Vorüberlegungen war zu bedenken, dass sich über normale individuelle Eigenheiten hinaus der Unterricht in Deutschland und Frankreich in zahlreichen Punkten unterscheidet: Unterrichtsführung, Strenge, schüler- bzw. lehrerzentrierte Arbeitsformen, selbstbestimmtes Lernen, Selbstorganisation u.v.a.m. haben ganz unterschiedlichen Stellenwert.

Dennoch bestand in der Planungsphase zwischen den Betreuern Einigkeit darüber, innerhalb des Rahmens, den man vorgeben wollte, Platz für Freiheit und Verantwortung zur Selbstorganisation zu lassen. Schwerpunktmäßig galt dies für die Gestaltung der Tagungsregeln: Tischdienste, Zeiten der Bettruhe, Zusammensetzung von Arbeitsgruppen, Angabe von Interessensschwerpunkten; während die Kennenlernspiele und Formen der inhaltlichen und sprachlichen Arbeit stärker von den Lehrern bestimmt wurden. In Diskussionsrunden mit den (nationalen) Schülergruppen und an einem vorbereitenden Elternabend wurden stets die Gestaltungs- und Selbstbestimmungsfreiräume genannt und auf die Regel hingewiesen: Je größer der Freiraum, desto genauer und strenger sind Absprachen und Regeln zu respektieren.

Für die Arbeit im Plenum sollte die jeweilige Zielsprache als „Kongreßsprache" gelten; in den Arbeitsgruppen war die Sprachregelung freigestellt; wo nötig erfolgten die Spiel- und Arbeitsanweisungen zweisprachig.

[2] Als Unterkunft diente uns das Centre Interculturel de Bévoye, Chemin de Basse-Bévoye, F-57245 Peltre, ein empfehlenswertes Selbstversorgerhaus.

Das Programm

Zur Hinführung des Treffens fertigten beide Klassen jeweils eine Videokassette an, in der sich die Schülerinnen und Schüler in Kleingruppen oder auch individuell jeweils in der Zielsprache vorstellten. Es folgten sporadische Brief- bzw. Faxwechsel.

Erster Tag

Ankunft im *Centre* gegen 14.30 Uhr

Kennenlernaktivitäten [3]

1. *Das schnellste Namensspiel der Welt*, mit Variante: Risiko und Lob
   Bevor die Schülerinnen und Schüler die Namen lernen, soll durch dieses Spiel mit seinen Varianaten ein positives Gruppenerlebnis geschaffen werden.

2. *Impulse*
   Wie das schnellste Namensspiel soll auch dieses Spiel die Gruppenkonstituierung födern; der Körperkontakt unter den Spielerinnen und Spielern ist dabei hilfreich.

3. *Die geheime Zahl* (1–6) inklusive Variante B

4. *Fragebogenaktion* [4]
   Das System dieses Spiels liegt darin, dass die Schülerinnen und Schüler Fragebögen in der Muttersprache bekommen, darauf aber in der Fremdsprache antworten. Während die vorangegangenen Spiele hauptsächlich darauf abzielen, dass das Eis gebrochen wird und die beiden Gruppen sich langsam als Gesamtgruppe konstituieren, ist nun das Ziel, dass die Schülerinnen und Schüler individuell aufeinander zugehen und zunächst über vorgegebene Themen kommunizieren.

5. *Namen und Zeichnungen*
   Schülerinnen und Schüler bilden Paare und zeichnen sich gegenseitig (ohne Namen); die Bilder kommen in die Mitte; andere raten, wer auf den Bildern dargestellt ist (Zeichner und Gezeichnete halten sich zurück) Bilder werden mit Namen versehen und sich angeheftet.

---

[3] Die meisten hier genannten Kennenlernaktivitäten und Spiele entstammen dem Buch: Gilsdorf, R. und Kistner, G.: Kooperative Abenteuerspiele – Praxishilfe für Schule und Jugendarbeit. Kallmeyersche Verlagbuchhandlung, Seelze-Velber 1995.

[4] siehe Anhang/Kopiervorlagen

6. Stärken erkennen

Jeder deutsche Teilnehmer schreibt seinen Namen auf ein rotes Kärtchen, jeder französische auf ein blaues; die Karten werden gesammelt und jeder Teilnehmer zieht eine Karte des jeweils anderen Landes. Seine Aufgabe ist, den dort genannten Teilnehmer während des Aufenthalts zu beobachten und am Ende zu berichten, welche positiven Verhaltensweisen ihm an diesem aufgefallen sind. Es ist wichtig darauf hinzuweisen, dass der Name der Person geheimgehalten werden muss und die Beobachtung diskret erfolgen sollte.

7. Regelungen koordinieren

- Service/Vorgaben des Centre
- Bettgehzeiten/Aufstehzeiten (nicht vor/bis), Essenszeiten
- Wünsche der Schülerinnen und Schüler.
- Zimmerverteilung
  Die Zimmerverteilung erfolgt bewußt erst nach der Kennenlernphase, um „nationalitätenübergreifende" Gruppen zu ermöglichen, ohne diese jedoch vorzugeben.
- Programmvorstellung
  Der Gesamtgruppe wurden die Intention der Stadterkundung, die Regeln für die Zusammensetzung der Arbeitsgruppen (5 Mitglieder, mindestens 2 einer Nationalität) erläutert; die möglichen Themenvorschläge (s.u.) wurden sowohl in Deutsch als auch in Französisch vorgestellt und ausgehängt; die Schülerinnen und Schüler wurden aufgefordert, während des Abends selbst die Gruppen zu bilden und sich auf Themen festzulegen. Diejenigen, die bis zum Morgen keine Gruppe gebildet haben würden, würden vom Leitungsteam zugeordnet.
- Freiräume
  Die Gruppe einigte sich darauf, keine Zeit für die Nachtruhe festzulegen, doch sollten ab 10 Uhr die Schlafräume als Ruheräume gelten; so dass diejenigen, die Musik hören oder sich unterhalten wollten in den Aufenthaltsräumen bleiben sollten.

8. Jurtenkreis

Das abwechselnde Sich-vor- bzw. zurückneigen, das nur bei vertrauensvollem und solidarischen Halt der Gesamtgruppe erfolgen kann wird den Schülerinnen und Schülern als Symbol für die ganze Begegnung dargestellt.

Nach dieser Spielrunde belegen die Schülerinnen und Schüler die Zimmer und lernen selbständig das Haus kennen. Die Zeit bis zum Abendessen bleibt frei, um Raum für Ruhe und Rückzug einerseits, andererseits aber auch für persönliche Reflexion oder Kontaktpflege zu geben.

Abendessen

Musik und Spiele

Zweiter Tag [5]

Im Mittelpunkt des zweiten Tages steht eine themenorientierte Erkundung der Stadt Metz durch fünfköpfige binationale Gruppen.

Die Anzahl der vorgeschlagenen Themen übersteigt bewußt die Zahl der Gruppen, um echte Entscheidungsspielräume zu lassen; eigene Vorschläge waren nach Rücksprache mit dem Leitungsteam ausdrücklich zugelassen.

Es gelten folgende Arbeitsanweisungen

Ihr bildet 9 Gruppen zu jeweils 5 Personen (mindestens zwei von jeder Nationalität)

Allgemeine Regeln

Ihr erstellt einen zweisprachigen Reiseführer für die Stadt Metz.

Jede Gruppe erstellt ein eigenes Kapitel für den von ihr bearbeiteten Bereich, das sie eine Stunde nach der Rückkehr ins Centre schriftlich (zweisprachig) abgibt.

Jede Gruppe berichtet auf möglichst interessante oder originelle Art im Plenum von einem Erlebnis, präsentiert ein Objekt, das mit ihrem Thema zu tun hat, ...

Ausgangspunkt ist der Bahnhof
Zwischentreff ist um 12.45 Uhr an der Place Jeanne d'Arc, an der Eglise Sainte Ségolène.
Rückfahrt: am Bahnhof, um 16.30 Uhr

Ihr habt ausreichend Zeit zur Erkundung aber auch, um Euch Geschäfte, Gebäude, ..., anzusehen oder um eventuell kleine Einkäufe o.ä. zu erledigen.

[5] Vgl. die französische Fassung im Anhang

Folgende Themenbereiche sind möglich; hat eine Gruppe weniger als 5 Mitglieder, muss sie sich anderen anschließen; kommt es zu keiner Einigung unter Euch, teilen die Lehrer Euch zu.

Mögliche Themen

1. Ein Straßenmusikant und Gaukler möchte zwei Tage in Metz bleiben und mit seiner Kunst ein wenig Geld verdienen.
2. Eine Familie mit Hund möchte zwei Tage in Metz bleiben.
3. Ein Vegetarierpärchen möchte zwei Tage in Metz bleiben.
4. Zwei Geschwister suchen nach den Spuren ihrer deutschen Großeltern, die bis 1940 in Metz lebten.
5. Zwei Kulturbeflissene wollen in zwei Tagen möglichst viel Kultur erleben, haben aber wenig Geld.
6. Zwei Rollstuhlfahrer möchten zwei Tage in Metz verbringen.
7. Jemand möchte mit seinem Kanu Metz erkunden.
8. Eine Familie mit vier Kindern (7,10,13,17) zieht nach Metz; die Kinder möchten Deutsch und Französisch in ihren Schulen lernen.
9. Jemand möchte Metz mit dem Fahrrad zwei Tage lang erkunden.
10. Jemand sucht ein vierwöchiges Praktikum bei der Presse im Bereich von Metz.
11. Jemand möchte ein illustriertes Kochbuch über die typischen Rezepte von Metz herausgeben.
12. Jemand ist sehr sportinteressiert; welche Sportarten kann er sehen und ausüben?
13. Die Söhne und Töchter bereiten einen Besuch von Metz für ihre Eltern vor.
14. Jemand hat nur € 25,– und möchte frühstücken, zwei warme Mahlzeiten einnehmen und übernachten.
15. Einer sehr reichen Familie wurde bei ihrer Ankunft in Metz die Luxuslimousine mit dem Gepäck für den Wochenendtrip gestohlen. Geld spielt keine Rolle.

Rückkehr zur Herberge gegen 17.30 Uhr

Jede Gruppe erhält ein Arbeitsblatt mit Anregungen (mit Platz für eigene Ergänzungen der Gruppen) für die Erkundung (siehe Anhang/Kopievorlagen). Die Arbeitsblätter sind in deutscher Sprache abgefaßt, so dass für die Erkundung im französischsprachigen Raum zunächst Kommunikation mit den französischen Schülerinnen und Schülern erforderlich ist.

Abendessen

Abgabe der Berichte
Die in der jeweiligen Zielsprache verfaßten Berichte werden eingesammelt, nach der Beendigung der Fahrt behutsam korrigiert und von den Schülerinnen und Schülern auf Formblätter geschrieben, z.T. mit Photos und Zeichnungen versehen, vervielfältigt und für jeden Teilnehmer als zweisprachiger Führer zusammengeheftet.

Gestaltung des Abends frei.

Dritter Tag

Auswertungsphase

- *Auswertung der Stadterkundung: Vorstellen der besonderen Erlebnisse/Objekte*
  Während die Berichte auf einem höheren Abstraktionsniveau liegen, soll hier Raum geschaffen werden für die persönlichen Impressionen im Laufe der Erkundung. Die Erlebnisse reichen von Begegnungen mit hilfsbereiten und zuvorkommenden Menschen bis hin solchen, die skurril, ablehnend oder mit Kopfschütteln reagieren. Die Mitbringsel zeugen vom Einfallsreichtum der einzelnen Gruppen, umfassen aber auch Geschenke z.B. aus einer Hotelkette, die der Gruppe einen Plüschteddy und ein Präservativ schenkte.

- *Auswertung von „Stärken erkennen"*
  In Anbetracht der Gruppengröße erfolgte die Auswertung nicht mündlich, sondern die Schülerinnen und Schüler notierten und signierten ihre Beobachtungen und fixierten diese an einer Pinwand, an der sich die Betroffenen bedienen konnten.

- *Auswertung der Fahrt: Punkteblitzlicht*

Mittagessen

Rückfahrt

Beobachtungen und Betrachtungen

Während des Aufenthaltes und in der Folgezeit konnten die Schülerinnen und Schüler sowie das Organisationsteam zahlreiche Eindrücke und Erfahrungen sammeln, die zum Teil spontan geäußert wurden, zu einem anderen Teil zu einem späteren Zeitpunkt hervortraten oder sich erst in der Reflexion des Erlebten ergaben.

Zentraler Programmpunkt war, wie zu erwarten, die Erkundungstour durch Metz, wobei „zentral“ nicht nur auf methodisch-didaktische Aspekte abzielt, sondern auch die sozial-emotionale Seite beinhaltet. Dies zeigte sich etwa beispielsweise daran, dass bereits bei der Rückfahrt zur Herberge großer Kommunikationsbedarf bestand und das Erlebte möglichst schnell den Freundinnen und Freunden erzählt werden musste. Bei der Darstellung dieser Ergebnisse am nächsten Morgen im Plenum war dann bei vielen Gruppen „die Luft raus“. Nach der Rückkehr zunächst eine Plattform zum Abladen dieser Erlebnisse zu schaffen, ist ein wichtiger Verbesserungspunkt. Die schriftliche Fixierung, die bei der Programmplanung im Vordergrund stand, hätte sinnvoller auf den nächsten Tag verschoben werden können.

Ein weiteres Problem stellte die Einhaltung der Absprachen für die Nachtruhe dar. Besonders die deutschen Schüler waren trotz langer Diskussionen und Erklärungen nur mit den Mitteln der klassischen Fluraufsicht etc. nach dem durchaus freiwilligen Zubettgehen in den Zimmern zu halten und zur Ruhe zu bringen. Die Einrichtung einer Schülervertretung aus beiden Gruppen, die die Regelungen genauer festlegt und die Einbeziehung von Sanktionen für den Fall der Nichtbeachtung in den Regelungsprozess sind sicher Maßnahmen, die geeignet erscheinen, dieses Problem besser zu lösen. Die nur gering entwickelte soziale Kompetenz, besonders der deutschen Gruppe bestätigte sich auch, als es um die Gruppenbildung am 2. Tag ging. Nur wenige hatten die Chance genutzt, am Abend oder in der Nacht Kontakte zu knüpfen, um sich auf ein Thema zu einigen oder eine Gruppe zu bilden. Nachdem dann die Gruppen durch das Leitungsteam zusammengestellt waren, zeigte man sich dann zwar kooperativ, jedoch auch unzufrieden über autoritäre Maßnahmen und die nicht (mehr) freie Wahl des Themas. Ein längeres Gespräch über Ursachen, Gründe und Chancen solcher Freiheiten löste Reflexionsprozesse aus und zeigte auch insofern Wirkung, als die Gruppenbildung bei einer in Deutschland stattfindenden Rallye sehr viel schneller und harmonischer verlief.

Für viele Schülerinnen und Schüler stellte dieses Treffen die erste authentische Begegnung mit Sprecherinnen und Sprechern der Zielsprache dar; zum ersten Mal ergab sich der kommunikative Ernstfall, und das Gelernte konnte und musste nun praktisch erprobt werden; dabei bewegten sich die Jugendlichen in einem relativ geschützten Raum, der die Hilfe von Klassenkameraden oder Begleitern bot. Kurios war, zu beobachten, wie sprachlich gute bis sehr gute Schülerinnen und Schüler jedoch eine große Scheu vor den „Fremden“ entwickelten, sich z.B. bei den Fragebögen still in einer Ecke verdrückten und es vorzogen, Antworten von anderen abzuschreiben – was diese Schüler im normalen Schulleben erfahrungsgemäß vermeiden. Ging es dann um die Formulierung der Erkundungsphase, fühlten sie sich deutlich wohler und sicherer.

Der Sprachumsatz – sowohl mündlich als auch schriftlich – war groß. Das Erleben von vielen gelungenen Kommunikationen, auch metasprachlicher Art, vermittelte vielen eine größere sprachliche Sicherheit und steigerte in einigen Fällen die unterrichtliche Motivation. Die erarbeiteten Ergebnisse und die gemachten Erfahrungen sowie die kleinen Anekdoten und Zwischenfälle des Begegnungstreffens stellen ein gemeinsames Reservoir dar, das im Französischunterricht immer wieder genutzt werden kann.

Trotz der Video- und Faxkorrespondenz war die Neugier der beiden Gruppen aufeinander groß und die Bereitschaft, sich auf andere Formen des sozialen Lernens und des Sprachenlernens einzulassen, trat klar zutage. Viele Mitglieder beider Gruppen nutzten die Chance, wenn auch manchmal mit Verzögerung, allein oder mit Freunden auf andere zuzugehen und sich zu unterhalten: dies zeigte sich beispielsweise in der binationalen Zusammensetzung fast aller Zimmer oder bei den vom Thema abschweifenden Unterhaltungen bei der Auswertung der Erkundung oder bei Tisch. Das gemeinsame Erleben und Arbeiten bot dabei einen guten, weil neutralen Ausgangs- bzw. Zielpunkt.

Als problematisch und unproblematisch zugleich erwies sich der Altersunterschied der Gruppen (Deutsche: etwa 15 Jahre – Franzosen: etwa 13–14 Jahre). Während einige Jungen sich wenig zu sagen hatten und kaum gemeinsame Interessen fanden, war es für einige deutsche Mädchen interessant, als „ältere Schwester" mit französischen Mädchen und Jungen umzugehen, die sich ebenso in der Rolle der „petite soeur" oder des „petit frère" wohlfühlten; hier bestehen Kontakte fort, und es kam zu Austauschbegegnungen auf privater Ebene. Diesen besonders gelungenen Beziehungen stehen keine Ausgrenzungen oder Abneigungen gegenüber; kein Jugendlicher fühlte sich während des Treffens ausgegrenzt oder allein; Erlebnisse und Eindrücke konnten stets mit Klassenkameraden ausgetauscht und diskutiert werden.

Ausblick

Aus Erfahrung wird man klug, und Verbesserungen sind wohl immer denkbar. Jede Lerngruppe wird auf ihre Art auf ein solches Programm einwirken und darauf reagieren. Doch entspricht im Rückblick das Ergebnis den gesetzten Zielen: durch intensive authentische Kommunikationen in der und über die Zielsprache sind sprachliche, inhaltliche und soziale Lernprozesse in einem handlungs- und erlebnisorientierten Rahmen in Gang gekommen, die es gilt aufzugreifen, zu verstärken, zu vertiefen und fortzuführen. Französische Jugendliche haben für Deutsche und deutsche Jugendliche haben für die Französinnen und Franzosen individuelle Züge gewonnen; gemeinsame, unterschiedliche auch ungeahnte Sichtweisen und Gewohnheiten wurden erlebt als Anderssein; Reflexionsprozesse kamen in Gang; wenn es auch den „coolen" Augenaufschlag zu sehen gab, so waren doch auch leuchtende Augen zu sehen...

Fragebogen für die Deutschen

1 Welche(r) französische Schüler/in wohnt am weitesten entfernt von seiner Schule?

2 Finde eine(n) Franzosen/Französin, der/die mindestens 2 Tiere besitzt.

3 Finde drei Franzosen/Französinnen, die schon einmal in Deutschland waren.

4 Finde den/die Franzosen/Französin, der/die die meisten Geschwister hat.

5 Finde 10 Franzosen, deren Vornamen ein A enthält.

6 Finde eine französische Familie, die ein deutsches Küchengerät benutzt

7 Finde ein Mädchen, das einen blauen Koffer hat.

8 Suche eine(n) Franzosen/Französin, der/die dir beschreiben kann, wie man von Dijon nach Sombernon gelangt.

9 Finde 9 Franzosen/Französinnen, die dir je 2 verschiedene Charaktereigenschaften von Frau/Herrn ______________ nennen.

Questionnaire pour les Français

1 Trouve cinq élèves allemand(e)s qui habitent à Bad Kreuznach même.

___

___

___

2 Quel(le) Allemand(e) a les chaussures les plus petites?

___

3 Trouve un(e) Allemand(e) dont la famille conduit une voiture française.

___

4 Trouve 3 Allemand(e)s dont le prénom et le nom de famille ont au moins une lettre en commun.

___

___

5 Trouve 5 élèves allemand(e)s dont le total des notes en allemand et en français donnent un chiffre pair.

___

___

___

6 Trouve une Allemande et un Allemand qui ont participé à des cours de danse.

___

7 Trouve 3 élèves allemand(e)s dont le numéro de téléphone a au moins deux fois le même chiffre.

___

___

8 Trouve un/e élève allemand/e qui est déjà allé/e en France et en Angleterre.

___

9 Trouve 9 Allemands qui te donnent chacun deux adjectifs différents pour caractériser Madame/Monsieur ______________.

___

___

___

___

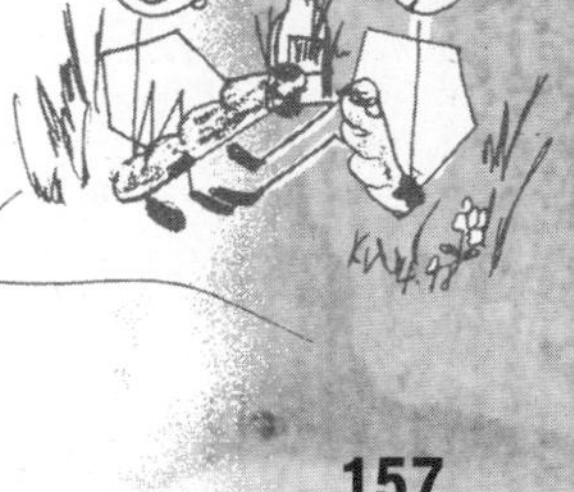

Deuxième jour

Vous formez 9 groupes de cinq personnes, dont au moins deux de chaque nationalité.

Aujourd'hui vous allez élaborer un guide de la ville de Metz.

Chaque groupe écrira son propre chapitre pour le domaine sur lequel il aura travaillé. Vous rendrez ce texte bilingue une heure après le retour au centre.

Chaque groupe présentera de façon originale au groupe entier un événement amusant ou un objet insolite qui a un rapport avec ses recherches.

Point de départ: La gare
Rendez-vous à 12h45: *Place Jeanne d'Arc, devant Eglise Ste. Ségolène*
Retour: 16h30, devant la gare.

Vous avez assez de temps pour vos recherches, mais aussi pour découvrir des magasins, des bâtiments, ... et pour faire des courses.

Nous vous proposons les sujets suivants; si un groupe n'a pas 5 membres cherchez à vous intégrer dans un autre groupe. Si vous n'arrivez pas à vous organiser vous-mêmes, nous vous imposerons certains groupes.

1 Un musicien de rue et prestidigitateur a envie de passer deux jours à Metz et veut gagner un peu d'argent en se présentant.
2 Une famille avec un chien veut passer deux jours à Metz.
3 Un couple de végétariens veut passer deux jours à Metz.
4 Deux enfants cherchent des traces de leurs grands-parents allemands qui ont quitté Metz en 1940.
5 Deux personnes aimant la culture veulent passer deux jours à Metz; ils veulent voir beaucoup mais ils ont peu d'argent.
6 Deux handicapés (fauteuil roulant) veulent passer deux jours à Metz.
7 Quelqu'un veut découvrir Metz en canoë.
8 Une famille avec quatre enfants (7,10,13,17 ans) déménage à Metz; les enfants veulent faire de l'allemand et du français au collège et au lycée.
9 Quelqu'un veut découvrir Metz pendant deux jours à bicyclette.
10 Quelqu'un cherche un stage de journalisme de quatre semaines dans la région de Metz
11 Quelqu'un veut éditer un livre de cuisine illustré avec des recettes locales.
12 Quelqu'un aime le sport; quels sports peut-il voir et exercer?

13 Les enfants préparent un séjour à Metz pour leurs parents.
14 Quelqu'un n'a que € 25,– ; il veut prendre le petit déjeuner, deux repas chauds et passer la nuit à Metz.
15 On a volé sa voiture de luxe avec tous les bagages à une famille très riche qui voulait passer un week-end à Metz. Vous disposez de moyens financiers illimités.

1 Ein Straßenmusikant und Gaukler möchte zwei Tage in Metz bleiben und mit seiner Kunst ein wenig Geld verdienen.

Un musicien de rue et prestidigitateur a envie de passer deux jours à Metz et veut gagner un peu d'argent en se présentant.

Ihr erstellt einen zweisprachigen Reiseführer für die Stadt Metz.

Jede Gruppe erstellt ein eigenes Kapitel für den von ihr bearbeiteten Bereich, das sie eine Stunde nach der Rückkehr ins Centre schriftlich (zweisprachig) abgibt.

Jede Gruppe berichtet auf möglichst interessante oder originelle Art im Plenum von einem Erlebnis, präsentiert ein Objekt, das mit seinem Thema zu tun hat, …

Ausgangspunkt ist der Bahnhof
Zwischentreff ist um 12.45 Uhr an der *Place Jeanne d'Arc, an der Eglise Sainte Ségolène.*
Rückfahrt: am Bahnhof, um16.30 Uhr

Ihr habt ausreichend Zeit zur Erkundung aber auch, um euch Geschäfte, Gebäude, …, anzusehen oder um eventuell kleine Einkäufe o. ä. zu erledigen.

Kann er für unbegrenzte Zeit in Metz auftreten?
Darf er überall auftreten
Gibt es besonders un/günstige Plätze, Zeiten
Wie reagieren Passanten, Geschäftsleute, … auf Musikanten oder Gaukler
Was macht er bei schlechtem Wetter?
Wieviel kann er pro Tag verdienen?
Wo kann er billig wohnen und essen?
Wo kann er tagsüber sein Gepäck unterstellen?
…

1 ____________________________

2 ____________________________

3 ____________________________

4 ____________________________

5 ____________________________

3 Ein Vegetarierpärchen möchte zwei Tage in Metz bleiben.

Un couple de végétariens veut passer deux jours à Metz.

...
Wo kann das Pärchen einkaufen?
In welchen Hotels kann es übernachten und dort essen?
In welche Restaurants kann es gehen?
Gibt es Vegetarierorganisationen in Metz, die ihm helfen können?
Gibt es Kurse/Veranstaltungen für Vegetarier?
Gibt es die Möglichkeit, ein typisches Gericht von Metz vegetarisch zuzubereieten?
...

4 Zwei Geschwister suchen nach den Spuren ihrer deutschen Großeltern, die bis 1940 in Metz lebten.

Deux enfants cherchent des traces de leurs grands-parents allemands qui ont quitté Metz en 1940.

...
Wohin, an welche Stellen, Organisationen, ... können sich die Suchenden wenden?
In welchen Stadtteilen können sie fündig werden?
Welche Stadtteile, Gebäude, Friedhöfe, ...würden sie ihren Großeltern zur Auffrischeung der Erinnerung zeigen?
Welche Spuren hat die deutsche Präsenz in Metz hinterlassen?
Was haben die Deutschen zu welcher Zeit in Metz getan?
...

6 Zwei Rollstuhlfahrer möchten zwei Tage in Metz verbringen.

Deux handicapés (fauteuil roulant) veulent passer deux jours à Metz.

...

Welche Verkehrmittel können sie benutzen/nicht benutzen; zu welchem Preis?
Was können sie in Metz besichtigen/was nicht?
Wo können sie einkaufen, wo nicht?
Wo können sie ihre Mahlzeiten einnehmen, wo nicht´?
Welche Hotels können sie aufsuchen?
Gibt es behindertengerechte öffentliche Toiletten?
Gibt es Organisationen, die Behinderten bei einem Aufenthalt in Metz unterstützen können?
Was können die Rollstuhlfahrer bei einer Reifenpanne im Stadtzentrum machen?

...

7 Jemand möchte mit seinem Kanu Metz erkunden.

Quelqu'un veut découvrir Metz en canoë.

....

Muss er sein eigenes Kanu mitbringen, kann er eines mieten?
Wie kann er, wenn er mit dem Zug anreist, sein Kanu ans Wasser bringen?
Welche Besonderheiten hat er zu beachten?
Welche besonderen Möglichkeiten eröffnet ihm die Erkundung von Metz mit dem Kanu?
Wie kann er Gleichgesinnte in Metz auftun?
Wo kann er Reparaturmaterial etc. für sein Kanu finden?
Wo kann er, z.B. während der Mahlzeiten, für die Nacht sein Kanu sicher unterstellen?
Kann er besser in einem Hotel oder auf einem Campingplatz übernachten?

....

8 Eine Familie mit vier Kindern (7,10,13,17) zieht nach Metz; die Kinder möchten Deutsch und Französisch in ihren Schulen lernen.

Une famille avec quatre enfants (7,10,13,17 ans) déménage à Metz; les enfants veulent faire de l'allemand et du français au collège et au lycée.

....

Welche Schulen gibt es? Öffentliche, private,
Welche Schulform?
Wo liegen die Schulen
Wie können die Kinder dorthin kommen?
Welche Rolle spielen die Sprachen an den jeweiligen Schulen?
Welche Schulbücher verwenden die Schulen in den beiden Sprachen?
...

9 Jemand möchte Metz mit dem Fahrrad zwei Tage lang erkunden.

Quelqu'un veut découvrir Metz pendant deux jours à bicyclette.

.....

Gibt es Radwege in Metz?
Gibt es spezielle Führer für Radwege/für Fahrradtouren?
An wen können sich Radfahrer in Metz wenden?
Wie und wo (Restaurant, Hotel, Museen, ...)kann man sein Fahrrad tagsüber/über Nacht unterstellen?
Wo findet man eine Fahrradwerkstatt, die bei einer Panne helfen kann?
...

10 Jemand möchte ein illustriertes Kochbuch über die typischen Rezepte von Metz herausgeben.

Quelqu'un veut éditer un livre de cuisine illustré avec des recettes locales.

.....

Welches sind (mindestens 3) kulinarische Spezialitäten von Metz und der Umgebung?
Wie lauten deren Rezepte?
Wie kommt es dazu, dass diese Spezalitäten gerade für Metz gelten?
Sind die Zutaten einfach zu beschaffen?
In welchen Restaurants kann man diese Spezialitäten essen?
In welchem ganz besonders gut?
Könnt ihr die Illustrationen selbst herstellen?
Wie besorgt ihr Illustrationen für den Führer?
.....

11 Jemand ist sehr sportinteressiert; welche Sportarten kann er sehen und ausüben?

Quelqu'un aime le sport; quels sports peut-il voir et exercer?

.....

Für welche Sportarten gibt es Clubs?
Wie sieht die Betreuung und Förderung in den einzelnen Sprtarten aus?
Wie hoch sind die Mitgliedsbeiträge (Eintritt, Jahresbeitrag, ...)
Welche Sportstätten gibt es für die verschiedenen Sportarten?
Welche sportlichen Wettkämpfe kann man in Metz besuchen?
Gibt es Sportarten in denen Metz besonders gute vertreten ist?
....

12 Die Söhne und Töchter bereiten einen Besuch von Metz für ihre Eltern vor.

Les enfants préparent un séjour à Metz pour leurs parents.

.....

Welche Interessen haben eure (wirklichen oder fiktiven) Eltern?
Wieviel Geld sind sie bereit für ein Wochenende in Metz auszugeben?
Wo werden sie übernachten?
Wo werden sie essen?
Auf was sollten eure Eltern in Metz besonders achten?
In welchen Cafés werden sie Kaffee trinken?
In welchen Geschäften werden sie sich umsehen und Einkäufe machen?
Welcher Museen, Stadtteile, Kirchen, Gebäude, ... würdet ihr ihnen warum zeigen?
Zu welchen Punkten der Stadt würdet ihr sie nicht mitnehmen?
Welches konkrete Programm würdet ihr ihnen für ein Wochenende vorschlagen?
...

13 Jemand hat nur € 25,–, möchte frühstücken und zwei warme Mahlzeiten einnehmen und übernachten.

Quelqu'un n'a que € 25,– ; il veut prendre le petit déjeuner, deux repas chauds et passer la nuit à Metz.

…

Welches sind die billigsten Unterkünfte und Essenmöglichkeiten?
Gibt es Möglichkeiten, umsonst zu übernachten oder zu einer warmen Mahlzeit zu gelangen?
Gibt es Möglichkeiten (wo, welche, …) sich durch Jobs o.ä. zusätzliches Geld zu verdienen
Wer kann Leuten weiterhelfen, die gar kein Geld mehr haben?
Welche Möglichkeiten der kulturellen Betätigung bleiben bei einem geringen Budget?

…

14 Einer sehr reichen Familie wurde bei ihrer Ankunft in Metz die Luxuslimousine mit dem Gepäck für den Wochenendtrip gestohlen.

On a volé sa voiture de luxe avec tous les bagages à une famille très riche qui voulait passer un week-end à Metz. Vous disposez de moyens financiers illimités.

…

An wen kann sich die Familie wenden, um Anzeige zu erstatten?
Kann sie mit ihren Kreditkarten zahlen?
Sie braucht einen Leihwagen
Die ganze Familie muss sich für den Tag, für ein großes und feierliches Abendessen und den weiteren Abend neu einkleiden.
Wo und was (möglichst detailliert) kaufen die Erwachsenen, wo die Kinder (möglichst detailliert)?
Die Eltern gehen anschließend in die Oper/ins Theater o.ä.: Wie sieht das Angebot für die Eltern aus?
Die beiden Kinder (Junge und Mädchen) möchten in die schickeste Disko der Stadt (Name, Adresse, Eintritts- und Verzehrpreise, Musikrichtung, ...).
Geld spielt keine Rolle.

…

3 Klassenfahrten

Olaf Willms

Der weite Weg zum Schatz

Die Unkeler Piratenhorde auf Schloß Dhaun

Eine Woche lang „eroberte" die Klasse 9b der Stefan Andres Hauptschule Unkel das Selbstversorgerhaus auf Schloß Dhaun bei Kirn an der Nahe. Die „Tradition", eine Abschlußfahrt im 9. Schuljahr der Unkeler Hauptschule durchzuführen, wurde damit fortgesetzt.

Schwerpunkte und Ziele

Selbstversorgung und damit Förderung der Selbständigkeit, Naturerleben, Abenteuer, Rücksichtnahme und gegenseitige Hilfe, Stärkung der Teamfähigkeit und der Klassengemeinschaft sollten durch die Unterbringung im Selbstversorgerhaus einerseits, durch das „Abtauchen" in eine Phantasiewelt andererseits erreicht werden.

Ausgangssituation

Die Klasse wurde im 6. Schuljahr übernommen und kontinuierlich über verschiedene gemeinsame Erlebnistouren, Klassenwanderungen, Klassenfahrt im 7. Schuljahr (Fahrradwanderung in die Jugendherberge Bad Neuenahr) auf die „große Fahrt" im 9. Schuljahr vorbereitet.
18 Schüler (davon 7 Mädchen) nahmen an der Fahrt nach Schloß Dhaun teil. Drei Schülerinnen (2 Türkinnen, 1 Armenierin) bekamen seitens ihres Elternhauses leider nicht die Erlaubnis mitzufahren – trotz intensiver Bemühungen durch Klassenlehrer und Mitschüler.

Planung und Vorbereitung

ca. 1 Jahr vorher:

- mehrere Vorgespräche in der Klasse, Ideen, Überlegungen zu einer Klassenfahrt
- Abwägen von Vor- und Nachteilen und Vergleich der Kosten und Möglichkeiten der konventionellen Klassenfahrten der 9. Schuljahre der letzten Jahre mit der Fahrt in ein Selbstversorgerhaus
- Besorgen von Prospektmaterial, nachdem der Zielort „Schloß Dhaun“ feststeht und die Buchung perfekt ist
- Sichten des Materials und Grobplanung zur Selbstversorgung
- erster Elternabend mit Vorstellen der Unterbringung und erster Ideen zur Durchführung der Klassenfahrt
- Buchung des Bustransfers

Vorbereitungen zur Abenteuersequenz:

Der Abenteurer-Roman „Treasure Island“ (Stevenson 1883) und hervorragende Abbildungen in der Spielekollektion No. 1 „Spiele zur Schatzinsel“ (Wittig 1988) lassen die Idee reifen, den Ablauf der Abenteuersequenz unter dem Schwerpunkt "Piraten auf Schloß Dhaun" zu gestalten.
Die Schüler werden nur insoweit in die Pläne eingeweiht, als sie in Einzelgesprächen (Verschwiegenheit als höchstes Piratenehrenwort!) gesagt bekommen, dass sie zur Klassenfahrt eine Verkleidung als Pirat mitbringen bzw. überlegen sollen, was sie sich zum Piratenleben vorstellen können.

ca. 3 bis 4 Wochen vorher:

- Vorbereitungsfahrt, um Gegebenheiten der Umgebung auszukundschaften (z.B. unterirdische Gänge im Schloßgelände, Barfußweg in Sobernheim, Nachtwanderung, Schatzrallye)
- Bus- und Bahnverbindungen
- Gespräche führen mit Bürgermeister und Übungsleitern (Regelungen zum Zelten und Vorbereitung des Kletterkurses)
- letzter Elternabend vor Fahrtbeginn mit konkreten Informationen zu Kosten, Planung und Durchführung

ca. 2 Wochen vorher:

- konkrete Vorbereitung der Schüler zur Selbstversorgung
- Festlegen eines Dienstplanes, Zusammenstellung eines Essensplanes („Lieblingsessen“) und eines Einkaufszettels

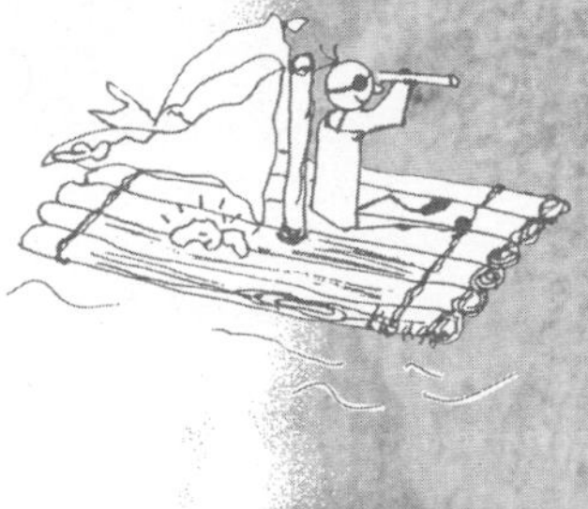

2 Tage vorher:

- Einkäufe der Getränke und Lebensmittel

Die Woche im Überblick*

1. Tag:
- Anfahrt und Einrichten im Selbstversorgerhaus
- Beginn der Abenteuersequenz mit der **Geschichte vom Treasure Island** und Auffinden von **Käpt'n Flint's Testament**
- „Blind" die Katakomben betreten, Abnehmen der Augenbinden und **Suche nach dem Rest des Testaments und erster Schatzkartenteile**

2. Tag:
- Fahrt nach Sobernheim (Barfußwanderweg, Besuch der Innenstadt) = offenes Programm
- bei Rückkehr Auffinden von **Flint's Warnung**
- Nachtwanderung und **„Überqueren der Bucht nach Skeleton Island"** (Simmerbach) mit Hilfe von „angeschwemmtem Treibgut"
- Auffinden weiterer **Kartenteile** und der **Wegbeschreibung zum Piratenlager**

3. Tag:
- **Reflexion „Telegramm"** zur Flußüberquerung
- Vorbereitungen zum Zelten
- **Wanderung nach Schatzkarte** und Wegbeschreibung bis zum Sportplatz Oberhausen (Nähe Kletterfelsen)
- Übernachtung in den Zelten

4. Tag:
- **Suche nach dem Schatz mit Hilfe von Photos und Hinweisen an den Felsen**
- Klettertag: Sammeln von ersten Klettererfahrungen unter Anleitung zweier Übungsleiter = offenes Programm

5. Tag:
- **Auswertungsgespräch zur Schatzsuche** und zum Klettern
- **Verkleidungen als Piraten**
- **Einkäufe** in einem Krämerladen **mit Hilfe des Piratengoldes** (Zutaten für ein geplantes Piratenessen)
- **Vorbereitungen von Sketchen und Gesängen**
- **piratenmäßiges Herrichten eines Raumes**, in dem gefeiert werden soll
- **Piratengelage**

6. Tag:
- Aufräumen der Unterkunft und Abreise

*) Elemente der Abenteuersequenz sind hervorgehoben

Suche nach dem Schatz

Die Abenteuersequenz beginnt am ersten Tag mit einem geheimnisvollen Treffen aller Teilnehmer im alten Turmzimmer. In einer Ecke befindet sich eine uralte große Truhe – die Schüler können offensichtlich noch keinerlei Zusammenhänge erkennen.

Aus dem vorher festgelegten Dienstplan für die Selbstversorgung mit vier Gruppen werden je zwei Parteien zusammengefaßt – zu „Black Dog“ und „Ben Gunn“.

Die Geschichte

Bei den Schülern herrscht gespannte Erwartung, als die Geschichte vom „Treasure Island“ erzählt wird:

Käpt'n Flint war ein blutrünstiger, kaltblütiger, gerissener Hund – ein Pirat, wie es auf den Weltmeeren keinen zweiten gab.
Mit seiner Piratenhorde und seinem schnellen Segler – der Hispaniola – hatte er eine Unmenge an Schiffen gekapert und Massen von Gold, Silber und Schmuckstücken, wertvolle Stoffe und Gerätschaften zusammengerafft.
Das Schiff war dermaßen beladen, dass die Kanonenluken kaum über das Wasser ragten. Piraten haben bekannterweise große Angst davor, dass ihnen jemand zuvorkommt oder ihnen etwas abjagt. Aus diesem Grunde hatte Flint sich einen teuflischen Plan ausgedacht, um den Schatz so sicher wie möglich zu verstecken. Er versprach der Mannschaft, den Schatz mit ihnen wieder zu heben, wenn Gras über die Angelegenheit gewachsen ist und die Engländer mehr oder weniger die Raubzüge vergessen haben.
Ben Gunn blieb mit der Mannschaft an Bord und sah zu, wie Käpt'n Flint mit sechs Matrosen zur Insel ruderte, um den Schatz zu vergraben. Eine ganze Woche verging, während der das Schiff in der Nähe der Küste kreuzte oder in der südöstlichen Bucht vor Anker lag. In dieser Zeit hatte John Silver, der Smutje, das Kommando und ließ die Mannschaft allerlei Segelmanöver durchführen, um sie bei Kräften und bei Laune zu halten. Von früh bis spät, selbst bei Windstille, wurde das Heißen, Fieren und Brassen der über dreißig Segel geübt, so dass die Matrosen abends todmüde in ihre Kojen sanken.
Nach einer Woche kam Flint ganz allein in seinem kleinen Boot angerudert. Er hatte die sechs Matrosen getötet und begraben, damit sie nicht verraten konnten, wo der Schatz versteckt worden war.
Die Piraten stachen wieder in See, und die Segelmanöver hatten zur Folge, dass das Schiff schneller und wendiger am Wind lag als je zuvor.
Kurze Zeit später wurde der größte Teil der Mannschaft durch Skorbut und andere Krankheiten dahingerafft, und auch Flint verreckte elend im hintersten Zimmer einer alten Spelunke. Die übriggebliebenen Mannschaftsmitglieder zerstreuten sich in alle Winde.

In Seeräuberkreisen in allen Spelunken rund um Cap of good Unkel wird gemunkelt, dass Käpt'n Flint in einem alten Schloß ein Vermächtnis hinterlassen hat, das nur darauf wartet, von den richtigen goldgierigen, Wind- und Wettererfahrenen, phantasiereichen, kombinationsbegabten Piraten mit neunjähriger Erfahrung im Hochseesegeln entdeckt zu werden.

Danach herrscht zunächst noch Ratlosigkeit und den meisten Schülern scheint nicht klar zu sein, welche Aufgabe zu lösen sein wird. Schließlich wird der erste Teil des Flintschen Testaments (Abb. 1) in der Truhe unter allerlei Gerümpel entdeckt.

(Abb. 1)

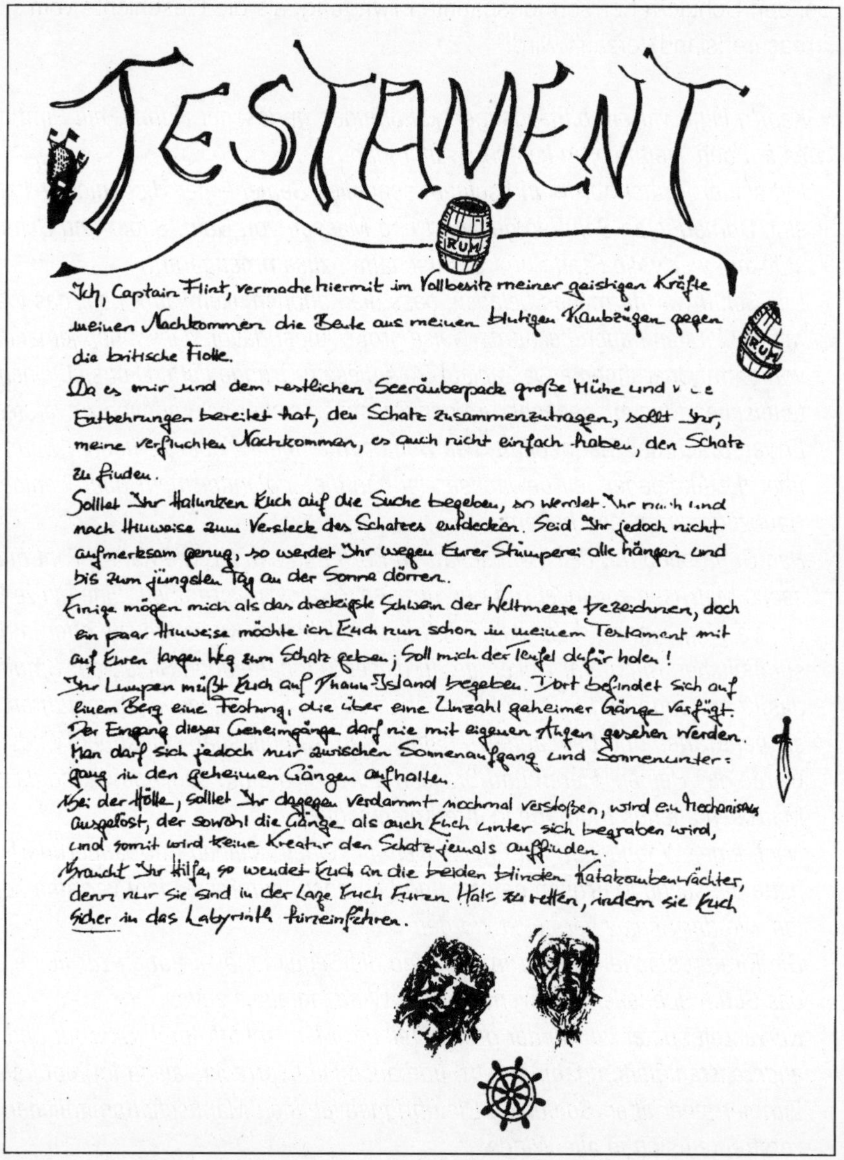

TESTAMENT

Ich, Captain Flint, vermache hiermit im Vollbesitz meiner gaistigen Kräfte meinen Nachkommen die Beute aus meinen blutigen Raubzügen gegen die britische Flotte.

Da es mir und dem restlichen Seeräuberpack große Mühe und viele Entbehrungen bereitet hat, den Schatz zusammenzutragen, sollt Ihr, meine verfluchten Nachkommen, es auch nicht einfach haben, den Schatz zu finden.

Solltet Ihr Halunken Euch auf die Suche begeben, so werdet Ihr nach und nach Hinweise zum Verstecke des Schatzes entdecken. Seid Ihr jedoch nicht aufmerksam genug, so werdet Ihr wegen Eurer Stümperei alle hängen und bis zum jüngsten Tag an der Sonne dörren.

Einige mögen mich als das dreckigste Schwein der Weltmeere bezeichnen, doch ein paar Hinweise möchte ich Euch nun schon in meinem Testament mit auf Euren langen Weg zum Schatz geben; Soll mich der Teufel dafür holen!

Ihr Lumpen müßt Euch auf Phann-Island begeben. Dort befindet sich auf einem Berg eine Festung, die über eine Unzahl geheimer Gänge verfügt. Der Eingang dieser Geheimgänge darf nie mit eigenen Augen gesehen werden. Man darf sich jedoch nur zwischen Sonnenaufgang und Sonnenunter=gang in den geheimen Gängen aufhalten.

Bei der Hölle, solltet Ihr dagegen verdammt nochmal verstoßen, wird ein Mechanismus ausgelöst, der sowohl die Gänge als auch Euch unter sich begraben wird, und somit wird keine Kreatur den Schatz jemals auffinden.

Braucht Ihr Hilfe, so wendet Euch an die beiden blinden Katakombenwächter, denn nur sie sind in der Lage Euch Euren Hals zu retten, indem sie Euch sicher in das Labyrinth hineinführen.

(Bild 1)
Zum Lesen des Textes geht die eine Gruppe in den Burghof und berät kurz die Lage.

Die unterirdischen Gänge

Sofort und ohne Überlegung versuchen einige Schüler auf kürzestem Wege die unterirdischen Gänge zu erreichen.
Währenddessen ist die andere Gruppe irgendwo im Schloßgelände verschwunden und die Lehrer haben Mühe und Not, die Schüler auf bestimmte Details des Testamentes aufmerksam zu machen bzw. die andere Gruppe aufzufinden.
Die Schüler erkennen, dass die Bedingungen des Testamentes nur dann erfüllt werden, wenn sie „blind" (mit verbundenen Augen) in die Katakomben geführt werden und bei der Informationsweitergabe beim Betreten der Gänge gut kooperieren.

Die Schüler werden irgendwo in den Katakomben alleinegelassen bei schummriger Beleuchtung (Kerzen) und in Gesellschaft einiger schrecklicher Totenköpfe. Alle Winkel und Gänge werden nach den ersten Schatzkartenteilen und dem Rest des Testamentes abgesucht (Abb. 2 und 3).
Die Schüler begreifen mit Hilfe des zweiten Testamentes, dass weitere Teile der Schatzkarte nur durch eine Gewässerüberquerung am nächsten Abend (12. September) gefunden werden können.

Wie nachhaltig die ersten Eindrücke der Schatzsuche auf manche Schüler gewirkt haben müssen, ist daran zu erkennen, dass zwei Schüler gegen Abend in ihrem Zimmer über den gefundenen Kartenteilen und dem Testament brüten, mit Kompaß und Fernglas die Umgebung des Schlosses erkunden und versuchen, Skeleton Island zu entdecken und erste Hinweise auf die Lage des Schatzes zu bekommen.

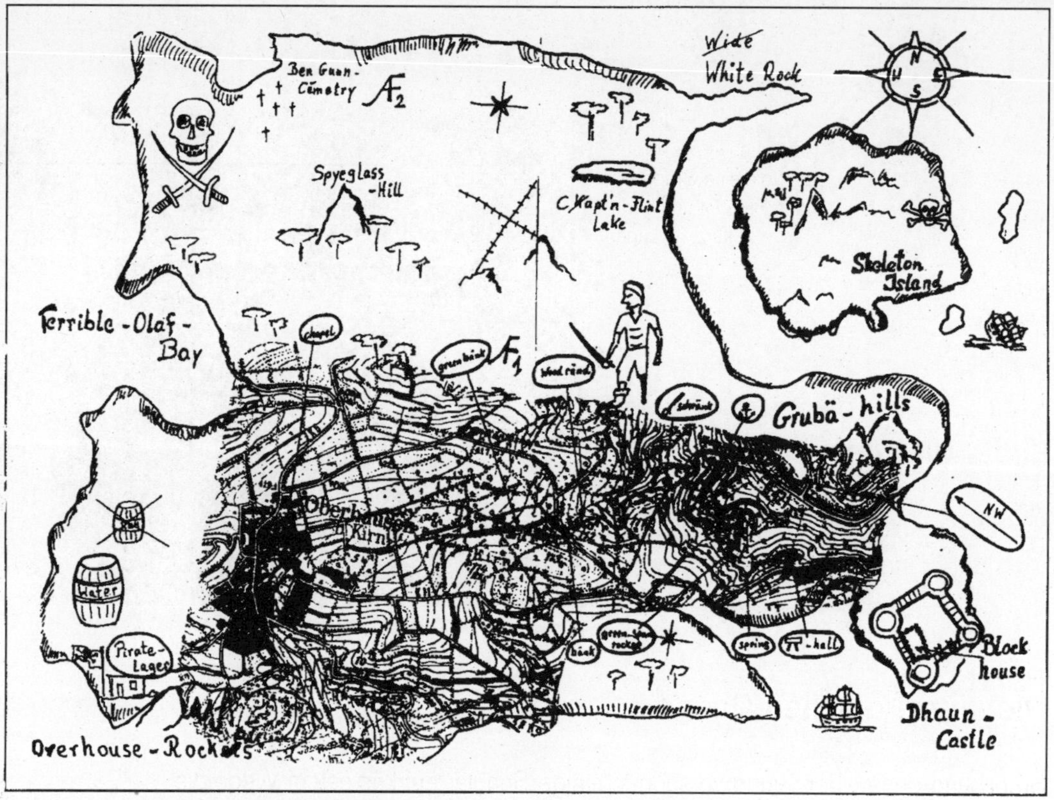

(Abb. 2) – Flint´s Schatzkarte, aus Einzelteilen zusammengesetzt

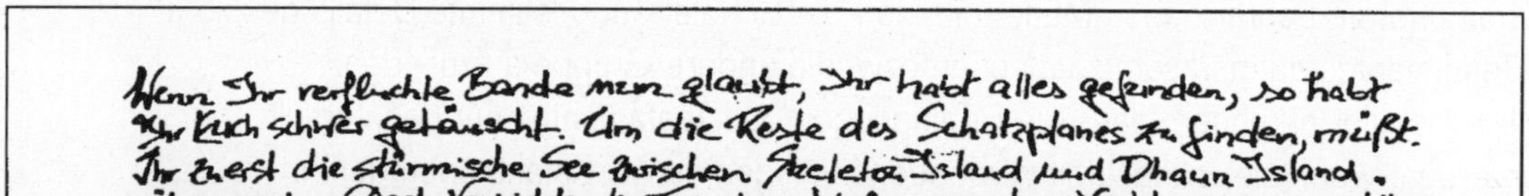

Wenn Ihr verfluchte Bande nun glaubt, Ihr habt alles gefunden, so habt Ihr Euch schwer getäuscht. Um die Reste des Schatzplanes zu finden, müßt Ihr zuerst die stürmische See zwischen Skeleton Island und Dhaun Island überwinden. Doch Vorsicht, die Feinde schlafen nur bei Nacht und eine Überquerung ist nur an jedem 12. Tag eines Monats möglich. Doch vergeßt nicht die blutrünstigen Haie. Angeschwemmtes Strandgut sollte Euch helfen, nach Skeleton Island zu gelangen, ohne die Haie durch unnötige Wasserkontakte aufmerksam zu machen.

Passt auf bei Eurer Expedition, sonst sehen wir uns schneller wieder, als Ihr Euch wünscht.

Bis bald (Hahaha!!!)

Captn. Flint
XXX

(Abb. 3) – Rest des Testaments

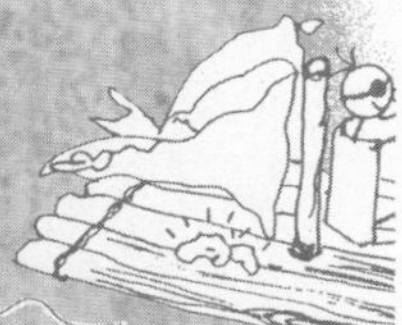

(Abb. 4)

Ihr Landratten, Ihr Weichlinge !
Ihr stinkenden Schiffsplanken !

Wieso habt Ihr das Blockhaus verlassen
und seid nach Sobernheim gesegelt ?

Mein Geist hat den ganzen Tag auf der
Insel auf Euch gewartet !
Wenn es 11 Glasen geschlagen hat und
Ihr habt den Hinweis auf Skeleton Island
nicht gefunden .... ho ho ha ho ächz
stöhn........ siebzehn Mann auf des Toten-
mannes Kiste - ohoho ho - und ne Buddel
voll Rum....,.-;;:!??!" ^ hi hi hi......

Flints Warnung

Nach der Rückkehr von einer Tagestour nach Sobernheim (Barfuß-Wanderweg, Besuch der Innenstadt) wird an der Eingangstür der Unterkunft Käpt'n Flints Warnung entdeckt (Abb 4).
Der Zeitrahmen für die nächtliche Unternehmung (bis 23 Uhr) wird mit diesem neuen Hinweis abgesteckt.
Nach dem Abendessen finden die Schüler einen riesigen Berg „Strandgut" vor (Balken, Seile, Holzkisten, Planen, Gerümpel).
Trotz der recht anstrengenden Tour nach Sobernheim scheinen die Schüler für diese neue Aufgabe motiviert, denn sie schnappen sich sofort einen großen Teil des Strandgutes (überwiegend Kisten und Seile).

Nächtliche Flußüberquerung

Der Weg zur „Bucht von Skeleton Island" birgt einige abenteuerliche Überraschungen: Regen, stockfinstere Nacht, das unheimliche beleuchtete Schloß im Hintergrund, ein schmaler Weg entlang einer düsteren Ruine und ...8 Feuersalamander – für Schüler und Lehrer ein einmaliges Erlebnis !
Der Simmerbach (= stürmische See zwischen Skeleton Island und Dhaun Island) wird erreicht und sofort beginnen einige Schüler (Jungen) mit der Überquerung des Flüßchens, indem sie eine Weinkiste vor die andere setzen und somit das Gewässer überqueren.

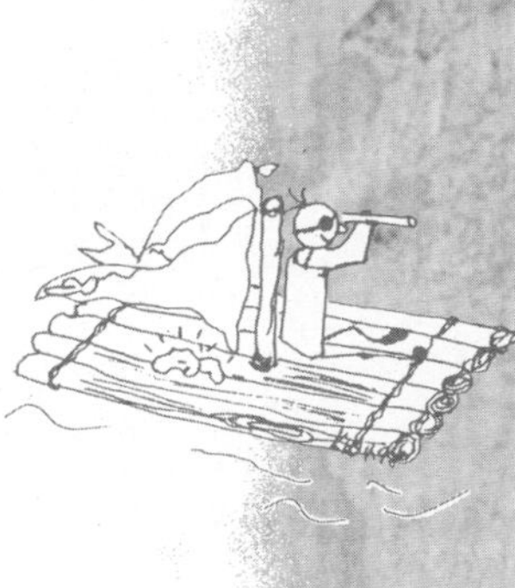

Eine Beratung der Gruppe findet nicht statt, gute Vorschläge einiger Schüler (z.B. Seile halten die Kisten zu einer Reihe zusammen.) werden nicht angenommen.

(Bild 2)

Zwar erreichen zwei Jungen das andere Ufer trockenen Fußes und finden die Kartenteile, die Wegbeschreibungen und ein paar zerfledderte Photos (Bild 4) („Flints Zeichnungen nach der Natur"), doch das eigentliche Ziel, die gemeinsame Überquerung, wird nicht erreicht.

Reflexion

Die meisten Schüler sind daher ziemlich frustriert und drücken dies auch in der am kommenden Morgen stattfindenden Reflexion deutlich aus.

Die Schüler schreiben ein Telegramm an Eltern oder Freunde – Ausgangspunkt für den Einstieg in ein Kritikgespräch.
So kann jeder zunächst einmal seine Gedanken in Kurzform darstellen.
Die einzelnen Telegramme werden dann ohne Namensnennung vorgelesen und regen zu weiteren kritischen Äußerungen an (Abb. 5).
Bessere Zusammenarbeit wird gefordert und die Schüler nehmen sich vor, dies bei der weiteren Suche nach dem Schatz umzusetzen.

(Abb. 5)

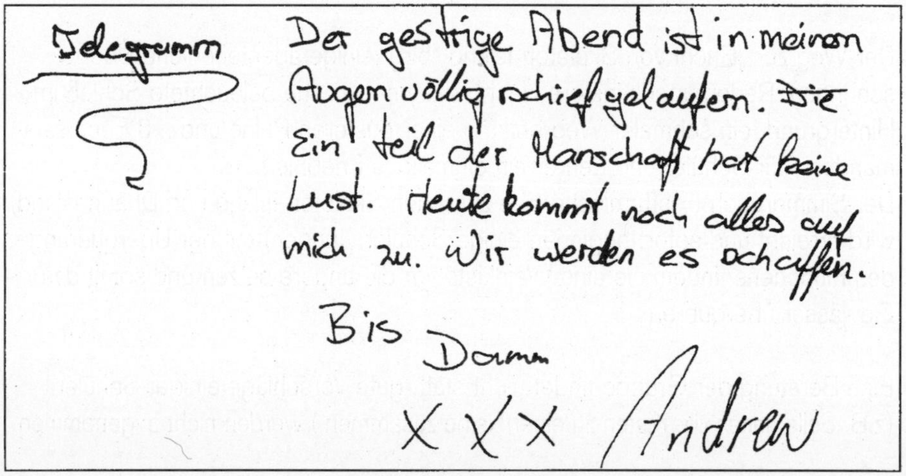
Telegramm

Der gestrige Abend ist in meinen Augen völlig schief gelaufen. ~~Die~~ Ein teil der Manschaft hat keine Lust. Heute kommt noch alles auf mich zu. Wir werden es schaffen.

Bis Dann

XXX Andrew

Vor Beginn der Wanderung

Wegen des zu erwartenden Dauerregens werden im Laufe des Morgens die beiden Zelte im Piratenlager (am Sportplatz des Dorfes Oberhausen) aufgebaut. Die Schüler kennen das Ziel der Schatzsuche nur anhand der Kartenausschnitte; den letzten Teil der Beschreibung werden die Gruppen während der Rallye erhalten.
Einige Schüler beschäftigen sich an diesem Morgen mit Essensvorbereitungen, andere allerdings spontan mit ersten Deutungen zur Wegbeschreibung. Durch Befragungen von Dorfbewohnern erfahren sie z. B., wo die Turnhalle sich befindet oder was der auf einem Photo abgebildete "Turm"(Brunnen in Oberhausen) bedeutet.

Käpt'n Flints Schatzkarte oder „Der lange Weg zum Schatz“

(Bild 3)

Die beiden Gruppen machen sich in zeitlichem Abstand von ca. einer halben Stunde auf den Weg zum Piratenlager.
Bei der recht schwierigen Wegbeschreibung (Abb. 6, 7, 8) besteht die Gefahr, dass die Schüler wichtige Einzelheiten übersehen und nicht geduldig genug Schritt für Schritt vorgehen.

Zeichen werden gedeutet, Schritte abgezählt, der Kompaß an verschiedenen Stellen des Weges eingesetzt.

Ho-ho! Der lange Weg zum Schatz

- Blockhouse Dhaun Castle →
- Nord-West, breit ausgetretener Pfad bis -hall
- An zwei großen, in NO-Richtung stehenden - Bäumen entlanggehen
- Buschmesser zücken - backbord neues Blockhaus, steuerbord vorbei, schmaler Trampelpfad ins Tal
- Misteltree - hohler Stamm
- weitergehen bis spring 30 Fuß weiter - alter, verlassener Ausguck
- hinter altem, knorrigen appletree steuerbord
- greenspan-rock hinter backbord Biegung
- weiter zur Stelle an der ein Wald keine Bäume hat, steuerbord, backbord appletrees
- V - - Weg-Inselstürme; umgerissenes Weg -
- Backbord-Weg folgen, Bauminsel, 1. Abbiegung NW, backbord weiter
- ~ 150 Schritte backbord
- weiter bis Baum -
  - Einem von Euch hat mein Geist in den Katakomben die Anzahl der Schiffsmasten eingehaucht, die am Wegrand liegen.

    Zähle Masten, zähle richtig, für die Lösung
    ist es wichtig.
    Zähle Masten, zähle gut, sonst fließt
    an dieser Stelle Blut!

  - Ein Pfad von steuerbord trifft auf den unseren
  - NW steil den Berg hoch
  - Von der Kreuzung 125 Schritte unseres Smutjes Silver weiter bis scharfen Backbordknick, Richtung Süd
  - Geradeaus weiter bis zu rot-weißem Eisen-Besammast quer über den Weg
  - Steuerbord bis baumlose Steppe
  - Hier könnt Ihr ein letztes Mal die Aussicht auf die Insel genießen.
  - Wer weiß.....................noch könnt Ihr umkehren!!!

(Abb. 6, 7) – Die ersten Wegbeschreibungen

Obwohl der Umgang mit dem Kompaß mittlerweile beherrscht wird, verfehlt eine Gruppe wegen einer Mißdeutung den richtigen Weg und geht einen Umweg von drei Kilometern.
An dieser Stelle wäre die zweite Gruppe ebenfalls in die falsche Richtung gelaufen, wenn der begleitende Lehrer wegen des Dauerregens und des zu erwartenden Umwegs (fehlende Motivation) nicht entscheidend eingegriffen hätte.
Später entdecken die Schüler den dritten Flint'schen Wegplan (Abb. 8) und schneller als erwartet (wegen des Regens) erreichen beide Gruppen fast gleichzeitig das Zeltlager.

- Alte Feinde wohnen in dem Haus, welches Ihr seht.
- Ihr habt 2 Möglichkeiten:

  Entweder Ihr geht zum Haus, spielt Karten mit Ihnen und haucht Euer Leben aus, wenn Ihr verliert, oder
  Ihr haltet Euch im Schutze des Waldrandes und schleicht lautlos:
  "Wildschweine rauschen durch die Nacht mit stillem Gruß nach Süd 240° West - ho-ho-ho!!!"

- Wenn Ihr auf einer Steinstraße steht, sucht , überwindet das Hindernis, dann immer geradeaus Richtung 290° NW bis greenbänk.
- Backbord vorbei bis eingezäunte Buschfläche
- Am Zaun entlang gehen bis zur ersten Möglichkeit steuerbord
- 75 Flint-Schritte bis bänk, dann backbord
- geradeaus bis Piratensiedlung
- Seid verflucht, wenn Ihr nicht die beiden höchsten Spitzen der Behausungen zeichnet, sobald Ihr sie seht.

Wer am Haus mit der Spitz' ohne Kugel steht,
Bald in Richtung Klarheit geht.
Sucht nach dem Turm mit dem Boden sehr tief, vor dem einst ein
Flintenweib einen grünen Frosch rief.
Ein Pfad, auch "Straße" genannt,
Ist nach diesem Turm benannt.
Fraget und suchet und ratet mit List,
Wie tief der Boden des Turmes ist.
Gehet den Pfad, nach dem alten Schloß benannt,
Gehet und gehet in unbekanntes Land.
Doch halt, von steuerbord kreuzt bald ein Pfad Euren Schritt,
Seid klug und gebet Euch selbst einen Tritt.
Denn bald - könnt Ihr Eurer Ziel schon riechen?
- Könnt Ihr Euch in Eure Kojen verkriechen.
Kirner-, Sonnwalds- und Rottmannsweg
Müßt Ihr folgen auf Stein und Steg.

(Abb. 8) – Der dritte Flint'sche Wegplan

Das Piratenlager

Die Zelte werden „erobert", es wird geduscht, die Klamotten getrocknet und im „Bratwursthaus" (alles vom Bürgermeister zur Verfügung gestellt) werden heißhungrig Würstchen gegessen, ausgiebig die Erlebnisse des Tages und noch Sonstiges erzählt und viel gelacht.

Der Schatz wird gefunden.

Nach der kurzen Zeltnacht und einem ausgiebigen Frühstück machen sich die Schüler auf den entscheidenden Weg zur Schatzsuche.
Da „Steinschlaggefahr" besteht und Käpt'n Flint sich noch manche Überraschung ausdenken könnte, ist die Benutzung von Helmen selbstverständlich.

„Flint's Zeichnungen nach der Natur" helfen nach und nach, den richtigen Weg zum Schatz zu entdecken.

(Bild 4)

(Bild 5)

Auch die letzte Schwierigkeit, mit Kompaß die genaue Lage zu orten, wird schnell gemeistert.

Die meisten Schüler sind doch ziemlich überrascht, tatsächlich einen „Goldschatz" (Kiste mit Gold, Silber und Geschmeide = Modeschmuck) zu´ finden.

Nur einer ist sehr enttäuscht, weil er nicht die erwarteten Süßigkeiten vorfindet.

(Bild 6)

„Einkäufe“ bei den alten Piratenkrämern

Erst am kommenden Morgen erfahren die Schüler, was mit dem Schatz geschehen soll und was an weiteren Höhepunkten für den Tag geplant ist:
Die Schüler verkleiden sich als Piraten und dürfen mit ihrer Gruppe bei einem alten Krämerpaar (= ausrangierte Piraten, die sich zur Ruhe gesetzt haben) für ein gemeinsames Abendessen „einkaufen“. Handeln ist unter Piraten erwünscht!

Doch es kommt anders als sich die Krämer den Handel vorgestellt haben.

(Bild 7)

...die komplette Ladeneinrichtung...

Die Piraten haben gar nicht die Absicht, für die angebotenen Waren mit ihrer kostbaren Beute – dem Goldschatz – zu bezahlen. Nach einigen kleineren Scheingeschäften werden den Krämern plötzlich Decken über den Kopf gestülpt und der Laden fast vollständig ausgeraubt.
Die zweite Gruppe findet naturgemäß kaum noch etwas zur Vorbereitung eines Essens vor.

(Bild 8)

Entsprechend entlädt sich Ärger. Die Schüler wollen sich nicht mehr an der Essensvorbereitung
beteiligen und ein Teil der Gruppe geht sogar so weit, dass sie ohne Verkleidung zum Essen erscheinen will. Erst nach längerem Gespräch sind die Schüler bereit, am gemeinsamen Abschluß mitzuwirken.

Das Piratengelage

Im Laufe des Nachmittags wird das Turmzimmer piratenmäßig „ausgeschmückt" – mit bunten Decken, Schiffstauen, Girlanden, Kisten und Truhen.

Die einzelnen Gruppen beschäftigen sich mit der Vorbereitung von Sketchen:

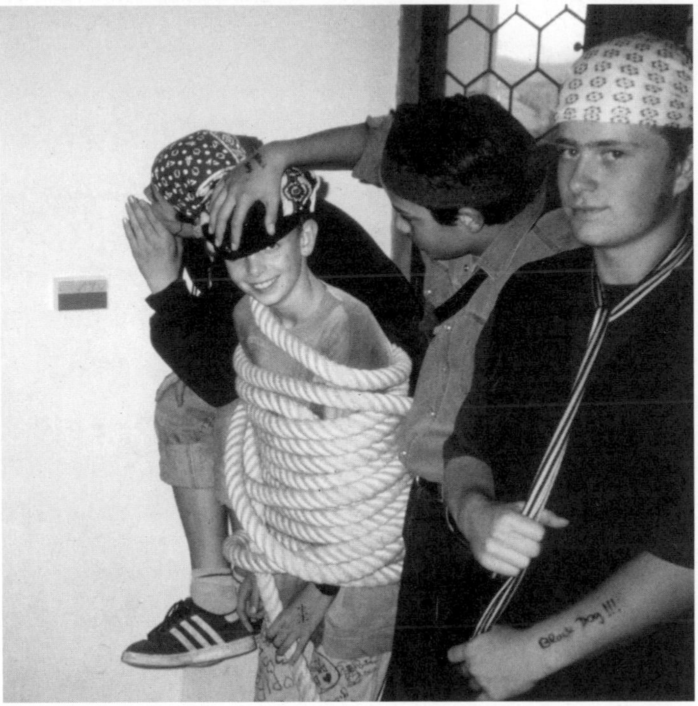

(Bild 9)

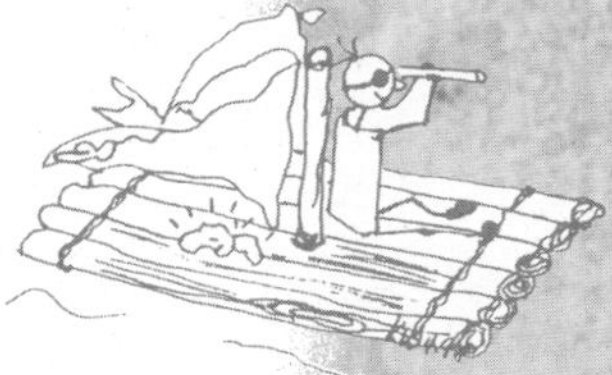

(Bild 10)

Zu Beginn des Gelages wird ein „Gefangener gemacht“, in ein Schiffstau gewickelt und in den Raum geschleppt. Die andere Gruppe kann diesen
Gefangenen nur durch geschicktes Balancieren über eine wacklige Schiffsplanke ablösen.

Der spontane Auftritt eines einzelnen Piraten mit wüsten Drohungen:

„Her mit den Weibern!“

...und mehr oder weniger wohlklingende Piratensongs bereichern das Festgelage bei Gulaschsuppe (Seemannsgericht Labskaus) und madagaskarnischem Nudel-Reis-Eintopf-Auflauf.

(Bild 11)

Fazit

Vorbereitungen

Die Vorbereitungen für diese Klassenfahrt übertrafen bei weitem das Maß für eine an unserer Schule sonst übliche Fahrt.
Zwei Vorbereitungsfahrten waren nötig, um Gegebenheiten der Umgebung auszukundschaften bzw. die Schatzrallye vorzubereiten.
Auch die Gestaltung der Geschichte, des Schatzplanes und der Wegbeschreibung nahmen sehr viel Zeit in Anspruch.
Einen Ausgleich für den Mehraufwand bietet der Spaß, wenn man beobachten kann, wie begeistert Schüler sich in die Rollen versetzen und teilweise eine komplette Woche gedanklich „Piraten und Schatzjäger" sind.
Im Nachhinein läßt sich feststellen, dass es sich als positiver Schachzug erwies, die Schüler in Einzelgesprächen auf das „Abenteuer" einzustimmen.
Dadurch, dass nicht zu viel verraten wurde, blieb die Spannung erhalten und die Schüler waren immer wieder für das Neue motiviert.

Selbstversorgung

Einen wichtigen Schwerpunkt stellte die Unterbringung in einem Selbstversorgerhaus mit allen dazugehörigen Pflichten und Aufgaben dar. Die Schüler wurden somit aktiv in die Vorbereitung der Woche auf Schloß Dhaun einbezogen:
Sie entschieden gemeinsam, was gekocht werden sollte, sie erstellten einen Dienstplan und übernahmen den Einkauf der Lebensmittel und Getränke.
Einzige Schwierigkeit bereitete offensichtlich vielen Schülern die Aufforderung des Dienstplanes „gemeinsam". Hier fühlten sich tatsächlich nur zwei bis drei Schüler angesprochen. Massive Beschwerden bei einer anschließenden Gesprächsrunde sorgten dann dafür, dass beim nächsten gemeinsamen Abräumen und Spülen sich mehr Schüler beteiligten.
Nicht übersehen werden sollte auch der Vorteil, dass die Klasse in einem Selbstversorgerhaus alleine untergebracht war, dass keine Störungen durch andere Gruppen stattfanden, und dass weder Schüler noch Lehrer unter irgendeinem Zeitdruck – wie sonst in der Jugendherberge üblich – standen.

Kosten

Die Einkäufe am Wohnort konnten die Kosten für die Lebensmittel sehr niedrig halten. Auch der Bustransfer für die nicht allzu weite Strecke war vergleichsweise recht günstig. Für die Schüler gab es keinerlei zusätzliche Möglichkeit, in dem kleinen Ort Süßigkeiten oder Getränke einzukaufen, so dass auch das Taschengeld in Höhe von ca. 25 € kaum angerührt wurde.
Jeder Schüler hatte im Laufe der letzten beiden Schuljahre pro Monat 5 € auf ein gemeinsames Konto eingezahlt. Daher konnten die 100 €, die für diese „große Fahrt“ aufgewendet werden mussten, niemanden belasten.

Die Schatzsuche

Die Schatzkartenteile wirkten überaus motivierend auf die Schüler, sie konnten kaum erwarten, mit der Suche nach dem richtigen Weg zu beginnen. Trotz des im Laufe der Wanderung einsetzenden Regens war der Ehrgeiz, die verschlüsselten Hinweise Käpt´n Flint´s zu deuten, recht groß.
Die Beschreibung des Weges zum Piratenlager war jedoch teilweise zu anspruchsvoll. Problematisch war, dass die Schüler an mehreren Stellen wichtige, im Text versteckte Hinweise übersahen oder falsch deuteten. Dies lag auch zum Teil daran, dass sich manche Schüler zu sehr in den Vordergrund drängten und Mitschülern dadurch keine Chance gaben, mitzuentscheiden. Auch Lehrer sollten sich in Zukunft vornehmen, weniger einzugreifen – auch Umwege oder Irrwege können zu Lernerfolgen beitragen.
– Flint hätte seine wahre Freude gehabt ! –

„Piratensprache“

Flint´s Warnungen und die Beschreibung des Weges zum Schatz waren in recht derber Sprache gehalten – für Piraten nicht unüblich.
Manche Schüler übernahmen schon nach kurzer Zeit diese Ausdrucksweise und auch die Lehrer konnten sich manchmal nicht zurückhalten, endlich einmal Gebrauch zu machen von solchen Kraftausdrücken.
Es war jedenfalls eine wahre Freude zu beobachten, wie sich einige Schüler sowohl gedanklich als auch in ihrer Sprache total in die Rolle waschechter Piraten vertieften.

Transfer

Interessanterweise begannen zwei Schüler nach dem Piratengelage am vorletzten Tag mit der eigenständigen Vorbereitung einer kleinen Schatzsuche im Schloßgelände.
Die Mitschüler wurden später aufgefordert, die selbst entworfenen Wegbeschreibungen zu benutzen und die versteckten Hinweise zu entdecken. Dieser Aufforderung kamen einige Mitschüler bereitwillig nach und suchten in voller Piratenmontur nach dem Schatz.

Drei Wochen später

In der Schule wurden in der Zwischenzeit gemeinsam Plakate zur Klassenfahrt gestaltet und im Klassenraum aufgehängt (Schatzkarte, Flint's Zeichnungen nach der Natur, Wegbeschreibung, Flint's fürchterliche Drohungen). Auch Teile des Goldschatzes fanden heimlich neue Besitzer.
In einem Rundgespräch hoben einige Schüler noch einmal die positiven Eindrücke von der Klassenfahrt hervor und bedauerten, dass die drei Mitschülerinnen nicht teilnehmen durften und das Abenteuer miterleben konnten. Umgekehrt äußerten diese, dass sie sich wie Fremdkörper in der Schule vorgekommen waren, weil die Klassenkameraden nicht da waren.

Kathi Volkert

Auf den Spuren der Booser Geschichte

Erlebnispädagogische Klassenfahrt einer 6. Klasse der Regionalen Schule

1. Vorgeschichte

Nach einem Wechsel von der Hauptschule an eine Regionale Schule übernahm ich die Klassenleitung einer fünften Klasse mit 14 Jungen und 11 Mädchen. In Erwartung einer „heileren Welt“ im ländlichen Raum – was Verhalten, Umgangston, Leistungsbereitschaft u.v.m. betrifft – musste ich mich sehr schnell umorientieren, denn die Realität sah ganz anders aus.
Das Arbeitsklima läßt sich folgendermaßen umreißen:

- Starke Streuung in der Leistungsbereitschaft und im Leistungsvermögen,
- erhebliche Verhaltensauffälligkeiten,
- Konzentrationsschwierigkeiten hohen Ausmaßes,
- mangelnde Sozialkompetenzen
- sowie persönliche Rivalitäten zwischen den SchülerInnen der unterschiedlichen Herkunftsschulen

Dies äußerte sich häufig in Unterrichtsstörungen durch

- nicht zuhören können,
- immerwährendes Schwätzen,
- zu allem Kommentare abgeben müssen,
- Mitschüler beleidigen und beschimpfen,
- einfache Arbeitsaufträge nicht ausführen können oder
- nicht ausführen wollen,
- Essen und Trinken nach Bedarf u.v.m..

Alle in der Klasse unterrichtenden Lehrer klagten über die Schüler, ich selbst war nach Unterrichtsschluß völlig geschafft.
Als Maßnahmen zur Verbesserung des Unterrichts- und Klassenklimas wurden in mühevoller Kleinarbeit gemeinsam Klassenregeln erstellt, viele Gesprächskreise geführt sowie ein Projekt zur kooperativen Verhaltensmodifikation (Redlich und Schley 1988) durchgeführt.

Dieses Projekt hatte zum Ziel, den Schülern die Mitverantwortlickeit für das Gelingen des Unterrichts und eines besseren Klassenklimas bewußt zu machen und zusammen mit ihnen ein gemeinsam festgelegtes Verhaltensziel schrittweise zu erreichen.
Regelmäßig fanden Elternabende und Elternstammtische statt, die anwesenden Eltern sagten volle Unterstützung zu. Doch die Früchte all dieser Interventionen waren spärlich.
So reifte in mir die Erkenntnis, dass in dieser Situation vielleicht eine völlig andere pädagogische Maßnahme greifen könnte, und ich war fest entschlossen, die Klasse – und mich selbst auch – in ein erlebnispädagogisches Abenteuer zu schicken. Eine Klassenfahrt zu Beginn des neuen Schuljahres schien mir geeigneter, auf das Ziel des Erlernens von Sozialkompetenzen hinzuarbeiten, als dies im schulischen Alltag möglich ist. Nach einer ausführlichen Information zum Thema
„Was will die Erlebnispädagogik ?"
reagierten die Eltern wohlwollend und auf Erfolg hoffend. Auch die Schulleitung zeigte sich diesem neuen pädagogischen Weg gegenüber offen. Ohne großes „Wenn und Aber", dennoch nicht ohne Abklärung der Rahmenbedingungen, gab sie grünes Licht für unser erlebnispädagogisches Unternehmen.

2. Zielsetzungen

Gemeinsam mit den Schülern sahen wir in einer Klassenfahrt die Chance, miteinander zu planen, zu organisieren, zu erleben und sich besser kennenzulernen.
Als Ziel für die Fahrt formulierten wir „Miteinander erleben und lernen".
Durch äußere Anreize (unterschiedliche Aufgabenstellungen und Herausforderungen) sollte zum einen eine Auseinandersetzung mit der Klassengemeinschaft und mit einzelnen Mitschülern angeregt werden, um Zugang zu einem konstruktiveren Umgang und Miteinander zu finden. Zum anderen wollten wir Möglichkeiten außerschulischen Lernens in Form eines erlebnispädagogischen Gesamtprojektes erproben. Dazu boten sich in Boos vielerlei Ansatzpunkte, wie

- Siedlung der Römer „Villa Rustica" (Geschichte)
- Kloster Disibodenberg (Geschichte, Geographie, Religion)
- Naturschutzgebiet „Brutgebiet der Würfelnatter" – nur noch in 3 anderen Gebieten Deutschlands vorkommend – (Biologie,Ökologie)
- Besonderheiten einer Flußlandschaft (Biologie, Geographie) u.v.m.

3. Rahmenbedingungen

3.1 Auswahl des Handlungsortes

Der Zielort Boos und die Grundkonzeption des erlebnispädagogischen Handlungsfeldes wurden von den Schülern nicht mitbestimmt, sondern von unserem Leitungsteam vor der Klassenfahrt festgelegt. Übereinstimmend mit Fürsts Überlegungen zu den Rahmenbedingungen „Selbstorganisation und Selbststeuerung der Gruppe, das Leben in freier Natur sowie die Schlichtheit von Unterkunft und Verpflegung fördern die Entwicklung der Jugendlichen“ (Fürst 1992,S.95) schien mir das Bootshaus in Boos/Nahe für unser Projekt aus folgenden Gründen besonders geeignet:

- Es ist ein einfaches und preisgünstiges Selbstversorgerhaus.
- Es bietet ein großes Gelände direkt am ungefährlichen Naheufer (zum Spielen einladend).
- Es liegt abseits vom kleinen Ort (fehlende äußere Störfaktoren).
- Es gibt nur einen Schlafraum für die Mädchen und einen Schlafraum für die Jungen. Dies beugt der Gefahr interner Gruppenbildungen durch äußere Trennung nach verschiedenen Zimmern vor. Ein großer Aufenthaltsraum bietet auch bei Schlechtwetter Handlungsalternativen.
- Zum Bootshaus gehören 4 Kanus, die der Gruppe zur Verfügung stehen.
- „Natur pur“ bietet viele Möglichkeiten, erlebnispädagogische Projekte umzusetzen.

Erfahrene Erlebnispädagogen, die in der Nähe wohnten, sagten ihre Unterstützung zu (mit Materialien und auch mit der Moderation verschiedener Sequenzen).

3.2 Organisation und gemeinsame Entscheidungsebenen

Aufgrund früherer negativer Erfahrungen mit der Organisation einer Klassenfahrt im Selbstversorgerhaus entschlossen wir uns frühzeitig gegen Ende des fünften Schuljahres, klare Rahmenbedingungen zu schaffen. So bildeten die Schüler Gruppen, die sich um die Zusammenstellung der „Menüs“ kümmerten. Kochgruppen wurden eingeteilt, Rezepte mussten für die Gesamtgruppe berechnet und Einkaufslisten erstellt werden. Die Gruppe entschied, dass alle Lebensmittel, auch Süßigkeiten, gemeinsam gekauft wurden. Küchen-, Aufräum- und Reinigungsdienste wurden gemeinsam abgesprochen und auf einem großen Plakat festgehalten. Eine andere Gruppe holte Informationen und Kostenvoranschläge für die Reise bei der Bundesbahn und verschiedenen Busunternehmen ein. Hier allerdings musste ich häufig nachfragen und Hilfen geben, in der selbständigen Bearbeitung waren die SchülerInnen überfordert. Die Höhe des Taschengeldes wurde auf ein Minimum angesetzt (vorgeschlagen, nicht festgeschrieben), da alle Kosten für die Fahrt von der gemeinsamen Kasse gedeckt werden sollten. Um die Kommunikation der SchülerInnen zu fördern, entschloß ich mich, Walkmen für die Fahrt nicht zuzulassen. Allerdings war für ein Musikgerät im Aufenthaltsraum gesorgt. Die SchülerInnen durften eigene Kassetten dort auch abspielen.

4. Gestaltwerdung der erlebnispädagogischen Sequenz

Nachdem die Rahmenbedingungen geklärt waren, schmökerte ich unschlüssig und auf Eingebungen wartend in verschiedenen erlebnispädagogischen Büchern, Spielebüchern, Naturerkundungsprogrammen und Heimatkalendern der Naheregion. Vor Ort informierte ich mich über die Besonderheiten der Region. So erhielt ich vom Ortsbürgermeister von Boos wesentliche Informationen zur Ortsgeschichte, zur Flora und Fauna.
Auf diesem Hintergrund nahm dann die nachfolgende erlebnispädagogische Sequenz Gestalt an und wurde der Gruppe in einer Rahmengeschichte präsentiert, die einige Kinder lange noch im Zweifel über Dichtung und Wahrheit ließ. Diese Geschichte bildete den Rahmen für die gemeinsamen Aktivitäten, die nachfolgend in einer Übersicht angerissen werden. Aufgrund der Vielfalt der Elemente, die in eine Gesamtkonzeption einfließen, ist eine detaillierte Beschreibung der einzelnen Aktivitäten nicht sinnvoll. Vielmehr versuche ich in einer Art „Wochenschau" möglichst viele Elemente anzusprechen, um einen Einblick in praktische Erlebnispädagogik in der Schule zu ermöglichen.
Um Lernerfahrungen auf der sozialen Ebene zu gewährleisten, um

Miteinander – Vertrauen – Verantwortung – Stärke – Schwäche – Spaß

zu erleben, erschien mir ein Wechselspiel von Aktion und Reflexion von besonderer Bedeutung für den Entwicklungsprozess der Gruppe. Die Kinder sollten sich ihres gemeinsamen Erlebens bewußt werden und erfahren, dass sie sich auf einem Weg befinden, der von allen mitgestaltet wird. Der gemeinsame Weg stellte sich in einer durchgehenden Spielsequenz dar, in deren Verlauf die Heldenakademie (Robra 1995) Hilfen gab, sich weiterzuentwickeln und besondere Fertigkeiten zu erlangen. In diesem Zusammenhang wurde also der Begriff Held nicht vordergründig mit den Kategorien Mut, Tapferkeit, Härte u.ä. belegt. Kooperative Abenteuerspiele, inhaltlich immer wieder verknüpft mit der Rahmengeschichte, motivierte die Gruppe, die verschiedenen Angebote – Seminare der Heldenakademie – wahrzunehmen, um für spätere Herausforderungen gewappnet zu sein.

5. Rahmengeschichte

„Der verlorene Stein der Weisheit"

Der Bürgermeister von Boos, Herr Weber, ist mit einer großen Bitte an uns herangetreten und hat Folgendes berichtet: Boos ist ein sehr alter Ort mit einer wechselhaften Geschichte, die eng mit der Geschichte des Disibodenbergs verbunden ist. Der Disibodenberg ist als Ort der Stille und der Kraft seit alters her bekannt, und er war für die Kelten ein heiliger und geweihter Ort. Danach weiß man von einer jahrhundertelangen Klostertradition, so z.B. von der Hl.Hildegard von Bingen, die hier 40 Jahre lang lebte und dort berühmte Arbeiten über das Wissen des Lebens und die Weisheit schrieb.

Kriege brachten später Zerstörung, Elend und Armut über die Menschen und sie gingen hinauf zum Klosterberg und holten sich dort Klostersteine, um ihre zerstörten Häuser wieder etwas herzurichten.
Auf diese Weise ging in der Klosterkirche der Stein der Weisheit, eine Blattmaske, verloren, die das höchste Gewölbe der Kirchenkuppel zierte und den Menschen geholfen hatte, gute Lebensentscheidungen zu treffen.
Die Menschen merkten lange Zeit nicht, welche Auswirkungen dieser Verlust hatte, doch im Laufe der Zeit veränderten sie sich: Sie kümmerten sich nicht mehr um ihre Familien, Nachbarn und Freunde. Streit und Habsucht waren an der Tagesordnung, jeder suchte nur noch seinen persönlichen Vorteil. Leider ging mit dem Stein der Weisheit auch für die Menschen von Boos das Wissen um ihre Vergangenheit und um die Besonderheiten ihrer Heimat verloren.
Deshalb äußerte der Bürgermeister die Hoffnung, dass wir ihn hier unterstützen würden, den Stein der Weisheit zu finden und den Booser Bürgern zu helfen, ihre Orts- und Naturkenntnisse wiederzuentdecken. Man munkelt sogar, dass der Teufel die Hände im Spiel hat und von einer Spinne unterstützt wird, die den Weg zum Stein der Weisheit mit ihrem Netz versperrt. Diese Spinne „Atypus affinis", eine Tapezierspinne, lebt unterhalb des großen Netzes in einem Röhrensystem und zieht bei der leisesten Berührung des Netzes die Beute in ihre Bodenröhre, die sie danach geschickt wieder verschließt. Viele mutige und tapfere Bürger haben sich seither auf den Weg gemacht, den Stein der Weisheit zu finden, doch bislang ist niemand von diesem Abenteuer zurückgekehrt.[*1]

Ihr seid nun eine letzte große Hoffnung für die Dorfbewohner. Wollt Ihr euch in dieses Abenteuer begeben und Euch auf die Suche nach dem Stein der Weisheit machen?
Wenn ihr diese Herausforderung annehmen wollt, solltet ihr vorher unbedingt ein besonderes Training zur Schärfung eurer Sinne absolvieren, indem ihr verschiedene Seminare der Heldenakademie besucht, denn ohne ein spezielles Training habt ihr keine Chance und werdet das Schicksal eurer Vorgänger teilen müssen.

Die hiesige Heldenakademie bietet verschiedene Seminare an,wie
- lautloses Bewegen zu Wasser und zu Lande
- Verfassen und Entschlüsseln geheimer Botschaften
- Orientierung bei Tag und Nacht
- Geschicklichkeit und Zusammenarbeit
- Naturerkundungen

6. Erlebnispädagogische Wochenschau

Aktivitäten – Informationen – Eindrücke – Bilder – Materialien

Montag

Anreise nach Boos

Bezug der Zimmer, Verstauen der Lebensmittel und Arbeitsmaterialien

erstes Vertrautwerden mit der näheren Umgebung (Haus, Naheauen, Flußufer)

Zielsetzung für die gemeinsame Woche

Gruppenbildung	4 Gruppen werden nach dem Zufallsprinzip eingeteilt	Filmdosen mit unterschiedlichen Inhalten

Ohne miteinander zu sprechen oder nachzusehen, werden die „Zauberrollen" auf den gleichen Klang hin untersucht. Die Besitzer gleichklingender Zauberrollen gehören zusammen.

Wort- und Satzbauspiel
Die einzelnen Gruppen erhalten Silben- u. Wortkarten u. fügen die Puzzleteile zu Wörtern und Sätzen zusammen.

Verantwortung heißt das Wort, doch so weit sind wir noch nicht.

Ihre Inhalte sind: **Vertrauen – Verantwortung – Miteinander – Spaß**

Zielvorstellungen

Die Kinder äußern ihre Ziele, Hoffnungen und auch Ängste für die gemeinsame Zeit und notieren auf Kärtchen z.B.

Ich freue mich auf...

Ich habe Angst vor ...

Die Kärtchen werden gemischt und von den Kindern vorgelesen.

Einführung in die Rahmenhandlung

Die Geschichte *„Der verlorene Stein der Weisheit"*

Die Gruppe wird von der Geschichte sehr angesprochen und reagiert mit einer Vielzahl von Nachfragen, besonders zur Heldenakademie, die nun den Kindern erläutert wird.

Die Heldenakademie

Da nur 3 Viererkanus und ein Dreierkanu zur Verfügung stehen, arbeiten wir in 2 Gruppen (Seminare der Heldenakademie), da nicht alle Kinder gleichzeitig Kanu fahren können.

Einteilung in 2 Gruppen:
Gleiche Tiere erkennen sich stimmlich

2 gleiche Tierquartette

1. Gruppe:
1. Seminar der Heldenakademie:

Einüben der Handhabung der Boote und erste „Fahrversuche"

Kanus
Schwimmwesten

Die ersten Kanuten sortieren ihre Paddel. Herr Heumann gibt Regieanweisungen und Starthilfen

Die erste Besetzung der Kanus mit je 4 Kindern wird untereinander abgesprochen. Dabei zeigt es sich, dass Unsicherheiten und persönliche Ängste die Bootsbesatzung sehr mitbestimmen. Besonders einige Jungen, die sonst eher tonangebend sind, sind hier nicht gefragt.Die Kinder äußern deutlich, dass sie in der neuen Situation den anderen im Boot vertrauen müssen.
Diese Einsicht gelingt hier ohne „Eingreifen des Lehrers".

2. Gruppe: verschiedene Seminare der Heldenakademie

1. Alle in einer Reihe

Jeder erhält ein Zahlenkärtchen. Nun soll sich die Gruppe nach aufsteigender Zahl in einer Reihe ordnen, ohne miteinander zu sprechen.

Zahlenkärtchen

2. Trollis

Gemeinsam muss mit den Trollis ein Sumpfgelände überquert werden. Dies gelingt nur mit einer gemeinsamen Strategie.

Noch herrscht völlige Unklarheit darüber, wie die Trollis sich gemeinsam fortbewegen können.

3. Geheimschriften

Verschiedene Geheimschriftverfahren werden gelehrt und anschließend werden Geheimpapiere erstellt, die von der 2. Gruppe entschlüsselt werden sollen

4. Enttarnen
(Trommer 1991)

Mit Seilen werden 2 nicht gegenseitig einsehbare Areale abgesteckt. Jedes Areal wird einer Kleingruppe zugeteilt, die sich ihr Gebiet genau einprägen soll. Anschließend tauschen die Gruppen und versuchen, im fremden Areal 5 Veränderungen vorzunehmen, die die Erstgruppe möglichst nicht erkennen soll.

Danach findet ein Gruppenwechsel statt, so dass die 2. Gruppe nun das Kanuseminar besucht.

Da die Gruppe sich schwertut, den Spielanleitungen aufmerksam zu folgen und immer wieder Störungen und Unterbrechungen viel Zeit erfordern, kann das schon vorbereitete Seminar 4 nicht durchgeführt werden.

Reflexion: Gruppenprofil

Die Kinder bewerten in einer Skala von +3 bis –3 ihre Zusammenarbeit in der Gruppe.

	+3	+2	+1	0	-1	-2	-3	
Wir sind eine Gruppe in der ich mich voll auf die anderen verlassen kann	0	0	5	6	0	4	6	Wir sind viele Einzelkämpfer. Mir fällt es schwer den anderen zu vertrauen

Dienstag

Wiederaufgreifen der Rahmengeschichte mit der besonderen Herausforderung durch die Spinne „Atypus affinis“ Weiterführung der Seminare der Heldenakademie mit folgenden Spielen:

Mondball
mit 1 oder 2 Wasserbällen. Das Ziel besteht darin, möglichst viele Ballberührungen zu schaffen, ohne dass der Ball den Boden berührt.

Pendel

Vertrauensspiel als Vorbereitung für die Abenteueraufgabe. Ein Gruppenmitglied läßt sich in die Arme der anderen fallen und wird sanft von ihnen aufgefangen.

Das Netz der Spinne

Die Öffnungen des Spinnennetzes dürfen nur einmal durchschlüpft werden. Berührungen mit den Spinnfäden dürfen nicht erfolgen.

Die Überwindung des Spinnennetzes ist notwendig, da sich hinter dem Netz der verlorene Stein der Weisheit befindet.

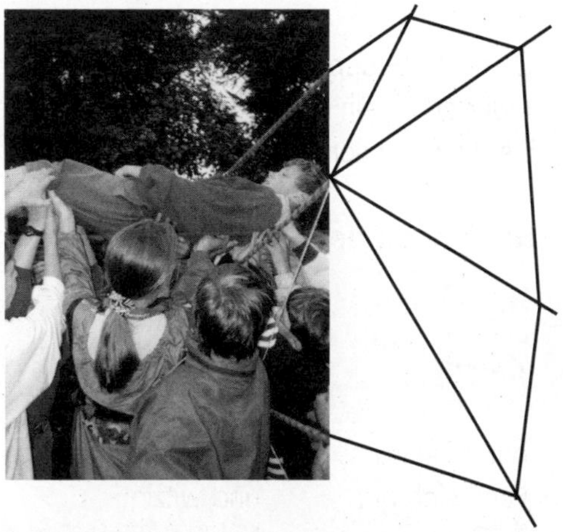

Michael vertraut seiner Gruppe und läßt sich ganz entspannt durch seine „Spinnenöffnung" transportieren.

In einer Aushöhlung auf der Steinrückseite findet die Gruppe folgende Botschaften:

- Sucht den Ort auf, dem dieser Stein entstammt
- Bewegt Euch mit offenen Augen und Ohren zu Wasser und zu Land
- Findet den rätselhaften Ort und lüftet das Geheimnis

Blitzlicht: Wie zufrieden seid ihr mit der Lösung eurer Aufgabe ?

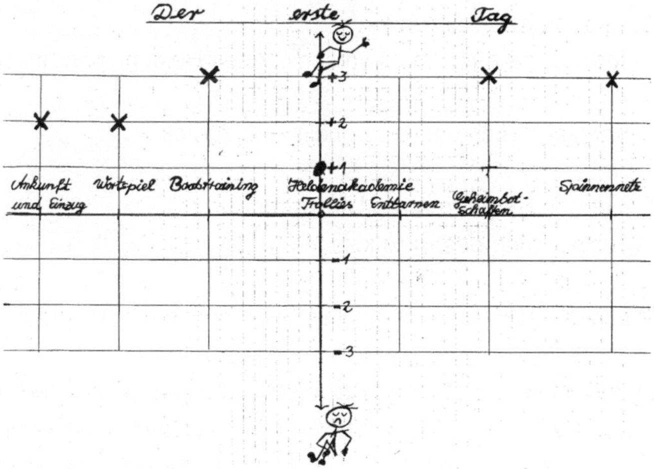

Reflexion: „Der erste Tag" Ups and downs

Gelenkte Gruppenbildung durch die Zuordnung zu verschiedenen Heldentypen. Jeder erhält ein Kärtchen mit einem Heldentypus. Es darf ausgetauscht werden, bis die Eigenschaften auf die eigene Person zutreffend sind.

Helden mit besonderen Fähigkeiten:

Zwerg	Gnom	Waldläufer	Magier
guter Tastsinn, kann sich gut im Dunkeln zurechtfinden	ist scharfsinnig und witzig, beherrscht Geheimsprachen	Tier- und Pflanzenkenntnis, Spurenlesen, Klettern und Balancieren	kennt Zaubersprüche, Geheimsprachen, guter Geruchs- und Geschmackssinn

Fortbewegung zu Wasser und zu Lande

1. Gruppe **Kanufahren**

   Jedes Boot muss mit 4 verschiedenen Heldentypen besetzt sein.

   Kanufahrt Richtung Odernheim und zurück

2. Gruppe **Begleitteam – Ufererkundung**

   Vorbereitung des Picknicks

Wechsel der Kanuten mit dem Begleitteam nach Absprache

Der Wechsel zwischen der Bootsbesatzung und der Ufergruppe macht keine Probleme, da die Bootsfahrt wegen starker Strömung aufgrund des hohen Wasserstandes verkürzt werden muss. Einsetzender starker Regen vermindert darüber hinaus die Lust auf eine ausgedehntere Weiterfahrt.

Vorbereitungen eines Festes als Dank für die guten Wassergeister

Aus den folgenden Angeboten können sich die Kinder auswählen, welchen Beitrag sie selbst zum Fest beisteuern wollen:

- Festmahl bestehend aus Vorspeise, Hauptgericht und Nachspeise mit zum Festanlaß passenden Menübezeichnungen
- Grillwürstchen mit Stockbrot
- Festtafel
- persönl. Festschmuck passend zum Festanlaß
- Geschenk für die Wassergeister (Schwimmfloß mit Lichtern)

Die meisten Kinder sind eingebunden in die festlichen Aktivitäten, wenige beteiligen sich jedoch nicht an den Vorbereitungen, sondern beschäftigen sich anderweitig.

Dieses Styroporfloß erscheint sehr seetüchtig zu werden

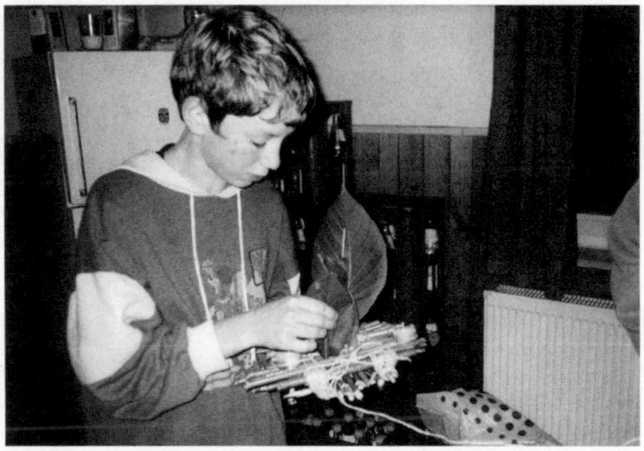

Stefan entwickelt ein besonders schönes Naturlichterfloß

Der Stapellauf des großen Lichterfloßes wird vertagt, da die Kordel abreißt und im Dunkeln nicht mehr zu finden ist. Doch auch das kleine Lichterfloß strahlt in vollem Glanze.

Mittwoch

Steinmeditation zur Sensibilisierung. In der Kreismitte befinden sich ca. 30 – 40 Steine. Jeder sucht sich seinen persönlichen Stein aus, betrachtet und ertastet ihn genau. Dann geben die Kinder ihre Steine weiter und legen später alle wieder zurück in die Mitte. Jeder beschreibt seinen Stein, und die anderen versuchen diesen Stein herauszufinden

Entschlüsseln der Rätselaufgabe, die im Stein der Weisheit vorgefunden wurde

Das Rätsel fordert unsere ganze Konzentration. Aber wir finden die Lösung. Der rätselhafte Ort heißt „Teufelshöhle".

Reflexion: Wetterkarte
Die Wettersymbole liegen im Raum, und die Kinder ordnen sich den Symbolen zu – Blitzlichtrunde

Das Lösungswort „Teufelshöhle"
wird nun durch die Sage vom Teufelsfelsen mit Inhalt gefüllt. Natürlich bezieht sich die Sage auf die Aufgabenstellungen, die tags zuvor im Stein der Weisheit vorgefunden wurden. Nun lösen die Kinder einen Teil dieser Aufgaben in 4 Gruppen. Die Gruppen sind jeweils nach gleicher Heldenqualität (vgl. Heldentypen) zusammengesetzt. Sie machen sich alleine (Begleiter nur bei den Booten) auf den Weg, ihre Aufgaben zu lösen.

Erkunden des Naturschutzgebietes zu Wasser
Aufgabe: Das Naturschutzgebiet beherbergt ein ganz besonders seltenes Tier. Um welches Tier handelt es sich? Was könnt ihr über seine Lebensweise erfahren ?

Erkunden des Ortes Boos (historische Besonderheiten)
Aufgabe: Im Ort findet ihr Spuren der Römer. Macht euch auf den Weg dorthin und erzählt den anderen von euren Funden

Aufsuchen der Teufelshöhle
Aufgabe: Begebt euch zu dem rätselhaften Ort und legt Zeichen zur Wiedererkennung des Weges.

Dort führt der Weg entlang, Richtung Staudernheim... Später irren wir 3 Stunden umher, die Skizze verloren, die Teufelshöhle nicht gefunden,... Selten war uns so elend zumute!

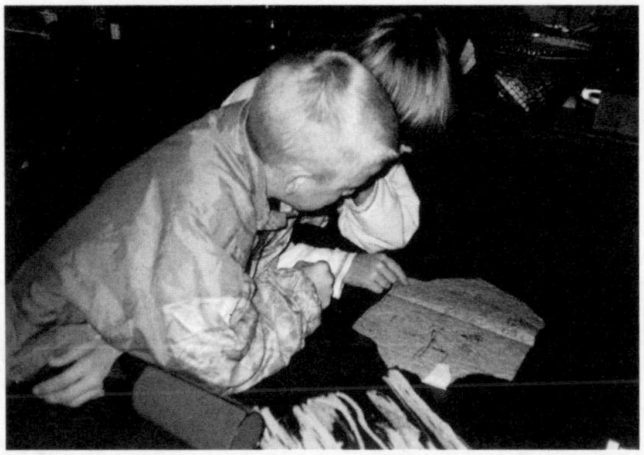

Um dennoch das Ziel zu erreichen, mache ich mich am nächsten Morgen in aller Frühe mit der Gruppe auf den Weg zur Teufelshöhle.

Aufgabe: Sucht den Ort auf, von dem der Stein der Weisheit stammt.

Aufbruch zum Ort der Stille Wanderung zur Klosterruine Disibodenberg (ca. 4 km) entlang eines alten Bahndammes. Unterwegs beobachten wir vor allem Eidechsen, die sich hier in großer Anzahl tummeln.

Führung durch die drei guten Geister

Wir sind verantwortlich dafür, dass unsere Gruppe sicher am Kloster ankommt.

Augenbinden,
Rasseln,
Hölzer...

Blind und schweigend muss die Gruppe den Weg zum Ort der Stille zurücklegen. Nur drei Sehende weisen ihnen den Weg,dürfen sie aber nicht berühren und auch nicht mit ihnen sprechen.

Blitzlicht
„Wie sicher fühltet Ihr Euch durch die guten Geister geführt?“

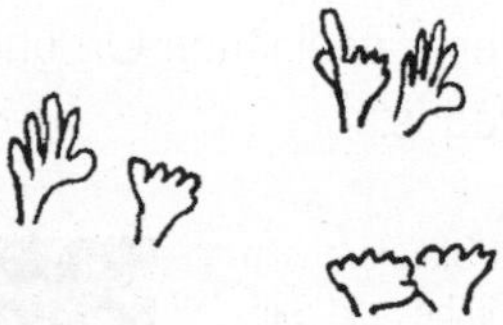

Handzeichen
(Fingerzahl)

Präsentation der Abenteueraufgabe
Die Botschaft im Zentrum der Stille (Nebelsee)

Maske mit Botschaft
Seil, Helm
Klettergurt
Karabiner
Augenbinde
Kordel

Gleich haben wir die Botschaft! Viele hätten zu gern selbst die „Hauptrolle“ gespielt.

Mithilfe der aufgeführten Materialien soll die Gruppe eine wichtige Botschaft aus dem Nebelsee erlangen. Der See darf allerdings nicht betreten werden und der Nebel verhindert, dass, man über der Wasseroberfläche etwas sehen kann. Jeder, der sich über der Wasseroberfläche befindet, ist blind.

Die Gruppe löst die Aufgabe, einige allerdings helfen nicht mit, „an einem Strang zu ziehen“. Sie reagieren sehr stark emotional und hoffen, dass die Lösung mißlingt.

Reflexion

Hier können wir in Ruhe unseren Unmut oder auch unsere Freude über die Lösung der Nebelseeaufgabe loswerden.

Bänder in den Farben gelb, orange, rot, grün, blau

Dunkle Bänder stehen symbolisch für Unzufriedenheit mit der Lösung, helle bedeuten einen hohen Grad der Zufriedenheit.

Fast alle Kinder legen dunkle Bänder und äußern sehr konstruktiv, warum sie mit der Lösung der Aufgabe nicht zufrieden sind. Sie bemängeln vor allem die fehlende gemeinsame Absprache der Vorgehensweise und nehmen sich vor, in nachfolgenden Aufgaben ihre Entscheidungen gemeinsam zu fällen.

Wiederfinden der besonderen Zeichen des Ortes der Stille

22 große Holzbuchstaben

Ein Zeichen je Gruppenmitglied wird versteckt. Sie müssen sie wiederfinden und an einem bestimmten Ort ablegen. Danach werden die Buchstaben zu Wörtern zusammengesetzt, die für die Gruppe von Bedeutung sind:

V E R T R A U E N   V E R A N T W O R T U N G

Vertrauensfall

Die gruppeninternen Spannungen, die während der Lösung der Nebelseeaufgabe auftraten und auch in der Reflexionsphase geäußert wurden, machen die Durchführung des Vertrauensfalles unmöglich, so dass wir die Sequenz nach der Suche der besonderen Zeichen abbrechen. *2

Donnerstag

Reflexion

Rückblick auf Ereignisse des Vortages

Holzbuchstaben

ICH WILL

WIR WOLLEN

Mithilfe der besonderen Zeichen des Vortages, der Holzbuchstaben, sehen die Kinder am Morgen die Worte ICH WILL – WIR WOLLEN zusammengestellt. Sie wirken als Gesprächsanlaß. Die Gruppe entschließt sich, für den heutigen Tag darauf zu achten, das persönliche „Ich will“ dem „Wir wollen“ der Gruppe hintenanzustellen.

Aufsuchen der Teufelshöhle

Anhand der vorgelegten Zeichen macht sich die Gruppe auf den Weg zur Teufelshöhle, um dort die verlorengegangene Geschichte des Ortes wiederzufinden. Den weiteren, geheimen Waldweg wird die Gruppe blind bis in die Höhle hinein geführt durch die Gruppe, die in der Frühe den Weg erkundet hat.

Hier sucht die Gruppe nach der verlorenen Ortsgeschichte und findet eine alte Holzschatulle mit Dokumenten, der Text allerdings ist verschlüsselt.

„Mit dem Text kommen wir so nicht weiter...

doch unsere Spezialisten für Geheimschriften Dennis und Dominik entschlüsseln Buchstabe für Buchstabe den gesamten Text und präsentieren ihn dem Bürgermeister"

Zusammentragen der Ergebnisse der Einzelgruppen und Weitergabe des wiedergefundenen Wissens an den Bürgermeister des Ortes Boos

Der Bürgermeister ist eingeladen und die Kinder berichten ihm von ihren Erlebnissen und überreichen ihm ihr gesammeltes Wissen vom Naturschutzgebiet der Würfelnatter, über die alte röm. Villa rustica bis hin zur Teufelshöhle und den alten Dokumenten.

Ehrung der tapferen Helden
mit Urkundenüberreichung durch den Bürgermeister

Bekanntgabe der Herausforderungen für den Abend: Besuch des Naturschutzgebietes der Würfelnatter auf der anderen Naheseite

Abschlußherausforderung an die Gruppe

Seilfähre

Über den Fluß wird zwischen zwei Bäumen ein Seil so gespannt, dass es vom Boot aus mit den Händen erreichbar ist. Ein Boot wird mit Schlingen und Karabinern in dieses Seil eingehängt und befestigt. Im Boot befinden sich keine Paddel. Die Gruppe muss sich einigen, wie sie auf die andere Seite gelangen will.

Stockdunkel ist es schon, als wir mit der Seilfähre ins „Ungewisse“ aufbrechen.

Auf der anderen Uferseite führt der Weg entlang eines stillgelegten Bahndammes zu einem 300 m langen Tunnel. Die Kinder markieren ihren Weg mit brennenden Teelichtern.

Tunneldurchquerung

Die Herausforderung besteht in der Durchquerung des Tunnels ohne Taschenlampe. Dabei können die Teilnehmer entscheiden, ob sie alleine, zu zweit oder maximal zu dritt, schweigend den Tunnel durchqueren. Selbsterfahrung, persönliche Grenzerfahrung und Vertrauen sind hier grundlegende Erlebniselemente. Die drei Gruppenleiter befinden sich am Anfang, in der Mitte und am Ende des Tunnels, um bei möglichen panischen Reaktionen eingreifen zu können.

Ein Schüler entscheidet sich, nachdem er mit zwei Mitschülern die ersten Schritte in den Tunnel gemacht hat, zurückzugehen. Er wartet am Eingang. Seine Entscheidung wird von den anderen akzeptiert.

Rückkehr mit der Seilfähre

Freitag

Reflexion Wie war's gestern abend ?
„Fingerspitzengefühl"

Leider kann die Reflexion der Tunneldurchquerung erst heute stattfinden, da die Rückkehr spät in der Nacht erfolgte. Bis heute bleibt die Tunneldurchquerung für die meisten Schüler das eindrucksvollste Erlebnis der Klassenfahrt. Als Fingerspitzengefühl notieren sie Eindrücke wie

A – Angst	**M** – mulmig Mut	**E** – erleichtert **T** – toll
U – unheimlich unsicher unruhig	**G** – gruselig gespenstig	

Auf der Fahrt nach Hause

- Tiefschlaf der meisten Helden und Heldinnen im Bus
- kein Ruf nach Musik – Entspannung für alle

(wieder in der Schule)

Gesamtreflexion

1. MIMürfel [*3]

Jeder würfelt eine Mimik und erzählt eine passende Episode der Klassenfahrt

MIM-Würfel

2. Unsere Gruppe

Die Kinder analysieren anhand der Bilder ihre Situation und ordnen sich den Bildern zu

4 Plakate mit unterschiedlichen Gruppenkonstellationen

3. Viel oder Wenig (+/–), das ist hier die Frage

Die Kinder überlegen für sich selbst, inwieweit sie sich in der gemeinsamen Woche für die Gruppe engagiert haben, und welche persönlichen Erfahrungen sie haben machen können.

Viel oder wenig (+/-) - das ist hier die Frage

viel (+) wenig (-)

+4	+3	+2	+1		-1	-2	-3	-4
7	2	4	3	den anderen +/- zugehört	3	1	1	0
4	1	2	10	+/- ausprobieren	1	1	0	1
2	1	2	9	mich +/- durchgesetzt	1	2	2	1
				+/- geredet	0	1	3	0

4. Mandalagestaltung

farbliche und thematische Ausgestaltung eines vorgegebenen Mandalas. Im Zentrum befindet sich der stärkste Eindruck von der Klassenfahrt.

7. Rückblick

Die Klassenfahrt hat den Schülern eindeutig Spaß gemacht. Bedenken der Eltern als auch einiger Kinder, weitab von zuhause an Heimweh zu leiden, zerschlugen sich. Die abendliche Telefonierei war in Ermangelung eines funktionierenden Telefons nicht möglich und wurde von den Kindern als unabänderbare Tatsache akzeptiert. Ablenkungen durch Fernseher, Radio, Walkman oder Gameboy wurden nicht vermißt, da die Kinder zu sehr miteinander beschäftigt waren und niemand in dieser Woche von Langeweile geplagt schien.

Die Klasse fühlte sich nach anfänglicher Enttäuschung über die spartanisch eingerichtete Unterkunft im Laufe der Woche immer wohler in „ihrem Haus" und belegt heute „ihr Boos" mit sehr positiven Gefühlen und Äußerungen. Dies zeigte sich z.B. auch in der Bereitschaft einer Gruppe von freiwilligen Schülern, nachmittags einen Zeitungsbericht über die Klassenfahrt zu verfassen.
Das Verfassen eines Zeitungsberichtes war gerade Thema im Deutschunterricht. Dabei war ich erstaunt über das hohe Maß an Wissen, das die SchülerInnen sich durch ihre „Forschungsarbeiten" angeeignet hatten. Sie kannten sogar noch den lateinischen Namen der Tapezierspinne „Atypus affinis". Selbst der Ortsbürgermeister von Boos (hauptberuflich Gymnasiallehrer für Geschichte) zeigte sich beeindruckt von der Motivation und dem Eifer der Gruppe, ihm möglichst viel von der Geschichte und den Besonderheiten von Boos zu berichten.

Gruppenprozesse

In den verschiedenen Aktions- und vor allem in den Reflexionsphasen hat die Gruppe erkannt, dass es den einzelnen oft sehr schwer fällt, ein gemeinsames Ziel dem persönlichen Ziel voranzustellen. So zeigt das Gruppenprofil zu Beginn der Fahrt, dass nur wenige Punkte im positiven Bereich vergeben wurden. Dagegen zeigt die Reflexion auf der Nachhausefahrt, dass der positive Bereich in der (+/–) Reflexion in vielen Bereichen überwiegt.
In der Analyse ihrer Gruppenstruktur waren sich alle Schüler einig, dass sie noch keine gut kooperierende Planungsgruppe darstellen, sondern immer in kleineren Gruppen agieren.
Günstig erwies sich so im Nachhinein in der Konzeption die häufigere Arbeit mit Teilgruppen. Die Kinder konnten sich eher mit ihren Aufgaben identifizieren und sich auch besser engagieren als es in der Großgruppe möglich gewesen wäre. Allerdings zeigte sich bei vielen gemeinsamen Aktivitäten, dass einige Kinder (besonders 3 Jungen, die sich von der Grundschule her schon gut kannten), sich nicht in die Gruppenprozesse einbringen wollten. Sie versuchten häufig, eigene private Ziele zu setzen und dafür andere Kinder zu gewinnen. Auch wenn die Teilnahme an einem Spiel ausdrücklich freiwillig war, waren sie nicht in der Lage, eine klare Entscheidung gegen die Teilnahme zu treffen und untergruben oder gefährdeten so doch manchmal das positive gemeinsame Erleben.

Ihre Position wurde von den anderen gut analysiert und in einer Reflexion artikuliert.
Auf der anderen Seite waren einige Schüler durch die abenteuerlichen Herausforderungen so motiviert, dass sie ununterbrochen „auf Hochtouren liefen" und ein Junge deprimiert und ziemlich traurig war, als er von den anderen den Vorwurf erhielt, alles alleine machen zu wollen und die Vorschläge der anderen nicht gelten zu lassen.

Veränderungen in der Gruppenstruktur
Obwohl schon wieder einige Zeit im Schulalltag, lassen sich nachhaltige Veränderungen beobachten, die in der folgenden Übersicht stichwortartig festgehalten sind:

vorher	nachher
ein aus Rußland stammender Aussiedlerjunge als Außenseiter (beteiligt sich nicht am Unterricht, häufige Streitereien und Handgreiflichkeiten mit den Jungen)	ist in die Klasse integriert, spricht viel, arbeitet im Unterricht mit
Rivalitäten zwischen den Kindern der verschiedenen Grundschulen	Verständigung untereinander klappt wesentlich besser
häufige Streitereien, besonders unter den Mädchen	Streitereien und Eifersüchteleien haben nachgelassen
ein Mädchen sehr zurückhaltend (als Streberin verpönt)	äußert konstruktive Kritik, wird akzeptiert und findet Anschluß, wird vorgeschlagen für die Klassensprecherwahl, fühlt sich wohler in der jetzigen Position
mangelnde Konzentration und Nichtzuhören	immer noch störendes Element in der gemeinsamen Arbeit

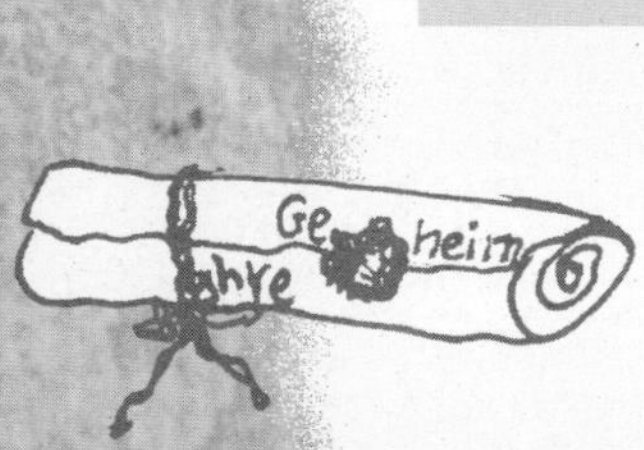

Die Schüler selbst äußern, dass sie sich viel besser kennen- und schätzen gelernt haben. Der Umgangston untereinander ist freundlicher geworden. Als klares Ziel formulieren die Kinder:
„Wir wollen mehr miteinander unternehmen."
Das Verhalten der Schüler zu mir als Klassenlehrerin ist vertrauensvoller geworden und von positiver Akzeptanz seitens der Schüler geprägt.

Doch zurück in der Schule treten auch andere Anforderungen an die Schüler wieder in den Vordergrund, von denen ich nur den Aspekt „Zuhören können" herausnehmen möchte. Hier zeigt sich bislang keine Änderung und so ist der Zeitaufwand, eine Phase der Konzentration aufzubauen, immer noch enorm hoch. Auch während unserer Klassenfahrt benötigten wir als betreuende Lehrer ein überaus hohes Maß an Konzentration und Geduld, dieses stark störende Element einzugrenzen. Einige Spiele (vor allem aus dem Bereich der Naturerfahrungen) entfielen aus Zeitmangel, bedingt durch Verzögerungen durch ständiges Unterbrechen während Phasen der Erklärung neuer Spiel- oder Arbeitsanleitungen. Für die pädagogische Arbeit bietet sich hier noch ein weites Betätigungsfeld.

8. Ausblick

Erlebnispädagogisches Arbeiten lohnt sich – ist mal wieder mein Fazit nach der Fahrt, trotz all der Mühen und Arbeiten, die mit einer solchen Konzeption verbunden sind. Wünschenswert wäre es sicherlich, für die Bewältigung der vielfältigen organisatorischen, logistischen und pädagogischen Herausforderungen in einem größeren Team (mindestens 3 Personen) bei einer Gruppenstärke von über 20 Kindern arbeiten zu können.
Aus der Erfahrung heraus, dass erlebnispädagogisches Arbeiten besonders das Erlernen von Sozialkompetenzen fördert, erübrigt es sich fast zu betonen, dass meine weitere Arbeit mit der jetzigen Klasse 6c immer wieder von erlebnispädagogischen Elementen, auch im Unterricht, geprägt sein wird. Wunder dürfen dabei nicht erwartet werden, aber wie sagt ein altes chinesisches Sprichwort:

„Auch die längste Reise beginnt mit dem ersten Schritt."

Anmerkungen

*1 Aus der Phantasie hervorgegangen ist der Stein der Weisheit, die verlorengegangene Historie, das Spinnennetz sowie die Lagerung der verschlüsselten Ortschronik in der Teufelshöhle. Die anderen Elemente der Geschichte wie die Teufelshöhle, die Sage über ihre Entstehung, die entwendeten Steine der Klosteranlage, der Inhalt der verschlüsselten Botschaften oder auch die Existenz der Tapezierspinne mit ihrer besonderen Beutefangmethode sind real.

*2 Die erlebnispädagogische Sequenz im Ruinengelände des Klosters Disibodenberg wurde von meiner früheren Kollegin Uli Roth mit entwickelt und auch schwerpunktmäßig von ihr moderiert.

*3 Mimwürfel: Spielmaterial von Hajo Bücken

Hans-Martin Schmitz

Die Albert Schweitzer Ritter auf einer klasse(n) Fahrt

Vom Versuch, Projektunterricht, Klassenfahrt und Erlebnispädagogik in den Lernstufen 3 und 4 der Schule für Lernbehinderte zu verbinden.

1. Einleitung

Zu einem an den Zielen der Erlebnispädagogik orientierten Klassenfahrtskonzept passt die Unterbringung in einem Selbstversorgerhaus. Dachte ich.
Zu einem erlebnispädagogischem Abenteuerspiel mit Rittern passt das Ambiente einer alten Burganlage. Sagte mir meine Phantasie.
Wenn die Kapazität des Hauses doppelt so groß ist wie die Anzahl deiner SchülerInnen, nimm auch die Nachbarklasse mit. Sagte mir meine Vernunft.
Wenn die Kinder in der Schule wirklich für's Leben lernen, beteilige sie an den Vorbereitungen der Klassenfahrt. Nahm ich mir vor.
Ein Projekt war geboren.

1.1 Ausgangsposition der Teilnehmer, Informationen zu den Klassen

Bei den Klassen handelt es sich um eine von meiner Kollegin betreute dritte und von mir geleitete vierte Lernstufe einer Schule für Lernbehinderte. Die insgesamt 21 Kinder sind zwischen 9 und 12 Jahren alt. Der Schwerpunkt ihrer Lernprobleme liegt vornehmlich im Bereich des Schriftspracherwerbs. Drei Kinder leiden unter hirnorganischen Störungen (MCD). Zwei Kinder fallen durch z.T. sehr aggressive Verhaltensweisen auf. Die meisten Kinder leben in sozio-kulturell benachteiligten Verhältnissen.
Meine Kollegin und ich pflegen ein gutes kollegiales Auskommen. Dazu gehört z.B. das regelmäßige Austauschen von Arbeitsmaterialien wie auch das gegenseitige Besuchen bei besonderen Unterrichtsanlässen. Auch kleinere gemeinsame Projekte wurden schon durchgeführt.

1.2 Rahmenbedingungen

Im Einvernehmen mit der Schulleitung wurde 4 Wochen vor Beginn der Klassenfahrt ein tägliches, gemeinsames Treffen der beiden Klassen zur Vorbereitung der Klassenfahrt für jeweils eine Doppelstunde vereinbart. Darüber hinaus konnte jede Klasse den Stundenplan selbstverantwortlich während dieser Zeit auf die Ausrichtung der Klassenfahrt orientieren.

1.3 Zielüberlegungen im Bereich der Persönlichkeitsbildung

Meine Zielüberlegungen orientierten sich am Versuch
- die Klassenfahrt projektorientiert vorzubereiten
- den Aufenthalt in einem Selbstversorgerhaus an erlebnispädagogischen Zielsetzungen zu orientieren
- ein erlebnispädagogisches Abenteuerspiel durchzuführen

Im Bereich der Persönlichkeitsbildung verfolgte ich dabei in Anlehnung an Gilsdorf, Hünemann und Michels[1] drei Zielebenen:

Selbstbild:
- Gewinnung von Selbstvertrauen durch Stärkung und Entdeckung von neuen Fähigkeiten
- Die eigenen Grenzen einschätzen und ggf. erweitern lernen
- Mut entwickeln, Neues zu erproben

Soziale Fähigkeiten:
- Das Zusammensein mit Klassen- und Schulfreunden genießen und gestalten lernen
- Verantwortung für die Gruppe übernehmen
- Konflikte ohne Streit bewältigen lernen

Natur- und Umweltbewußtsein:
- Sensibilität für Natur und Umwelt aus konkreten Erfahrungen entwickeln

1 R. Gilsdorf, M. Hünemann, C. Michels: "Konzept eines erlebnispädagogischen Beratungsansatzes am Lina-Hilger-Gymnasium." Bad Kreuznach, unveröffentlichtes Manuskript (1991).

1.4 Zielüberlegungen in fachorientierten Bereichen

Unbeabsichtigt wurde der Lehrplan in der Vorbereitungszeit zu meinem ständigen Begleiter. Obwohl wir immer noch keine Freunde sind, kann ich eine gewisse Form der Annäherung nicht leugnen. Schließlich hat er mir doch geholfen, meine Vorhaben auf höherer Ebene zu legitimieren. Die von ihm stammenden und in Klammern aufgeführten Ausführungen sind sowohl als Zeichen meines Respekts, als auch als persönliche Gewissensberuhigung zu verstehen. [2]

Lernbereich Deutsch:

- Erstellen von Einkaufslisten (Fähigkeit, kurze Texte abzuschreiben, Texte in Abschreibfelder einzuteilen)
- Schreiben der Einladungskarten (Fähigkeit zur formgerechten und geordneten Schreibweise einfacher Sätze und Texte)
- Drucken der Menükarten (Förderung der Rechtschreibfähigkeit, so z. B. durch Auf- und Abbauübungen von Wörtern)
- Erarbeitung von Eigenschaftswörtern anhand des Vergleichs der Eigenschaften der Albert-Schweitzer-Ritter und der Raubritter (Vertrautheit mit der sinnentsprechenden Verwendung von Tätigkeitswörtern)

Beispiele:

Raubritter	**Albert-Schweitzer-Ritter**
rücksichts – los	rücksichts – voll
verantwortungs – los	verantwortungs – voll
egoistisch	gemeinschaftlich
fühlen sich als Konkurrenten	fühlen sich als Partner
dürfen keine Angst haben	dürfen ihre Angst zeigen
streiten sich	helfen sich gegenseitig

Lernbereich Mathematik:

- Aufstellen der Einzeletats
  (Überblick über die Münzen und Banknoten im Zahlenraum bis 100, bekannte Münzen und Banknoten umwechseln, Beziehungen versprachlichen)

2 Kultusministerium Rheinland-Pfalz: Lehrpläne der Schule für Lernbehinderte, Grünstadt (1985)

- Ermitteln von Lebensmittelmengen
  (Erarbeitung an Einkaufs- und Verkaufssituationen, Multiplikationsaufgaben lösen, Einmaleinsreihen bilden und strukturieren)

- Preisvergleiche anstellen (s. o.)

Lernbereich Sachunterricht

- Planung von Einkäufen unter Beachtung des Umweltaspektes
  (Bereitschaft, sich verantwortungsbewußt in der Umwelt zu verhalten, Möglichkeiten einer Initiative zur Vermeidung und Beseitigung von Verschmutzung)

- Planung der Abfallsortierung (s. o.)

- Durchführung der Einkäufe
  (Fähigkeit zu einem angemessenen Kosumverhalten anbahnen, Vergleich von Preis, Menge und Qualität, geplanter Einkauf für einen bestimmten Zweck, vorhandenes Geld sinnvoll einsetzen)

- Vorbereitung selbständiger Körperpflege
  (Bereitschaft, die tägliche Körperpflege durchzuführen)

Lernbereich Werken/Künstlerisches Gestalten:

- Herstellen einer Ritterrüstung in Form von Helm, Schwert, Schild
  (Bearbeiten von Halbzeugen aus Holz, Einblick in Werkerfahrung)

- Herstellen des Gastgeschenkes in Form eines Serviettenrings aus Holz (s. o.)

- Herstellen von Ritterfahnen
  (mit Farben gestalten, drucken und stempeln)

Lernbereich Sport

Zur Vorbereitung auf die bevorstehenden Aufgaben der erlebnispädagogischen Abenteuersequenz habe ich im Rahmen des Sportunterrichts die Inhalte unter besonderer Berücksichtigung kooperativer Fähigkeiten und der Sinnesschulung ausgewählt.

Ohne den Kindern meine Idee des Einladungsessen zu verraten, wurde zur Vorbereitung auf die Selbstversorgesituation einmal in der Woche gekocht. Dabei wurde jeweils eine Vor-, Haupt- und Nachspeise erprobt.
Es ist jedoch nur ein Gerücht, dass die Klasse zu Alfred Bioleks Kochsendung ins Fernsehstudio eingeladen wurde. Ebenso unbestätigt ist die Meldung, dass unsere Schulküche seit dieser Zeit aufwendigen Renovierungsarbeiten bedarf.

1.5 Unser Lernbegleiter: Das Klassenfahrtsbuch

Zur Dokumentation unserer Vorbereitungen und Entscheidungen, vor allem auch als visuelle Lernhilfe bei Geldangelegenheiten, habe ich ein Klassenfahrtsbuch angefertigt. Dieses stand den Kindern während der gesamten Vorbereitungszeit zur Verfügung.

1.6 Kostenaufstellungen und Etatfestlegungen oder: Aufgaben statt Hausaufgaben

Ich versuchte zunächst, den Kindern den Unterschied zwischen den feststehenden Kosten (Busfahrt und Hausmiete) und den noch festzulegenden Kosten für Essen, Süßigkeiten und Getränke klarzumachen.
Zur Ermittlung der Einzeletats von Essen, Süßigkeiten und Getränken hatten die Kinder für sie sehr ungewohnte (Haus-)Aufgaben zu erledigen.
So z.B.

- Erzähle Mama, wenn du ins Bett gehst, was du den ganzen Tag ohne Süßigkeiten gegessen hast. Bitte sie, alles aufzuschreiben.
- Erzähle was du zu Mittag und zu Abend gegessen hast. Schätze, wie teuer diese Mahlzeiten waren.
- Erzähle, was du den ganzen Tag getrunken hast. Bitte Mama alles aufzuschreiben.
- Zähle alle Süßigkeiten auf, die du heute gegessen hast. Bitte Mama alles aufzuschreiben.

Aus den Ergebnissen der angesprochenen Aufgaben ergaben sich folgende Aufteilungen:

– Essen und Süßigkeiten	10,00 €
– Getränke	5,00 €
– Miete für das Haus	11,50 €
– Busfahrt	5,00 €
– Reserve	3,50 €

Die Festlegung der Einzeletats mit Hilfe erwähnter Aufgaben wurde zu einer Geduldsprobe für Lehrer und SchülerInnen. Zur Ermittlung des Getränkeetats brachte ich an einem Vormittag mein über Wochen gesammeltes Leergut in Form von 4 Kästen Sprudel mit. Die Aufgabe der SchülerInnen bestand nun darin, die auf einen Zettel von Mama oder Papa aufgeschriebene Tagestrinkmenge mit Hilfe eines Trichters in die leeren Sprudelflaschen zu gießen. Auf diese Weise, so meine naive Vorstellung, erführen die Kinder auf praktische und einsichtige Art und Weise, wieviel Getränkemengen wir als Klasse an einem Tag benötigten.
Erschwert wurden die Berechnungen dadurch, dass 3 Kinder die Aufgabe nicht erledigt hatten. Für diese 3 Kinder wurden die Trinkmengen 3 anderer Kinder gerechnet. Als alle Kinder eingeschenkt hatten, waren 2 Kästen und 7 1/2 Flaschen gefüllt und die Laune der Kids spürbar gestiegen. Außerdem hatten sich um die Kästen und um das Waschbecken 2 riesige Wasserpfützen gebildet und erste intensive Wasserspritzspiele begonnen. Nur mit Mühe gelang es mir die Aufmerksamkeit der Kinder wieder auf die zu errechnende Trinkmenge zu richten.
Ein unterrichtliches High-light erlebe ich bei der Festlegung der Aufteilung der Etats für Essen und Süßigkeiten. Konnte ich beim Getränkeetat noch mit annehmbaren Zahlen der Kinder kalkulieren, streuten die Angaben bei „Schätze, was dein Mittagessen gekostet hat“ von fünfzig Cent bis zehn €. Mein Vorschlag, 10 € für den Etat „Essen und Süßigkeiten“ zu kalkulieren, wurde von den Kindern angenommen. Nun galt es, diesen Etat (23 x 10 €= 230 €) auf die verschiedenen Einzeletats aufzuteilen.
Dabei wurden jeweils 57,50 € für die vereinbarten gegenseitigen Einladungsessen festgelegt. Nun verblieben noch 115 €. Bei diesem Betrag galt es nun festzulegen, wieviel davon Lebensmittel und für Süßigkeiten verwendet werden sollten. Dazu brachte ich die besagten 115 € in Form Spielgeldscheinen an der Tafel mit Magneten an. Ich zeigte den Kindern die Bank (unsere sortierten Spielgeldvorräte) und bat um Vorschläge für die Aufteilung. Thilo meldete sich und schlug eine Aufteilung in 100 € für Lebensmittel und 15 € für Süßigkeiten vor. Der Vorschlag wurde an der Tafel visualisiert. Daraufhin meldete sich Sascha, wechselte einen Fünfziger und schlug eine Aufteilung in 75 € für Lebensmittel und 40 € für Süßigkeiten vor.
Als keine weiteren Vorschläge kamen, erklärte ich das Abstimmungsverfahren: Jedes Kind und jede Lehrkraft haben eine Stimme. Thilos Vorschlag erhielt (incl. beider Lehrerstimmen) 9 Stimmen. Saschas Vorschlag erhielt 13 Stimmen und wurde mittels Stimmenmehrheit angenommen. Ich erinnere mich noch sehr genau an die Blicke der Kinder, die ihren Abstimmungssieg genossen und um demokratische Grunderfahrungen erlebter Gleichberechtigung reicher waren.

Die einzelnen Etatposten im Überblick:

Essen und Süßigkeiten	10,00 €
Getränke	5,00 €
Miete für das Haus	11,50 €
Busfahrt	5,00 €
Reserve	3,50 €

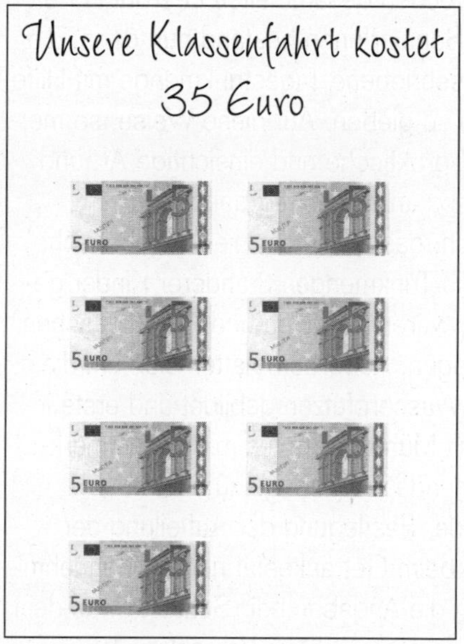

Abb. 1: Illustration der Kosten

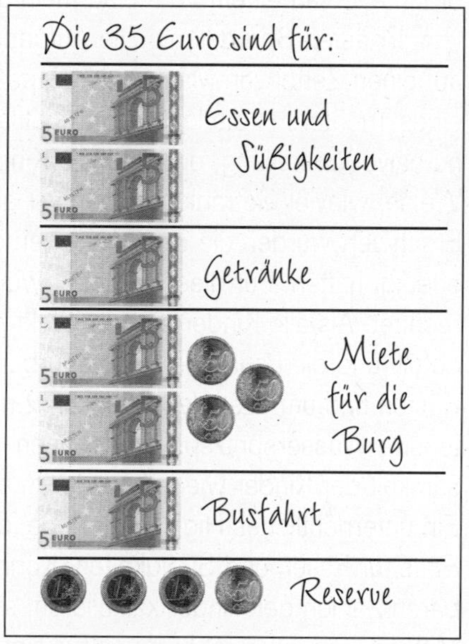

Abb. 2: Aufteilung der Kosten

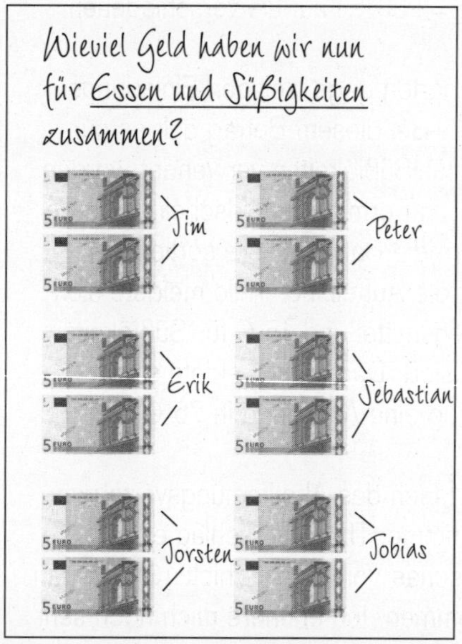

Abb. 3: Illustration von Gemeinschaftsgeldern (analog 17 weitere Namen)

Abb. 4: Illustration des Gesamtbetrages

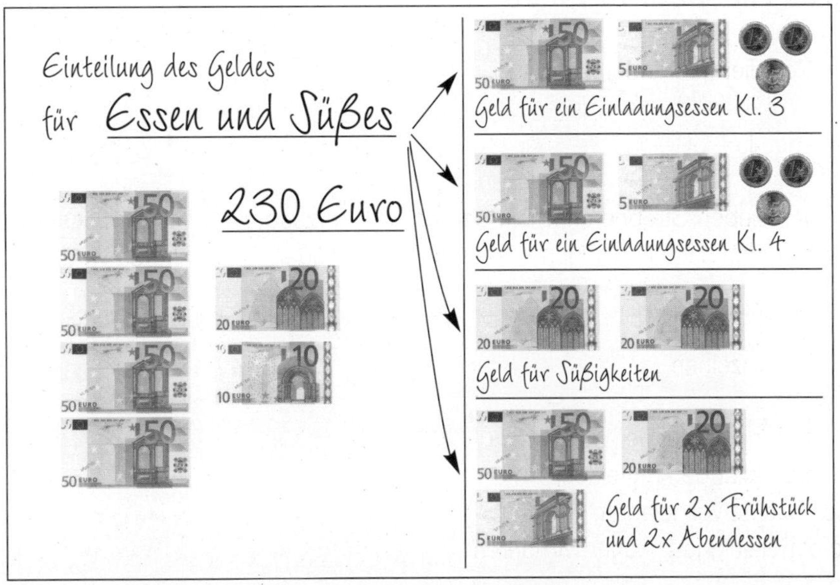

Abb. 5: Illustration und Aufteilung des Etats „Essen und Süßes“

Abb. 6 und 7: Demokratie im Klassenzimmer: Aufteilung des Teiletats „Essen und Süßes“

2. Die Klassenfahrt

Beladen mit viel Proviant und jeder Menge guter Laune begann unsere Klassenfahrt.

2.1 Das Klassenfahrtslied

Auf die Melodie des Kinderliedes
„He – la – di – la – di – la – di,
he – la – di – la – di – loì

dichtete ich sieben Strophen und bin der festen Überzeugung, dass sich unser Busfahrer in den nächsten Wochen keinerlei Kinderlieder mehr anhören wird.

Der Text im einzelnen:

1. Wir fahr'n heute auf ne' Burg,
Mensch, da ist der Teufel los.
Unser Bus ist vollgeladen,
Was ein Glück, jetzt könn' wir fahren.

2. In den Kisten tolle Sache,
Mensch, das wird uns Freude machen.
Müsli, Käse und auch Wurst,
und viele Flaschen für den Durst.

3. Chio Chips und Schokolade,
alle kriegen, sonst wär's schade.
Kaugummi und Gummibärchen,
Mensch, das ist ja wie im Märchen.

4. Es weiß inzwischen jedes Kind,
dass wir echte Ritter sind.
Ob Sonne, Regen, Sturm oder Gewitter,
wir sind die echten Albert-Schweitzer Ritter.

5. Bei uns Rittern gibt's kein Ruhn'
wir hamm' immer viel zu tun.
Kochen, spülen, putzen, fegen
und uns're Freundschaft richtig pflegen.

6. Trotz der vielen Abenteuer,
uns're Fahrt, die wird nicht teuer.
Diese Fahrt wird allen nützen,
wenn wir den Ritteredelstein tun schützen.

7. Gemeinschaft wollen wir erleben,
laßt uns darauf einen heben.
Alle helfen kräftig mit,
so gelingt der erste Schritt.

2.2 Eintreffen im Haus

Nach einstündiger Busfahrt waren wir am Ziel. Vor uns breitete sich die imposante Burganlage des Schlosses Dhaun aus, zu der ein Selbstversorgerhaus des Landkreises Bad Kreuznach gehört. Die Neugierde der Kids war durch den beeindruckenden Anblick des gesamten Schlossgeländes so groß, dass wir noch vor dem Ausladen eine Haus- und Hofbesichtigung vornahmen.

2.3 Organisatorische Abklärungen: Hausordnung

Über den mit den Kindern besprochenen Ordnungsrahmen und der Aufstellung eines Arbeitsplanes hinausgehend, wurde die Hausordnung des Eigentümers (wir nannten ihn Schlossbesitzer) vorgelesen und erklärt.

2.4 Selbstverwaltung als Grenzerfahrung: Eigenverantwortlichkeit über Süßigkeiten und Getränke

Die von den Kids anhand häuslicher Erfahrungswerte zusammengestellten Vorräte für Süßigkeiten und Getränke standen allen freigängig und eigenverantwortlich zur Verfügung. Lediglich bei den Süßigkeiten gab es eine empfehlende Einschränkung. Jeweils eine Stunde vor den Mahlzeiten wurde mit einem Signal vom Naschen abgeraten. Symbolisch verdeutlichte dies die auf rot gestellte sog. „Süßigkeitsampel", die an allen anderen Zeiten auf grün stand. Die meisten der Kids zeigten einen gemeinschaftsbetonten, rücksichtsvollen Umgang mit den freizugänglichen Süßigkeiten, während sich ein kleiner Teil der Gruppe gleich am Anfang einen großen Vorrat „bunkerte".

3. Der erste Tag

3.1 Vormittags: Ritterspiele im Park

Die Kinder konnten es nach dem Belegen der Zimmer kaum erwarten, ihre selbst hergestellten Ritterausrüstungen anzuziehen. Durch Spielideen mit besonderer Gewichtung der Kooperation versuchte ich sie auf die Ritterwelt vorzubereiten und sie für die Eigenschaften der Albert-Schweitzer-Ritter zu sensiblisieren. Die Rittersleut und Burgfrauen zeigten ihre Freude an der „ritterlichen Drachenschwanzjagd", den „ritterlichen Balljongleuren" und dem „Ritterbrennballspiel".

3.2 Nachmittag: In der Rolle des Gastgebers

Nach meinen bisherigen Erfahrungen aus den familiären Kontexten der Kids konnte ich davon ausgehen, dass der Aufenthalt in einem Selbstversorgerhaus den meisten eine ganze Palette an Grenzerfahrungen ermöglichen würde. Um der Sache für die Kids einen vor allem motivationalen Impuls zu verleihen, schlug ich Ihnen vor, die Nachbarklasse einmal zum selbstgekochten Essen einzuladen. Mit spontaner Zustimmung reagierten sie auf den Vorschlag, ohne zu ahnen, auf was sie sich da eingelassen hatten …

4. Das Rittermahl

In den schon angesprochenen Kochstunden in der Schule nannten die Kids als Menüvorschläge Hamburger, Schnitzel, Curry-Wurst, Hähnchen und Schwenkbraten. Unter besonderer Berücksichtigung unserer finanziellen Möglichkeiten und der Einfachheit der Zubereitung wurde folgendes Menü zusammengestellt:

Vorspeise: Stangenbrot mit Kräuter- oder Knoblauchbutter aus dem Backofen

Hauptspeise: Spaghetti mit Tomaten- oder Hackfleischsoße nach Gilten-Art (Gilten ist unsere beste Köchin und arbeitete während der Kochstunden als unbezahlte Tutorin)

Nachspeise: Ritterquark mit Bananenscheiben und Schokoladenflocken

4.1 Die Essenszubereitung

Unter dem groß an der Wand hängenden Motto „Alle helfen mit“ stellten wir in den Kochstunden in der Schule erst einmal eine Liste der zu vollrichtenden Arbeiten auf. Aus dieser Auflistung entstehen folgende Arbeitsschwerpunkte:

Tisch decken und dekorieren
Vorspeise zubereiten
Hauptspeise zubereiten
Nachspeise zubereiten
Essen auf- und abtragen
spülen
abtrocknen
aufräumen

Aus diesen Arbeitsschwerpunkten stellten wir folgende AG's (Arbeitsgemeinschaften) zusammen:

AG Tischlein deck dich
Vorspeise-AG
Hauptspeise-AG
Nach-Tisch-AG (inklusive spülen, abtrocknen, aufräumen)

Anschließend besprachen wir, wie viele Kinder die einzelnen AG's benötigten:

Das Ergebnis besteht in einer Besetzung der AG's 1, 2, 4 mit jeweils 2 Kindern und die AG's 3 und 5 mit jeweils 3 Kindern.

Da unsere Klasse aus 10 Kindern besteht, setzte diese Zuteilung die Bereitschaft zweier Kinder voraus, an 2 AG's teilzunehmen, was sich als unproblematisch herausstellte.
Mit dieser Vorarbeit wurde dann vor Ort die Herausforderung „Einladungsessen“ angegangen. Meine Rolle innerhalb dieser Arbeiten bestand vornehmlich im Bereich des Sicherheitskontrolleurs und war auch in dieser Weise mit den Kindern so abgesprochen.
Zum Verlauf:
Dank der intensiven Vorbereitung wußte jedes Kind genau, was es in Verantwortung zur ganzen Gruppe zu tun hatte. Probleme kamen dann auf, wenn zwei AG's zur gleichen Zeit bestimmte Materialien benutzen wollten.
Die Ausführungen der Arbeiten der Kids waren mehr von einer eingeübten Disziplin als einer kreativen Spontanität geprägt. Herausforderung wurde so als konsequente Einhaltung vorgeplanter Arbeitsschritte zur Erreichung eines gemeinsamen Ziels erlebt.
Hinzu kam, dass Gilten als eindeutige und akzeptierte Küchenchefin auch die Arbeiten anderer AG's stets im Auge hatte und korrigierend eingriff.

4.2 Die Tischrede

Auf meinen Vorschlag, das 3-Gänge-Menü mit einer saftigen Tischrede zu würzen reagierten die Kids eher zurückhaltend und skeptisch. Auf meine Frage hin, wer denn überhaupt bereit sei diese Aufgabe zu übernehmen, meldete sich mit Sebastian ein Kind, das im Unterrichtsgeschehen vornehmlich durch für mich zum Teil sehr nervige Versuche negative Aufmerksamkeit zu erzielen, auffällt. Sebastian bekam den Job und löste seine Aufgabe im Rahmen seiner Möglichkeiten gut, wobei er mir sagte „tierisch aufgeregt“ gewesen zu sein. Die Inhalte der Tischrede (was es wann gibt, mit welchen Werkzeugen die Speisen zu bearbeiten sind, dass schmatzen erlaubt, rüpseln aber verboten ist) hatten wir gemeinsam besprochen. Zur Erleichterung durfte er einen Spickzettel benützen, der ihm aber keine Hilfe war, weil er beim Lesen noch große Probleme hat. Inhaltlich war es ihm sehr wichtig zu erzählen, dass das Essen selbst gekocht sei und Essensreste auf dem Teller die Freundschaft gefährden.

4.3 Die Bedienung

Dem Niveau des 3-Gänge-Menüs entsprechend, bot sich eine Herausforderung besonderer Art an: das Menü durch richtige Ober servieren zu lassen. Im Unterschied zur Tischrede wurde heftig um diese Posten gerungen. Die Übernahme des Bedienens verlor auch durch den Umstand, dadurch selbst nur bedingt das leckere Essen mitzubekommen, nicht an Reiz. Peter und Tim übernahmen diese Aufgabe und zeigten sich dabei so von ihrem Auftrag gefesselt, dass sie ganz auf ihr eigenes Essen verzichteten.

5. Der zweite Tag
Das erlebnispädagogische Abenteuerspiel: Die Rückeroberung des gestohlenen Ritteredelsteins

5.1 Das Szenarium

Alle Ritter und Burgfrauen treffen sich in ritterlicher Kleidung im Ritterbesprechungszimmer. Ritter Hans berichtet mit sorgenvoller Stimme von den Geschehnissen des Vorabends.
Trotz aufmerksamer Bewachung der Ritterburg ist es den gefährlichen Raubrittern, die seit Wochen die Gegend in Angst und Schrecken versetzen, gelungen, in die Burg einzudringen. Nur der Aufmerksamkeit der Wachposten ist es zu verdanken, dass die Raubritter während ihres Raubzuges bemerkt wurden. Trotz schnellen Schliessens aller Burgtore war das Entsetzen der Wachposten groß:

Hatten doch die habgierigen Raubritter den wertvollen Ritteredelstein gestohlen, den die Albert-Schweitzer-Ritter als Glücksbringer immer auf ihre Ausflüge mitnehmen. Doch dank der schon erwähnten Aufmerksamkeit der Wachposten war es den Raubrittern nicht gelungen, den Ritteredelstein mitzunehmen. Die Wachposten konnten nämlich ein Gespräch mithören, in dem der Oberraubritter den Befehl gab, den Ritteredelstein in der Burg zu verstecken, da das Risiko, von den Wachposten gefangen genommen zu werden, sehr groß war. Leider gelang es den Wachposten trotz gespitzter Ohren nicht, den Ort des Verstecks herauszuhören.
Ritter Hans, einer der Wachposten, berichtet von besonderen Spuren, die die Raubritter hinterlassen haben und die Hinweise auf das Versteck geben würden.
Diese besonderen Spuren bestehen aus 10 speziellen Raubritterdosen, die jeweils einen Hinweis auf das Versteck des Ritteredelsteins enthalten. Ritter Hans zeigt seinen Ritterfreunden und Burgfrauen eine von ihm gefundene Raubritterdose. Auf ihr ist der Buchstabe M zu erkennen. Ritter Hans erzählt weiter, dass er sich die Anzahl der geflohenen Raubritter genau gemerkt habe: 9 Raubritter!
Das bedeutet: Die Albert-Schweitzer-Ritter stehen vor ihrer ersten schweren Aufgabe, die 9 Spuren dieser Raubritter in der Burg und im Burggelände aufzufinden.

Bild 1: Zur Rückeroberung entschlossen: Die Albert-Schweitzer-Ritter

5.2 Die erste Spielsequenz Spurensuche und -sammlung

Die Albert-Schweitzer-Ritter haben aufmerksam den Worten des Ritters Hans ihr Gehör geschenkt. Sie sind entsetzt über das habgierige Verhalten der Raubritter und machen sich mit Wut im Bauch hochmotiviert auf die Spurensuche.
Zuvor haben sie Ritter Hans ihre Bereitschaft kundgetan, die Herausforderung der Rückeroberung des Ritteredelsteins anzunehmen.
Bevor die Spurensuche beginnt, erfolgt die Vereinbarung, die gefundenen Spuren im Ritterbesprechungszimmer zu sammeln.

Zur Spurensuche:

Die Raubritterdosen (schwarze Filmdosen mit je einem aufgeklebtem Großbuchstaben) wurden von mir an ausgewählten Stellen der Burg und des Burggeländes versteckt. Dabei wurden die Verstecke so ausgewählt, dass die Spurenentdeckung einzeln möglich war, zur Spurengewinnung die Albert-Schweitzer-Ritter aber auf partnerschaftliche bzw. kleingruppenmäßige Kooperation angewiesen waren (z.B. Nische in der Burgmauer in ca. 3m Höhe) und diese z.T. besonderen Mut erforderte (z.B. das Auffinden einer Spur im dunklen Burgverlies ohne Taschenlampe).

Zum Verlauf:

Die ersten 5 Raubritterdosen wurden nach ca. 15 Minuten entdeckt, erobert und voller Stolz im Ritterbesprechungszimmer abegelegt. Zur Eroberung der restlichen Spuren bedurfte es zusätzlicher Hinweise meinerseits (z. B. „Wer vermutet schon Spuren im Burgverlies? So könnten die Raubritter auch gedacht haben.")

Bilder 2 und 3: Kooperative Spurensammlung ... ... in ritterlicher Vertrauenslage

Bild 4: Größe gewinnen durch Kooperation

5.3 Zwischenreflexion: Standogramm

Nach der erfolgreichen Spurensuche bitte ich die Albert-Schweitzer-Ritter zu einer Zwischenreflexion. Diese wurde in Form eines Standogramms durchgeführt. Die 9 eroberten Raubritterdosen stehen auf einem kleinen Tisch und dienen bei der nachfolgenden Reflexion als Zentrum. Ich bitte die Albert-Schweitzer-Ritter die Anwort auf die Frage „Wie zufrieden bin ich mit meinem Beitrag bei der Spurensuche?" in Form des sich um die Raubritterdosen plazierens zu beantworten. Nähe zu den Raubritterdosen drückt Zufriedenheit aus, während Distanz die eigene Unzufriedenheit symbolisiert.
Etwa die Hälfte der Ritter und Burgfrauen stellen sich unmittelbar vor den Tisch, andere postieren sich mit etwas Abstand zu diesem etwa in die Mitte, während sich 3 Kinder am Rand aufstellen. Auf meine Nachfrage hin antwortet einer dieser 3 Ritter: „Weil wir überhaupt keine Spuren entdeckt haben".

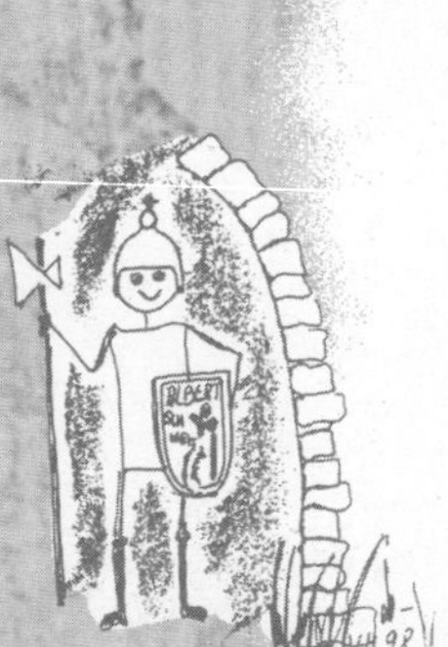

5.4 Die zweite Spielsequenz: Das Ordnen der Spuren Oder die Entschlüsselung des Geheimwortes

Als Spielleiter stand ich nun vor der schwierigen Aufgabe, den Albert-Schweitzer-Rittern einerseits meine Anerkennung zur erfolgreichen Spurensuche auszusprechen, andererseits aber zu verdeutlichen, dass die Spuren erst geordnet werden müssen. Dabei animierte ich die Ritter und Burgfrauen, sich die Spuren genau anzusehen und sich selbst Wege zur Spurenordnung zu überlegen. Eine kleine Gruppe von 3 Rittern und 2 Burgfrauen setzten meine Aufforderung gleich in die Tat um, in dem sie versuchten, aus den Buchstaben Wörter zu bilden. Mit „MER", „TIM" und „RUM" wurden erste Erfolgen gemeldet. Mein Einwand, dass alle Spuren zur Ordnung gebraucht würden, wirkte auf viele Ritter und Burgfrauen sehr demotivierend. Mit Äußerungen wie „Das schaffen wir nie" oder „Das ist viel zu schwer" verliehen sie ihrem Frust Ausdruck. Dies nahm ich zum Anlass, unter Einbeziehung aller Beteiligten das Entschlüsselungsverfahren zu erklären. Nach meinen Erklärungen holte ich mir zunächst wiederum die Bereitschaft der Beteiligten ein die Herausforderung anzunehmen.

Bild 5: Ritterliche Ausdauer beim „Puzzle ganz machen"

5.5 Fehler suchen

Die Raubritterdosen R E M beinhalten jeweilige Aufgaben zur Fehlersuche beim Vergleich eines Originalbildes mit einer Fälschung.
Zu diesen den Kindern aus Zeitschriften bekannten Rätselaufgaben habe ich jeweils drei Originalbilder und 3 Fälschungen kopiertechnisch hergestellt.
Der Reiz dieser Aufgaben liegt in der nicht vorgegebenen Fehlerzahl.
So bedeuten die gefundenen Fehlerzahlen der jeweiligen Bilder die Rangreihenfolge der auf den Raubritterdosen aufgedruckten Buchstaben innerhalb des Zauberwortes.

Bild 6: Ritterlicher Durchblick beim „Fehler suchen"

5.6 Puzzles ganz machen

Die Raubritterdosen Z T R beinhalten Puzzle-Aufgaben, bei denen als Ergebnis eine Zahl erscheint. Diese Zahl verdeutlicht den jeweiligen Rangplatz des aufgedruckten Buchstabens innerhalb des Zauberwortes.

5.7 Bilder- und Wörterrätsel

Die Raubritterdosen M U I beinhalten Bilder- bzw. Wörterrätsel. Ihr Ergebnis verdeutlicht analog zu den schon genannten Aufgaben den jeweiligen Rangplatz des aufgedruckten Buchstabens innerhalb des Zauberwortes (z. B. Ver _____ flung).

Zum Verlauf:

Während sich ein Teil der Kinder ganz gezielt einer Aufgabe widmet, schauen sich andere erst einmal alle Stationen an. Eine kleine Gruppe von 3 Rittern beschränkt sich auf das Zuschauen. Beim Fehlersuchen und den Puzzles bilden sich gegenseitig helfende Gruppen. Weniger Beachtung finden die Bilder- und Wörterrätsel. Zur Dokumentation der Einzelergebnisse habe ich an der Wand einen Posterstreifen angebracht.
Die Puzzlestationen melden die ersten Ergebnisse: T=1, Z=5, R=3.
Bei 2 Fehlersuchbildern werden Fehler übersehen, was zu falschen Ergebnissen führt. Dabei wird die Einsichtsfähigkeit Einzelner überfordert. An diesen Stellen und bei den Bilder- und Worträtseln gebe ich entgegen meinen Vorplanungen gezielte Hinweise, so dass auch ohne die Entschlüsselung des Worträtsels „Juni" (6. Monat) Tobias unter großem Jubel das Lösungswort T U R M Z I M M E R verkündet.

5.8 Die dritte Spielsequenz: Das Suchen des gestohlenen Ritteredelsteins

Nach erfolgreicher Entschlüsselung des Geheimwortes ist der während der Aufgaben zum Teil gesunkene Motivationspegel bei allen Kindern wieder ausgeschlagen. Nun haben alle das Bedürfnis, den gestohlenen Ritteredelstein im Turmzimmer aufzusuchen. Mit großem Rittergejole wird zum Turmzimmer gelaufen unter der Ritteredelstein unter großem Jubel aller Beteiligten im Stromkasten entdeckt.
Die Rückeroberung ist gelungen!
Ein Hoch den Albert-Schweitzer-Rittern!

5.9 Reflexion: Wetterkarte

Zur Abschlußreflexion versammeln sich die Albert-Schweitzer-Ritter im Turmzimmer um den zurückeroberten Ritteredelstein.
Jeder Ritter und jedes Burgfräulein erhalten eine Wetterkarte mit 4 unterschiedlichen Wettersymbolen.

Das Wettersymbol **sonnig** verdeutlicht ein Gefühl des sich Wohlfühlens, der großen Zufriedenheit und wichtiger Erfahrungen.
Das Wettersymbol **bewölkt** verdeutlicht sowohl Gefühle des Wohlergehens als auch weniger gute Gefühle der zeitweiligen Unzufriedenheit.
Das Wettersymbol **Regen** symbolisiert Traurigkeit und Gefühle des sich Unwohlfühlens.
Das Wettersymbol **Gewitter** symbolisiert Gefühle der Angst oder der Wut, Erfahrungen des Streitens und des Ärgerns.

Die Albert-Schweitzer-Ritter werden gebeten, ihre Stellungnahme auf die Frage: „Wie gut haben wir als Gruppe zusammengearbeitet?" in Form eines Wettersymbols auszudrücken und auf den Tisch neben den Ritteredelstein zu legen. Nachdem alle ihr Symbol abgelegt haben, erhalten die Kinder die Aufgabe, ihre Stellungnahme zu begründen: Ich habe das Symbol „..." (gewählt, weil ...) Dabei werden 12 sonnige, 7 bewölkte und 2 regnerische Wettersymbole gewählt. Als häufigste Äußerung wird dabei genannt, den Ritteredelstein wieder zu haben. Die beiden das Regensymbol ausgewählten Ritter äußern, sich gelangweilt zu haben.

5.10 Höhepunkte der Spielsequenz

Höhepunkte der Spielsequenz waren nach meiner Meinung des Szenarium und die Spielidee.
Es gelang den Kindern toll, sich in die Rolle der Albert-Schweitzer-Ritter und in die Spielsituation hineinzuversetzen. Die Aufgabenstellung motivierte die Kinder und eine gespannte Erwartungshaltung war spürbar. Für viele wurde die Spielidee zur echten Herausforderung und sie entwickelten ein echtes Wir-Gefühl.

5.11 Probleme und Widerstände

Das größte Problem bestand im unterschiedlichen Kenntnis- und Erfahrungsstand der Gesamtgruppe. Während meine Klasse schon über Erfahrungen kooperativer Spielideen und Reflexionseinheiten verfügte, merkte man den Kindern der Partnerklasse deutlich an, dass diese Form des Miteinanderarbeitens für sie noch ungewohnt ist. Dieser Erfahrungsvorsprung löste in der Gruppe nicht unerhebliche Spannungen aus, die ein verstärktes Eingreifen meinerseits erforderten, um möglichen Frustrationen und Eskalationen vorzubeugen.
Ein Problem innerhalb der Spielsequenz:
Für einige Kinder war es nicht nachvollziehbar, dass nach dem Auffinden der Ritterdosen nicht gleich mit der Suche des Ritteredelsteins begonnen werden konnte und statt dessen ein weiterer „Arbeitsschritt" vollzogen wurde.

5.12 Belastungen

Die stärksten Belastungen zeigten die Kinder bezüglich der Ausdauer und der Geduld. Einige waren schon bei der Spurensuche diesbezüglich „im roten Bereich". Andere empfanden das Auffinden einer Ritterdose als „ihren Anteil" am Gemeinschaftswerk und setzten sich anschließend zur Ruhe. Die hohe Belastung des Fehler-suchen-Spiels durch das Nichtwissen der Fehlerzahl wurde durch die hohe Motivation der Aufgabe nur teilweise aufgefangen.

5.13 Gelungenes

Viele der Kinder zeigten tolle Qualitäten bezüglich ihrer kooperativen Fähigkeiten. So beeindruckten vor allem Sascha, Tobias, Marcel, Peter und Sebastian durch ihren Einsatz bei der Spurensuche und Sicherstellung der Ritterdosen. Die genannten Kinder stellten sich eindrucksvoll in den Dienst der Gruppe und munterten immer wieder weniger motivierte Kinder zum Durchhalten auf.
Trotz einzelner Durchhänger innerhalb einiger Aufgabenstellungen verlor die Spielidee der Rückeroberung des Ritteredelsteins nie ihren Reiz.

6. Der dritte Tag

Die Anstrengungen des Vortages hatten bei Kindern und Lehrkräften deutliche Spuren hinterlassen. Die geplanten Ritterspiele im Park wurden bis auf die Spiele „Rittermondball" und "Ritter, Burgfräulein und Drache" reduziert. Für die weitere verbleibende Zeit bis zur Abfahrt um 14.00 Uhr stand die Aufbereitung der Essensreste und die Hausreinigung auf dem Programm.

7. Fazit: Veränderungen und Auswirkungen

Für alle Beteiligten wurde unsere Klassenfahrt zu einer mit großem Aufwand und großer Spannung getragenen Unternehmung. Die Wahl eines Selbstversorgerhauses bewies sich dabei als geeigneter Rahmen. Grundlage des Gelingens war die gezielte intensive, als Projekt ausgearbeitete Vorbereitung, bei der die Kinder eine spürbare Vorfreude entwickelten.

7.1 In der Gruppe

Die Großgruppe wurde während der Vorbereitungszeit von der schon angesprochenen Vorfreude getragen. Während der Klassenfahrt selbst kamen vereinzelt, auch bedingt durch die unterschiedlichen Vorerfahrungen der beiden Klassen bezüglich erlebnispädagogischen Arbeitens, Unstimmigkeiten und Konkurrenzdenken auf. Dabei erschienen mir die Kinder meiner Klasse überfordert, angemessen auf die Unsicherheiten der Kinder der Nachbarklasse zu reagieren. Die Frustrationstoleranz zeigte hier deutlich ihre Grenzen und bei einigen Kindern meiner Klasse kam ein Gefühl im Sinne „das hätten wir besser alleine gemacht" auf. Dennoch wurde die Großgruppe auch bei diesen Problemen von der Spannung der Spielsequenz getragen.

7.2 Bei einzelnen Schülern

Eine für mich beeindruckende Erfahrung des Unterrichtsprojekts bestand darin, dass sozial starke Schüler wie Sebastian und Peter im Laufe des Projekts ein Gefühl dafür entwickelten, dass ihre Qualitäten des sich für die Gesamtgruppe einsetzens einen neuen Stellenwert erhielten. Sie erlebten das Klassenfahrtsprojekt als Spielfeld ihrer im alltäglichen Unterrichtsgeschehen nur eingeschränkt zu demonstrierender Qualitäten. Beide Schüler helfen gerne. Während ihre Hilfe sich im Alltag oftmals erst an ein Pflichtprogramm anschließt, konnten sie ihre Stärken beim Klassenfahrtsprojekt zum Pflichtprogramm machen.

7.3 Bei mir als Lehrer

Trotz des hohen Aufwandes und der spürbaren Anstrengungen in der Vorbereitung- und Durchführungsphase wurde das Projekt bei mir von einer großen Spannung getragen. Ich stellte mir dabei immer wieder die Frage, wie es um meinen Mut, Neues auszuprobieren, bestellt ist. Beim erlebnispädagogischen Abenteuerspiel spürte ich eine teilweise intensive (An-)Spannung im mich Einlassen auf die Rolle des nicht bzw. nur in Ausnahmefällen einschreitenden Spielleiters. Es ist wohl noch ein langer Weg für mich, den Weg als Ziel zu sehen.

8. Ausblick

Die Idee, eine Klassenfahrt als Projekt, unter erlebnispädagogischer Zielsetzung und in einem Selbstversorgerhaus durchzuführen, hat sich bewährt. Das Erleben praktizierter Selbstverantwortlichkeit der Kinder hat mich beeindruckt. Die hier gemachten Erfahrungen werden ihre Spuren auch im Schulalltag hinterlassen. Ich vergleiche die Erlebnispädagogik gerne mit Urlaub an der Nordsee. Die wahren Qualitäten dieser Landschaft sind nicht auf den ersten Blick erkenn- und erlebbar. Doch hat dich deren Faszination einmal gepackt, lässt sie dich nicht mehr los. Nicht einmal im Winter.

Heide Kunz und Rüdiger Gilsdorf

Kanuexpedition auf Nahe und Glan

– eine Unternehmung im Spannungsfeld von Erlebnispädagogik und Ökologie

1. Die Idee: Eine Klassenfahrt als Abenteuer

„Nur wer zu weit geht, lernt, wie weit er gehen kann." Das wäre kein schlechtes Motto für unser Projekt gewesen. Die Rede ist von einer dreitägigen Klassenfahrt, die wir mit der sechsten Klasse eines Gymnasiums unternommen haben. Wir wollten dabei Erlebnispädagogik und ökologisches Lernen miteinander verbinden. Etwas genauer betrachtet hatten wir folgende Zielvorstellungen:

➢ **Klassengemeinschaft stärken**

Die Klasse, 11 Mädchen, 9 Jungen, mit der wir die Fahrt unternommen haben, war nicht besonders auffällig. Aber es gab doch genug Probleme, wie sie heute vielen Lehrerinnen und Lehrern Sorgen machen: Der Umgangston untereinander war nicht besonders erfreulich, Konflikte wurden oft verbal aggressiv ausgetragen und einzelne Schüler und Schülerinnen standen eher am Rande der Gemeinschaft. Eine Kanufahrt ist in mancherlei Hinsicht eine geradezu ideale Methode, um sich mit dem Umgang untereinander in einer Gruppe auseinanderzusetzen. Man sitzt sprichwörtlich „in einem Boot" bzw. ist in der Gruppe mehrerer Boote aufeinander angewiesen. Diesen Gemeinschaftsaspekt verstärkten wir noch dadurch, dass wir die Fahrt als Expedition „ausschrieben": Die Herausforderung für die Klasse bestand darin, drei Tage gemeinsam auf dem Fluß unterwegs zu sein, ohne dabei Zugang zu den Annehmlichkeiten der Zivilisation zu haben und dabei gleichzeitig einen Forschungsauftrag auszuführen.

➢ **Selbständigkeit fördern**

Unsere Kanuexpedition brachte eine Vielzahl von Aufgaben für die Schülerinnen und Schüler mit sich: Mahlzeiten mussten geplant, Finanzen kalkuliert, Lebensmittel eingekauft und verladen, Kleidung wasserdicht verpackt, Boote gepaddelt, gesteuert und an Wehren umtragen, Biwaks aus Plastikplanen aufgebaut, Feuer gemacht, Essen gekocht, Geschirr gewaschen werden und noch einiges mehr. Jede Menge Lernchancen für Schritte in die Selbständigkeit! Diese wollten wir gezielt nutzen. Die Komplexität eines solchen Unternehmens bringt es natürlich ohnehin mit sich, dass die Schülerinnen und Schüler viel selber machen müssen. Eines unserer ausdrücklichen Ziele war es, darüber hinaus ihnen eine möglichst weitgehende Autonomie in Planung und Durchführung zu überlassen, die Expedition also als Lernfeld für selbstverantwortliches Handeln zu gestalten.

Wir setzten daher einige Nachmittage als Planungstreffen an. An diesen konnte die Gruppe alle Aspekte der Fahrt durchsprechen und Entscheidungen über deren Gestaltung treffen. Unsere Rolle definierten wir von Anfang an als die des medizinisch-technischen Hilfsteams, das nur dann ins Geschehen eingreift, wenn Not am Mann ist oder die Sicherheit in Gefahr erscheint. Organisatorische Dinge mussten also ebenso von den Schülerinnen und Schülern geregelt werden wie Fragen des Umgangs miteinander, der Verantwortlichkeit für bestimmte Aufgaben und des Umgangs mit Konflikten.

➢ **Den Lebensraum Fluß erfahren und erforschen**

Die Beschäftigung mit dem Wasser und den in seinem Umfeld existierenden Lebewesen liegt nahe, wenn man über einen Fluß fährt. Und doch haben die Kanufahrer in vielerlei Hinsicht mit sich selbst zu tun, und der Fluß ist oft nicht mehr als eine Szenerie, auf der sich das eigene Erleben abspielt. Wir wollten einmal ausprobieren, wie weit man das lustvolle Erlebnis auf so einer Tour mit ökologischem Lernen verbinden kann. Der Forschungsauftrag des Expeditionsteams bestand darin, möglichst viele Informationen über die beiden zu befahrenden Flüsse Nahe und Glan zu erfassen, zu dokumentieren und auszuwerten. Im Sinne eines fächerübergreifenden Projekts sollten Vorbereitungen dieses „wissenschaftlichen“ Teils der Expedition in den Fächern Biologie, Chemie und Erdkunde stattfinden.

Zum sportlichen Abenteuer, das eine solche Unternehmung ohnehin darstellt, kam also die soziale Herausforderung und der fachliche Auftrag hinzu. Wir waren uns darüber im klaren, dass dies ein für Sechstklässler sehr anspruchsvolles Unterfangen war. Erste Gespräche mit der Klasse ergaben aber, dass die Schülerinnen und Schüler hoch motiviert waren. Und so gaben wir dem Projekt eine Chance.

2. Der Auftrag: Die Schüler in der Rolle von Forschern

Für die Befahrung wählten wir eine 29 km lange Flußstrecke auf Glan und Nahe, unterteilt in drei Etappen von 8, 11 und 10 Kilometern. Das mag relativ kurz erscheinen, erschwerend kamen aber auf dieser Strecke vier Wehre hinzu, um die die Boote auf z.T. mühsamen Strecken herumgetragen werden müssen. Beide Gewässer sind ansonsten ausgesprochene Wanderflüsse mit vereinzelten schnellfließenden Abschnitten.
Im Laufe der Vorbereitungstreffen wurde der Klasse der folgende Expeditionsauftrag ausgehändigt.

Expeditionsauftrag

1. Kartierung und Bericht über die Gewässerstrecke Glan/Nahe von Rehborn bis Bad Münster am Stein
Unter Berücksichtigung, dass bereits existierende topographische Karten und Flußbeschreibungen erweitert werden sollen!
a) allgemeine Beschreibung der Gewässerstrecke (siehe Protokollbögen)
b) zusammenfassendes Bild der Flüsse (d.h. worin gleichen/unterscheiden sie sich)
c) markante Stellen für weitere Untersuchungen bezeichnen

2. Untersuchung ausgewählter Abschnitte (siehe Karte)
a) physikalisch (Strömung, Tiefe, Breite, Gefälle)
b) chemisch (Koffer, Protokollbögen)
c) biologisch (Bestimmungsschlüssel, Protokollbögen)
d) Pflanzenbestimmung (soweit mit Bestimmungsbüchern möglich)
e) Tier-/Vogelbestimmung (soweit mit Bestimmungsbüchern möglich)

!Achtung!
Oberstes Prinzip: Erhaltet die Ökologie! Zerstört nichts!

Zusätzliche Aufgabe: Die Expedition soll in Planung und Verlauf dokumentiert werden! (Tagebuchform)

Zusätzlich erhielten die Schüler und Schülerinnen folgende Materialien:

Zur Orientierung
- Kopien der Ausschnitte aus den entsprechenden topographischen Karten, auf denen wichtige Etappenpunkte (Ein- und Ausstiegsstellle, Übernachtungsplätze, Flußabschnitte zur besonderen Untersuchung) eingezeichnet waren
- Kopien der DKV-Flußführer von Glan und Nahe mit Legende zum Verständnis der Symbole
- Ein Blatt mit Kilometerangabe und Beschreibung der wichtigsten Etappenpunkte

Zur Dokumentation
- Protokollbögen zur Beschreibung der Gewässerstrecke (Uferbeschaffenheit, Wehre, Wasserzustand, Wasserpflanzen, Uferpflanzen, besondere Beobachtungen)
- Protokollbögen zur biologischen Wasseruntersuchung (Indikatororganismen)
- Protokollbögen zur chemischen Wasseruntersuchung

Zur Durchführung der Untersuchung
- ein chemischer Untersuchungskoffer
- mehrere Pflanzenbestimmungsbücher
- diverse kleinere Geräte (Bandmaß, Kordel, Gläser für Wasserproben, Lupen etc.)

Für die Fahrt selbst
- sechs 4er-Kanadier mit Stechpaddeln, Transporträder
- vier Kajaks (zwei für das medizinisch-technische Hilfsteam)
- 20 Schwimmwesten, zwei Helme
- wasserdichte Tonnen bzw. Säcke, mehrere große Planen

3. Die Vorbereitung: Sportliches Training, Wissensvermittlung und selbständige Entscheidungen

Im Rahmen des Sportunterrichts wurde von der Klassenlehrerin selbst ein Trainingsprogramm zur Vorbereitung auf die Expedition durchgeführt. Mehrere Schwimmstunden hatten zum Ziel, dass alle Schülerinnen und Schüler den Jugendschwimmschein als Mindestanforderung für eine Kanutour absolvieren konnten. Die Motivation dafür war bei allen sehr hoch, und das angestrebte Ziel wurde problemlos erreicht. In einer abschließenden Stunde sollte das Verhalten beim Kentern eines Bootes erläutert und praktisch geübt werden, was aber den sehr zeitaufwendigen Planungsgesprächen zum Opfer fiel.

Zur Vorbereitung des wissenschaftlichen Teils der Expedition wurden Vereinbarungen mit mehreren Fachlehrern getroffen: Im Fach Biologie sollte eine Einführung in die biologische Bestimmung der Wasserqualität anhand von Mikroorganismen gegeben werden. Im Fach Physik/Chemie war die Vorbereitung der chemischen Gewässeruntersuchung mit Hilfe eines Untersuchungskoffers vorgesehen. In Erdkunde schließlich sollte die Orientierung anhand der Karte behandelt werden. Die Koordination dieser Vorbereitungen erwies sich aus mehreren Gründen als schwierig. Zum einen sind die für die Expedition benötigten fachlichen Voraussetzungen nicht oder nur teilweise im Stoffplan der Klasse 6 vorgesehen. Zum anderen erwies es sich als nachteilig, dass sich die Fachlehrer nur am Rande mit der Planung und gar nicht bei der Durchführung des Projekts beteiligten. Die Vorbereitungen der Schülerinnen und Schüler auf den wissenschaftlichen Teil der Expedition waren daher unzureichend.
Um die Expedition im einzelnen zu planen, traf sich die Klasse an mehreren Nachmittagen in der Schule. Inhalte dieser Treffen waren: die Essensplanung, Kalkulation der erforderlichen Mengen, Informationen über Preise, Organisation des Einkaufs, Aufteilung von während der Fahrt anfallenden Arbeiten und Verantwortlichkeiten, Beschlüsse zum Respekt der Intimsphäre, zum Umgang mit Konflikten, zum Umgang miteinander allgemein. Ausdrücklich ausgenommen aus der Entscheidungsbefugnis der Gruppe waren Sicherheitsregeln, die zu Beginn der Fahrt vom medizinisch-technischen Begleitteam erläutert wurden. Dass sich die Klassenlehrerin bei diesen Planungsgesprächen weitgehend im Hintergrund hielt, war für die Schülerinnen und Schüler zunächst verunsichernd. Sie erwarteten Eingreifen, Schlichten und Entscheidungen. Als sie aber begriffen hatten, dass sie selbst für das Geschehen verantwortlich waren, entwickelten sie eine erstaunliche Selbständigkeit in der Gestaltung der Treffen. Die Vorbereitungstreffen wurden zu einer sehr zeitaufwendigen und für alle Beteiligten anstrengenden, aber gerade dadurch lohnenden Phase. Die insgesamt fünf (!) Treffen haben stark zur Motivation und zur Identifikation mit den Zielen der Expedition beigetragen.

4. Der Expeditionsverlauf: Grenzerfahrungen als Höhe- und Tiefpunkte

Ein Eindruck von der Fahrt darf auf keinen Fall verschwiegen werden: Sie war anstrengend. Weniger das Paddeln selbst, als vor allem das Umtragen der Wehre! Unsere Kanuflotte hatte durchaus eine gewisse Ähnlichkeit mit einem schwimmenden Markt. An jedem Wehr mussten die Boote entladen, Tonnen, Säcke, Tüten und sonstiges Gepäck einzeln umtragen, dann die Boote gemeinsam angepackt und schließlich alles wieder eingeladen werden. Da halfen uns auch die mitgeführten Transporträder wenig, denn bis auf ein Wehr war das Gelände zu uneben für ihren Einsatz. Die Sechstklässler, deren körperlichen Kräfte

wir doch etwas überschätzt hatten, waren bis an die Grenze ihrer Belastbarkeit gefordert. Und das technische Hilfsteam tat sein Bestes, viel mehr als eigentlich geplant, denn ohne unseren vollen körperlichen Einsatz wäre es überhaupt nicht gegangen. Die Wehre haben uns jedenfalls sehr viel Zeit und Energie gekostet.

Beim Kanufahren selbst hatten die Schülerinnen und Schüler sehr viel Spaß. Nachdem sie sich erst einmal mit der Steuerung der Boote einigermaßen vertraut gemacht hatten, gingen einzelne Boote zu Wasserschlachten über und blieben dabei natürlich nicht ganz trocken.
Beim Auspacken abends kam dann die böse Überraschung: Einige mussten feststellen, dass sie ihre Sachen nicht richtig wasserdicht verschlossen hatten. Nasse Kleidungsstücke, sehr späte Ankunftszeit kurz vor Einbruch der Dunkelheit, Spannen der Planen zu einem regensicheren Biwak und letztlich die Essenszubereitung auf dem Feuer ging der Gruppe so an ihre letzten Kräfte, dass die Schüler in Gesprächen untereinander in Erwägung zogen, nicht mehr weiterzufahren. Doch morgens sieht die Welt meistens wieder anders aus. Unser Angebot, die Expedition an dieser Stelle abzubrechen und für gescheitert zu erklären, wollten die Schülerinnen und Schüler nicht annehmen. Und so entschloß sich die Gruppe uneingeschränkt weiterzufahren, obwohl klar war, dass auch an diesem Tag zwei weitere schwierige Wehre auf uns warten würden.

Vor der Weiterfahrt wurden sogar noch Wasserproben chemisch untersucht. Der wissenschaftliche Teil der Expedition kam aber auch im weiteren Verlauf viel zu kurz. Den Schülerinnen und Schülern fehlte einfach die Kraft und Zeit, sich ausgiebiger mit ihrem Forschungsauftrag zu beschäftigen. Und der Auftrag als solcher war auch zu anspruchsvoll.

Eine Begebenheit, die sich am zweiten Tag ereignete, verdient es, ausführlicher geschildert zu werden, da daran exemplarisch die Konflikte, die zwischen den erlebnispädagogischen und ökologischen Zielsetzungen einer solchen Unternehmung auftauchen können, deutlich werden. Das dritte Wehr auf unserer Strecke hat einen ganz besonderen Charakter. Die Nahe teilt sich hier auf – ein Teil des Wassers wird in einen Kanal abgezogen, der zu einer alten Fabrik führt und ab dort nicht mehr passierbar ist. Die eigentliche Flußstrecke hat bei normalem Wasserstand nur sehr wenig Wasser, und man kann die Boote bestenfalls treideln (hinter sich herziehen). Man kann auch den Kanal ein Stück entlangfahren und dann die Boote über die Insel, die zwischen Kanal und Fluß liegt, bis zu deren erneutem Zusammenfluß nach etwa 300 Metern tragen. Unter erlebnispädagogischen Gesichtspunkten eine ideale Gegebenheit: ein Hindernis, eine Unsicherheit, wie es weitergeht, eine Entscheidungssituation – alle „Zutaten" für einen Problemlöseprozess, an dem die Gruppe wachsen kann, sind gegeben. Voraussetzung ist natürlich, dass das Leitungsteam sich zurückhält und die Gruppe selber entdecken und entscheiden läßt. Leider ist das hier nicht möglich, denn an dieser Stelle beginnt ein Naturschutzgebiet. Insbesondere das Treideln durch das Flußbett ist unter ökologischen Gesichtspunkten bedenklich. Aber auch die Insel ist Teil des Naturschutzgebietes, wenngleich das für den Laien weniger einsichtig ist, liegen hier doch diverse Überreste aus der ehemaligen Fabrik, die jetzt als Lagerhalle genutzt wird, in der Gegend herum. Aus diesem Grund hatten wir ursprünglich geplant, die Boote mit Hilfe der Transporträder auf einem ehemaligen Bahndamm und durch einen Tunnel hindurch über eine ca. 1,5 km lange Strecke zu transportieren. Während der Fahrt war uns aber klar geworden, dass die Gruppe damit kräftemäßig überfordert wäre. Also entschieden wir uns dafür, die Überquerung der Insel als Option zuzulassen. Wir wollten die Problematik des Unterfangens aber auch den Schülerinnen und Schülern deutlich machen und schilderten die Situation in einer ausführlichen Besprechung. Die Gruppe entschied sich, ohne lange zu zögern, für die Durchquerung des Naturschutzgebietes.

Gemeinsam stellten wir Regeln auf, mit Hilfe derer wir die Natur schonen wollten: nur auf dem Pfad bleiben, nur Flüstern, keine Pflanzen zerstören. Die darauffolgende Überquerung der Insel war ein eindrucksvolles Erlebnis. Die Gruppe ging mit einer sehr großen Selbstdisziplin vor und hielt sich an alle Regeln. Wir brauchten nicht ein einziges Mal in die Aktion einzugreifen. Die Schülerinnen und Schüler

ermahnten sich hingegen untereinander. Die Tatsache, dass wir ein Naturschutzgebiet durchquerten, war allen im Bewußtsein und sorgte für eine unglaublich dichte Atmosphäre. Anschließend äußerten viele ein Gefühl der Erleichterung und Freude über das gute Verhalten der Gruppe. Unter ökologischen Gesichtspunkten mag das, was wir getan haben, trotzdem fragwürdig sein. Für die Pflanzen und Tiere an der Nahe wäre es wahrscheinlich sogar das beste, diesen Flußabschnitt überhaupt nicht mit Kanus zu befahren. Wir sind aber der Überzeugung, dass die Schülerinnen und Schüler dieser Klasse auf dieser Fahrt und speziell bei der eben beschriebenen Aktion Erfahrungen gemacht haben, die sie einer Sorge um die Natur näher gebracht haben, und die ihr künftiges Verhalten gegenüber der Umwelt beeinflussen werden. Eine intensive Diskussion über diese Fragen zwischen Ökologen und (Erlebnis-)Pädagogen wäre sicherlich interessant.

Der weitere Verlauf der Fahrt brachte den Schülerinnen und Schülern noch ein paar aufregende Erlebnisse auf schneller fließenden Flußabschnitten und dem medizinisch-technischen Hilfsteam eine Grenzerfahrung in der zweiten Nacht. Ein Schüler hatte seine Sachen in einem Grüne-Punkt-Sack verstaut mit dem Ergebnis, dass alles naß war. Er war so erbost, dass er sich weigerte, trockene Sachen von anderen anzunehmen und sofort nach Hause wollte. Die Gruppe konnte ihn aber mit verschiedenen Argumenten überzeugen, die Nacht noch zu bleiben. Da auch noch ein weiterer Schlafsack naß geworden war, wurden ein Reserveschlafsack und Decken besorgt. Die Nacht wurde dann ungewöhnlich kalt. Am Ende sah sich einer der technischen Helfer gezwungen, seinen eigenen Schlafsack gegen die Decken zu tauschen. Obwohl der Morgen mit strahlendem Sonnenschein und heißer Schokolade begann, wollte der Schüler die letzte Etappe nicht mehr mitfahren und musste an einen nahegelegenen Bahnhof gebracht werden.

Grenzerfahrungen gab es alles in allem genug auf dieser Tour. Höhe- und Tiefpunkte lagen dabei oft dicht beieinander. Oder – anders ausgedrückt – die Tiefpunkte entpuppten sich im Nachhinein als die eigentlichen Höhepunkte. Geplant haben wir das nicht. Vielleicht gerade deshalb hatten alle Beteiligten am Ende das Gefühl, dass sie ein wirkliches Abenteuer hinter sich hatten.

5. Die Erkenntnisse: 3 Tage voller Lernchancen

Im Anschluß an die Fahrt verfaßten die Schüler einen ausführlichen Expeditionsbericht für die Sponsoren (Eltern). Aufgrund der bereits beschriebenen Umstände verzichteten wir auf eine ausführliche Darstellung der wissenschaftlichen Ergebnisse in diesem Bericht. Stattdessen regten wir die Klasse an, sich auf eine Analyse der Höhe- und Tiefpunkte der Fahrt und auf die Bewertung der gemeinsamen getroffenen Entscheidungen zu konzentrieren. Die Schülerinnen und Schüler setzten sich dabei erstaunlich kritisch und konstruktiv mit ihrem eigenen Verhalten auseinander und benannten auch einige Aspekte in der Vorbereitung durch das Betreuerteam, die sie sich andres gewünscht hätten. Insgesamt überwog aber die Zufriedenheit über das gemeinsame Erfolgserlebnis. Da die Klassenlehrerin im folgenden Schuljahr nicht mehr in der Klasse unterrichtete, konnten wir die in diesem Sinne begonnene Arbeit nicht fortsetzen und können auch keine Aussagen über eventuelle Langzeiteffekte dieser Fahrt machen.
Unsere wichtigste Lernerfahrung ist, dass das Projekt völlig überfrachtet war. Die meisten Lerngelegenheiten, die darin stecken, wurden nur im Ansatz wahrgenommen. Für künftige Unternehmungen dieser Art lassen sich ein paar Schlußfolgerungen festhalten:

- Ein komplexer Expeditionsauftrag in dieser Form bietet sich eher für ältere Schülerinnen und Schüler an, vor allem, wenn Wert auch auf das wissenschaftliche Arbeiten mit konkreten Ergebnissen gelegt wird. Insbesondere die Gewässeruntersuchungen verlangen doch einiges an Vorwissen. Auch die Aus- und Aufarbeitung der Beobachtungen und Ergebnisse ist eine anspruchsvolle Aufgabe, die eine gewisse Erfahrung mit wissenschaftlichen Arbeitstechniken voraussetzt.

- Jugendliche dieser Altersgruppe brauchen auch im logistischen Bereich etwas mehr Vorbereitung. Beispielsweise wäre eine Arbeitseinheit über den Bau eines Biwaks mit Planen sinnvoll gewesen. Insgesamt sind wir jedoch der Meinung, dass das hohe Maß an Autonomie und Selbstverantwortung, das wir der Gruppe gelassen haben, sich bewährt hat. Die Schülerinnen und Schüler waren recht gut in der Lage, selbständig Entscheidungen von größerer Tragweite zu treffen und in ihren Konsequenzen zu handhaben.

- In der wissenschaftlichen Vorbereitung steckt der Stoff für ein mehrwöchiges fächerübergreifendes Unterrichtsprojekt. Dazu sollte bereits in der Planung eine enge Kooperation von Klassenlehrer/in und Fachlehrer/innen (Biologie, Chemie, Erdkunde sowie Sport und evtl. weitere Fächer) stattfinden. Die Beteiligung einer oder mehrerer dieser Lehrkräfte bei der Durchführung wäre ebenfalls wünschenswert und würde eine Reihe weiterer Lernchancen eröffnen.

- Das Kanufahren an sich ist so attraktiv und aufregend, dass es einen großen Teil der Konzentration und Energie der Expeditionsteilnehmer bindet, insbesondere beim ersten Mal. Diese Erfahrung haben wir inzwischen bei zahlreichen Touren mit Jugendlichen und Erwachsenen gemacht. Wenn der wissenschaftliche Auftrag bei solch einer Unternehmung also zu seinem Recht kommen soll, ist es von Vorteil, wenn die Beteiligten vor der Expedition bereits einmal die Gelegenheit zu einer kleineren Tour hatten. Darüber hinaus ist nicht zu vergessen, dass auch die Gewässeruntersuchung für sich allein eine interessante Aktion darstellt. Mit der Kombination dieser beiden unterschiedlichen Aufgaben hat man das Werkzeug für ein äußerst attraktives Unterrichtsprojekt. Es lohnt sich, dieses recht langfristig anzulegen.

- Die selbstverantwortliche und zeitintensive Vorbereitung des Projekts durch die Schülerinnen und Schüler hat sich bewährt. Alle Beteiligten waren der Meinung, dass die fünf Nachmittage sehr gut investiert waren. Viele Probleme, die man häufig auf Klassenfahrten antrifft, tauchten gar nicht erst auf oder wurden im Ansatz von den Schülerinnen und Schülern selbst bewältigt, die dabei ein Stück selbständiger wurden. In diesem Sinne war die Fahrt ein voller Erfolg.

Sylvia Gruber

Auf den Spuren Manitus

Ein „indianisches“ Zeltlager mit zwei Klassen

Ausgangssituation

Zwischen zwei 6. Klassen (Hauptschule) aus Unkel und Heimbach-Weis bestand seit ca. einem Jahr vor der Klassenfahrt eine Klassenpartnerschaft. Die 46 Schüler „kannten“ sich von zwei bisher stattgefundenen gegenseitigen Besuchen. Aus einem Briefwechsel der beiden Klassen entstand die Idee einer gemeinsamen Klassenfahrt. Die Schüler entschieden sich für ein Zeltlager mit Selbstversorgung.
Dies ließ sich im Brexbachtal bei Bendorf/Sayn (nahe Koblenz) verwirklichen. Der Zeltplatz befindet sich auf einer Waldlichtung ca. 3 km von der nächsten Ortschaft entfernt. Der Brexbach führt unmittelbar am Rande des Zeltplatzes vorbei.

Ziele

- Primäres Ziel war für mich die Verbesserung der Klassengemeinschaft, da die soziale Situation der Klasse sich im Unterricht bisher als sehr problematisch erwiesen hatte. Die Klassensituation ist dadurch gekennzeichnet, dass untereinander ein rauher Umgangston herrscht, die Schüler kaum Rücksicht aufeinander nehmen und viele von ihnen Probleme haben, in der Gruppe miteinander zu arbeiten.
- Gemeinsame Erlebnisse mit der Partnerklasse.
- Natur erleben und bewußt (=umwelt„bewußt“) mit ihr umgehen. Die Schüler beider Klassen stammen zwar aus dem eher ländlichen Raum, dennoch läßt sich die Aussage treffen, dass sich ein Großteil der Schüler nur wenig mit der Natur auseinandersetzt. Dies läßt sich u.a. daran erkennen, dass bei Wandertagen von Schülern Müll achtlos weggeworfen wird. Trotz eingehender Gespräche über Natur und Müllproblematik zeigen sich einige Schüler der Klasse eher uneinsichtig.

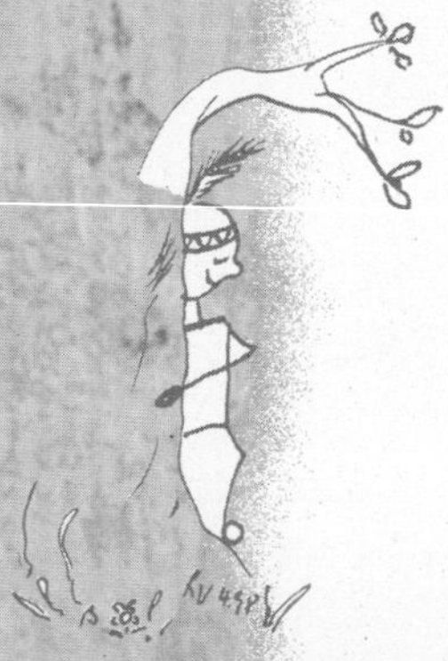

Die Verwirklichung dieser Punkte haben wir, d.h. ein Kollege aus meiner Schule, mein Kollege aus der Partnerschule sowie eine als Begleitperson mitfahrende Mutter und ich, uns vor der Klassenfahrt als Ziel gesteckt. Erreicht werden sollte dieses über gemeinsame Aktivitäten und Spiele in der freien Natur. Aktivitäten und Spiele [1] waren von uns so konzipiert, dass von den Schülern in besonderem Maße Zusammenarbeit, gegenseitiges Aufeinandereingehen und gemeinsame Entscheidungsfindung gefordert wird. Es soll den Schülern jedoch auch die Möglichkeit gegeben werden, ihre eigenen Grenzen zu erfahren und vielleicht auch zu überwinden. Hiermit sind nicht nur körperliche Leistungsgrenzen gemeint, sondern auch die Erfahrung, Hilfe von Mitschülern anzunehmen, körperliche Nähe zuzulassen oder sich auf unbekannte Situationen einzulassen. Wesentlich ist jedoch auch, dass die Schüler Spaß und Erfolgserlebnisse bei den gemeinsamen Aktivitäten haben.
Die von uns dazu ausgewählten Spiele wurden durch eine Rahmengeschichte miteinander verknüpft. Aufgrund der Umgebung des Zeltplatzes (viel Wald, ein kleiner Fluß, kleine Holzhütten und ein großer Marterpfahl) entschieden wir uns dazu, die geplante Spielsequenz in eine Indianergeschichte einzukleiden und so lautete das Motto unserer Klassenfahrt „Stammestreffen der BREXPAKLA- (= Brexbachtalpartnerklassen) INDIANER."

Vorbereitungen

Die Vorbereitungen der Klassenfahrt wurden größtenteils von den Lehrern durchgeführt. Dies lag zum einen an der bereits geschilderten problematischen Klassensituation, die selbständige Koordination und Absprachen unter den Schülern kaum möglich machten; zudem war die Kommunikation der beiden Klassen aufgrund der räumlichen Entfernung (ca. 40 km) erschwert. Zum anderen war es für die Schüler beider Klassen die erste Klassenfahrt, so dass sie auf keinerlei Vorerfahrungen zurückgreifen konnten. Deshalb wurden die folgenden Vorbereitungen von den Lehrern im Vorfeld getroffen:

- Einkäufe der benötigten Lebensmittel
- Zusammenstellen von Materialien: Kletterseile, Weinkisten, Bastelmaterialien, wie Korken, Papier, Wolle, Scheren, Flaggenteile (= Bettlaken), Fingerfarbe,..., Bastelanleitungen für indianische Gegenstände [2] .
- Herstellen von Nuggets, d.h. Anmalen von Kieselsteinen mit Goldbronze.
- Vorbereitung des „magischen Beutels", d.h. Herstellen von 8 verschiedenen Puzzles aus Indianerbildern; mit Hilfe dieser soll die spätere Aufteilung der Schüler in verschiedene „Stämme" erfolgen.
- Vorbereitung von schriftlichem Informationsmaterial für die Schüler.

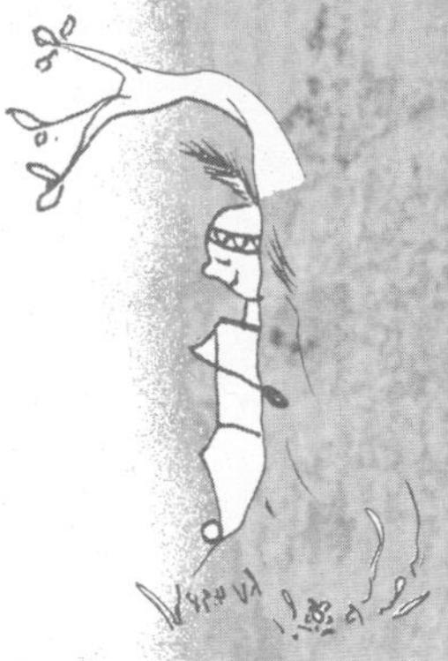

1 Anregungen für die durchgeführten Spiele stammen aus: Gilsdorf, R. & Kistner, G. (1995), sowie Geissler, U. (1993)

2 Aus folgenden Büchern wurden Anregungen zum Herstellen indianischer Gegenstände entnommen: Sommer, J. (1992), Michalski, U. & T. (1986)

Übersicht über den Ablauf der Klassenfahrt

1. Tag:
   - Anfahrt und Zeltaufbau
   - Vorstellung der Ausgangssituation: Stammestreffen der Brexpakla-Indianer
   - Zusammenfinden der einzelnen Stämme; Herstellung von Stammesflaggen
   - Erkundung des Geländes um den Zeltplatz
   - Goldsuche im Fluß
   - Nächtliche Herausforderungen

2. Tag:
   - Handel und Einkäufe im Saloon
   - Herstellung indianischer Gegenstände
   - Freiwillige Zusatzangebote
   - Dankfest zu Ehren Manitus
   - Nachtwanderung (freiwillig)

3. Tag:
   - Abbau der Zelte und Rückfahrt

Ablauf

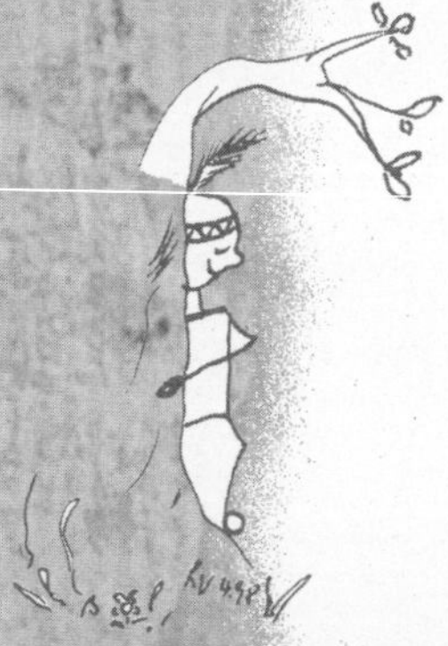

1. Tag

Einführungsgeschichte

Im Brexbachtal findet das erste Stammestreffen der Brexpakla-Indianer seit 200 Jahren statt. Damals gab es 8 Unterstämme mit eigenen Namen und Bräuchen. Diese Bräuche sollen während des Zeltlagers wieder ins Leben gerufen werden. Im magischen Beutel, der von einem Medizinmann aufbewahrt wurde, kann jeder eine Information über seine Stammeszugehörigkeit erhalten.
Die Schüler ziehen aus dem magischen Beutel einzelne Puzzleteile, suchen untereinander dazugehörige Gegenstücke und finden so ihre Stammesbrüder und -schwestern.

Benennung des Stammes und Herstellen der Flagge
Die Unterstämme erhalten vom Medizinmann eine Botschaft von Manitu:

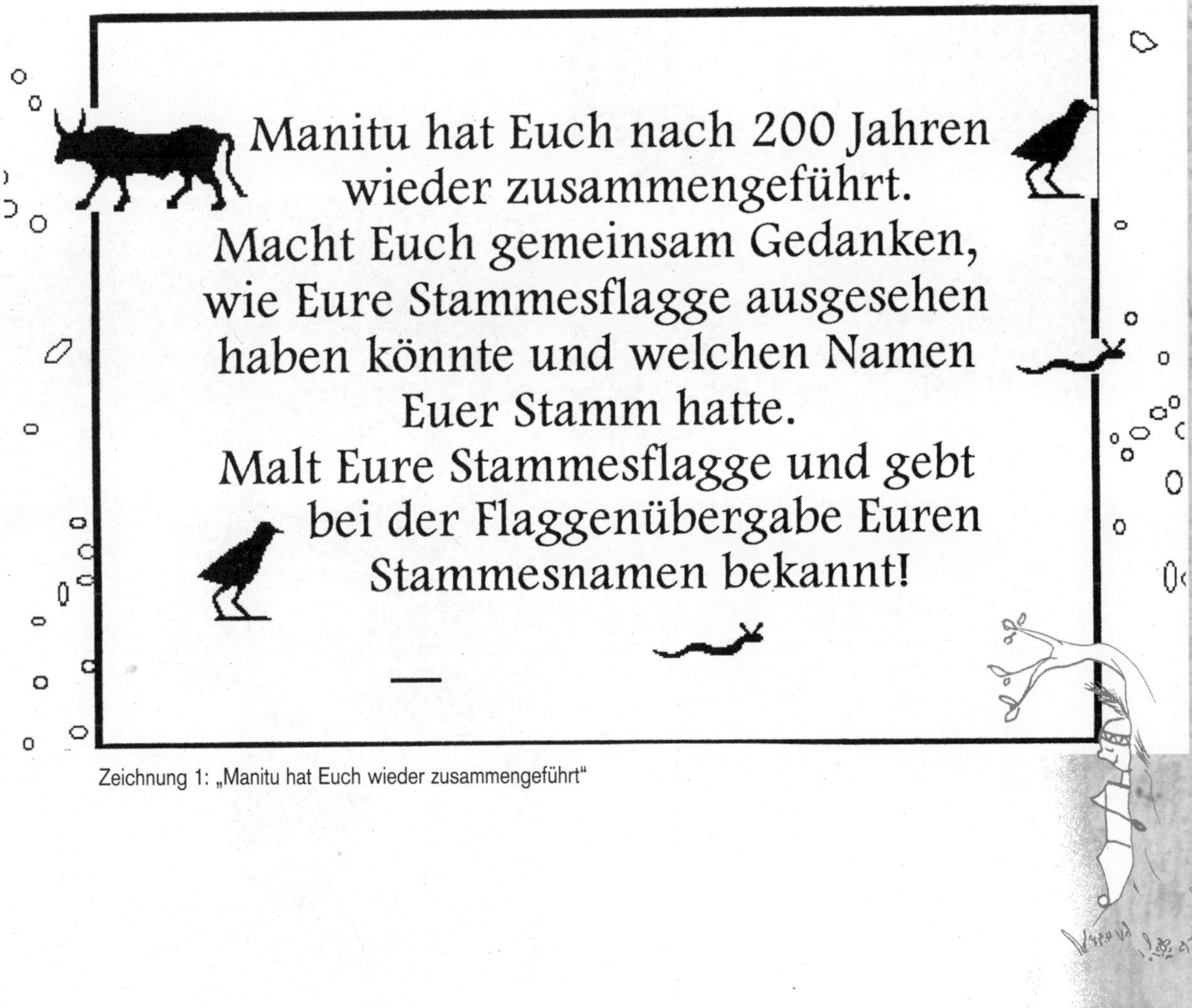

Zeichnung 1: „Manitu hat Euch wieder zusammengeführt"

Bild 1: Ein Indianerstamm
beim Malen der Flagge

Die Indianer zeichnen und malen ihre Flaggen und geben sich einen Stammesnamen. Anschließend erfolgt das gegenseitige Vorstellen und das gemeinsame Zusammenfügen der einzelnen Flaggenteile.

Bild 2: Indianer Daniel nach
vollendeter Arbeit

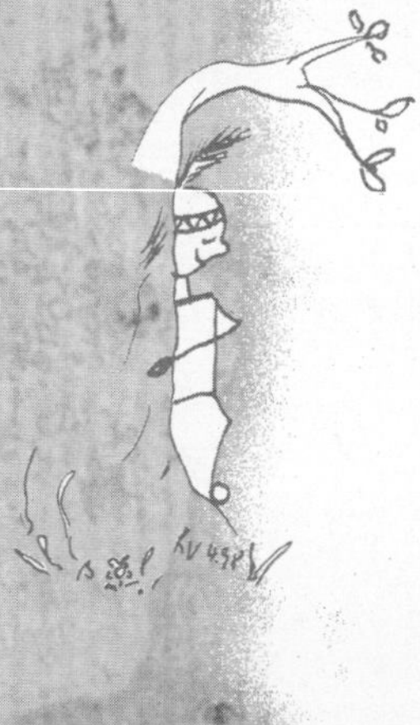

Erkundung des „Landes der Urahnen“

Die Unterstämme erhalten vom Medizinmann schriftliche Erkundungsaufträge, die das Sammeln von verschiedenen Naturmaterialien beinhalten:

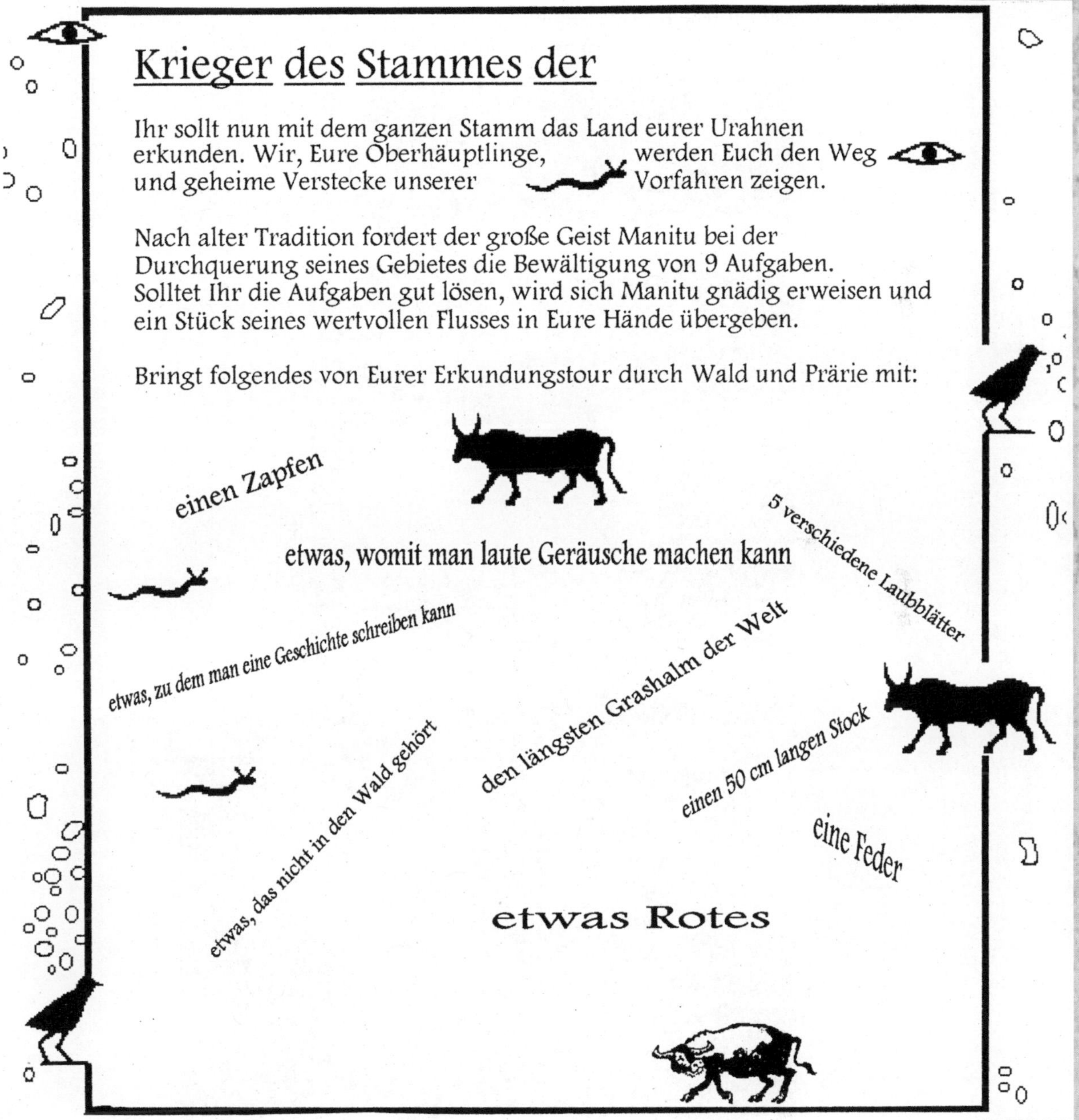

Krieger des Stammes der

Ihr sollt nun mit dem ganzen Stamm das Land eurer Urahnen erkunden. Wir, Eure Oberhäuptlinge, werden Euch den Weg und geheime Verstecke unserer Vorfahren zeigen.

Nach alter Tradition fordert der große Geist Manitu bei der Durchquerung seines Gebietes die Bewältigung von 9 Aufgaben. Solltet Ihr die Aufgaben gut lösen, wird sich Manitu gnädig erweisen und ein Stück seines wertvollen Flusses in Eure Hände übergeben.

Bringt folgendes von Eurer Erkundungstour durch Wald und Prärie mit:

einen Zapfen

etwas, womit man laute Geräusche machen kann

5 verschiedene Laubblätter

etwas, zu dem man eine Geschichte schreiben kann

den längsten Grashalm der Welt

einen 50 cm langen Stock

etwas, das nicht in den Wald gehört

eine Feder

etwas Rotes

Zeichnung 2: „Krieger des Stammes der ...“

Auf einer gemeinsamen Erkundungstour durch die Jagdgründe Manitus erfüllen die einzelnen Unterstämme die an sie gestellten Aufgaben. Desweiteren werden mit Taschenlampen geheimnisvolle Höhlen (= alte Bergwerkstollen) erforscht. Da diese nur über schmale „gefährliche“ Pfade zu erreichen sind, finden zuerst noch unfreiwillige und anschließend mit großer Begeisterung freiwillige Kontaktaufnahmen mit dem Brexbach statt.

Bild 3: Schüler vor der Erkundung einer der geheimnisvollen Höhlen

Bild 4: Badespaß im Brexbach

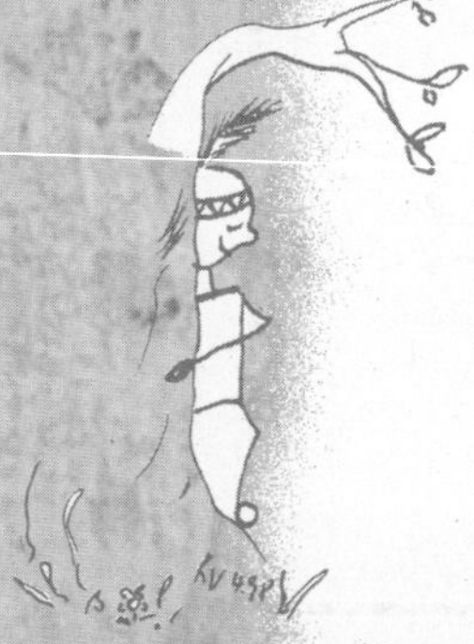

Bild 5:
Goldsuche im
Brexbach

Die Goldsuche

Innerhalb der Unterstämme findet eine Besprechung der Gruppenergebnisse statt.
Da alle „Rothäute" ihre Aufgaben gut bewältigt haben, erhalten sie dank Manitus Gnade „goldhaltige" Flußstücke zugewiesen und die große Suche nach den Nuggets beginnt. Es wurde dazu für jeden Stamm ein Flußabschnitt abgesteckt, in dem nach Gold (= mit Goldbronze angemalte Kieselsteine) gesucht werden konnte.

Bekanntmachung

Bei ihrer Rückkehr von der Goldsuche erfahren die Indianer durch ein Plakat, dass am darauffolgenden Abend ein Dankfest zu Ehren Manitus stattfinden soll. Bei diesem Fest sollen alte Stammesbräuche, indianische Werkzeuge, Kostüme u.ä. durch die Unterstämme vorgestellt werden.
Dazu benötigte Materialien können am darauffolgenden Morgen mit Hilfe von Nuggets im Saloon erworben werden.

Herausforderungen in der Dunkelheit

Nach dem gemeinsamen Abendessen am Lagerfeuer erzählt der Stammesälteste, was die Vorfahren taten, um Manitu für ihre großen Feiern gnädig zu stimmen. So erfahren die Indianer von zwei großen Aufgaben, die Manitu ihnen stellt und die gemeinsam gelöst werden müssen.

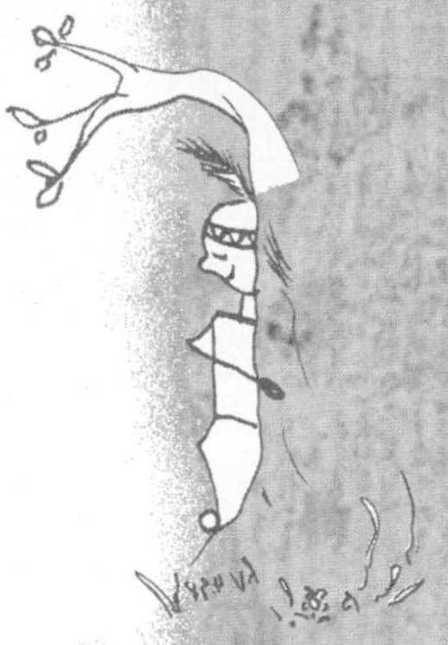

1. Nachts alleine schweigend an einem Seil in unbekanntem Gelände entlang gehen, wobei seltsame Geräusche aus dem Wald zu vernehmen sind (Manitus Geister ?!).
2. Überquerung des Flußes mit dem gesamten Stamm, ohne die Flußgeister zu wecken, d. h., ohne selbst mit dem Wasser in Berührung zu kommen. Als Hilfsmittel stehen ihnen dabei Seile und Weinkisten zur Verfügung.

Bei der ersten gestellten Aufgabe zeigte sich, dass viele Schüler Angst hatten, sich alleine der Herausforderung zu stellen. Positiv zu beobachten war, dass andere Schüler bereitwillig halfen und so viele als Zweiergruppe die gestellte Aufgabe bewältigten. Weiterhin positiv fiel auf, dass Schüler, die ihre Ängste überwinden konnten, sich nicht negativ gegenüber anderen Schülern, die offensichtlich eine Grenzerfahrung machten, äußerten.
Zur Bewältigung der zweiten Aufgabe kam es nicht, da die Schüler im Anschluß an die erste Aufgabe aus nicht ersichtlichen Gründen ohne Aufforderung ins Lager zurückstürmten. Die geplante Flußüberquerung wurde daher auf den folgenden Abend verschoben.

2. Tag

Schlußverkauf im Saloon

Die Schüler erwerben mit den im Fluß gefundenen Nuggets benötigte Materialien im Saloon bei zwei geschäftstüchtigen durchreisenden Händlern. Im Saloon besteht die Möglichkeit, Materialien zu kaufen, die neben den im Wald vorhandenen Naturmaterialien zum Herstellen indianischer Gegenstände notwendig sein könnten (z.B. Schnur, Klebeband, Knöpfe usw.). Zahlungsmittel sind die im Fluß gefundenen Goldstücke. Es muss jedoch hartnäckig verhandelt werden, da die beiden Händler auf ein gutes Geschäft aus sind.

Bild 6: Knallharte Verhandlungen bei den Einkäufen im Saloon

Im Laufe des Tages

- Schüler stellen indianische Gegenstände (Schmuck, Waffen, Totem, ...) her, verkleiden und schminken sich für das am Abend stattfindende Dankfest.

Bild 7: Schüler beim Herstellen von Indianerschmuck

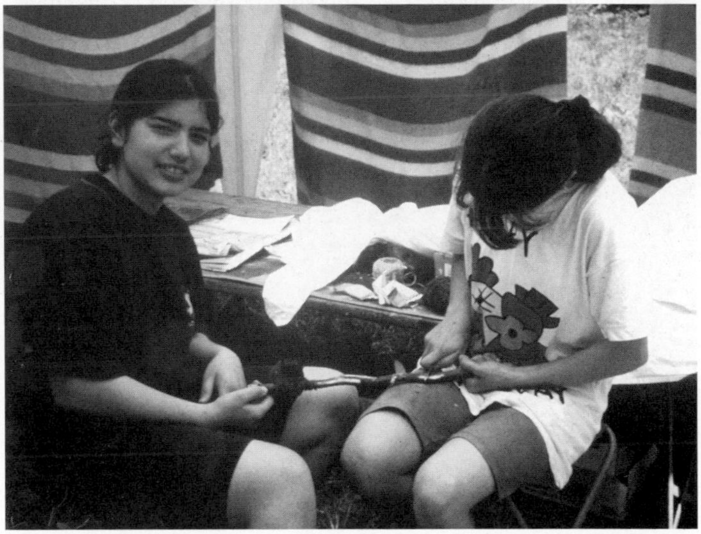

Bild 8: Basteln eines Tomahawks

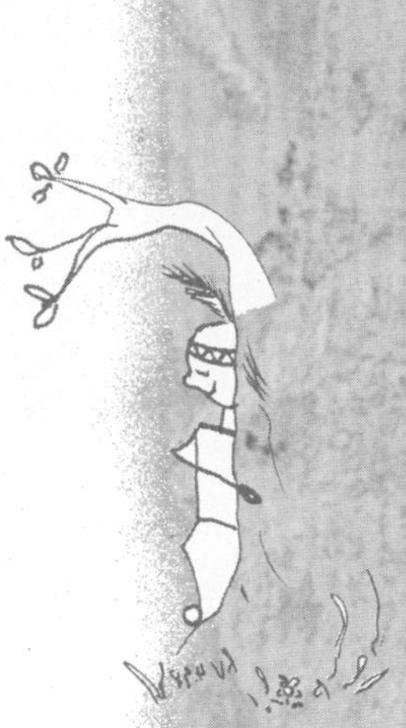

– Ein Teil dieses Tages sollte den Schülern auf eigenen Wunsch zur freien Verfügung stehen. Für Schüler, die interessiert waren bzw. sich nicht selbst beschäftigten wollten, gab es verschiedene, zeitlich versetzte Angebote auf freiwilliger Basis. Auch hier waren die Ziele, den bewußten Umgang mit der Natur zu fördern, den Schülern die Möglichkeit zu geben, sich selbst zu erfahren und die Kooperation miteinander zu unterstützen.
Zusatzangebote:

Gegenstände im Wald entdecken, die nicht dahin gehören. Hierzu werden auf einem vorgegebenen Weg am Wegesrand Gegenstände versteckt und natürliche Materialien angebracht, die nicht an die betreffenden Stellen gehören, z.B. ein Apfel an einer Tanne oder ein Papiertaschentuch in einem Strauch. Die Schüler haben die Aufgabe, in Kleingruppen herauszufinden, welche Gegenstände fehl am Platz sind, sich diese zu notieren und später aufzuzählen.

Blind an einem Seil entlang wandern. In einem Waldstück wird ein Kletterseil kreuz und quer gespannt, wobei nach Möglichkeit unterschiedliche Geländeformen berücksichtigt werden. Die Schüler erhalten Augenbinden und werden in einer langen Schlange Hand in Hand an den Anfangspunkt des Seilparcours geführt. Von dort aus gehen die Schüler in bestimmten Zeitabständen alleine blind am Seil entlang. Nach Möglichkeit soll dabei nicht gesprochen werden.

Nachtwanderung. Ein gemeinsamer Spaziergang am späten Abend quer durch den Wald, an den sich die am Abend vorher versäumte Flußüberquerung anschließt. Die Schüler überqueren gemeinsam den Brexbach, wobei als Hilfsmittel nur eine kleine Anzahl von Weinkisten, ein Kletterseil sowie alle vorhandenen Naturmaterialien zulässig waren.

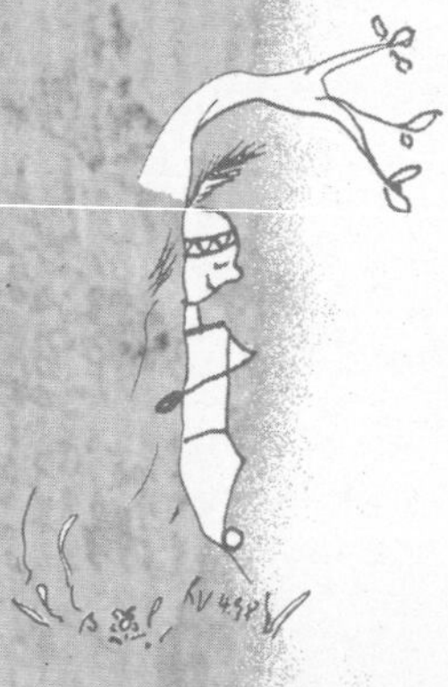

Bild 9: Blindspaziergang durch den Wald

Bild 10: Flußüberquerung bei Nacht

Bild 11: Das große Festessen zu Ehren Manitus

- Am Abend findet dann das Dankfest zu Ehren Manitus in Indianerverkleidung am Lagerfeuer statt. Die Schüler stellen dabei den anderen Stämmen ihre hergestellten indianischen Gegenstände vor.

Fazit

Allgemeine Eindrücke

- Die Stimmung war sehr gut und entspannt.
- Die Verpackung der Spiele in eine Indianergeschichte war zum Teil problematisch. Manche Kinder fühlten sich für Indianerspiele zu erwachsen; andere wiederum waren mit voller Begeisterung mit dabei. Prinzipiell gilt zu sagen, dass die Verpackung in eine Indianergeschichte sehr gut in die natürliche Umgebung gepaßt hat. Die Naturverbundenheit der Indianer ist eine Eigenschaft, die in Einklang zu unserem Ziel, dem sorgfältigeren Umgang mit der Natur, stand. Durch die Geschichte selbst konnten die einzelnen Spiele sehr gut in Zusammenhang gebracht werden. Schwierig war es für einige Schüler offensichtlich, sich in eine andere Rolle zu versetzen. Diese Unsicherheit wurde zum Teil mit Aussagen wie „Indianerspiele sind doch etwas für kleine Kinder" überspielt. Bei diesen Schülern ließ sich zum Teil beobachten, dass sie sich sehr gut auf die Zusatzangebote einließen, die nicht in die Rahmengeschichte eingebunden waren. Es gilt zu überlegen, ob man für diese Altersstufe eine andere Verpackung für die Spiele wählen bzw. ganz darauf verzichten sollte.

- Die freiwilligen Angebote kamen bei den Schülern sehr gut an. Es nahmen mehr Schüler die Angebote an, als wir zuvor erwartet hatten. Beim Suchen nach den Gegenständen in der Natur, die fehl am Platze waren, zeigte ein großer Teil der Schüler sehr viel Geduld, und so konnten die meisten Gegenstände auch entdeckt werden. Den Blindspaziergang am Seil empfanden die meisten Schüler als schön. Die Situation war den Schülern vom Vorabend bekannt, so dass sie wußten, worauf sie sich einließen. Außerdem fand das „Blindsein" bei Tageslicht statt, so dass das gruselige Element im Gegensatz zum Vorabend völlig fehlte. Die nächtliche Flußüberquerung versetzte die Schüler in eine massive Streßsituation. Es nahmen ca. 30 Schüler teil und es dauerte lange, bis die Schüler sich auf eine gemeinsame Idee einigen konnten. Bis zu diesem Zeitpunkt wurden von vielen Einzelpersonen verschiedene Möglichkeiten ausprobiert, und so lagen auch bereits einige im Wasser, bevor man sich für eine Möglichkeit entschieden hatte. Mit dieser gelang es allen Schülern, trockenen Fußes das gegenüberliegende Ufer zu erreichen. Ein Großteil der Schüler freute sich über den Erfolg. Es war interessant, zu beobachten, dass gegenseitige Hilfe bei der Überquerung offensichtlich selbstverständlich war. Trotz des gemeinsamen Erfolges waren einige Schüler, vor allem Mädchen, etwas enttäuscht, da sie den Eindruck hatten, dass ihre Ideen nicht richtig berücksichtigt wurden.
- Bei der Selbstversorgung entstanden dadurch Probleme, dass Geschirr nicht gespült wurde, dass beim Putzen nur wenige Schüler halfen, dass Lebensmittel ungerecht untereinander verteilt wurden u. ä.. In diesem Bereich ist es daher notwendig, dass im Vorfeld bedeutend mehr Arbeit gemeinsam mit den Schülern geleistet wird (z. B. Erstellen eines Dienstplanes). Der Versuch, die entstandenen Probleme in diesem Bereich und im Bereich der Indianerspiele mit den Schülern gemeinsam aufzuarbeiten, scheiterte an der zu großen Gruppenstärke und an der mangelnden Fähigkeit eines großen Teils der Schüler, sich gegenseitig zuzuhören, was eine wesentliche Grundvoraussetzung für solche Aufarbeitungen darstellt. Daher wurde beschlossen, diese Reflexion nach Ende der Klassenfahrt in den einzelnen Klassen durchzuführen.

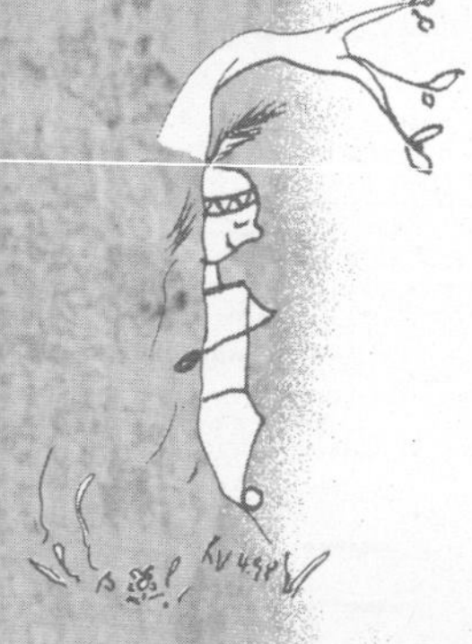

Verwirklichung der Ziele

Ob positive Veränderungen der Klassensituation erzielt wurden, läßt sich zum gegenwärtigen Zeitpunkt schwer beurteilen, da die Klassenfahrt erst einen kurzen Zeitraum zurückliegt. Zu kritisieren ist im Nachhinein der gewählte Zeitpunkt der Klassenfahrt, da unmittelbar im Anschluß Sommerferien waren und somit evtl. erzielte Verbesserungen nicht direkt im Klassenverband gefestigt werden konnten. Es ist jedoch festzustellen, dass einzelne Schüler seit der Klassenfahrt neue Rollen innerhalb der Klasse einnehmen. Die gesteckten Ziele konnten nur teilweise und im Ansatz verwirklicht werden; somit ist es notwendig, in diesem Bereich weiterzuarbeiten.

Es war festzustellen, dass die Schüler bei den gemeinsamen Aktivitäten sehr viel Spaß hatten. Probleme bereitete zum Teil die zur Durchführung dieser Aktivitäten notwendige Zusammenarbeit, so dass die Lehrer hier oftmals unterstützend und vermittelnd eingreifen mussten, um zumindest massive Streitigkeiten innerhalb der Gruppen in Grenzen zu halten.
Für viele Kinder waren die drei Tage Zeltlager Naturerlebnis pur und eine erstmalige Erfahrung abseits ihrer gewohnten Lebenswelt. Beim bewußten Umgang mit der Natur konnte man feststellen, dass die Schüler sehr aufmerksam waren und sehr achtsam mit der Umwelt umgingen. Bei unreflektierten und gewohnten Handlungen wurden die Belange der Natur jedoch häufig nicht berücksichtigt. Probleme verursachte z. B. die Müllentsorgung, da viele Schüler in diesem Bereich entsprechend ihrer häuslichen Gewohnheiten noch kein Umweltbewußtsein entwickelt haben und ihren Müll achtlos im Wald liegen ließen. Hier wäre es notwendig gewesen, mit den Schülern vorher konkrete Regeln für den Umgang mit der Natur auszuarbeiten. Es wird auch in der Folge nötig sein, sich mit den Schülern über diese Problematik auseinanderzusetzen.

Zeltlager mit zwei Klassen

Vorteile:
- Durch ein größeres Betreuerteam (4 Lehrer) wurden die Vorbereitungen erleichtert, und vor Ort konnte flexibler agiert werden, z.B. Beaufsichtigung der Schüler, die an der Nachtwanderung nicht teilnehmen wollten.
- Die Außenseiter der einzelnen Klassen freundeten sich relativ schnell mit Schülern der anderen Klasse an. Durch das neu entstandene soziale Gefüge entwickelten bisher unauffällige Schüler ein neues Selbstbewußtsein im Rahmen der Gruppe.

Nachteile:
- Die Möglichkeiten, auf die Klassengemeinschaft positiv einzuwirken, sind aufgrund der großen Schüleranzahl eher begrenzt. Um wirklich Erfolge erzielen zu können, wäre es besser, nur mit der eigenen Klasse wegzufahren. Zudem entstanden zwischen Schülern verschiedener Klassen Konflikte, die zum Teil Interventionen durch die Lehrer erforderten.
- Die gemeinsamen Reflexionen waren sehr problematisch, da die Schüler Schwierigkeiten hatten, sich gegenseitig zuzuhören. Eine Gesamtreflexion der Klassenfahrt fand bei beiden Klassen einen Tag später im Sitzkreis und in Form einer Art Wetterkarte statt, auf der die Schüler zu einzelnen Bereichen der Klassenfahrt (z.B. Indianerspiele, Klassengemeinschaft,...) ihre Befindlichkeiten in Form eines Wettersymbols ausdrücken und gegebenenfalls kommentieren sollten.
- Intensive Vorbereitungen gemeinsam mit den Schülern, z. B. was die Selbstversorgung betrifft, sind erschwert und erfordern einen erhöhten Organisations- und Koordinationsaufwand.

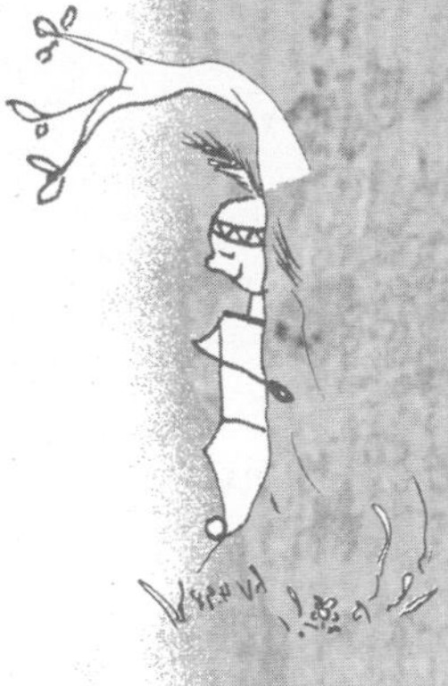

Martina Sprotte und Martin Rink

Erlebnispädagogisch orientierte Klassenfahrten – Versuch eines Vergleichs

1. Einleitung

Was kann das Angebot von erlebnispädagogischen Aktivitäten bei Klassenfahrten leisten, wo sind Grenzen, welche Probleme können auftauchen? Auf diese und andere Fragen möchten wir versuchen, im Rahmen des Vergleichs von drei Klassenfahrten Antworten zu finden und Anregungen zu geben für eigene Versuche.

Alle drei Klassenfahrten führten in die Jugendbegegnungsstätte des Landkreises Bad Kreuznach nach Schloß Dhaun in der Nähe von Kirn an der Nahe. Dieses Haus hatten wir uns aus mehreren Gründen ausgesucht: Es ist Teil einer wunderschönen Schloßanlage. Es liegt so, dass Unruhe und Lärm, die ja immer entstehen, wenn 20 junge Leute zusammen sind, kaum die Anwohner stören können. In dem kleinen Dorf können Schüler problemlos auch abends unbeaufsichtigt in Kleingruppen unterwegs sein. Das Haus ist nur für eine Gruppe eingerichtet, wir waren also unter uns und ungestört durch andere Gruppen. Es ist nur etwa 100 km von Boppard entfernt und so preiswert, dass die Fahrt einschließlich der An- und Rückreise mit dem Bus nur 115 € für 11 Tage (9. Schuljahr) bzw. 100 € für 8 Tage (6. Schuljahr) kostete.

Außerdem bot es uns alle Möglichkeiten für unser Konzept einer erlebnispädagogischen Klassenfahrt: Die Schüler sollten Essensplanung und Einkauf für die Fahrt übernehmen und die Mahlzeiten selbst zubereiten. Sie sollten erleben, wie sich die räumliche Nähe auf die Gruppe auswirkt. Das Schloßgelände sowie die Umgebung des Ortes bieten genügend Möglichkeiten, Spielsequenzen durchzuführen oder auch eine Nacht im Freien zu verbringen. Im Tal, zu Fuß in etwa einer halben Stunde zu erreichen, fließt ein größerer Bach, und mit Hilfe der örtlichen Wanderkarte kann man interessante Wanderungen planen. Außerdem sind vom Haus aus die ‚Kirner Dolomiten' (Kletterfelsen) in etwa einer Stunde Fußweg zu erreichen.

Vorbereitet waren wir auf die erste Fahrt nur durch einen Einführungslehrgang Erlebnispädagogik sowie anschließende Beratung und Planungshilfen. Vor den folgenden Fahrten hatten wir beide bereits mehrere Lehrgänge der Fortbildungsreihe 'Erlebnispädagogik: Abenteuer, Risiko, Kreativität' mitgemacht, darunter

auch den Kurs 'Kooperative Abenteuerspiele', und Erfahrungen in unserem daraufhin gegründeten Bopparder 'Spielkreis Erlebnispädagogik' sammeln können, in dem wir mit Interessierten neue Spiele ausprobieren. Außerdem verfügten wir auch über ausreichende Literatur zur Vorbereitung (Rohnke 1984, Schoel/Prouty/Radcliffe 1988, Fluegelman/Tembeck 1979, NEPAL-Arbeitspapiere).
Für alle drei Fahrten stand uns die Kletterausrüstung des Kreisjugendrings Bad Kreuznach sowie qualifizierte Betreuer für die Klettereinheiten zur Verfügung.

2. Ausgangssituation

Unsere Schule ist eine 2- bis 3-zügige Hauptschule im ländlichen Raum mit etwa 300 Schülern. Etwa die Hälfte der Schüler stammt aus intakten Familien. Einige unserer Schüler kommen aus einem Heim, und in den letzten Jahren stieg der Anteil der Ausländer und Aussiedler mit geringen deutschen Sprachkenntnissen auf über 10 %.
Die Ausgangssituation der Klassen war bei den Fahrten unterschiedlich.

Die erste Gruppe (18 SchülerInnen) bestand zu fast der Hälfte aus Aussiedlern und Ausländern, die alle erst relativ kurz in Deutschland waren. Erlebnispädagogische Aktivitäten hatten alle noch nicht mitgemacht. Bei den Eltern war vor allem das Kostenargument ein wichtiger Grund, die geplante Fahrt in dieser Form voll zu unterstützen, obwohl hinsichtlich des Kletterns doch auch einige Bedenken geäußert wurden. Wir erhielten aber von allen Eltern das schriftliche Einverständnis dazu.

Die zweite Klasse galt in der Schule als 'schwierige' Klasse, unruhig, untereinander zerstritten, und auch sie mit hohem Ausländer- und Aussiedleranteil. Die 25 SchülerInnen hatten vor der Fahrt bereit einige Abenteuer- und Erlebnisspiele kennengelernt.

Die 25 SchülerInnen der dritten Klasse hatten von den beiden vorausgegangenen Fahrten schon einiges gehört, außerdem verfügte die Hälfte der Klasse bereits über Erfahrung mit Selbstverpflegung. In den beiden vorausgegangenen Jahren hatten sie einige Abenteuer- und Erlebnisspielsequenzen mitgemacht. Gegen Ende des 8. Schuljahrs wurde die Klasse, auch auf Grund der Größe von teilweise über 30 Schülern, zunehmend unruhig und schwierig, und so war sie auch noch zu Beginn des 9. Schuljahrs.

Von Seiten der Eltern erfuhren wir bei Planung und Vorbereitung aller drei Fahrten viel Zustimmung und Unterstützung.
Alle drei Fahrten wurden, trotz der ungewöhnlich langen Dauer, vom Schulleiter ohne Einwände genehmigt.

3. Ziele

Wir hatten uns für diese Klassenfahrten als Ziele gesetzt, die Klassengemeinschaft zu verbessern sowie schwierige Schüler, Aussiedler und Ausländer besser zu integrieren. Dazu kamen dann aber auch persönlichkeitsbezogene Ziele für den Einzelnen, wie z.B. Stärkung des Selbstwertgefühls, Erkennen und Akzeptieren von Grenzen, Umgang mit Angst, sich mehr zutrauen oder sich mehr zurücknehmen können.
Für uns war es wichtig, die übliche Lehrerrolle abzulegen und statt dessen Partner der Schüler zu sein. Um uns dies zu erleichtern, boten wir den Schülern bei allen Fahrten vorher an, uns in dieser Zeit mit den Vornamen anzureden. In den beiden 9. Schuljahren behielten wir dies auch nach den Fahrten bei, ohne nachteilige Auswirkungen festzustellen. Daneben boten die Fahrten die Möglichkeit, im Team zu arbeiten und voneinander zu lernen. Unsicher waren wir uns, wie stark wir bei solchen Fahrten belastet werden, und wo die Grenzen der Anforderungen an uns und an die Gruppe sind.
Bei der zweiten und dritten Fahrt arbeiteten wir mit in der Vorbereitungsphase erarbeiteten selbstgestalteten persönlichen Zielen für die Schüler und für uns, die schriftlich festgehalten, der Gruppe mitgeteilt und regelmäßig reflektiert wurden. (siehe Anlage 1).

4. Vorbereitung

Alle drei Klassen erhielten rechtzeitig vor der Fahrt den Arbeitsauftrag, eine Essensplanung und eine Einkaufsliste für die Fahrt zu erstellen. Da wir bei allen drei Fahrten einen PKW dabei hatten, gab es die Möglichkeit, einige Lebensmittel vor Ort nachzukaufen, jedoch mit der Vorgabe, dies so selten wie möglich zu nutzen.
Mit dem Arbeitsauftrag wurden alle drei Klassen erstaunlich gut fertig. Allerdings war die Planungsphase teilweise sehr zeitaufwendig. Vor den Fahrten wurde vorgeschlagen, vorher die Küchendienste einzuteilen, aber die Mehrheit der Schülerinnen entschied sich dafür, es ohne feste Einteilung zu probieren. Während der Fahrten ergaben sich daraus wertvolle Bereicherungen der Gruppenprozesse. Einige Schüler wurden von den anderen aufgefordert, mehr für die Gemeinschaft zu tun, während andere von den Klassenkameraden aufgefordert wurden, sich bei den anfallenden Arbeiten im Haus mehr zurückzuhalten.
Etwa zwei Wochen vor der Fahrt informierten wir die Eltern bei einem Elternabend in groben Zügen über das geplante Programm und die damit verbundenen Ziele. Dem Klettern am Fels standen einige Eltern skeptisch gegenüber. Ein genaues Erläutern des Sicherungsverfahrens sowie der Hinweis auf die Durchführung unter Leitung eines erfahrenen Kletterers bewirkten aber, dass bis auf drei Ausnahmen alle Eltern schriftlich ihre Zustimmung gaben.

5. Aktionen, Spiele und Reflexionen

Bei allen drei Fahrten waren die geplanten Aktivitäten ähnlich. Bei der 2. und 3. Fahrt planten wir, aufgrund der besseren Voraussetzungen, wesentlich variabler. In groben Zügen hatten wir vorher bereits das Programm festgelegt, entgültige Entscheidungen trafen wir jedoch erst im Teamgespräch am jeweils vorausgehenden Abend. Einige Änderungen ergaben sich aber auch kurzfristig als Reaktion auf das Wetter.
Die genauen Spielbeschreibungen finden sich in:
Gilsdorf/Kistner 1995, Fluegelman/Tembeck 1979, Fluegelman 1982

Exemplarisch hier das **Programm der 1. Fahrt:**
9. Schuljahr, 18 SchülerInnen

1. Tag: **Die Mauer**
Ein zwischen zwei Bäumen gespanntes Seil, etwa in Kopfhöhe des kleinsten Schülers, soll von allen ohne Berührung überwunden werden. Als Hilfsmittel steht ein 3 m langes Kantholz zur Verfügung. Hiermit wollten wir einen herausfordernden Auftakt schaffen.
Reflexion: Diese Fahrt wird ein/kein Erfolg, wenn ...
Die Schüler schreiben ihre Erwartungen auf und erläutern sie anschließend. Diese Reflexion sollte uns als Bezugspunkt für die Arbeit mit gruppenbezogenen Zielen dienen. (s. Anlage 2)
Nachtwanderung mit Soloteilstück
Bei allen Nachtwanderungen hatten wir Taschenlampen dabei, benutzten sie aber nie. Während dieser ersten Nachtwanderung sollten die Schüler einen Teil der Strecke alleine zurücklegen.

2. Tag: **Schiffbruch**
Ein Entscheidungsspiel in Analogie zur NASA-Übung (Gudjons 1987), das unabhängig vom Wetter, z. B. an Regentagen, eingesetzt werden kann.

3. Tag: **Wanderung**
Die Schüler suchen mit Hilfe der Wanderkarte den Weg zu einem vorgegebenen Zielpunkt. Teilstücke werden mit verbundenen Augen, von einem Partner geführt, zurückgelegt. Ziele sind dabei, Wahrnehmung und Vertrauensbildung zu fördern.

4. Tag: **Vertrauensspiele: Jurtenkreis, Entspannungsschaukel, Pendel, Vertrauensfall**
Höhepunkt der Vertrauenssequenz ist der Vertrauensfall. Von einer etwa 1 m hohen Mauer läßt sich ein Schüler rückwärts in die Arme der Fänger fallen. Dabei achten wir auf absolute Freiwilligkeit ohne Gruppendruck, setzen aber alle Schüler als Fänger ein. Diese sehr intensive Vertrauensübung dient auch der Vorbereitung des Klettertages (nach hinten kippen vor dem Abseilen).
Reflexion: Fingerspitzengefühl
Die Schüler schreiben auf einem Arbeitsbogen bei den entsprechenden Anfangsbuchstaben Gefühle auf, die sie während der Vertrauenssequenz hatten, und jeder stellt die zwei für ihn wichtigsten der Gruppe vor. (Siehe Anlage 3)

6. Tag: **Reflexion:** gemeinsames Malen auf Tapetenbahn
Die Schüler malen auf einer langen Tapetenbahn alleine oder in Kleingruppen, was sie bisher bei den Aktivitäten am stärksten beeindruckt hat, und erläutern ihre Bilder anschließend der Gruppe. Das entstandene Gesamtbild wird dann aufgehängt.
Grillabend

7. Tag: **Kooperative Spiele:** Drachenschwanzjagen, Sockeln, Stein/Papier/Schere
Bei diesen Spielen stand neben der Kooperation der Spaß am Spielen im Vordergrund
Nachtwanderung

8. Tag: **Spinnennetz**
Zwischen zwei Bäumen wird ein Spinnennetz (Höhe etwa 2 m, Breite etwa 3 m) aufgespannt, das 2–3 Löcher mehr als Teilnehmer hat. Jedes Loch im Netz darf nur von einer Person passiert werden, das Berühren des Netzes ist verboten. Einer der Gründe dafür, warum wir dieses Spiel ausgesucht hatten, war, dass es mit intensivem Körperkontakt verbunden ist.
Reflexion: Ton in Ton
Die Schüler versuchen, ihre wesentlichen Erlebnisse in Form einer Tonplastik darzustellen.
Solo/Duo:
Übernachtung alleine oder zu zweit im Schlafsack auf freiem Feld.

9. Tag: **Flughafenüberfüllung**
Die Schüler sollen an einem Seil, das an einem starken Ast befestigt ist, etwa 5 m über die Wiese auf einen kleinen Landeplatz schwingen, ohne dabei den Boden zu berühren. Dieses Spiel machten nur etwa 10 Schüler mit, die nach der Nacht im Freien wieder oder immer noch fit waren.

Reflexion: Das Schiff
Die Schüler stellen sich vor, sie wären auf einem Ozeanriesen. Sie überlegen sich, welche Rolle auf dem Schiff (Kapitän, Offizier, Koch, Funker, Passagier, blinder Passagier u. a.) am meisten ihrer Rolle bei der Klassenfahrt entspricht. Anschließend werden die gewählten Rollen den anderen mitgeteilt, von allen diskutiert und gegebenenfalls im Einvernehmen verändert oder die unterschiedliche Sicht des Einzelnen und der Gruppe als Ergebnis festgehalten. Diese Reflexion dauert ziemlich lange und ist für alle anstrengend und für einige schmerzhaft, bietet aber andererseits viele Möglichkeiten für weiteres Arbeiten.

10. Tag: **Klettern und Abseilen**
Unter Anleitung und Aufsicht von zwei erfahrenen Kletterern haben die Schüler die Möglichkeit, sich an unterschiedlich schwierigen Kletterstellen zu erproben.
Dabei sichern sie sich gegenseitig.

11. Tag: **Reflexion mit Naturmaterialien**
Jeder Schüler sucht sich in der Natur Material, um damit die beeindruckendste Situation beim Klettern darzustellen.
Diese Reflexion war eigentlich direkt im Anschluß an das Klettern geplant, musste aber auf den nächsten Tag verschoben werden, da alle am Abend zuvor zu erschöpft waren.
Traumreise: 'Abschiedsgeschenk'
In einer Traumreise lassen wir noch einmal Bilder von den vorausgegangenen Tagen passieren, zum Schluß kann sich jeder von einem Tisch sein persönliches Abschiedsgeschenk abholen. Gefunden werden durchweg abstrakte Begriffe wie z.B. Freundschaft, Vertrauen oder Sicherheit.

Neben den angebotenen Aktivitäten blieb den Schülern viel Zeit zur freien Gestaltung, die sie dazu nutzten, Volleyball oder Fußball zu spielen, kleine Spaziergänge zu machen, gemeinsam Musik zu hören oder einfach nur auszuruhen.

2. Fahrt: 6. Schuljahr, 25 SchülerInnen

Für die zweite Fahrt standen uns nur 8 Tage zur Verfügung, außerdem waren die Schüler wesentlich jünger. deshalb war das geplante Programm gegenüber dem der ersten Fahrt gekürzt. Neu dazugenommen wurde eine Tageswanderung, bei der verschiedene Aufgaben zu lösen waren. Die Übernachtung auf freiem Feld ersetzten wir bei den jüngeren Schülern durch eine Übernachtung in Kleingruppen an verschiedenen Stellen des Schloßgeländes.

3. Fahrt: 9. Schuljahr, 25 SchülerInnen

Auch bei dieser Fahrt sollte das Programm ähnlich ablaufen wie bei der ersten und zweiten Fahrt, leider machte uns diesmal aber das Wetter einen Strich durch die Rechnung. Deshalb musste das Übernachten auf freiem Feld und die Vertrauenseinheit als Vorbereitung auf das Klettern entfallen, einige andere Aktivitäten wurden durch einsetzenden Regen gestört.
Wegen schlechten Wetters nahmen wir zusätzlich den ‚großen Eierfall' am 2. Tag ins Programm. Bei diesem Spiel wird die Klasse in 3 – 4 Gruppen geteilt. Jede Gruppe erhält ein rohes Ei, Strohhalme und eine Rolle Klebeband. Die Eier sollen so verpackt werden, dass sie einen Sturz aus 2 m Höhe überstehen. Vor der Testphase stellt jede Gruppe den anderen ihre Konstruktion vor. Anschließend wird ausprobiert, welche Konstruktion die größte Höhe heil übersteht.
Da uns nur am Wochenende ein Fachmann für das Klettern zur Verfügung stand, war diesmal der Klettertag als Höhepunkt nicht am Ende der Fahrt, sondern in der Mitte.
Im Anschluß daran hatten wir als weiteren Höhepunkt eine 2-tägige Wanderung mit gemeinsamem Biwak vorgesehen. Es wurde dann daraus wegen Regen nur eine eintägige Wanderung mit Aufgaben. Am vorletzten Tag entschlossen wir uns kurzfristig zu einem Spaziergang ins Tal, um dort die 'Bachüberquerung' anzubieten. Alle Schüler sollten sicher und trockenen Fußes den Bach überqueren. Als Hilfsmittel standen ihnen mehrere Vierkanthölzer, 2 Weinkisten und ein Seil zur Verfügung. Außerdem war es erlaubt, Steine oder tote Äste zu benutzen.

6. Gezielte Arbeit an auftauchenden Themen

Die erste Fahrt verlief so harmonisch, dass es zu keinem Zeitpunkt notwendig war, das Programm zu verändern.
Bei der zweiten Fahrt war nach der Wanderung ein Punkt erreicht, wo wir uns entschlossen, einzugreifen und gezielt nach einer Gesprächsrunde ein Spiel, das eigentlich nicht vorgesehen war, als Interventionsmaßnahme einzusetzen. Bei der Wanderung hatte sich gezeigt, dass es vielen Schülern schwerfiel, vereinbarte Regeln einzuhalten und die vorgegebenen Aufgaben, die angenommen worden waren, ernst zu nehmen.
Statt sensibel mit der Natur umzugehen (Tagesziel), brachen einige Schüler Äste ab oder rissen Pflanzen aus. Nur wenige beteiligten sich bei der Suche nach den Sachen, die mitgebracht werden sollten (etwas Weiches, etwas Rundes u.a.). Außerdem stellten wir fest, dass sich viele Kleingruppen gebildet hatten, mit starker Ablehnung gegen andere Schüler. Statt zusammenzuarbeiten, ärgerten und beschimpften sie sich gegenseitig.
In der Gesprächsrunde zeigte sich, dass die Schüler die Probleme ähnlich sahen wie wir. Wir boten an, im Rahmen einer Spielsequenz zu zeigen, dass sie Regeln

besser einhalten und die Abneigung gegen Klassenkameraden überwinden können. Jeweils von uns vorgegebene Spielpartner sollten selbst entscheiden, wer von beiden während der gesamten Sequenz die Augen verbunden hat, wobei die Partner immer Körperkontakt haben mussten. Die Schüler sollten die Spielregeln, die auf einem Poster festgehalten waren, durch Unterschrift anerkennen, ohne vorher zu erfahren, wer ihr Partner sein würde. Alle Schüler nahmen die Herausforderung an.
Der Weg führte zunächst durch die auf dem Schloßgelände vorhandenen unterirdischen Gänge (Die Katakomben), anschließend sollte mit Hilfe von Balken und Kisten eine Wiese überquert werden, ohne dabei den Boden zu berühren (Die Sumpfdurchquerung).
Zu Beginn war die Konzentration sehr hoch, es zeigte sich jedoch im weiteren Verlauf, dass gerade die Schüler, die bereits vorher Probleme im Einhalten von Regeln und beim Rücksicht nehmen auf andere hatten, ihre Partner losließen oder die anderen störten. Die Schüler waren der Auffassung, dass die Aufgabe nicht gelöst wurde. Sie analysierten in einer verbalen Reflektion anschließend ihre Fehler. An den folgenden Tagen zeigte sich im veränderten Verhalten der Schüler, dass es sinnvoll war, zu diesem Zeitpunkt gezielt an den Problemen (Regeleinhaltung, Umgang miteinander) zu arbeiten. Bei allen weiteren Aufgaben waren die Schüler konzentrierter, Reibereien untereinander blieben weitgehend aus.
Bei der dritten Fahrt entwickelte sich unsere gezielte Programmänderung nicht auf unsere Initiative hin. Im Anschluß an den Klettertag, der sehr schön war, baten abends einige Schüler um einen Gesprächsabend. Aus ihrem Anstoß: 'Uns stört hier einiges' entwickelte sich ein intensives Gespräch, das gegen 24 Uhr wegen körperlicher und geistiger Erschöpfung abgebrochen werden musste. In der Fortsetzung am nächsten Morgen stellten die Schüler fest, dass auch in dieser Gruppe die größten Probleme im Einhalten von Regeln und im Umgang miteinander lagen. Deshalb entschlossen wir uns kurzfristig, auch hier die gleiche Spielsequenz wie bei der zweiten Fahrt unter den gleichen Bedingungen anzubieten.
Und auch hier scheiterten die Schüler aus den gleichen Gründen an der Aufgabe, aber das Verhalten änderte sich auch hier anschließend wieder deutlich.

7. Auswertung

Höhepunkte

Einer der Höhepunkte der ersten Fahrt war neben Solo und Kletter- und Abseiltag sicher die Abschlußtraumreise, von der die Teilnehmer noch Monate später begeistert waren. Wie intensiv die Emotionen empfunden wurden, konnte man daran erkennen, dass allen die Tränen in den Augen standen. Auch Wochen später kamen die TeilnehmerInnen noch auf ihre 'Abschiedsgeschenke' zurück.

Bei der zweiten Fahrt waren die Übernachtung im Freien und der Klettertag wohl die Highlights. Für uns war es überraschend, wie unbefangen und sicher die 'Kleinen' an die teilweise schwierigen Kletterpassagen herangingen.
Für die dritte Fahrt waren als Höhepunkte neben dem Klettern wieder ein Solo sowie ein gemeinsames Biwak im Rahmen einer 2-Tage-Wanderung geplant. Das Klettern konnte trotz des schlechten Wetters auch stattfinden, die beiden anderen Vorhaben fielen jedoch leider dem Regen zum Opfer.

Tiefpunkte

Die erste Fahrt verlief durchweg sehr harmonisch. Lediglich zwei Gipsbeine, und damit verbunden, die Tatsache, dass die beiden betroffenen SchülerInnen leider nicht mitklettern konnten, störten die gute Stimmung etwas. Die Enttäuschung der beiden hielt sich aber in Grenzen, da alle anderen sich sehr um die beiden bemühten. Die Verletzungen (Knochenbruch im Mittelfuß und Bänderriß) entstanden übrigens bei einer leichten, ungefährlichen Wanderung und beim Volleyballspiel, also nicht bei einer erlebnispädagogischen Aktion.
Der Tiefpunkt der zweiten Fahrt entwickelte sich aus der Wanderung: Schon im Laufe des heißen Tages waren einige Schüler schlecht gelaunt und nörgelten an allem herum. Die Stimmung war anschließend sehr gereizt. Auch das abendliche Grillen brachte keine Entspannung, statt gemeinsam den Abend zu genießen, zogen sich viele schon bald genervt zurück.
Auch bei der dritten Fahrt erreichte die Stimmung während einer Wanderung den absoluten Tiefpunkt. Nachdem die Schüler es nur unter Schwierigkeiten geschafft hatten, den richtigen Weg zu finden, da ihnen das Kartenlesen offensichtlich Probleme bereitete, waren viele unterwegs körperlich und geistig so erschöpft, dass sich die Mehrheit nach längerer Diskussion dazu entschloß, abzubrechen. Auch für uns waren Grenzen der Belastbarkeit erreicht, entsprechend war auch unsere Laune. Zur Entspannung der Situation trug dann bei, dass wir alle auf dem Heimweg in ein sehr kräftiges Gewitter gerieten und naß bis auf die Haut ins Haus zurückkehrten.

Konzeption

Die **Selbstversorgung** erwies sich bei allen Fahrten als sehr zeitaufwendig, wir halten sie aber für unbedingt notwendig. Sie gab den Schülern bereits in der Vorbereitungsphase die Möglichkeit, eigenverantwortlich zu planen und zu handeln, und bot viele neue Erfahrungen. Für etliche SchülerInnen war es das erste Mal, dass sie spülten, putzten oder kochten, und es klappte gut. Wir wollen den SchülerInnen dabei auch weiterhin ihre Freiheit lassen und nicht gegen ihren Willen unbedingt gesunde Ernährung durchsetzen.

Der Müll erwies sich als Problem, da bereits vor der Fahrt der größte Teil eingekauft werden musste und der Verpackungsanteil sehr hoch war. Sehr positiv wirkte sich auf die Gruppe die gemeinsamen Vereinbarungen vor der Fahrt aus, auf Cola und Limo zu verzichten und Knabbersachen und Süßigkeiten nur für die Gemeinschaft einzukaufen und mitzuführen.

Im Rückblick erwies sich bei allen drei Fahrten die Auswahl der **Aktivitäten** als überwiegend richtig, auch wenn einige Spiele und Aktionen nicht so gut angenommen wurden.
Bei Gruppengrößen von über 20 Schülern dauern allerdings einige Spiele zu lang oder bieten, wie zum Beispiel die 'Nebel von Avalon' oder die 'Bachüberquerung', nicht für alle genug Aktion. Andere Spiele, z. B. die 'Flughafenüberfüllung', wurden in kleinen Gruppen wesentlich intensiver empfunden. Vielleicht sollten wir deshalb auf weiteren Fahrten versuchen, Spielsequenzen häufiger für kleinere Gruppen, evtl. auch getrennt für Jungen und Mädchen, einzuplanen und anzubieten. Aber auch bei der besten Vorbereitung wird es immer auch Aktivitäten geben, die bei der jeweiligen Schülergruppe nicht so gut ankommen.
Beim Klettern erwies es sich als vorteilhaft, wenn wie bei der 2. und 3. Fahrt bereits einen Tag vorher das Abseilen geübt werden konnte und die Schüler mit dem Material vertraut waren. Für sehr wichtig halten wir auch die Vorbereitung des Klettertages durch eine Spieleinheit mit Vertrauensspielen.

Die **Arbeit an selbstgesteckten Zielen** bedarf noch einiger Verbesserungen. Unsere Tagesziele waren oft nicht detailliert genug. Es genügt nicht nur ein Oberbegriff wie Vertrauen oder Zusammenarbeit, wenn am Ende des Tages zielgerichtet reflektiert werden soll, müssen die Tagesziele genauer formuliert werden. Persönliche Ziele geraten leicht in den Hintergrund, auch wenn sie ausgehängt werden. Bei den vielen neuen Erfahrungen, die die Schüler machen, müßten die Ziele häufiger revidiert werden, auch, weil die Schüler in der neuen Situation sich oft ganz anders verhalten als in der Klasse, wo die Ziele zunächst gemeinsam festgelegt werden.

Die von uns ausgewählten **Reflexionen** wurden bei allen drei Fahrten von den Schülern sehr gut angenommen. Dies lag unter anderem daran, dass wir ihnen die Möglichkeit boten, sich auf vielfätige Art und Weise auszudrücken. Sie konnten malen, mit Ton oder Naturmaterialien gestalten, ankreuzen, etwas aufschreiben oder über ihre Erfahrungen sprechen.

Besonders viel für die weitere Arbeit in der Klasse nach der Fahrt hat jeweils das 'Schiff' gebracht, auch wenn wir dafür einen ganzen Nachmittag brauchten. Wir hielten die Ergebnisse der Einstufungen auf einem Poster fest, das anschließend noch einige Wochen in der Klasse aushing und immer wieder Anlaß zu Gesprächen in der Runde bot.

8. Was haben die Klassenfahrten gebracht?

Erste Veränderungen zeigten sich bei den meisten SchülerInnen und bei uns schon während der Fahrt. Viele SchülerInnen entdeckten bei den spielerischen Aktivitäten und beim gemeinsamen Kochen und Spülen Fähigkeiten in sich, die sie vorher nicht wahrgenommen hatten. Typische Schüleräußerungen in Schloß Dhaun waren: „Ich wußte gar nicht, dass ich das machen kann.“ „Das habe ich vorher noch nie gemacht.“ „Ich hätte nie gedacht, dass ich mir so etwas zutrauen kann."
Da die Schüler uns, wenn möglich, in die Aktivitäten einbezogen ('Macht doch auch mit!'), entstand zwischen ihnen und uns eine freundschaftliche Beziehung. Das Vertrauen, das sie uns entgegenbrachten, war auch lange Zeit nach der Klassenfahrt noch vorhanden.
Es gab natürlich auch Probleme untereinander, aber diese wurden offen angesprochen, und kritisiert wurde so, dass keiner verletzt wurde. Der Umgangston untereinander wurde zunehmend freundlicher. Schüler in Außenseiterpositionen erlebten, dass die anderen sich um sie kümmerten und versuchten, sie so oft wie möglich einzubeziehen. Andererseits gelang es auch, SchülerInnen, die normalerweise in der Klasse immer im Vordergrund standen, dazu zu bringen, sich mehr zurückzuhalten. Bei den größeren Gruppen von Fahrt 2 und 3 konnten wir aber leider ein oder zwei Schüler nicht dazu bringen, sich an den Aktivitäten zu beteiligen.
Die sowohl von uns als auch von den Schülern festgestellten Veränderungen im Klassenklima und im persönlichen Bereich versuchten wir anschließend durch weitere erlebnispädagogische Aktivitäten in der Schule zu festigen. Eine ausführlichere Beschreibung der Veränderungen findet sich im Beitrag:
Erlebnispädagogik in der Hauptschule Boppard – ein Rück- und Ausblick.

9. Offene Fragen

Kann man mit mehr als 20 Schülern noch sinnvoll mit erlebnispädagogischen Aufgaben und Aktivitäten arbeiten?
Diese Frage ist besonders wichtig im Blick auf die Situation in den Schulen, wo zur Zeit keine Tendenz zu kleineren Klassen zu erkennen ist, sondern eher mit Klassenstärken um 25 Schülern gerechnet werden muss.
Natürlich ist es möglich, die Gruppe zu teilen, dann muss aber jeweils einer alleine anleiten, oder man benötigt 3 Begleitpersonen. Außerdem entsteht leicht eine Konkurrenzsituation zwischen den Gruppen. Der gewünschte Effekt des gemeinsamen Erreichens eines Ziels ist zumindest nicht für die ganze Klasse gegeben. Andererseits entsteht bei vielen Spielen und auch beim Klettern häufig Langeweile, wenn die Wartezeiten zu lang werden, und es ist nicht immer möglich, alle aktiv zu beteiligen, wenn die Gruppen zu groß sind.

Wie gehen wir mit der Freiwilligkeit des Angebots um?
Es wird immer einige SchülerInnen geben, die nicht mitmachen wollen. Nicht immer kann man diese SchülerInnen mit sinnvollen Aufgaben wie z. B. Beobachtung beschäftigen. Teilweise werden gerade diese SchülerInnen zu Störfaktoren. Wir können sie aber auch nicht ohne Aufsicht alleine lassen.

Sind Wanderungen mit Aufgaben für SchülerInnen wirklich interessant?
Viele SchülerInnen haben eine ziemliche Abneigung gegen das Wandern. Nach unseren Erfahrungen läßt sich diese Abneigung auch durch Einsatz von Aufgaben nicht so leicht überwinden. Das oben angesprochene Problem, dass wir diese Schüler dann mitnehmen müssen, obwohl sie sich dagegen wehren, scheint nur schwer lösbar.
Andererseits sind die meisten SchülerInnen gerne bereit, an Nachtwanderungen teilzunehmen.

Was können wir bei schlechtem Wetter anbieten?
Es gibt zwar einige erlebnispädagogische Spiele und Aktivitäten, die auch im Haus durchführbar sind. Bei anhaltend schlechtem Wetter werden diese aber nicht ausreichen. Bereits bei der Planung sollte man sich also schon Gedanken machen, welche anderen Spiele (z. B. Planspiele) als Ergänzung sinnvoll sind.

In welcher Stufe sollten wir diese erlebnispädagogischen Klassenfahrten durchführen, und wieviel Tage sollten sie dauern?
Wir versuchen, langfristig zu arbeiten. Eine Klassenfahrt kann dann nur ein Höhepunkt bei der Arbeit sein, unterstützt durch kontinuierlichen Einsatz anderer Elemente über längere Zeiträume. Da zur Zeit an unserer Schule Klassenfahrten am Ende des 6. Schuljahrs und zu Beginn des 9. Schuljahrs üblich sind, stellt sich die Frage, ob es sinnvoll ist, möglichst früh bei einer Klassenfahrt einige Höhepunktaktivitäten anzubieten. Wenn wir aber bereits im 6. Schuljahr eine solche Fahrt durchführen, welche Möglichkeiten bleiben dann noch für Klasse 9? Alternativen, die wir noch ausprobieren möchten, könnten eine Segeltour auf dem Ijsselmeer oder ein Outward-Bound-Kurs sein. Beides ist aber mit verhältnismäßig hohen Kosten verbunden. Eine andere Möglichkeit wäre eine mehrtägige Paddeltour in Klasse 6 und Klettern als Höhepunktaktivität in Klasse 9. Die 11-tägige Fahrt war dort sinnvoll, wo nicht bereits vorher erlebnispädagogisch gearbeitet wurde, bei der letzten Fahrt wären auch bei schönem Wetter 7 oder 8 Tage genug gewesen. Kürzer als 6 Tage sollte die Fahrt aber auch nicht sein, damit Veränderungen auch wirklich in Gang gesetzt werden können.

Wie viele Höhepunktaktivitäten können oder sollen angeboten werden?
Unser Angebot war bei allen Fahrten ziemlich, wenn nicht sogar zu groß. Gerade im Hinblick auf langfristiges Arbeiten erscheint es uns wichtig, nicht zuviel anzubieten, denn die meisten großen Spiele kann man nicht mehrfach durchführen.

Wie gehen wir mit sehr positiven Erwartungshaltungen bei uns und bei den SchülerInnen um?
Wie verarbeiten wir gemeinsam Mißerfolgserlebnisse?
Wie wirken sich nicht gelöste Aufgaben auf die Gruppe aus?
Auf diese Fragen gibt es für uns keine allgemeingültigen Antworten. Es erscheint uns aber sehr wichtig, dass wir uns bereits vor der Fahrt und während der Fahrt in unseren Teamzeiten damit auseinandersetzen.
Eine Schülerin: „Ich denke, in der Klasse war schon so eine kleine Enttäuschung drin, wenn das Spiel nicht geschafft worden ist. Aber das Vertrauen ist trotzdem dadurch gestärkt worden, durch die Zusammenarbeit halt. Und es ging dann ja auch rund: Ach, wir haben es probiert, wir haben es nicht geschafft, wir probieren es halt noch einmal.“

Wie hoch ist die persönliche Belastung bei einer solchen Fahrt für das Team?
Natürlich bleibt bei einer Klassenfahrt wenig Zeit zum Schlafen. Bei diesen Fahrten war es eher noch weniger als bei herkömmlichen Fahrten, da wir unsere Teamzeiten häufig an das Ende des Tages verlegten. Wenn aber die Atmosphäre so gut ist, wie wir sie erlebt haben, kann man diese Belastung durchaus verkraften, allerdings nur, wenn im Team von 2 erfahrenen Erlebnispädagogen gearbeitet wird.

Unser persönliches Fazit:
Trotz aller Probleme und Belastungen, die solche Klassenfahrten mit sich bringen, sind die Ergebnisse für uns so ermutigend, dass wir zu erlebnispädagogisch orientierten Klassenfahrten zur Zeit keine Alternative sehen.

Anlage 1:
Persönliche Ziele:

Ich möchte weniger zurückhaltend sein
Ich möchte nicht gleich so motzig sein
Ich möchte ruhiger sein
Ich möchte die anderen nicht ärgern
Ich möchte mehr mit anderen zusammen spielen
Ich möchte keine dummen Bemerkungen mehr machen
Ich möchte erst überlegen, bevor ich etwas sage
Ich möchte weniger maulen
Ich möchte mich mehr zurückhalten und leiser sein
Ich möchte weniger die Jungen ärgern
Ich möchte nicht so viel hauen
Ich möchte meinen Umgangston verbessern
Ich möchte weniger Blödsinn machen

Ich möchte mehr für den anderen tun
Ich möchte mehr von anderen halten
Ich möchte die Anforderungen an mich und an die Gruppe nicht zu hoch stellen

Anlage 2:

Diese Fahrt wird ein Erfolg, wenn

- sich alle zusammenreißen
- sich alle mehr zutrauen (3)
- keiner über den anderen lacht (2)
- wir uns mit Martin gut verstehen
- keiner ausgeschlossen wird
- wir nicht um 22 Uhr ins Bett müssen
- wir eine große Gruppe bilden(2)
- sich alle gut verstehen(2)
- wir uns an fast alle Regeln halten
- keiner alleine dasteht
- wir nicht zu oft wandern müssen(2)
- wir nicht so oft im Zimmer sitzen
- mehr alle zusammen im Keller sind
- Yvonne und Martin nicht sauer sind, wenn wir etwas machen
- wir alle zusammenhalten(5)
- kein Streit entsteht
- das Wetter gut ist
- das Essen schmeckt
- alle mitmachen und mitarbeiten(4)
- wir viel spielen, z.B. Volleyball
- wir spazieren gehen
- viel unternommen wird
- wir morgens lange schlafen dürfen
- Martin auch nachher in der Schule so nett ist wie jetzt
- die Klassengemeinschaft klappt
- es mehr Spiele wie heute gibt (2)
- die Aussiedler integriert werden
- keiner sich ausschließt
- es nicht zu anstrengend wird
- sich alle vertragen
- es in der Mittagsruhe leise ist

Diese Fahrt wird kein Erfolg, wenn

- wir uns nicht verstehen
- jeder alleine arbeitet
- wir andere auslachen (3)
- einige nicht mitmachen
- einer alleine rumhängt
- keiner sich was zutraut
- keine Klassengemeinschaft ist (2)
- manche wegen jeder Kleinigkeit zum Lehrer rennen (2)
- man nicht telefonieren darf
- jeder nach seinem Kopf handelt
- die Gruppe zerfällt
- keiner dem anderen hilft
- wir sehr viel wandern gehen
- wir andere stehen lassen
- wir kein Vertrauen zu den anderen haben
- andere kritisiert werden
- sich viele vor der Gruppenarbeit drücken
- wir nur im Schloß sitzen

- das gibt es nicht, diese Fahrt wird ein Erfolg!

Anlage 3
(Fingerspitzengefühl)

Die wichtigsten Gefühle:
Angst
Vertrauen
Konzentration
Mut
Ruhe
Sicherheit
Gemeinschaft
Hilfe
Verantwortung
Freude
Leichtigkeit
Spaß
Glück
Geborgenheit
Wärme
Nähe

Langzeit-projekte

4

Matthias Hünemann und Rüdiger Gilsdorf

Ein Jahr Argo

oder: Was hat die Rettung des Elefanten mit dem Satz des Pythagoras gemeinsam?

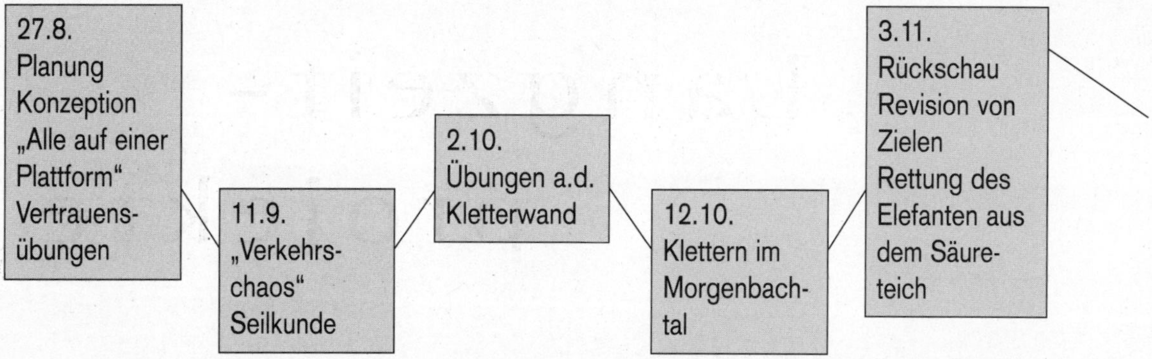

Es war eine der dramatischeren Rettungsaktionen, die die Gruppe durchzuführen hatte. Viel Zeit blieb ihnen nicht mehr. Immer schwächer waren die klagenden Rufe des jungen Elefanten am Ufer zu vernehmen. Ein Rätsel, wie er auf die Insel in der Mitte des verseuchten Gewässers gelangt war. Schon weit über eine Stunde bemühte sich das Rettungsteam den kleinen Elefanten von seiner Insel zu holen. Die intensiven Diskussionen über die beste Vorgehensweise spiegelte sich deutlich in den Gesichtern. Aber solange noch ein Lebenszeichen von dem Elefanten auf der Insel zu vernehmen war, wollte man nicht aufgeben. Dann ein erneuter Versuch mit einer Methode, die bisher noch kein Team angewendet hatte und die selbst den Frauen und Männern, die in solchen Situationen über eine beträchtliche Erfahrung verfügten, bis dahin unbekannt war. Absolute Stille trat ein als sich der kleine Elefant Stück für Stück dem rettenden Ufer näherte. Dann Erleichterung, er hat es geschafft. Das Team klatscht vor Erleichterung, man schüttelt sich die Hände und beglückwünscht sich zu der dann schließlich doch noch erfolgreich durchgeführten Aktion.

Wie nach jeder Aktion findet sich das Team zu einer rückblickenden Analyse zusammen. Jetzt wird das gerade Erlebte noch einmal unter ganz bestimmten Aspekten bedacht und diskutiert: welchen Anteil hatte ich an der Lösung, bin ich damit zufrieden, haben wir die selbst gesteckten Ziele erreicht?

Erlebnispädagogik am Gymnasium?

Diese Aktion, man ahnt es schon, hat sich nicht irgendwo in der afrikanischen Savanne abgespielt. Eine ganz normale Gymnastikhalle an einem ganz normalen Gymnasium wurde zur Savanne. Ein Seil markierte das Ufer des Sees mit einem Durchmesser von ca. 10m und eine Hochsprungmatte wurde zur Insel. Und, natürlich (?), der Elefant war ein Stofftier. Da der durch das Seil begrenzte Bezirk (verseuchtes Wasser) nicht betreten werden durfte, war es nötig auf die Ausrüstung zurückzugreifen. Sie bestand aus einem Kletterhelm, einem Kletterseil, einem Karabiner und einem Klettergurt.
Keine gut trainierten Wildhüter kamen dem Elefanten zu Hilfe, sondern Schülerinnen und Schüler der MSS 11 des Lina-Hilger Gymnasiums in Bad Kreuznach.

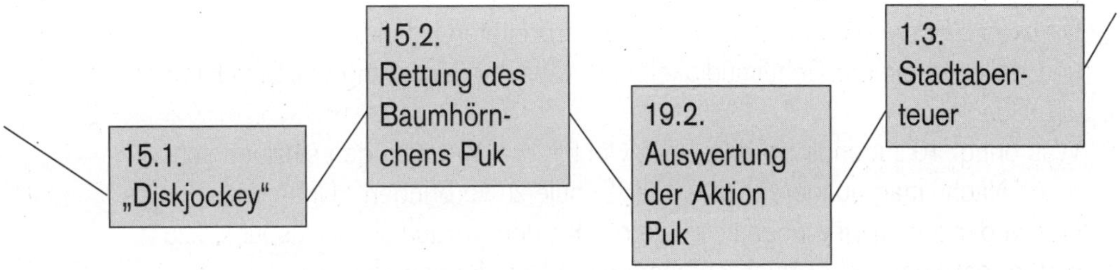

Bild 1
„Die Rettung des Elefanten aus dem Säureteich“

18.3.
„Suche der verlorenen Schätze"

9.6.
Kanutour

1.7. u. 8.7.
Gruppe plant eine Abschußfahrt

20./21.7.
Orientierungsfahrt mit Fahrrad, Zelten Abschluß

Wäre das Kollegium Zeuge der Rettung geworden, so hätte wahrscheinlich ein Teil sich und andere gefragt, ob das denn mit dem gymnasialen Bildungsanspruch zu vereinbaren sei, dass Schülerinnen und Schüler der Oberstufe, statt z.B. Mathematik zu treiben, mit Stofftieren spielen? Das wäre die erste Frage, die wir im folgenden beantworten möchten.
Die zweite Frage ergibt sich aus der weitverbreiteten Erfahrung von Kolleginnen und Kollegen mit der Schulmüdigkeit und Konsumorientierung der Schülerinnen und Schüler.
Was bringt 10 Jugendliche dazu alle zwei bis drei Wochen den einzigen schulfreien Nachmittag ausgerechnet in der Schule zu verbringen? Noch dazu, wo es hier weder gute Noten noch sonstige der Karriere förderlichen Pluspunkte zu gattern gab, dafür aber reichlich anstrengende Aufgaben zu lösen waren.

Eigene Erfahrungen machen statt nur über die Erfahrung anderer zu reden

Zunächst einige Überlegungen zur ersten Frage. Soziales Lernen findet an jeder Schule statt. Insofern als das Zusammenleben in der Schule etwas vermittelt, das jeden in seinen Wertvorstellungen und Verhaltensweisen prägt. Leider ist das Gymnasium durch seine Orientierung auf fast ausschließlich individuelle Leistungen, durch den Auslesecharakter seiner allzeit präsenten Noten und durch die einseitige Betonung des Intellektes immer gefährdet, Werte und Einstellungen zu vermitteln, die einer humanen Gesellschaft eher abträglich als förderlich sind.
Gegenseitige Hilfe wird selten gezielt gefördert und häufig genug sogar bestraft. Engagement für die Klassen- oder Schulgemeinschaft wird bei der Benotung nicht berücksichtigt, Schülerinnen und Schüler ziehen sich aus der Arbeit der Schülervertretung zurück, weil sie ihre Noten nicht gefährden wollen. Damit wird durch das Benotungssystem unausgesprochen und oft gegen die ehrliche Auffassung von Schulleitung und Kollegium deutlich, dass Solidarität, demokratisches und partnerschaftliches Verhalten nicht zum eigentlichen Zweck von Schule gezählt werden.

Die Tatsache, dass viele Schulen durch Klassenfahrten, Feste und Projekttage diesen Effekt zu lindern versuchen, kann zu paradoxen Ergebnissen führen. Der Ausnahmecharakter dieser Veranstaltungen kann die Meinung der Schülerinnen und Schüler noch verfestigen, dass soziales Lernen nettes Beiwerk ist, das den harten Kampf um Noten und Versetzung auf angenehme Weise unterbricht.

Dazu kommt, dass Gymnasien keine Möglichkeiten bieten, wo Schülerinnen und Schüler in Begleitung Erwachsener mit Verhaltensweisen und Wertorientierungen experimentieren können. Zwar wird in einigen Unterrichtsfächern über „gute" Verhaltensweisen und ihre Begründung nachgedacht und diskutiert, nie aber werden die Ergebnisse dieser Überlegungen auch praktisch in der Gruppe erprobt. Dabei sind sich alle darüber einig, dass gerade bei der Vermittlung von Werten die Erfahrung ein zentraler Punkt für die Effektivität des Lernprozesses darstellt[1]. Einerseits wird soziales Lernen, Persönlichkeitsförderung und Teamfähigkeit von der Öffentlichkeit zur Hauptaufgabe von Schule erklärt, andererseits tauchen diese Themen nicht in ausdrücklicher Form im Stundenplan auf. Diese Tatsache deutet u.a. daraufhin, dass auch Instrumentarien fehlen, die es den Kolleginnen und Kollegen ermöglichen, gezielt und ausdrücklich an diesen Themen zu arbeiten. An diesem Punkt setzten unsere Überlegungen an: Eine Lehrerin[2] und ein Lehrer, die beide nicht mehr damit zufrieden waren über Lebensziele, Verhaltensweisen und Werte nur zu reden. Dazu kam ein Schulpsychologe, der sich nicht mehr länger damit begnügen wollte, nachträglich und bruchstückhaft auf die Probleme zu reagieren, welche die Schule durch ihre einseitige Leistungsorientierung zumindest teilweise mitverursacht. Alle drei wollten wir erproben, inwieweit sich soziales Lernen auf den Stundenplan setzen läßt.

Ein anderes ABC

Das in den USA entwickelte Konzept einer auf spannenden Gruppenerfahrungen aufbauenden Beratung (Adventure Based Counseling)[3] erschien uns als besonders geeignet. Wir riefen Argo ins Leben, ein AG für Schülerinnen und Schüler der 11. Klasse. Die Teilnahme war freiwillig. Nach einer Kennenlernphase sollten sich die Jugendlichen jedoch verbindlich zur Mitgliedschaft entschließen.

1 Das belegen die Forschungen J. Piagets (s. z.B Furth 1976) und die darauf aufbauende „Theorie der kognitiv-strukturellen Entwicklung der Moral" von L. Kohlberg (gut zusammengefaßt in Mokrosch et al. 1980, 11–100). Zu ähnlichen Ergebnissen kommt auch H. von Hentig (1993, 227–236)

2 Das in diesem Artikel geschilderte Projekt wurde 1991/92 von den beiden Autoren gemeinsam mit Cornelia Michels am Lina-Hilger-Gymnasium in Bad Kreuznach durchgeführt.

3 Siehe Schoel, Prouty & Radcliffe (1988)

Zentraler Inhalt unserer Treffen waren abenteuerliche Herausforderungen und Problemstellungen, z.T. „künstlich“ in Form von Simulationen und Spielen, z.T. „real“ in Form von natursportlichen Aktivitäten. Gemeinsamer Nenner dieser Abenteuer ist es, dass die Gruppe als Ganzes gefordert ist, selbständig zu Lösungen gelangen. So werden gruppendynamische Prozesse ausgelöst, in denen die sozialen Kompetenzen der einzelnen vielfältig gefragt sind und erweitert werden können.
Im Verlauf der Rettung des Elefanten z.B. konnten die Schülerinnen und Schüler erproben, unter welchen Bedingungen gemeinsames Handeln am besten gelingt bzw. unter welchen Bedingungen es ganz sicher mißlingt. Sie änderten nicht nur ihre Strategien, sondern auch die Form der Kommunikation. Absprachen wurden klarer getroffen, Planung trat an die Stelle von „einfach mal machen“. Sie erlebten, dass ein Verhalten in der Gruppe, das möglichs viele am Entscheidungsprozess beteiligt , eher zum Ziel führt als noch so gut gemeinte Einzelaktionen. Sie lernten auch, die Frustration einer scheinbar unlösbaren Aufgabe auszuhalten und diese durch gemeinsam Initiative zu überwinden.
In diesen Problemstellungen wird die komplexe Alltagsrealität ganz bewußt reduziert. Doch lassen sich die konkreten Erfahrungen aus dem überschaubaren Szenario auf alltägliche Situationen übertragen. Diesen Transfer zu unterstützen, ist eine der Aufgaben der anschließenden Reflexion. In dieser Phase der Arbeit wird ein Blick auf den zurückliegenden Prozess geworfen: War ich mit der Qualität der Zusammenarbeit zufrieden? Ist die Aufgabe gelöst? Was hat die Lösung gefördert bzw. gehemmt? Welche Rolle habe ich dabei gespielt? Welche Rolle hätte ich gerne übernommen? Haben sich unsere gemeinsamen bzw. persönlichen Ziele bewährt? Welche sollten vor dem Hintergrund der heutigen Erfahrung verändert werden? Daraus leiten sich dann gegebenenfalls neue Ziele ab, die in einer anderen Herausforderung erprobt werden.
Durch den ständigen Wechsel von Planung, Aktion und Reflexion wird implizit außerdem eine Lebensphilosophie vermittelt, die davon ausgeht, dass die wahrheitsgemäße Analyse der Praxis die Voraussetzung für sinnvolle und verantwortliche Entscheidungen ist. Damit wird eine klare Antithese zu diktatorischen Modellen gesetzt, die den Gehorsam an die Stelle von Nachdenken und Kompetenz setzen.

Lernziele sind bei dieser Arbeit nur sehr grundsätzlich vorgegeben. Die Schülerinnen und Schüler müssen selbst herausfinden, welche Aspekte der Arbeit ihnen besonders wichtig sind. Das fiel den Mitgliedern unserer Gruppe nicht leicht. Schließlich steht diese Erwartung im Gegensatz zu der alltäglichen Erfahrung im Unterricht. Dort werden Aufgaben und Ziele im allgemeinen klar von Lehrerinnen und Lehrern vorgegeben.

Die Reise der Argo

Ein erster Höhepunkt sollte eine eintägige Kletterfahrt in das Morgenbachtal sein. Als Vorbereitung boten wir Aktivitäten zu den Themen Vertrauen und Kooperation an. Außerdem hatten die Schülerinnen und Schüler die Gelegenheit, sich mit der Seil- und Klettertechnik vertraut zu machen. Der Tag an den Felsen muss wohl sehr beeindruckend für die Jugendlichen gewesen sein. Das Gruppentagebuch schließt an diesem Tag mit dem Satz: "An diesem Abend hatte man das Gefühl, etwas geleistet zu haben, was man sich alleine nie zugetraut hätte."
Während der gemeinsamen Auswertung einigte sich die Gruppe darauf, die Arbeit an der Verbesserung der Kooperation und den persönlichen Zielen fortzusetzen. Zu diesem Zweck bereiteten wir eine Spiel und Abenteueraktion vor, die Möglichkeiten eröffnete, an den entsprechenden Themen zu arbeiten. Die einzelnen Aktivitäten wurden durch eine Phantasiegeschichte in einen sinnvollen Zusammenhang gestellt. Weiter entschieden wir, dass die Verantwortung für die Einhaltung der Regeln und die Moderation von Gesprächen von uns soweit wie möglich auf die Gruppe übergehen sollte.

Die „Rettung des Baumhörnchens Puk" fand an einem Samstag im Februar statt und dauerte von 8.oo Uhr bis zum Einbruch der Dunkelheit. Sie enthielt die folgenden Stationen: Den Ausgangspunkt bildete das Lehrerzimmer. Dort erhielten die Schülerinnen und Schüler das Aufgabenpaket und es mussten erste Entscheidungen getroffen werden. Wir hatten die verschiedensten Ausrüstungsgegenstände aufgebaut: vom Handbuch der indianischen Zeichensprache über Küchengeräte bis hin zu Rucksäcken und Verpflegung. Die Jugendlichen mussten zunächst einzeln, dann in der Gruppe entscheiden, was sie mitnehmen wollten.[4] Eine verfremdete Landkarte führte sie zu einer Seilbrücke, die gesichert durch Kletterausrüstung überwunden werden musste. An jeder Station erhielten die Schülerinnen und Schüler weitere Botschaften. Als nächstes musste mit einem Schlauchboot die Nahe überwunden werden. Es folgten mehrere Orientierungsaufgaben im Wald, von denen

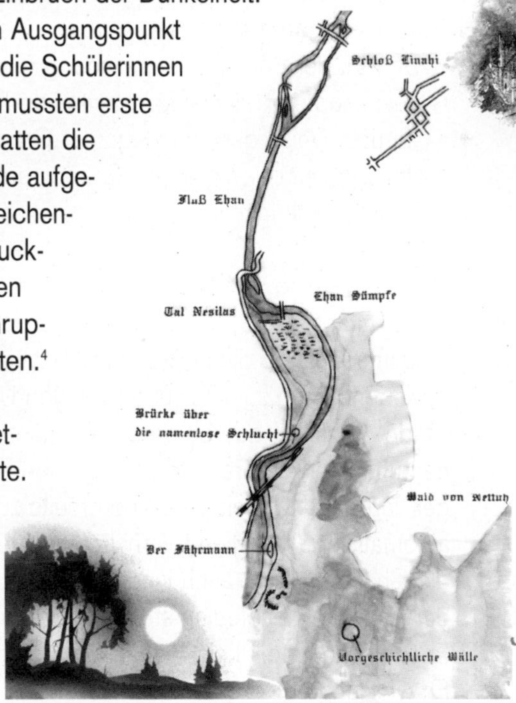

Bild 2: Karte des Nesilas-Tals
auf der Suche nach dem Baumhörnchen Puk

4 Eine ausführliche Beschreibung zu diesem und den meisten anderen in diesem Artikel erwähnten Spielen findet sich in Gilsdorf & Kistner (1995). Siehe außerdem Rohnke (1984 & 1989).

ein Teil im strömenden Regen gelöst werden mussten, der am späten Vormittag eingesetzt hatte. So kam die Gruppe zum Eingang des „Tales des Schweigens“, ein durch Windbruch mit riesigen Buchen verlegtes Tal. Dieses Tal konnte nur schweigend unter Führung des einzigen sehenden Mitgliedes durchquert werden. Am Ende des Tales hatten wir ein „Spinnennetz“ gespannt, das jeder, der das T verlassen wollte, überwinden musste.

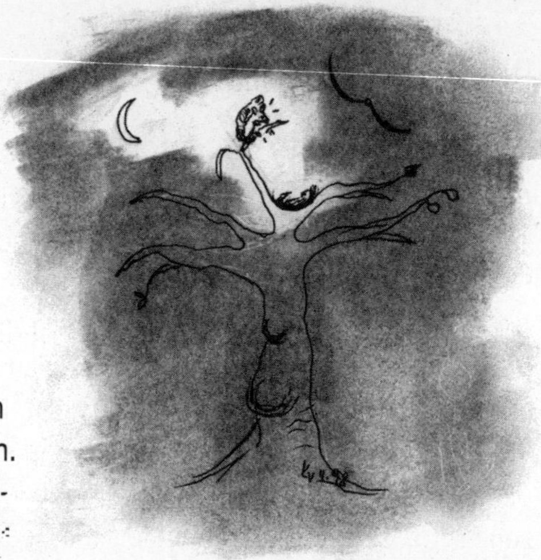

Bild 3: Das Baumhörnchen Puk

Schließlich, bereits im Zwielicht der Dämmerung, die Befreiung des Baumhörnchens (man ahnt es schon: ein Stofftier). Ein geplantes Solo, bei dem sich jedes Mitglied der Gruppe für eine Zeit zurückzieht, musste leider wegen Zeitknappheit ausfallen. Während des ganzen Tages hatte immer ein anderes Mitglied eine besondere Verantwortung für die Gruppe. Zu seinen Aufgaben gehörte es, den Prozess in der Gruppe so zu koordinieren, dass die Herausforderung unter der Berücksichtigung folgender Kriterien erfolgreich bewältigt wurde:

- Qualität der Entscheidungsfindung
- Ausschöpfung aller Möglichkeiten und Kräfte der Gruppe
- Art und Weise des Umgangs der Gruppenmitglieder untereinander
- Umgang mit der Natur (die Gruppe sollte bei der Expedition möglichst wenig Spuren hinterlassen).

Die Auswertung dieser Erlebnisse nahm einen ganzen Nachmittag in Anspruch. Ein Stadtabenteuer und eine Kanutour folgten. Damit wird ein weiteres Gestaltungsmerkmal für diese AG deutlich. Wir versuchten, Aufgaben in möglichst verschiedenen und zum Teil ungewohnten Umwelten zu stellen: Schule, Fels, Wald, Stadt, Wasser. Dadurch erhöht sich die Wahrscheinlichkeit, dass die Schülerinnen und Schüler ihre unterschiedlichen Fähigkeiten einbringen können. Ein weniger vertrautes Umfeld hat andererseits zur Folge, dass sie nicht so leicht auf automatisierte Denk und Verhaltensmuster zurückgreifen können, und dadurch die Chance haben, auch innerlich neue Erfahrungen zu machen. In jedem Fall lag der Auswahl der Medien stets das Prinzip zugrunde, dass die „Abenteuer“ in der Erlebnispädagogik kein Selbstzweck sind, sondern Lernfelder für persönliche Entwicklung bereitstellen.

Der Abschluß der AG sollte eine Aktion sein, welche die Gruppe von Anfang bis Ende in eigener Verantwortung plante. Die Jugendlichen entschieden sich für eine Orientierungsfahrt mit dem Fahrrad und anschließender Übernachtung in Zelten.

...und was hat das alles gebracht?

Den LehrerInnen:

„Gute“ Pädagogik, das ist unsere Überzeugung, geht auch mit Lernerfahrungen und Entwicklungsmöglichkeiten für die Lehrerinnen und Lehrer einher. In diesem Sinne war Argo für uns eine sehr erfolgreiche AG. Zum einen haben wir ein sehr viel genaueres Bild davon bekommen, was Schule im Leben von Schülerinnen und Schülern bewirkt. Zum anderen haben auch wir uns verändert, etwa was die Kommunikation mit Schülerinnen und Schüler angeht. Wir lernten eine ganz andere Art der Gesprächsführung und Gruppenleitung kennen. Diese Erfahrung bewirkte, dass wir weniger direktiv in Unterrichtsgespräche eingriffen. In Beratungsgesprächen gelang es besser, die „toten Punkte“ zu überwinden und so zu den wirklichen Fragen vorzustoßen.

Während wir die Reise der Argo begleiteten, erlebten wir auch eine Menge Überraschungen. Hier seien nur einige genannt:
Bei der Vorbereitung haben wir viel Zeit mit Überlegungen verbracht, wie wir auch Mädchen für die Teilnahme gewinnen könnten. Wir waren davon überzeugt, dass sich eher Jungen für Aktivitäten wie Klettern und Kanufahren interessieren würden. Als es dann zum ersten Treffen kam, waren die männlichen Schüler klar in der Minderheit. Nach dem zweiten Treffen blieb schließlich gerade mal einer übrig. Auch wenn die meisten die AG ohne Kommentar verließen, war doch auffällig, dass es sich überwiegend um stark leistungsorientierte und sogenannte erfolgreiche Schüler handelte. Wahrscheinlich hatten sie sich ein eher sportlich orientiertes Angebot mit extremen individuellen Herausforderungen (Kletterkurs) erwartet. Wie man auch diese Gruppe im Sinne unserer Zielsetzung ansprechen könnte blieb für uns eine offene Frage. Festhalten können wir aber auf jeden Fall die Erfahrung, dass ein schulisches Angebot, das im weitesten Sinne selbsterfahrungsorientiert ist, LehrerInnen wie SchülerInnen keinesfalls einfach zu vermitteln ist. Es paßt in keine Schublade, und wenn man sich nicht dazu verleiten läßt, das Spektakuläre und Äußerliche allzusehr in den Vordergrund zu stellen, wird man in der Regel Schülerinnen stärker ansprechen als Schüler.
Eine weitere Überraschung war die Beobachtung, wie schwer es für die Jugendlichen war, Aufgaben *gemeinsam* zu lösen. Wir scheinen diese Fähigkeit viel zu oft einfach vorauszusetzen, ohne uns davon zu überzeugen, wo die Schülerinnen und Schüler wirklich stehen. In unseren Ausgangsüberlegungen wurden wir in diesem Sinne bestätigt: es gibt noch viel zu wenig praktische Lernfelder für kooperatives Handeln in der Schule.

Schließlich eine vielleicht trivial anmutende Überraschung: wie hoffnungslos überzogen unsere Erwartungen an das Maß der Veränderungen waren, die durch pädagogische Interventionen bewirkt werden können. Ein Jahr Argo, das war ein interessanter Lernprozess. Aber es gab auch „Rückschläge“, Verhaltensmuster, die am Ende nicht anders waren als beim ersten Treffen. Es ist uns sehr deutlich geworden, dass es ziemlich verfehlt wäre, an ein im schulischen Gesamtkontext relativ isoliertes Angebot wie Argo allzuhohe Erwartungen im Hinblick auf die „sichtbare“ Persönlichkeitsentwicklung einzelner Schüler oder Schülerinnen zu knüpfen. Schließlich handelt es sich dabei um einen sehr individuellen und weitgehend selbstgesteuerten Prozess, über den langfristige Aussagen nur sehr vorsichtig gemacht werden sollten.
All dies gesagt werfen wir doch einen kurzen Blick auf die andere Seite:

...und den SchülerInnen?

Das können diese eigentlich am besten selbst beantworten. Daher ein paar Zitate aus unserem Abschlußgespräch. Man stelle sich vor: ein Weiher mitten im Hunsrück, umgeben von Wald, strahlender Sonnenschein.

Zehn Jugendliche sitzen um einen roh gezimmerten Tisch und zeigen Naturmaterialien, die sie zum Thema „Ein Jahr Argo, was nehme ich mit“, gesammelt haben:

„Hier habe ich zum ersten Mal erfahren, wie eine Gruppe von Menschen als Gruppe zusammen arbeiten kann.“

„In der Schule wird man mehr und mehr zum Einzelkämpfer, hier habe ich erfahren, dass man tatsächlich lernen kann, gemeinsam zu handeln und wie man gemeinsam handeln kann, ohne dass einer über die anderen bestimmt.“

„Ich habe neue Freunde gefunden.“

„Viele haben uns ausgelacht, dass wir bei Argo mitgemacht haben. Die haben gesagt, wie kann man nur so blöd sein, freiwillig solche Anstrengungen auf sich zu nehmen. Manche Lehrer haben uns gefragt, warum wir da mitmachen. Das würde doch nichts bringen. Viele haben uns aber auch positives Interesse entgegengebracht. Das hat mir gut getan.“

„Ich habe vieles gemacht, was ich mir nie zugetraut hätte und was ich in meinem Leben bestimmt nicht ausprobiert hätte.“

„Ich fand es ganz toll, dass man die Möglichkeit hatte, sich selbst zu erproben.“

„Warum geht es eigentlich nicht weiter? Viele Schülerinnen und Schüler der zehnten Klassen haben mich schon gefragt und gesagt: Hoffentlich wird das noch einmal angeboten.“

...und die gymnasiale Bildung?

Die griechischen Philosophen versuchten, in der Natur die Grundregeln einer menschlichen Gesellschaft zu entdecken. Ein Ergebnis dieser Suche ist der Satz des Pythagoras. Vielleicht war es etwas ähnliches, das die Schülerinnen und Schüler dazu brachte, einen guten Teil ihrer knappen Freizeit mit Aufgaben wie der Rettung des Elefanten zu verbringen. Soweit die Gemeinsamkeit. Aber es gibt natürlich auch einen Unterschied: Der Satz des Pythagoras ist bereits heute selbstverständlicher Teil des Lehrangebotes eines jeden Gymnasiums.

Argo, ursprünglich als Pilotprojekt für ein langfristiges AG-Angebot geplant, wurde leider nicht fortgeführt. Unsere Wege führten in andere Richtungen. Die Lust, auf diese Art und Weise mit Schülerinnen und Schülern zusammenzuarbeiten, ist durch die Erfahrung von Argo aber gewachsen.

Rainer Tempel

Vom Abenteuerspiel ins Abenteuer

Impressionen vom unverhofften Verlauf einer Natur- und Erlebnis-Arbeitsgemeinschaft

1. Die Ausgangssituation an der Nardinischule in Pirmasens

Als mein Kollege Karlheinz Heyer und ich zum ersten Mal an einer erlebnispädagogischen Fortbildungsveranstaltung teilgenommen hatten, waren wir völlig davon überzeugt, hier Methoden kennengelernt zu haben, die optimal dafür geeignet seien, das Verhalten unserer Schüler positiv zu beeinflussen. Man muss hierbei erwähnen, dass die Schüler der Privaten Grund- und Hauptschule Nardinischule in Pirmasens, einer sogenannten Schule der Erziehungshilfe, überwiegend von den Jugendämtern – in Absprache mit der Bezirksregierung – in diese Schule eingewiesen werden. Die meisten von ihnen sind milieugeschädigt, viele stark verhaltensauffällig und in der Regelschule oft nicht mehr tragbar. Ein Teil der Kinder und Jugendlichen ist im zur Schule gehörenden Heim untergebracht, ein anderer verbringt nach Schulschluss die Nachmittage in sogenannten Tagesgruppen und kann nach 17.00 Uhr nach Hause gehen. Ihr Umgang miteinander ist katastrophal – Beleidigungen und Brutalitäten gehören zum „normalen Verhalten". Oft beschränken sich die Interessen entsprechend auf Gewalt, Pornographie und Alkohol.

2. Vorüberlegungen und Planungen der Natur- und Erlebnis-AG

Erlebnispädagogik und kooperative Abenteuerspiele erschienen uns als ein mögliches Heilmittel, um zumindest den Umgang der Schüler miteinander zu verbessern. In Absprache mit der Schulleitung wurde mit Beginn des neuen Schuljahres 1992/93 eine entsprechende Arbeitsgemeinschaft eingerichtet, die wir „Natur- und Erlebnis-AG" nannten. Zwei Unterrichtsstunden an einem Nachmittag standen hierfür zur Verfügung. Nur „Erlebnis-AG" hätte zu abenteuerlich geklungen, deswegen kam auch die „Natur" mit hinein; so sollte ein zu starker Zulauf

verhindert werden. Alle Bewerber konnten trotzdem nicht aufgenommen werden; einige mussten in Arbeitsgemeinschaften, die sie als zweite Wahl angegeben hatten – und wir bekamen sozusagen die „Schlimmsten“ der ganzen Hauptschule. Dies bedeutet, dass wir eine Mannschaft von 16 Schülern aus der 7., 8. und 9. Klasse zusammen hatten, also 13- bis 16jährige. Die Gewaltbereitschaft war bei allen groß, dazu kamen geringe oder keine Frustrationstoleranz, Hyperaktivität, gravierender Konzentrationsmangel, schlechtes Sozialverhalten; die Aufzählung ist nicht vollständig.
Wir wollten, wie wir das auch in der Fortbildung erfahren hatten, unsere Schüler langsam in die Erlebnispädagogik einführen. Beginnend mit vertrauensbildenden Maßnahmen und Kooperationsspielen (vgl. Gilsdorf/Kistner 1995) wollten wir die Grundlagen dafür schaffen, große Herausforderungen, wie z.B. das Erklettern von Felsen, annehmen zu können.
Außerdem dachten wir an mehrtägige Wanderungen, Zeltlager, die Erforschung von Burgruinen, Nachtwanderungen, Kanutouren, aber auch Biotop-Pflegemaßnahmen, Aufhängen und Betreuung von Nistkästen oder die Bewachung von Wanderfalken-Brutfelsen (vgl. Heyer/Tempel 1994).

3. Die Anfangsphase

Wir begannen also mit Spielen wie „Einem Baum begegnen“ (vgl. Cornell 1991) oder „Blindenspaziergang“, bei dem ein „Sehender“ einen „Blinden“ (verbundene Augen) führt. Hatten wir zu Anfang noch gehofft, dass die Jungs (Mädchen hatten sich keine für diese AG gemeldet) sich bemühen würden, die gestellten Aufgaben gut zu erfüllen, mussten wir ziemlich bald ernüchtert bemerken, dass dem nicht so war. Zumindest hatten sie völlig andere Vorstellungen davon, was gutes und vertraueneinflößendes Verhalten ist, als wir. Einen, der nichts sieht, gegen eine Wand laufen zu lassen, galt als o.k. – bei Führenden und Geführten. „Es ist ja nichts passiert.“, war immer die Begründung. Kleine Beulen am Kopf störten nicht. Natürlich wurde auch bei diesen Spielen immer versucht, unter den Augenbinden durchzulinsen – einerseits wohlwissend, dass dem Führer nicht zu trauen war, andererseits aber auch, um sich durch Schummeln wieder Vorteile zu verschaffen. Der eigentliche Zweck eines solchen Spieles wurde dadurch nie auf Anhieb erreicht.
Wir als Lehrer fungierten als Beobachter und Schiedsrichter, die auch des öfteren ein Spiel abbrechen mussten. Nach längerer Aussprache, nochmaliger Erklärung und Begründung von Sinn und Zweck des Spieles wurde dann ein erneuter Versuch gestartet. Lief das Spiel endlich glatt, konnten wir uns aber in der Regel des Eindrucks nicht erwehren, dass man uns zuliebe die Aktivität korrekt durchführte, oder um endlich etwas Neues machen zu können, und nicht, weil man vom Sinn des Ganzen überzeugt war.

Hatten wir zu Beginn des Schuljahres noch gedacht, vier bis sechs Wochen Vorbereitungszeit würden ausreichen, um dann größere Aktionen in der Natur angehen zu können, mussten wir bald ernüchtert feststellen, dass wir den Herbst nicht mehr für „Outdoor-Aktivitäten“ würden nutzen können.
Unser Zeitplan geriet so völlig aus den Fugen. Wir brauchten viel länger, als wir vorgesehen hatten, um in puncto Vertrauen und Kooperation wenigstens minimale Grundlagen zu schaffen.

4. Die Überquerung des Dschungelflusses

Eines Tages im November war es dann soweit. Wir stellten unsere Teilnehmer vor eine größere Herausforderung, obwohl wir wussten, dass sie dafür eigentlich noch nicht reif waren. Aber wir fühlten uns selbst in Zugzwang etwas Neues bieten zu müssen. Mittlerweile war es kalt geworden, und das Wetter war für Abenteuerspiele im Freien nicht gerade einladend. So kam es zur „Überquerung des Dschungelflusses“.
Im Untergeschoß der Schule, unter der Turnhalle, befindet sich das Lehrschwimmbecken. Eine Etage tiefer, im Kellergeschoß, sind die Heizungsräume und Wartungseinrichtungen für das Schwimmbad untergebracht. Von diesen führt ein fensterloser Gang zum Schwimmbecken und, sozusagen unterirdisch, um dieses herum. Man gelangt auch durch einen zweiten Zugang vom Schwimmbecken-Raum über eine Treppe in diese Räume. Schüler haben hier keinen Zugang, sie kennen diese Örtlichkeiten nicht, wissen meist gar nichts über deren Existenz.
Den Dschungelfluss stellte unser Lehrschwimmbecken dar. Als Hilfsmittel stand ein kleines Schlauchboot, in das mit Mühe und Not zwei Personen passten, zur Verfügung. Als Ruder konnten zwei Schwimmbretter benutzt werden, außerdem gab es ein Seil, welches so lang war wie das Becken. Mit einer einführenden Geschichte wurde die Rahmenhandlung geschaffen. Die Schüler wurden zu einem Expeditionsteam erklärt, welches den Auftrag hatte, nachts den Dschungel zu durchqueren (wegen feindlicher Eingeborener), um am nächsten Morgen über den Urwaldfluss überzusetzen. Der „Dschungel“ waren die verwinkelten, stockdunklen, fensterlosen Räume unter dem Schwimmbecken, die normalerweise völlig leer sind. Hier würden sie Gegenstände finden, die sie für die Flussüberfahrt brauchten (Schwimmbretter, Seil). Welcher Art diese Dinge waren, wurde nicht mitgeteilt, lediglich, dass eine vorhergehende Expedition Dinge zurückgelassen habe, die unbedingt gefunden und mitgenommen werden müssten. Eine Zeitvorgabe gab es nicht. Alle Schüler waren normal bekleidet, und jeder hatte einen Rucksack mit Ersatzkleidern dabei. Nun konnte es losgehen. Wir gaben ihnen nochmals genaue Instruktionen (Gegenstände finden und mitbringen, zusammenbleiben) und entließen sie in die „Katakomben“. Und schwupp kamen sie am anderen Ende wieder heraus – ohne etwas gefunden zu haben, dafür mit zwei Mann weniger. Also mussten sie wieder zurück. Nach dem dritten Versuch waren sie endlich komplett und hatten alles gefunden.

Nun sollte es an die Überfahrt gehen. Vorgaben waren: Maximal zwei Mann ins Boot (es war damit sowieso schon überladen), nicht ins Wasser greifen (Piranhas), schon gar nicht hineinfallen, nicht näher als zwei Meter ans Ufer (Wilde = Lehrer). Ziele waren Kooperation und Absprachen, umsichtiges und vorsichtiges Verhalten zu üben und zu praktizieren.
Dann ging so ziemlich alles schief, was nur schiefgehen konnte. Absprachen gab es keine, und das Boot verlor zum ersten Mal die Luft, als einer gleich an Land hineinsprang. Die Luft entwich zum zweiten Mal, weil einer versehentlich einen Stöpsel herauszog, als er das Boot an diesem haltend, ins Wasser warf. Und jedesmal musste es mit dem Mund wieder aufgeblasen werden. Einer fiel gleich beim Einsteigen ins Wasser, einer bei der Überfahrt, und einer geriet in die Hände der „Wilden". Ein Paddel ging verloren, und die Besatzung ruderte gute fünf Minuten im Kreis herum, bis sie eine brauchbare Technik entwickelt hatte. Das Seil, das über das Becken hätte gespannt werden können, um sich mit dem Boot daran entlangzuhangeln, wurde nie benutzt und zu guter Letzt kippte das Boot um, als alle Rucksäcke mit den Ersatzkleidern darin waren. Aus unserer Sicht war die ganze Aktion eine einzige Katastrophe; außer Gaudi kam nichts dabei heraus. Aber die Jungs fanden es toll und hätten es am liebsten gleich noch einmal durchgespielt, um das Fiasko ein zweites Mal auszukosten. Nass waren sie ja nun ohnehin. Es war halt nur ein Spiel, und nass zu werden, war nicht schlimm. Es war uns nicht gelungen, ihnen klarzumachen, dass dieses Spiel der Vorbereitung auf ernsthaftere Abenteuer dienen sollte, bei denen nicht solche Schnitzer passieren durften und es gelang uns auch nicht in der Reflexionsphase dieser Aktion, in welcher wir den Ablauf noch einmal durchsprachen. Man alberte herum und amüsierte sich über die Fehler anderer, aber keiner zeigte den Willen, sich ernsthaft Gedanken über ein sinnvolleres Vorgehen zu machen.

5. Wie wir in ein echtes Abenteuer rutschten

Trotz großer Frustration legten wir die Erlebnispädagogik nach der Dschungelflußaktion nicht ad acta. Resignieren wollten wir nicht. Aber durch ein unvorhersehbares Ereignis wurden unsere Aktivitäten zunächst in eine andere Richtung gelenkt.
Mehrere Mitglieder unserer „Natur- und Erlebnis-AG" lebten in der „Außenwohngruppe Jungen" des zur Schule gehörenden Heimes. An einem Sonntag im November 1992 machten sie zusammen mit ihren Erziehern einen Ausflug in die Vorderpfalz. Die Autos wurden auf dem Parkplatz neben der Burg Landeck abgestellt, und dann wanderte die Gruppe zum Heidenschuh, den Resten der alten keltischen Ringwallanlage über dem Kaiserbachtal.

Natürlich verlockten dort die Felsen in der Nähe des Aussichtspunktes zum Herumklettern, und dabei machte einer der Jungs eine Entdeckung. Mit der Bemerkung „Hier hat wohl wieder einer seinen Müll im Wald versteckt!“, griff er in einen Felsspalt, in dessen hinterem Ende er Papier gesehen hatte. Was aber er und seine neugierig gewordenen Kumpels herauszogen, war alles andere als Müll. Es waren Papiere aus den letzten Monaten des Zweiten Weltkrieges. Der Felsspalt war vollkommen trocken, und so hatten diese Unterlagen – von einigen Fraßspuren der Waldmäuse abgesehen – die mehr als 47 Jahre fast unbeschadet überstanden. Die Jungs blätterten alles durch, konnten aber mit ihren Funden nicht viel anfangen, da sie einen Großteil nicht entziffern konnten, teils wegen schwieriger Handschriften, teils deswegen, weil es in Sütterlinschrift geschrieben war. So packten sie die Sachen ein und brachten sie am nächsten Tag mit in die Schule, wo sie sie mir (damals Klassenlehrer der 9. Klasse) vorlegten.
Es waren Unterlagen und Aufzeichnungen der Kompanie 5./223 Volksgrenadier Division. Im einzelnen bestand der ganze Fund aus dem Notizbuch des kommandierenden Offiziers, der Kompanieliste, Marschbefehlen, Meldezetteln, drei Feldpostbriefen, Schreiben und Formularen des Kriegsgerichtes und Versetzungsformularen.

6. Von der AG zum fächerübergreifenden Unterrichtsprojekt

Alles in allem lag uns ein Material vor, wie es für eine interessante Gestaltung des Geschichtsunterrichtes nicht besser hätte sein können. Doch um es nur für dieses Fach zu verwenden, war es zu umfangreich. Nach einigem Beratschlagen und Überlegen kam die zündende Idee: Zusammen mit der Parallelklasse und ihrem Klassenlehrer Karlheinz Heyer wurde beschlossen, diese Papiere im Rahmen eines Projektes auszuwerten, und von der Schulleitung erhielten wir grünes Licht für dieses Unterfangen. So konnten Unterrichtstunden aus den Fächern Deutsch, Sozialkunde, Geschichte, Erdkunde, Mathematik, Bildende Kunst und Englisch verwendet werden. Außerdem wurde die Natur- und Erlebnis-AG mit einbezogen. Das Ergebnis sollte eine Arbeit sein, mit der sich die beiden Klassen am Wettbewerb „Denkmal“ der Körber-Stiftung um den Preis des Bundespräsidenten beteiligen wollten. Wie diese Arbeit aussehen sollte, war zunächst noch niemandem klar; am Ende kam eine Anti-Kriegsausstellung heraus, die in Pirmasens und Bad Bergzabern gezeigt wurde und auch in der Lokalpresse beachtliches Echo fand. (Beim Wettbewerb schnitten wir allerdings nicht so gut ab. Es gab nicht einmal einen Trostpreis.)
Für unsere fächerübergreifende Arbeit lösten wir uns nicht nur vom strengen 45-Minuten-Rhythmus. Wir lösten auch unsere beiden Klassen auf, und ließen die Schüler entsprechend ihrer Interessen sich zu Arbeitsgruppen zusammenfinden.

Dadurch gab es für die Zeit des Projektes auch so gut wie keinen Fachunterricht mehr – nur eigenverantwortlich arbeitende Gruppen, die mehr oder weniger einen Schwerpunkt in einem bestimmten Fach hatten. Lediglich um Leerlauf zu vermeiden, standen Übungsaufgaben aus den Fächern Mathematik, Deutsch und Englisch in Form von Stillarbeitsangeboten zur Verfügung.
Die Ergebnisse der Gruppenarbeiten wurden dann jeweils dem Plenum vorgestellt, besprochen, gutgeheißen oder verworfen, überarbeitet, anderen Gruppen als Grundlage weiterführender Arbeiten zur Verfügung gestellt und am Ende zu einem Gesamtergebnis zusammengeführt. Bei dieser Vorgehensweise merkten bald auch jene Schüler, die sich nur für eine bestimmte Aufgabe gemeldet und interessiert hatten, dass sie diese ohne Kenntnisse aus einem anderen Bereich nicht erfüllen konnten. Konkret: Mehrere Mädchen, die im Fach Deutsch recht gut waren und gerne Aufsätze schrieben, wollten einen Fragenkatalog ausarbeiten, um ehemalige Soldaten besagter Einheit zu interviewen. Für Geschichte interessierten sie sich ursprünglich überhaupt nicht. Das Fach bekam aber für sie einen anderen Stellenwert, als sie merkten, dass sie kein sinnvolles Interview ohne Hintergrundwissen zusammenstellen konnten.

7. Der Inhalt der Dokumente und die Ergebnisse unserer Recherchen

Im Notizbuch des Offiziers, dessen Name[1] leider nicht ermittelt werden konnte, ist das Datum der ersten Eintragung der 26.9.1944. Die Einheit lag zu diesem Zeitpunkt wenige Kilometer westlich von Belfort. Die letzte Eintragung stammt vom 22.3.1945, dem Tag, an dem vermutlich die Papiere vom Besitzer des Notizbuches bei Klingenmünster in den Felsspalt gesteckt wurden und er wahrscheinlich in amerikanische Kriegsgefangenschaft geriet. Die Geschehnisse zwischen diesen beiden Daten wurden nun von den Schülern, soweit als möglich, rekonstruiert. Dazu mussten vor allem die unleserlichen Schriften entziffert und in die heute übliche Schreibschrift übertragen werden. Mittels der Adressen in der Kompanieliste und nach langem Suchen in den Telefonbüchern wurden noch drei Überlebende ausfindig gemacht und interviewt, teils schriftlich[2], in einem Fall auch bei einem persönlichen Besuch[3].

1 Es steht nur fest, dass er sehr penibel war. Ein Ausspruch von ihm sei gewesen: „Es ist immer soviel Kaffee zurückzubehalten, dass es zum Rasieren reicht.“ (Aussage von Herrn Knapp) Bezeichnend für ihn mag auch die folgende Eintragung in sein Notizbuch sein: 13.10. Ab heute ist der Kragen geschlossen zu tragen.

2 Herr Paul Busch aus Heinsberg bei Geilenkirchen, einer unserer Interviewpartner, verstarb leider am 2.2.93, kurz nachdem er die Interviewfragen noch schriftlich beantwortet hatte.

3 Herr Wilhelm Knapp aus Erbach im Odenwald trug durch sein umfangreiches Detailwissen und seine große Hilfsbereitschaft sehr zum Gelingen der Arbeit bei.

Alle Ergebnisse zusammen führten zu einem Zeitzeugnis, das klar und erschütternd den Ablauf der letzten Kriegsmonate im Elsaß und dem Südwesten Deutschlands dokumentiert und plastisch vor Augen führt, dass ein letztes Aufgebot an Soldaten in sinnloser Selbstaufopferung den Vormarsch der Alliierten stoppen sollte.
Aus ihrer Stellung westlich von Belfort zog sich die Kompanie 5./223 unter Verlusten langsam Richtung Colmar zurück. Die Mitte des Elsaß war zu dieser Zeit bereits von den Alliierten erobert, die im Raum Straßburg bis an den Rhein vorgedrungen waren. Im Süden wurde nur noch der sogenannte „Sack von Colmar" von den Deutschen gehalten. Aber diese Enklave zwischen Colmar und der schweizerischen Grenze wurde täglich kleiner, und die Brücke bei Chalampe/Neuenburg, die einzige noch erhaltene, war der letzte Fluchtweg über den Rhein. Treibstoff für die paar verbliebenen Fahrzeuge gab es so gut wie keinen [4].
Aus dem Interview mit Herrn Knapp, einem der von uns ausfindig gemachten Überlebenden, den wir mit der AG in seinem Wohnort Eberbach/Odenwald aufsuchten:
„Die Brücke lag unter französischem Artilleriefeuer. Man musste also in Deckung liegen und warten, bis sie eine Runde geschossen hatten und nachluden. Dann hieß es rennen. Natürlich gab es Treffer auf und an der Brücke, aber sie musste doch passierbar bleiben. So wurden russische Kriegsgefangene eingesetzt, die ständig, also auch unter Beschuss, an der Brücke arbeiten mussten, Schrott wegräumten, Verwundete und Gefallene bargen."
Hinter den ersten Höhenzügen des Schwarzwaldes wurde die Einheit neu zusammengestellt. Die Kompanieliste gibt hier deutlich Aufschluss über dieses Aufgebot. Der älteste Soldat (Dienstgrad „Grenadier", kein Offizier) war 1896 geboren, der jüngste 1926. Die Männer kamen aus dem gesamten damaligen Reichsgebiet und aus den deutschen Siedlungsgebieten in Osteuropa. Dass zwei aus der gleichen Gegend kamen, war eine Ausnahme. Herr Knapp: *„Da waren sogar Flieger und U-Boot-Besatzungen dabei. Manche von denen aus dem Osten konnten fast gar kein Deutsch. Keiner kannte den anderen. Da war keine Kameradschaft und kein Zusammenhalt mehr."*
In Nachtmärschen von z.T. 50 km ging es dann über Gengenbach, Appenweier und Ottersweier wieder über den Rhein ins nördliche Elsaß. Hier führte der Weg [5] über Soufflenheim und Forst bis in die Nähe von Mouterhouse bei Bitsch. 14 Tage lang, bis zum 15. März, saß man hier in Unterständen, bei schlechter Verpflegung [6] und ständig im Visier amerikanischer Scharfschützen. Als dann die Ardennenoffensive zusammengebrochen war, griffen die Amerikaner mit aller Macht an. Nun zog man sich schleunigst auf den Westwall zurück, der unter allen Umständen gehalten werden sollte. Aber wie? Die Meldezettel aus den Bunkern geben Auskunft über ihre Besatzung und deren erbärmliche, z.T. zusammengestoppelte Bewaffnung.

4 2.2.45 Verlegung des Tross über den Rhein; vier Kfz schleppen sechs andere.
5 Anmerkung im Notizbuch am 22.2.45: Alte Leute, die schlecht marschieren können.
6 Anmerkung im Notizbuch am 13.3.45: Es fehlen für 8 Mann Käse und drei Bonbons.

Abbildung 1: Waffen- und Munitionsliste

Bunker 205:
Waffen und Munitionsausrüstung

1 l. MG 34 mit 150 Schuß Minition
2 engl. MPi mit zusammen
80 Munition (5 Magazine)
3 Karabiner 98 mit zusammen
130 Schuß Munition
2 Pistolen Kal. 7,65 mit zusammen
70 Schuß Munition

MG gibt nur Einzelfeuer!!

Flemming
19/3.45

Bunker 205: **19.03.45**

Uffz. Fleming
Gefr. ~~Nitezki~~ Lt. M. Walcher dafür Uffz. Müller
Gefr. Pigosch
Obgren. Schotiw
Gren. Robel
Obgfr. Heuer

Kp.Waffen:
1 l. MG 34, zwei M.P. Engl., drei Gewehre 98 K
1 Französische Pistole

Komp. Munition:
150 l. M.G. Schuß
100 MG Schuß
200 SS Schuß
12 Schuß 7,65

Bunker hat keine Waffen und keine Munition,.....
befinden sich zwei Panzerfäuste

Gefr. Georg Nitezki

Auch die „Verstärkung" in Form von Zugängen aus dem Lazarett Tuttlingen konnte da nichts ausrichten. In schweren Rückzugsgefechten wurde die Einheit zusammen mit anderen zurückströmenden Truppenteilen im Wasgau von Jabos und amerikanischen Bodentruppen zusammengeschossen.

<u>Verwundete in der Kompanie</u> b. Lemberg

14.3.45 Ogfr. Urban, Otto, 17.10.20 (Streifschuß Inf. Kopf)
15.3.45 Gefr. Kombosch, Hans, 18.2.05 (Gr. Splitter Rücken, b. Arme)
Mine beide Ob. und Unterarme und Brust bei Starkenbrunnen

.......Unsöld waren am 15.3.
bei Starkenbrunnen

vermißt

Ofw	Schratt, Franz,	geb.	16.3.10 (14.3.45) - 19.3.45
Gren.	Müller, Josef,	"	17.2.02 (14.3.45)
Uffz	Montag, Oswald	"	7.12.09 (15.3.45)
Ogefr.	Topp, Heinrich	"	16.11.13 (15.3.45)
Ogefr.	Tappert, Alfred	"	8.2.20 (15.3.45)
Feldw.	Stöhr, Gerhard	"	19.2.16 (15.3.45)
Ogfr.	Fuchs, Georg	"	27.6.10 (15.3.45)
"	Treml, Johann	"	4.6.06 (15.3.45)
Gefr.	Mielisch, Rudolf	"	15.4.24 (15.3.45)
"	Mayer, Mathias	"	30.8.26 (15.3.45)
Hfldw.?	Eickmann		
Ogfr.	Kahl, Johann,	"	11.12.12 (15.3.45 Sani)

Abbildung 3: Verwundete

Zugänge am 20.3.45
aus dem Lazarett Tuttlingen

1) Obergfr. Händl, Josef, geb. 7.3.1906, aus Wien (oder Heindl)
2) Gefr. Mehs, Heinrich, geb. 19.5.1906, aus Scharmbeck-Stotel
3) Gefr. Hälbig, Franz, geb. 30.8.1924, aus Hirschberg (Riesengeb.)
4) Uffz. Müller, Karl, geb. 23.3.1905, aus Altensteig/Wttbg.

Waffen:

Müller	K 98	30 Schuß Muni.
Hälbig	Ital. M.P.	keine Muni.
Mehs	K 98 lang	10 Schuß Muni.
Händl	K 98	10 Schuß Muni.

Abbildung 2: Verstärkung

Dass der Krieg nicht mehr zu gewinnen war, müsste doch eigentlich den allermeisten klar gewesen sein. Die Feldpostbriefe (die entweder nicht mehr nach Hause geschickt werden konnten oder den Empfänger nicht mehr erreichten, da dieser gerade gefallen war) lassen auch diese Schlüsse zu [7]. Warum gaben die Soldaten nicht auf? Neben den Feldjägern, den sogenannten Kettenhunden, die gnadenlos jeden auch nur vermeintlichen Deserteur henkten – Herr Knapp sah noch am Tag seiner Gefangennahme im Schulhof von Dahn einen gehenkten Kameraden – war sicher der Drill der Wehrmacht, der bis zuletzt aufrechterhalten wurde, für diesen Kadavergehorsam verantwortlich.
(Eine ausführliche Darstellung unserer Recherchen findet sich im Heimatjahrbuch 1994 des Landkreises Südliche Weinstraße; s. Literaturverzeichnis.)
Während dreier Monate wurde so manche Unterrichtsstunde für diese Arbeit verwendet. Diese intensive Auseinandersetzung mit dem Thema „Zweiter Weltkrieg", verbunden mit dem Besuch eines Teils der mit den Papieren in Zusammenhang stehenden Örtlichkeiten (Westwallbunker, Ehrenfriedhof Dahn, Fundort) und das Zusammentreffen mit Zeitzeugen hinterließen bei den Jugendlichen einen tiefen Eindruck von den Schrecken des Krieges. Gerade jetzt in unserer Zeit, in der so viele Jugendliche wieder auf rechtsradikale Parolen hereinfallen, kann man nur hoffen, dass dieser Eindruck lange nachwirkt.
Die Originalpapiere wurden nach Abschluss des Projektes dem Bundesarchiv in Freiburg übergeben. Kopien sind noch im Besitz des Verfassers und der Nardinischule in Pirmasens.
Zur Zeit existiert an der Außenstelle des Pädagogischen Zentrums in Pirmasens ein Arbeitskreis „Sport und Umwelt", der sich die Ausarbeitung von Unterrichtsmaterialien und unterrichtlichen Zugängen zum Thema zum Ziel gesetzt hat. Diese Synthese aus Umwelterziehung, Erlebnispädagogik und Sport stößt mittlerweile in mehreren Schulen der Süd- und Südwestpfalz auf engagierte und interessierte Kolleginnen und Kollegen (vgl. Umwelterziehung praktisch, Heft 34, Sport und Umwelt).

8. Abenteuerspiel und Abenteuer – ein vorläufiges Fazit

Objektiv und kritisch gesehen muss man sagen, dass die AG, was die von uns gesteckten Ziele betrifft, eigentlich ein Reinfall war. Dafür gibt es mehrere Gründe:
– Wesentlich war die (zeitlich bedingte) mangelhafte Vorbereitung. Sie müsste bei erziehungsschwierigen Kindern ein Vielfaches dessen betragen, was man in der Regelschule ansetzen würde. Unser AG-Nachmittag einmal in der Woche war

[7] Auszug aus einem Feldpostbrief an einen Soldaten: „Dein Schutzengelchen, wenn es vor lauter 'Fliegenden Festungen' Platz hat, möge Dich weiter, wie bisher, behüten und beschützen."

auf keinen Fall ausreichend. Für diese Jugendlichen wäre mindestens ein Intensivkurs von einer Woche im Rahmen eines Schullandheimaufenthaltes notwendig gewesen. Noch besser wäre es, Erlebnispädagogik in Schulen mit Problemkindern zu einem durchgängigen Arbeitsprinzip zu machen; d.h. Unterricht müsste mit erlebnisorientierten Spielen aufgelockert und Wandertage, Klassenfahrten, Unterrichtsgänge müssten grundsätzlich entsprechend gestaltet werden (was Karlheinz Heyer auch zusammen mit weiteren Kollegen der Schule versucht). Vielleicht ist aber bei manchen von ihnen aufgrund ihrer Sozialisation vieles, das wir für den Umgang miteinander als wesentlich ansehen, auch gar nicht mehr zu realisieren.

- Diese Sozialisation führte auch dazu, dass bei den Jungen eine gewisse Kindlichkeit, die normalerweise in ihrem Alter noch gegeben ist, fehlte. Hier machten wir wohl den Fehler, dass wir die AG mit Spielen anfingen, für die sie kein Verständnis aufbringen konnten (Aufpassen, dass nichts passiert, ist nicht cool – cool bleiben, obwohl etwas passiert ist, das ist das Wesentliche!). Statt einfacher Aktivitäten als Beginn vertrauensbildender Maßnahmen wäre vielleicht ein direkter Einstieg, z.B. in die Klettertechnik, besser gewesen.
- Die „Natur- und Erlebnis-AG“ hatte zwei Arten von Zielen. Sie sollte erstens zu Erlebnissen und Abenteuern in und mit der Natur führen und zweitens den Umgang der Jugendlichen miteinander verbessern, indem sie Vertrauen und Kooperation erfuhren.
  Die Schüler wählten die AG wegen der erstgenannten Ziele. Die zweite Kategorie war für meinen Kollegen und mich wichtig. Sie war es nicht für die Schüler, sie war nicht mit ihnen im Vorfeld abgesprochen, und sie war ihnen nicht einsichtig. Unsere Erklärungen über deren Wichtigkeit für die kommenden Aktivitäten konnten nicht ausreichend sein. Eigentlich hätten nur echte Misserfolge zur Verdeutlichung führen können.
- Sollten wir wieder eine solche AG beginnen, denn wäre es sicher angebracht, nach klaren Zielabsprachen mit ernsthafteren Herausforderungen zu beginnen. Eine Aktion wie der „Dschungelfluss“ könnte dann ein Einstieg sein, der die Überquerung eines Gewässers in der Natur vorbereitet. Möglicherweise hätten wir das sogar gewagt, wenn uns unser Fund nicht dazwischen gekommen wäre.
- Die Arbeit an und mit den Unterlagen des unverhofften Fundes hat uns andererseits, trotz aller Schwierigkeiten, die natürlich auch hier auftauchten, gezeigt, wieviel Energie und Bereitschaft selbst zu unangenehmeren Tätigkeiten eine echte Herausforderung freizusetzen vermag. Etwas Vergleichbares lässt sich natürlich nicht in jeder Situation hervorzaubern, aber es lohnt sich wahrscheinlich bei erlebnispädagogischen Vorhaben mit einem vergleichbaren Kreis von Schülern stärker nach „realen“ Aufgabenstellungen Ausschau zu halten.

Wolfgang Arbogast

Die Adventure-AG

Die Kooperative Gesamtschule in Herxheim und die Erlebnispädagogik

1. Einleitung

1.1 Welche Motivation treibt einen Lehrer zu solchen „Taten“?

Mein Interesse und die Motivation für Outdoor Aktivitäten liegen begründet im eigenen Tun. So beschäftige ich mich seit langen Jahren im Freizeitbereich mit dem Klettern, Mountainbiken und seit Neuerem mit dem Kanufahren.
Bedingt durch dieses Eigenerleben und die Selbsterfahrung stellte ich mir vor, dass es eine besondere Herausforderung darstellen müsse, mit Schülern Aktivitäten dieser Art organisieren, durchführen und auswerten zu können.
Mein Kenntnisstand im Bereich der angeführten Aktivitäten war so weit fortgeschritten, dass ich mir eine Umsetzung im technischen Teil des Kletterns und Mountainbikens sofort zutraute. Beim Kanufahren erweiterte ich diesen durch eine qualifizierende Fortbildung. Jedoch stellte sich mir nach einigen Aktivitäten mit Schülern die Frage, ob sich nicht noch weitere und tiefere Möglichkeiten der Auswertung eines solchen Tuns anbieten könnten. Um dies sinnhaft umzusetzen, ermöglichte mir die Schule die Teilnahme an der Fortbildungsreihe „Erlebnispädagogik – Abenteuer, Risiko, Kreativität“. Mit diesen Grundlagen ausgestattet, konnten nun weitere „Taten“ folgen.

1.2 Die obligatorischen Qualifikationen

Als Basis möchte ich die Selbsterfahrung anführen, die erweitert und angereichert durch fundiertes theoretisches Wissen, gepaart mit den durch Vorschriften geregelten qualifizierenden Fortbildungen, eine gute Arbeitsgrundlage darstellen. Die theoretischen und methodischen Grundlagen und der erste Einblick in die Arbeitsfelder der Erlebnispädagogik sollten in der Fortbildungsreihe „Abenteuer, Risiko, Kreativität“ erfahren und erlernt werden. In Grund-, Aufbau- und Vertiefungskursen erleben, erproben und reflektieren die Teilnehmer(innen) selbst geplante Spielaktionen.

Um sich im großen Feld des Fahrradfahrens zu informieren und zu orientieren, können sowohl der Besuch verschiedener Fortbildungen z.B. „Mit dem Fahrrad auf Klassenfahrt“, angeboten durch das Staatliche Institut für Lehrerfort- und -weiterbildung des Landes Rheinland-Pfalz – SIL in Speyer, als auch spezielle Materialien, entwickelt durch den Arbeitskreis Umwelt- und Freizeiterziehung des Pädagogischen Zentrums, zum Thema „Natursport Radfahren“ das Blickfeld erweitern. Die zuletzt angesprochenen Materialien werden in Kürze in der Schriftenreihe des Pädagogischen Zentrums „Umwelterziehung praktisch“ erscheinen.

Das Klettern erfordert vom Moderator eine qualifizierende Teilnahme an dem Fortbildungskurs „Naturerlebnis Felsklettern“, sollten Aktionen dieser Art im Schulbereich angeboten werden. Veranstalter ist das SIL-Speyer. Ich selbst bin als Referent bei diesem Kurs mit tätig. Ziel der Ausbildung ist es, den noch nicht Kletternden, das Know how für gelungene Kletteraktionen zu vermitteln. Grundlage des Kurses ist ein Skript, entwickelt von Peter Klein u.a. Verschiedene Aspekte des Kletterns, in Anlehnung an den Alpin-Lehrplan, Band 2 „Felsklettern, Sportklettern“, sind aufgegriffen und für die Umsetzung mit Schülern aufbereitet. So werden u.a. angesprochen: „Das Klettern und Bergsteigen als Elemente der Sport- und Umwelterziehung in der Schule“[1]. Die Anforderungen an Sicherheit, Technik und Training beim Felsklettern sind dargestellt. Gleiches Gewicht in der Ausbildung erhalten die Themen „Natur nützen Natur schützen“[2] und „Naturerfahrungsspiele“[3]. Im letzten Kapitel stehen rechtliche, für den Schulbereich geltende Vorschriften im Vordergrund.
Natürlich kann auch beim Deutschen Alpenverein (DAV) eine Übungsleiterlizenz für das Mittelgebirge o.ä. erworben werden.

Für das Kanufahren gelten ähnliche Bedingungen. Also qualifizierende Teilnahme an einem Fortbildungskurs (Lehrerfortbildung) oder Übungsleiterausbildung über den Kanuverband.

1.3 Die Logistik

Am einfachsten gestaltet sich dieser Bereich beim Mountainbiken. Viele Schüler besitzen ein solches. Mit dem örtlichen Fahrradhändler lassen sich auch Projekte gestalten, die den Zusammenbau von Bikes aus gebrauchten Komponenten zum Ziel haben oder aber auch die Anschaffung von gebrauchten Bikes kann vereinbart werden. Mittlerweile bieten Sperrmülltage die Möglichkeit, Ersatzteile und

1 Peter Klein u.a.: Felsklettern – Naturerlebnis, Natursport, Schulsport, unveröffentlichtes Manuskript, 1997.
2 Ebenda
3 Ebenda

noch funktionsfähige Komponenten aufzustöbern. Als Geldquelle für diese doch nicht ganz billigen Aktivitäten empfehle ich die Einrichtung eines „Fahrradpflegestandes“ beim Schulfest, Tag der Offenen Tür o.ä. Schüler der Arbeitsgemein schaft pflegen Mitschüler- und Elternfahrräder.

Schwieriger, aber dennoch zu bewältigen, erscheint die Bereitstellung der Materialien für den Kletterbereich. Legt eine Schule Wert auf solche Aktivitäten, sprich ist es ökonomisch und aufgrund der geographischen Lage ökologisch sinnvoll, so kann ich folgende Vorgehensweise empfehlen.
Nach Absprache mit der Gesamtkonferenz und den Schulleitern Kontaktaufnahme zum Förderverein der Schule. Eruieren, ob weitere Schulen im Umkreis am Klettern interessiert sind. Rücksprache mit dem Schulträger und dem Sportreferenten der jeweiligen Schulverwaltung. Erstellen eines Finanzierungskonzeptes mit der Festlegung der prozentualen Anteile der Beteiligten. Einholen von verschieden Angeboten **direkt** bei den Herstellern. Einrichten eines Materialpools mit Komponenten wie Einrichten eines nur für den oder die Verantwortlichen zugänglichen Materialraumes, Anlegen von Seilbüchern (Benutzungszeit, Art der Beanspruchung des Materials, Stürze, besondere Vorkommnisse), Erstellen von Leihlisten, Festlegung von Leihgebühren, um verschlissenenes Equipment ersetzen zu können, Veröffentlichung.

Zum Problem kann die Anfahrt zum Felsen werden. Je nach Lage ist zu prüfen, ob die Bilanz Verweildauer in Relation zur verbrauchten Energie bei der Verwendung öffentlicheroder privater Verkehrsmittel positiv ausfällt. Eingesetzt werden können Eltern als Fahrer (nach Genehmigung durch den Schulleiter) und Kleinbusse der jeweiligen Schule. Bei Tages- oder Mehrtagesaktionen empfehle ich das Fahrrad. Verknüpft mit Orientierungsaufgaben erschließt sich der Moderator ein für die Schüler wertvolles Lernfeld.

Beim Kanufahren kann analog verfahren werden. Erleichterung bei der Durchführung einer Wasseraktivität erhält der Moderator, wenn er Gespräche mit dem örtlichen Kanuverein führt und somit wertvolle Informationen und logistische Unterstützung erhalten wird.

1.4 Die Sicherheit

Beim Mountainbiken muss Überzeugungsarbeit, durch die Erfahrung belegt, in bezug auf das Tragen von Schutzkeidung geleistet werden. Helmpflicht im Gelände ist unabdingbar.
Ebenso gehört meiner Meinung nach ein Sicherheitscheck des Sportgerätes zu den Vorbedingungen. Als Tip für Nachahmer kann ich die Kontaktaufnahme mit

dem örtlichen Fahrradhändler empfehlen. In unserem Fall konnte ich Werkstattbesichtigung, Materialkunde und das Ausführen kleinerer Reparaturen unter Anleitung eines Spezialisten aushandeln.
Vor der ersten Ausfahrt ins Gelände sollte sich der Moderator ein Bild vom Könnensstand der Schüler machen. Ein Fahrradparcours entweder Materialausleihe bei einer ADAC-Geschäftsstelle oder Erstellung in Eigenregie lässt Aussagen über Fertigkeiten und Fähigkeiten zu, die wiederum die Auswahl der zu bewältigenden Strecken beeinflussen.
Für den Moderator gilt: **Habe ich Kenntnis der zu bewältigenden Strecke, kann ich Schwierigkeiten antizipieren und Lernchancen nutzen**. Vor der Ausfahrt sollte eine Information zu den Themen Straßenverkehrsordnung und Verhalten im Gelände stattfinden. Grundlagen für dies bieten die Broschüre des BAGUV „Mit der Schulklasse sicher unterwegs und die „Goldenen Regeln" (herausgegeben vom Ministerium für Umwelt und Forsten und Ministerium des Inneren und für Sport in Rheinland-Pfalz, Mainz 1997 [4], erarbeitet von den Radsportverbänden und Naturschutzorganisationen in Rheinland-Pfalz).

Bei Kletteraktionen gehört zur Sorgfaltspflicht des Moderators, Sicherheitsstandards einzuführen und diese bei jeder Aktion zu kontrollieren. Anzuführen sind sowohl die Exploration des Könnensstandes der Gruppe als auch die genaue Kenntnis der örtlichen Gegebenheiten.
Die vorherige Begehung der Kletterwege wie die Besichtigung des Geländes unterhalb der Felsen ermöglicht erst eine gelungene Kletteraktion.
Mit der Gruppe sind sicherheitstechnische Sequenzen in ungefährlichem Gelände einzuüben.
Dazu würde ich rechnen:

- Auswählen und Anpassen von Helm und Klettergurten (Brustgurt obligatorisch!).
- Das Verbinden von Hüftgurt und Brustgurt mittels Achterband.
- Das Einbinden mittels Sackstich/Achterknoten mit Sicherungsschlag.
- Die Sicherungsmethode: Halbmastwurfsicherung (HMS), (kein Abseilachter, kein Gri-Gri!).
- Aufgaben des zweiten Sicherungsmanns.
- Bau eines Standplatzes mittels Achterbandes oder Bandschlinge und Schraubkarabiner.
- Verwendung des Abseilachters beim Abseilen.
- Sichern des Abseilenden (HMS).

4 Ministerium für Umwelt und Forsten und Ministerium des Inneren und für Sport in Rheinland-Pfalz, Mainz, 1997.

Diese Sicherheitsstandards entsprechen dem Alpin-Lehrplan, Band 2 – Sportklettern, Fels-Klettern[5]. Sie sind verbindliche Inhalte bei der qualifizierenden Lehrerfortbildung[6] und Übungsleiterausbildung des Deutschen Alpenvereins (DAV). Für das Üben dieser Grundfertigkeiten beim Klettern empfehle ich die schuleigene Sporthalle. Mit etwas Phantasie können an Sportgeräten interessante Bewegungsaufgaben gestellt werden, die parallel zum Einüben der Sicherungstechnik, spezifische Klettertechniken schulen.

Als nächsten Schritt empfehle ich den Transfer ins Felsgelände. Hierbei hat sich die Methode der Stationenarbeit als sehr brauchbar und intensiv erwiesen. Eine Möglichkeit möchte ich skizzieren:

1. Station: Das Verbinden von Brust- und Hüftgurt und das Einbinden.
2. Station: Der Bau eines Standplatzes.
3. Station: Die HMS-Sicherung mit zweitem Sicherungsmann am Waldweg (Achtung: Nur Waldwege benutzen!)
4. Station: Die HMS-Sicherung in Verbindung mit toprope-Klettern.
5. Station: Das Abseilen am abschüssigen Waldweg.
6. Station: Das gesicherte Abseilen am Felsen.

Um ein möglichst selbstständiges Üben zu gewährleisten, kann die Stationenarbeit durch Bilder und Beschreibungen oder Lernkarten (selbst erstellen) unterstützt werden. Für den Moderator gilt dennoch:

Kontrolliere alle verwendeten Materialien und Knoten bevor ein Schüler klettert!

Desweiteren können verschiedene sicherungstechnische Maßnahmen bedingt durch das Gelände notwendig werden. Dazu sind zu zählen: Absprachen in der Gruppe bezüglich des erlaubten Bewegungsbereiches am Felsen. Thema: Helmpflicht am Felsen. Absperrmaßnahmen mit Hilfe eines Seiles, um steile Abhänge abzusichern. Anbringen eines Geländerseiles, um den Weg zum Einstieg auf einem Felsband abzusichern.

Die Geländewahl und die erlebnispädagogische Aufgabenstellung beeinflussen Aspekte der Sicherheit. Die Frage an welchen Punkten muss ein Moderator der Aktion präsent sein, ist ebenso zu antizipieren, wie die Frage nach der Anzahl der Begleiter der Gruppe.

5 Hoffmann Michael, Pohl Wolfgang: Felsklettern, Sportklettern. Alpin-Lehrplan, Band 2, München, 1996.

6 Peter Klein u.a.: Felsklettern „ Naturerlebnis, Natursport, Schulsport, unveröffentlichtes Manuskript, 1997.

1.5 Die Versicherung und Haftung

Im Groben habe ich die notwendigen Voraussetzungen rechtlicher Art bei der Betrachtung der einzelnen Aktivitäten benannt. Einiges bezüglich des Kletterns und das Procedere der Klärung der Vorschriften möchte ich dennoch darstellen.

Noch im Jahr 1992, als ich zum ersten Mal im Verlauf einer Projektwoche das Klettern anbieten wollte, erhielt ich als Auskunft auf die Anfrage an die Bezirksregierung, ich solle doch für eine solche Aktivität, wohlgemerkt im Mittelgebirge, einen Bergführer, „einen geprüften Lehrer einer Deutschen Alpen-/Kletterschule oder eine entsprechend qualifizierte Person z.B. Alpenverein“ [7] engagieren. Ergebnis: Nicht finanzierbar, also gestrichen.

Da ich mich mit einer solchen Auskunft nicht begnügen wollte, wandte ich mich über den Schulleiter an den Gemeindeunfallversicherungsverband Rheinland-Pfalz, um Klärung herbeizuführen. Im Schreiben vom Dezember 1993 wurde Versicherungsschutz für die Schüler und Lehrer infolge eines Unfalls zugesagt. Die Erlaubnis zu erteilen, solche Aktivitäten durchzuführen, obliege jedoch letztendlich bei der Schulaufsichtsbehörde [8].

Hinweise auf Sicherheitstechnik stellte der Bundesverband der Unfallversicherungsträger der öffentlichen Hand (BAGUV) München in seinem T-Rundschreiben Nr. 58/94 zur Verfügung. In diesem befasst der BAGUV sich ausschließlich mit den Bestimmungen für künstliche Kletterwände [9].

Der derzeitige Stand der Dinge stellt sich folgendermaßen dar. Die Schulaufsichtsbehörden in Rheinland-Pfalz genehmigen Kletteraktivitäten, wenn ein Lehrer die qualifizierende Fortbildung „Naturerlebnis Felsklettern“ Grund- und Aufbaukurs jeweils drei Tage vorweisen kann (1996).

Für das Kanufahren gilt: „Veranstaltungen mit sportlichem Schwerpunkt wie Wanderfahrten auf dem Wasser mit Ruderboot, Kanu usw., Segeln, Windsurfen können nur mit Zustimmung der Schulbehörde durchgeführt werden“ [10].

Für das Mountainbiken gelten die Vorschriften des Wandererlasses (länderspezifisch). Für Rheinland-Pfalz gelten die im Amtsblatt des Kultusministeriums veröffentlichten Bestimmungen. „Radwanderungen können ab **Klassenstufe 5** durchgeführt werden. Die Schülerinnen und Schüler sollen die Radfahrprüfung

7 Schreiben der Bezirksregierung Rheinhessen-Pfalz vom 17.06.1992.
8 Schreiben des Gemeindeunfallversicherungsverbandes Rheinland-Pfalz vom 20.12.93.
9 Schreiben des BAGUV-München vom 13.07.1994.
10 Amtsblatt des Kultusministeriums von Rheinland-Pfalz Nr. 3/1991, Absatz 23, S. 176.

abgelegt haben. Es sollen nach Möglichkeit Fahrrad- und Wirtschaftswege sowie Straßen mit geringer Verkehrsdichte benutzt werden. Das schriftliche Einverständnis der Eltern der minderjährigen Schülerinnen und Schüler ist einzuholen." [11] Bei allen angesprochenen Outdooraktivitäten würde ich empfehlen, wie im Amtsblatt für das Radwandern vorgeschrieben, zu verfahren. Außerdem ist es notwendig, dass der Schulleiter über diese Aktivitäten informiert ist und sie als Schulveranstaltung genehmigt.

Das Amtsblatt 3/1991 regelt für Schülerinnen und Schüler und für die Lehrkraft die Unfallversicherung und -fürsorge. „Für Schülerinnen und Schüler besteht bezüglich der Körperschäden während der Teilnahme an schulischen Veranstaltungen gesetzlicher Unfallversicherungsschutz. Dies gilt auch für den Weg von und zu den Veranstaltungen. Der Unfall einer beamteten Lehrkraft, die bei einer Veranstaltung die Aufsicht führt, ist ein Dienstunfall im Sinne der Unfallfürsorgevorschriften des Beamtenversorgungsrechts" [12]. Das bedeutet für den Moderator, dass sowohl die Schüler als auch er Versicherungsschutz genießen, sofern bei einem Unfall kein „vorsätzliches oder grob fahrlässiges Verhalten vorliegt" [13]. Die Frage der Haftung stellt sich folgendermaßen dar: Wird einem Moderator ein solches Verhalten durch einen Sachverständigen und ein Gericht nachgewiesen, so nimmt der Träger der gesetzlichen Unfallversicherung (GUV) Rückgriff auf die Aufsichtsperson. Diese kann jedoch einen solchen möglichen Rückgriff durch eine private Berufshaftpflichtversicherung abfedern. Voraussetzung ist, dass „das Risiko für grob fahrlässiges Verhalten abgedeckt ist" [14].

Die beste Möglichkeit der Unfallvorsorge ist die verantwortungsvolle Planung der Aktivität, das Reflektieren über die Eigen- und Schülerkompetenz, die konsequente, zielbezogene und sachlogische Strukturierung der Aufgaben und letztendlich den methodisch richtigen Aufbau der Sequenz.

2. Die Adventure-AG

In den nun folgenden Jahren versuchte ich, immer die Rückmeldung der Schüler miteinbeziehend, die Idee der Adventure-AG zu entwickeln, den Bedürfnissen der Schüler anzupassen und vielfältig zu strukturieren. Der Name der AG sollte sowohl den Charakter der Aktivitäten skizzieren als auch möglichst große Offenheit gewährleisten.

11 Siehe 10, Absatz 17, S.176.
12 Siehe 10, Absatz 25.2, S. 177.
13 Siehe 10, Absatz 26.2, S. 177.
14 Siehe 10, Absatz 26.3, S. 177.

2.1 Die Ziele

Zu Beginn wurde die AG offen ausgeschrieben, was die Problematik der Auswahl der zugelassenen Schüler mit sich brachte. Doppelt so viele Schüler der Klassen 7 – 9 hätten betreut werden können. Außerdem führte ich zu dieser Zeit die Aktivitäten alleine durch, wodurch ich die Teilnehmerzahl auf 10 begrenzen musste.

Auf eine detaillierte Auflistung von Zielen möchte ich an dieser Stelle verzichten. Hocherfreut nahm ich jedoch zur Kenntnis, dass die Fachdidaktische Kommission Sport ihren Blickwinkel erweitert hat und eine Vielzahl von Zielen im neuen Lehrplan Sport – Sekundarstufe I (Klassen 5–9/10) aufgenommen hat. Besonders möchte ich verweisen auf die pädagogischen Perspektiven. Da wären anzuführen: „Ausdruck (Darstellung, Gestaltung), Eindruck (Körpererfahrung), Spannung/Spiel (Risiko, Abenteuer), Miteinander (Soziales Lernen, Umwelt) und Gesundheit (Fitness, Wohlbefinden)“[15]. Der Blick auf den ganzen Menschen rückt jetzt in den Vordergrund. Somit kann es meiner Meinung nach gelingen, bei den Schülern die Einsicht zu entwickeln, lebenslang, in einer gesunden Art und Weise, auch Sportarten zu betreiben, die außer dem gesellschaftlichen Prestige, gemeint sind soziale Anerkennung der vollbrachten Leistungen (Goldmedaille, 1. Platz in der Liga etc.), Eigenverantwortung, Eigenerleben, Gruppenerfahrung und vieles andere mehr in den Vordergrund stellen.

Desweiteren führe ich den Bereich der „Erfahrungsfelder“, in dem auf Projektmöglichkeiten und „außerschulische Partner“[16] verwiesen wird an. Einige wenige Erfahrungsfelder und die darin fixierten Lernziele möchte ich streifen, da sie sich gut in die Zielsetzung der Adventure-AG eingliedern lassen.

Im ersten „Erfahrungsfeld“ benennt der Lehrplan den „Umgang mit der belebten Natur“. Exemplarisch zitiere ich ein Ziel. „Bereitschaft , sich für die Erhaltung der Umwelt aktiv einzusetzen“[17]. In einem weiteren „Erfahrungsfeld“ schlägt die Lehrplankommission vor, sich mit dem meiner Meinung nach wichtigen Bereich „Sucht und Abhängigkeit“[18] auseinanderzusetzen. Als ein Ziel wird „Stärken und Schwächen der eigenen Person wahrnehmen und akzeptieren“[19] angeführt. Die Verwirklichung dieser in Verbindung mit außerschulischen Partnern (Bsp. Forstämter, Naturschutzverbände, Drogenberater, Fachkliniken, Beratungsstellen etc.) ermöglichen den Schülern einen vertieften Einblick in die Zusammenhänge der jeweiligen Problematik und eröffnen Möglichkeiten, aktiv eigene Lebenswirklichkeiten zu gestalten (vgl.2.3.)

15 Ministerium für Bildung, Wissenschaft und Weiterbildung: Lehrplan Sport Sekundarstufe I (Klassen 5–9/10) , Mainz, 1997, S. 10.

16 Siehe 1, S. 68 f.

17 Siehe 1: S. 69.

18 Siehe 1: S. 82/83.

19 Siehe 1: S. 82.

Ich denke, dass das Herz eines jeden erlebnispädagogisch „angehauchten" Menschen höher schlagen muss, wenn er jetzt die Ziele, über die früher in unseren Schulen lange Zeit diskutiert wurden, in einem Lehrplan verankert sieht. Wenn, wie in diesem Fall im Fach Sport, der Mensch als Ganzheit Einzug in die Lehrplandiskussion hält und das unterrichtliche Tun darauf abgestimmt werden kann, so ist dies ein Schritt in eine am jungen Menschen orientierte Pädagogik.

Die erlebnisorientierten Aktivitäten und Aktionen können nun unter den vorher (vgl. 1.2.) skizzierten Bedingungen Einzug in die Schule halten. Ihr vorheriges Schattendasein und die Aura von Exklusivität und Extravaganz, die diesem Tun anhaftete, sind von den Moderatoren durch klare Zielbezogenheit, Reflexion und Evaluation zu widerlegen.

Basierend auf einer solchen Zielsetzung konnte sich der Gedanke der Adventure-AG, besonders aber durch die Forderungen der Schüler halten, erweitern und etablieren.

2.2 Der Adressatenkreis und dessen Veränderung

Wie bereits in Kapitel 2.1. angesprochen, gestaltete ich in der Anfangsphase die Ausschreibung und Anmeldung zur AG offen, d.h. Klasse 7–9. Da sich aber im Laufe der Zeit und mit dem Besuch der Fortbildungsreihe „Erlebnispädagogik", meine Sichtweisen und Kompetenzen im methodischen Bereich veränderten und erweiterten, wollte ich auch diese für die Schüler gewinnbringender nutzen.

Hatte ich zu Beginn der AG motivierte, wenig auffällige und im weiteren Sinne sozial kompetente Schüler, so wollte ich dies verändern. Nach einer Rücksprache mit der Schulleitung, die oben Dargestelltes befürwortete, stellten wir bei „schwierigen" Schülern einen Elternkontakt her und empfahlen diesen, ihre Kinder für die AG zu motivieren.

Die AG wurde von nun an nicht mehr ausgeschrieben, die Gruppe blieb mit kleinen Veränderungen zwei Jahre zusammen. Die Eltern und Klassenlehrer erhielten Rückmeldung. Zum jetzigen Zeitpunkt bin ich zu der Auffassung gelangt, dass eine gesundes Mischungsverhältnis zwischen schwierigen und weniger schwierigen Schülern zu guten Ergebnissen führt.

2.3 Die Aktionen

Besonders möchte ich in diesem Abschnitt auf die Helfer eingehen, ohne die viele Aktivitäten und Aktionen einfach undurchführbar gewesen wären. In einer Art Auflistung werde ich sowohl Aktivitäten und Hilfen skizzieren. Dem Leser sollen sie als Ideenfundus und Anregung dienen (noch nicht alle genannten Aktionen wurden umgesetzt).

- Tages- und Erkundungsfahrt mit dem Mountainbike mit Grillen.
  Zu Beginn der Adventure-AG war es Wunsch der Schüler, einen solchen Tag zu gestalten. Von der Schule in den Pfälzer Wald ging die Orientierungsfahrt. Zielpunkt war ein für diesen Tag reservierter Grillplatz. Nach der Stärkung schloss sich die Bergetappe an. Ein weiterer Orientierungspunkt auf der Rückfahrt war eine Verpflegungsstation bei mir zu Hause. Einige Schüler zogen es dann vor, den Rücktransport zum Schulort per PKW zurückzulegen, andere entschieden sich dafür auch den Rest der Strecke zu radeln.

Bild 1: Auf Mountainbike

- Erkundung einer stillgelegten Sandgrube (biologischer Schwerpunkt).
  Durch Informationen von Schülerseite, wurde unser Interesse auf diese Sandgrube gelenkt. Die Entstehung dieser geht zurück auf einen nahen Straßenbau. Heutzutage nutzen Jugendliche und Erwachsene dieses Terrain als Grillplatz, Abfallgrube und Trainingsgelände im Trialbereich mit Motorrädern und Mountainbikes. In Zusammenarbeit mit dem Fachbereich Biologie untersuchten wir die Pflanzen- und Tierwelt und starteten eine Müllaktion. Durch die Entscheidung der Schüler im Kletterbereich erste Erfahrungen sammeln zu wollen, gerieten die Aktionen in der Sandgrube ins Hintertreffen.

- Wasser- und Uferbeobachtungen (biologischer Schwerpunkt).
  Durchgeführt und ausgewertet bei einer Orientierungswanderung mit einer 7. Klasse der Hauptschule bei einer Klassenfahrt. Untersucht wurde sowohl ein Stehgewässer (künstlich angelegt) als auch ein dem Gewässer naher Bachlauf. Ein Vergleich der Ergebnisse fand statt.

Bild 2: Techniktraining

- Techniktraining im Pfälzerwald mit einem „Mountainbikeprofi“.
  Wie bereits angedeutet bestand zeitweise eine Kooperation mit dem örtlichen Fahrradhändler. Bei diesem arbeitete ein aktiver Mountainbiker. An einem Nachmittag fand ein Treffen im Pfälzerwald statt. Tips und Tricks auszuprobieren war unser Ziel. Mit dem Lehrbuch und unter fachkundiger Anleitung erlernten und verbesserten wir unsere Fahrtechnik.

- Werkstattnachmittage/Reparaturtage in einem örtlichen Fahrradgeschäft.
  Unter Anleitung des Inhabers und des bei ihm arbeitenden Mountainbikers (s.o.) wurden wir behutsam an die verschiedenen Wartungsarbeiten und notwendigen Einstellungen am Mountainbike herangeführt. Inhalte waren das Einstellen der Bremsen, der Schaltung, Finden der optimalen Sitzposition, richtiger Einsatz des Werkzeuges, Flicken der Schläuche und vieles mehr. Insgesamt verbrachten wir vier Nachmittage in der Werkstatt, bis die Bikes gut abgestimmt waren.

- Bau von Flößen und Erprobung auf stehendem und fließendem Gewässer.
  Durchgeführt bei der Projektwoche „Just for Fun“ (siehe 3.5.)

- Turngeräte und Sporthallenausstattungen und ihre Verwendbarkeit für das Training der Sicherungs- und Klettertechnik.
  Geräteparcours und kletteradäquate Nutzung von Sportgeräten stehen immer wieder einmal auf dem Programm der Adventure-AG. Besonders dann, wenn schlechtes Wetter uns in die Halle zwingt und kein Geld vorhanden ist, in eine nahe Kletterhalle zu fahren.

- Bau einer einfachen künstlichen Kletterwand.
  Die Anregung kam in diesem Fall von der Schulleitung. Für den Tag der Offenen Tür sollte diese entstehen. Bedingt durch die uns zugewiesene Fläche, konnten dann leider nur zwei Kletterwege mit Umlenkung an der Sporthalle entstehen. Für die Planung, den Bau, die Beschaffung des Materials und die Ausführung, dafür übernahm die Adventure-AG die Verantwortung. Diese Kletterwege sind so konstruiert, dass auch heute noch die Schwierigkeiten je nach Nutzung variiert werden können.

- Kletternachmittage im Pfälzerwald.
  Die am häufigsten durch die Schüler gewählte Aktion.

Bild 3: Klettern im Pfälzerwald

- Erstbegehung eines Felsturmes in der George du Tarn im unteren Schwierigkeitsbereich. Sichern durch Klemmteile, Friends und Schlingen.

- Bewachung der Horste der Wanderfalken in Verbindung mit dem Naturschutzbund.
  Seitdem Übergriffe auf Vogelschützer in der Presse veröffentlicht sind, bestehen von meiner Seite große Bedenken.

- Befahrung eines Flusses mit dem Kanu / Kanadier.
  Bei einem Lehrerausflug im nahen Elsaß auf einem Wanderfluss umgesetzt.

Alle weiteren Ideen können zu Inhalten der Adventure-AG werden. Sie sind noch nicht erprobt.

- Orientierungsfahrt mit Karte und Kompass rund um den Schulort.
- Kanukurs im örtlichen Schwimmbad mit Unterstützung des Kanuvereins Südliche Weinstraße.
- Spielerisches Techniktraining in stehendem Gewässer.
- Bau von einfachen Floßen (LKW-Reifenschläuche, Holzplatten) und Paddeln.
- Erprobung dieser auf stehendem und fließendem Gewässer.
- Geschichtsbezug zu den Flößern in der Pfalz herstellen.
- Ausbau eines Boulderraumes in der Schule (Boulderraum = Trainingsraum mit künstlichen Griffen)
- Herstellung künstlicher Klettergriffe.
- Mitarbeit bei Umweltbaustellen des Deutschen Alpenvereins.
- Untersuchung und Bestimmung der Fauna und Flora am Fuß der Felsen.
- Wanderung von Hütte zu Hütte im Gebirge.
- Begehung von sogenannten Plaisir-Routen in den Alpen. Diese zeichnen sich aus durch geringe objektive Gefahren (Steinschlag) und eine verhältnismäßig gute Absicherung mit eingerichteten Ständen am Ende der einzelnen Seillängen.
- Besuch andereder Mittelgebirgsklettergebiete (Frankenjura, Schweizer Jura usw.)

Diese Auswahl ist spezifiziert auf den Nah- und weiteren Bereich der Schule und nur durch die Mithilfe von Familie, Freunden und Kollegen/innen konnten die skizzierten Ideen in die Tat umgesetzt werden. Dies anzuführen ist mir sehr wichtig, da aus finanziellen Gründen bei vielen Helfern nur die entstandenen Unkosten ersetzt werden konnten, manche aber auch aus ehrenamtlichem Engagement die Arbeit bisher unterstützten und mittrugen.

2.4 Die Organisation

In diesem Abschnitt werde ich, so hoffe ich, sowohl Tips als auch Schwierigkeiten skizzieren.

Nachdem sich die Inhalte der Adventure-AG vielfältiger gestalteten, musste ich einen höheren Aufwand bei der Organisation einbringen. Dafür wurden aber leider nicht mehr Lehrerstunden zur Verfügung gestellt. Zur Zeit sind zwei Lehrerwochenstunden für die Adventure-AG zu verplanen. Allerdings darf ich diese Wochenstunden bündeln, so dass Nachmittags-, am Wochenende Tages- und aber auch Stundenaktionen stattfinden können.

So war es ein Leichtes, mit dem Mountainbike unterwegs zu sein, da der Schulort, gelegen im Landkreis Südliche Weinstraße, vom Landschaftlichen sowohl das Fahren im ebenen Gelände als auch im Mittelgebirge (Pfälzerwald) zuläßt. Die Bedingungen sind für Anfänger und fortgeschrittene Fahrer gleichermaßen interessant. Je nach zeitlicher Vereinbarung führte ich Nachmittags-, Radwandertage und Ganztagesaktionen in der AG durch (vgl.2.3.). Auch entwickelte sich die Kombination von Mountainbikefahren und Klettern für Tagesaktionen. Voraussetzung ist allerdings eine solide Grundkondition bei den Teilnehmern, da doch zum nächsten Felsen eine Fahrtdauer von einer Stunde und 30 Minuten einzuplanen ist.

Aktivitäten im Kletterbereich waren Halbtags-, Tages-, Mehrtagesunternehmungen (Projektwochen/Klassenfahrten). Die Distanz zu den Felsen oder im Winter zur Kletterhalle stellt ein Problem dar. Dieses konnten wir dadurch lösen, dass wir sowohl das Fahrrad einsetzten als auch den Bus des Jugendzentrums. Abenteuerlich wird die Geschichte so oder so, da der genannte Bus ein schon beträchtliches Alter aufweist. Die Möglichkeit des Einsatzes des Fahrrades wurde bereits oben beschrieben. In der letzten Zeit musste ich jedoch wieder häufiger auf Privat-PKWs zum Transport zurückgreifen.

Beim Kanufahren können am Schulzentrum auf die Mithilfe eines Übungsleiters, der im Schwimmbad der Verbandsgemeinde ein Angebot des Kanuvereins Südliche Weinstraße abhält, zurückgegriffen werden. Das Problem der Ausrüstung wird gelöst durch eine Schule im nahen Umkreis, welche einen Materialpool für Kanuaktivitäten bereithält. Dazu gehören auch PKW-Anhänger, die einen Transport zu den zu befahrenden Flüssen ermöglichen.

Eine Besonderheit bezüglich des Kanufahrens erschlossen wir uns durch die Information, dass eine Schule in der Westpfalz in Verbindung mit einer kirchlichen Organisation Freizeiten und Klassenfahrten mit dem Schwerpunkt Kanufahren an der Gorge du Tarn (Südfrankreich) ermöglicht. Mit einer 9. Klasse führte ich eine solche Klassenfahrt mit erlebnispädagogischem und sportlichem Schwerpunkt durch. Die Unterbringung erfolgt bei dieser ca. 12 Tage dauernden Fahrt in einem Zeltlager am Ufer des Tarn. An Ort und Stelle sind die Kanuausrüstung, ein Kleinbus mit Kanuanhänger und die Kochmöglichkeiten. Somit bleibt viel Freiraum für die Kreativität in Sachen Gestaltung des Aufenthaltes. Dies beginnt mit dem Part der Selbstverpflegung über mögliche Fahrrad-, Wander-, Kletteraktivitäten (Tarn- oder Jonteschlucht) bis hin zur Tourenplanung beim Befahren des Tarn.

Bild 4: Zeltlager in der Gorge du Tarn

Grundvoraussetzungen für diese Form der Klassenfahrt sind eine Klasse, die sich Vorerfahrungen im Bereich der Eigenorganisation angeeignet hat und die 8. bzw. 9. Jahrgangsstufe besuchen (Auslandsaufenthalt).

2.5 Die Ausrüstung und das liebe Geld

Ein leidiges Thema, deshalb ans Ende des Kapitels Organisation gerückt, stellt die Frage dar: Wie komme ich zur notwendigen Ausrüstung fürs Klettern. Dadurch, dass das Klettern erst seit kürzerer Zeit Einzug in die Schule gehalten hat und bedingt durch die immer knappere finanzielle Ausstattung der Schulen, gestaltet sich die Beschaffung von Klettermaterial immer schwieriger und erfordert ein Mindestmaß an Geduld, Kreativität und Fingerspitzengefühl.

Bild 5: Kanutour auf der Tarn

Zu Beginn der Kletteraktionen mit den Schülern war eigenes Material die Basis. Durch massives Fordern von Seiten der Schüler- bzw. der Elternschaft konnte durch Übernahme der Kosten durch auf der einen Seite der Verbandsgemeinde und auf der anderen Seite des Fördervereins der Hauptschule eine Grundausstattung für sechs Schüler inklusive einem Seil, Karabiner, Helm und Schlingenmaterial beschafft werden. Natürlich bedeutete dies eine nicht ausreichende Grundlage. Vor einiger Zeit wurde durch den Sportreferenten der Bezirksregierung, die Schule und den Förderverein die Einrichtung eines Materialpools diskutiert. Ein halbes Jahr liefen die Verhandlungen, obwohl ein klares Konzept zur Nutzung des Pools erarbeitet war. Vor einigen Wochen wurde die Genehmigung erteilt, das Material bestellt, ein Aufbewahrungsraum eingerichtet und die neue Ausrüstung wird stolz von den Teilnehmern der Adventure-AG eingesetzt.

3. Die Projektwoche – „Just for fun?“

Exemplarisch für das Arbeiten mit erlebnispädagogischem Hintergrund werde ich nun eine Projektwoche darstellen, die die Schüler mit dem Titel „Just for Fun?“ versehen haben.

3.1 Die Gruppe und die Moderatoren

Da viele Schüler meiner damaligen 9. Klasse in der Adventure-AG vertreten waren und Interesse hatten, intensiver, d.h. 5 Tage und Nächte lang, Aktionen mitzuplanen, zu durchleben und sich Herausforderungen zu stellen, die eine höhere Anforderung darstellten als die erlebten Stunden- bzw. Halbtagsaktionen, konnte ich in Verbindung mit einer Kollegin, der Unterstützung durch meine Frau und einen Kletterfreund meiner ganzen Klasse dieses Projektangebot unterbreiten.

Alle Moderatoren hatten bereits Erfahrungen mit erlebnispädagogischen Aktionen gesammelt, zusätzlich konnte ich bei der Planung der Sequenzen auf einen großen Ideenreichtum und die Kenntnis der Geschichte und der geographischen Besonderheiten des zu besuchenden Terrains zurückgreifen.

3.2 Die Vorplanung und Organisation

Überzeugungsarbeit in bezug auf die Teilnahme an den Projekttagen war also kaum zu leisten, da die Schüler mit Vorerfahrung den Fragen der noch nicht ganz Überzeugten und auch Ängstlichen, Rede und Antwort standen. Letztendlich waren bis auf zwei Schülerinnen, die krankheitsbedingt verhindert waren, alle am Vorbereiten und Organisieren beteiligt.

Klar war, dass wir bezüglich der Finanzen keine großen Sprünge machen konnten, da ja noch die Abschlussfahrt in die Gorge du Tarn zu bezahlen sei. Außerdem, so waren wir übereingekommen, eine möglichst umweltfreundliche Woche verleben zu wollen. Diese Vorgaben beachtend entschieden wir uns für folgende **Schwerpunkte bei der Durchführung**.

- **Transportmittel und Reisegefährt: Fahrrad.**
- **Unterkunft: DAV-Hütte im Pfälzerwald.**
- **Selbstversorgung auf der Hütte.**
- **Anfahrt zu Aktionen mit dem Fahrrad.**

Die Planung und Organisation sollte in Gruppen erfolgen und natürlich wollten wir eine Präsentation unseres Erlebens für die Schulmedientagen 1996 erstellen. Als Form wählten wir die Wandzeitung aus.

Gruppenaufgaben für die Planung waren:

- Erstellen einer Ausrüstungsliste.
- Vorschlagsliste für den Speiseplan.
- Daraus resultierend: Die Einkaufsliste.
- Festlegung der Aufgaben des Küchendienstes.
- Einteilung des Küchendienstes.
- Regelungen für das Zusammenleben auf der Hütte und beim Klettern.
- Verhaltensregeln für die Anreise per Fahrrad.
- Ausarbeiten der Reiseroute unter der Vorgabe, möglichst viele Fahrradwege zu benutzen.

Auszüge aus den Plakaten: **Regeln fürs Zusammenleben**

Radtour:

- Die Staßenverkehrsordnung einhalten.
- Abstand halten.
- Auf Schwächere Rücksicht nehmen.
- Vor der Fahrt Fahrräder überprüfen und reparieren (lassen).
- Andere nicht in Gefahr bringen.

Hütte:

- Die Hütte sauber halten.
- Private Sachen der Mitschüler respektieren.
- Waschen und Duschen.
- Andere Mitschüler nachts nicht wecken.

Klettern:

- Keine Steine vom Felsen herunterwerfen.
- Den Mitschüler beim Sichern vertrauensvoll behandeln und begegnen.
- Den Ängstlichen Mut zusprechen und helfen.
- Die Ausrüstung sorgsam behandeln.

Das Plakat[20], auf dem der Speiseplan festgehalten war, sah wie folgt aus:

UNSER SPEISEPLAN

• Frühstück:	Brötchen, 1 Platte Wurst, 1 Platte Käse, Nutella, Marmelade, Honig, Butter, Orangensaft, Kaffee, Kaba, Milch, Tee.	
• Mittagessen:	Lunchpakete:	Brote, Obst, Käse, Wurst, Getränke.
• Abendessen:	Montag:	Spaghetti Bolognese, Tomatensalat, Gurkensalat.
	Dienstag:	Bratwurst und Kartoffelbrei, Sauer- und Rotkraut.
	Mittwoch:	Tortellini in Käsesahnesoße und grüner Salat.
	Donnerstag:	Pizzaessen.

Weitere Regelungen trafen wir zu den Themen:

- **Aufgaben des Küchendienstes:**
  Der Küchendienst besteht aus fünf Leuten je Tag.
- **Frühstück:**
  Tisch decken, Tisch abräumen und abwischen, spülen und abtrocknen, Essen für Lunchpakete bereitstellen, Essensraum fegen.

Abendessen:
Kochen, Tisch decken und abräumen, spülen und abtrocknen, Essensraum fegen.

Die Einteilung des Küchendienstes nahmen die Schüler vor und die zuständigen Gruppen erstellten eine **Ausrüstungs- und Einkaufsliste**.

20 Wandzeitung der Klasse H 9a: Projektwoche: Just for Fun, Herxheim, 1996.

Ausrüstungsliste	Einkaufsliste
5 Paar Socken	3 Zitronentee
5 Unterhosen	12 l Milch
2 Jeans	6 Nutella
2 Paar Schuhe	Marmelade
Hausschuhe	1 Honig
Schlafanzug	6 Päckchen Butter
Waschzeug	10 Packungen Käseaufschnitt
Wetterfeste Kleidung	3 Ringe Fleischwurst
„Käppi“	10 Salamiwürste
Badeanzug/-hose	1 Dose Kaba
Handtuch	2 Packungen Pfefferminztee
Schlafsack	2 Packungen Früchtetee
Taschenlampe	1 kg Zucker
Luftpumpe	500 g Kaffee
Fahrradschloss	24 l Orangensaft
Trinkflasche	Müsliriegel
Ausweis	5 Packungen Spaghetti
Plastiktüten (Regenschutz/Füße)	500 g Tomatenmark
	10 Packungen Tortellini

Die Einkaufsliste war natürlich noch länger. Frisches Gemüse und Obst steuerten die Eltern einer Schülerin zum Sonderpreis bei. Ebenso besorgten die Schüler jeden Morgen im Dorf frisches Brot und Brötchen zum Frühstück. Das bedeutete: Frühes Aufstehen, 10 minütiger Fußmarsch bergab zu den Fahrrädern, 10 Minuten Fahrt ins Dorf, Einkaufen und Rückweg.

Alle Ergebnisse diskutierten wir im Plenum und hielten diese auf Plakaten, die wir als Wegbegleiter in der Hütte aufhingen, fest. Eine Einkaufsgruppe erledigte vor der Abfahrt den Einkauf. Die Planung stellten wir der Schulleitung und den Eltern in einem Elternabend vor.

Die Gründe für diese genaue und ausführliche Planung liegen auf der Hand. Einerseits sind dadurch viele Dinge geregelt, die im Verlauf einer Projektwoche nicht mehr Thema sein werden, andererseits bleiben Freiräume für zielbezogenes und intensiveres Arbeiten. Auch helfen solche Rahmenbedingungen den Teilnehmern, sich leichter in der neuen Situation mit unbekannten Lebensbedingungen zu orientieren.

3.3 Die Anfahrt

Bei schönem Wetter konnten wir uns auf den Weg in Richtung Pfälzerwald begeben. Zuerst führte uns die Strecke durch das Tabak- und Gemüseland. Etwas weiter südwestlich nahm uns das Waldgebiet auf. Sodann verließen wir Deutschland und passierten die Grenze zum Elsaß, um unseren ersten größeren Rastpunkt anzusteuern.

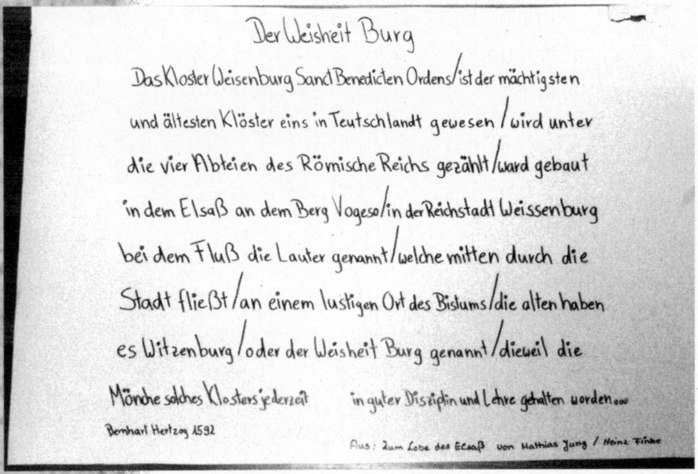
Der Weisheit Burg

Das Kloster Weisenburg Sanct Benedicten Ordens/ist der mächtigsten und ältesten Klöster eins in Teutschlandt gewesen/wird unter die vier Abteien des Römische Reichs gezählt/ward gebaut in dem Elsaß an dem Berg Vogeso/in der Reichstadt Weissenburg bei dem Fluß die Lauter genannt/welche mitten durch die Stadt fließt/an einem lustigen Ort des Bistums/die alten haben es Witzenburg/oder der Weisheit Burg genannt/dieweil die Mönche solches Klosters jederzeit in guter Disziplin und Lehre gehalten worden...

Bernhart Hertzog 1592

Aus: Zum Lobe des Elsaß von Mathias Jung / Heinz Finke

Die Hälfte der Strecke war geschafft. Die einen vergnügten sich bei einem Stadtbummel, die anderen informierten sich über die geschichtsträchtigen Ereignisse (Hans Trapp und die Benediktinermönche), und wieder andere genossen die warme Herbstsonne in einem der vielen Straßencafés bei Croissants und einem „Grand noir“.

Weiter ging es dann immer einem Flusslauf folgend, nach Deutschland, durch den Pfälzerwald zur DAV-Hütte. Diese liegt inmitten einer Felslandschaft.

Vom Tal aus ist ein 15-minütiger Fußmarsch zur Hütte notwendig. Alle Ausrüstung, Kleidung und Verpflegung waren dann zu schleppen, so dass jeder diesen Anstieg zwei bzw. drei Mal zu bewältigen hatte.

3.4 Was erwarten wir von der Woche?

Am Abend sollten sich alle Teilnehmer darüber klar werden, welche Erwartungen sie an sich und die Gruppe hatten. Jeder erhielt einen Teil eines Puzzles, zog sich zurück, notierte für ihn Wichtiges und brachte seine Ziele in die Gruppe ein.

Auszug aus den formulierten Zielen:

- Ich will zur Gruppe finden.
- Die Gemeinschaft soll sich verbessern.
- Ich möchte unseren neuen Mitschüler kennenlernen.
- Spaß.
- Ich will gemeinsam etwas erleben.
- Ich will meine Mitschüler besser kennenlernen und neue Kontakte knüpfen.
- Ich will Vertrauen in der Gruppe finden.
- Ich will mich besser mit meinen Mitschülern verstehen.

Aufgehängt an einer Schnur über dem Schlafplatz sollte jeder Teilnehmer das Erlebte in bezug auf seine Erwartungen reflektieren. Dafür waren Tag für Tag Reflexionsphasen eingeplant, in denen jeder sich zurückziehen sollte. In Form von Tagebuchnotizen oder -aufzeichnungen konnten die neuen Eindrücke und Erfahrungen mit den eigenen Zielen verglichen werden. Bei den sich anschließenden Reflexionen ermöglichte die Gruppe den Mitgliedern, auf Fragen und Probleme einzugehen.
Um die Gruppe nicht aus dem Blickfeld zu verlieren, setzten wir das Puzzle nach der Abschlussbetrachtung der Woche zusammen. So konnten wir im Gesamtbild darstellen, dass die Einzelnen ihre Erwartungen und Zielsetzungen in die Gemeinschaft einbringen, wo nötig modifizieren und in Teilen umsetzen.

3.5 Die Geschichtsforscher

Unterhalb der Burg Berwartstein bei Erlenbach liegt der Seehof, ein Badeweiher mitten im Wald. Dieser war bedingt durch die gewählte Aufgabenstellung das Ziel unserer ersten Aktion. Doch zuerst mussten ca. 18 Kilometer auf dem Fahrrad im bergigen Gelände bewältigt werden.

Die Aufgabenstellung hat als Hintergrund einen realen Geschichtsbezug. Die Burg Berwartstein ist „1347 bei der Abtei Weißenburg im Elsaß. 1463 in Händen der Kurpfalz, die sie 1480 dem Marschall Hans von Drott übereignet. Seit dem Brandunglück von 1591 Ruine."[21]
Der Streit des Ritters Hans Trapp oder auch Hans von Drott genannt mit dem Abt des Klosters Weißenburg ist Hintergrund der Erforschung. Der Abt will Hans Trapp die Burg Berwartstein streitig machen, um damit seinen eigenen Einflussbereich auszudehnen. Die Schenkungsurkunde des Kurfürsten von Heidelberg, zuständiger Fürst für Hans von Drott, zweifelt der schon sehr mächtige Weißenburger Abt an.

Auf einem Plakat der Wandzeitung fassten die Schüler die Aufgabenstellung wie folgt zusammen:

„Die Klasse 9a wurde vom Pfalzmuseum in Speyer auserwählt, einen Schatz und Reste eines Tagebuches von Hans Trapp zu suchen. Diese sollten angeblich im Bereich des Seehofes zu finden sein. Die Fragmente sollten handschriftlich von Hans Trapp stammen. Das Pfalzmuseum hat uns Materialien an die Hand gegeben. Wir bauten also ein Floß, um die Tagebuchaufzeichnungen zu finden. Dafür brauchten wir ca. drei Stunden. Als wir fertig waren, haben wir das Floß ins

21 Brunner Herbert, Caspary Hans, von Reitzenstein Alexander, Stich Fritz: Reclams Kunstführer, Rheinland-Pfalz, Saar, Stuttgart, 1990, S. 113.

Wasser getragen. Es haben sich nur 5 Personen getraut, mitzufahren.
Nach ca. 30 Minuten hatten wir die Handschriften und den Schatz gefunden." [22]

In einem weiteren Plakat der Wandzeitung stellen die Schüler dar, welche Materialien ihnen zur Verfügung standen. Auszüge aus dem Plakat: **Der Floßbau.**

Materialien für den Floßbau:

Gelbe Säcke, Nylonschnüre, Luftballons, Holzbalken, Plastikplanen, Paketschnur.

Bauanleitung:

- Die Balken werden zu einem Gerüst zusammengelegt (Bild 6).
- Verschnürung dieser mit Hilfe der Nylonschnüre (Bild 7).
- Die Luftballons werden aufgeblasen (Bild 8).
- Ca. 6 Ballons passen in einen Gelben Sack.
- 20 Gelbe Säcke oder mehr werden zwischen den beiden Plastikplanen als Luftkissen angeordnet (Bild 9).
- Die Plastikplanen werden fest verschnürt (Bild 10).
- Die Planen mit den Ballons mit dem Holzrahmen verschnüren.
- Das Floß vorsichtig zu Wasser lassen (Bild 11). [23]

Bild 6

Bild 7

Der aufzustöbernde und zu findende Schatz bestand aus zwei Urkunden aus den „Tagebüchern" von Hans Trapp. Diese versteckten die Moderatoren wassergeschützt im Seehof mit Hilfe des Kanadiers, der als Rettungsfahrzeug die Suchfahrt des Floßes der Geschichtsforscher begleitete.

22 Wandzeitung der Klasse H 9a: Die Geschichtsforscher, Herxheim, 1996.
23 Wandzeitung der Klasse H 9a: Auf den Spuren von Hans Trapp, Herxheim, 1996.

Bild 8

Bild 9

Bild 10

Bild 11

Die zwei Texte der Tagebuchaufzeichnungen, schüleradäquat aufbereitet, lauteten:

„Hans Trapp / Hans von Drott

Der Abt von Weißenburg flieht vor dem Hochwasser auf den Glockenturm der Klosterkirche. Mit meinen 2000 Landsknechten ziehe ich gegen Weißenburg. Sehr grausam gehen wir vor. Daher sagen die Leute, ich sei ein Kinderschreck bei der Belagerung. In den Kämpfen kommt der Abt zu Tode.
Maximilian und Papst mischen sich in den Streit ein. Der Kaiser kommt sogar nach Hagenau. Der Papst lädt mich nach Rom ein, doch ich lasse mir nicht ins Handwerk pfuschen.
Ich behalte meine Burg Berwartstein und verpasse Weißenburg einen Denkzettel.

Im Jahre (anno domini) 1480

Hans Trapp, Ritter zur Burg Berwartstein.

Text 2:

Hans Trapp / Hans von Drott
Der Streit um Burg Berwartstein.

1480 kaufe ich die Burg Berwartstein vom Kurfürsten der Pfalz. Dort lebe ich mit meiner Frau und den Kindern.
Diese Heimat will mir der Abt von Weißenburg nehmen, der behauptet die Burg Berwartstein gehöre ihm. Dies lasse ich mir nicht gefallen. Ich errichte mit meinen Mannen Wehre und staue die Wieslauter. Zunächst hat Weißenburg kein Wasser mehr für die Mühlen. Ist genug Wasser angesammelt, öffne ich die Schleusen. Ganz Weißenburg ist überschwemmt.

Hans Trapp, Ritter zur Burg Berwartstein.[24]

Nach erfolgreicher Bewältigung der Aufgabe gestaltete sich die Rückfahrt problemlos, zumal im Dorf, nahe der DAV-Hütte Einkauf und Freizeit angesagt war. Nach dem Abendessen auf der Hütte reflektierten wir das Erlebte.

Aufwendig gestaltete sich die Organisation für diesen Tag. Meine Frau, für die Logistik dieses Tages verantwortlich, bracht mit dem Kfz sämtliche Materialien zum Einsatzort. Um die Sicherheit gewährleisten zu können, hatten wir für alle Teilnehmer Schwimmwesten besorgt. Ebenso begleiteten wir die Schatzsuche mittels eines Kanadiers, um im Notfall „über Bord gegangenen Teilnehmern“ Hilfe zukommen zu lassen. Ebenso war die kostengünstige Materialbeschaffung für den Floßbau zeitaufwendig. Vom Organisieren der Luftballons bis zum Besorgen der Müllsäcke und zum Einkauf der Balken, Schnüre und Planen vergingen einige Stunden.

24 Wandzeitung der Klasse H 9a: Die Tagebuchaufzeichnungen von Hans Trapp, Herxheim, 1996.

3.6 Der erste Klettertag

An Stationen und unter Anleitung bereits erfahrener Mitschüler (Adventure-AG) und der Moderatoren erlernten die Teilnehmer die grundlegenden Kletter- und Sicherungstechniken, sowie das Abseilen. Folgende Stationen waren eingerichtet und betreut:

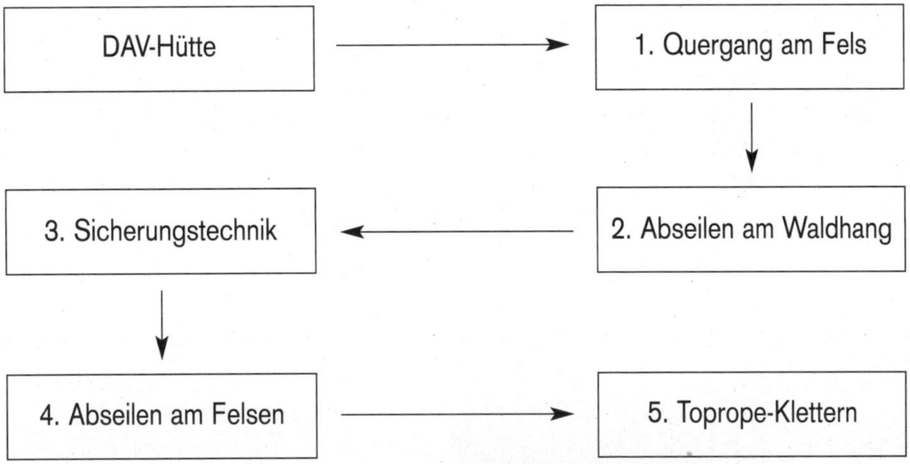

An der ersten Station erfolgte die Schulung der Klettertechniken. An einem Quergang knapp über dem Boden konnten die Teilnehmer die Tritt-, die Grifftechniken und das Gleichgewichtsgefühl schulen. Mit Hilfe einiger Lehrbücher und anhand von 12 Fotografien vom Quergang bearbeitete eine Gruppe von Schülern dieses Thema für die Wandzeitung (Projektpräsentation).

Bild 12

Bild 13

„Die Grundtechniken des Kletterns sind: Steig-, Reibungs-, Spreiz-, Stemm-, Durchstütz-, dynamische Technik.“[25] Zu den einzelnen Techniken erläuterten sie anhand der Fotografien:

„Tritttechnik: Auf Reibung: Ferse nach unten. Mit Fußspitze: Ferse leicht nach oben. Mit Innenballen: Aktives Gegendrehen des Fußes.“[26] (Bild 12)

25 Wandzeitung der Klasse H 9a: Herxheim, 1996.

26 Siehe 25.

Einige Tips übernahmen sie aus der Primärliteratur und benutzten diese als Erläuterungen zu den Fotografien. „Bedenke, dass deine Beine fest an der Wand stehen und nicht baumeln. Vermeide weite und hoch angesetzte Schritte. Versuche in jeder Position, voll auf den Beinen zu stehen."[27] (Bild 13) Zur Grifftechnik führen die Schüler aus: „Es gibt eine Menge von Grifftechniken: Z.B. die Leisten-, Punkt-, Klammer- und Zangengriffe sowie Grifflöcher und Klemmgriffe. Der Ellbogen sollte immer in die Belastungsrichtung zeigen. Passe die Finger und die Hand optimal der Felsstruktur an."[28]

Bild 14

Bild 15

An der Station 2, Abseilen am Waldhang, und an der Abseilstelle (Station 4) erprobten die Schüler diese für den nächsten Tag wichtige Technik. In einem Plakat der Wandzeitung verarbeiteten sie das Erlernte und bereiteten das Thema für die Präsentation auf. Sie beschrieben das notwendige Material. „Abseilachter, 2 Seile, 1 Abseilstelle, Klettergurt, Karabiner, Helm."[29] Auch verfassten sie für den Leser eine Bewegungsbeschreibung und bebilderten diese. „Man muss zuerst die Kletterausrüstung und den Helm anziehen. Danach wird das Seil doppelt um den Abseilachter gelegt. Mit Hilfe des Karabiners wird das Seil im Klettergurt eingehängt. Mit dem zweiten Seil (Sicherungsseil) wird das Abseilen abgesichert. Vorsichtig wird das Abseilseil belastet und das Abseilen kann beginnen."[30] (Bild 14, 15) Kopien aus verschiedenen alpinen Lehrbüchern ergänzen auf diesem Plakat die Informationen.

An der Station 3, Sicherungstechnik, waren die Halbmastwurfsicherung, das Einbinden und die Kameradensicherung am Stand Inhalte. Trotz der Vielfalt der an dieser Station zu erlernenden Techniken, erreichten wir gute Ergebnisse, wie sich am nächsten Tag der Projektwoche zeigen sollte. Text, Bilder und Abbildungen wählten die Schüler aus, um diese Station auf der Wandzeitung zu veranschaulichen. „Der Halbmastwurf ist ein Sicherungsknoten. Er sichert beim Hinaufklettern am Felsen und beim Abseilen. Der Knoten lässt sich ohne Belastung im Karabiner bewegen. Unter Belastung arretiert er".[31] (Bild 20)

27 Hepp Tilmann, Güllich Wolfgang, Heidorn Gerd: Faszination Sportklettern., München, 1992. Hoffmann, Michael, Pohl, Wolfgang: Felsklettern, Sportklettern, Alpin-Lehrplan, Band 2, München, 1996.
28 Siehe 25. Zitate aus: 27.
29 Siehe 25.
30 Siehe 25.
31 Siehe 25.

Bild 16

Das Toprope-Klettern (Station 5) ermöglichten wir an zwei Wegen, die dem Anfängerkönnen entsprachen. Eine gerade Wegführung ohne Quergänge und gute Griffe und Tritte waren die Kriterien, die an diese Kletterwege gestellt wurden.

Bei der Reflexion dieser Aktionen war eines der Hauptthemen das Vertrauen beim Sichern. Die Verantwortung abgeben und Verantwortung übernehmen in den verschiedenen Stufen von sehr zuverlässig bis unzuverlässig und die Umsetzung dieser beim Absichern des Partners bereiteten eine gute Grundlage für den nächsten Projekttag.

Doch damit war unser Tagesprogramm noch nicht zu Ende. Schon bei der Planung kamen wir auf vielfachen Wunsch überein, einmal in dieser Woche ausgiebig und warm duschen und anschließend in einer Pizzeria unser Abendessen einnehmen zu wollen. Im nächstgrößeren Ort konnten wir uns diesen Wunsch erfüllen. Die acht Kilometer bis dorthin erschienen vielen Teilnehmern wie eine Spazierfahrt und die Rückfahrt und der Hüttenanstieg bei Nacht erhielten die Qualitätsstufe „super“.

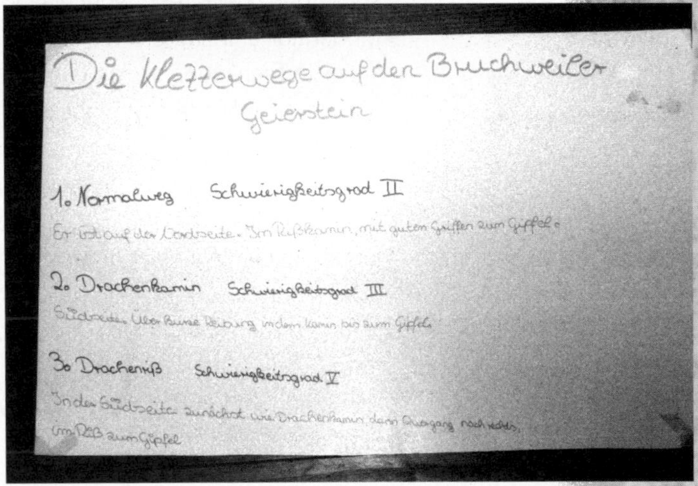

Kletterwege auf den Geierstein Plakat/Wandzeitung

3.7 Gemeinsam sind wir stark

Die von den Anforderungen komplexeste Aufgabe erwartete die Teilnehmer am zweitletzten Tag, dem Tag vor der Rückfahrt. Eine kleine Geschichte bildete die Grundlage für diese Aktion. Motiviert durch die Aussage des Rektors der Hauptschule, alle Schüler der Klasse könnten es nicht schaffen, einen Felsen zu besteigen und dies zu dokumentieren, entschieden sich die Teilnehmer, diese zu widerlegen, zumal der Rektor eine Belohnung in Aussicht gestellt hatte.

Ziel dieser Unternehmung war ein Felsen, der mit seiner beachtlichen Höhe, eine besondere Herausforderung darstellt, aber auch die Besteigung über einfachere Wege (Schwierigkeitsgrad II, III und V) den Fähigkeiten der Schüler Rechnung tragen konnte.

Bei immer noch schönem Wetter war die Anfahrt mit dem Fahrrad geradezu ein Aufwärmtraining. Die anfänglich gemischten Gefühle der Teilnehmer veränderten sich zum Positiven, nachdem sie, nach der Bekanntgabe der Aufgabenstellung, die Besichtigung der drei möglichen, oben genannten Kletterwege durchgeführt hatten. Lediglich zwei Schülerinnen und ein Schüler gaben in der Gruppe zu bedenken, dass sie schon am Vortag beim Topropen und Abseilen massive Ängste erlebt hatten und an ihre Grenzen gestoßen seien. Doch dieser hohe Felsen flöße ihnen einen derartigen Respekt ein, dass sie nicht für eine Durchsteigung einer der Routen garantieren könnten. Die Gruppe beriet und folgender Konsens wurde bei der Annahme der Aufgabenstellung vorgetragen. Bis auf die drei genannten Schüler schätzt sich die Gruppe so ein, die gestellte Aufgabe bewältigen zu können. Die, wie sich herausstellen sollte, zurecht zweifelnden Gruppenmitglieder wollten Versuche, auf den Gipfel zu kommen, starten.

Bild 17: Besprechnung an den Felsen

Jeder der Teilnehmer begab sich an die von ihm gewählte Kletterroute, die wir im Voraus mit Topropes versehen hatten. An den unfallträchtigsten Punkten positionierten sich die Moderatoren; also Einstiegsbereich der Route auf der Nord-, sowie der zwei direkt nebeneinanderliegenden Routen auf der Südseite. Ein Moderator empfing die Teilnehmer am Ende der Topropes und überprüfte das korrekte Einhängen in das Geländerseil. Für die Sicherheit auf dem Gipfel war unser vierter Moderator zuständig. Obwohl wir diese drei Routen ausgewählt hatten, auch den zeitlichen Aspekt mitbedenkend, dauerte es lange, bis die Teilnehmer am Ziel, sprich am Gipfel versammelt waren. Das kam auch dadurch zustande, dass manche Schüler erwartungsgemäß sich nicht richtig einschätzten, an einem Weg von ihrem Sicherungsmann wieder abgelassen werden und eine andere Route klettern mussten. Die drei oben genannten Teilnehmer versuchten sich jeweils an der leichtesten bzw. zweitleichtesten Route, konnten aber trotz physischer Unterstützung (Seilzug) und psychischer Stärkung in Form von Beruhigen und gutem Zureden ihrer Gruppenmitglieder, den Gipfel nicht erreichen.

Den „Gipfelsieg" zu dokumentieren, war meine Aufgabe. Der Rektor sah, nachdem er die vielen Teilnehmer auf den Gipfelfotos gesehen hatte, die Aufgabe als gelöst an. Die versprochene Belohnung sollte die Teilnehmer an das Erlebte erinnern. So wurde die Idee geboren, diese dergestalt auszuwählen, dass die Teilnehmer die gelöste Aufgabe als Bild vor Augen haben sollten. Also vergaben wir den Auftrag, für jeden Teilnehmer ein T-Shirt, mit einem Gipfelphoto versehen, bedrucken zu lassen, und der Rektor überreichte dieses.

Schon am Gipfel, als die Gruppe bemerkte, dass wahrscheinlich nicht alle Mitglieder die Aufgabe lösen würden, entstand eine lebhafte Diskussion darüber, wie man die drei Schülern noch unterstützen könnte und falls diese es nicht schaffen sollten, ob dann die Aufgabe als gelöst anzusehen sei.
In der Folge richteten wir zwei Abseilstellen ein, und die Schüler konnten zwischen gesichertem Abseilen oder Ablassen wählen. Die Höhe des Felsen beeinflusste die Entscheidung einiger Schüler.

Bild 18: Auf dem Gipfel

Bild 19: Unsere Fortbewegungsmittel – die Fahrräder

Bei der Reflexion, die sich an die Aktion direkt anschloss, griffen die Schüler das schon auf dem Gipfel diskutierte Thema wieder auf. Die drei Schüler erläuterten ihren Mitschülern die Gründe für ihre Aufgabe am Felsen. Hauptgrund war nicht nur die klettertechnischen Schwierigkeiten, sondern die Höhenangst. „Ich hatte zuerst Angst, aber als ich dann die anderen gesehen habe, verging mir ein bisschen die Angst und ich habe es auch einmal probiert. Es ging am Anfang leicht, dann gab es eine Stelle, an der ich nicht mehr weitergekommen bin. Ich hatte weiche Knie. Ich bin nicht mehr weitergekommen. Die anderen, die mich gesichert haben, haben mich dann vorsichtig abgelassen. Das Erlebnis, auf einen riesigen Felsen zu klettern und das Abseilen war toll.“ [32] Beschrieben wurden auch die Gefühle, die diese drei Schüler erlebten. Dabei konnten zwei Ebenen festgemacht werden. Einerseits die individuelle Gefühlsebene beeinflusst durch die Angst, andererseits die Angst, dass die Gruppe die Gründe für die Aufgabe nicht akzeptieren würde. Die Bewertung dieser Gründe durch die Gruppe war durchaus positiv. Die Mitschüler akzeptierten diese und verbalisierten, dass es wohl sehr schwierig sein müsse, ein Erleben dieser Art vor der Gruppe preiszugeben und zu vertreten. Außerdem erzielten wir einen Konsens dahingehend, dass individuelle Grenzen zu respektieren, in unserem Fall eine größere Wichtigkeit habe, als das Erfüllen einer Aufgabenstellung. Letztendlich, unter Beachtung des Gesagten, war die Gruppe der Auffassung, dass die Aufgabe als gelöst anzusehen sei.

Ein gemeinsames Kaffeetrinken auf der Rückfahrt zur Hütte rundeten den anstrengenden, aber nach Bewertung der Schüler gelungenen und erlebnisreichen Tag ab.

32 Wandzeitung der Klasse H 9a: Auszug aus einem Schüleraufsatz, Herxheim, 1996.

3.8 Leben und Sich-Bewegen in der Natur

Bei solchen Gelegenheiten, wie auch an den Abenden in der Hütte und im Anschluss an die Reflexionen, waren häufig Themen aus dem Bereich Natur und Umwelt Gegenstand unserer Gespräche. Motiviert durch die Skelettfunde von Wildtauben am Wandfuß und die Information, dass der in der Aktion bestiegene Felsen in der Brutzeit gesperrt sei, wollten die Schüler ihr Wissen über die Wanderfalken erweitern. Noch vor kurzer Zeit waren diese in unserer Region vom Aussterben bedroht und in den letzten Jahren, bedingt durch halbjährige Kletterverbote und Bewachung der Horste durch Natur- und Vogelschützer, aber auch durch Kletterer selbst, konnten diese Greifvögel ihre Population wieder vergrößern.

Weitere Probleme, mit denen wir uns auseinandersetzten, waren der Zustieg zu den Felsen und die Auswirkungen auf die Flora durch den Aufenthalt der Kletterer an den Einstiegen. Aber auch kletterspezifische Fragen erörterten wir. Z.B. Wie wird ein Kletterweg erstbegangen? Wie werden die Sicherungspunkte im Felsen verankert? Warum benutzen Kletterer Magnesia? Wie sichere ich den Vorstieg mit Klemmkeilen und Friends ab?

Diese Gespräche, basierend auf den Erfahrungen der Schüler, erschlossen Möglichkeiten, sie bewusst an einen schonenden Umgang mit der Natur heranzuführen. Vertiefen konnten sie ihr Wissen bei der Herstellung der Wandzeitung anhand verschiedenartiger Literatur. So bearbeiteten Schülergruppen einige der bei der Projektwoche angesprochene Themen: Wanderfalken, die Entstehung der Sandsteinfelsen, der Wanderfalke und sein Nachwuchs (Brutverhalten), die Mauereidechse, der Haarginster und die Fauna der Sandsteinfelsen.

Es steht für mich außer Frage, dass eine solche Betätigung in der Natur, viele Erfahrungs- und Lernmöglichkeiten bietet. Diese fruchtbar zu machen sowohl durch Erweiterung des Erfahrungsbereiches als auch durch die fundierte Auseinandersetzung mit Basiswissen, muss ebenso ein Anliegen und Ziel einer solch strukturierten Projektwoche sein.

3.9 Die Woche im Rückblick

Bedingt durch die nach jeder oder wenn notwendig bei der Aktion eingestreuten Reflexionen und die Gesamtreflexionen, konnten wir uns ein Bild über die Befindlichkeit der einzelnen Gruppenmitglieder und der Gruppe als Ganzes machen. Bei den einzelnen Teilnehmern war zu beobachten, dass, obwohl hohe körperliche und geistige Anstrengungen gefordert waren, die Akzeptanz gegenüber den Szenarien groß und die Motivation, sich jeden Tag aufs Neue mit anders strukturierten Inhalten zu befassen, hoch war. Daher gelang es der Gruppe, die an sie gestellten Aufgaben sowohl zur Zufriedenheit der Einzelnen als auch, bedingt durch den Einsatz an Strategien, die immer wieder diskutiert und weiter verfeinert wurden, in einer hohen Qualitätsstufe (z.B. Floßbau) zu lösen.

Durch die Reihe konnten positive Rückmeldungen verbalisiert werden. Gerade Gegebenheiten wie das einfache Leben auf der Hütte im Wald, waren neue Erfahrungsfelder. Ebenso die Tatsache, sich mit kaltem Wasser waschen zu müssen, die Möglichkeit, im Freien zu übernachten usw. wurde von den Schülern als eindrucksvolle Erfahrung erlebt. Auch empfanden einige Schüler das „freie Arbeiten" angenehm. Sie meinten damit das Nicht-Gebundensein an den 45-Minutentakt und das Diktat der Schulglocke.

Bedeutsam für uns Moderatoren war auch die Beobachtung, dass gerade Schüler, die im Vorfeld der Projektwoche sehr skeptisch in Bezug auf ihre Teilnahme waren, am Ende eine positive Bilanz darstellten. Auch war zu beobachten, dass Schüler, die im schulischen Alltag eher Probleme bereiteten, sei es durch Sich nicht an Regeln halten oder durch aggressives Verhalten gegenüber Mitschülern und Lehrern, sich besser in die Gruppe eingliedern.
Angesprochen auf die zwei Seiten ihres Verhaltensrepertoires erhielten wir die Rückmeldung, dass die Betätigungen in der Projektwoche ein interessanteres Lernfeld dargestellt hätten und das Moment der Ernsthaftigkeit bei Lerninhalten in der Schule fehlte (Beispiel: Floßbau, um Tagebuchaufzeichnungen zu finden; Erlernen von Kletter- und Sicherungstechniken als Grundlage, eine Aufgabe lösen zu können und Sichern, um allen die Möglichkeit zu geben, auf den Gipfel zu kommen).

Auch interessant war die Beobachtung, dass sich für einige Teilnehmer die Stellung in der Gruppe veränderte. Grund dafür war die Notwendigkeit, andersartige Fertigkeiten einbringen und diese Ideen im Gruppenprozess verwirklichen zu müssen. Dadurch entstand eine Gruppendynamik, die vorher gewachsene Beziehungen der Gruppenmitglieder entweder vertieften oder modifizierten. Zwei in der Schule sehr zurückhaltende Schüler übernahmen beim Floßbau durch ihren Ideenreichtum einen die Gruppe weiterbringenden aktiven Part, so dass Gruppenmitglieder diesen in der Reflexion noch nicht erkannte Qualitäten bestätigten. Die Rolle der Experten genossen beide offensichtlich.

Aus sportlicher Sicht war das Ergebnis der Projektwoche eine messbare Steigerung der Ausdauerfähigkeiten und der Geschicklichkeit.

Als vertiefende Rückbesinnung von Aktivitäten, angesprochenen Naturbedingungen und offenen Fragen erwies sich die Methode der Projektpräsentation, nämlich das Erstellen der Wandzeitung, als besonders brauchbar. Die Schüler angefüllt mit Erlebnissen, wollten diese mitteilen. Bei der Vorstellung des Projektes anlässlich der Schulmedientage stellten die Schüler zusätzlich zur Wandzeitung Exponate aus dem Bereich der Natur, sowie verwendete Materialien aus und standen interessierten Besuchern Frage und Antwort.

Der personelle Aufwand, An- und Abreise zwei Begleiter plus Gepäck- und Lebensmitteltransport, Floßbau drei Moderatoren plus Materialtransport, Klettertage vier Moderatoren plus Materialtransport, erscheint zeitlich intensiv. Bedenken wir aber, dass die Projektgruppe Klassenstärke hatte, so muss, um gewisse Sicherheitsstandards gewährleisten zu können, der zeitliche Einsatz der Moderatoren gerechtfertigt werden. Selbst bei einer Betrachtung unter finanziellen Gesichtspunkten wäre eine derart strukturierte Projektwoche durchführbar. Außerdem möchte ich auf Finanzierungsmöglichkeiten durch Sponsoren (Krankenkassen etc.) und Eigenaktivitäten der jeweiligen Klassen (Kaffee- und Kuchenverkauf beim Elternsprechtag etc.) aufmerksam machen.

Als Fazit für die Moderatoren und Teilnehmer an dieser Woche kann das Zitat aus einem Schüleraufsatz einer der Woche gegenüber skeptisch eingestellten Schülerin gelten. „Aber so schlimm war es gar nicht, wie ich es mir vorgestellt hatte. Eher im Gegenteil, und ich würde es jederzeit wieder machen". [33]

4. Möglichkeiten und Grenzen der Erlebnispädagogik in der Schule

Grundsätzlich behaupte ich, dass die Lern- und Erfahrungsebenen, die die Erlebnispädagogik bietet, im schulischen Alltag noch nicht ausgeschöpft werden. Verschiedene Gründe sind dafür verantwortlich. Eine Ursache stellt sich in der Tatsache dar, dass bisher in Deutschland, anders dagegen in Österreich, keine universitäre Ausbildung angeboten wird. So sind alle Lehrer auf außerschulische Fortbildungen angewiesen. Um jedoch die Ansprüche versicherungstechnischer Art und die durch den Inhalt vorgegebenen Strukturen planen und erfüllen zu können, sind mehrere Qualifikationen (Inhalt: Klettern, Kanu usw.) zu erlangen.

33 Siehe 32.

Ebensolches gilt für den Bereich der pädagogischen und psychologischen Begleitung und Auswertung von Aktionen und für den Bereich der kooperativen Abenteuerspiele. Bedingt durch die geringe Anzahl an Fortbildungstagen für Lehrkräfte bedeutet dies, dass sich interessierte Lehrer für einige Jahre festlegen müssen, wenn sie sich in das Feld der Erlebnispädagogik einarbeiten wollen.

Durch die Veränderungen in unserer komplexen Lebenswirklichkeit und die damit modifizierten Anforderungen an uns Menschen muss Schulwirklichkeit (Lehrpläne und -inhalte) angepasst werden. Welche andere schulische Fachgruppe bietet so viele motivierende und die Gesamtpersönlichkeit entwickelnde Möglichkeiten? Demokratisches Handeln einüben und erproben, reflektieren, bewerten und die daraus notwendigen Konsequenzen und Verhaltensänderungen herbeiführen sind unabdingbar in unserer Lebenswelt. Dies kann nicht nur für die Veränderung von verhaltensauffälligen Schülern gelten, sondern muss grundsätzlich auch für die Persönlichkeitsentwicklung aller Schüler genutzt werden. Diese Einsicht kann ich durch die langjährigen Beobachtungen einzelner Schüler belegen. So konnte bei gerade schwierigen Schülern, denen eine nicht unproblematische Schullaufbahn aufgrund von verschiedenen Gutachten vorausgesagt wurde, durch die Einbindung in die Adventure-AG, in Verbindung mit dem Informationsaustausch von Elternhaus, Schule und sozialtherapeutischer Betreuung entgegengewirkt werden.

Nicht zuletzt aus diesem Grund hat die Erlebnispädagogik Einzug in den Aus- und Fortbildungsbereich der Wirtschaftsunternehmen gefunden (vgl. Schlüsselqualifikationen). Das Entwickeln und Einüben dieser Schlüsselqualifikationen soll nach Forderung der Wirtschaft in der Schule geleistet werden. Bewusst definiere ich diesen Begriff nicht. Kritisch anmerken möchte ich jedoch, dass der Begriff „Schlüsselqualifikationen“ nicht unumstritten und deshalb mit Inhalten und Werten zu füllen ist, die Grundlage einer demokratischen Gesellschaft sind und die nicht nur Einzelinteressen dienen.

Einen Schritt in die richtige Richtung, nämlich erlebnispädagogisch arbeiten zu können, unternimmt die Fachdidaktische Kommission Sport (vgl.2.1.). In 25 Erfahrungsfeldern weist sie Projektmöglichkeiten aus.

Zu wünschen wäre die Einbindung von erlebnispädagogischen Aktivitäten neben schon in der Grundschule bestehenden Arbeitsformen. Bei entsprechender Qualifikation der Moderatoren könnte so eine den jungen Menschen während seiner schulischen Ausbildung begleitende ganzheitliche Arbeitsform vorhanden sein, die neben anderen Unterrichtsformen und Methoden für das Leben in unserer Gesellschaft wichtige Fähigkeiten und Fertigkeiten entwickelt.

Gerhard Röthig und Michael Vyskocil

Phantastische Abenteuer

Eine Reisebeschreibung zur Erlebnispädagogik

1. Wo soll's hingehen?

Schlägt man die Tageszeitungen und Wochenmagazine auf, springen dem Leser immer häufiger Schreckensmeldungen über die zunehmenden Drogenprobleme, den gesellschaftlichen Werteverlust, Ausländerfeindlichkeit und die wachsende Gewaltbereitschaft der Jugendlichen auch an den Schulen entgegen. Werden die Kinder heutzutage immer schlimmer ... ?

Dem gegenüber stehen aber auch Äußerungen wie:

- „Man muss nicht miteinander streiten, sondern helfen!" (Maike, 12 Jahre),
- „Ich habe gelernt, dass jedes Kind anders ist als ich, aber trotzdem nett ist und mich akzeptiert hat." (Ann-Kathrin, 10 Jahre),
- „Ich habe gelernt, dass ich auch jenen vertrauen kann, die mich nicht so mögen." (Thomas, 11 Jahre),
- „Ja, die Spieletage sind wirklich super! Wir werden dabei fröhlich, wir konzentrieren uns dann sogar auf die anderen Unterrichtsfächer. Man muss auch mal was Schönes machen." (Perihan, 10 Jahre).

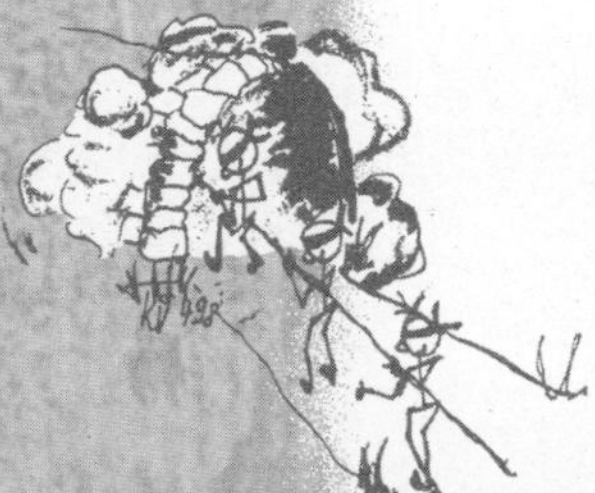

Dies sind Äußerungen aus einer Umfrage unter Realschülern, nachdem sie eine Reihe erlebnispädagogischer Spiele, die wir seit mehreren Jahren an unserer Schule regelmäßig durchführen, erlebt hatten.
Nicht einfach blind dem aktuellen Modewort „Erlebnis" folgend, sondern mit ganz bestimmten festen Zielen ist die Erlebnispädagogik an der Realschule Rennerod in den Stundenplan integriert:

die **„Kinder stark zu machen"**.

Wir wollen durch gemeinsame Aktionen, durch die Problembewältigung in der Gruppe, durch ansprechende Herausforderungen für den Einzelnen und die Gruppe Primärprävention im Drogen- und Gewaltbereich betreiben, indem die Kinder

- eigene **Gefühle** erkennen, ausdrücken und sie bei anderen akzeptieren,
- **kreatives Problemlösen** trainieren,
- **Aggression** in Gruppengesprächen **kanalisieren** lernen,
- ein stabiles **Selbstwertgefühl** aufbauen und dadurch zunehmend **Selbstverantwortung** übernehmen,
- von der Fremdbewertung zur **Eigenbewertung** gelangen,
- das Bewußtsein für die Gruppe und so **Kooperations- und Teamfähigkeit** entwickeln,
- die **Rücksichtnahme** auf Schwächere unterstützen und
- das **Verständnis** füreinander entwickeln und **Vertrauen** in die Klassengemeinschaft gefördert wird.

Und wir wollen vermitteln, dass die Schule mehr als nur ein nüchternes Institut für reines Fachwissen ist, dass sie eine Gemeinschaft darstellt, in der sich der Einzelne mitgetragen fühlen kann – und dass sie auch viel Spaß bieten kann....!

2. Planung und Vorbereitung

Zunächst hatten wir einige Sequenzen zusammengestellt und in einer Klasse erprobt, hatten einige Erfahrungen in Präsentation, Spielverlauf und dabei auftretenden Schwierigkeiten, der Eignung der Spiele in Bezug auf Alter, Gruppengröße u.ä. gesammelt. Es war ein tastendes, selbständiges Anwenden der in der Fortbildungsreihe „Abenteuer, Risiko und Kreativität" (Landeszentrale für Gesundheitsförderung, Mainz) erworbenen Kenntnisse. Dabei wurde uns besonders bewußt, wie wichtig es ist, die Kinder von einfachen zu komplexeren Aufgaben zu führen.

Wir merkten auch deutlich, wieviel Zeit allein eine solide Vorplanung erfordert: das Sichten der Spiele, Auswerten, Zusammenfassen zu Sequenzen, Beschaffen des Materials und das Erfinden der Rahmenhandlung. Und wenig später schwebten uns Verbesserungen vor: Dies ersetzen, dort die Rahmenhandlung verändern und schließlich Geräusche und vor allem Musik einsetzen. Also erhebliche weitere Arbeit …

Als wir endlich eine Planung fertiggestellt hatten, tauchte die Frage auf: Warum soll eine Klasse, in der einer von uns Klassenleiter ist, an den Abenteuer- und Erlebnisspielen teilnehmen dürfen, während die Klasse nebenan diese Gelegenheit nicht erhält?

Es schien uns konsequent, die Vorbereitungsarbeit nicht nur für eine Klasse zu leisten, sondern die neuen Erkenntnisse auch weiter zu erproben, uns selbst zu üben und den Nutzen der Spielreihe möglichst vielen Kindern zukommen zu lassen. Der Gedanke, alle neuen Schüler unseres 5. Jahrgangs teilnehmen zu lassen, war geboren und wurde weiterverfolgt. Das Problem der Übertragbarkeit auf andere Klassen, die wir teilweise noch nicht einmal kannten, haben wir in optimistischer Einschätzung erst einmal ignoriert.

Wir entschieden uns aufgrund unserer ersten Erfahrungen, die Spielleitung grundsätzlich nur zu zweit zu übernehmen! Nur so ist es möglich, den „roten Faden" im Spielfluß für die Kinder sichtbar zu halten, ihn nicht für Vorbereitungen weiterer Spiele unterbrechen zu müssen. Gerade bei schwierigen, unruhigen Gruppen kann dieser Gesichtspunkt über Erfolg oder Nichterfolg entscheiden. Klassen mit 25 und mehr Kindern brechen zu schnell aus der Spielwelt aus, beginnen zu toben und sind dann kaum noch auf das Spielgeschehen wieder einzustimmen.

Weiterhin sind wir der Meinung, dass der Gesamtaufwand hinsichtlich Neuplanung, Umsetzung und Organisation von einem einzelnen nicht zu leisten ist, wenn das Feld der Erlebnisspiele nur einen kleinen Teil der beruflichen Tätigkeit abdeckt. In der gegenseitigen Beobachtung, Korrektur und dem Austausch, auch in der Aufgabenteilung, welche die Stärken der einzelnen Spielleiter berücksichtigt, liegen **enorme** Vorteile der partnerschaftlichen Moderation.

Dabei sollte zudem der Klassenleiter der jeweils spielenden Klasse regelmäßig anwesend sein soll, weil gerade in diesen Spielen die sozialen Strukturen der Gruppe sich bereits während der ersten Spielsequenz ganz klar offenbaren. Problemfälle können so früh erkannt und außer bei der Reflexion durch intensive persönliche Gespräche oder mit der gesamten Klasse bearbeitet werden (vgl. Stellungnahme Klassenleiter, Kapitel 6.3.).

Als Zeitpunkt für die Spielreihe bietet sich für uns mittwochs die 5./6. Stunde an. Die Orientierungsstufe hat hier unterrichtsfreie Zeit, die wir für die Arbeitsgemeinschaft „Abenteuer- und Erlebnisspiele" nutzen; dadurch entstehen für unsere Schüler keine Fahrprobleme. Zusätzlich wird mindestens ein Projekttag eingeschoben.
Obwohl unsere Schule viele Wiesen und Wald mit einem großen Naturspielplatz vor der Haustür hat, entschlossen wir uns, die hier beschriebenen ersten Spielsequenzen für die Halle zu planen. Bei nur 90 Minuten Spielzeit wäre sonst für die Aktivitäten selbst zu wenig Zeit übrig geblieben. Außerdem hätte uns das Westerwälder Wetter sicherlich zu häufig einen Strich durch die Rechnung gemacht. Auch unsere Vorbereitung wird dadurch erleichtert.

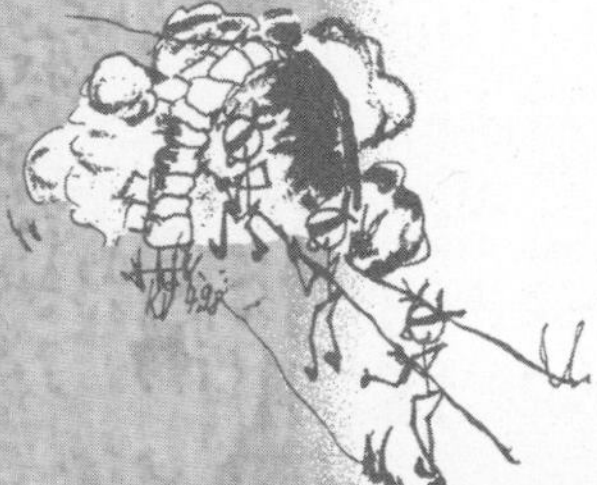

Wegen der ständigen angespannten Lage im Schuletat waren wir bemüht, mit möglichst wenig außergewöhnlichem Material auszukommen. Dennoch waren einige Anschaffungen nötig, z.B. 120 m Seil für die Markierung des Weges in der Höhle, Augenbinden, diverse Bälle, Kanthölzer und Wachsmalstifte. Ein Besuch bei unseren Geldinstituten und Geschäften am Ort schuf uns die erste finanzielle Grundlage. Seitdem wird unser Projekt immer bekannter und wird dankenswerterweise Jahr für Jahr weiter unterstützt, auch durch spontane Elternspenden. So wächst unsere Ausrüstung fortwährend und gestattet uns inzwischen auch materialaufwendigere Aktionen in den oberen Klassen.

3. Wer darf mitreisen?

Wir bieten die hier vorgestellte Spielreise allen unseren 5.-Klässlern an, denn sie kommen zum Schuljahresbeginn in völlig neuen Klassen zusammen. Die Erlebnisspiele können bei der Bildung der neuen Gruppenstrukturen förderlich sein und gewaltpräventiv wirken. Anfangs sind die Kinder noch unsicher gegenüber ihrem gesamtem neuen Umfeld, gleichzeitig aber auch bereit, vieles zu akzeptieren. Warum sollen sie nicht gleich erleben, dass soziales Verhalten, Toleranz, Fähigkeit zur Gruppenarbeit, Hilfsbereitschaft und gute Klassengemeinschaft hilfreich sind und gesellschaftliche Werte an sich darstellen? Ist dies nicht gerade in einer Zeit, in der über Werteverlust geklagt wird, sinnvoll?
Durch den Beginn in der Eingangsklasse ist auch genügend Zeit für die Weiterförderung in den oberen Jahrgängen gegeben.

Aus der Drogenpräventionsforschung war uns weiterhin bekannt, dass Vorbeugung um so wirksamer ist, je früher sie einsetzt[1]. Aus diesem Grunde ist an unserer Schule mit Unterstützung der Schulleiterin eine Umstrukturierung der Prävention im Gange, in der auch die Erlebnisspiele ihren Raum finden.

4. Was ist unterwegs zu beachten?

Wie kann man Kinder begeistern und von einer Sache überzeugen? Im Zeitalter der TV-Supershows und Super-Freizeitangebote sicherlich nicht mit irgendwelchen Erklärungen oder Diskussionen! Man muss die Kinder als Ganzes, mit „Leib und Seele" erfassen.
Spiele mit einer fesselnden Rahmenhandlung und anspruchsvollen Aufgaben sind dazu in der Lage. Gerade die Altersgruppe der 10–12-jährigen spielt dann nicht nur mit, sondern vergißt mitunter die ganze Umgebung und eigene Situation; das Abenteuerspiel wird zum Erlebnis.

1 Siehe Zeitungsmeldung „Suchtvorbeuge beginnt zu spät" in der Frankfurter Rundschau vom 10.11.1994 über eine Studie von Klaus Hurrelmann, Universität Bielefeld.

13–15-Jährige lehnen manchmal derartige „Kindereien“ ab, weil sie sich bereits als zu groß, zu erwachsen vorkommen; bei noch älteren Schülern, besonders Mädchen, nimmt die Bereitschaft dann wieder zu, sich mit Geschichten und eigenen Gefühlen offen auseinanderzusetzen.

Deshalb haben wir uns entschlossen, besonders die „Kleinen“ in den fünften Klassen mit einer durchgehenden Handlung in immer wechselnden Aufgabenfeldern einzufangen: wir machen eine Weltreise.
Dies gelingt um so besser, je anschaulicher die Kinder in die verschiedenen Handlungsorte und Probleme eingeführt werden. Wir bemühen uns, die Aufgabenstellung und die Spielregeln nicht nüchtern vorzutragen, sondern nach Möglichkeit vorzuspielen. Unterstützt wird die Einstimmung durch geeignete, zum Szenario passende **Musik**, evtl. Verkleidung der Spielleiter, **Gestik und Mimik**, ganz besonders aber durch eine zur Handlung **passende Sprache.**

Als Rahmenhandlung bieten wir den Schülern eine Weltreise an, die sie zu den unterschiedlichsten Wesen und in die seltsamsten Gegenden führen soll. Viele aufregende Abenteuer erwarten dabei die Reisegesellschaft. Die Weltreise selbst darf nicht rein geographisch verstanden werden: sie führt durch verschiedene Landschaften ebenso wie in andere Zeitalter, in den Weltraum und sogar ins reine Märchenland Mordor, wo das Gute gegen das Böse antritt.

Manche Handlungsübergänge und Begründungen sind von uns nicht vollständig vorgegeben, sondern nur angedeutet; die Phantasie wird gefordert, so dass jeder Einzelne sich selbst seine persönliche Traumumgebung schafft.

Ursprünglich präsentierten wir die Spielsituationen ohne Musik, haben dann aber anläßlich einer dreitägigen Veranstaltung bei einer Projektwoche den Musikeinsatz erprobt. Die Wirkung war verblüffend: den Kindern gefiel die Musik, sie wurden dadurch wesentlich stärker gefesselt und der verbale Aufwand für die Darstellung der Stimmung reduzierte sich um fast die Hälfte. Seitdem benutzen wir regelmäßig Musik als stimmungsbildendes Mittel zur Einführung in die Spiele; während der meisten Spiele und bereits während der Planungsphasen blenden wir dann die Musik aus, um eine Übersättigung zu vermeiden.

Für die Märchenwelten eignet sich sehr gut die etwas mystisch und fremd klingende Musik Alan Parsons, zur Einstimmung auf fremde Umgebungen die Musik Dan Gibsons in der Reihe „Exploring Nature With Music“.

In der Abfolge der Spielsequenzen wechseln wir ständig den Handlungsort und die Rahmensituation, wodurch es uns gelingt, die Anforderungen an die Kinder langsam zu steigern (Spielsequenzen 1–5). Wir beginnen mit einfachen Aktionen zum Kennenlernen erlebnispädagogischer Spiele (1, 2) und fordern dann mehr und mehr Absprachen, Kooperation, Vertrauen (3–6) und die Selbständigkeit der Gruppe(6–8).

Höhepunkt der gesamten Spielreihe bilden die Höhle (4) mit einem Schwerpunkt im individuellen Erleben und der Projekttag (5, Kampf gegen Mordor), der das Vertrauen in die Gemeinschaft betont.
Die Spielfolgen 6–8 sollen die erreichten sozialen Lernziele festigen. Sie bringen im Bereich des Erlebens keine besonderen Neuigkeiten mehr; ihr Schwerpunkt liegt dafür im Bereich der Selbständigkeit der Gruppe und der Fähigkeit, Gruppenaktionen gemeinsam planen und durchführen zu können.
Eine gefühlsmäßige Vertiefung der erlebten Aktionen streben wir an, indem wir im Kunstunterricht die Spielaktionen als Themen nochmals anbieten. Aus diesen Arbeiten der Klassen 5 und 6 stammen die verwendeten Abbildungen.

Stationen der Reise:

1. Bei den Indianern
Ziele: Kennenlernen der Spiele und Notwendigkeit von Absprachen erkennen

2. Gefangen beim Zauberer
Ziele: Absprache, Kooperation

3. Im Urwald
Ziele: Absprache, Kooperation, Vertrauen, Rücksichtnahme

4. In der Höhle der Vampire
Ziele: individuelles Erleben, Selbstvertrauen

5. Kampf gegen die schwarzen Meister von Mordor
Ziele: Kontakte, Rücksichtnahme, Planung, Kooperation, Vertrauen, Verantwortung

6. Die Sumpfdurchquerung
Ziele: selbständige Planung, Kooperation, Rücksichtnahme, Vertrauen, Verantwortung

7. Im Weltraum
Ziele: Kooperation, Vertrauen, Verantwortung, Kontakte

8. In China
Ziele: selbständige Planung, Kooperation, Vertrauen, Verantwortung

Zu Beginn der Spielreihe erwarten die Kinder ihre bekannten Spielformen. Sie müssen zu den erlebnispädagogischen Erfahrungen langsam hingeführt werden, müssen erkennen, dass es sich in diesen Spielen nicht um wilde, schnelle Konkurrenz-, Kraft- oder um Geschicklichkeitsspiele für den Einzelnen handelt. Deshalb beginnen wir unsere Gesamtreihe mit einer Spielform und Spielumgebung, die vielen Kindern ziemlich vertraut ist und besonders einfach die Phantasie anregt: „Bei den Indianern".

Auch später noch beginnt jede neue Spielsequenz immer mit einem Aufwärmspiel, das nicht nur auflockern soll, sondern auch dem Bewegungsdrang und auch etwas der traditionellen Erwartungshaltung der Kinder zu einer Spielphase entgegenkommen soll. Gleichzeitig soll die Anspannung durch den vorangegangenen Unterricht abgebaut werden.

Ganz großen Wert legen wir auf die Reflexion! Lieber verzichten wir auf ein schönes Spiel, als aus Zeitmangel die Auswertung und die Darstellung des Erlebten im gemeinsamen Gesprächskreis ausfallen zu lassen. Die Kinder müssen Gelegenheit haben, ihre Gefühle und Ängste sowie ihr Rollenverständnis während des Spieles ausdrücken zu können!
Jeder darf sich äußern, darf kritisieren oder Wünsche vorbringen. Auf diese Weise ist nicht der Lehrer gezwungen, die Störenden zurechtweisen: sie erhalten aus der Gesamtgruppe genügend kritische Rückmeldung. Im Laufe der Spiele lernt so die Gruppe selbstregulierend Probleme untereinander zu besprechen und zu klären.

Wir denken, dass sich gerade durch diesen Schwerpunkt die Erlebnispädagogik von Abenteuersport und einfachem Konsum von Abenteueraktionen unterscheidet: wir vertrauen nicht nur auf die Wirkung der Spiele und des Erlebens an sich, sondern sehen in der gedanklichen Verarbeitung und dem gemeinsamen Gespräch wesentliche Elemente, die zur Persönlichkeitsförderung beitragen.

Diese Gesprächsrunden sind den Gruppen anfangs fremd und zunächst nur eine lästige Unterbrechung der Spielphase. Weil wir nach einem Spiel aber immer wieder in diesem Kreis zusammenkommen und auch in der gleichen Form dann die nächste Aufgabe präsentieren, wird der Kreis schnell zur Selbstverständlichkeit. Oft genügt zum Sammeln schon der Impuls, dass sich die Spielleiter auf den Boden setzen; und manchmal sind sogar die Kinder schneller als wir!

Reflexion im Sitzkreis

Im Unterschied zu den Planungsphasen der Spiele werden die Reflexionen immer von uns selbst geleitet. Sie sind stark verbal ausgerichtet. Dies entspricht im allgemeinen den Möglichkeiten und Fähigkeiten unserer Realschüler und fördert die Kommunikationsbereitschaft und -fähigkeit. Weitere Gespräche im Unterricht oder auch außerunterrichtlich können dann darauf aufbauen.
Häufig benutzte Fragestellungen, zu denen sich jeder äußern kann, aber nicht muss, sind
- Warum hat es deiner Ansicht nach so gut / schlecht geklappt?
- Wie fühlte ich mich während des Spieles und wie jetzt?
- Wie zufrieden bin ich mit meiner Rolle / dem Ergebnis / dem Gruppenprozess?

Ob die Aufgabe gelöst wurde und wie sie sich dabei verhalten haben, beurteilen stets die Kinder selbst; wir achten lediglich darauf, dass es ausgedrückt werden kann.

Wichtig ist, dass die Spielregeln klar und verständlich erklärt werden. Einmal in Aktion, soll die Gruppe möglichst ohne weiteres Eingreifen der Spielleiter Strategien beraten, Entscheidungen treffen und Lösungen selbständig erproben.

Immer machen wir die Aufgabenstellung und das Spiel selbst zu einem Gruppenproblem. Die Spielregeln können von den Kindern abgeändert werden, wenn sie ihnen zu leicht oder zu schwer erscheinen. Und am Ende jeder neuen Aufgabenstellung steht die Frage

„Nehmt ihr die Herausforderung an?“

Unabhängig von diesem Mehrheitsentscheid darf aber jeder Einzelne für sich auch die Aufgabe und Teilnahme ablehnen. In den vorausgegangenen Spielen sollte bis dahin eine Atmosphäre entstanden sein, in der die Gruppe diese Entscheidung zwar akzeptiert, aber auch nach Hilfen für den Betroffenen sucht.

Wir Spielleiter stellen nur die Ausgangsproblematik dar, helfen anfangs bei der Planung und ziehen uns dann möglichst ganz bis zum Spielende zurück, soweit nicht die Absicherung der Kinder unsere Anwesenheit erfordert. Auch das Spielergebnis oder Regelverstöße unterliegen der Selbstbewertung der Gruppe, nicht der Lehrer!

Gerade hiermit hatten wir anfangs unsere größten persönlichen Schwierigkeiten: oft sind wir wieder in unsere bekannte Lehrerrolle hineingerutscht, haben uns für alles verantwortlich gefühlt, wollten alles bewerten und unter Kontrolle haben. Aber auch wir haben dazugelernt: selbst unsere Jüngsten sind nach einer Anleitungsphase (i.a. 6 Spielsequenzen) in der Lage, sich selbst zu organisieren und zu kontrollieren.

Was wollen wir eigentlich mehr?

5. Die Stationen der Reise

5.1 Bei den Indianern

Häuptling Dicke Nase

Musik: „Indian Reservation" – Don Fardon; „For a few Dollars more", „La Libertad", „Le train sifflait trois fois", alle Ennio Morricone

Mit viel Tamtam, Musik („Indian Reservation"), Trommeln, Tanz und pseudoindianischer Gestik und Sprache begrüßen wir die Kinder und laden sie ein, uns in das „Tal der Prüfungen" (die Turnhalle) zwecks Aufnahme in den Indianerstamm zu folgen. Mit stummen Impuls setzen wir uns um das imaginäre Lagerfeuer (der spätere stete Gesprächskreis). Dort erhalten die „Prüflinge" ihre indianischen Namen, welche vom Klassenlehrer ausgewählt werden und lustige, aber nicht diskriminierende Eigenschaften der Kinder widerspiegeln („flinkes Reh", „brummelnder Bär" o.ä.).

Häuptling auf Pferd

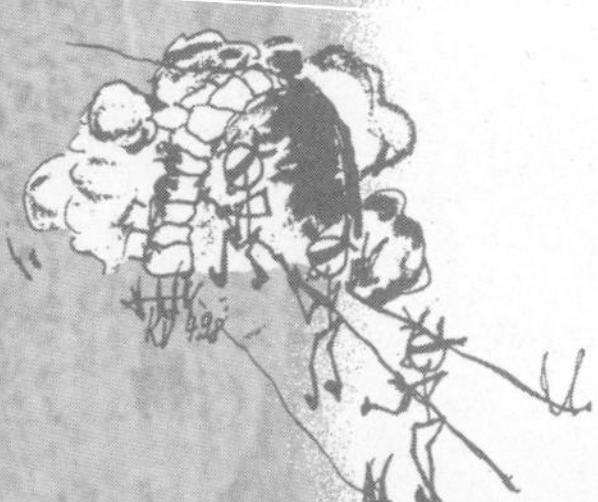

Dann beginnt das erste Spiel[2]: (Musik: „For a few Dollars more") streng in der Sprache der Spielwelt bleibend erhalten die Prüflinge die Aufgabe, ihre Fähigkeit die Gemeinschaft verteidigen zu können, ebenso wie das Vermögen, für die Nahrungsversorgung des Stammes sorgen zu können, unter Beweis zu stellen: die Büffeljagd (Musik: „La Libertad").

2 sämtliche Spiele wurden folgenden Büchern entnommen: Gilsdorf/Kistner „Kooperative Abenteuerspiele" 1995 sowie A. Fluegelman „new games" Band 1 und 2, 1991

Nach 3 oder 4 Runden beginnt die erste Auswertung und das Aufzeigen, wie wichtig gemeinsames, geplantes Handeln nach Absprache für Gemeinschaftsaktionen ist.

Im Dunkeln wird das magische Symbol gelegt

Sofort erleben die Kinder diese Bedeutung in der nächsten Aufgabe: sie sollen mit verbundenen Augen aus Seil die magischen Symbole des großen Geistes auf den Boden auslegen, ein etwa 4m x 4m großes Quadrat oder ein entsprechendes gleichseitiges Dreieck (Originaltitel: „Blinder Mathematiker"). Bei Klassengrößen von über 20 Schülern ist vorher eine Aufteilung in zwei Gruppen unumgänglich, aber auch eher von Vorteil: während die erste Gruppe blind – und meist sehr chaotisch – an dem Seil zieht und unkoordiniert dieses anzuordnen versucht, erkennt die zweite, ruhig beobachtende Gruppe die falschen Verhaltensweisen und beginnt mit ersten Absprachen. Dadurch gelingt es ihr häufig leichter und schneller, das schwierigere Dreieck zu erstellen.

Indianer vor Sonnenuntergang

In der anschließenden Gesprächsrunde wird auf keinen Fall von den Lehrern das Ergebnis oder die Vorgehensweise bewertet; die Kinder erkennen ganz von alleine, weshalb (meistens) die zweite Gruppe effektiver gearbeitet hat und drücken dies auch bei entsprechender Gesprächsleitung deutlich aus.

Den Abschluß der ersten Spielrunde bildet das Klapperschlangen – Spiel, ein einfaches, wieder entspannendes Jagdspiel, bei dem nachts eine (blinde) Klapperschlange ein (blindes) Kaninchen nur nach Gehör verfolgt und zu fangen versucht.

5.2 Gefangen beim Zauberer

Musik : „In the Lap of the Gods" aus „Pyramid"; „The Raven" und „The Fall of the House of Usher" aus „Tales Of Mystery And Imagination E. A. Poe"; „Nucleus" aus „I Robot"; alle: The Alan Parsons Project.

Zur rechten Einstimmung sind hier die schauspielerischen Fähigkeiten der Spielleiter besonders gefordert. Die mystischen Klänge Alan Parsons unterstützen diese Stimmung enorm:

Nach dem Besuch bei den nordamerikanischen Indianern hat sich die Reisegesellschaft im südamerikanischen Dschungel verirrt und gerät in das Land zweier etwas verrückter, dilettantischer Zauberer, die sich gegenseitig beschimpfen, Unfähigkeit vorwerfen und die Eindringlinge verspeisen wollen.

Ihre mißratenen Zaubereien verwandelt die Eindringlinge in drei ebenso verrückte Drachen, die den anderen Drachen jeweils den Schwanz abfressen wollen („Drachenschwanzjagen"). Natürlich ist jene Gruppe wieder am erfolgreichsten, die vorher eine klare Taktik abgesprochen hat und zusammenarbeitet.

Prinzessin über Suppentopf

Der nächste mißlungenene Zaubertrick macht aus dem Drachen eine Riesenschlange, die sich häutet („Schlangenhäuten"), weil das die Lieblingsspeise der beiden Zauberer ist. Gegenseitige Rücksichtnahme und Mitdenken für die Anderen sind für die Bewältigung der Herausforderung sehr wichtig. Hierbei kommen die Kinder zum ersten Mal in intensiven Körperkontakt mit den anderen, was teilweise recht unterschiedliche Reaktionen hervorruft. Geschlechtsspezifische Probleme der Koedukation können so sehr früh erkannt und in der Auswahl weiterer Spiele, besonders aber deren Reflektionsphasen aufgearbeitet werden.

Kurz bevor die Reisegesellschaft verspeist wird, erfährt sie noch von einer Rettungsmöglichkeit durch ein sehr scheues, nettes und absolut schweigsames Wesen, dem Gegenspieler aller bösen Zauberer, von „Muriel". (Originaltitel: „Goofie")

Obwohl diesem Spiel keinerlei besondere Dynamik oder Schwierigkeit zu eigen ist, wird es immer gerne gespielt. Auch bei späteren Fortsetzungen der erlebnispädagogischen Spielen auf Wandertagen oder Projekttagen kommt oft der Wunsch, gerade dieses Spiel noch einmal spielen zu dürfen:
Im stockfinsteren Urwald (geschlossene Augen) tasten alle (dabei in der Halle umherirrend) nach Muriel, welcher selbst keinerlei Aktion zeigt. Auf dieser Suche ist allein beim Treffen auf eine andere Person die Frage erlaubt „Muriel?". Kommt keine Gegenfrage muss es sich um Muriel selbst handeln, welcher den Umhersuchenden bei sich aufnimmt. Dadurch wird der Suchende ein Teil von Muriel

selbst und verhält sich jetzt auch genauso wie dieser (der Schüler schließt sich dem bis dahin gebildeten Muriel an einem der beiden Enden an, indem er die Augen öffnet und eine freie Hand von Muriel ergreift). So wird Muriel immer größer, bleibt aber schweigsam und inaktiv. Am Ende hat sich die ganze Klasse aus einer Anzahl einzelner Individuen in eine geschlossene, ruhige Gemeinschaft verwandelt.

Zauberer mit Kochbuch

Sollte dann noch etwas Zeit bleiben, beobachten wir, wie im Urwald ein oder mehrere Füchse Eichhörnchen jagen (Spieltitel: „Fuchs und Eichhörnchen"): Rote Bälle (Füchse) müssen von den im Kreis Stehenden weitergereicht werden, während der blaue Ball (das Eichhörnchen) geworfen werden kann, also springen darf. Die Füchse sollen die Eichhörnchen „fangen" (d.h. berühren).

5.3 Im Urwald

Musik: „The Bananaboat-Song" von Harry Bellafonte; „Jonathan Livingston Seagul" von Neil Diamond; „The lion sleeps tonight" von The Tokens.

Unsere Reisegesellschaft trifft sich in Südamerika, um (alle auf einer langen Sitzbank sitzend) im Takt des Bananaboat-Songs einen Urwaldfluß hinaufzurudern. An einer schmalen Anlegestelle wird das Boot an Land gezogen. Bis dahin hat uns aber eine unheimliche Tropenkrankheit erfaßt, deren Virus zu bekämpfen ist („Virus").
Dieses Fangspiel dient der Lockerung und als Aufwärmphase. Während ein Virus bemüht ist, möglichst viele andere Reiseteilnehmer zu infizieren, kann von diesen eine Kleingruppe den Erkrankten wieder heilen. Zwei oder mehr Gesundete sind zusammen gegen das Virus immun und bereits vier Gesundete können jetzt ihrerseits das Virus jagen und ihm den Garaus machen.

Hat sich die Reisegesellschaft sogar gegen zwei oder drei Viren gleichzeitig behaupten können, brechen wir auf in den Urwald hinein. Dort müssen wir durch verschlungenes Lianengewirr und dichtes Unterholz („Die magischen Reifen"): Die Gruppe hat sich an den Händen haltend einen grossen Kreis gebildet.

Urwald mit Tieren

Zwischen jeweils zwei Kindern befindet sich ein Gymnastikreifen. Jetzt müssen alle nacheinander durch alle Reifen hindurchsteigen ohne die Hände loszulassen und ohne dass mehr als zwei Reifen zusammenkommen. Wiederum gilt es hierbei, nicht nur an sich selbst und das eigene Vorwärtskommen zu denken, sondern auch die Geschwindigkeit und die Reifen der Nachbarn zu beobachten.

Danach geraten wir in den tropischen Regen („Wettermassage"). Nach der Aufteilung in Kleingruppen (7–8 Kinder) entspannt sich ein Schüler auf dem Bauch auf einer Wolldecke liegend bei der sanften Musik von Neil Diamond und den ruhigen Worten des Spielleiters, der die Wettersituationen und Handlungsanweisungen veranschaulicht. Die anderen imitieren mit ihren Fingern und Händen auf seinem Rücken sanft den nieselnden, tropfenden, platschenden Regen, den sanften Wind, den starken Sturm und schließlich die alles wärmende Sonne. Manche Kinder versuchen dabei, zu kitzeln oder zu piesacken. Die anschließende Reflektion zeigt aber deutlich, dass meistens diese „Wettermassage" von allen als angenehm empfunden wird. Die Spielverderber erhalten gleichzeitig von den Kameraden ihre negative Rückmeldung.

Eingestimmt von einigen Takten aus „The Lion sleeps tonight" treffen wir auf Tarzan, der uns den Weg aus dem Urwald zeigen will. Dafür jedoch müssen wir alle ihm an Lianen schwingend über ein gefährliches Gewässer voller Piranhas hinweg folgen und auf große Schwimmblätter (Gymnastik-Reifen) von der Liane abspringen. Die Aufgabe ist aber nur dann gelöst, wenn sie von wirklich allen bewältigt wurde („Diskjockey").
Diese Herausforderung kann sehr anspruchsvoll für die Klasse werden, wenn sich zeigt, dass Einzelne körperlich nicht besonders geschickt sind oder nicht genügend Kraft haben, sich an der Liane (Seil mit Ring) festzuhalten. Hierbei wird erstmals das erlebnispädagogische Prinzip deutlich: mit gemeinsamer Beratung, Organisation und Hilfestellung aller Gruppenmitglieder können auch Schwächere einer Gruppe zugehören und ihr folgen. Nur gemeinsam kann die Aufgabe bewältigt werden.
Und Rücksichtnahme und Hilfe braucht jeder irgendwann!

5.4 In der Höhle der Vampire

Gefahr in der Höhle

Musik: „Arctic Life“, „Timberwolves“, „Coastal Fog“, „Solitudes On Loon Echo Lake“, alle aus „Harmony – Exploring Nature with Music“ von Dan Gibson

Vom Vorbereitungsaufwand her ist dies unsere aufwendigste Spielsequenz: eine große Turnhalle wird vorher zusammen mit einer anderen, bereits im Aufbau erfahrenen Klasse innerhalb von ca. 25 Minuten in eine 120 m lange Höhle voller Gefahren und Hindernisse verwandelt („Höhlenlabyrinth“).
Diese Höhle muss jeder Reiseteilnehmer alleine und mit verbundenen Augen (denn es ist ja stockfinster in einer Höhle) durchqueren. Seinen Weg findet er durch ein von Hindernis zu Hindernis gespanntes Führungsseil. Da es niemandem erlaubt ist, in der Höhle zu sprechen (Steinschlag – und Einsturzgefahr), wirken die Dunkelheit und die kalte, leicht gespenstische Musik besonders intensiv.

Die Restgruppe wartet am Höhleneingang (Nebenraum der Halle), und spielt „Mondball“ oder bereitet Einzelne auf ihren Marsch durch die Höhle mit Augenbinden und Fahradhelmen als Kopfschutz vor. Dort holt ein Spielleiter im Abstand von ca. 2–3 Minuten jeweils einen Schüler ab und bringt ihn zum Höhleneingang. Schüler, die den Hindernisparcours bewältigt haben, nehmen die Augenbinden ab und können vom Rand der Halle aus immer noch absolut schweigsam die anderen Expeditionsteilnehmer bei ihren Anstrengungen beobachten.
Wie intensiv dieses Erlebnis für die Kinder ist, können wir immer wieder beobachten, wenn endlich die Augenbinde entfernt wird: ungläubige, glänzende Augen im manchmal vor psychischer Anspannung geröteten Gesicht, Aufatmen, unbewußte Ausrufe der Erleichterung und schließlich die begeisterten Äußerungen in der Reflektion, wobei kaum ein Superlativ vergessen wird.

Hier kann den Kindern ein echtes Abenteuer vermittelt werden.

Überall
hängen
Fledermäuse

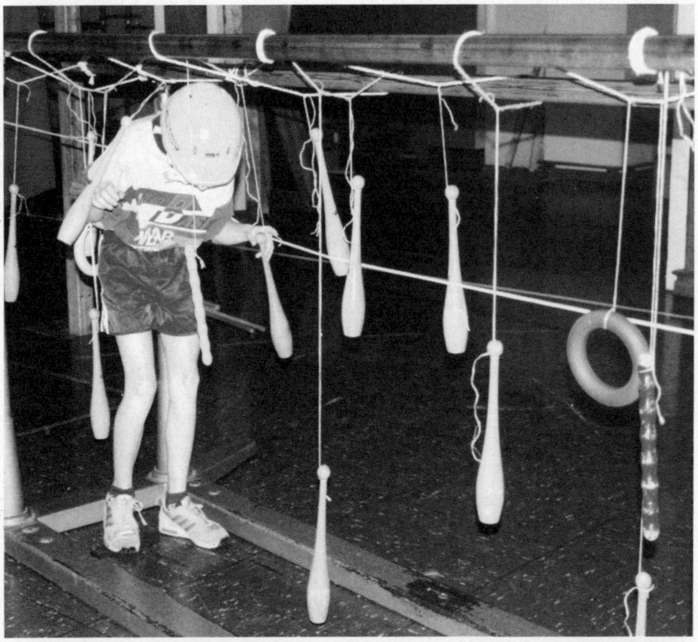

Als Stationen unseres Höhlenparcours leiten wir die Kinder blind

- über zwei wackelige Sitzbänke,
- eine Weichbodenmatte, die auf Medizinbällen hin- und herrutscht,
- durch nasse Bettlaken,
- durch einen Barren, zwischen dessen Holmen Gymnastikkeulen aufgehängt sind und ständig gegen die tastenden Kinder schlagen,
- bei geeigneter Wetterlage ins Freie durch einen Busch,
- durch einen Tunnel aus Kastenteilen,
- über einen hohen Kasten,
- unter einem Minitrampolin durch,
- durch einen engen Tunnel unter einer Weichbodenmatte, welche auf kleinen Kästen liegt,
- 2 m eine Sprossenwand hoch, dann durchsteigen,
- auf einer schrägen in die Sprossenwand eingehängten Sitzbank wieder hinab,
- unter einem Bock durch, sowie über mehrere kleine Hindernisse.

Hier
wird's eng

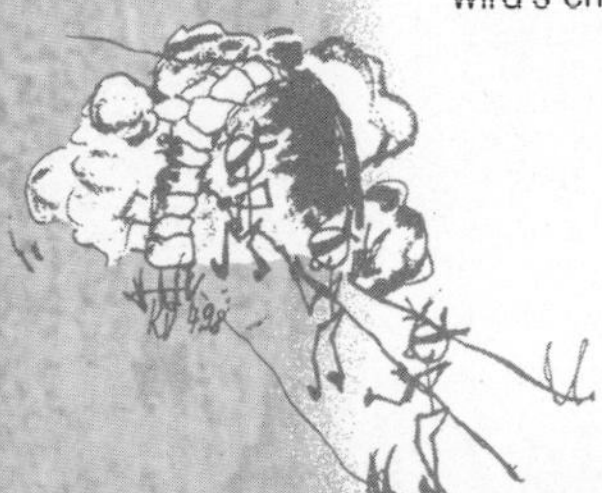

Sollte es sich bei der Spielgruppe um eine kleine Klasse handeln, kann es sein, dass jetzt noch etwas Zeit ist.
Dann bietet sich das Spiel „Tanz der Vampire“ an, bei dem anfangs ein Vampir andere Reiseteilnehmer „beißt“ und so auch zu Vampiren macht. Treffen jedoch zwei Vampire aufeinander werden beide wieder zu „normalen“ Menschen.

5.5 Kampf gegen die schwarzen Meister von Mordor
(in Anlehnung an J.R.R. Tolkien: „Der Herr der Ringe“)

Musik: „Back To Earth“ von Earth Winds; „Beautiful Morning“ von Herbert Rehbein And His Orchestra; „Fanfare for the common man“ von Emmerson Lake and Palmer; „Get ready“ von Rare Earth; „Lucifer“ aus „Eve“, „A Dream Within A Dream“ und „The Fall Of The House Of Usher“ aus „Tales Of Mystery And Imagination E. A. Poe“ alle von Alan Parsons Project.

Diese Spielsequenz bildet das Zentrum unserer erlebnispädagogischen Spiele in der 5. Klasse. Sie erstreckt sich mit nur zwei kleinen Pausen ab 07.45 Uhr über den gesamten Vormittag bis etwa 14.45 Uhr.
Wesentliche Mittel, die gesteckten affektiven Ziele zu erreichen, sind der Einsatz stimmungsunterstützender Musik sowie eine langsame Steigerung im Schwierigkeitsgrad der Aufgaben ebenso wie im Anspruch an die Kooperation, das Vertrauen, die Planung und Rücksichtnahme der Schüler:
Die mittlerweile bekannte Reisegesellschaft wird begrüßt und zu einer neuen, aufregenden Reise eingeladen. Diesmal jedoch handelt es sich um eine besondere Reise, eine Zeitreise!
Deshalb lassen wir uns begleitet von der gefährlich wirkenden Musik „Back To Earth“ durch ein Zeitloch fallen, vorbei am Mittelalter, dem Altertum, den Neandertalern, den Sauriern, weit zurück in ein „Land weit vor unserer Zeit“!

Wir finden uns im Land der Elben (freundliche, sanfte, friedfertige Wesen) wieder und beginnen den Tag im geschlossenen Kreis auf dem Rücken liegend, wobei sich alle „Elben“ die Hände geben und das warme Licht der Morgensonne und die Stimmen der erwachenden Natur („Beautiful morning“, sanfte Musik mit Vogelgezwitscher) in sich aufnehmen. Daraus ziehen sie ihre Energie, welche die Stärke ihrer Gemeinschaft ausmacht.
Nach diesen Minuten der Ruhe und Entspannung erläutert ein Spielleiter die Ausgangssituation, welche alle weiteren Aktionen des Tages begründen wird: nachts haben die schwarzen Meister von Mordor den magischen Schatz der Elben gestohlen. Dieser muss zurückerobert werden; eine solche Herausforderung nehmen natürlich alle Elben an.
Um sich auf die unbekannten Gefahren vorzubereiten, übt man sich im Kampf mit dem Hausdrachen „Smaug“, welchem jeweils ein Schatz gestohlen werden muss, ohne dass er den Dieb dabei berühren kann.
Auch hier steht wieder ein Aufwärmspiel am Anfang, bei dem in genügend Bewegung der Aktionsdrang der Kinder kanalisiert wird.

Mit „Fanfare for the common man“, allgemeiner Marschordnung und viel Bewegung „reiten“ die Elben nach allen Vorbereitungen aus ihrer Burg gegen Mordor und gelangen bald an den düsteren Sumpf (Musik „Get ready“), welcher Mordor umschließt.

Dieser Sumpf kann nur überwunden werden, wenn die Elben alle Ausrüstung zurücklassen und eine menschliche Brücke aus Körpern bilden. Bei diesem sehr kontaktintensiven Spiel müssen die Kinder über die nebeneinanderliegenden Rücken der anderen Teilnehmer seitlich hinwegrollen, ohne diese mit ihren Rüstungen (Ellenbogen, Knien) zu verletzen.

Unsere Körper tragen

Alle packen an

Dieses immer mit viel Lachen, Quieken und Geschrei ablaufende Spiel gibt in der anschließenden Reflexion gute Gelegenheit, auf die Auswirkungen mangelnder Rücksichtnahme und Nichteinhalten von Regeln einzugehen. Die evtl. schmerzhaften Folgen bleiben allen „eindrücklich" in Erinnerung und fördern bei jedem den Wunsch, in Zukunft sorgsamer miteinander umzugehen.

Die mutigen Elben erreichen nach diesem Hindernis einen zweiten magischen Sicherheitsgürtel, welcher Mordor umschließt, eine Einöde, auf der sich kein Wesen vorwärtsbewegen kann. Die Stimmung wird unterstützt von Alan Parsons „Lucifer": mysteriös, fremd und etwas unheimlich.
Lösung für das Weiterkommen ist, dass sich die Kinder als Spalier aufstellen, jeweils einen Elben am Spalieranfang anheben und mit gemeinsamer Anstrengung bis zum Ende weiterreichen, wo er dann selbst Teil des Spaliers wird („Personentransport").
Dadurch wird jeder von der Gemeinschaft getragen, muss selbst aber auch zum gemeinsamen Fortkommen aller beitragen. Die Reflexion stellt genau dieses Vertrauenselement, welches der Einzelne entgegenbringt, und das Gefühl des Getragenwerdens von der Gruppe heraus.

Nach diesen Anstrengungen legt die Schar der Elbenkrieger eine Pause ein und überlegt, ob mit List und Täuschung vielleicht jemand besonders gut in der Lage ist, die Bösen hinters Licht zu führen: wir suchen aus unserer Gruppe den besten Lügner („Das Lügenwappen").

Dabei soll sich jeder Teilnehmer an dem Feldzug ein Wappen mit drei Symbolen ausdenken, das ihn am besten charakterisiert; Die Symbole und ihre Bedeutung werden dann im Kreis der Gruppe vorgestellt; allerdings ist ein Symbol frei erfunden – gelogen!

Aufgabe der Restgruppe ist es dann, herauszufinden, welche Eigenschaft und welches Symbol erfunden ist. Gesucht wird dabei jenes Teammitglied, welches sich am besten verstellen bzw. schwindeln kann.
So lernen sich die Kinder oft von einer ganz anderen Seite kennen, beschäftigen sich mit den Eigenheiten, Werten und dem Wesen der anderen und haben gleichzeitig eine Erholungsphase zwischen den psychisch manchmal sehr anstrengenden Aktionen.

Die Spinne lauert uns auf

So vorbereitet wagen sich die Elben jetzt in einen unterirdischen finsteren Geheimgang unter Mordor, welcher von einer riesigen Spinne mit Netz bewacht wird („Das Spinnennetz"). Man hört förmlich ihr lauerndes Herz in der Dunkelheit schlagen (Musik „A dream within a dream").

Das magische Netz der Spinne muss durchquert werden, ohne es irgendwo zu berühren; erschwerenderweise darf aber jedes Loch nur von einer einzigen Person und dann nicht mehr benutzt werden.

Kinder im Netz

Durch die Vorerfahrungen der vorausgegangenen Spiele, besonders durch den Personentransport im Spalier, fällt es den Kindern jetzt leichter, sich der Gruppe anzuvertrauen, sich hochheben und wie ein Laib Brot durch ein Loch des Netzes hindurchschieben zu lassen.

Ein schwarzer Meister vor dem Geheimgang

Die Reflexion führt den Kindern wieder vor Augen, dass allein die Zusammenarbeit diese schwierige Aufgabe lösbar macht.

Manchmal kommt es vor, dass die Kinder im blinden Aktionismus oder egoistisch loslegen und die letzten Elben durch für sie viel zu kleine Löcher oder durch Löcher in etwa Kopfhöhe hindurchsteigen müßten. Solche Gruppen müssen einfach diese Erfahrungen selbst durchleben; die beobachtenden Spielleitern sollten hier auf keinen Fall dirigistisch eingreifen! Eine kurze Spielunterbrechung für eine Reflexion kann allerdings sinnvoll sein. Die dann meist sehr heftige Aussprache nach dem Spiel stellt selbstregulierend ohnehin die Probleme und ihre möglichen Lösungsmöglichkeiten deutlich genug dar, ohne dass dem Lehrer die bekannte korrigierende Aufgabe wieder zuteil wird.

Über die Mauer

Der Geheimgang hat die Elbengemeinschaft jetzt bis in die Burg der schwarzen Meister von Mordor hineingeführt. Die Gefährlichkeit der Umgebung wird drastisch durch die Musik („Prelude" aus „The Fall of the House of Usher") sowie der Stimmlage und Mimik des erzählenden Spielleiters unterstrichen. Nur noch eine letzte Steinwand im Innenhof trennt sie von dem Elbenschatz: es gilt für alle(!), ein in etwa Augenhöhe zwischen den Reckstangen befestigtes Seil mit übergehängten Tüchern zu überwinden („Die Mauer"). Besonderes Handicap ist, dass das Seil nicht berührt werden darf; dafür haben die Elben ein einziges mögliches Hilfsmittel, ein 3m langes Kantholz.

Da auch hier **möglichst alle** Kinder das Hindernis überwinden sollen (unter Beachtung der **Freiwilligkeit!**), ist jetzt die Planungsphase ganz besonders wichtig. Bei einigen Gruppen hatten die Erfahrungen und Erkenntnisse der vorausgegangenen Spiele so viel Einsicht und gruppendynamisches Gesamtverständnis bewirkt, dass sie bereits zu diesem Zeitpunkt die Gesprächsführung und Planung ganz ohne die Spielleiter organisieren konnten.

Ich hab´es geschafft!

Immer wieder faszinierend für uns ist die Beobachtung, mit welchem Bangen, welcher Selbstüberwindung, welcher inneren Anspannung einige Kinder über die für sie große Höhe klettern oder gehoben werden. Kommen sie aber dann auf der anderen Seite auf der Weichbodenmatte auf, sprechen glänzende Augen, Lachen und Jubeln eindeutig für sich:
„Ich hab' es geschafft!!"

Der Gruppe kommt hier neben der rein physischen Aufgabe des Absicherns, Tragens und Stützens besonders die Aufgabe zu, den Akteuren ohne Vorwurf oder Drängen Mut und Vertrauen zuzusprechen: „Du schaffst es!!", „Wir halten dich!!". So haben diese Mauer bis heute nahezu alle Kinder überwunden, auch wenn sie anfangs noch so große Bedenken oder Angst hatten.

Wiederum schließt sich eine Nachbesinnung an, eigentlich die wichtigste Reflexionsphase des Tages: ganz offen wird über Probleme, Ängste und Gefühle während der Aktion gesprochen. Vor allem aber wird unterstrichen, welche Bedeutung die Gruppe für den Einzelnen hier hatte, dass mittlerweile das Vertrauen so gefestigt ist, dass man sich voll anvertrauen kann. Daneben muss natürlich auch der persönliche Ausdruck der Erleichterung und der Freude über die eigene Leistung Raum finden.

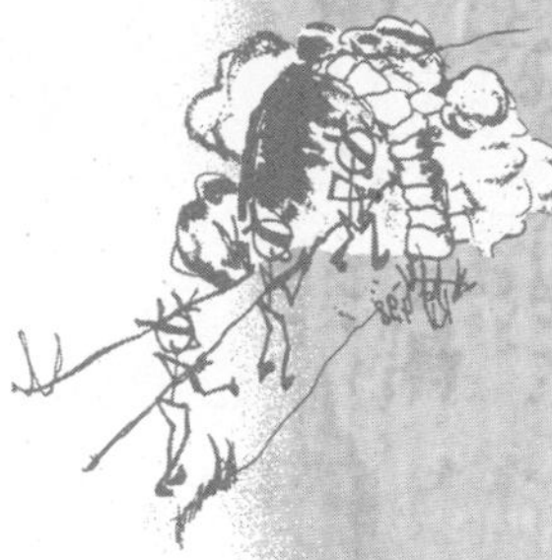

Hinter der Mauer erwartet uns der „Elbenschatz", Hanutas für jeden.
Leider ignorieren die Schwarzen Reiter und die dunklen Schloßherren von Mordor unsere Erholungspause: wir müssen fliehen, uns bleibt zur Rettung nur noch der mutige Sprung von der hohen Schloßmauer in den Wassergraben („Vertrauensfall"; Musik: „Prelude" und „Arrival" aus „The House of Usher").

Hier liegt jetzt der Höhepunkt für alle Kinder, Selbstüberwindung und Vertrauen in die Gruppe werden in höchstem Maße gefordert:
Die Kinder sollen sich auf einen etwa 1,20 m hohen Kasten stellen und sich kerzengerade in die auffangenden Hände der im Spalier am Boden stehenden Klassenkameraden fallen lassen! Allein diese Aufforderung (unter besonders nachdrücklichem Hinweis auf die Freiwilligkeit jeder Aktion!) bewirkt in der Regel eine sofortige Verweigerung bei einigen Kindern. Durch eigene Beobachtungen, durch starke Ermutigungen der Gruppe und letztlich durch eigenhändiges Auffangen von fallenden Kameraden können sich aber die meisten trotzdem zu einem Sprung überwinden.

Wegen der sehr hohen Verletzungsgefahr zur Beruhigung und Absicherung haben wir die damit verbundene Prozedur zu einem für jeden Fallenden gleichen Ritual entwickelt:
Der Fallende darf sich die Personen, die ihn auffangen sollen, selbst aussuchen und anordnen; ein Spielleiter steht neben dem Kasten, sorgt für völlige Ruhe, Konzentration und wirkt beruhigend auf den Akteur. Auf Nachfrage verkünden die Fänger ihre Aufmerksamkeit und Bereitschaft mit einem lauten, klaren „Ja!“; jetzt wird der Akteur nochmals auf die nötige Körperhaltung und Körperspannung hingewiesen; schließlich entscheidet der Fallende über den Moment des „Sprungs“, kündigt ihn aber kurz vorher an: „Ich komme!“.

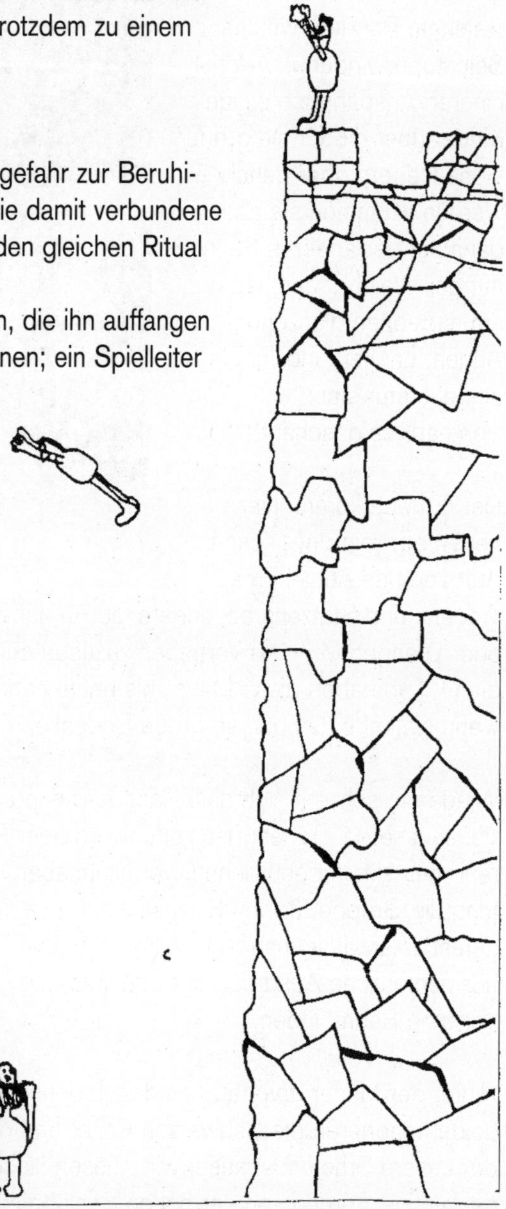

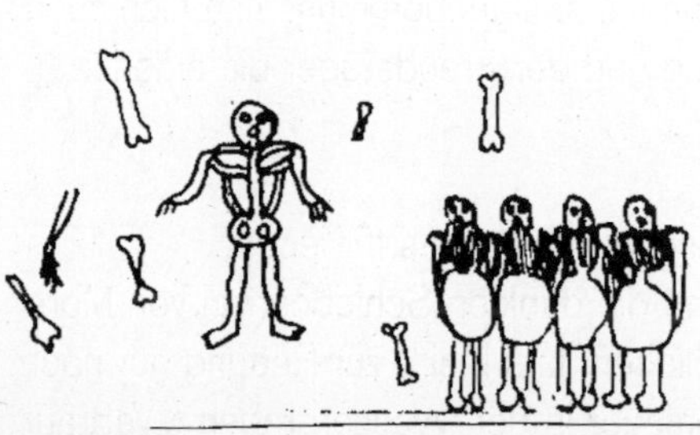

Martins Fall

Und immer wieder ist vorher den Gesichtern ganz deutlich die enorme Anspannung, der Zweifel, die Angst abzulesen, hinterher die Erleichterung, Freude, der Stolz. Das ermutigt dann meistens auch die letzten Zweifler, welche gar nicht springen wollten: von den ca. 400 Kindern, die bislang mit uns diesen Projekttag erlebten, haben sich nur etwa 20 nicht zu einem Sprung durchringen können. Und niemand hat sich dabei verletzt oder hat sich wehgetan.

Vertrauensfall

Das anschließende Gespräch gibt dann genügend Gelegenheit, die durchlebten Gefühle auszudrücken, sich selbst in der Gemeinschaft darzustellen. Wir als Spielleiter hinterfragen dann nochmals die Ursache für das Gelingen der Aktionen und erfahren dann aus dem Schülermund „Vertrauen in die Anderen", „Gemeinsame Absprache" und „Rücksichtnahme" als Hauptgründe. Gegenüber den wenigen, die sich wirklich nicht zu einem Sprung haben durchringen können, findet die Gruppe immer Ausdrücke des Bedauerns, weil sie dieses schöne Gefühl nicht miterlebt haben, aber auch der Akzeptanz.

Olga kämpfte enorm mit sich selbst

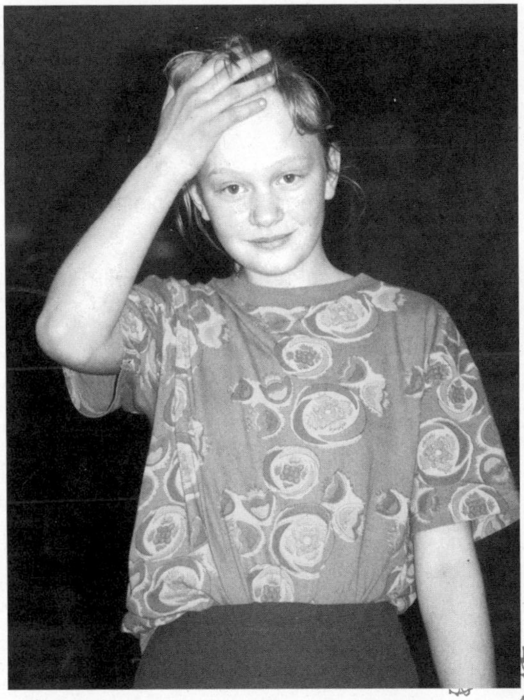

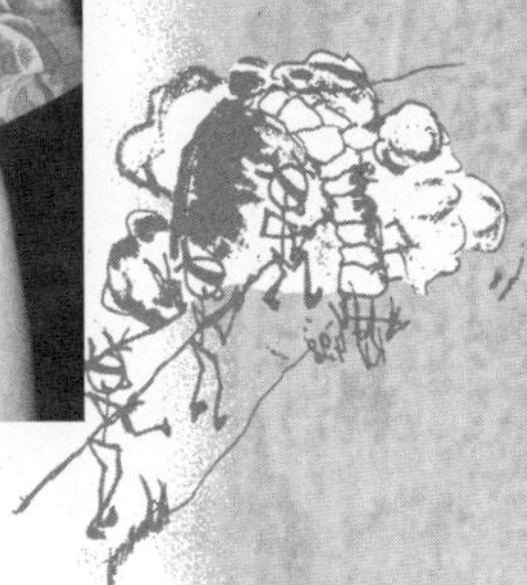

Als letzte Aktion des Tages bitten wir die Kinder (jetzt nicht mehr in der Erzählsprache des Tages), ein „Standogramm" zu bilden, sich selbst als Element der Gesamtgruppe zu verstehen und ihre Position in der Gruppe durch Wahl eines geeigneten Standortes bzgl. eines gedachten Gruppenzentrums darzustellen. Dies wird von allen zunächst ohne weitere Diskussion zur Kenntnis genommen und gibt Anlaß, in einer der nächsten Unterrichtsstunden als Klassenleiter mit der Klasse darüber zu reden.

Abschließend sollen die Kinder, an der Tafel in einem vorgefertigten Diagramm ihre Bewertung darüber abgeben (Note 1–6), wie sie sich in den einzelnen Spielen gefühlt haben. Diese Gesamtbewertungen waren insgesamt immer überaus positiv: die Kinder sind mit einem Hochgefühl aus Stolz und Freude am gemeinsamen Handeln nach Hause gegangen.

5.6 Die Sumpfdurchquerung

Musik: „First Light" und „Beneath The Towering Pines" aus „Solitudes, Exploring Nature With Musik"; beide Dan Gibson .

Nach den beiden vorangegangenen Spielsequenzen wollen wir eine Gewöhnung und einen „Konsum" von Highlights vermeiden. Wir stellen ab jetzt den Anspruch an selbständige Planung und Kooperation in den Vordergrund. Deshalb bieten wir zunächst nur ein einzelnes, aber sehr zeitaufwendiges Spiel an: „Die Sumpfdurchquerung".

Weil der zeitliche Vorbereitungsaufwand für das Hauptspiel etwa 20 Minuten umfaßt, überbrücken wir diese leere Zeitspanne durch das Verfolgungs- und Abschlagspiel „Hasenjagd". Dabei jagt ein Fuchs einen Hasen um die in der Mitte nebeneinandersitzenden restlichen Kinder herum. Leider darf der Fuchs aber nicht seine Laufrichtung ändern, was dem Hasen erlaubt ist. Dafür darf er aber einen seiner sitzenden „Kollegen" abschlagen, worauf dieser zum Jäger wird usw.

Dies ist ein sehr schnelles Spiel, bei dem die Füchse aber recht bald merken, dass egoistische Solojagd i.a. nicht zum Erfolg führt.

Wir führen dieses Spiel in dem Gymnastikraum neben der eigentlichen Halle durch. Dort baut währenddessen ein anderer Spielleiter den Parcours für die Sumpfdurchquerung auf.
Dabei soll die gesamte Reisegesellschaft einen gefährlichen Sumpf (die gesamte Halle von einem Torraum zum gegenüberliegenden) auf schwankenden Balken durchqueren. Es stehen aber nur ein 5 m langes Seil und fünf 3 m lange Kanthölzer zur Verfügung. Als Auflagestellen für die schmalen Kanthölzer sind nur die „Inseln" (in der Halle verteilte Kastenteile) erlaubt.

Nach der Hasenjagd werden die Kinder in die Halle geführt. Dort wird den Reiseteilnehmern ihre unangenehme Situation vor Augen geführt: einige (etwa 1/5 der Teilnehmer) haben in dem Gewässer gebadet und sind dabei erblindet (Augenbinden). Jede Berührung mit dem Sumpfwasser führt zu weiteren Erblindungen, beim zweiten Male sogar zum Tode (Ausscheiden aus dem Spiel). Um die Erkrankten zu retten und alle anderen vor weiteren Infektionen zu schützen, müssen die Teilnehmer nach einer Beratungszeit von maximal 20 Minuten versuchen, innerhalb von 45 Minuten die Klinik am Ende des Sumpfes zu erreichen.

Mittlerweile haben die Kinder aus den vorausgegangenen Spielsequenzen, besonders dem Kampf gegen Mordor, gelernt, dass intensive Planung eine wichtige Voraussetzung für das Gelingen einer Herausforderung ist. Deshalb waren bis zu diesem Zeitpunkt alle Spielgruppen in der Lage, eine sorgfältige Planungsphase der eigentlichen Aktion vorausgehen zu lassen.

Spätestens hier setzten wir auch immer die Aufforderung, diese Absprachen und Planungen selbst in die Hand zu nehmen, ohne die ordnende Hilfe eines Lehrers sich abzusprechen. Während des Spieles konnten wir oft beobachten, mit welcher besonderen Sorgfalt die abhängigen Blinden über die Balken geführt wurden, manchmal sogar auf einsamen Inseln in einer Warteposition unterhalten wurden.
Die besondere Schwierigkeit des Spieles liegt weniger darin, über die wackeligen Kanthölzer zu balancieren, sondern vielmehr darin,
- dass bei unachtsamen Handeln die Zahl der Blinden schnell zunimmt,
- dass viele Personen mit den wenigen Balken vorwärtskommen und sich oft auf den kleinen Inseln sehr zusammendrängen müssen,
- dass die Kinder erst während des Spieles merken, dass sie an zwei Stellen (gemeinerweise) mit der vorhandenen Balkenlänge nicht bis zur nächsten Insel reichen. Immer fehlen gerade einige Zentimeter. Und nur über diese Inseln kann es weitergehen!

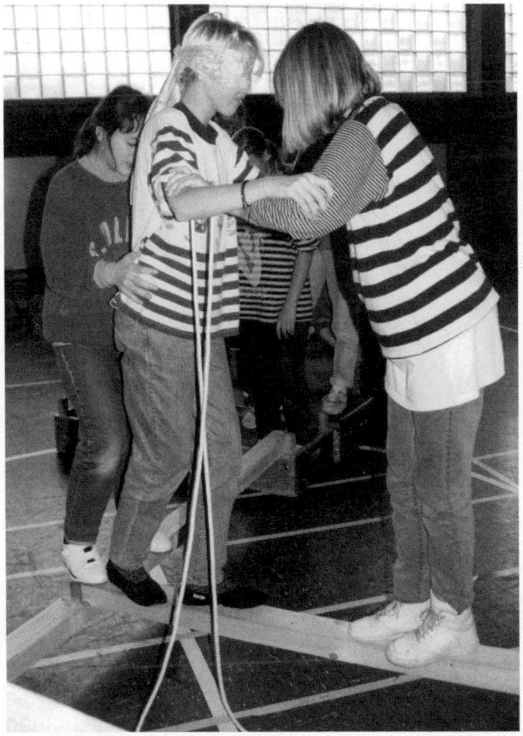

Ohne Hilfe geht´s nicht!

Einzige Lösung ist, nicht direkt von Insel zu Insel zu gelangen, sondern über ein „T-Stück", bei welchem das zweite Kantholz in der Mitte eines aufliegenden Verbindungsbalkens angesetzt werden muss.

Gerade diese „Insel"-Anordnungen in der Halle vorzubereiten, erfordert einige Zeit und Messungen. Das ist auch der Grund, weshalb die Kinder der Spielvorbereitung nicht zuschauen und sich währenddessen in einem Nebenraum aufhalten sollten. Jetzt zeigt sich ganz deutlich, wie günstig eine Spieldurchführung mit zwei Spielleitern ist!

Die Reflexion stellt besonders heraus, wie sich die Blinden während des Spieles gefühlt haben, ob sie sicher geleitet und genügend betreut wurden. Das Bewußtsein für und der Umgang mit Behinderungen werden hervorgehoben. Daneben kommt natürlich auch der mittlerweile oft genug erlebte Erfolg durch gemeinschaftliches Handeln wieder zur Sprache, ist aber nicht mehr der Kern der Diskussion.

5.7 Im Weltraum

Unsere Reisegemeinschaft verläßt jetzt die Erde mit einem gemeinsamen Raketenstart (Countdown, und wildes Getrampel im Kreis) und gerät mit ihrem Raumschiff in ein Weltraumgefecht.
Abgeleitet aus dem bekannten Weltraumspektakel beginnen wir diese Spielsequenz mit dem „Krieg der Sterne". Wenngleich hier zwei Gruppen gegeneinander antreten und es bislang noch nie einer Gruppe ganz gelungen ist, zu gewinnen, so haben doch diejenigen mehr Erfolg, welche koordiniert und mit Plan in die Schlacht gehen:
Die Sternenkrieger versuchen, sich mit Asteroiden (ca. 70 Softbälle, die anfangs in der Hallenmitte liegen) gegenseitig abzuwerfen. Getroffene gehen zu Boden, können aber von ihrem „Luke Skywalker" durch Berührung mit dem Lichtschwert (Hockeyschläger) wieder auferstehen. Luke selbst ist nur in dem kleine Kreis in der Hallenmitte gegen Asteroiden gefeit. Verläßt er diesen, um jemanden zu reaktivieren, darf er sich nur auf einem Bein hüpfend bewegen und kann selbst getroffen werden. Dann übernimmt ein anderer Sternenkrieger das Lichtschwert.

Es ist für uns immer wieder faszinierend und irgendwie überraschend, mit wieviel Eifer und welcher Ausdauer die Kinder sich gerade dieses Aktionspieles annehmen. Natürlich dient es eigentlich nur als Aufwärmphase, doch meistens überlassen wir die Kinder fast 30 Minuten einfach ihrem Spaß, ohne tiefgründig irgendwelche Verhaltensweisen zu analysieren. Auch das muss sein!

Jetzt kommen wir am Planeten des Kleinen Prinzen vorbei und wollen ihm einen Besuch abstatten. Weil aber sein Planet so klein ist, haben wir größte Mühe, uns alle dort für die Dauer des Besuches aufzuhalten:
Je nach Klassengröße sollen sich alle Kinder gleichzeitig 10 Sekunden lang in zwei oder drei dicht nebeneinander auf dem Boden liegenden Gymnastikreifen aufhalten („Platz ist in der kleinsten Hütte"). Dabei kommt es manchmal sogar zu recht akrobatischen Darbietungen. Bemerkenswert ist, wie selbstverständlich bei dieser Herausforderung die große Nähe und der intensive Kontakt zu den anderen akzeptiert wird.

Bei einem Ausflug auf einem anderen Planeten müssen wir unsere Raumanzüge anlegen. Leider ist unser Helmfenster total beschlagen (Augenbinden), so dass wir mittels Helmfunk (Zurufe) von der Basisstation über unterschiedliche Hindernisse hinweg gelenkt werden müssen (Variante des Spiels „Hürdenlauf").

Damit wird in dieser Spielsequenz wie auch in der vorangegangenen Sumpfdurchquerung das Element des Behindertseins aufgegriffen. Die Kinder erleben, wie wichtig der Sehsinn für uns ist. Gleichzeitig durchleben sie wiederum einmal die Situation, von anderen abhängig zu sein und ihnen vertrauen zu müssen; umgekehrt haben sie in der anderen Spielrolle die Verantwortung für einen anderen sorgsam wahrzunehmen.

5.8 In China

Auf der letzten Etappe unserer Weltreise geraten wir in das Gewimmel und die Hektik einer chinesischen Großstadt: die Kinder sollen in der Halle eine ständig wachsende Anzahl von Bällen in Bewegung halten. Gelingt dies über einen vorgegebenen Zeitraum, ist die Aufgabe erfüllt („Frantic").
Dabei kommen die Kinder ordentlich in Bewegung. Nur einmal gab es eine andere sehr überraschende Lösung: anstatt ständig hinter allen Bällen herzulaufen, setzten sich drei Schüler auf den Boden und bewegten die von ihren gespreizten Beinen eingeschlossenen Bälle mit den Händen ständig hin und her. Die anderen Schüler beschränkten sich darauf, die neu hinzukommenden Bälle einzufangen und den Sitzenden zuzuspielen!

Um durch das gefährliche Gewühl des Großstadtverkehrs zu gelangen, müssen wir uns vorsichtig von Verkehrsinsel zu Verkehrsinsel bewegen bis wir alle an unserem Hotel (nur eine(!) Weichbodenmatte) angekommen sind („Polarexpedition"). Dabei müssen wir uns aber auch um die Behinderten (Blinden) unter uns kümmern und sie vorsichtig mitnehmen:
in der Halle sind Stühle (Verkehrsinseln) unregelmäßig aber noch ziemlich entfernt vom Ziel verteilt, wobei es etwa 3 oder 4 Inseln mehr als Teilnehmer gibt. Haben alle Kinder die Stühle bestiegen, dürfen sie nur die freien Stühle fortbewegen und so einen Weg zum Ziel bilden.
Besondere Bedeutung hat hier wieder die Rücksichtnahme auf die Blinden und deren Transport. Lustig ist nach einiger Zeit auch, dass sich die Weichbodenmatten mehr und mehr mit „Geretteten" füllt und dort eine drangvolle Enge entsteht.

Leider werden wir jetzt von den Herrschern gezwungen, für sie einen möglichst hohen Turm („Turmbau zu Babel“) zu errichten, seine Herstellungskosten und seine Bauzeit aber möglichst genau vorherzusagen (20 Minuten Planungszeit, 100 Plastikbecher und maximal 6 Minuten Bauzeit). Gute Absprache, gemeinsame Planung und Durchführung werden hier mit Erfolg und Freilassung aus der Zwangsarbeit belohnt.

Haben wir auch diese Herausforderung schließlich gemeistert, so fallen wir uns vor Freude über den glücklichen Ausgang unserer Weltreise alle gemeinsam um den Hals („Jurtenkreis“): die Kinder fassen sich in einem Kreis an den Händen; auf ein gemeinsames Startzeichen hin soll jeder zweite seinen Oberkörper in die Kreismitte, die anderen nach außen fallen lassen. Bei wirklich gemeinsamer, gleichzeitiger Aktion bleibt der Kreis im Gleichgewicht.

Wir halten uns

Wie gut, dass wir uns gegenseitig halten!

6. Was hat die Reise gebracht?

6.1 ...für die Kinder:

Die folgenden Aussagen stützen sich auf Umfragen in vier verschiedenen Klassen, ergänzt durch frei formulierte Einzelaussagen der Schüler, unsere eigenen Beobachtungen sowie Aussagen von Kollegen und Eltern. Leider konnten wir bisher nicht regelmäßig und einheitlich die Wirkungen der Spiele überprüfen. Deshalb haben für uns auch die Einzelaussagen einen hohen Stellenwert als Beleg. In der Anlage (Tab. I – IV) sind a l l e Werte und Aussagen aufgeführt. Wir betrachten die Angaben aufgrund der geringen Teilnehmerzahlen zwar nicht als statistisch gesichert, verstehen sie jedoch als deutliche Hinweise.

In der 5. Klasse steht das intensive **Kennenlernen** im Vordergrund. Dass dies durch die Spiele gelingt, kann außer durch persönliche Beobachtungen auch durch Aussagen einzelner SchülerInnen belegt werden : „Wir kommen aus verschiedenen Grundschulen. Durch die Spiele lernten wir uns besser kennen. Man wird dadurch viel mehr akzeptiert." Oder: „So haben wir die Renneröder besser kennengelernt." Viele andere sehen dies ähnlich (vergl. Tab. II).

Die Veränderung der **Gruppenatmosphäre** läßt sich auch mit den Befragungen belegen: 70 % meinen, dass Verständigung und Umgang sich verbessert haben (6b – Tab. I, Nr. 2, 3 sowie Nr. 6). In der 7b (Tab. IV, Nr. 2) ist diese Verbesserung ebenfalls deutlich, läßt jedoch nach 6 Wochen wieder merklich nach.

Ich glaube, dass die Spiele „mir persönlich ein positives Gefühl als Mitglied der Klasse gegeben haben", wird von den Kindern der 6b mit der Punktzahl von durchschnittlich 7,79, von der 5a sogar mit 8,48 (von 10 erreichbaren Punkten) bewertet.

Es ist ein **Bewußtsein für die Gruppe** entstanden: Auf die Geschlossenheit der Gruppe wird Wert gelegt (Tab. IV, Nr. 4). Der Mittelwert verbessert sich vorübergehend sogar deutlich von 0,1 auf 1,3 (bei möglichen Werten von +3 bis –3). Gleichzeitig werden Außenseiterpositionen abgebaut.

Auch in anderen Klassen wird dies bestätigt (Tab. II und III):
Ich habe gelernt „..., dass man nur mit Teamarbeit etwas erreicht", „miteinander umzugehen wie in einer Gemeinschaft" und dass es „mehr Spaß macht, eine Aufgabe in der Gruppe zu lösen als alleine.". „Wenn wir das schaffen wollen, müssen wir zusammenhalten," und es ist „besser, zusammen zu arbeiten." 90 % der 6b bestätigen die Aussage, dass einige Spiele „mir gezeigt haben, dass Zusammenarbeit wichtig ist" (Tab.I)!

Gelingt es mit dieser Spielreihe, in der jeweiligen Gruppe **sogar Vertrauen** zueinander zu schaffen?

Thomas (11 Jahre) meint, dass er „auch denen vertrauen kann, die ihn nicht so mögen". Eine Reihe weiterer Aussagen gehen in die gleiche Richtung (Tab.II, Tab.III). Besonders wichtig wird dieses Vertrauen, wenn es in den gefühlsbetonten Bereich geht:" „Ich hatte erst Angst, den Vertrauensfall zu machen, aber wie man fertig war, war die Angst weg. Ich habe Vertrauen gefunden." „Beim Vertrauensfall habe ich mich nach dem Fall sehr wohl gefühlt, da ich ihnen trauen konnte " (Tab. II).

Auch die Gruppe empfindet in diesem Bereich eine Veränderung:
Die negativen Bewertungen im Bereich Vertrauen/Verläßlichkeit haben in der 7b unmittelbar nach der Spielreihe sehr deutlich nachgelassen (Tab. IV, 1. Aussage: vom Mittelwert 0,8 auf 2,3 im Bereich von +3 bis –3), es dominieren deutlich positive Einschätzungen. Diese extreme Verbesserung hält zwar nicht lange vor, bleibt jedoch in etwas abgeschwächter Form erhalten.

Die Abenteuer- und Erlebnisspiele veranlassen zu mehr **Rücksichtnahme**. Die veränderte Ausdrucksweise zeigt sich besonders deutlich in den Reflexionen. Wir beobachten beispielsweise, dass Christian in der Reflexion zum „Spinnennetz“ nicht einfach von den „Dicken“ spricht, sondern von denen, „die körperlich nicht so geschickt sind“.
Dass Rücksichtnahme mehr praktiziert wird, sehen auch die Schüler:
Perihan hat gelernt, “...dass man auf andere Rücksicht nehmen muss und zusammenarbeiten muss“ (Tab.II). Andere bestätigen diese Aussage.

„...dass wir mehr Rücksicht aufeinander nehmen“, wird sowohl von der 5a als auch von der 6b mit den Durchschnittswerten 8,12 bzw. 8,84 (von 10) hoch bewertet.

Während der gesamten Spielreihe fiel das Wort „akzeptieren“ nicht. Dennoch führen einige Kinder diesen Begriff in den Umfragen an, darüber hinaus beschreiben einige entsprechende Sachverhalte, weil sie sich mit ihrer Meinung oder ihren Vorschlägen von ihren Mitschülern ernst genommen fühlten (Tab.II und III).

Das Helfen hat einen hohen Stellenwert erhalten.
Mehrere Kinder stellen fest, dass die Klassenkameraden hilfsbereiter geworden seien, dass „einander helfen“ allen hilft (Tab. II und III). Dies deckt sich auch mit unseren Beobachtungen.

Die **persönliche Herausforderung** in unserer Abenteuer- und Erlebnissequenz wird natürlich bei der Vielzahl der verschiedenen Kinder auch sehr verschieden erlebt. Unterschiede wie körperliche Geschicklichkeit, Handicaps wie Höhenangst, Körpergröße und -entwicklung gestatten bei einer Gruppengröße von 25 – 30 Kindern keine individuelle Anpassung des Schwierigkeitsgrades. Gerade dies soll ja auch die Gruppe als Gemeinschaft auffangen und ausgleichen. So wird es immer wieder geschehen, dass der kleine „Sportlerstar“ die Aufgaben selbst weniger als Höhepunkte empfinden wird.

Dennoch erleben viele Kinder die Spiele als „spannend und aufregend“. In vielen Klassen erfährt diese Aussage lebhafte Zustimmung (vergl. Tab. II und III mit den Mittelwerten 9,42 bzw. 9,81 von 10 erreichbaren Punkten). Dies bestätigt einerseits, dass das „richtige“ Anforderungsniveau getroffen wurde, zum anderen aber auch, dass sich die Kinder durch die Rahmenbedingungen (Handlung, Präsentation, Musik usw.) haben faszinieren lassen.

dass für einige Kinder die Selbstüberwindung, z.B. beim Vertrauensfall beachtlich ist, können wir sowohl aus den Beobachtungen (spontaner, befreiter Ausruf: „Überlebt!“) als auch aus einigen Äußerungen in der Reflexionsphase ableiten, in der ein „Kribbeln im Bauch“ von sehr vielen zugegeben wird.

So beobachtet die Klassenleiterin der 5d 1996:
„...Mit steigenden Anforderungen kamen auch Ängste auf. Lena und Andrea kostete es große Überwindung, sich beim Personentransport" von den Mitschülern weitertransportieren zu lassen. Erstaunlicherweise stürzten sie sich ohne Zögern beim Vertrauensfall von der Schloßmauer. (Lena: „Beim ersten Spiel hatte ich Angst, nachher nicht mehr, weil ich gesehen habe, dass die mich halten." Und Andrea, kräftig gebaut, ihrer Mutter gegenüber: „Mama, die haben sogar m i c h gehalten!")..."

Nur 55% der 6b mussten sich bei einigen Spielen überwinden. Dieser geringe Prozentsatz ist für uns damit erklärbar, dass die Befragung erst ein Jahr nach der hier beschriebenen Spielreihe im Anschluß an eine erlebnispädagogisch orientierte Klassenfahrt durchgeführt wurde, wobei die Aufgaben weniger Herausforderungscharakter aufwiesen.

Die Spiele vermitteln wichtige Erkenntnisse auf eine kindgemäße, spielerische Art. Das macht den Kindern **Spaß**. „Ich habe gelernt, dass es viel mehr Spaß macht, wenn man sich gegenseitig hilft und zusammenarbeitet und wenn man Rücksicht aufeinander nimmt" (Tab.III, Nr. 8).

Hängt nicht Lernerfolg gerade bei Kindern auch davon ab, wieviel Freude, Zufriedenheit und Bestätigung sie im Schulbereich finden?

Diese deutliche Zustimmung der Kinder darf jedoch nicht unkritisch bewertet werden:
Die Bedeutung der Spiele für die Klassengemeinschaft wurde von uns sowohl bei der Erklärung und Einstimmung der Kinder als auch bei den Reflexionen immer wieder hervorgehoben, so dass dies die Umfrageergebnisse beeinflussen konnte.

Ebenso wie wir als beobachtende Lehrer stellen auch die Schüler selbst fest, dass während der Spiele und einen gewissen Zeitraum danach die positiven Veränderungen anhalten, um dann jedoch wieder in den Hintergrund zu treten und einer Auffrischung bedürfen (vergl. Tab. I, Nr.6 und 7). 85 % der Kinder der 6b empfinden das Klima als kurzfristig verbessert, aber nur 15 % erleben diese Verbesserung als langfristige Veränderung. Das mag auch daran liegen, dass der Unterschied zwischen destruktiver und konstruktiver Auseinandersetzung den 11- und 12-Jährigen noch nicht so bewußt ist. Ihrer Ansicht nach zeichnet sich eine „gute" Klassengenmeinschaft durch außergewöhnliche Harmonie aus.

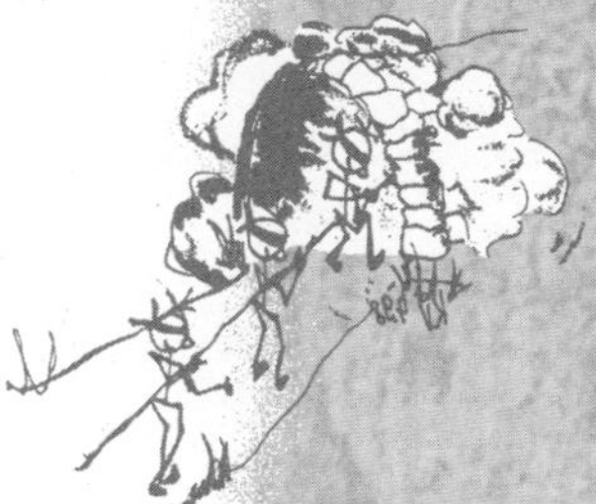

Auch im späteren Schulalltag sehen die Schüler, wie wichtig ein wiederholtes Training ist: In der 2. Hälfte der 6. Klasse schlugen einige Schüler mehrmals vor, wieder zu „spielen", um Krisen in der Klasse wieder in den Griff zu bekommen.

Wie in vielen anderen Bereichen ist also auch im sozialen Feld ein häufigeres Bewußtmachen und Training nötig, das jedoch sicherlich nicht stets in der Form von Spielen erforderlich ist. Allein stetige problemorientierte Gesprächsrunden in der Art unserer Reflexionen können hier manches bewirken. Seltsamerweise halten einige Kollegen das Üben in den fachlichen Bereichen für erforderlich, erwarten aber von Projekten wie dem vorliegenden, dass danach alles in der Klasse optimal läuft, ansonsten wird deren Sinn in Frage gestellt!

Spiele mit dem Anspruch, das Gruppenverhalten positiv zu beeinflussen, sind als einmalige Aktion kaum brauchbar. Sie erfordern ein Wiederauffrischen und Trainieren! Spielsequenzen sind aber auf jeden Fall – auch als Einzelaktionen – hervorragend geeignet, um Einzel- oder Gruppenverhalten in der Gruppe zu diskutieren und zu problematisieren, da die Gesprächsbereitschaft sich einstellt und relativ unverfängliche Verhaltensweisen während eines Spieles Gegenstand des Gespräches sind. Die Gefahr, dass alle dasitzen und keiner den Mund aufmacht, ist geringer als bei einer „anberaumten" Gesprächsrunde in der Klasse!

Weitere **Einzelbeobachtungen** können diese Bewertungen ergänzen:

Peter ist ein Schüler am Rande seiner Klassengemeinschaft. Seine Korpulenz ist u.a. Anlaß für Hänseleien, worauf er häufiger mit „Ausrasten" reagiert. Bei den Spielen wird wiederholt auf seine Schwierigkeiten, bestimmte Aufgaben zu bewältigen, (oft ohne Namensnennung) hingewiesen. Durch strikte Einhaltung der Regeln kommt es aber in der Gruppe zu dem Erlebnis, dass „andere, wesentlich Leichtere beim Rollen über die Körper der Mitschüler viel schwerer schienen und den anderen mehr weh getan haben" als Peter. Der ist stolz, ohne es zu demonstrieren.
Bei den weiteren Aufgaben agiert er sehr erfolgreich mit, sowohl in der Planung als auch in der Durchführung. Wir haben als Spielleiter das Gefühl, dass etwas in Bewegung gekommen ist, und achten auch auf die entsprechende Bewußtmachung bei den Reflexionen.

In den folgenden Monaten, nach Beendigung der Spiele, bestätigt uns Peters Klassenlehrer, der bei den meisten Spielsequenzen anwesend war und z. T. mitgespielt hatte, dass sich Peters Stellung in der Klasse verbessert hat und seine Ausbrüche deutlich abgenommen haben. Der Teufelskreis – Außenseiterposition bedingt Aggression, Aggression bedingt Außenseiterposition – war von der Gesamtgruppe durchbrochen worden.

In einer anderen Klasse, der 6b, in der einer von uns selbst Klassenleiter war, fiel auf, dass über die 2 Jahre der Orientierungsstufe hinweg der Umgangsstil sich änderte. In dieser Klasse lief nicht nur die dargestellte Sequenz, sondern noch

zusätzliche Projekttage mit Spielen und sensitiven Übungen sowie eine erlebnispädagogisch orientierte dreitägige Klassenfahrt zu Beginn der 6. Klasse.
Während anfangs zahlreiche Auseinandersetzungen an der Tagesordnung waren, die z.T. auch recht aggressiv ausgetragen wurden, nahm deren Intensität im Verlauf der ersten Monate ab. Man hatte Streit, aber so etwas wie Streitkultur zog in der Klasse ein. Im Laufe der Klassenstufe 6 wurde diese weiter verfeinert mit der Folge, dass sowohl die Schüler selbst als auch die unterrichtenden Lehrer sich in der Klasse wohlfühlten.

Christians Mutter berichtete, dass ihr Sohn seit dieser Zeit sich verantwortungsvoller verhielt, gemeinschaftsorientierter wurde. Sie erklärte uns gegenüber die Verhaltensänderung mit der Teilnahme an den Spielen.

Schließlich seien hier noch Beobachtungen und Einschätzungen zweier Klassenleiter angeführt, welche die gesamte Spielreihe miterlebt haben.

„... Die Projekttage „Erlebnispädagogik" brachten für meine Klasse attraktive Spiele und Aufgabenstellungen mit wechselndem Aufforderungscharakter.... Die Spielsequenzen waren durch wechselnde Zielsetzungen charakterisiert. Somit konnten aktive und passive Rollen innerhalb der Gruppe rotieren und die Gefahr eines Alleinunterhalters, der alles und alle dominiert, war somit kaum möglich. Hatte sich ein Gruppenmitglied doch einmal zu stark in den Vordergrund gespielt, war es in einer anschließenden Reflexionsphase der Kritik der anderen Gruppenmitglieder ausgesetzt und musste sein Verhalten verteidigen. Dabei wurde sichtbar, dass sich alle Beteiligten nach einer offenen und fairen Aussprache deutlich wohler fühlten und mit gestärktem Selbstbewußtsein das nächste Ziel anpeilen konnten. Solche positiven Erfahrungen wurden von vielen Schülern gemacht, und dass sie nachhaltig wirksam sind, kann man daran erkennen, dass noch nach zwei Jahren im Konfliktfall ein Gesprächskreis gefordert und als Instrument der Konfliktbewältigung eingesetzt wird. ..."
(F. Huff, Klassenleiter 7b 1993/94)

„... Zwar gingen alle Schüler mit sehr viel Eifer an die Sache, doch versuchte zunächst einmal jeder, seine Vorstellungen zu realisieren. Der Lärm war ohrenbetäubend und eine gemeinsame Planung fehlte. Schüler, die im Unterricht Konzentrationsprobleme zeigen, verhielten sich auch hier überdreht und nicht kooperativ (Erika, Alexander).
Andere, denen der Zusammenhang zwischen dem unplanmäßigen Verlauf der Aktion schnell deutlich wurde, konnten ihre positiven Ideen nicht durchsetzen (Stefanie).

Diese Verhaltensweisen änderten sich während der nächsten Spieltage allmählich. Zunächst wurde die Form des Besprechungskreises angenommen. Verbesserungsvorschläge wurden gemacht, wobei auch Kritik aneinander geübt wurde. Einzelne empfanden dies als sehr unangenehm (Nathalie). Mehr und mehr erkannten die Spieler, dass nicht jeder jede Aufgabe gleich gut erfüllen kann und versuchten dies bei der Planung zu berücksichtigen (Michaela und Petra übernehmen tragende Funktionen beim „Tarzan"-Spiel). Der Erfolg bestätigte ihre Strategie. ...

...Vor dem engen Kontakt zwischen Jungen und Mädchen, der sich bei den Spielen ergab, hatten einzelne Schüler Angst (Kevin), andere wiederum empfanden dies als angenehm (Hannah).

Hannah zeigte übrigens großen Spaß an den Spielen. Außerhalb des Unterrichtes nimmt sie, begünstigt durch Erziehung und Herkunft, eine Außenseiterposition ein. Im Unterricht hat sie wegen ihrer sprachlichen Probleme große Schwierigkeiten. Hier jedoch „lebte sie auf", weil sie sich als wichtiger Teil der Gruppe fühlte.

Die Schüler hatten ausnahmslos großen Spaß an den Spielen. ...
...Darüber hinaus, denke ich, haben viele erkannt, wie wichtig eine richtige Planung, Absprachen, Rücksichtnahme und Mutzusprechen für das Erreichen eines gemeinsamen Zieles sind.

Was den Unterricht betrifft, so glaube ich jetzt schon, positive Auswirkungen der erlebnispädagogischen Spiele erkennen zu können. Bei aufgetauchten Problemen hat sich gezeigt, dass sich die Gesprächssituation verbessert hat (besseres Zuhören, Ausreden lassen usw.). Weiterhin empfinde ich selbst es als hilfreich, bei meiner Argumentation auf die Erfahrungen bei den Spielen zurückgreifen zu können."
(W. Lipp-Uhl, Klassenleiterin 5d 1995/96)

6.2 ... für uns selbst

Wir haben in der Zeit von 1990–1992 an der Lehrerfortbildung „Abenteuer, Risiko, Kreativität" der Landeszentrale für Gesundheitsförderung Mainz teilgenommen. Uns haben die Aktionen und das vermittelte Gruppengefühl völlig gefangen genommen. Gleichzeitig haben wir uns selbst von einer völlig neuen Seite kennengelernt, haben uns oft sehr überwunden und es dann geschafft! Diese Lehrgänge beeinflußten uns jedes Mal so sehr, dass wir in den Tagen danach in der Schule immer das Gefühl hatten, zu schweben und den Schulalltag mit seinen „Problemchen" nur schwer wieder ernst nehmen konnten. Die ganze übliche Alltagshektik und der tägliche Ärger berührten uns gar nicht mehr!
Uns wurden diese persönlicher Erfahrungen und das erreichte Gemeinschaftgefühl so wichtig, dass wir es in der Schule einfach weitergeben mussten!

Wie erleben wir heute die Aktionen?

Auch wir haben Freude und Spaß an Eifer und Begeisterung der Kinder. Wir erleben, wie wertvolle Erkenntnisse in ihnen wachsen und ausgedrückt werden, wie sie sich gegenseitig korrigieren. Gesprächsregeln brauchen nicht mühsam erarbeitet zu werden, sondern ergeben sich aus der Situation. Wir können uns „zurücknehmen", vertrauen auf die Fähigkeiten der Kinder. Und immer wieder erstaunt uns, ebenso wie zuschauende Gäste, zu welchen kommunikativen, sozialen und organisatorischen Höchstleistungen zehn- und elfjährige Kinder fähig sind, und mit welchem Ernst auch Gefühle besprochen werden. Wir empfinden Erfolg und Bestätigung.

Auch unser Verhältnis zu den Kindern ändert sich. Gemeinsam lachen, Erfolge haben, Gefühle zeigen dürfen und auf Verständnis stoßen, Mißerfolge gemeinsam bearbeiten und Vermeidungsstrategien entwickeln – diese Erlebnisse verbinden. Wir spüren immer wieder auch eine gegenseitige emotionale Zuwendung. Diese Zuwendung wird erlebt und gegeben. Respekt und Verständnis erwachsen in ihrer natürlichen Form – nicht etwa durch das Amt des Lehrers begründet, sondern dem Menschen gegenüber.

Was wir im alltäglichen Unterricht häufig vermissen, nämlich mehr als nur Wissensvermittler zu sein, hier haben wir die Möglichkeit, erzieherisch tätig zu sein, ohne zu belehren – und werden deshalb auch in hohem Maße akzeptiert.

Zunehmend denken wir auch im Unterricht immer mehr an diese Erfahrungen. Wir lassen die Kinder immer mehr selbst entscheiden, wir fügen Erlebniselemente wie Phantasiereisen im Unterricht ein. Eine Lust auf Kreativität, auf Phantasie ist bei uns nüchternen Naturwissenschaftlern entstanden.

Wir legen aber auch mehr Wert auf den kommunikativen Bereich, haben weniger Scheu, mit Schwächen und Konflikten umzugehen. Gerade diese häufig negativ belegten Eigenschaften gewinnen für uns an Qualität, wir haben deren Existenz anerkannt und damit eine Voraussetzung geschaffen für eine (teilweise) Überwindung.

Für uns ist wesentlich, dass wir nach mehr als fünfzehn Jahren Lehrertätigkeit etwas Neues, Abwechslungsreiches, Interessantes und Sinnvolles kennengelernt haben und praktizieren. So kommt trotz wesentlicher Mehrarbeit keine „Job-Mentalität" auf, wir beugen dem „Burn Out"-Syndrom wirkungsvoll vor.

Wir sind einen großen Schritt in Richtung zum Pädagogen, zum „Begleiter" der Kinder, gegangen. Das erfüllt uns mit Befriedigung und auch ein bißchen mit Stolz.

6.3 ... für die Schule

1992 begannen wir mit unseren eigenen Klassen, zwei Jahre später spielten wir mit allen neuen Klassen unserer Schule, 1996 stellten wir einen Antrag auf die Anerkennung als Modellversuch „Erlebnispädagogik“ mit Ausweitung auf alle interessierten Klassen unserer Schule.

Diesem Antrag stimmten die Schülervertretung, der Schulelternbeirat und die Gesamtkonferenz jeweils einstimmig zu. Stellungnahmen der regionalen Jugendpflege, der regionalen Suchtberatung und Schulpsychologischer Dienste, mit denen wir zusammenarbeiten, unterstreichen die Bedeutung dieses pädagogischen Ansatzes.

Wir erleben also in der Schule Zustimmung, die um so ausgeprägter wurde, je länger das Projekt läuft. Der Wunsch nach Einbeziehung der Klassenleiter besteht: „Wenn aber erlebnispädagogische Aktivitäten geplant sind, dann ist es zwingend erforderlich, dass der Klassenlehrer (wenn auch oftmals nur als Zuschauer) an den erlebnispädagogischen Spielen seiner Klasse teilnimmt. Er gewinnt auf diese Weise – sozusagen „spielerisch“ – Einblicke in die zwischenmenschlichen Strukturen seiner Klasse, die sich ihm sonst nur mühsam oder gar nicht erschließen würden. ...“ (F. Huff)

In den Eingangsklassen greifen einige Kollegen die Spielreihe inzwischen auf: Einfachere Spiele werden inzwischen in Verfügungsstunden fortgeführt, Reflexionen aus den Spielsequenzen werden erfolgreich fortgesetzt und um Hilfestellung für die Gestaltung von Klassenfahrten wird gebeten. Kooperation mit einigen Kollegen zeichnet sich ab, beginnend bei Klassenleitern der 5. Klassen. Dies ist sicherlich auch eine Folge des Studientages und der Lehrer – Arbeitsgemeinschaft „Erlebnispädagogische Spiele“.

Zugegeben – die Zusammenarbeit in diesem Bereich könnte noch intensiviert werden. Obwohl gerade die ersten Kolleginnen einführende Fortbildungskurse besucht haben, geht vieles noch von uns aus. Dazu haben wir sicher auch beigetragen, indem wir die partnerschaftliche Spielführung betont haben. Aber nach wie vor halten wir dies für notwendig, um den Aufwand erträglich zu halten und effektiv zu arbeiten. Die Mitarbeitsbereitschaft der Kollegen stößt auch immer wieder an ihre Grenzen: Das Dilemma unserer Lehrer-AG verdeutlicht gleichzeitig auch die Schwierigkeiten von Reformen, die Mehraufwand erfordern. Obwohl die Hälfte unseres kleinen Kollegiums an der AG sehr interessiert ist, schrumpft die Teilnehmerzahl häufig – aus zu respektierenden Gründen – unter eine für Gruppenspiele kritische Größe.

Die Erlebnispädagogik wird unterstützt, die eigene aktive Fortführung stößt jedoch wegen des damit verbundenen Mehraufwandes an Grenzen. Dies ist angesichts der sich stetig verschlechternden Rahmenbedingungen der Lehrerarbeit und -aufgaben verständlich: den heute schwierigeren und z.T. überforderten Schülern, den vielen Verhaltensauffälligkeiten, den größeren Klassen und der Zuweisung weiterer Aufgaben durch die Gesellschaft stehen gleichzeitig Verlängerung der Arbeitszeit, Verlust an Ansehen und Anerkennung gegenüber.

Auch wenn es vielleicht den Anschein hat – wir stoßen im Kollegium natürlich nicht nur auf 100 prozentige Zustimmung: aber der passive Widerstand unserer wenigen „Gegner", denen das Halten einer Fachstunde Mathematik oder eine Freistunde mehr auf dem Tennisplatz wichtiger sind, behindert uns kaum. Und wer kann es schon allen recht machen?

Um so bedeutsamer erscheint uns, dass mit der Erlebnispädagogik mehr Spaß und Freude in die Schule für alle Beteiligten einzieht, welche diesem resignativen Rückzug etwas entgegensetzen kann.
Deshalb ist die Verteilung der Aktionen auf mehr Schultern, die Durchführung einiger Aktionen durch die Klassenleiter, unser Ziel. Auch bei einigen Kollegen, die anfangs skeptischer waren, steigt inzwischen die Zustimmung deutlich.

Uneingeschränkt positiv ist die Reaktion der Eltern unserer Schüler:
„Die Vermittlung 'menschlicher Qualifikationen' muss einen höheren Stellenwert bekommen, denn das ist es, was unsere Kinder brauchen, um ihr Leben in Einklang mit sich selbst und anderen gestalten zu können. Hier bietet Erlebnispädagogik eine Fülle von Möglichkeiten zur Korrektur! ... Erlebnispädagogik muss demnach sinnvollerweise auch in der Schule so früh wie möglich beginnen...und auch in höheren Klassen angeboten werden." (Aus der Stellungnahme des Schulelternbeirates vom 24.1.1996).

Elternvertreter fordern inzwischen die Spielreihe für die Kinder ihrer Klasse, Fragen nach Unterstützung tauchen auf, Sach- und Geldspenden können wir entgegennehmen, engagierte Mütter für Klassenfahrten zu finden ist kein Problem. Aber auch der Wunsch der Eltern, an ähnlichen Aktionen selbst teilnehmen zu können, tauchte immer wieder auf. Wir fassen dies als Gelegenheit zur Verbesserung der viel zitierten Zusammenarbeit zwischen Schule und Elternhaus auf und wollen dies auch weiterhin berücksichtigen.

7. Abenteuer machen süchtig!

7.1 Wer kann unseren Spuren folgen?

Wie anfangs erklärt, führen wir die hier beschriebenen erlebnispädagogischen Spielfolgen nicht nur mit der eigenen Klasse, sondern seit 1992 regelmäßig mit allen Klassen 5 unserer Schule durch. Dies ist uns immer mit Erfolg gelungen. Unterschiede gab es natürlich in der Geschwindigkeit, mit der einzelne Aufgaben gelöst – oder selten – nicht gelöst wurden. Einige Klassen fanden schon sehr früh zur Selbstorganisaton und Gesprächsführung (ab dem Projekttag), ein paar taten sich noch am Ende der Gesamtfolge damit recht schwer.

Insgesamt ist unserer Ansicht nach die hier vorgestellte Spielfolge der geeignete Einstieg in die erlebnispädagogische Erlebniswelt für die Klassen 5 der Realschule. Die Übertragbarkeit auf Parallelklassen stellt unserer Erfahrung nach gar kein Problem dar!

Erfahrungen zu genau diesen Spielsequenzen konnten wir mit anderen Klassenstufen bislang dreimal sammeln:
Ohne inhaltliche Abstriche oder Änderungen in der Präsentation waren die Kinder einer 6. Klasse 1994 von der Gesamtabfolge mindestens genauso begeistert, waren natürlich am Ende in der Planungs- und Gesprächskompetenz weiter.

Eine 7. Klasse durchlief 1994 ebenfalls alle Spielsequenzen ohne wesentliche Änderungen mit dem gleichen Erfolg.

Mit einer Gruppe aus den 10. Klassen zusammen mit ihren amerikanischen Austauschschülern (im Schnitt alle 1–2 Jahre älter als die deutschen Jugendlichen) spielten wir im Sommer 1995 den gesamten Projekttag ohne inhaltliche Änderungen durch. Allein die zu überwindenden Höhen und die sprachliche Darbietung wurde dem höheren Alter der Schüler bzw. den Sprachschwierigkeiten angepaßt. Zwar konnte hierbei nicht so intensiv zu einer Gruppenbildung beigetragen werden wie in der Gesamtabfolge, doch waren alle Teilnehmer wirklich mitgerissen: unsere Zehntklässler wollten anschließend noch weitere Herausforderungen meistern und auch die amerikanischen Schüler sprachen noch bei unserem Gegenbesuch im Herbst begeistert von diesem Tag.

Auch Erwachsene fühlen sich von diesen Aktionen angezogen: immer wieder werden wir von Eltern unserer Schüler angesprochen, ob sie nicht auch einmal solche Spiele mit uns machen könnten. Diese Anregung haben wir aufgegriffen und führen deshalb in unregelmäßigen Abständen Spieleabende mit dem Schwerpunkt auf sensitiven Erlebnissen für Eltern durch.

7.2 Weitere durchgeführte Aktionen:

Ursprünglich war die Folge der oben beschriebenen erlebnispädagogischen Sequenzen nur für die eine 5. Klasse eines Spielleiters geplant, konnte dann aber auch in fast allen anderen 5. Klassen durchgeführt werden. Wir fragten uns nun, wie dieser erfolgreiche Einstieg in der Klasse fortgesetzt werden könnte, weil eine einmalige Wirkung bald verblassen würde und demzufolge wieder aufgefrischt werden muss. Begünstigt wurde der im Folgenden dargestellte Ablauf dadurch, dass kein Klassenleiterwechsel durchgeführt wurde und die Erlebnispädagogik von unserer Schulleiterin unterstützt wird.

Wir haben unsere Spielreihen zwar nicht regelmäßig aber doch in jeder folgenden Klassenstufe auf die eine oder andere Weise fortsetzen können:

Klasse 6:
Wir führen (mittlerweile mehrfach) einen erlebnispädagogisch durchkonzipierten, 5-tägigen Aufenthalt in dem Ernst-Klotz-Feriendorf in Herbstein (Vogelsberg) durch. Hier stehen neben vielen Spielen und Aufgaben vor allem das Naturerleben, Phantasiereisen und Gemeinschaftsaktionen im Wald (Orientierungs- und Nachtwanderungen) im Vordergrund.

Klasse 7:
Zum Schuljahresbeginn haben wir zwei Projekttage in der Sporthalle mit den Kindern durchgeführt. Zuerst wollten wir die veränderte Klassenstruktur wegen der teilweisen Neuzusammenstellung nach der Orientierungsstufe durch sozial integrative Spiele günstig beeinflussen.
Dann gestalteten wir zusammen mit dem Kreisjugendamt einen Tag, bei dem Selbsterfahrung und Selbstüberwindung durch Kletteraktionen etwas völlig Neues für die Kinder bildete.

Zum Schuljahresende nutzten wir die Möglichkeiten unserer schulischen Umgebung: wir zelteten zwei Tage auf dem in herrlicher Natur gelegenen Gelände des Pfadfinderzentrums in Westernohe. Die bereits gemachten Klettererfahrungen setzten wir beim Überqueren eines etwa 8m breiten, schlammigen Grabens ein. Weitere zentrale Erlebnisse waren sicherlich die verschiedenen Nachtaktionen.

Klasse 8:
Hier stand an unserer Schule traditionell ein einwöchiger Skischullandheimaufenthalt (in Zukunft in Klasse 7) auf dem Programm. Diesmal jedoch wurden die Abende durch erlebnispädagogische Gemeinschaftspiele ergänzt. Der geplante Bau eines großen Iglus musste jedoch leider ausfallen.

Am Schuljahresende machten wir eine Kanutour auf der Lahn. An einer Raststelle, wo die Jugendlichen sich erholten und dann auf einer Wiese gemeinsam spielten, entwendeten wir heimlich alle Boote und brachten sie zum gegenüberliegenden Ufer. Dort befestigten wir ein Seil und zogen das lose Ende zur Wiese zurück. Jetzt galt es für die Schüler, mit vereinten Kräften das Seil zu spannen, so dass einer der Jugendlichen an dem Seil fast 40 m weit hinüberhangeln und die Boote zurückbringen konnte.

Klasse 9:
Hier wurden einzelne Projekttage durchgeführt und ein zweitägiges gemeinsames Zelten stand ebenfalls auf dem Programm.

Klasse 10:
Ein 5-tägiger Aufenthalt mit einem Segelschiff auf Nordsee und Ijsselmeer erwies sich auch als kleines Abenteuer. In der drangvollen Enge, durch komplette Selbstversorgung und durch die Notwendigkeit, alle auf einem Schiff während der Fahrt anfallenden Arbeiten selbst leisten zu müssen, kamen sich alle Beteiligten viel näher, als vorher erwartet.

Neben all diesen bereits durchgeführten oder geplanten Aktionen unterstützen wir immer wieder Kollegen in der Planung und Gestaltung von Wandertagen, welche mit erlebnispädagogischen Inhalten ergänzt werden sollen. Besonders geeignet sind dann natürlich jene Klassen, welche unseren „Grundkurs" in der Klasse 5 erlebt haben. An jene Erfahrungen kann und soll im Sinne einer aktiven Präventionsarbeit immer wieder angeknüpft werden.

7.3 Zukünftige Reiseziele

In der Klasse 5 soll auch in Zukunft unser Grundkurs stattfinden, wie oben ausführlich dargestellt. In der Klasse 6 bieten wir daneben eine 5-tägige, erlebnispädagogisch durchgeplante Klassenfahrt an.

Für die höheren Klassen wollen wir ein „Bausteinsystem" entwickeln, das auf dem „Grundkurs" aufbauend die Freiwilligkeit der Schüler voraussetzt und außerhalb der regulären Unterrichtszeit stattfinden soll. Wir erwarten eine hohe Akzeptanz aufgrund der positiven Erfahrungen in der Orientierungsstufe und den wiederholten Nachfragen älterer Schüler:

Klasse 7: Nach der Neuzusammensetzung der Klasse nach der OS. sind einige Tage/ Nachmittage für gemeinsame Aktionen sinnvoll. Für den traditionellen einwöchigen Skischullandheimaufenthalt in Hirschegg sollen weitere erlebnispädagogische Elemente beigetragen werden.

Einzelne interessierte Klassen: Unter dem Motto „Wir wollen etwas für unsere Klassengemeinschaft tun und Spaß haben“ soll nachmittags eine altersangemessene AG angeboten werden. (Evtl. müssen größere Klassen für Einzelaktionen geteilt werden.). Neben dem Orientierungsstufenprojekt wird hierin der Schwerpunkt unserer Arbeit liegen.

Einzelne interessierte Schüler: Sollte die Nachfrage aus den Klassen nicht den Erwartungen entsprechen, wird eine für alle Schüler offene AG angeboten (evtl. jahrgangsweise zusammengefaßt).

Klasse 10: Für die Klassenfahrt empfehlen wir, den Erlebensraum Stadt auf abenteuerliche Weise kennenzulernen. Alternativ bieten sich die klassischen Felder der Erlebnispädagogik wie Klettern, Segeln usw. an.

Eltern und Lehrer: In der Orientierungsstufe können gemeinsame erlebnispädagogische Aktionen von interessierten Eltern und Lehrern das Kennenlernen und gegenseitige Verständnis fördern.

Eltern mit Kindern: Die Schule kann den Eltern Gelegenheit geben, vertrauensvoll mit ihren Kindern in der Schule zu spielen und Abenteuer zu bestehen. Dadurch ergibt sich eine gute Kooperation zwischen Schule und Elternhaus und Impulse im Bereich der Drogenprävention werden in die Familien getragen.

Aus der Überzeugung, dass in dieser Richtung an unserer Schule und möglichst an allen Schulen dringend weiter gearbeitet werden muss, stellten wir bei dem Ministerium für Bildung und Wissenschaft in Mainz einen Antrag, in den nächsten Jahren ein Modellprojekt mit diesen Bausteinen durchführen zu können.

8. Persönliche Reiserückblicke

„Als mich im März 1992 mein Kollege Gerhard fragte, ob ich mit ihm zusammen an einer fast dreijährigen Lehrerfortbildungsreihe zur Erlebnispädagogik teilnehmen wollte und ich etwas leichtfertig zustimmte, hatte ich eigentlich keine rechte Vorstellung, auf was ich mich da einließ. Ich hatte nur den Wunsch, endlich in der Schule bei den Kindern etwas mehr bewirken zu können als nur die reine Wissensvermittlung von Mathematik und Physik. Ich hatte das tiefe Bedürfnis, etwas von mir selbst geben und gemeinsam mit den Kindern wachsen zu können. Ich ahnte ja nicht, wie folgenreich mein Entschluß sein würde!

So notierte ich damals als Erwartungen an die Fortbildung:
- Hilfen für Wandertage / Klassenfahrten erhalten;
- eigene Motivation für Schule erfahren;
- nicht nur Wissen vermitteln, sondern auch zur Persönlichkeitsentwicklung beitragen können;
- nicht einfach nur offizieller „Vorgesetzter“ der Schüler sein, sondern persönlichen Kontakt herstellen können
- sozial integrative Mechanismen kennenlernen;
- auffällige Verhaltensweisen durch die Selbstregulierungskräfte der Gruppe in den Griff zu bekommen;

Heute kann ich sagen, dass meine Erwartungen von damals bei weitem übertroffen worden sind. Die Aktionen und Methoden der Erlebnispädagogik haben mich dermaßen gefangengenommen, dass mein ganzes schulisches Selbstverständnis und auch teilweise mein Privatleben davon tief beeinflußt worden sind:
Ich lernte mich selbst von einer ganz anderen Seite kennen, war Teil einer funktionierenden, zusammengehörenden Gruppe. Ich dachte viel über mich nach und stellte fest, dass es viele eingefahrene Verhaltensweisen gab, die oft zu dem Bild des ewigen Alltagstrott beitrugen. Ich hatte furchtbar viel Spaß bei den Aktionen. Aus meinem Kollegen wurde mein Freund! Ich fand Mut, mich selbst zu überwinden und an einer ca. 25 m hohe Burgmauer abzuseilen aber auch mich mit meinen Gefühlen und Ängsten anderen zu offenbaren und anzuvertrauen.
Ich fühlte mich wie neu geboren!

Diese Freude und Befriedigung konnte ich nicht für mich behalten und so planten wir schon bald die hier beschriebene Umsetzung unserer Gedanken zum vertrauensvollen Miteinander in meiner damaligen Klasse. Es war (und ist auch heute noch) wahnsinnig viel Arbeit und bedurfte ständiger Verbesserungen bis alles so stand, aber diese Arbeit hat mir immer viel Freude bereitet, so dass ich sie gar nicht als besondere Belastung empfand.
Und wenn ich heute mit den Kindern in der Halle spiele und beobachte, wie sie mit sich selbst und ihren Ängsten kämpfen und hinterher glücklich und stolz sind, wie sie von der Gruppe aufgenommen werden, dann erlebe ich immer wieder auch mich selbst, dann fühle auch ich mich glücklich und ihnen tief verbunden. Das sind für mich die schönsten Momente, die ich mir in meiner Arbeit als Lehrer vorstellen kann.

Aber diese Verbundenheit scheint zweiseitig zu sein, denn die ganze Atmosphäre und der Umgangston in der Klasse sind dann auch während des normalen Unterrichts entspannter, vertrauter: wir haben gemeinsam viele sehr schöne und wichtige Momente durchlebt – und das verbindet enorm!

Ich würde liebend gerne noch viel mehr in dieser Richtung erlebnispädagogischer Spiele arbeiten, aber leider sind uns durch den schulischen Stundenplan, Wandererlaß, alle möglichen Vorschriften und organisatorische Schwierigkeiten immer wieder Grenzen gesetzt. Andererseits sehe ich aber auch gerade in der Institution Schule das einzige Instrument, heutzutage alle Kinder zu erreichen und ihnen eine echte Alternative zum Computer, Fernseher und passivem Konsumverhalten zu bieten.
Eine Kollegin formulierte es kürzlich so: 'Erlebnispädagogik ist die Antwort der Schule auf Ecstasy, weil sie auf natürliche Weise das gesuchte Glücks – und Zusammengehörigkeitsgefühl vermitteln kann'.
Deshalb darf meines Erachtens die Schule nicht länger auf dieses Mittel verzichten – selbst wenn es Mehrarbeit und evtl. auch einige Stunden Fachunterricht kostet! – Und es bringt mir selbst sehr viel!!"

Michael

„Ich kam von einer Fortbildung in Molekulargenetik wieder. Ein fanatischer Fachwissenschaftler war ich noch nie gewesen... Ich hatte also erst mal wieder die Nase voll und wollte mich jetzt mit etwas Praktischem, etwas zum Anwenden beschäftigen. Hinzu kam, dass ich nach fünfzehn Jahren Tätigkeit als Suchtberatungslehrer, darunter vier Jahre in einem Berliner Problembereich, das Gefühl hatte, mit Informationen und Gesprächen allein nicht sehr weit zu kommen. Ich war offen für etwas Neues...

In dieser Stimmung las ich die Ausschreibung des Lehrgangs zur Erlebnispädagogik. Faszinierend war, nach dem trockenen Theorielehrgang in die Natur zu kommen und etwas für mich zu tun. Und das ist mir inzwischen immer bewußter geworden: Wirksame Prävention fängt bei mir an! Erst wenn ich mit mir und meinem Leben klarkomme, kann ich diese Lebenskompetenz weitergeben.

Ich bin weiterhin überzeugt, dass ich nur etwas im Umgang mit anderen Menschen – gerade auch mit jungen Menschen – erreichen kann, wenn es mir selbst Spaß macht und die anderen spüren, dass ich voll dahinter stehe. 'Denke daran, dass deine eigene Begeisterung ansteckend wirkt und dass sie vielleicht dein größtes Kapital als Lehrer ist!' (Cornell, 1991, S. 15 3). Auch darin zeigt sich eine der Stärken der Erlebnispädagogik für mich.

Wie gruppenwirksam die erlebnispädagogische Vorgehensweise ist, habe ich auch bei unseren Lehrgängen selbst erlebt: Jedes Treffen mit den Lehrgangsteilnehmern von damals ist auch Jahre später ein Treffen mit Freunden, auf das ich mich freue; und ich spüre deutlich, den anderen geht es genauso!

Neben einer sichereren pädagogischen Ortsbestimmung gaben mir die Kurse aber auch Möglichkeiten der Selbstfindung. Michael kann manches besser als ich: Musik auswählen und einsetzen, aber auch phantasievolle Geschichten notfalls aus dem Nichts erfinden. Im Gegensatz zu früher kann ich das einfach akzeptieren, ohne mich dabei zurückzuziehen. Meine Stärken bringe ich bei anderen Gelegenheiten ein.

Diese Aktionen machen mich „süchtig". Wann immer der Alltag die Muße hierfür läßt, möchte ich die Möglichkeiten weiter ausloten, entwickeln. „Ich bin davon infiziert!" wie es vor kurzem eine Kollegin auf sich bezogen nach einer Fortbildung ausdrückte. Natürlich stoße ich wiederholt an organisatorische und zeitliche Grenzen, aber noch nie war ich so hartnäckig im Zurückschieben dieser Grenzen wie jetzt. Ruhiger und geduldiger erlebe ich mich, aber auch hartnäckiger im Verfolgen von Zielen. Habe ich das durch die Erlebnisse in Grenzbereichen der Erlebnispädagogik gelernt?

Bei schwierigen Schülern frage ich weniger: Was soll ich als Lehrer mit meinen begrenzten Möglichkeiten da schon erreichen? Mit erlebnispädagogisch orientierten Spielen habe ich ein Instrument in der Hand, das mehr als nur einen Versuch wert ist. Ich habe sie als universell wirksam kennengelernt: Sie beeinflussen den einzelnen, die Gruppe, das Klima in der kleinen wie in der großen Gruppe.

In vielem geht es mir ähnlich wie Michael, so dass ich hier nicht noch einmal darauf eingehen will. Sicher hat diese gemeinsame Entwicklung auch zum Entstehen unserer Freundschaft beigetragen. Und so ist es möglich geworden, diese Dokumentation gemeinsam zu schreiben, weil wir nicht nur in pädagogischen Fragen ähnliche Ansichten haben."

Gerhard

***

So wissen wir beide:

Natürlich ist die Erlebnispädagogik kein Allheilmittel! Nicht immer gelingt es, die Außenseiter in eine Gruppe einzubinden, natürlich ging in den Jahren auch manches schief. Aber wir müssen wir uns zubilligen: wer arbeitet, macht Fehler!

Auch die Frage des geschlechtsspezifischen Erlebens drängt sich uns auf. Wir müssen uns ihr stärker stellen.

Und um einem Mißverständnis vorzubeugen: Wer nach erlebnispädagogischen Aktionen „Schmusegruppen" erwartet, wird enttäuscht.

Persönlichkeitsentwicklung, Teamfähigkeit und Kooperation beinhalten auch weiterhin Auseinandersetzungen. Aber diese in akzeptabler Form führen zu können, ist ein Ziel unserer Bemühungen.

Wegen unseres Antrages zur Durchführung des Modellprojektes Erlebnispädagogik waren sowohl Vertreter der Bezirksregierung als auch des Ministeriums für Bildung und Wissenschaft bei uns und haben sich den Projekttag „Reise nach Mordor" angesehen. Sie waren sehr angetan über die Zielorientierung und den kindgemäßen Weg, diese zu erreichen; die Herren erkannten in dieser kurzen Zeit, welches Potential in diesen Spielen steckt und konnten dies anhand eigener Beobachtungen belegen.

Aufgefallen waren beispielsweise die hohe Konzentration der Kinder auch noch am Nachmittag und die enorme Fähigkeit der Zehn- und Elfjährigen, problemorientiert zu verbalisieren – eine gegensätzliche Erfahrung zu mancher Unterrichtsstunde. Im Gespräch wurde von den Vertretern der Schulaufsichtsbehörden dem Weg der Erlebnispädagogik zu den sozialen Zielen, der Teamfähigkeit, der Fähigkeit zur Problemlösung und Prozessplanung Vorrang vor fachlichem Wissen eingeräumt. Dafür dürfen inzwischen auch Fachstunden zurückgestellt werden, zumal sich in dem angenehmeren Gruppenklima Lernerfolge manches Mal schneller einstellen.
Auch wenn über den Antrag noch nicht entschieden worden ist, haben wir doch hier die deutlichste Ermunterung von beruflicher Seite erhalten. Die Schule muss auch neue Wege gehen, wobei uns bewußt ist, dass Erlebnispädagogik nur für die meisten Schulen neu ist!

Wir sind gemeinsam auf eine Reise gegangen.

Es ist eine Reise, auf der wir in für uns persönlich schwieriger Zeit vieles gemeinsam erlebt haben und die uns viel gegeben hat: Freunde, Kenntnisse, Kraft, Fähigkeiten und Freude.

Wir möchten dies nicht missen.

Diesen Reiseweg möchten wir auch Dir zeigen!

Komm mit!

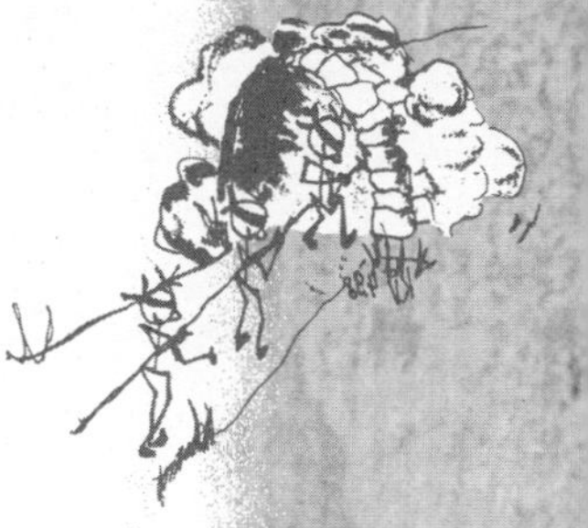

Wir wünschen Dir viel Freude auf Deiner Reise!

9. Anhang:

In Tabelle I–IV sind **alle** abgegebenen Äußerungen (positive wie negative) der Schüler angeführt.

Tabelle I: Klasse 6b, Juni 1995

Kreuze das am ehesten zutreffende Feld an!

	Angaben in % stimmt	unentschieden, weiß nicht	stimmt nicht.
1. Die Spiele in Klasse 5/6 haben mir viel Spaß gemacht.	85	15	0
2. Sie haben Verständigung und Umgang untereinander verbessert.	70	25	5
3. Sie verbessern das Gemeinschaftgefühl.	65	30	5
4. Ich habe mich persönlich bei einigen Spielen überwinden müssen.	55	30	15
5. Nachdem ich mich überwunden hatte, habe ich mich prima gefühlt.	65	25	10
6. Das Klima in der Klasse hat sich durch die Spiele für kurze Zeit verbessert.	85	10	5
7. Das Klassenklima hat sich dauerhaft verbessert.	15	55	30
8. Einige Spiele haben mir gezeigt, dass Zusammenarbeit wichtig ist.	90	5	5
9. Die Spiel sind netter Zeitvertreib; sie bewirken nichts.	0	20	80
10. Eine Stunde Mathematik ist wichtiger als entsprechende Spiele.	0	55	45
11. Die Spiele haben mir wichtige Erkenntnisse vermittelt.	60	40	0
12. Die Spiele waren meiner Meinung nach für einige Klassenkameraden ziemlich wichtig.	80	20	0
13. Die Spiele sollen auch in Zukunft für möglichst viele Schüler durchgeführt werden.	95	0	5
14. Ich möchte sehr gerne auch in Zukunft mit meinen Klassenkameraden weiterspielen.	85	10	5

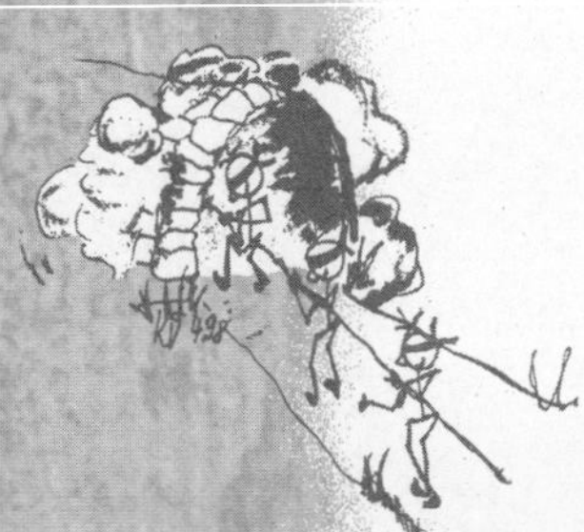

Tabelle II: Umfrage Klasse 5 a am 18.12.95 (nach 6 Sequenzen und Projekttag)

a. Hat sich für Dich durch die Spiele irgend etwas in der Klasse verändert? Wenn ja, was?
b. Kannst Du gut mit Deinen Klassenkameraden zusammenarbeiten? Warum?
c. Haben die Spiele Dein Gefühl für die Klasse oder für einzelne darin geändert? Warum?

Antworten:

1a. Ja, dass wir mehr Spaß haben. Darum freuen wir uns über die Spiele.
b. Ja, weil wir miteinander besprechen und dann die Spiele machen.
c. Ja, weil wir jetzt mehr miteinander spielen.

2a. Ja: wir kommen ja aus verschiedenen Grundschulen. **Durch die Spiele lernen wir uns besser kennen. Man wird dadurch mehr akzeptiert.**
b. Ja, weil ich eigentlich immer demjenigen zuhöre, der etwas wichtiges zu sagen hat.
c. Ja, wir haben uns alle **gut akzeptiert und nehmen Rücksicht** aufeinander.

3a. Ja, es mögen mich mehr.
b. Ja, wir haben gut zusammengehalten.
c. Es mögen mich mehr.

4a. Ja, man **kennt jetzt alle Schüler** und die Spiele haben **Spaß gemacht**.
b. Ja, weil jeder Schüler **intensiv mitgemacht** hat.
c. Besonders im Dschungel (???)

5a. Ja, die **Klassengemeinschaft wurde verbessert**.
b. Ja, wenn auch manche mal ein bißchen aus der Reihe getanzt sind, haben wir uns doch fast immer an das gehalten, was wir vorher **besprochen** haben.
c. Ich habe mich mit den Rennerödern (Renneröder Mädchen) **sehr schnell gut befreundet (durch die Spiele)**.

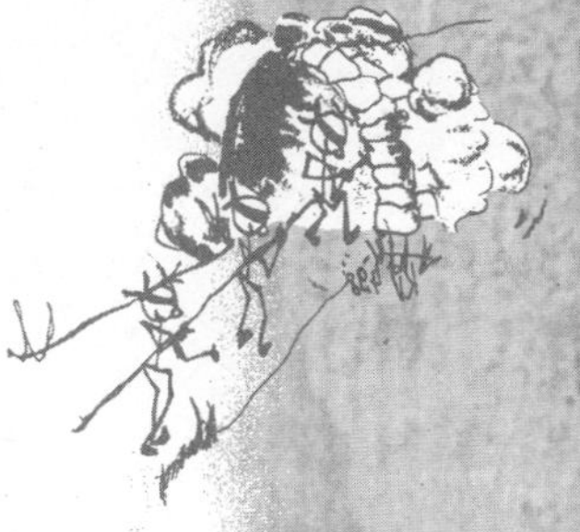

6a. Ja, wir sind zu einer **richtigen Klassengemeinschaft geworden!**
b. Ja, weil wir uns „fast“ immer **abgesprochen haben**.
c. Wir haben uns mit den Rennerödern gut angefreundet.

7a. Ja, dass wir eine **gute Zusammenarbeit** gezeigt haben.
b. Ja, weil sie die Vorschläge, die man gesagt hat, angenommen haben.
c. Ja, **sie haben mich beachtet**.

8a. Ja, weil die Klasse so **besser zusammenhält**.
b. Ja, weil sie mit mir genauso wie mit den anderen umgegangen sind.
c. Ja, (sie)haben sich für einzelne geändert. Bei dem Vertrauensfall haben mich ja auch einzelne gehalten.

9a. Ja, wir haben uns **besser kennengelernt**.
b. Ja, weil sie alle **hilfsbereit** waren. (Immer noch sind).
c. Nein

10a. Ja, man hat die Schüler **besser kennengelernt**.
b. Ja, weil jeder auf jeden geachtet hat.
c. Ja, denn bei der Spinne hatte ich **Angst**, dass die Schüler mich fallen lassen, aber ich bin gut angekommen.

11a. Ja, man hat sich **mehr kennengelernt**.
b. Ja: Ich hatte erst **Angst**, den Vertrauensfall zu machen, aber wie man fertig war, war die Angst weg. (Ich habe **Vertrauen** gefunden.)
c. Ja, sie haben mich nicht im Stich gelassen!

12a. Nein.
b. Ja. Weil sie mir geholfen hatten und sie hatten zugehört.
c. Ja, weil sie so lustig sind.

13a. Ja, so haben wir die Renneröder **besser kennengelernt**.
b. Ja, weil niemand den Boß spielt.
c. Ja, besonders im Dschungel.

14a. Ja, wir haben eine **bessere Klassengemeinschaft**.
b. Ja, z.B. beim Vertrauensfall.
c. Ja, man kennt seine Klassenkameraden jetzt besser.

15a. Ja, **die Zusammenarbeit** zu den Mitschülern.
b. Ja, die meisten sind **sehr hilfsbereit**, man kommt gut mit ihnen aus.

16a. Ja, ich finde, dass dadurch die **Klassengemeinschaft besser** zusammensteht. Beim Vertrauensfall habe ich mich nach dem Fall sehr wohl gefühlt, da ich ihnen **trauen** konnte.
b. Ja, alle sind **sehr hilfsbereit**, (die Lehrer auch).
c. Ja, beim Vertrauensfall habe ich festgestellt, dass ich Ihnen trauen kann.

17a. Ja, die **Klassengemeinschaft ist besser**.
b. Bei den meisten schon. Da haben wir **gut zusammengearbeitet**.
c. Manche haben sich als **Außenseiter** gefühlt.

18a. Ja, unsere **Klassengemeinschaft** ist viel besser als vorher.
b. Nein, weil alle die ersten sein wollten.
c. Ja, denn ohne Freunde oder Klassenkameraden geht fast nichts. Die Spiele waren gut für uns, weil wir aus zwei verschiedenen Klassen kommen, können wir uns **besser kennenlernen**.

19a. Ja, ich habe in meine Klassenkameraden **Vertrauen** gefunden.
b. Ja, z.B. beim Vertrauensfall, weil da hat mich jeder festgehalten und nicht losgelassen.
c. Ja, weil wir alle **zusammengearbeitet** haben.

20a. Nö, es blieb normal.
b. Ja, sie haben mich z.B. gut über die Inseln gebracht.
c. Nö.

21a. Nein
b. Ja, z.B. beim Vertrauensfall.
c. Nein

22a. Ja, sie sind dadurch **hilfsbereit**.
b. Nein
c. Nein

23.a. Ja!! Meine Klassenkameraden und ich **verstehen sich jetzt besser** als vorher.
b. Ja, das kann ich gut. Meine Klassenkameraden kümmern sich jetzt mehr um mich.
c. Bei manchen Spielen, z.B. Vertrauensfall, habe ich immer gedacht, dass sie mich fallen lassen. Doch dann haben sie mich gehalten, und ich gewann langsam ihr **Vertrauen**.

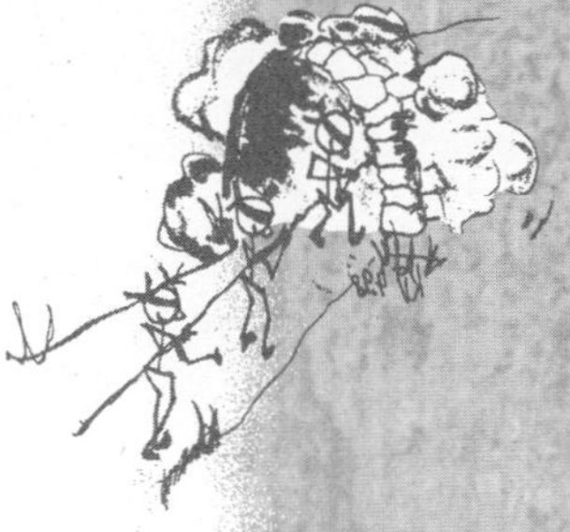

24a. Ja! Durch die Spiele habe ich z.B. beim Vertrauensfall das Vertrauen in meine Mitschüler gewonnen.
b. Ja, sie haben einem richtig **geholfen**!
c. Ja! Am Anfang dieses Schuljahres habe ich die anderen Jungen, die nicht aus Rennerod waren, doof gefunden. Nach den Spielen wurde es dann **immer besser**! Jetzt sind sie fast wie die Jungen aus meiner alten Klasse!

25a. **Ja, die Spieletage sind wirklich super! Wir werden dabei fröhlich, wir konzentrieren uns auf die Fächer. Man muss auch manchmal was Schönes machen.**
b. **Ja, die anderen Kinder sind wirklich gute Klassenkameraden.**
c. **Meine Gefühle für die Klasse geändert? Na ja, ein bißchen.**

26a. Ja, wir haben uns durch die Spiele **besser kennengelernt**.
b. Ja, weil wir uns **gegenseitig akzeptiert** haben.
c. Ja, ich habe **mehr Vertrauen** zu den Mitschülern bekommen.

Teil 2: Umfrage Klasse 5a am 18.12.95 (nach 6 Sequenzen und Projekttag)

Fragebogen „Ich glaube, dass die Projekttage..."

Zustimmung mit 0–10 Punkten maximal:

Ich glaube, dass die Projekttage „Erlebnispädagogische Spiele"

1) die Zusammenarbeit in der Klasse gefördert haben,

2) geholfen haben, dass wir besser miteinander reden können,

3) bewirkt haben, dass wir mehr Rücksicht aufeinander nehmen,

4) beitragen, Kontaktschwierigkeiten zu Klassenkameraden abzubauen,

5) mir persönlich ein positives Gefühl als Mitglied der Klasse gegeben haben,

6) für mich persönlich spannend/ aufregend waren.

7) Das habe ich in den Tagen gelernt:

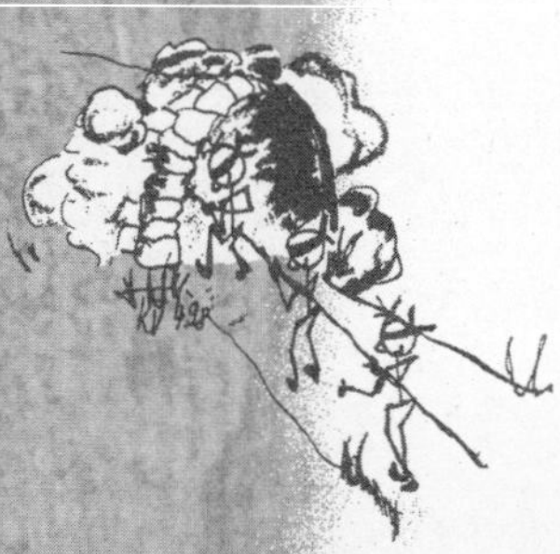

Ergebnisse zu Frage **1)** Mittelwert 9,12 (Standardabweichung 1,40)
2) Mittelwert 8,19 (Standardabweichung 1,64)
3) Mittelwert 8,12 (Standardabweichung 1,99)
4) Mittelwert 6,27 (Standardabweichung 2,84)
5) Mittelwert 8,42 (Standardabweichung 1,78)
6) Mittelwert 9,81 (Standardabweichung 0,56)

Einzelaussagen zu Punkt 7:

Das habe ich bei den Spielen gelernt:

1. **Dass ich auch denen vertrauen kann, die mich nicht so mögen.** (Thomas)
2. Dass man mit anderen mitarbeiten muss.
3. Dass man mitarbeiten muss.
4. ...,dass wir erst miteinander besprechen sollen.
5. **Gemeinschaft**
6. Dass ich **Rücksicht** auf meine Klassenkameraden nehme! Dass wir uns erst richtig absprechen müssen! (Jasmina)
7. – (Sebastian L.)
8. Man kann nicht alles alleine machen und man muss auf andere hören.
9. Jeder muss mitspielen. (Ulla)
10. **Andere zu verstehen und sie zu akzeptieren.** (Sebastian Sp.)
11. Dass jeder etwas sagen kann (seine Meinung frei sagen) (Katharina L.)
12. **Andere zu akzeptieren**, anderen zu **helfen.** (Jan)
13. Dass es Gemeinschaftsspiele sind und es gewinnt nur die Gruppe! (Benedikt)
14. Dass man, bevor man etwas tut, nachdenkt. Dass man nur mit **Teamarbeit** etwas er reicht.
15. Dass ich zuhören muss.
16. Dass man jedem zuhören soll, der etwas vorschlägt, und man muss **mehr Rücksicht** auf andere nehmen. (Carina)
17. **Dass man mit jedem aus der Klasse gut auskommen kann, auch wenn es manchmal einen kleinen Streit gibt.** Dass man **Vertrauen** in die Mitschüler (die meisten) haben kann. (Melanie)
18. Dass wir aufeinander **Rücksicht** nehmen.
19. Dass ich beachtet werde.(Stephanie)
20. **Nur zusammen sind wir stark!**
21. –
22. **Dass jedes Kind anders ist als ich, aber trotzdem nett ist und mich akzeptiert hat.**
23. Dass man immer auf andere **Rücksicht** nehmen muss und zusammenarbeiten muss (Perihan)
24. Wenn wir uns vor dem Spiel besprochen haben, konnten wir besser spielen.
25. **Hilfsbereitschaft** (Achim)
26. Dass man immer zusammenarbeitet und nicht gegeneinander spielt. (Sebastian G.)

Tabelle III: Umfrage Klasse 6b Sommer 1994 (nach 3 Projekttagen)
Fragebogen „Ich glaube, dass die Projekttage..." (vgl. Tabelle II)
(Zustimmung mit 0 – 10 Punkten maximal)

Ergebnisse zu Frage	**1)**	Mittelwert	8,26	(Standardabweichung 1,77)
	2)	Mittelwert	7,53	(Standardabweichung 1,76)
	3)	Mittelwert	8,84	(Standardabweichung 1,18)
	4)	Mittelwert	6,58	(Standardabweichung 2,3)
	5)	Mittelwert	7,79	(Standardabweichung 2,88)
	6)	Mittelwert	9,42	(Standardabweichung 0,99)

Einzelaussagen zu Punkt 7:

Das habe ich bei den Spielen gelernt:

1. ... dass man immer zusammenhalten muss und immer seine **eigene Meinung** sagen muss.
2. **... anderen vertrauen, mit anderen zu sprechen; dass man aus Fehlern lernt; dass, wenn wir was schaffen wollen, wir zusammenhalten müssen.**
3. ... meine offenen Vorschläge zu machen **ohne Hemmungen**. Mehr **Rücksicht** nehmen auf andere. Besonders: nach jedem Spiel miteinander reden und den an deren **zuhören**.
4. **... besser mit der Klasse zusammenzuarbeiten** als sonst. Auf jeden Fall sollte man immer mit der Klasse nach jedem Spiel darüber reden und die Musik war auch super!!
5. ... besser mit meinen Klassenkameraden zurecht zu kommen, mich auf sie zu verlassen.
6. Man sollte auch mal aus sich herausgehen.
7. ... auf andere aufzupassen / **Rücksicht** zu nehmen.
8. **... dass es viel mehr Spaß macht, wenn man sich gegenseitig hilft und zusammenarbeitet und wenn man Rücksicht aufeinander nimmt.**
9. ... dass Zusammenarbeit mit anderen Schülern wichtig ist.
10. das **Zusammenarbeiten und Vertrauen** zu und mit anderen Klassenkameraden/-innen.
11. **... miteinander umzugehen** wie in einer Gemeinschaft.
12. **Teamwork, anderen zu helfen und zu vertrauen, Rücksicht zu nehmen.**
13. ... zusammen arbeiten zu können.
14. das Vertrauen der Klasse zu bekommen.
15. **gute Zusammenarbeit, miteinander reden, den anderen zu vertrauen.**
16. ...dass es besser ist, zusammen zu arbeiten und dass man aufeinander **Rücksicht** nimmt.
17. **Es macht mehr Spaß, eine Aufgabe in der Gruppe zu lösen als alleine.**
18. **Man muss nicht miteinander streiten sondern helfen.**

Arbeitsblatt: Gruppenprofil [1]

Klasse 7b 1993/94

	3	2	1	0	-1	-2	-3		Mittel	Datum
1. Wir sind eine Gruppe, in der ich mich voll auf die anderen verlassen kann.	3	6	5	10	1	2		Wir sind viele Einzelkämper. Mir fällt es schwer, den anderen zu vertrauen.	0,8	25.04.1994
	12	11	2	1					2,3	02.05.1994
	2	15	9	2	1				1,5	16.06.1994
2. Wenn gemeinsam Aufgaben zu lösen sind, arbeiten wir prima zusammen.	3	8	7	7	3			Wenn gemeinsam Aufgaben zu lösen sind, wurschtelt jeder für sich alleine dahin.	1,1	25.04.1994
	9	10	5	2					2,0	02.05.1994
	2	12	9	6					1,3	16.06.1994
3. Wenn Entscheidungen zu treffen sind, entwickeln wir vorher einen Plan.	4	4	14	4	2			Wenn Entscheidungen zu treffen sind, verlassen wir uns darauf, daß es schon irgendwie läuft.	1,2	25.04.1994
	3	13	8	2					1,7	02.05.1994
	7	13	6	1	2				1,8	16.06.1994
4. Wir achten als Gruppe immer darauf, daß keiner ausgeschlossen oder runtergemacht wird. Jeder kommt zu seinem Recht.	3	5	2	8	2	7	1	In unserer Gruppe gibt es Leute, auf die keiner hört oder über die sich lustig gemacht wird.	0,1	25.04.1994
	4	5	9	3	2	1			1,3	02.05.1994
	2	8	6	5	4	2	2		0,5	16.06.1994
5. Wir sind eine Gruppe, in der alle mit vollem Einsatz mitmachen.	5	7	5	7	4			Wir sind eine ziemlich lahme Gruppe. Jeder drückt, sich wo es geht.	1,1	25.04.1994
	4	7	10	4	1				1,3	02.05.1994
	1	8	11	8	1				1,0	16.06.1994
6. In schwierigen und aufregenden Situationen versuche ich, mich zu überwinden.	8	12	4	3				In schwierigen und aufregenden Situationen traue ich mich dann doch nicht.	1,8	25.04.1994
	16	6	3	1					2,4	02.05.1994
	12	9	3	2	2	1			1,8	16.06.1994

1 aus: Gilsdorf/Kistner "Kooperative Abenteuerspiele" 1995

Hans-Martin Schmitz

Die 9-Freunde-Aufgaben

Über den Versuch, 9 SchülerInnen einer dritten Lernstufe der Sonderschule für Lernbehinderte mit Hilfe erlebnispädagogischer Ansätze persönlich bedeutsame Lernerfahrungen zu vermitteln.

1. Einleitung: Persönliche Betroffenheit als Ausgangspunkt

Durch die Anregung eines Freundes nahm ich in den Herbstferien an einem einwöchigen Grundkurs der Outward – Bound – Schule in Berchtesgaden teil. Die dort gewonnenen Eindrücke wurden durch die Teilnahme an zwei Fortbildungsveranstaltungen zum Thema „Erlebnispädagogisches Lernen in der Schule" weiter vertieft. Nachdem ich in diesen Kursen eindrucksvolle persönliche Lernerfahrungen gemacht hatte und davon überzeugt war, dass dieser Ansatz auch für meine Schüler eine Bereicherung darstellen würde, suchte ich nach Umsetzungsmöglichkeiten in meiner Klasse. Dabei erinnerte ich mich an einige nur wenig glanzvolle, aber mit viel Angstschweiß überstandene Leistungsprüfungen meiner Sportlehrerausbildung (Geräteturnen, Schwimmen ...). Vor allem auch an meine damaligen Vorsätze, Kindern auch andere Bereiche des Sports nahezubringen. Ja, im Sportunterricht, das wollte ich beginnen. Rein zufällig muss man zum Erreichen der Turnhalle die Schule erst verlassen......

2. Vorüberlegungen

2.1 Erlebnispädagogik und Sonderpädagogik

Von vereinzelten Ansätzen erlebnisorientiertem Unterrichtens in der Reformpädagogik abgesehen, fristet die Erlebnispädagogik in der Sonderschule eher ein Schattendasein. Die Nutzung von Gemeinschaftsaktivitäten zum Zweck der Persönlichkeitsförderung beschränkt sich dabei vornehmlich auf selten stattfindende Aktionstage der Schule, wie z. B. Klassenfahrten oder Schullandaufenthalte. Nach meinen zugegeben eher bescheidenen Kenntnissen hat lediglich der Schweizer Heilpädagoge Paul Moor die Bedeutung des Erlebnishaften für die Überwindung von Lernhindernissen herausgestellt. Dabei verdeutlicht er die ganzheitliche Sichtweise des Menschens bzw. des Kindes im Sinne des Tätigseins einerseits und des Angesprochenseins, des Erlebens von Sinn, andererseits.[1]

[1] s. Speck, O.: „Hindernisse überwinden – Erlebnisorientiertes Lernen in der Sonderpädagogik" in Heckmair B., Michl W., Walser F. (Hbrg): „Die Wiederentdeckung der Wirklichkeit", Alling 1995

2.2 Ein Blick in den Lehrplan

Unter dem Stichwort Bewegungs- bzw. Motodiagnostik wird die fächerübergreifende Relevanz des Sportunterrichts im Verständnis eines „Erziehens und Lernens durch Bewegung" im Lehrplan herausgestellt.
„Die Motorik zeigt sich in allen Bereichen als ein wichtiger und aussichtsreicher Ansatzpunkt korrektiver und kompensatorischer Einwirkung" (Seite 8).[2]
An anderer Stelle wird die Empfehlung ausgesprochen, den Schülern im motorischen Bereich Grunderfahrungen des Lernens machen zu lassen (vgl. Seite 5).[2]
Im gleichen Zusammenhang werden die Möglichkeiten zur individuellen oder kooperativen Organisation und Durchführung sportlicher Aktivitäten als unerläßliche Voraussetzungen für das Bestehen in Spiel- und Sportgemeinschaften genannt (Seite 5).[2]

3. Ausgangsposition der TeilnehmerInnen, Informationen zur Klasse

Bei der Rasselbande, von der im Folgenden die Rede ist, handelt es sich um eine dritte Lernstufe der Schule für Lernbehinderte. Die Klasse setzt sich aus 4 Mädchen und 5 Jungen im Alter zwischen 9 und 11 Jahren zusammen. Bis auf zwei Kinder, die bei uns eingeschult wurden, haben alle Kinder zunächst eine Grundschule besucht. Das Schulversagen der Kinder beinhaltet hauptsächlich den Bereich des Schriftspracherwerbs. Die Ursachen liegen nach meinen Einschätzungen vornehmlich im sozio-kulturellen Umfeld der Kinder. Bei einem Kind besteht der Verdacht auf eine geistige Behinderung. Ein Junge fällt durch sein extrem ängstliches Verhalten und seine große motorische Unbeholfenheit auf.

Die Erlebniswelt der Kinder stellt sich mir in folgender Weise dar:

- Es besteht ein Mangel an authentischen Erlebnissen
- Die Erlebniswelt der Kinder ist sozio-kulturell geprägt (z. B. Fehlen von Urlaubserlebnissen, Vereinsaktivitäten, außerhäusliche Kontakte)
- Die Erlebniswelt wird dominiert von Erlebnissen aus „zweiter Hand" (Video, Fernsehen)
- Ein Austausch von Erlebtem beschränkt sich auf die angesprochenen „zweite-Hand-Erlebnisse"

Die Schule hat insgesamt 68 Schüler und befindet sich in einer ländlich geprägten 1700-Seelen-Gemeinde. Ich betreute die Klasse zum damaligen Zeitpunkt im ersten Jahr als Klassenlehrer und unterrichtete, von wenigen Ausnahmen abgesehen, in allen Fächern.

2 Kultusministerium Rheinland-Pfalz: Lehrplan Sport der Schule für Lernbehinderte, Grünstadt 1985.

3.1 Rahmenbedingungen

Mein Vorhaben, für die verbleibenden 8 Monate des laufenden Schuljahres den Sportunterricht bis auf wichtige Ausnahmen wie z. B. die Vorbereitung auf die Bundesjugendspiele, auf erlebnispädagogische Lerninhalte auszurichten, wurde von der Schulleitung begrüßt und unterstützt.
Die Eltern der Kinder wurden anläßlich eines Elternabends von meinem Vorhaben informiert. Einen Kollegen, der mit Differenzierungsstunden in meiner Klasse tätig ist, und einen Mitarbeiter des Schulpsychologischen Dienstes konnte ich zur Unterstützung meines Vorhabens gewinnen.
Das gesamte Außengelände der Schule, die Turnhalle und das Freibad der Gemeinde standen uns als Abenteuergelände zur Verfügung.

3.2 Zielüberlegungen für die SchülerInnen

Im Erlebnis gemeinsamen Handelns in der Gruppe und im Erleben von Spannung, Herausforderung und Erweiterung der eigenen Handlungsmöglichkeiten sah ich die beiden wichtigsten Ziele meines Vorhabens. Innerhalb dieser Zielebenen kommen in den nachfolgenden Unterrichtsversuchen in Anlehnung an Gilsdorf, Hünemann und Michels[3] folgenden konkreten Zielebenen besondere Bedeutung zu:

- *Stärkung des Selbstvertrauens durch Entdeckung und Förderung von Fähigkeiten*
  („Ich bin wichtig, weil ich der Gruppe helfen kann.“)
- *Heranwagen an Neues und Unbekanntes*
  („Ich kenne das nicht, habe aber den Mut, es auszuprobieren.“)
- *Einschätzung eigener Grenzen*
  („Ich weiß jetzt besser, bis wohin ich mich trauen kann.“)
- *Helfen und sich helfen lassen*
  („Ich will anderen helfen und will Hilfe von anderen annehmen.“)
- *Konfliktbewältigung*
  („Ich will meinen Beitrag dazu leisten, dass es uns gelingt, die Aufgabe zu lösen.“)
- *Übernehmen von Verantwortung*
  („Ich will für bestimmte Aufgaben die Verantwortung übernehmen.“)
- *Genießen von Zusammensein in der Gruppe*
  („Es macht Spaß, an einer gemeinsamen Aufgabe zu arbeiten.“)

3 R. Gilsdorf, M. Hünemann, C. Michels: "Konzept eines erlebnispädagogischen Beratungsansatzes am Lina-Hilger-Gymnasium." Bad Kreuznach, unveröffentlichtes Manuskript 1991.

3.3 Zielüberlegungen für meinen Leitungsstil

Konnte ich mich beim Suchen und Formulieren von Zielüberlegungen für meine SchülerInnen noch an die Zielebenen von Gilsdorf, Hünemann und Michels[3] anlehnen und sie in großen Buchstaben auf meine Fahnen schreiben, fühlte ich mich bei meinen eigenen Zielüberlegungen plötzlich allein.
Schon im Infragestellen meines bisherigen Leitungsstils bzw. dessen Erweiterung offenbarte sich ein wichtiger Teil persönlicher Erlebnispädagogig. So stellten sich die nachfolgenden 3 Zielebenen als ein Heranwagen an neues und Unbekanntes dar. Wie schrieb ich doch vorhin , als es „nur" um meine SchülerInnen ging noch nichts ahnend: „Ich kenne das nicht, habe aber den Mut es auszuprobieren."

- ***Zurückhaltung***
  („Ich will nur Anstöße zu den Lernprozessen meiner Kinder geben.")
  („Ich will die Lernprozesse meiner Kinder begleiten, ohne sie zu lenken.")

- ***Einlassen***
  („Ich will den Prozess gegenüber dem Ergebnis betonen.")
  („Ich will Lerneinheiten ohne vorzeigbare Lernergebnisse zulassen können.")
  („Ich will meine Schüler anregen, sich selbst Ziele zu setzen.")

- ***Selbstbewertung***
  („Ich will nicht die Aktionen meiner Schüler beurteilen, sondern ihnen Wege anbieten, ihr Tun in angemessener Form selbst zu lernen.")

4. Unterrichtliche Vorarbeiten und Abklärungen

Zu Beginn meiner Vorbereitungen machte ich mir Gedanken, wie ich die Kinder an das Thema heranführen könnte. Mit diesen Überlegungen verfolgte ich 2 Zielebenen:
Zum einen versuchte ich das Thema zu formulieren (im Verständnis der Kinder wie einer Überschrift) und zum anderen suchte ich nach einem Symbol, das den Kindern klarmachte, dass es sich um eine Einheit des neuen Unterrichtsthemas handelte.
Meine Lösung bestand in einer direkten Verbindung beider Zielebenen in der Form, dass ich das Thema „Das Buch mit den Aufgaben für 9 Freunde" zum Titel eines selbst angefertigten Buches machte. Zur Ausschmückung des Buches klebte ich ein kleines Foto (Portrait) eines jeden Kindes auf die Deckelseite und ordnete die Fotos so an, dass den Kindern gleich der Eindruck einer festen Gemeinschaft vermittelt wurde. Mit Hilfe der Fotos und des Buches gelang es, dass die Kinder von Beginn an einen sehr persönlichen Zugang zu der Sache entwickelten.

Das (Buch-)Thema wurde von den Kindern mit erwartungsvoller Spannung auf den Inhalt akzeptiert. Das Buch als Symbol vereinfachte für mich die jeweiligen Einführungen und verdeutlichte den Kindern die Weiterführung der begonnenen Unterrichtseinheit. Gleichzeitig symbolisierte das Buch den Kindern die für sie in dieser Form ungewohnte Zurückhaltung des Lehrers.

4.1 Erarbeitung des Begriffs „Freunde" für die bevorstehenden Spielsequenzen

Zur Einführung bzw. Sensibilisierung des Themas „Freunde" suchte ich mir im Bereich des Deutsch- und Ethikunterrichts geeignete Kurzgeschichten aus. Der Themenbereich „Freunde" wurde dabei bewusst im weiten Rahmen gesehen. So wurden im Hinblick auf die bevorstehenden Unterrichtsversuche die Kinder für folgende Teilbereiche sensibilisiert:

- Jeder kann etwas
- Jeder darf Angst haben
- Spaß und Streit mit anderen
- Helfen und bitten
- Selbstüberwindung

Die meisten Anregungen dazu habe ich aus den Vorlesebüchern Religion erhalten.

4.2 Festhalten der Ergebnisse auf Satz-und Abbildungskarten

Um den Kindern bei der noch bevorstehenden Durchführung der Vorhaben eine zusätzliche Merkhilfe im Sinne eines Lernimpulses zu geben, habe ich bei der Bearbeitung der gelesenen Geschichten Satzkarten auf DIN A4 – Größe hergestellt. Die auf dem Buch angebrachten Fotos habe ich vergrößert, in gleicher Anordnung wie auf dem Buchdeckel auf einen Plakatkarton geklebt und die folgenden Satzkarten daneben angebracht:

- 9 Freunde haben eine gemeinsame Aufgabe

- 9 Freunde können zusammen sprechen

- 9 Freunde können sich gegenseitig helfen

- 9 Freunde können gemeinsam einen Plan machen

- 9 Freunde nehmen auf alle Rücksicht

- 9 Freunde lassen keinen im Stich

- 9 Freunde schimpfen nicht auf einen, auch wenn sie eine Aufgabe mal nicht geschafft haben.

- 9 Freunde sagen sich: „Es hat nicht geklappt, aber trotzdem hat es Spaß gemacht."

- 9 Freunde dürfen auch „Nein" sagen, wenn sie eine Aufgabe nicht annehmen wollen

4.3 Vorbereitende Übungen im Rahmen des Sportunterrichts

Zur Vorbereitung auf unser Vorhaben plante ich die verbleibenden Sportstunden unter besonderer Berücksichtigung der Stärkung kooperativer Fähigkeiten. Als ein diesbezüglich sinnvolles Mannschaftsspiel erwies sich das Brennballspiel.

4.4 (Spiel-)Regeln der 9 Freunde – Aufgaben

Die Bedeutung der Spielregeln und deren Einhaltung wurden den Kindern verdeutlicht und als Merkhilfe ebenfalls auf DIN A4-Karten geschrieben:

- Es gibt nur eine Aufgabe für alle
- Ihr hört euch die Aufgabe erst an
- Ihr fragt nach, wenn ihr etwas nicht verstanden habt
- Ihr entscheidet, ob ihr bereit seid, die Aufgabe anzunehmen
- Ihr könnt die Aufgabe nur gemeinsam schaffen
- Der Lehrer achtet darauf, dass euch nichts passiert, darf aber nicht helfen.

4.5 Überlegungen zur Entwicklung der Geschichten

Ausgangspunkt meiner Überlegungen war das Ziel, dass die Kinder von den Geschichten gefesselt sein würden. Dabei schien mir die Anregung der kindlichen Phantasiewelt von besonderer Bedeutung. Die Lebendigkeit der Geschichten versuchte ich damit zu gewährleisten, indem die Kinder in konkreten Dialogformen darin vorkamen. Über das genannte Kriterium hinaus sollten gerade die Dialoge der Kinder den Geschichten eine sehr persönliche Note verleihen (siehe 6.2., 7.2., 8.2.).
Desweiteren versuchte ich in diesen ausgedachten Geschichten die Chance zu nützen, die individuellen Stärken eines Kindes (Jedes Kind hat Stärken!) zu betonen. So sollten in allen Fällen in sich ermutigende Geschichten entstehen, die immer mit einer für die Kinder klar verständlichen Entscheidungssituation abschließen.

4.6 Überlegungen zur Auswahl und Konstruktion der Aufgaben

Zur Bewältigung der Aufgaben sollten die Kinder auf physischer, kognitiver, vor allem aber auf emotionaler und kooperativer Ebene (heraus-) gefordert werden. Dabei versuchte ich darauf zu achten, kognitiver Überforderung zu vermeiden und kooperativer Aufgaben reizvoll zu verpacken.Das wichtigste Kriterium bei allen Aufgaben sollte darin bestehen, dass die Kinder Spaß an den Aufgaben haben. Beim konkreten Suchen nach Aufgaben half ich mir in der Weise, dass ich mich fragte:

- Wie arrangierst du es, dass Michael, David und Andy bei einer Aufgabe, die sie alleine ohne Probleme meistern würden, als Gruppenaufgabe eine neue Herausforderung sehen und reizvoll finden.
- Wie stellst du es an, dass Daniel und Filiz durch kooperative Zusammenarbeit in der Gruppe sich an eine Aufgabe herantrauen, vor der sie alleine sofort kapitulieren würden.

4.7 Überlegungen zum fächerübergreifenden Arbeiten

Über die in 3.1. beschriebenen Rahmenbedingungen hinaus möchte ich an dieser Stelle auf die großen Vorteile unserer Schulform hinweisen, die Unterrichtsversuche der vorliegenden Art nicht nur wesentlich erleichtern, sondern in den meisten Fällen erst möglich machen:

- *Nichteinschränkung des 45 Minuten-Taktes*
  (Unsere Spielsequenzen waren bezügl. Ihres Ablaufs und ihrer Dauer schwer planbar)

- *Präsenz als Klassenleiter*
  (Die jeweiligen Spielsequenzen konnten von mir flexibel und ohne besondere organisatorische Abklärungen ins Unterrichtsgeschehen eingegliedert werden.)

- *Vorbereitung der Spielsequenzen als Unterrichtsgegenstand*
  (Die Erarbeitung des Begriffs „Freunde" und ausgewählte Vorübungen des Reflektierens erfolgten im Rahmen des Deutsch- und Ethikunterrichts.)

5. Grundstruktur der Spielsequenzen

Im Hinblick auf die Wichtigkeit einer gleichbleibenden Abfolge der Aufgaben bewährte sich nachfolgende Grundstruktur:

- *Wiederholen der Spielregeln*
- *Vorstellung / Erläuterung des Szenariums*
- *Vorlesen der Aufgabe für die 9 Freunde*
- *Sicherstellung des Aufgabenverständnisses bei allen Teilnehmern*
- *Frage, ob die Aufgabe angenommen wird*
- *Durchführung der Aufgabe*
- *Reflexion*

Im Folgenden möchte ich aus den insgesamt durchgeführten 15 Spielsequenzen je ein Beispiel aus den Bereichen Turnhalle, Außengelände und Schwimmbad näher beschreiben.
Dem Bewegungsdrang der Kinder Rechnung tragend, wurden alle Spielsequenzen mit Aufwärmspielen eingeleitet, die nicht näher beschrieben werden.

6. Der felsige Weg zum Baggersee (Bereich Außengelände)

6.1 Das Szenarium

Auf der Wiese neben der Turnhalle ragt ein großer Felsen heraus (ein 8-teiliger, gesicherter Kasten, an dem an der Vorder- und Rückseite jeweils eine senkrecht stehende mit Tauen und Gymnastikseilen befestigte Weichbodenmatte angebracht ist). Nur wenige Meter hinter dem Felsen erkennt man einen schönen See, in dem nach Auskunft eines Schildes das Schwimmen erlaubt und das Angeln verboten ist. (zu einem See angeordnete blaue Bodenturnmatten). Links und rechts vom Felsen sind Schlangen (bunte Gymnastikseile) zu erkennen. Es sind Vogelstimmen und Waldgeräusche zu hören (Cassettenrecorder).

6.2 Die Aufgabe

Das Buch mit den Aufgaben für 9 Freunde wird geöffnet und ich beginne, die Geschichte „Der felsige Weg zum Baggersee" vorzulesen.

Die 9 Freunde haben sich nach der Schule am Marktplatz getroffen. Alle haben ihre Hausaufgaben gleich nach dem Essen erledigt. „Mensch, bin ich froh, dass ich die doofen Aufgaben hinter mir habe. Die Matheaufgaben fand ich ganz schön schwer." „Mathe fand ich nicht so schwer", antwortet Anne, „aber auf's Lesen hatte ich heute null Bock und genau so hat es dann auch geklappt." „Was soll's", ergreift Michael das Wort, „Hauptsache erledigt." „Und jetzt nichts wie ab zum Baggersee. Bei der Affenhitze freu' ich mich riesig auf eine Abkühlung", meint Andy und fordert die anderen mit eindeutiger Handbewegung zum Gehen auf.
So machen sich die 9 Freunde auf den Weg zum beliebten Baggersee. Dieser Weg durch den schattigen Wald sind sie schon oft gegangen. Alles scheint wie immer. Sie nähern sich dem Felsen, an dem ein schmaler Pfad auf der rechten Seite vorbeiführt, als Angela plötzlich laut schreit: „Hilfe! Da vorne ist ja eine Schlange." Die anderen sind ganz schön aufgeschreckt. Zum Glück bewahrt Maha die Ruhe und drückt Angela erst mal kräftig an sich. „Da ist ja noch eine", ruft Filiz und zeigt mit ihrem Finger direkt auf eine noch größere Schlange. Wieder zucken alle zusammen. Kaum haben sich die 9 Freunde von dem Schock der zweiten Schlange erholt, entdeckt David noch eine. Die 9 Freunde bekommen es jetzt ein wenig mit der Angst zu tun. Zum Glück gelingt es Maha, Andy und Michael, die Ruhe zu bewahren. „Ich glaube nicht, dass das Giftschlangen

sind", sagt Michael und Andy ergänzt: „Und wenn ihr mal genau hinseht, könnt ihr erkennen, dass alle Schlangen nur auf dem weichen Waldboden sind. Keine einzige ist auf dem Felsen zu sehen." Obwohl Andy nicht weiterspricht, ist jedem klar, was der damit sagen will. Wer Andy kennt, der weiß, dies bedeutet nichts anderes als „Dann klettern wir halt über den Felsen." Aber darüber müssen die 9 Freunde erst einmal gemeinsam beraten...

6.3 Beobachtungen zum Verlauf

Nach kurzer Besprechungsphase wird die Herausforderung, gemeinsam den Felsen zu überqueren, angenommen. Meinen Hinweis, sich die Satzkarten jetzt genau durchzulesen, nutzen die Kinder zu einer ca. 10-minütigen Absprache. Dabei nehmen Andy, Michael und David eine Führungsrolle ein, während Daniel und Filiz verängstigt und unsicher wirken. Mit Hilfe von Michael besteigt Andy als erster den Felsen. Auf dem Gipfel kniend zieht anschließend Michael und David nach oben. Dann fordern die genannten Gipfelstürmer die übrigen Kinder mit heruntergehaltenen Händen auf, mit Unterstützung „von oben" den Gipfel zu erklimmen. Dazu sind zunächst nur Oliver und Maha bereit. Doch trotz gegenseitigen Bemühens gelingt es keinem der beiden aufzusteigen. Erste Enttäuschungen machen sich breit. Daniel sagt trotzig, dass er sich schon gedacht habe, dass das alles nicht klappt und das er jetzt auch nicht mehr weitermachen wollte. Ihm schließt sich Angela an. Diese Enttäuschung und Ratlosigkeit wird erst von Andy durchbrochen, der nach kurzer Absprache mit Michael vom Gipfel runterspringt und Daniel und den anderen einen neuen Plan vorschlägt. Dieser sieht vor, dass er mit Michael den anderen zusätzliche Hilfestellung in Form einer Räuberleiter gibt. Andys Plan wird angenommen. Der Plan erweist sich als konstruktive Lösungshilfe, von dem sich dank Andys engagierter Vorgehensweise auch Daniel und Angela überzeugen lassen. Das entstehende Problem, dass es nach 3 Gipfelstürmern oben zu voll wird, wird kameradschaftlich gelöst, indem, wieder auf Anregung Andys hin, David Hilfestellung zum gegenüberliegenden Abstieg leistet. Als letzte erklimmen Andy und Michael wie in ihren ersten Versuchen jubelnd und stolz den Gipfel. Als Belohnung haben sich alle einen Freudensprung ins kühle Wasser des Baggersees verdient. Nach dieser genüsslichen Abkühlung bitte ich die Kinder zur Abschlussreflexion zu mir.

6.4 Reflexion

Wir sitzen im Kreis auf der Wiese zwischen Baggersee und Felsen. Ich fasse die Geschichte und ihren Verlauf noch einmal kurz zusammen. Dann bitte ich die Kinder in jeweils 2 nacheinander verlaufenden Antwortrunden folgende Fragen zu beantworten:

1. Was hat mir gut gefallen?

2. Was hat mir nicht gefallen?

Bei den Anworten zur ersten Frage wird überwiegend „das Klettern" genannt. Zwei Kinder äußern sich stolz, dass sie „rübergekommen" sind.
Bei den Antworten der zweiten Fragerunde formulieren die SchülerInnen gegenseitige Schuldzuweisungen. „Ihr steht ja auch immer nur so doof rum", lautet ein Vorwurf. „Und ihr macht ja eh immer alles erstmal allein", lautet die Antwort.
Die Reflexion wird mit einer dritten Runde abgeschlossen. Dazu schließen alle Kinder zunächst ihre Augen. Es werden 2 Sätze vorgetragen. Anschließend erkläre ich die Vorgehensweise. Die beiden Sätze werden dann von mir ein zweites Mal vorgetragen, und jedes Kind hat nach eigener Einschätzung die Möglichkeit, per Handzeichen sich zu einem ober zu beiden Sätzen zu bekennen.
Die Sätze lauten:

- Mir hat es gutgetan, dass ich anderen helfen konnte

- Mir hat es gutgetan, dass andere mir geholfen haben

7. Die Flussüberquerung auf 2 Eisschollen (Bereich Turnhalle)

7.1 Das Szenarium

Mit Hilfe von zwei Tauen wird ein Flußlauf dargestellt (Flußbreite ca. 25 m). Auf den durch Teppichfliesen dargestellten Ufern liegt frisch gefallener Schnee (weiße, kleine Papierkreise aus dem Locher). Am einem Ufer liegt ein nicht mehr seetaugliches altes Ruderboot (Deckelteil eines großen Kastens). Es sind Windgeräusche eines eisigen Nordwindes zu hören (Cassettenrecorder) Auf dem Wasser treiben 2 große Eisschollen (Turnmatten). An der äußeren rechten Uferseite erkennt man eine Brücke (kleine Kastenteile mit aufliegenden Bänken).

7.2 Die Aufgabe

Es ist tiefer Winter. Ein leichtes Schneetreiben hat eingesetzt. Die Ufer sind ganz weiß von frischgefallenem Schnee. Das Thermometer zeigt rote Zahlen. Eisige Kälte: –5 Grad. An den kahlen Bäumen hängen dicke Eiszapfen. Die 9 Freunde haben sich zu einer Schneewanderung entlang des Naheufers getroffen. Alle freuen sich, dass es wieder einmal so richtig geschneit hat. Einige werfen

Schneebälle in das kalte Wasser. Gleich entsteht daraus ein Wettspiel, wer bis zum anderen Ufer kommt. Filiz beteiligt sich nicht daran, denn Werfen ist nicht ihre Stärke. Sie hat andere Stärken und kann ganz prima basteln. Keiner von den Kindern schafft es, mit dem Schneeball bis zum anderen Ufer zu kommen. Am weitesten kommt David, der mit einem seiner Würfe genau auf eine an der anderen Uferseite treibenden Eisscholle trifft. „Habt ihr das gesehen?" verkündet David stolz, „genau auf die dicke Eisscholle da drüben." „Wo ist denn da eine Eisscholle?" will Anna wissen. „Na dort bei dem großen Baum", antwortet David. „Und gleich daneben liegt noch eine", ergänzt Michael. „Die möchte ich mir mal genauer ansehen", meint Michael. „Dann lasst uns doch dort über die Brücke gehen und die Eisschollen aus der Nähe betrachten", schlägt David vor.
Vorsichtig gehen die 9 Freunde über die Brücke. Erst aus der Nähe betrachtet sehen sie, wie dick die beiden Eisschollen doch sind. Da kommt Andy, der ja für tolle Einfälle und Streiche bekannt ist, eine tolle Idee.
„Was haltet ihr davon", beginnt er zu sprechen, „wenn wir es versuchen würden, auf diesen beiden Eisschollen bis zum anderen Ufer zu kommen, ohne ins Wasser zu fallen, versteht sich."
Zuerst halten die anderen dies für einen Andys berühmter Scherze. Aber von wegen. Er hat das ernst gemeint.
Daraufhin müssen sich die 9 Freunde erst einmal zur Besprechung zurückziehen. Ob sie Andys Vorschlag annehmen?

7.3 Beobachtungen zum Verlauf

Nach kurzer Besprechung sind die 9 Freunde willens, die Herausforderung anzunehmen. Sie erhalten nun 15 Minuten Zeit, um sich einen Plan zu machen. Dann beginnt das Abenteuer Flußüberquerung …
Zuerst gehen Andy, Michael, David und Maha auf eine Eisscholle. Dann ziehen diese vier kniend die danebenliegende Eisscholle vor ihre. Nun fordert Andy die übrigen 5 Kinder zum Kommen auf ihre Eisscholle auf. Als alle an Bord sind, wechseln wieder zuerst Andy, Michael, David und Maha zur anderen Eisscholle. Auf Andys Aufforderung hin wechseln die übrigen Kinder ebenfalls zur anderen Eisscholle über. Das nachfolgende Nachvorneziehen der leeren Eisscholle erweist sich durch die Enge des Platzes auf der Eisscholle und der Anzahl der Kinder als schwierig. Durch die Geduld der Kinder, die nicht an der Matte ziehen und durch den Einsatz der 4 Ziehenden gelingt es aber. Mit dieser Strategie wird das andere Ufer erreicht.

7.4 Reflexion

Zur Reflexion versammele ich die Kinder in einem aus Kastenteile zusammengebauten Boot. An der gegenüberliegenden Wand habe ich auf einer Tafel eine Skala von 1 bis 10 eingezeichnet. Die Kinder erhalten nun die Aufgabe, mit Kreide ein Kreuz an der für sie zutreffenden Stelle zu machen. Die dazu gestellte Frage lautet:

„Wie gut haben wir vorhin bei der Flußüberquerung zusammengearbeitet?“

Unterhalb der 1 schreibe ich mit entsprechenden Erklärungen „schlecht“ sowie unterhalb der 10 „gut“ dazu. Nachdem jedes Kind sein Votum abgegeben hat, erfolgt eine Abschlußrunde. Mit der vorgegebenen Formulierung:

„Ich habe □ Punkte gegeben, weil …“

begründen die Kinder ihre Entscheidung. Insgesamt werden 5 mal 8 Punkte, 2 mal 6 Punkte und 2 mal 5 Punkte angekreuzt. Bei den Stellungnahmen wird als häufigste Formulierung „weil es geklappt hat“ genannt. Die originellste Begründung kommt von Daniel, der 8 Punkte vergibt, „weil er nichts machen musste“.

8. Tarzan stellt den 9 Freunden eine schwere Aufgabe (Bereich Schwimmbad)

8.1 Das Szenarium

Das Schwimmerbecken des Freibades stellt den großen Urwaldfluss dar. Am Ufer des Urwaldsees wimmelt es nur so vor lebensgefährlichen Krokodilen (geflochtene Gymnastikseile). Der einem Tennisschiedsrichterhochstuhl ähnelnde Bademeistersitz dient als Tarzans Baumhaus. Es sind Geräusche von Urwaldtieren zu hören (Cassettenrecorder).

8.2 Die Aufgabe

Wieder haben sich die 9 Freunde getroffen. „Mensch Filiz“, beginnt Anne zu erzählen, „weißt du noch, als wir vor 2 Wochen Herrn Klimach im Urwald besucht haben und über die baufällige Brücke des Urwaldbaches gegangen sind?“ Filiz lacht und nickt Anne zu. „Ganz ehrlich“, beginnt sie zu sprechen, „am Anfang hatte ich ganz schön Bammel. Als aber du mir dann die Hand gegeben hast, da

war mir wohler zumute." „Und ich wäre fast von einer Schlange gebissen worden", fängt Oliver aufgeregt an zu erzählen. „Es ist einfach toll", ergreift Michael das Wort, „im Urwald ist auch immer was los." „Hört mal her", ruft daraufhin Andy, „ich meine, es hat doch allen gut gefallen im Urwald. Was haltet ihr von der Idee, wenn wir Tarzan mal wieder einen Besuch in seinem Baumhaus abstatten?" „Das wäre echt geil", antwortet David, „denn ich konnte vor 2 Wochen wegen meiner Erkältung bei der Urwaldwanderung doch nicht dabei sein." „Da holen wir aber unsere Badesachen mit und schwimmen eine Runde im Urwaldfluß", schlägt Maha vor. Nachdem alle ihre Schwimmsachen gepackt haben, kann's losgehen. Wieder überqueren die 9 Freunde die reparierte Brücke am Urwaldbach. „Die hat Tarzan repariert", meint David, worauf Angela erwidert: „Der muss sich im Urwald aber auch um alles kümmern." Die 9 Freunde lauschen dem Vogelgezwitscher am Ufer des kleinen Baches nach. Den Weg zu Tarzans Baumhaus kennen die 9 Freunde sehr gut. Den sind sie schon häufig gegangen, denn gute Freunde besuchen sich regelmäßig. So erreichen sie bald den großen Urwaldfluss und können ihren Augen nicht trauen. Am Flussufer liegen ein kleines Schlauchboot, ein Surfbrett und eine Luftmatratze. „Die gehören alle Tarzan", meint Andy, „das weiß ich ganz genau."
Natürlich wollen die 9 Freunde die Sachen gleich ausprobieren, als einer von ihnen einen Brief auf dem Surfbrett entdeckt. „Alle mal herkommen", ruft Michael, „hier liegt ein Brief von Tarzan an uns."
Sofort sind alle da und Michael beginnt zu lesen

Hallo, ihr 9 Freunde!
Ich habe mir schon gedacht, dass ihr mir bei dem schönen Wetter mal wieder einen Besuch abstatten würdet. Das finde ich prima. Ich habe euch beim Losgehen von meinem Baumhaus aus gesehen. Aber dann hat mich einer der Elefanten gerufen, weil ein Tiger in eine Falle gelaufen ist und sich nicht mehr allein befreien konnte. Bevor ich auf dem Elefanten zu dem Tiger gelaufen bin, habe ich euch diesen Brief geschrieben. Das hat auch diesmal einen besonderen Grund. Ich habe nämlich eine Aufgabe für euch.
Bestimmt habt ihr mein Boot, mein Surfbrett und meine Luftmatratze schon entdeckt. Meine Aufgabe an euch hat genau mit diesen Sachen zu tun:
Eure Aufgabe ist es, dass ihr alle auf die andere Seite des Flusses kommt. Damit aber nicht genug. Die drei Sachen müssen auch rüber. Aber jetzt aufgepasst:
Alle drei Sachen dürfen nur ein einziges Mal benutzt werden.
Na, wie gefällt euch meine Aufgabe?
Werdet ihr sie annehmen?
Ich wünsche euch alles Gute und grüße euch mit einem kräftigen Tarzan-Schrei herzlich.

Euer Urwaldfreund Tarzan

8.3 Beobachtungen zum Verlauf

Die für die Kinder neuen Materialien haben eine so hohen Aufforderungscharakter, dass ich die Spielregel in der Weise ergänze, dass die Kinder erst einmal genügend Zeit bekommen, die Materialien zu begutachten. Die Kinder sind von der Spannung der Geschichte so angetan, dass sie sich trotz vorhandener Ängste bei Daniel und Filiz gleich entscheiden, die Herausforderung anzunehmen. Dies ist um so erstaunlicher, als dass die Gruppe aus 4 Schwimmern und 5 Nichtschwimmern besteht, unter denen sich darüber hinaus noch 2 sehr wasserängstliche Kinder befinden.

Zu Beginn werden erste Vorschläge geäußert. So Andy: „Wir teilen auf." Oder Michael: „Alle Mädchen ins Boot." Sowie Maha: „Wir können aber auch anders aufteilen." Daniel, einer der im Bezug auf Wasser sehr ängstlichen Kinder, fordert vehement und verbindlich

Begutachtung der Materialien

Beraten, planen und entscheiden

Keine Frage: Die brauchen Hilfe !

Hilfe anbieten und Hilfe annehmen

einen Platz im Boot mit der Ergänzung: „Sonst könnt ihr euren Mist allein machen." Seiner Forderung schließen sich im Anschluß daran Filiz, Maha, Angela und als einzige Schwimmerin Anne an. Diese formierte Bootsmannschaft wird nicht nur von den übrigen akzeptiert, darüber hinaus fragt Michael, ob noch jemand ins Boot wolle und ob „ihr da denn auch alleine klarkommt." Dies wird bejaht, worauf Daniel seine zweite Forderung erhebt: „Und ich nehme das Paddel." Auch diese Forderung findet bei der Bootsmannschaft Akzeptanz. Die Besatzung des Surfbretts und der Luftmatratze vollziehen sich in sehr harmonischer Weise unter den verbliebenen 4 Kindern. Die Besonderheit an den zustandegekommenen Zuteilungen bzw. Partnern besteht darin, dass sich Oliver als Nichtschwimmer mit David als Partner auf das wackelige Surfbrett traut.

Während das Surfbrett und die Luftmatratze zügig das andere Ufer des Urwaldflusses erreichen, kreist das Boot durch Daniels einseitigen Paddeleinsatz fortwährend im Kreis. Auf diese Weise wird die Geduld der schon angekommenen Kinder, die Daniel lautstarke Tips geben, erheblich strapaziert. Um den bis dahin guten und von vielen individuellen und gruppendynamischen Fortschritten geprägten Spielverlaufs nicht zu gefährden, gebe ich den 4 angekommenen Kindern folgenden Impuls: „Eure Boote dürft ihr nicht mehr benutzen, aber ihr selbst dürft euch für die anderen einsetzen."
Andy und Michael nehmen den Impuls auf, sprechen sich schnell mit den anderen ab und entschließen sich, trotz äußerst bescheidener Wassertemperatur von 18 Grad zu dem Boot zu schwimmen und es mit verstärktem Einsatz zum rettenden Ufer zu bringen. Dies gelingt dank tollem Einsatz der beiden sehr eindrucksvoll, so dass die 9 Freunde auf diese Weise die Aufgabe erfolgreich meistern.

8.4 Reflexion

Zur anschließenden Reflexion versammeln sich die 9 Freunde unter Tarzans Baumhaus. Mit Hilfe von Wettersymbolen sollen die Kinder ihre Zufriedenheit zur Bewältigung der Aufgabe ausdrücken. Jedes Kind erhält die Wettersymbole „sonnig", „bewölkt", „regnerisch" und „gewittrig". Es erfolgen zusätzliche Erklärungen meinerseits. So sollen die Kinder bei ihrer Wahl auch die getroffene Auswahl der Boote und die Bootsbesatzungen berücksichtigen.
Es werden 6x „sonnig" und 3x „bewölkt" ausgewählt. Mit Tesafilm werden die Symbole an Tarzans Baumhaus befestigt. Die Reflexionsrunde schließt mit den jeweils individuellen Begründungen mit dieser Satzvorgabe:
„Ich habe „..." gewählt , weil ....".
Die genannten Argumente erstrecken sich von:
„...weil das geil war mit David auf dem Surfbrett."
„...weil Andy und ich das ganze Boot gerettet haben".
„...weil ich das Boot lenken durfte".

9. Fazit: Reaktionen, Auswirkungen, Veränderungen

9.1 Bei den SchülerInnen

Für die Schüler war diese Form des Unterrichts zunächst neu und ungewohnt. Ein Teil der Schüler beschwerte sich aus nachvollziehbaren Gründen, dass die Unterrichtseinheit auf Kosten des Sportunterrichts ginge. Eine in diesem Zusammenhang gerade am Anfang häufig zu hörenden Frage lautete: „Wann machen wir denn wieder richtig Sport?" Die anfänglichen Unsicherheiten der Kinder sind für mich in der Weise erklärbar, als dass die im traditionellen Sportunterricht durch ihre motorische Leistungsfähigkeit im Vordergrund stehenden Kinder sich um ihre gewohnte Führungsrolle bedroht fühlten und andererseits die zurückhaltenderen Kinder meine persönliche Hilfe vermissten. Diese Unsicherheiten und Ängste legten sich aber nach anfänglichen Problemen durch den Spaß an den Spielsequenzen. Dabei habe ich die Erfahrung gemacht, dass dem Szenarium der Spielsequenzen bei Kindern dieser Altersstufe eine entscheidende Bedeutung zukommt. Mit Hilfe dieser Szenarien gelang es mit einfachen Mitteln, die Kinder in eine Erlebniswelt mit Ernstcharakter zu versetzen. Das namentliche Angesprochen werden in den Einführungsgeschichten sorgte in den Spielsequenzen von Beginn an für eine sehr persönliche Atmosphäre, die darüber hinaus für alle Kinder auch immer wieder spannend war. Auf diese Weise gelang es, dass sich die Kinder gerne und freiwillig auf das Neue einließen. Nicht verheimlichen will ich an dieser Stelle aber auch die großen Probleme, die sich besonders zu Beginn der Unterrichtseinheit mit dem in 3. schon erwähnten extrem ängstlichen und motorisch unbeholfenen Jungen hatte. Dieser war zunächst so von seiner Angst eingenommen, dass er sich auf keine Herausforderung einlassen wollte und damit nicht nur meine, sondern auch die Geduld der Anderen bis zum Grenzbereich (über-) forderte, wobei häufig von den anderen Kindern nachvollziehbare Bemerkungen fielen; wie z. B. „Mit dem schaffen wir das nie", „Der macht doch nichts mit", „Wir machen es ohne den".
Hier zeigten sich deutlich die Grenzen der Machbarkeit im Falle eines therapiebedürftigen Gruppenmitglieds. Dieser Junge bewegte sich nach meinen Einschätzungen auf dem schmalen Grad zwischen dem Gefühl des Getragenwerdens von der Gruppe und dem Gefühl des Ausgeliefertseins eines enormen Gruppendrucks.
Einen für ihn sehr bedeutsamen Entwicklungsschritt hat Daniel in der Weise geschafft, als dass es ihm gelungen ist, sich die für seine Überwindung von Angst nötigen Gegebenheiten und Bedingungen einzufordern, um sich so eine Form des Genießens von Gemeinschaft und Zusammengehörigkeit selbst zu ermöglichen (z.B. „Ich gehe ins Boot, sonst mache ich nicht mit").
Ein anderes Beispiel:

Als ein im Sportunterricht schon immer durch seine motorische Leistungsstärke auftrumpfender Junge ist es Andy gelungen, seinen sonst zu beobachtenden Hang zur Selbstdarstellung zu reduzieren und seine Verantwortung für das Gemeinschaftsgelingen (und damit verbunden seine Rücksicht auf schwächere Kinder) zu stärken.

9.2 Bei mir als Lehrer

Für mich war die in dieser Form ungewohnte Zurückhaltung eine persönliche und von großer Spannung geprägte Herausforderung, die mir neue Grenzerfahrungen in der Interpretation meiner Lehrer- bzw. Leiterrolle ermöglichte. Zu den in 3.3. beschriebenen Zielüberlegungen meines Leitungsstils möchte ich in Form eines persönlichen Fazits festhalten,

- dass ich die mir vorgenommene Zurückhaltung nicht in letzter Konsequenz durchgehalten habe (wenn z. B. eine aufwendig vorbereitete Spielsequenz zu scheitern drohte, habe ich auch vereinzelt gezielt ins Spielgeschehen eingegriffen).

- dass ich es nur schwer und in wenigen Fällen auch nicht zulassen konnte, dass eine Spielsequenz ohne vorzeigbare Lernergebnisse endete.

- dass ich mich in schöner alter Gewohnheit dabei erwischte, die Aktionen der Kinder zu beurteilen (z. B. „Schade, dass du nicht in Rücksicht auf die anderen wartest").

Auf diese Weise brachte der Unterrichtsversuch sensible Themen meiner (Lehrer)- Persönlichkeitsentwicklung ans Licht und wurde dann zu einem sehr persönlichen und spannenden Lernprozess.

9.3 In der Gestaltung des Unterrichts

Seit dem Unterrichtsversuch erlebe ich mich, was die Gestaltung bzw. Vorbereitung des Unterrichts anbelangt, häufig in einem Zustand kreativer Verunsicherung. Diese äußert sich in der Weise, dass sich bei meinen täglichen Unterrichtsvorbereitungen mein Gewissen meldet und nachfragt, ob das vorgesehene Unterrichtsprogramm auch mit meinen neu gewonnenen Erfahrungen der Erlebnispädagogik standhält.

Im Schulalltag nehmen nun die Unterrichtsvorbereitungen einen noch stärkeren Raum als bisher ein, was zu einer wohltuenden Entspannung im Unterricht selbst geführt hat und mir mehr Gelegenheit zum Begleiten der Lernprozesse meiner SchülerInnen gibt. Die Einblicke in die Erlebnispädagogik haben mir den Rücken in der Weise gestärkt, dass ich Formen der Freiarbeit, Wochenplanarbeit, Projektarbeit und Stationenlernen als an sich lohnende Unterrichtsformen und nicht als attraktiv verpacktes Zubrot zum übrigen Pflichtprogramm sehen und anwenden kann.
Ich sehe mich am Anfang eines Weges, mit erlebnispädagogischen Zielrichtungen eine pädagogische Haltung zu entwickeln. Bekanntlich ist aller Anfang schwer und nicht selten hindernisreich.

9.4 In der Schule

Als kleine Schule mit nur 7 Klassen zogen wir mit unseren in regelmäßigen Abständen stattfindenden Spielsequenzen schnell die Aufmerksamkeit auf uns. Da unsere Unterrichtsreihe auch zweimal Gesprächsthema bei Konferenzen war, wurden alle Kollegen auf unsere Arbeit aufmerksam. Dabei zeigten sich die Kinder und Kollegen gleichermaßen interessiert. Die von den Kindern am häufigsten gestellte Frage war dabei die, ob es möglich sei, so etwas auch einmal mit ihrer Klasse durchzuführen.
Während ich durch einen genehmigten Versetzungswunsch inzwischen an einer anderen Schule arbeite, werden die konzeptionellen Ideen der Erlebnispädagogik von meinem mich bei der Durchführung unterstützenden Kollegen weitergetragen.

10. Ausblick

Nach meinem anregenden Einstieg in erlebnispädagogisches Arbeiten innerhalb des Sportunterrichts richtet sich mein Ausblick darauf, Möglichkeiten zu suchen, auch andere Fachbereiche unter dieser Zielsetzung zu erproben. Den in 9.3. beschriebenen kreativen Verunsicherungen Rechnung tragend, bin ich zu der Erkenntnis gekommen, dass es sinnvoll erscheint, sich zunächst auf einen einzelnen konkreten Fachbereich zu beschränken. Nach Durcharbeiten der Lehrpläne meiner Schul- und Klassenstufe sehe ich die konkretesten Anregungspunkte dabei im Sachunterricht. Packen wir es (bald) an.......

11. Zum Abschluss: Ein Comic

Ulrike Roth und Rüdiger Gilsdorf

Der kleine Hobbit

wie ein Buch lebendig wurde und eine Klasse in ein spannendes Abenteuer eintauchte

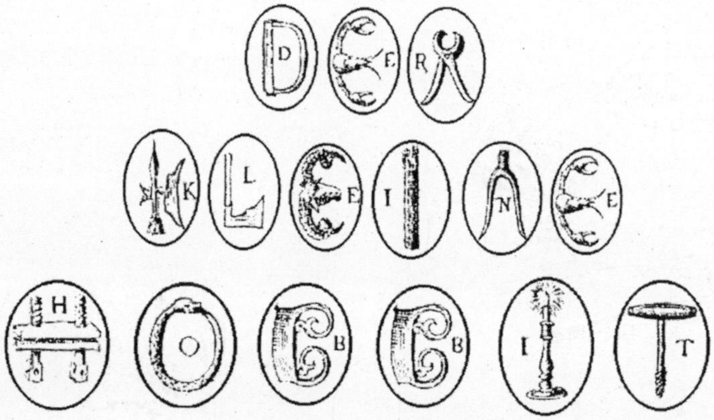

Das Abenteuer, über das im folgenden berichtet werden soll, ist ein fächerübergreifendes Unterrichtsprojekt, bei dem neben kognitiven auch emotionale und im besonderen Maße soziale Lernziele angestrebt wurden. Die Abenteurer sind 22 Schülerinnen und Schüler der 6. Klasse einer Hauptschule. Begleitet wurden sie von ihrer Klassenlehrerin (Ulrike Roth), unterstützt durch einen Mitarbeiter der Schulpsychologischen Beratungsstelle (Rüdiger Gilsdorf) [1]. Aus deren Perspektive (ich = U. R., wir = beide Autoren) wird die Geschichte erzählt.

1 Weiterhin wurden wir punktuell in der Planung und Durchführung des Projekts durch Stephanie Loser, Günter Kistner, Katharina Becker, Kerstin Utsch und Georg Rothenberg unterstützt.

1. Ausgangsüberlegungen – oder wie wir uns in das Abenteuer stürzten

Kurz vor den Sommerferien erfuhr ich, dass ich die Klassenleitung einer 6. Klasse von einer Kollegin, die einen einjährigen Auslandsaufenthalt plante, übernehmen sollte. Einerseits freute ich mich über die Chance, da ich lange keine Klasse mehr geführt hatte. Andererseits war mir auch etwas mulmig zumute, zumal ich die Aufgabe von einer sehr engagierten Kollegin übernahm, der die Klasse bestimmt nachtrauern würde. Auf jeden Fall war es eine Herausforderung. Mit der Klassenleitung verband ich vor allem die Möglichkeit, intensiver auf die Bedürfnisse und Defizite der einzelnen Kinder einzugehen und ihnen zu helfen, eine Gemeinschaft zu schaffen, in der alle sich zugehörig und wohl fühlen. Mein Ziel war es, die Kinder füreinander sensibel zu machen und ihre Fähigkeit, eigene Angelegenheiten selbstverantwortlich zu regeln, zu stärken. Ich wollte ihnen im Unterricht immer wieder Gelegenheit geben, über sich selbst, über ihre Gefühle und Gedanken zu reden. Der sozialemotionale Lernprozess sollte aber nicht losgelöst von den fachlichen Unterrichtsinhalten stehen. Gemeinsam suchten wir nach einem roten Faden der ein fächerübergreifendes Unterrichtsprojekt für einen längeren Zeitraum, wenn möglich für ein ganzes Schuljahr, zusammenhalten könnte. Wir entwickelten die Idee der Lektüre eines spannenden Buches mit dessen Figuren sich die Schülerinnen und Schüler identifizieren könnten und das einen attraktiven und phantasievollen Rahmen für gemeinschaftliche Aktivitäten gäbe. So stießen wir auf J.R.R. Tolkiens Hobbit. Eine Gruppe von Zwergen begibt sich darin zusammen mit dem Hobbit Bilbo auf eine lange Reise durch einen Teil von Mittelerde und muss zahlreiche spannende Abenteuer bestehen. Mit dieser Gemeinschaft von Abenteurern hatten wir also eine schöne Metapher für eine gute Klassengemeinschaft gefunden. Und aus den Erlebnissen der Zwergengemeinschaft ließen sich interessante Szenarien für Spielgeschichten entwickeln, die wir dann im Laufe des Schuljahres mit den Schülern und Schülerinnen durchführen konnten. Schließlich kam die phantasievolle Geschichte meinem Wunsch sehr entgegen, kreative Gestaltungsmöglichkeiten auszuprobieren und die SchülerInnen mit allen Sinnen anzusprechen. Allerdings waren wir auch im Zweifel, ob sich die Lektüre eines so langen Buches nicht zumindest für einige unserer HauptschülerInnen als zu anspruchsvoll erweisen könnte. Eine weitere Frage, die uns von Anfang an beschäftigte, war es, wie SchülerInnen in der beginnenden Pubertät mit dem Eintauchen in eine derartige Phantasiewelt umgehen würden.

1.1 Die Situation in der Klasse – oder ein Blick auf die Gemeinschaft der Abenteurer

Die Klasse war schon zu Beginn nicht das, was man klassischerweise eine schwierige Klasse nennen würde. Auch meine Vorgängerin hatte den Bereich des sozialemotionalen Lernens ernst genommen und beispielsweise mit regelmäßigen Gesprächskreisen gearbeitet, so dass die Schülerinnen und Schüler gewohnt waren, einander zuzuhören und zueinander zu sprechen. Für meine Arbeit war also bereits eine Basis geschaffen und es herrschte ein angenehmer Umgang miteinander in der Klasse.
Nichtsdestotrotz gab es viele Kinder, die z. T. ganz erhebliche persönliche Schwierigkeiten mit in die Schule brachten. Einige dieser Probleme waren mir von Anfang an bekannt, vieles erfuhr ich erst im Laufe der Zeit durch die Kinder selbst. Beispielhaft möchten wir im folgenden die Situation einiger Kinder schildern. Die Namen haben wir zu diesem Zweck geändert.
Georg leidet seit seiner Geburt an einem schweren Herzfehler und hat bereits mehrere, z. T. dramatische Operationen hinter sich. Er muss jede größere körperliche Anstrengung meiden und kann sich außerdem auch sehr schlecht konzentrieren. Er verdrängt seine Krankheit, muss ständig die eigenen Grenzen herausfinden und provoziert so auch immer wieder seine Mitschüler. Auffallend ist auch, dass er vorwiegend schwarzweiße Bilder malt.
Astrid hat vor einigen Jahren eine Operation hinter sich, bei der ein Tumor im Kopf entfernt wurde. In der Folge musste sie sich einer Chemotherapie unterziehen. Sie ist sehr ängstlich, wenn es um körperliche Anstrengungen geht, eine Haltung, die auch durch eine stark behütende Einstellung der Eltern aufrecht erhalten wird. Was ihre schulischen Leistungen angeht, ist Astrid hingegen sehr ehrgeizig und tendiert dahin, sich selbst zu überfordern.
Katja ist als Kleinkind mißhandelt, vermutlich auch mißbraucht worden und lebt jetzt bei ihren Adoptiveltern. Sie bringt sehr oft persönliche Probleme in die Gesprächsrunde ein, wobei sie zu Übertreibungen neigt und sich selbst immer als Opfer von Belästigungen sieht. Tatsächlich gerät sie jedoch auch immer wieder in die Opferrolle, ein Kreislauf, der nur schwer zu durchbrechen scheint.
Joachim´s Vater hat sich erhängt. Er selbst ist ein ruhiger Junge, der verhaltensmäßig zunächst kaum auffällt. Manchmal erzählt er mir aber, dass er nachts Alpträume hat. Bei gemeinsamen Aktionen fällt auf, dass es ihm sehr wichtig ist, eine zentrale Rolle zu spielen.
Bernd´s Eltern sind geschieden. Seine Mutter hat wieder geheiratet, mit dem Stiefvater, mit dem er sich gelegentlich auch prügelt, steht er im Konkurrenzkampf. Zur Stabilisierung der Situation besucht Bernd nach der Schule eine Tagesheimgruppe. Er ist in der Klasse oft hilfsbereit, besonders bei der Organisation gemeinsamer Tätigkeiten.

Ali, ein Junge aus einer türkischstämmigen Familie, hat im letzten Schuljahr das Klassenziel nicht erreicht und ist jetzt neu in die Klasse gekommen. Er klammert sich sehr stark an männliche Autoritätsfiguren. Aus der Klassengemeinschaft klinkt er sich selbst meist aus.
Schließlich sei noch Richard erwähnt, dessen Familie zu einer religiösen Gemeinschaft gehört. Seine Eltern lehnten in Vorgesprächen Richards Teilnahme an dem geplanten Projekt ab, weil sie eine Phantasiewelt wie die Tolkiens für einen schädlichen Einfluß halten. Richard kann entsprechend weder an der Hobbit-Lesestunde, noch an den Spielaktionen, der Abenteuernacht oder der Klassenfahrt teilnehmen.

1.2 Der Planungsprozess – oder was wir alles für die Reise einpackten.

Unsere Rahmenbedingungen für ein fächerübergreifendes Projekt waren, bezogen auf Hauptschulverhältnisse, nicht besonders günstig. Ich unterrichtete die Klasse wöchentlich 4 Stunden in Deutsch, 2 Stunden in Biologie und eine Stunde in Bildender Kunst. So sah ich die SchülerInnen zwar jeden Tag, hatte aber nur eine einzige Doppelstunde. Entsprechend unseren Ausgangsüberlegungen sollte das Projekt nur einen Teil meiner Unterrichtszeit einnehmen, dafür aber langfristig, über das ganze Schuljahr hinweg angelegt sein. Folgende Arbeitsformen und Methoden wählten wir aus, um dem Hobbitprojekt Leben einzuhauchen.

Die Lesestunde

Eine Deutschstunde in der Woche wurde der Lektüre des kleinen Hobbits gewidmet. Wir entschieden uns dabei gegen eine klassische Vorlesestunde, vielmehr sollten die Schülerinnen und Schüler den Text eines Kapitels zumindestens teilweise selber erlesen, und zwar durch abwechselndes lautes Vorlesen in der Stunde und anschließendes stilles Lesen des Rests eines angefangenen Kapitels Zuhause. Da wir uns bewußt waren, wie wenig lesefreudig viele HauptschülerInnen sind, wollten wir zur Unterstützung eine kommerziell erhältliche Kasettenreihe einsetzen, so dass die Kinder die Geschichte bei Bedarf auch mehrfach hören und dadurch evtl. zum eigenen Lesen angeregt werden könnten.

Die Hobbit-Arbeitsmappe

Jedes Kind erhielt eine persönliche Mappe, in der im Laufe des Jahres alle von mir erstellten Arbeitspapiere gesammelt werden konnten. Diese Arbeitspapiere standen im Bezug zu dem jeweils gerade gelesenen Teil der Geschichte und bestanden im einzelnen aus Schreibaufgaben,

Arbeitsblatt „Du sitzt tage- und wochenlang in einer unterirdischen Zelle"

Büchertexten, Rätseln, Mal- und Zeichenaufgaben. Entsprechend unserer Lernziele ging es dabei z. T. um sachliche Aspekte wie das Erinnern von Fakten aus dem Buch, z. T. boten die Arbeitspapiere den Kindern auch Möglichkeiten, eigene Gefühle und Gedanken im Bezug auf die Geschichte auszudrücken (s. Abb. 2). Zusätzlich erhielten die Kinder einzelne Kopien mit Zeichnungen und erklärenden Texten aus dem Historischen Atlas von Mittelerde (Wynn von Stad 1994) sowie Ausschnitte aus einem Hobbit-Comicband (Dixon & Wenzel 1990).

Die Abenteuerspielsequenzen

Eines unserer Ziele war es, den Unterrichtsstoff lebendig zu machen. Im Laufe des Schuljahres sollten die Schülerinnen und Schüler immer wieder Gelegenheit bekommen, sich die Abenteuer des Hobbits und der Zwergengemeinschaft nicht nur vorzustellen, sondern auch Ausschnitte daraus auf spielerische Art und Weise zu erleben. Dazu wählten wir kooperative Spiele, Wahrnehmungs- und Vertrauensübungen, Phantasiereisen und anspruchsvolle Problemlösespiele so aus und kleideten sie so ein, dass die Kinder von Zeit zu Zeit handelnd in die Phantasiewelt eintauchen konnten und dort, meist als Gruppe, Aufgaben lösen mussten, die denen der Charaktere in der Geschichte entsprachen. In ähnlicher Weise setzten wir einmal auch das Ausdrucksspiel aus dem Erleben (Jeux Dramatiques; Frei, o. J., Darpe u.a.o.J.) ein, indem die Schülerinnen und Schüler Teile eines Kapitels mit der Hilfe von Tüchern und improvisierten Spielorten in selbstgewählten Rollen inszenieren konnten. Für die Spielsequenzen nutzten wir die Doppelstunde einschließlich – im Einverständnis mit den Kindern – der großen Pause.

Die Lese- und Abenteuernacht

Da uns der Rahmen der Doppelstunden relativ knapp erschien und Wandertage an der Schule für unsere Zwecke zu kurzfristig anberaumt wurden, suchten wir nach weiteren Möglichkeiten, etwas Intensiveres mit der Klasse zu unternehmen und wurden in der Lesenacht fündig. Ist diese an und für sich schon ein kleines Abenteuer, so beschlossen wir doch, zusätzlich zum gemeinsamen Lesen und Übernachten in der Schule eine ausgedehntere Abenteuerspielsequenz anzubieten, für die wir das ganze nächtliche Schulhaus nutzten.

Die Klassenfahrt

Als weiteren und auch abschließenden Höhepunkt planten wir eine dreitägige Klassenfahrt in ein Selbstversorgungshaus in nicht allzu großer Entfernung der Schule. Auch die dortigen Aktivitäten standen natürlich wieder im Zeichen des Hobbits und seiner Abenteuer. Der zeitliche Rahmen und die attraktive Umgebung erlaubten uns hier, Spielsequenzen durchzuführen, die in der Schule nicht möglich gewesen wären.

Ein durchgängiges Arbeitsprinzip: die Gestaltung ansprechender Spielmaterialien

Aus Erfahrung wußten wir, dass die Gestaltung der Raumatmosphäre und der Einsatz ansprechender Materialien einen entscheidenden Beitrag zum Gelingen einer phantasievollen Lese-, Spiel- und auch Gesprächsstunde leisten können. Das kam mir in zweifacher Hinsicht entgegen, da ich so einerseits den Kunst- und Werkunterricht in das Projekt integrierte und mit den Kindern verschiedene Materialien herstellte. Andererseits konnte ich auch meiner eigenen Freude am kreativen Gestalten freien Lauf lassen und immer wieder auch eigene Materialien produzieren, die dann im Verlauf einer Spielgeschichte ihren Einsatz fanden. Einige der Dinge, die auf diese Weise entstanden waren eine Hobbit- und eine Zauberermarionette, ein riesiger Drache Smaug aus Pappe, ein Drachenamulett als Zeichen der Gruppenmitgliedschaft für alle SchülerInnen und ein Brettspiel mit Holzfiguren und einer Karte von Mittelerde.

Andere Unterrichtselemente

Wie bereits erwähnt, fand das Hobbitprojekt immer nur in einem, manchmal sehr kleinen, Teil meiner Unterrichtszeit statt. Besonders hervorheben möchten wir, dass natürlich auch das sozial-emotionale Lernen nicht auf diese Stunden beschränkt sein sollte. Weitere Elemente, die in diesem Zusammenhang von Bedeutung sind und losgelöst von der Hobbit-Geschichte über das ganze Jahr stattfanden, waren:

- der Stuhlkreis, montags in der 1. Stunde. In ihm sollten die Kinder Gelegenheit haben, aktuelle Erlebnisse aus dem schulischen und familiären Bereich zu erzählen und zu besprechen. Die Schülerinnen und Schüler wählten sich hierfür immer eine/n Gesprächsleiter /in aus ihren eigenen Reihen, so dass ich, abgesehen von Situationen, in denen Kinder meine besondere Unterstützung brauchten, als ganz normales Gruppenmitglied an den Gesprächen teilnahm.
- Entspannungsübungen und Phantasiereisen, mit denen ich z. B. anstrengende Arbeitsphasen einleitete oder abschloß.
- demokratische Entscheidungsprozesse, die den Schülerinnen und Schülern erlauben sollten, weitgehend Verantwortung etwa für die Gestaltung ihres Klassenzimmers, die Verteilung von Aufgaben und die Gestaltung freier Zeiten zu übernehmen.

1.3 Begleitende Elternarbeit – oder wie wir über die Reise informierten

Wir gingen davon aus, dass ein so ungewöhnliches Vorhaben – ein Jahr lang immer wieder in eine Phantasiewelt einzutauchen – nicht nur auf Begeisterung, sondern auch auf eine gute Portion Skepsis stoßen würde. Deshalb informierte ich die Eltern auf einem Elternabend gleich zu Beginn des Schuljahres über mein Vorhaben und dessen Ziele. Das Projekt fand daraufhin breite Zustimmung. Ein großes und nicht befriedigend zu lösendes Problem ergab sich aber durch ein Elternpaar, das aus seiner religiösen Überzeugung heraus den Einfluß einer solchen Phantasiewelt als schädlich für ihr Kind betrachtete, so dass wir nur den Kompromiß finden konnten, den Schüler bei allen entsprechenden Aktivitäten in die Parallelklasse zu schicken bzw. Zuhause zu lassen. Die Gefahr, dass er dadurch in eine Außenseiterrolle gedrängt werden könnte, nahmen wir im Sinne der Verhältnismäßigkeit schweren Herzens in Kauf.
Ein kleineres Problem stellte der Kauf des Hobbit-Buches dar, der für die Eltern ja eine zusätzliche finanzielle Belastung bedeutete. Da jede Klasse jedoch anteilig über den Milchverkauf in der Pause Geld erwirtschaften konnte, beschlossen wir, das Buch auf diese Weise zu finanzieren, so dass pro SchülerIn nur 50 Cent Restbetrag von den Eltern zugezahlt werden musste.
Im Laufe des Schuljahres, insbesondere vor der Lese- und Abenteuernacht und vor der Klassenfahrt, wurden die Eltern immer wieder schriftlich und anläßlich eines Elternsprechtages und eines weiteren Elternabends über den Verlauf des Projekts auf dem laufenden gehalten. Ganz praktisch zahlte sich das u. a. in der hohen Bereitschaft der Eltern aus, den Transport der Kinder z. B. zu und vom Selbstversorgungshaus der Klassenfahrt selbst zu organisieren und durchzuführen. Bis auf eine Beschwerde, dass das eigentliche Lesebuch doch wenig genutzt würde, kamen immer wieder ermutigende Rückmeldungen aus den Reihen der Elternschaft.

2. Der Projektverlauf – oder was wir auf der Reise alles erlebten

Im folgenden wollen wir einen schematischen Überblick über den Verlauf des Projekts geben. Insgesamt führten wir neben der Lesenacht und der Klassenfahrt 6 Abenteuerspielsequenzen durch. Außerdem gab es einen Kennenlerntag und eine Abschlußauswertung. Neben einer kurzen Beschreibung der eingesetzten Methoden beschreiben wir jeweils auch in Stichworten die Situation im Hobbitbuch, auf die sich die jeweilige Sequenz bezieht. Einen Überblick über den Verlauf des Abenteuers gibt auch die Karte von Mittelerde, auf der Reiseweg und wichtige Stationen eingezeichnet sind.

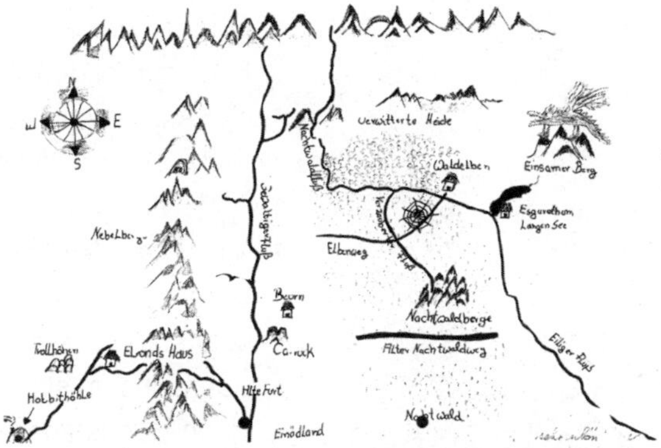

Karte von Mittelerde

2.1 Kennenlerntag

- Die Klasse lernt mich kennen: „Spuren im Klassenraum". In meinem Klassenraum befinden sich zahlreiche Gegenstände, die in der Arbeit mit anderen Klassen entstanden sind, und die etwas über mich und meine Arbeit aussagen. Die Schülerinnen und Schüler gehen auf Entdeckungsreise und können mir Fragen stellen bzw. Ideen äußern, was man mit diesen oder anderen Gegenständen gemeinsam tun könnte. Ich erzähle etwas über meine Arbeit und meine Vorhaben.
- Ich lerne die Klasse kennen: „Verpacktes Geheimnis". Alle Kinder bringen einen ganz persönlichen, ihnen besonders wertvollen kleinen Gegenstand mit. Alle Gegenstände liegen in der Kreismitte. Ich sage, was mir zu den Gegenständen einfällt und stelle Vermutungen an, welche „Geheimnisse" und welche Schülerin oder Schüler sich dahinter verbergen. Ich darf Fragen an die Klasse stellen, die dann versucht, das jeweilige Kind zu charakterisieren.
- Was wünschen wir uns voneinander? Wir sammeln Vorstellungen der Schülerinnen und Schüler dazu, wie das neue Schuljahr werden soll. Ich stelle der Klasse meine Wünsche an unser gemeinsames Arbeiten und Klassenleben vor.
- Eine Ankündigung und ein Geschenk. Ich stelle der Klasse in Stichworten das geplante Hobbitprojekt vor. Die Kinder können Fragen stellen und erste Eindrücke dazu loswerden. Abschließend überreiche ich jedem Kind das Hobbitbuch und die Hobbitmappe, in der sich bereits ein paar Bilder befinden.

2.2 Erste Abenteuerspielsequenz

Gandalf der Zauberer trifft bei Bilbo in Beutelsend ein. Er bringt die Zwerge und den Hobbit zusammen. Die bevorstehende Reise und das Ziel, die Eroberung des alten Zwergenschatzes, werden besprochen.

- Phantasiereise
  Gandalf erscheint als Marionette und lädt die Kinder zu einem Blick zurück auf den Anfang des Abenteuers ein. Dabei wird der Aspekt der sich bildenden Gemeinschaft, in der alle ihren Platz und ihre Wichtigkeit haben, betont.

- Magische Zeichen
  Unter mehreren Tüchern in der Mitte des Raumes sind Holzbuchstaben versteckt, die zusammen das Motto der Reise „Gemeinsam sind wir stark" ergeben. Jedes Kind nimmt sich einen Buchstaben und in kleinen Gruppen werden die Worte des Lösungssatzes zusammengefügt.

Die Reisegesellschaft gelangt zu den Trollhöhlen. Bilbo ist anfangs noch sehr unsicher und kann sich nicht vorstellen, den Zwergen von Nutzen zu sein.

- Der Seiltanz
  Alle Schülerinnen und Schüler können einmal auf einem imaginären Drahtseil balancieren und sich nach links oder rechts in die Reihe ihrer MitschülerInnen fallen lassen und aufgefangen werden.

Auf dem Weg zu Elronds Haus muss eine schmale Brücke überquert werden.

- Platzwechsel
  Zwei Turnbänke stellen die Brücke dar. Alle Kinder besteigen die Bänke und haben die Aufgabe, ihren Platz mit dem jeweils gegenüberstehenden Kind zu wechseln. Dabei darf niemand herunterfallen, bzw. auf den Boden treten.

Den Zwergen kann man am Gesicht ablesen, wie sie sich bis jetzt gefühlt haben.

- Reflexion mit Mimwürfel
  Die Kinder erhalten Arbeitsblätter mit den 6 Gesichtern des Mimwürfels. Wie haben sie ihre Zusammenarbeit und das Vertrauen in der Gruppe heute empfunden? Der Würfel kreist durch die Gruppe und alle Kinder können ihre Eindrücke mitteilen.

2.3 Zweite Abenteuerspielsequenz

In Elronds Haus feiert die Gruppe ein Fest. Rituale der Gastfreundschaft werden ausgetauscht.

- Knecht Ruprecht
  Witzige Rituale der Gastfreundschaft (mit zwei Fingern im Mund sprechen, sich am Ohr kratzen usw.) werden im Wechsel von den Kindern vorgegeben und von allen nachgemacht, wobei zunehmend ein lustiges Chaos entsteht.

Ein Unwetter zwingt die Gruppe in die unterirdischen Orkgänge. Es herrscht tiefste Finsternis. Bilbo findet einen Ring.

- Höhlenwanderung
  Mit verbundenen Augen kriechen die SchülerInnen durch einen Parcours unter Tischen, Bänken und Matten hindurch. 5 Ringe, die in diesem Höhlenlabyrinth versteckt sind, müssen gefunden werden. Wegen der Gefahr der Orks darf nur flüsternd gesprochen werden.

Bilbo trifft auf Gollum.

Die beiden beginnenen einen Rätselwettstreit.

• Der große Eierfall

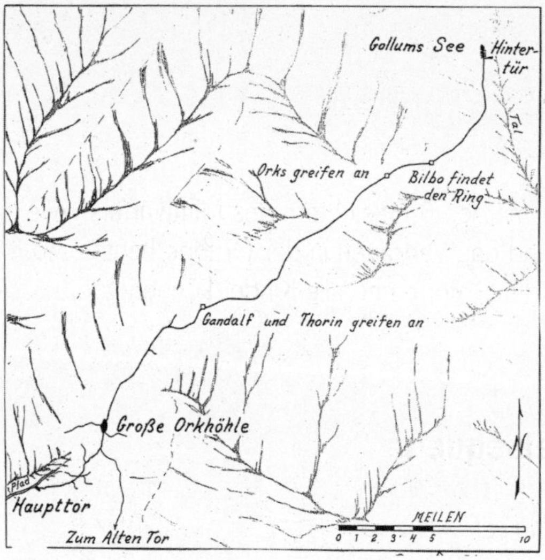

Gollum ißt gerne rohe Eier und diese gehen ihm auf dem Weg in seine Höhle immer kaputt. Er stellt der Gruppe die Aufgabe, eine Apparatur zu bauen, mit der man Eier sicher aus einiger Höhe auf den Boden fallen lassen kann.

Lage der Orkhöhlen und Gänge im Berg
Draufsicht

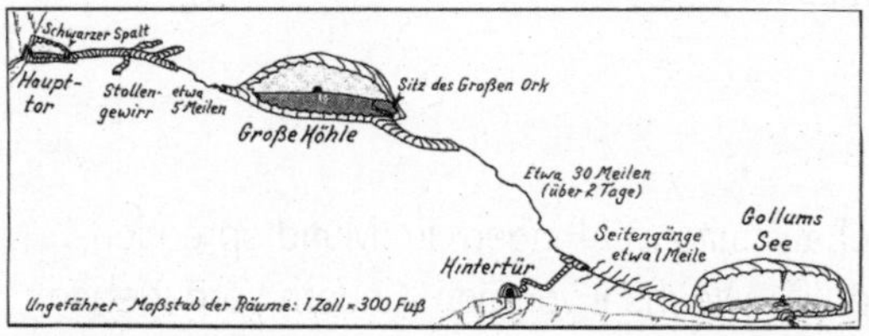

Gollums See
Seitenansicht

Bilbo entdeckt die Zauberwirkung des Ringes. Mit seiner Hilfe macht er sich unsichtbar und entkommt aus der Höhle.

• Wer fehlt?
Die Kinder gehen mit geschlossenen Augen durch den Raum. Eine/r erhält den Zauberring und wird mit einem Tuch bedeckt. Die anderen müssen wieder sehend, aber ohne ihre Stellung zu verändern herausfinden, wer verschwunden ist.

Nach der Flucht aus der Höhle treffen die Zwerge, Bilbo und Gandalf wieder zusammen.

• Jurtenkreis

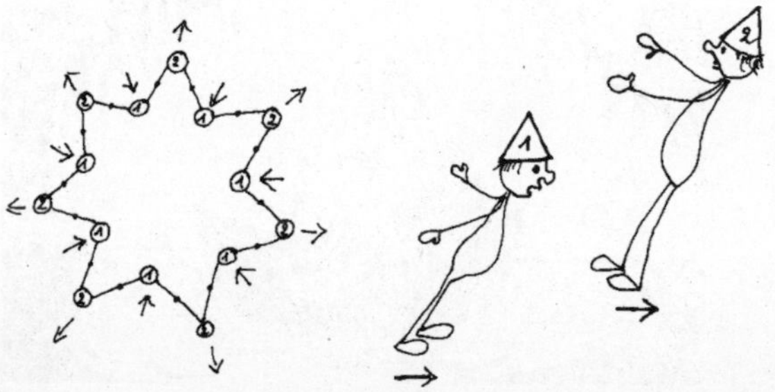

Die Gruppe bildet einen Kreis und alle halten sich an den Händen. Im Wechsel lehnt sich jeweils ein Kind nach hinten bzw. vorne und alle werden durch die gemeinsam erzeugte Spannung gehalten.

- Reflexion mit Wetterkarte (Bezug zur Einstiegssituation – Unwetter)
  Anhand verschiedener Wettersymbole besprechen die Kinder, wie es ihnen in der Spielsequenz gegangen ist.

2.4 Dritte Abenteuerspielsequenz

Warge und Orks greifen die Zwerge an. Sie sind in äußerster Gefahr und werden am Ende durch die Adler gerettet.

- Täter-Opfer-Spiel (aus aktuellem Anlaß einer Schulhofsituation)
  Die Schülerinnen und Schüler versetzten sich im Wechsel in die Situation der angreifenden Orks und der bedrohten Zwerge. Die jeweiligen Gefühle sollen durch Mimik und Körpersprache ausgedrückt werden. Anschließend Austausch darüber und über Parallelen zu realen Konfliktsituationen.

Nach der Überquerung der alten Furt und der Wanderung am Berg Carrock vorbei wird die Gruppe in Beorns Haus köstlich bewirtet.

- In der Schulküche kocht die Klasse verschiedene Speisen.

2.5 Vierte Abenteuerspielsequenz

Die Gruppe erreicht den Nachtwald. Dieser ist dunkel und bedrohlich. Es besteht die Gefahr, sich zu verlieren.

* Phantasiereise
  Mit geschlossenen Augen lauschen die Kinder einer atmosphärischen Einführung in den Schauplatz des heutigen Abenteuers.

* Gordischer Knoten
  Um sich nicht zu verlieren, halten sich die SchülerInnen an Schnüren fest, die allerdings kreuz und quer durch die Gruppe gehen. Zunächst einmal müssen sie sich entknoten, ohne dabei die Schnüre loszulassen.

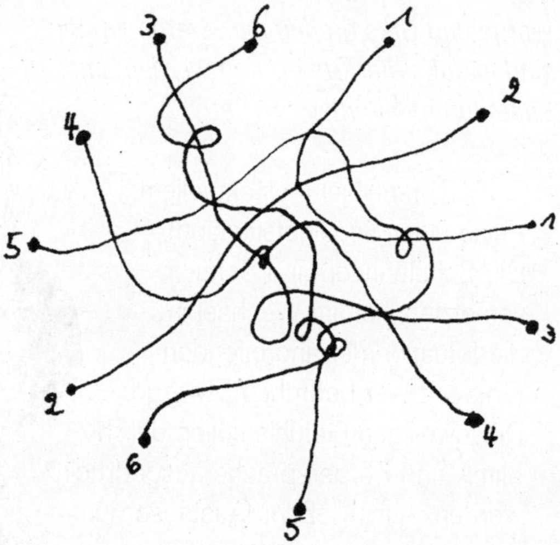

Bombur ist in einen verzauberten Fluß gefallen und schläft.

* Personentransport
  Die Kinder müssen einen Schüler über eine Strecke hinweg transportieren. Wer in Kontakt mit „Bombur“ ist darf aber nicht gleichzeitig gehen.

Die Zwerge geraten in ein Netz der Spinnen und werden von Bilbo befreit.

* Das Spinnennetz
Die Gruppe muss ein aufgespanntes Spinnennetz durchqueren, ohne es zu berühren. Zudem darf ein Loch nur von einer Person durchquert werden.

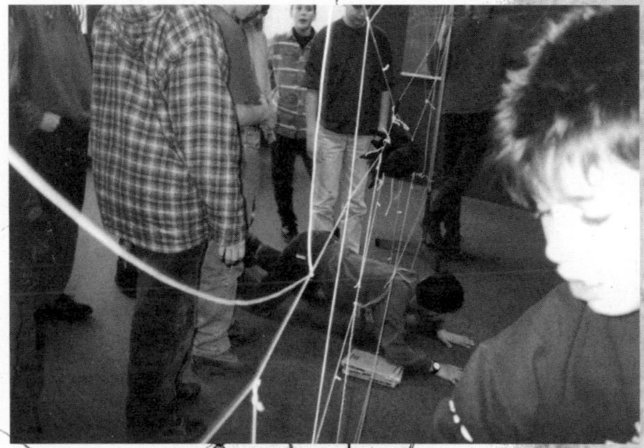

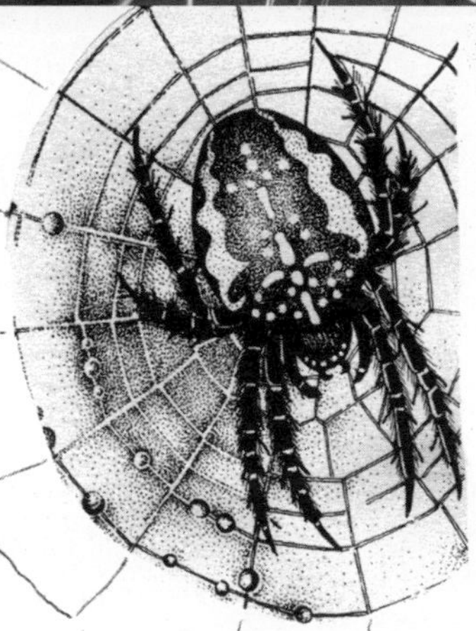

- Verbale Reflexion
  Die Schülerinnen und Schüler tauschen sich darüber aus, wie sie ihre Zusammenarbeit im „Nachtwald" erlebt haben.

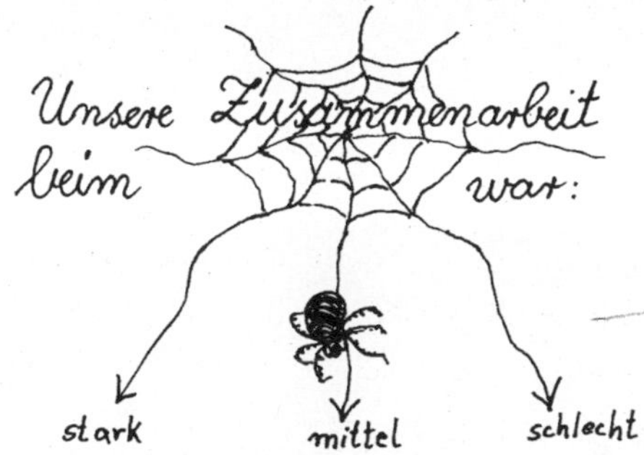

2.6 Fünfte Abenteuerspielsequenz

Die Zwerge geraten in die Gefangenschaft des Elbenfürsten. Sie werden in unterirdischen Zellen gefangengehalten.

- Bildgestaltung
  Eine Bildvorlage mit den Kellerverliesen wird von den Kindern ausgestaltet. Daran schließt sich ein Gespräch über Erfahrungen des Alleinseins an.

Bilbo, der dank des Ringes den Elben entwischt ist, findet die Zwerge und schlägt ihnen einen Plan vor: sie könnten in Fässern versteckt über den unterirdischen Fluß entkommen.

- Das Tonnenexperiment

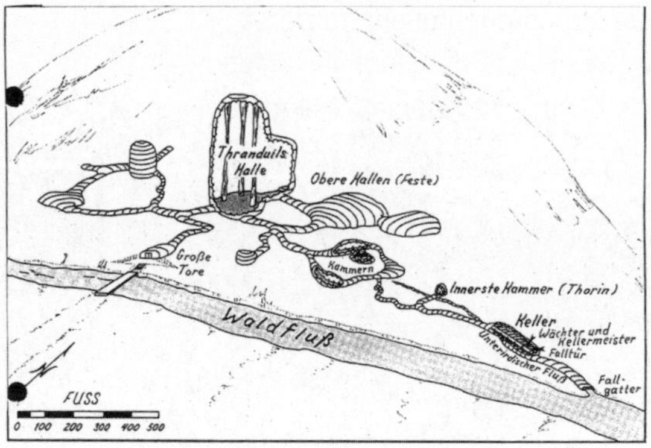

Die Schülerinnen und Schüler können freiwillig in eine enge Tonne schlüpfen, der Deckel wird für kurze Zeit geschlossen. Sie berichten anschließend über ihre Empfindungen. Wiederum kann eine entsprechende Bildvorlage zeichnerisch ausgestaltet werden und die Kinder können aufschreiben, welche Gefühle diese Erfahrung bei ihnen wachruft.

2.7 Sechste Abenteuerspielsequenz

Bilbo gelingt es, dem Kerkermeister die Schlüssel für die Verliese zu entwenden, und er befreit die Zwerge. Gemeinsam erreichen sie den unterirdischen Fluß und widerwillig läßt sich ein Zwerg nach dem anderen von Bilbo in die Fässer stecken. Als letzter springt dieser selber in das dunkle Wasser. Eine abenteuerliche Reise führt sie schließlich in die Seestadt.

Ausdrucksspiel aus dem Erleben

Der Text des zurückliegenden Kapitels wird noch einmal laut vorgelesen. Die SchülerInnen wählen sich eine Rolle, die sie gerne spielen möchten. Mit Hilfe von Tüchern können sie sich dann verkleiden und die Spielorte gestalten. Schließlich wird der Text in verkürzter Form erneut vorgelesen und die Kinder können dazu nonverbal ihre Vorstellungen vom Verlauf dieses Abenteuers inszenieren. Abschließend sitzen wir im Kreis zusammen und die SchülerInnen erzählen, wie sie die Geschichte in ihrer Rolle erlebt haben.

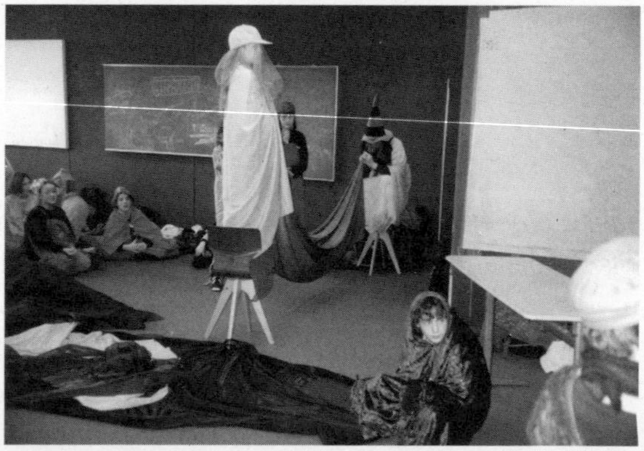

2.8 Die Abenteuer- und Lesenacht

- Vorlesen aus dem Hobbitbuch
  Im Klassenraum ist mit Tüchern, Bildern und anderem Material eine gemütliche Atmosphäre vorbereitet worden. Nachdem sie sich alle eingefunden haben, lauschen die Schülerinnen und Schüler dem Kapitel aus der Hobbiterzählung, welches die Grundlage für die bevorstehende nächtliche Abenteuersequenz in der Schule ist.

- Eine Stärke einbringen
  Auf einem Arbeitsblatt sind in Stichwörtern Stärken, die bei der Bewältigung eines Abenteuers hilfreich sein können, festgehalten, ebenso mögliche Ziele, die die Kinder sich stecken könnten. Die SchülerInnen sollen jeweils eine Stärke und drei Ziele, die sie heute Nacht einbringen bzw. sich setzen wollen, einkreisen oder aufschreiben.

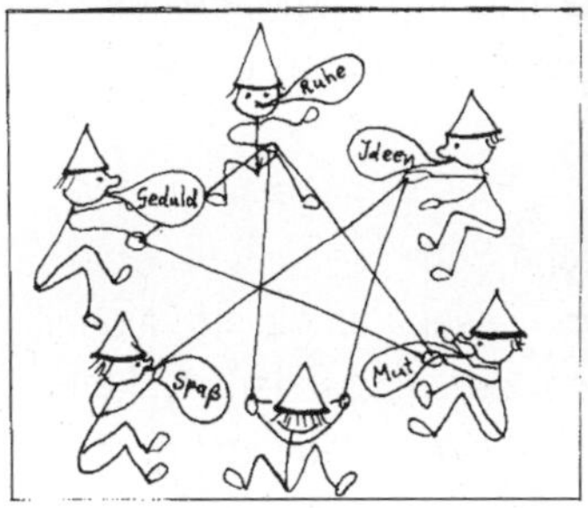

- Das Gruppennetz
  In die Mitte der Gruppe wird ein Seil gelegt. Nacheinander nennen die Kinder ihre Stärke und werfen sich dann gegenseitig das Seil zu, so dass ein Netz entsteht, mit dem alle verbunden sind. Sich an diesem Netz festhaltend, lehnen sich dann alle SchülerInnen zurück: die Gruppe ist stark genug, ihre Mitglieder zu halten und gemeinsam aufzustehen.

- Das Drachensiegel
  Zur Bekräftigung des Gruppenzusammenhalts und in Anspielung auf die bevorstehende Aufgabe erhalten alle Schülerinnen und Schüler das Drachensiegel, ein Amulett aus Ton, auf dem der Drache Smaug zu sehen ist.

Von der Seestadt Esgaroth aus überquert die Reisegruppe den Langen See, um zum Einsamen Berg zu gelangen.

- Die Trollis
  Am Ausgang des Klassenzimmers ist ein Teil des Ganges als See abgegrenzt. Zwei Trollipaare stehen der Gruppe zur Verfügung. Niemand darf mit dem See in Berührung kommen.

Am Einsamen Berg angekommen, können die Zwerge zunächst den Eingang zu dem geheimen Gang nicht finden.

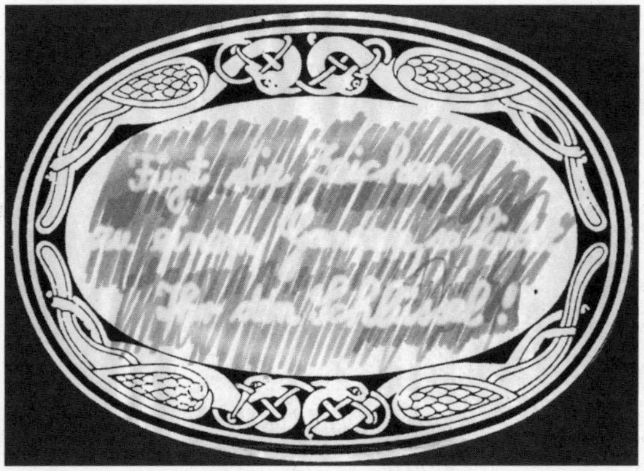

- Die geheime Botschaft der Mondbuchstaben
  Vor einer mit Tüchern verhangenen Tür finden die Kinder eine Botschaft mit einer Geheimschrift. Mit Hilfe eines Wachsmalstifts können sie diese entschlüsseln:

- Der magische Schlüssel
  Alle Kinder müssen nun gleichzeitig mit einem Finger den magischen Punkt am Fußboden berühren. Das Licht geht aus, der mit Leuchtfarbe präparierte Eingang zur Höhle wird in der Dunkelheit sichtbar.

Die Gruppe wandert durch die unterirdischen Gänge des Einsamen Berges.

- Der Weg durch die Dunkelheit
  Durch die Gänge und Räume der dunklen Schule ist ein Labyrinth aus Seilen gespannt. Es gibt Verzweigungen und tote Enden. Jeweils in unmittelbarer Nähe von am Seil festgeknoteten Schnüren sind Schätze (10 symbolische Gegenstände aus der Geschichte und etwa 30 Softbälle) versteckt. Das Labyrinth endet schließlich in der großen Eingangshalle. Mit verbundenen Augen durchqueren die Kinder das Labyrinth und suchen die Schätze. Alle Entscheidungen bzg. Aufteilung und Orientierung müssen sie selbst treffen. In der Halle angekommen, dürfen sie die Augenbinden abnehmen. Im Hintergrund wird geheimnisvolle Musik mit dem Röcheln des Drachen gespielt.

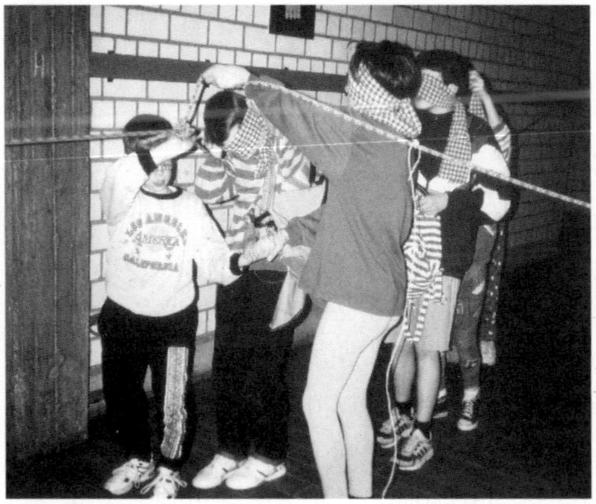

In den Gängen des Berges lauert der listige Drache Smaug. Es gelingt der Gruppe, den Zwergenschatz aus der Felsenhalle zu entwenden.

- Die Bergung des Schatzes in der Felsenhalle
  Die Halle ist nur mit einigen Fackeln spärlich beleuchtet. In der Mitte ist ein großes Areal abgegrenzt, welches nicht betreten werden darf (der schlafende Smaug würde erwachen) und in dessen Zentrum sich ein Eimer mit Süßigkeiten (der Schatz) befindet. Zur Bergung des Schatzes haben die Schülerinnen und Schüler zahlreiche kürzere Seile zur Verfügung. Die Bergungsaktion muss in aller Stille vor sich gehen.

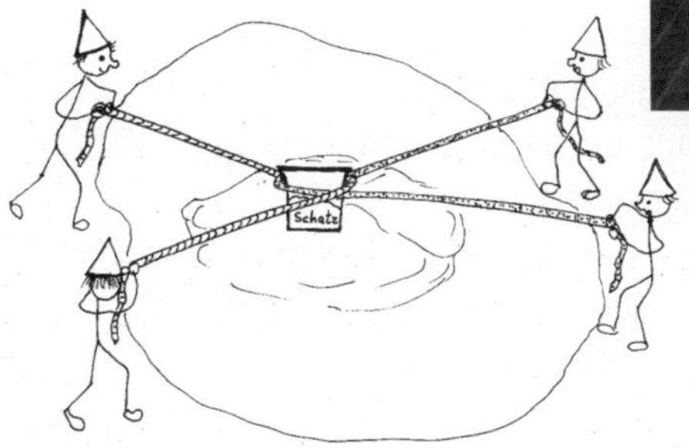

- Eindrücke von der nächtlichen Reise
  Auf bereitliegenden Zetteln können die Kinder in Stichpunkten Eindrücke des gerade zurückliegenden Abenteuers notieren.
  Den weiteren Verlauf der Nacht gestalten sie selbst. Es gibt die Möglichkeit zu spielen, zu lesen, zu erzählen oder Musik zu hören. Auch eine Zeit für Bettruhe und für endgültige Stille haben sie selbst festgelegt.

- Abschlußreflexion am Einsamen Berg
  Nach einem selbst zubereiteten und gemeinsam eingenommenen Frühstück am nächsten Morgen versammelt sich die Gruppe mit ihren Notizzetteln vom gestrigen Abend um ein Modell des Einsamen Bergs. Zunächst geht es um einen Blick zurück auf die persönlichen Ziele und die Stärke, die man in das Abenteuer einbringen wollte. Mit Hilfe von hellen und dunklen Papierstreifen, die unterschiedlich lang geschnitten werden können, veranschaulichen die Kinder positive und negative Gefühle unterschiedlicher Intensität. Danach wird eine Art Soziogramm für den zurückliegenden Abend erstellt: die Schülerinnen und Schüler erhalten die Aufgabe sich mit Hilfe von kleinen Zwergenfiguren so am oder auf den Berg zu plazieren, dass es ihrem Erleben der Gruppensituation entspricht. Die Reflexion endet schließlich mit einem offenen Austausch über das Gesagte.

2.9 Die Klassenfahrt nach Schloß Dhaun

1. Tag

- Der Zweig der Möglichkeiten
  Nachdem das Haus bezogen ist und erste Erkundungsgänge stattgefunden haben, versammelt sich die Klasse im Gruppenraum, der mit Bildern und Gegenständen aus der Hobbitgeschichte ausgeschmückt ist. Von der Decke hängt ein stark verzweigter Ast herab. Auf dem Tisch liegen aus Papier geschnittene Blätter und Früchte. Die Kinder haben die Aufgabe, darauf persönliche Ziele und Wünsche für das Zusammenleben in der Gruppe zu schreiben und diese dann an dem Zweig aufzuhängen. Dann knüpfen wir mit der Geschichte noch einmal an dem Punkt an, an dem wir bei der Nacht in der Schule aufgehört hatten: das Abenteuer der Zwerge im Einsamen Berg, auch in der Hobbitgeschichte selbst der eigentliche Höhepunkt.

Der wertvollste Schatz, der dem Drachen entrissen werden muss, ist der Argenjuwel.

- Der Argenjuwel in den Katakomben
  Die Katakomben sind ein kleines unterirdisches System aus Gängen und Räumen im Inneren von Schloß Dhaun. Darin haben wir den Argenjuwel – ein kleines Päckchen, in dem sich 3 Kugeln aus Glas befinden – sowie einige Holzbuchstaben, die ein Lösungswort ergeben, versteckt. Ausgerüstet mit Augenbinden, Helmen und Kordel hat die Gruppe folgende Aufgabe:
  – die Felsengänge zu durchqueren und den zweiten – geheimem – Ausgang aus der Höhle zu finden
  – den Argenjuwel und die Buchstaben zu finden und daraus das Lösungswort zusammenzusetzen
  – eine möglichst genaue Zeichnung der Felsengänge anzufertigen, damit kommende Generationen von Zwergen es einmal leichter haben, ihren Weg zu finden
  Zu diesem Zweck wird die Klasse in drei Untergruppen aufgeteilt. Ein Raum innerhalb der Katakomben ist der „Raum des Sehens". Hier können die Augenbinden abgenommen werden und Pläne für das gemeinsame Vorgehen geschmiedet werden.

- Rückblick auf den Weg durch die Katakomben
  Zurück im Gruppenraum werden die verschiedenen Zeichnungen der Felsengänge vorgestellt und verglichen und es folgt ein Austausch darüber, wie der Weg durch die Katakomben erlebt wurde.

Smaug ist nicht bereit, die Zwerge kampflos mit dem Schatz davonziehen zu lassen. Er jagt wutentbrannt über die Seestadt. Der Hobbit, die Zwerge, die Waldelben und die Menschen der Seestadt müssen sich trotz unterschiedlicher Interessen auf einen gemeinsamen Kampf gegen den Drachen vorbereiten.

Übungen zur Einstimmung auf die Begegnung mit Smaug

- Mondball
  Der Argenjuwel (hier ein Wasserball) muss möglichst lange in der Luft gehalten werden.

- Die Wippe
  Auf einer Wippe aus langen Balken muss die Gruppe für einen kurzen Moment ein Gleichgewicht finden.

- Die magischen Reifen
  Zauberringe (Gymnastikreifen) wandern einmal durch die sich an den Händen haltende Gruppe und dürfen sich dabei nicht berühren.

- Der Juwelentransport
  Ohne die Hände zu benutzen, müssen die Juwelen (Softbälle) über verschiedene Stationen hinweg transportiert werden.

- Reflexion mit Standogramm
  Zu Aussagen, die einzelne Schüler zur zurückliegenden Trainingseinheit machen können, nehmen die Anderen zunächst nonverbal in Form ihrer Position (nah oder fern) Stellung. Dann kann ein kurzer Austausch dazu erfolgen.

Es kommt zum Kampf mit dem Drachen. Gemeinsam wird er besiegt

- Die Drachenwaffe
  Smaug hängt in Form einer großen Pappfigur vom Ast eines großen Baumes herab. An seinem Bauch sind einige Luftballons (sein Schutzpanzer) angebracht. Unter dem Drachen ist am Boden ein großes Areal abgegrenzt, welches zu betreten zu gefährlich ist. In dessen Mitte befindet sich etwas unter einer Decke. Die Gruppe hat eine Waffe zur Verfügung, mit deren Hilfe sie

Smaug besiegen kann. Es ist eine große Holzscheibe, auf deren Mitte eine Nadel befestigt ist, und an der am Rand 3m lange Schnüre (der Schülerzahl entsprechend) hängen. Mit ihr gilt es den Panzer des Drachen zu zerstören, dies kann aber nur von allen gemeinsam bewältigt werden.

- Die Bergung der Botschaft
  Mit Hilfe eines Seiles, eines Klettergurtes, zweier Karabiner und eines Helms kann nun ein Mitglied der Gruppe, das von den anderen gehalten wird, die Höhle des Drachen durchqueren und das Geheimnis unter der Decke lüften. Es ist dies eine Leuchtmaske, bei der sich folgende Botschaft befindet: „Rettet die Eier des Adlerheeres auf der Heimreise durchs Nebelgebirge vor den Orks“.

In der Schlacht der 5 Heere besiegen die Zwerge, Waldelben und Menschen gemeinsam auch die Heere der Orks und Warge. Dabei kommen ihnen wieder einmal die Adler zuhilfe. Der Kampf ist hart und verlustreich. Auch die Reisegemeinschaft geht angeschlagen daraus hervor.

- Rückweg mit Handicaps
  Ein Teil der Gruppe kann nicht gehen, einige dürfen Arme und Hände nicht benutzen, andere können nichts sehen. Lediglich eine vierte Gruppe ist ungeschoren davon gekommen. Alle müssen nun einen Parcours entlang eines Seiles zurücklegen und sind dabei größtenteils auf gegenseitige Hilfe angewiesen.

- Reflexion mit Hilfe von Bildern
  Im Gruppenraum liegen Papier und Wachsmalstifte aus. Die Kinder malen ein oder mehrere Ereignisse, die sie bislang am meisten beeindruckt haben und stellen sich gegenseitig ihre Bilder vor.

2. Tag

Zwerge, Waldelben und die Menschen der Seestadt haben durch den Kampf zusammengefunden und feiern gemeinsam ein Fest.

- Phantasiereise
  In der Mitte des leicht abgedunkelten Raumes liegt der Argenjuwel: 3 Glaskugeln, in denen sich Seidentücher unterschiedlicher Farbe (braun, blau und grün) und dazu jeweils eine Botschaft befinden. In entspannter Haltung lauschen die Schülerinnen und Schüler der Geschichte (Phantasiereise mit Musik)

- Das Fest der drei Völker
  Die Botschaften in den Glaskugeln werden geöffnet. Sie enthalten die Aufgaben zur Gestaltung des Fests der 3 Völker:

  - Drei etwa gleich große Gruppen sollen gebildet werden: Zwerge (braun), Menschen der Seestadt (blau) und Waldelben (grün). Sie begeben sich in drei verschiedene Räume.
  - Mit Farbe und verschiedenen Materialien (Federn, Blätter, farbiges Krepppapier) werden Neutralmasken passend zum jeweiligen Volk gestaltet.
  - Mit Tüchern können die Kinder sich und ihren Raum in den entsprechenden Farben gestalten.
  - Jede Gruppe hat darüber hinaus einige Aufgaben: ein Wappen mit einer entsprechenden Geschichte des jeweiligen Volkes soll hergestellt, ein Vierzeiler erfunden und schließlich ein Tanz als Höhepunkt des Festes entwickelt werden.
  Die Gruppen haben etwa drei Stunden Zeit für die Vorbereitungen. Dann besuchen sie sich gegenseitig und führen einander ihre Ideen vor.

3. Tag

Der Hobbit und die Zwerge treten die Heimreise über das Nebelgebirge an (im Buch wird dazu nicht mehr viel gesagt, unsere Spielhandlung ist hier frei erfunden).

- Die Besteigung des Nebelgebirges
  Nach einer Einführung in den Umgang mit Klettermaterialien haben die Schülerinnen und Schüler Gelegenheit, in einem nahegelegenen Klettergarten ein oder mehrere Touren zu klettern.

- Die Rettung der Adlereier
  Während der Mittagspause sind an zwei verschiedenen Felsen in jeweils zwei Kletterrouten rohe Eier in unterschiedlicher Höhe versteckt worden. Jungen und Mädchen haben nun getrennt voneinander die Aufgabe, jeweils von ihrem Felsen möglichst viele Eier zu retten. Jede/r Einzelne ist dabei gefordert, ein für sich angemessenes Schwierigkeitsniveau zu wählen.

- Reflexion mit imaginärem Photoalbum
  Zurück in der Schule liegen zahlreiche Photos von der Klassenfahrt aus. Die Schülerinnen und Schüler haben zunächst Gelegenheit, sich anhand dieser Bilder über ihre noch ganz aktuellen Erinnerungen auszutauschen. Dann werden sie in einer entspannten Atmosphäre zu einer Reise durch ihre eigenen inneren Bilder angeleitet. Drei Bilder sollen sie schließlich auswählen und „vergrößern". Dabei kann es sich um spannende, ruhige, schöne, traurige, ärgerliche oder aus anderem Grund wichtige Momente handeln. Die Bilder können die Schülerinnen und Schüler dann malen und ihnen einen Titel geben. Daran schließt sich ein ausführliches Gespräch über die Ereignisse der Fahrt an.

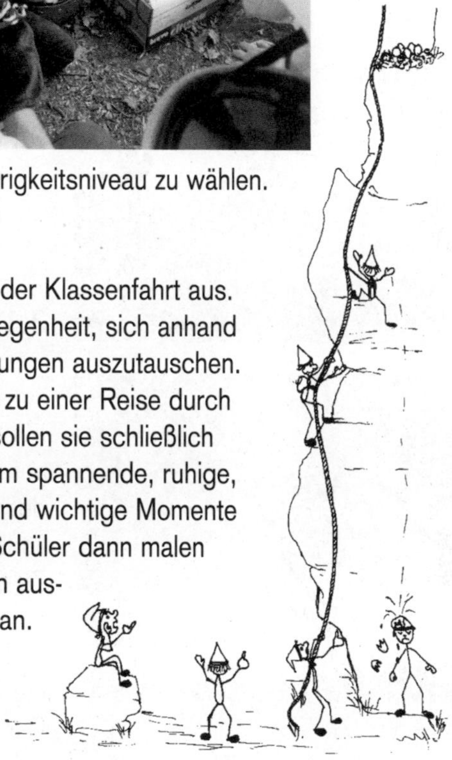

Das Hobbitspiel

Schon vor der Fahrt hatte ich einen Spielplan von Mittelerde gestaltet und dazu kleine Zwergenfiguren hergestellt. Daraus entwickelte ich nun ein Hobbitspiel mit Frage- und Antwort-, Ereignis- und Aktionskarten. Dieses Spiel wird nach der Klassenfahrt mehrfach gespielt und dient nebenbei der Ergebnisüberprüfung, wie weit das Buch gelesen und verstanden wurde.

Abschlußreflexion

Kurz vor Schuljahresende, etwa zwei Monate nach der Klassenfahrt, blicken wir gemeinsam auf unsere Hobbitabenteuer zurück. In der Mitte der Klasse ist ein Dorf aufgebaut. Auf einem Tisch stehen zahlreiche Schlümpfe. Entsprechend ihrer Selbstwahrnehmung suchen sich alle Schülerinnen und Schüler einen

Schlumpf, der sie im Zwergendorf repräsentieren soll. Dann plazieren sie sich im Dorf so, wie sie sich innerhalb der Gruppe wahrnehmen. Anschließend sind alle eingeladen, aus ihrer Sicht Stellung zur Selbsteinschätzung ihrer Klassenkameraden zu geben. Daraus entwickelt sich ein intensives Gespräch über unsere Klassengemeinschaft, über das Verhalten Einzelner in bestimmten Situationen und über Erinnerungen an Erlebnisse aus den zurückliegenden Spielsequenzen.

3. Eine Einschätzung der Ergebnisse – oder was wir auf der Reise gelernt haben

3.1 Die Bedeutung der Hobbitgeschichte für die Schülerinnen und Schüler

Ein Schuljahr ist ein langer Zeitraum, um immer wieder auf ein Thema zurückzukommen. In Kürze wollen wir deshalb beschreiben, wie die Schülerinnen und Schüler im Laufe des Jahres auf dieses Thema reagiert haben. Zu Beginn löste der Hobbit viel Neugier aus. Das Interesse fast aller Kinder an der Geschichte war groß und in den Gesprächen wurde deutlich, dass sie sich stark in die Phantasiewelt dieser Geschichte einfühlen konnten. Durch die Spielsequenzen kam es immer wieder auch zu einem intensiven Austausch auf der Ebene der realen Klassensituation. Etwa zur Jahreshälfte trat dann eine gewisse Flaute auf. Es wurde kaum mehr über den Hobbit gesprochen und wir waren uns unsicher, ob das Thema noch altersangemessen wäre. Das eindrucksvolle Erlebnis der Abenteuernacht veränderte diese Situation dann wieder.

Bis zur Klassenfahrt nach den Osterferien war wieder ein lebhaftes Interesse an der Geschichte festzustellen. Diese war kurz darauf auch abgeschlossen, so dass außer dem Hobbitspiel keine Aktivitäten mehr erfolgten. Während das Thema für die Schüler abgeschlossen schien, trauerte ich der Geschichte etwas nach. Am Ende des Schuljahres wurde aber deutlich, dass sie auch den SchülerInnen einiges bedeutet hatte. Häufiger ging es jetzt in Gesprächen wieder um „unseren Hobbit" und „unsere Klassengemeinschaft". In der Abschlußreflexion mit dem Zwergendorf erinnerten sie sich an viele Details sowohl aus dem Buch als auch aus den gemeinsamen Spielsequenzen. Da bis kurz vor Schuljahresende unklar war, ob ich die Klasse im 7. Schuljahr wieder führen würde, machten die Schülerinnen und Schüler mir auch ein Abschiedsgeschenk: eine Hobbitpuppe.

3.2 Die Lesestunde

Das Vorlesen durch die Schülerinnen und Schüler selbst hatte zur Folge, dass die Lesestunde nicht als so genußreich erlebt wurde, wie es beim Vorlesen durch mich hätte sein können. Auch wurden die Texte von einigen Kindern eher selten zuhause zu Ende gelesen. Im Laufe der Zeit habe ich daher gegen Ende der Stunde etwas mehr vorgelesen. Gemessen an den Lesegewohnheiten meiner Schüler bin ich mit den Ergebnissen in diesem Bereich insgesamt zufrieden. Die Kassetten haben wir letztlich nicht gebraucht.

3.3 Die Hobbit-Arbeitsmappe

Für mich selbst war es aus Zeitgründen nicht ganz einfach, immer passende Arbeitsblätter zur Geschichte zu produzieren. Im Laufe der Zeit hat das Bildmaterial dann eher zugenommen und ich bin mit dem fachlichen Niveau im Bezug auf den Deutschunterricht etwas unzufrieden. Dieses Problem würde sich bei einer erneuten Durchführung des Projekts mit einer anderen Klasse aufgrund des bereits vorliegenden Materials natürlich nicht mehr stellen. Eine hilfreiche Quelle zur Erstellung von Arbeitsmaterialien ist auch die Literaturkartei Der kleine Hobbit (Carratello & Carratello 1994), auf die wir allerdings erst am Ende des Schuljahres stießen. Die Spannweite der Schülerinnen und Schüler beim Umgang mit der Hobbitmappe war groß. Während einige sie so schlampig wie auch die anderen Hefte führten, gab es andere Kinder, die die Mappe hegten und pflegten. Für die meisten SchülerInnen wird sie in der einen oder anderen Form eine Erinnerung an das Hobbitjahr sein, weshalb ich jedem der Kinder am Ende des Schuljahres 4–5 persönliche Bilder für die Mappe schenkte.

3.4 Die Abenteuerspielsequenzen

Alle Spielsequenzen kamen bei den Kindern gut an. Uns selbst erschienen die Abstände – im Schnitt etwa ein Monat – manchmal zu groß, aber wir stießen dabei auch auf unsere eigenen zeitlichen und organisatorischen Grenzen. Obwohl uns die Hobbitgeschichte insgesamt sehr gute Anknüpfungsmöglichkeiten für Spielaktionen bot, war es natürlich nicht immer einfach, die Chronologie der Ereignisse einzuhalten. Im Zweifelsfall haben wir das Handlungsszenario zugunsten der Spielsequenz leicht verändert, was von niemandem als problematisch empfunden wurde.

Phantasiereisen ließen sich ebenfalls sehr gut in die Geschichte einbinden und wurden von fast allen Kindern gerne angenommen. Dem Ausdrucksspiel aus dem Erleben würden wir beim nächsten Mal noch mehr Raum geben. Es zeigte sich, dass die meisten Kinder eine gewisse Eingewöhnungsphase brauchen, um die Ausdrucksmöglichkeiten, die ihnen diese Methode bietet, voll auszunützen.

3.5 Reaktionen von MitschülerInnen und KollegInnen

SchülerInnen anderer Klassen wurden im Laufe des Schuljahres immer mal wieder aufmerksam auf unser Projekt. Die meisten reagierten interessiert und fragten, ob sie so was nicht auch mal machen könnten. Aus der Parallelklasse gab es aber Kommentare wie „ihr mit Euren kindischen Spielen". Meine SchülerInnen reagierten darauf zunächst verunsichert, kamen in Gesprächen dann aber fast einheitlich zu dem Schluß, dass die anderen Kinder eigentlich neidisch wären. Diese Gespräche waren auch insofern für mich sehr aufschlußreich, weil deutlich wurde, wie klar den SchülerInnen die Sinnhaftigkeit der Spiele war. Sie konnten die phantasievollen Szenarien genießen und wußten gleichzeitig genau, dass es um ihr Verhalten und ihren Umgang miteinander ging.
Enttäuschender war für mich die Nicht-Reaktion meiner Kolleginnen und Kollegen auf das Projekt. Obwohl ich daraus weder ein Geheimnis noch eine große Show gemacht habe, kamen überhaupt keine Nachfragen oder Kommentare.

3.6 Veränderungen in der Klasse

Eine vielleicht ein wenig banale, aber eben doch nicht selbstverständliche Tatsache, die ich auch auf unser Projekt zurückführe, ist die, dass die Klasse am Ende des Schuljahres eine sehr gute und verläßliche Gemeinschaft bildete. Es herrschte ein wirkliches Vertrauensklima, was sich einerseits in einer großen Offenheit der Schülerinnen und Schüler untereinander in den Klassengesprächen, bei denen oft heikle Themen angesprochen wurden, zeigte. Zum anderen habe ich im Laufe des Jahres viel über die persönliche Situation einzelner SchülerInnen, die sich mir in Gesprächen anvertrauten, gelernt. Für Konflikte der Kinder untereinander konnten immer Lösungen im Klassengespräch gefunden werden.
Insgesamt sind die Schülerinnen und Schüler in diesem Jahr ein gutes Stück selbständiger geworden. Viele Dinge haben sie selbst in die Hand genommen und mir damit auch die Arbeit leichter gemacht. Beispielsweise waren sie in der Lage, während der Klassenfahrt alleine zu kochen und aufzuräumen und den Einkauf und die Programmgestaltung eines Grillfestes zum Abschluß des

Schuljahres selbst zu organisieren. Wichtig ist mir vor allem, dass sie gelernt haben, Gespräche untereinander eigenständig zu führen. Viele Schülerinnen und Schüler haben sich im Laufe des Jahres ein oder mehrere Male in der Rolle des Gesprächsleiters erprobt, und ich musste immer weniger strukturierend in diese Gespräche eingreifen.
Dass die SchülerInnen dabei auch einiges an Selbstvertrauen entwickelt haben, zeigte sich mir darin, dass sie den Mut hatten, eine Kollegin, mit der sie einige Zeitlang Schwierigkeiten hatten, alleine zu einem Klassengespräch einzuladen und Probleme mit ihr offen zu besprechen.

3.7 Veränderungen bei einzelnen Schülern

Werfen wir schließlich einen Blick zurück auf die eingangs beschriebenen Kinder. Wie haben sie das Projekt erlebt, und hat es ihnen möglicherweise geholfen, mit ihrer speziellen Problematik besser umzugehen?
Georg, der herzkranke Junge, kann sich an vielen Stellen total für die Geschichte begeistern. Bei längeren Spielsequenzen zeigt er eine für seine Verhältnisse ungewöhnliche Ausdauer. Die Klasse wiederum toleriert einerseits manche seiner eigenwilligen Verhaltensweisen, konfrontiert ihn im Stuhlkreis aber auch klar damit, wenn er sich unfair verhält. Die Bilder, die er malt, bekommen Farben.
Für Astrid, das Mädchen das einen Gehirntumor hatte, bietet das Projekt manche Gelegenheit zur körperlichen Grenzerfahrung. dass sie diese Erfahrungsmöglichkeiten für sich nutzt, wird besonders eindrucksvoll beim Klettern am Fels deutlich, wo sie sehr mit sich ringen muss und am Ende stolz auf eine für sie sehr ungewöhnliche Leistung ist. Sie ist ein Stück mutiger geworden. Ihrem Gehirnchirurgen im Krankenhaus hat sie ein Photo vom Klettern geschenkt.
Bernd haben die zahlreichen Gemeinschaftsaufgaben Gelegenheit gegeben, sich mit seinen Fähigkeiten voll in die Gruppe einzubringen und dafür Anerkennung zu finden. Die klare Formulierung gemeinsamer Ziele, verbunden mit körperlichen Handlungsmöglichkeiten, sind für ihn eine wichtige Hilfe zu prosozialem Verhalten.
Exemplarisch für die Mehrzahl der anfangs nicht im einzelnen beschriebenen Schülerinnen und Schüler sei schließlich Robert erwähnt, ein intelligenter Junge, der eine gewisse Führungsposition in der Klasse hat. Er hat im Laufe des Projektes viele Möglichkeiten, mit der Art, seinen Einfluß auf die Klasse auszuüben, zu experimentieren, und durch die Ergebnisse der Spielaktionen sowie durch seine Klassenkameraden Rückmeldung darüber zu bekommen. Robert hat dabei einiges über sich und seine Führungsqualitäten gelernt.

3.8 Grenzen

Uns war natürlich klar, dass wir mit dem Projekt nicht auf alle individuellen Probleme der Kinder Einfluß nehmen können. So können wir beispielsweise wenig dazu sagen, ob Katja und Joachim in ihrer speziellen Situation davon profitiert haben.
Für Richard hingegen, der aus religiösen Gründen an vielen Aktivitäten nicht teilnehmen durfte, hat das Projekt ja sogar die Gefahr einer gewissen Ausgrenzung heraufbeschworen. Wir konnten aber feststellen, dass die Klassengemeinschaft sich hier bewährte, und Richard keine Außenseiterposition entwickelte. Vor einem inneren Konflikt hingegen konnten wir ihn nicht bewahren – die Sache mit dem Hobbit faszinierte auch ihn, und in Unterrichtsgesprächen wußte er so gut darüber Bescheid, dass wir ziemlich sicher sind, dass er das Buch heimlich gelesen hat.
Wenig im Sinne unserer Zielstellungen haben wir bei Ali erreicht. Er behielt seine Tendenz, sich schnell aus der Gemeinschaft auszuklinken, über das ganze Schuljahr bei und war entsprechend auch am Ende nur bedingt in die Klasse integriert. Dabei hat sicherlich auch eine Rolle gespielt, dass es mir nicht gelungen ist, ein Vertrauensverhältnis zu ihm aufzubauen. Für Ali, der fast zwei Jahre älter als die meisten anderen Kinder ist, war die phantasievolle Hobbitwelt aber auch nicht mehr altersangemessen. Ansatzweise war das in der zweiten Jahreshälfte auch bei einigen älteren SchülerInnen zu bemerken. Sie entwickelten eine gewisse Distanz zur Geschichte, was die gemeinsamen Aktivitäten aber nicht grundsätzlich beeinträchtigte.

3.9 Ein persönliches Fazit

Wenn ich einen Blick zurück auf meine Ziele als Klassenlehrerin werfe, kann ich sagen, dass ich mit Verlauf und Ergebnissen des Projekts sehr zufrieden bin. Nicht zuletzt hat es mir geholfen, meine eigenen Stärken in die Arbeit mit der Klasse einzubringen und eine persönliche Beziehung zu fast allen Kindern zu entwickeln. Wichtig war, dass wir den Ablauf nicht nach einem festen Schema vorbereitet hatten, sondern flexibel immer wieder an der Situation der Klasse orientiert haben. Dabei habe ich einiges darüber gelernt, im richtigen Moment die richtigen Methoden einzusetzen. In diesem Sinne plane ich, die Arbeit in der Klasse im kommenden Schuljahr mit einem neuen Projekt in einem stärker sachorientierten Rahmen fortzusetzen.

5 Perspektiven

Martin Rink und Martina Sprotte

Erlebnispädagogik in der Hauptschule Boppard – ein Rück- und Ausblick

Wie es anfing

Im Frühjahr 1988 erhielt ich (Martin Rink) das Angebot, 3 Tage zum Kennenlernen die Outward-Bound-Kurzschule Berchtesgaden zu besuchen. Die 3 Tage waren sehr erlebnisreich, neben Klettern am Fels und einer Rafting-Tour boten sie viele Möglichkeiten zu langen, kritischen Gesprächen. Mein Interesse an der Erlebnispädagogik war geweckt, auch wenn einige meiner Bedenken nicht restlos ausgeräumt werden konnten.
Für Herbst 1989 buchte ich dann für mein 9. Schuljahr einen 7-Tage-Kurs. Für die meisten SchülerInnen brachte diese Fahrt mehr als herkömmliche Klassenfahrten. Im persönlichen Bereich zeigten sich bei vielen deutliche Veränderungen, z. B. was Rücksicht und Toleranz anging. Die persönlichen Veränderungen wirkten sich aber nur wenig auf die Klassengemeinschaft aus. Die Klasse war in Berchtesgaden in 3 verschiedene Gruppen eingeteilt, und diese Gruppenbildung war auch in den folgenden Wochen noch deutlich zu beobachten.
Mir persönlich fehlte die Fortsetzung der dort begonnen Arbeit. Ich hätte gerne weitergearbeitet, konnte es aber zu diesem Zeitpunkt noch nicht. Wenn aber nach 7 erlebnisreichen Tagen alles weitergeht wie vorher, kann man lang anhaltende Wirkungen nicht erwarten.
Trotzdem, und auch gegen den Widerstand vieler Eltern, für die Kosten von 450 DM ohne Taschengeld teilweise nur schwer aufzubringen waren, hätte ich vielleicht mit meiner nächsten Abschlußklasse einen weiteren Versuch gewagt, wenn ich nicht inzwischen Kontakt zu NEPAL in Bad Kreuznach bekommen hätte. Neben einer erfolgreichen erlebnispädagogischen Arbeit mit Jugendlichen wurde dort die Fortbildungsreihe *Erlebnispädagogik – Abenteuer, Risiko, Kreativität* angeboten. Gleich im Anschluß an meinen ersten Kurs plante ich dann meine erste erlebnispädagogisch orientierte Klassenfahrt.

Die erste Klassenfahrt

Im September 1992 fuhr ich mit meinem 9. Schuljahr mit 18 SchülerInnen 10 Tage nach Schloß Dhaun, einem kleinen Selbstversorgerhaus.
Die Ergebnisse, die diese Fahrt für die SchülerInnen und für mich brachten, waren überwältigend. Drei Monate nach der Fahrt schrieben die SchülerInnen auf, was sich durch die Klassenfahrt verändert hatte.Sie führten unter anderem auf:
Bei ihnen selbst
- mehr Vertrauen zu den anderen SchülerInnen
- besseres Verstehen mit den anderen SchülerInnen
- weniger Angst

In der Klasse
- besserer Zusammenhalt
- mehr Vertrauen untereinander
- mehr gegenseitige Hilfe

Bei mir
- setzt sich mehr für die Klasse ein
- wurde vom Lehrer zum Freund
- versteht uns besser als vorher

Es fiel auf, dass alle zahlreiche SchülerInnen mehrere positive Statements abgaben, während keine einzige negative Veränderung aufgelistet wurde. Außerdem äußerten die SchülerInnen den Wunsch weiterzuarbeiten und ähnliche Aktivitäten und Spiele wie bei der Klassenfahrt immer wieder einzusetzen, damit das Erreichte nicht verloren ginge.
Für mich war besonders auffällig, wie positiv sich durch die Klassenfahrt die Integration der Aussiedler und Ausländer in der Klasse entwickelte. Außerdem waren die SchülerInnen dazu in der Lage, sehr offen miteinander über Gefühle und Probleme zu sprechen sowie positive Kritik sowohl zu geben als auch anzunehmen.

Im weiteren Verlauf des Schuljahres unterbrachen wir den Unterricht dann mehrere Male, um einzelne Spiele oder Spielsequenzen auszuprobieren. Auch die Schulendtage führten uns in ein Selbstversorgerhaus in Boos an der Nahe, wo die SchülerInnen unter anderem alleine oder zu zweit ohne Licht einen stillgelegten Eisenbahntunnel durchquerten, eine Aufgabe, die für die Teilnehmer eine ähnliche Erlebnisqualität hatte wie Klettern oder Abseilen an der Schloßmauer.

Langfristige Arbeit

Mittlerweile war auch das Interesse bei einigen KollegInnen geweckt. Einige von ihnen entschieden sich zur Teilnahme an der Fortbildungsreihe. Als sie begeistert von den Einführungskursen zurückkamen, konnte unsere Arbeit endlich als Teamwork weitergeführt werden.Wir konnten nun die Angebote an unserer Schule wesentlich erweiterten, auch wenn aufgrund verschiedener Schulwechsel letzlich nur ein kleines Kernteam zurückblieb, das diese Arbeit über die Jahre hinweg kontinuierlich weiterführte.

Mit zwei Klassen, die wir als Klassenleiter führten, einem 5. Schuljahr und einem 7. Schuljahr, begannen wir eine langfristige erlebnispädagogisch orientierte Arbeit über 3 bzw. 5 Jahre hinweg. Elemente dieser Arbeit waren kleine Spielrunden, für die wir gelegentlich eine Doppelstunde zur Verfügung stellten, Lese- und Erlebnisnächte sowie Spielnachmittage. Höhepunkte waren zwei der im Kapitel *Erlebnispädagogisch orientierte Klassenfahrten – Versuch eines Vergleichs* geschilderten Fahrten. Mit einer der beiden Klassen fuhren wir außerdem eine Woche zum Segeln in die Niederlande.

Neben der kontinuierlichen Arbeit in unseren Klassen unterstützten wir immer wieder auch interessierte Kollegen und Kolleginnen bei der Vorbereitung und Durchführung von Spielsequenzen.
Außerdem boten wir im Rahmen der Arbeitsgemeinschaften in einem Jahr eine AG an, in der wir neue Spiele gemeinsam ausprobierten, im folgenden Jahr eine Kletter-AG und bei einer Projektwoche ein 4-tägiges Indianer-Projekt.

Nach und nach wirkte sich diese Arbeit auch außerhalb unserer Schule aus. Dazu trug vor allem unser *Spielkreis Erlebnispädagogik* bei. Hier treffen sich Leute, die neue Spielmöglichkeiten kennenlernen und ausprobieren möchten, zum Teil, weil sie sie selbst einsetzen wollen, aber auch, weil es ihnen viel Spaß macht und persönliche Entwicklungen fördert. Zum Kreis der Teilnehmer gehören unter anderem KollegInnen von unserer und anderen Schulen, SozialpädagogInnen und SchülerInnen der Fachschule für Sozialpädagogik, MitarbeiterInnen des Kreisjugendamts Simmern, ein Schulpsychologe sowie ehemalige SchülerInnen. Besonders positiv entwickelte sich die Zusammenarbeit mit dem katholischen Jugendpfleger in Boppard und dem Pastoralreferenten. Ein Ergebnis dieser Zusammenarbeit war die gemeinsame Planung und Durchführung von mehreren Ferienfreizeiten für Schüler und Jugendliche.

Die *Materialien*, die wir für unsere Arbeit benötigen, haben wir nach und nach zusammengetragen. Die meisten Sachen waren einfach und ohne große Kosten zu besorgen: Tennisbälle, Augenbinden, Balken, Kisten, Plastiktonnen, Rundhölzer oder Bretter.
Mehrere Baumstämme erhielten wir vom Förster. Lediglich für 4 Klettergurte, zwei Seile und Zubehör mussten wir etwa 1000,– € ausgeben.

Einbettung in den Schulalltag

Von Anfang an war unser Ziel, nicht nur Nischen im Schulalltag wie Klassenfahrten oder Projektwochen für unsere Arbeit zu nutzen. Wir wollten versuchen, die erlebnispädagogischen Ansätze auch im Rahmen des Unterrichts einzubringen. Dies erwies sich aber als ziemlich schwierig, vor allem wegen der äußeren Bedingungen in unserem sehr starren Schulsystem. Es fehlen geeignete Räume, bzw. diese Räume stehen uns zu den gewünschten Zeiten nicht zur Verfügung. Der Stundenplan bietet nur selten Möglichkeiten, zu zweit arbeiten zu können und auch nur dann, wenn wir bereit sind, Freistunden zu opfern. Die Klingel zwingt uns häufig in ein Zeitkorsett. Die Klassen sind mit mehr als 20 SchülerInnen zu groß und die Kooperation mit KollegInnen erweist sich als schwierig. Deshalb weichen wir immer wieder auf unsere unterrichtsfreie Zeit (Nachmittag, Abend, Nacht) aus.

Aber es gelang uns trotzdem, auch einiges im Unterricht zu verwirklichen: ein *fächerübergreifendes Projekt 'Baum'* mit Naturerfahrungsspielen, ein *Projekt 'Fremde in unserer Stadt'* sowie kleine thematische Spielrunden. Diese können sich ergeben sowohl auf Wunsch der SchülerInnen („Wir müssen mal wieder spielen, damit der Zusammenhalt in der Klasse wieder besser wird" / „Ich möchte mich mal wieder fallen lassen und aufgefangen werden, um zu spüren, dass ich den anderen vertrauen kann") oder aufgrund unserer Beobachtung, dass sich das Klassenklima verschlechtert oder bei einigen das Selbstvertrauen gestärkt werden müßte oder, um im Rahmen des Lehrplans Kommunikations- und Kooperationsfähigkeit zu verbessern.
Vorher klären wir in einer Gesprächsrunde, ob wirklich ein gemeinsames Interesse von Lehrern und SchülerInnen vorhanden ist, sprechen über mögliche Ziele und reflektieren anschließend, ob Veränderungen erreicht wurden.

Erlebnispädagogische Prinzipien wie z. B. Selbstverantwortung, Selbstbewertung oder Freiwilligkeit lassen sich nach unseren Erfahrungen durchaus auch im Unterricht integrieren und verwirklichen. Allerdings müssen wir Lehrer bereit sein, wesentliche *Änderungen in unseren Arbeitsformen und in unserer Haltung zu*

Schule und Unterricht zu akzeptieren und zu praktizieren. Solche Änderungen fallen nicht nur 'erfahrenen' KollegInnen schwer, leider wird nach unseren Beobachtungen auch in der Ausbildung junger Lehrer auf diesen Aspekt immer noch nicht genug Wert gelegt. Der Wandel erfolgt in kleinen Schritten, auch wir stehen erst am Anfang.
Im Rahmen neuer Unterrichtsformen (offener Unterricht) nähert sich die Aufgabe des Lehrers der Aufgabe des Betreuers erlebnispädagogischer Aktivitäten. Lehrer tendieren jedoch immer dazu, mehr Hilfe zu geben als notwendig. Andererseits erwarten die SchülerInnen dies aber auch sehr stark von ihren Lehrern, Veränderungen müssen also parallel stattfinden, und angesichts der Widersprüche innerhalb des bestehenden Systems fallen Lehrer wie Schülerinnen immer wieder auch in die alten Rollen zurück.

Das Prinzip der Freiwilligkeit läßt sich heute leider nur bedingt in der Schule umsetzen. Die nötige Einsicht, dass vieles auf Vorausgegangenem aufbaut, ist bei unseren SchülerInnen häufig nicht vorhanden. Es fällt uns schwer, eine Verweigerungshaltung („Dazu habe ich jetzt aber keine Lust") zu akzeptieren. Hinzu kommt wieder die Erwartungshaltung der SchülerInnen, die häufig von allen anderen Erziehenden einen gewissen Druck gewöhnt sind.

Schwierigkeiten bereitet uns auch das stark ausgeprägte *Konkurrenzverhalten* der SchülerInnen, das sich besonders stark in der Turnhalle zeigt. Der doch teilweise noch sehr stark leistungsorientierte Sportunterricht führt dazu, dass unsere SchülerInnen meinen, nun müßten sie mal wieder zeigen, wie sportlich sie sind und wie unsportlich die anderen. Wir zogen daraus die Konsequenz, wenn möglich unsere Aktivitäten ins Freie zu verlegen, was eigentlich schade ist, bieten doch gerade Turnhallen eine Fülle von Möglichkeiten für Spielsequenzen.

Am schwierigsten erweist es sich, das *Prinzip der Selbstbewertung* anstelle der Fremdbewertung in der Schule zu verankern. Über Sinn und Unsinn von Bewertungssystemen ist an anderen Stellen schon genug geschrieben worden, deshalb hier nur soviel: Bereits eine teilweise Verwirklichung der Selbstbewertung kommt fast schon einer Revolution gleich, denn wir würden eine der wesentlichen Aufgaben, die die Gesellschaft (noch) an uns stellt, radikal in Frage stellen und zugleich eines unserer letzten Machtmittel freiwillig aufgeben.

Unsere Erfahrungen mit Metakommunikation („Wie war unsere Gesprächsführung/unsere Regeleinhaltung, etc. heute?") sowie mit Leistungsbeurteilung (Ethik, Bildende Kunst) zeigen aber, dass SchülerInnen durchaus in der Lage sind, sich selbst zu bewerten, und dass ihre Bewertungen meist mit unseren übereinstimmen oder begründet abweichen.

Was hat sich bei uns durch unsere Arbeit verändert?

Die wichtigsten Veränderungen, die wir bei uns festgestellt haben, betreffen zum einen unser *Verhältnis zu den SchülerInnen.* Für uns sind die SchülerInnen nicht mehr in erster Linie die Untergebenen, denen wir Wissen vermitteln sollen. Wir verstehen uns eher als lernbegleitende Partner, die Anstöße geben, bei Problemen helfen, gemeinsam mit den SchülerInnen Ziele formulieren und so den SchülerInnen und uns Lernprozesse ermöglichen. Die SchülerInnen haben zunächst Schwierigkeiten mit dieser neuen Lehrerrolle, vor allem, weil sie andere Lehrer anders erleben. Die Einstellung auf die verschiedenen Lehrertypen gelingt ihnen nicht immer, deshalb gelten unsere Klassen auch bei einigen KollegInnen als 'schwierig'.

Zum anderen haben auch wir selbst uns verändert. *Wir haben uns geöffnet:* wir reden über Probleme, helfen uns gegenseitig, praktizieren Team-Teaching, interessieren uns für alle neuen Unterrichtsformen und probieren sie aus. Offener Unterricht, fächerübergreifendes Arbeiten, Traumreisen und Projekte kooperativer Verhaltensmodifikation gehören für uns mittlerweile zum Schulalltag.
Frontalunterricht fällt uns zunehmend schwerer, und zum Schulalltag gehören auch Veränderungen wie gemeinsames Frühstück bei besonderen Anlässen oder Teekochen und -trinken während des Unterrichts. Uns stört es auch nicht, wenn uns unsere SchülerInnen mit dem Vornamen anreden. Dies alles bringt uns bei einigen KollegInnen den Vorwurf zu großer Schülernähe ein, aber wir empfinden diesen Vorwurf eher als Kompliment.

Was hat sich bei den SchülerInnen durch unsere Arbeit verändert?

Im Sinne von Selbstbewertung statt Fremdbewertung sollen die SchülerInnen hier selbst zu Wort kommen. Die Zitate in diesem Text stammen aus einem Gespräch, das am 10. Mai 1996 in der Hauptschule Boppard stattfand.
SchülerInnen von Klassen, mit denen wir erlebnispädagogisch gearbeitet haben, wurden von uns eingeladen. Dabei haben wir bewußt darauf geachtet, nicht solche SchülerInnen einzuladen, die von unserer Arbeit restlos begeistert waren, sondern versucht, SchülerInnen auszuwählen, die auch zu einer kritischen Stellungnahme fähig sind.

Martin: Wie waren die Auswirkungen unserer erlebnispädagogischen Arbeit auf die Klasse?

Irene: Das hat man ja bei uns in der Klasse gesehen, verschiedene Mentalitäten, verschiedene Leute. Da hat sich ja keiner gekannt.
Im 8. Schuljahr war ja nichts, und dann kam die erste Klassenfahrt. Die Leute sind näher zusammengekommen durch die Spiele und es war mehr Vertrauen da. Von daher denke ich, für die Klasse, da ändert sich schon viel.

Yvonne: Ja, und die, die nicht so oft etwas gesagt haben oder auch nicht so in die Klasse mit hineingehört hatten, die kamen dann dazu, einfach, weil man alles zusammen gemacht hat. Man hat Vertrauen gebildet, war nicht ausgegrenzt.

Martina: Man kommt viel mehr zusammen, man macht mehr miteinander. In den anderen Klassen trauen die Ruhigen sich gar nicht zu den anderen hinzugehen.

Olga: Man konnte mit der Gruppe offener über Kritikpunkte reden. Wenn irgendwas gegen die Klasse kam, dann hat die Klasse auch zusammengehalten.

Natalie: Wenn wir eine neue Aussiedlerin in die Klasse bekommen haben, dann haben wir die auch richtig in die Klassengemeinschaft zusammen aufgenommen, uns mit ihr unterhalten.
Die haben von sich aus auch nichts gemacht, die haben halt nur in den Ecken gestanden: nein, ich kann nicht, ich will nicht. Aber wir haben die dann einfach mitgerissen.

Tina: Hat sich bei euch auch persönlich etwas verändert?

Yvonne: Ja, ich habe viel mehr Selbstbewußtsein als früher. Was ich in dieser Klasse an Selbstbewußtsein gewonnen habe, das hat mir wirklich geholfen.

Martina: Ja, bei mir auch. Es ist auch die Teamarbeit, wir machen ja immer alles zusammen und in den anderen Klassen ist das nicht so. So was braucht man hinterher auch, man kann ja nicht immer alles alleine machen.

Irene: Bei mir war das so, ich habe früher 2 Welten gesehen, die Welt der Aussiedler und die Welt der Deutschen, und jetzt, jetzt sind die Grenzen weg, gibt es für mich nur eine Welt, dazu das Selbstbewußtsein.
Ich bin dann in die neue Schule gekommen, normalerweise hätte ich mich in die Ecke gesetzt, hätte nichts gesagt und hier bin ich direkt auf die Leute zugegangen.

Natalie: Ich habe mehr Vertrauen zu den anderen Klassenkameraden gewonnen. Normalerweise spricht man nur mit der besten Freundin, wenn man Probleme hat in der Schule oder zu Hause, jetzt kann man das auch besprechen mit Leuten, mit denen das vorher ganz tabu war, Jungen zum Beispiel.

Irene: Ja, und dann auch die Angst einen anzufassen. Normalerweise, im 8. Schuljahr, da hat dich einer angepackt, um Gottes Willen! Bei den Spielen, da musste es sein und da war es selbstverständlich. Irgendwann am Ende, da hat man nicht mehr nachgedacht, was hat er jetzt gemacht, wieso hat er mich da angepackt und da angefaßt, was soll das, das war ganz normal dann.

Martin: Sind diese Veränderungen kurzzeitig, oder bleiben sie länger erhalten?
Irene: Auf jeden Fall hält das lange. Ich bin ja jetzt seit mehr als 3 Jahren weg von der Schule und das Selbstvertrauen habe ich immer noch, und das ändert sich auch nicht.
Yvonne: Ja, das Selbstvertrauen bleibt auf jeden Fall. Aber ich denke das andere mit den Berührungen, das ändert sich auch wieder, wenn man aus der Klasse rauskommt. Wenn jetzt in meiner Klasse mich irgend jemand anpacken würde, würde ich das schon sehr schräg aufnehmen.
Natalie: Ich denke auch, dass das mit den alten Klassenkameraden immer so bleibt, wie es hier an der Schule war.
Irene: Ich denke das Selbstvertrauen bleibt auf jeden Fall. Seit der Zeit hier in der Hauptschule, da gehe ich auch besser auf die Leute ein, ich kann jetzt zu einem gehen und kann mit dem reden, wenn mir danach ist. Früher, da hätte ich mich in die Ecke gestellt und wäre dageblieben.
Yvonne: Ich denke, ich habe auch gelernt, meine Meinung zu sagen. Früher in den Runden, da musste ich halt, da war jeder dran, und da hat jeder was gesagt, sonst hätte ich gedacht: Laß die anderen doch mal was sagen, die sagen schon das Richtige. Mittlerweile sage ich meine Meinung.

Martin: Wir machen uns Sorgen, weil wir einen Stil zu euch rüberbringen, der von dem vieler anderer Lehrer abweicht. Es könnte ja sein, dass wir damit dafür sorgen, dass ihr an diesem Zwiespalt auch zerbrecht.
Martina: Bei einem Lehrer muss ich tierisch ruhig sein. Da muss ich mich sehr zusammenreißen. Das ist schwer.
Olga: Bei unserer Lehrerin geht mir das immer gegen den Strich, aber ich versuche mich darauf einzustellen. Sie hat andere Einstellungen, ja, das ist so. Aber ich kann damit umgehen.
Martina: Ich finde das viel besser so, wie ihr den Unterricht macht, nicht wie andere. Das ist furchtbar, nicht zum Aushalten. Ich finde aber, man sollte die Meinung sagen, auch wenn man andere Lehrer hat, in den Unterrichtsfächern. Das ist einfach besser, man sollte sich da nicht zurückhalten.
Yvonne: Ich habe dadurch gelernt, mich durchzusetzen. Also, wenn ich das damals nicht gehabt hätte? Also ich setz mich durch.

Tina: Ihr habt rebelliert, ist ja auch o.k., wenn es euch nicht zum Nachteil wird. War das immer richtig so?
Martina: Da konnte man endlich mal die Meinung sagen.
Tina: Auch wenn das nachteilig war?
Martina: Ja, da konntest du endlich mal richtig die Meinung sagen und das hat ja dann irgendwie etwas bewirkt.
Martin: Ihr habt also das Gefühl, dass ihr dazu in der Lage seid auch Lehrer zu verändern?
Martina: Ja. Aber manche kann man nicht mehr ändern. Die Turnlehrerin, die hab ich jetzt geändert. Von Grund auf renoviert hab ich sie. Das wirkt, also wenn man sich durchsetzt, das wirkt dann schon.
Natalie: Man sollte wissen, wo die Grenzen liegen, dass man nicht wegen jeder Kleinigkeit zum Lehrer rennt und sich beschwert, dass man sich nur beschwert und dem Lehrer nur dann die Meinung sagt, wenn es etwas Gravierendes ist.

Möglichkeiten und Grenzen

Wir haben uns verändert und wir haben versucht, auch Schule zu verändern. Mit unserer Arbeit stehen wir am Anfang, aber wir werden weitermachen, auch wenn der zeitliche Aufwand uns manchmal bis an unsere Grenzen forderte. Im nächsten Schuljahr werden wir parallel jeweils ein 5. Schuljahr als Klassenlehrer führen, und dann endlich die Möglichkeit haben, mit etwas geringerem Vorbereitungsaufwand all das, was wir bisher ausprobiert haben, koordiniert einzusetzen. Wir hoffen immer noch, weitere KollegInnen von unseren Ideen begeistern zu können, und wir wünschen uns mehr Akzeptanz und Toleranz von den Kollegen, denen unsere Vorstellungen zu weit gehen.

Aus unserer Sicht kann Erlebnispädagogik ein Bestandteil sein, um das bestehende System, mit dem wir nicht zufrieden sind, zu verändern, gemeinsam mit anderen Bestandteilen wie z. B. Traumreisen, fächerübergreifendes Arbeiten in Projekten u.v.m.. Eine besondere Chance bieten zur Zeit die Ansätze des 'Offenen Unterrichts', da einige Ziele wie z.B. Kooperationsfähigkeit, Kommunikationsfähigkeit oder Fähigkeit zur Metakommunikation (Reflexion) sich gerade mit erlebnispädagogischen Methoden gut erreichen lassen. Hier besteht eine echte Chance, die Erlebnispädagogik aus ihrem Nischendasein (Klassenfahrten oder Projekttage) begründet in den Schulalltag zu integrieren.

Wir sind darauf angewiesen, unseren SchülerInnen, die sich geändert haben, neue Angebote zu machen. Solange sich Erlebnispädagogik auf Klassenfahrten, Projekttage oder Wandertage beschränkt, kann sie nur ein Pfeiler sein, der das alte, rissige Gebäude der heutigen Schule stützt. Nur wenn sie Bestandteil des Schulalltags wird, kann es gelingen, zusammen mit den anderen neuen Ansätzen anstelle des bestehenden alten Hauses eine neue, offene, schülerorientierte Schule aufzubauen.

Dazu sind allerdings auch gewisse Voraussetzungen erforderlich: Wir müssen die Eltern und Erziehungsberechtigten stärker für unsere Arbeit interessieren und sie mehr mit unserer Arbeit und ihren Zielen vertraut machen. Die Schulen brauchen mehr Freiheit, eigene Versuche zu unternehmen, um ihren erzieherischen Auftrag zu erfüllen. Dazu gehört auch, einen angemessenen Weg zu finden, die KollegInnen, die bereit sind, mehr Arbeit zu investieren, angemessen zu entlasten und zu unterstützen.
An Hauptschulen und vielleicht auch an anderen Schularten wäre es sicher auch wünschenswert, beratend-therapeutischen Angeboten einen starken Stellenwert einzuräumen. Hier ist das Potential der Erlebnispädagogik, wenn sie durch geschultes Fachpersonal (SchulpsychologInnen, SchulsozialarbeiterInnen) angeleitet wird, noch lange nicht ausgeschöpft.
Das wäre möglich, wenn zum Beispiel im Rahmen der Sucht- und auch der Gewaltprävention der Erlebnispädagogik ein angemessener Stellenwert zugeteilt würde.
Unser persönliches Fazit: Auch in kleinen Schritten lassen sich große Veränderungen herbeiführen. Unsere Arbeit hat sich gelohnt und wir werden weitermachen, auch wenn Belastung und Widerstände groß sind.

Kathi Volkert

„Die Schule neu denken" – ein perspektivisches Nachwort

Die Erfahrungen aus der erlebnispädagogischen Arbeit in der Schule machen deutlich, dass unser Verständnis von Schule einen umfassenden ganzheitlichen Bildungsbegriff zugrundelegt, der weit über die kognitive Wissensvermittlung hinausgeht. Er trifft im Kern das in der Einführung angeklungene Lebensprinzip *„Das Leben suchen und vollständig werden"*, das unter anderen Aspekten und Schwerpunkten immer häufiger in aktuellen erziehungswissenschaftlichen Arbeiten und Konzepten zu finden ist.So findet es Wertschätzung bei Hartmut von Hentig, wenn er schreibt: *„Menschen müßten lernen, ihr Leben zu verstehen und selber zu gestalten, – das könne in der Schule geschehen,das habe deren Auftrag zu sein."* (1993, 95)

Wir müssen bedenken, dass durch die gesamtgesellschaftlichen Veränderungen viele Kinder keine sichere und ausreichende Lebensorientierung im sozialen Umfeld und innerhalb ihrer Familie mehr erhalten. Entsprechend dieser wahrnehmbaren Defizite kommt daher der Schule ein immer bedeutenderer Stellenwert in der Vermittlung grundlegender Lebenskompetenzen zu. Sie ist die einzige gesellschaftliche Einrichtung, die alle Kinder in einem Alter und in einer Entwicklungsphase erreicht, in welcher der junge Mensch noch die entscheidenden Lebensstrategien erlernen kann. Diese Aufgabe muss von der Schule heute wahrgenommen werden, um den Anforderungen der Gesellschaft zu entsprechen.
Auch von Hentig kritisiert, *„dass die Schule bisher den jungen Menschen nur eindimensionale, lineare und direkte Verhaltensweisen vermittelt, auf denen das gewonnene Wissen verwaltbar und meßbar wird. Diejenigen, die das Leben fordert, von Aufmerksamkeit bis Nachdenklichkeit, von Entschlußkraft bis Hilfsbereitschaft, von Selbstachtung bis Selbstkritik – kann sie weder wecken noch bestärken."* (ebd., 136)

Mit dieser Wahrnehmung und dem Wissen um die beängstigenden Defizite in der Persönlichkeitsentwicklung vieler Kinder in unserer heutigen Gesellschaft sind im Bildungsbereich gravierende Änderungen in der Aufgabendefinition und der pädagogischen Konzeption von Schule erforderlich. Selbst Vertreter außerschulischer Institutionen, wie z. B. Beauftragte für Suchtprävention oder Beauftragte der Polizei für Jugendsachen, die Kontakte mit Jugendlichen erst dann haben, wenn der Sozialisationsprozess nicht nach der gesellschaftlich akzeptierten Norm verlaufen ist, erarbeiten zunehmend erlebnispädagogische Projekte zur Prävention und setzen diese in den Schulen ein. Die Erfahrung mit einem 2-tägigen erlebnispädagogisch orientierten Deeskalationstraining in Zusammenarbeit

mit Jugendbeauftragten der Kriminalpolizei der Polizeidirektion Mayen und Neuwied in einer 8. Klasse der Regionalen Schule Niederzissen im Juni 1998 zeigt, dass andere in ihrer pädagogischen Arbeit der Schule voraus sind.
Es macht aber auch deutlich, dass die Schule nicht umhin kann, die starren Strukturen und Rahmenbedingungen zu lösen, Schule neu zu denken und diese „Neue Schule" zu erproben und zu etablieren. Um eine Veränderung im Sinne einer stabilen positiven Persönlichkeitsentwicklung unserer heutigen Kinder – der zukünftigen Bürger – zu erwirken, bedarf es neben der Erprobung Erfolg versprechender pädagogischer Modelle und Methoden auch der kritischen Auseinandersetzung mit der Aufgabe der LehrerInnen:
Nur mit einem an die gesellschaftlichen Veränderungen angepassten Kompetenzbereich und einem zugehörigen adäquaten Rollenverständnis kann für unsere SchülerInnen eine positive Sozialisation als auch eine effektive Wissensvermittlung einhergehen. Die Aufgabe der Wissensvermittlung allein reicht nicht mehr, erzieherische Elemente werden stärker berücksichtigt werden müssen.

LehrerInnen als LernbegleiterInnen – dieser neue Focus muss von den Beteiligten am schulischen Lernprozess, den SchülerInnen, ihren Eltern, den LehrerInnen und den Schulaufsichtsbehörden wahrgenommen und akzeptiert werden. Erlebnispädagogisches Arbeiten könnte in der „Neuen Schule" einen wesentlichen Beitrag leisten, den veränderten Anforderungen gerecht zu werden. Gruppenpädagogische Qualifikationen wie Umgang mit Konflikten, Motivationsfähigkeit, Erkennen von Grenzen, Bereitschaft zur Selbstreflexion und Selbstverantwortung wären hier als einige Beispiele erlebnispädagogischer Kompetenzen zu nennen, die für LehrerInnen neben der fachwissenschaftlichen Kompetenz stärker betont werden sollten.
Erlebnispädagogische Ansätze, wie sie in unseren Projekten beschrieben werden, sollten vielfältig erweitert und in den Schulalltag integriert werden. Die erlebnispädagogischen Medien, insbesondere die Spiele, aber auch die „Outdoor-Aktivitäten", die wir in den geschilderten Projekten genutzt haben, haben sich als nützliche Methoden im Rahmen eines veränderten pädagogischen Ansatzes erwiesen.
Indes – Erlebnispädagogik beschränkt sich nicht auf diese Medien. Ihre Prinzipien können auch im Rahmen anderer Arbeitsformen verwirklicht werden. Vor uns liegt noch ein weites Feld von Möglichkeiten.

Um sie zu nutzen bedarf es allerdings einer Neu- und Umorientierung , insbesondere in Bezug auf

- flexiblere Unterrichtsgestaltung (Lösung vom 45-Minuten-Takt der Wissensvermittlung)
- fächerübergreifendes, projektorientiertes Arbeiten
- Teamteaching
- Offener Unterricht
- Gruppenstärken bis zu 20 SchülerInnen
- geeignete Räumlichkeiten
- Öffnung von Schule zwecks Kooperation mit Personen, die andere Kompetenzen einbringen
- Vernetzung der schulischen und außerschulischen Jugendarbeit
- realitätsbezogene Neugestaltung des Lehrplans
- Bereitstellen der erforderlichen Sach- und Finanzmittel

Die Auflistung notwendiger Veränderungen erhebt keinen Anspruch auf Vollständigkeit. Sie macht jedoch deutlich, dass die Umsetzbarkeit des erweiterten Bildungsauftrages an die Schule ganz wesentlich von der Bereitschaft der verantwortlichen Bildungspolitiker abhängt, heute in die Zukunft unserer Kinder zu investieren.
Die Autoren sind sich einig, dass die Erlebnispädagogik ein nützlicher Baustein in einer modernen pädagogischen Konzeption ist. Wir haben uns auf den Weg gemacht, erlebnispädagogische Programme für die Schule zu entwickeln und diese auch zu erproben. Unsere bisherigen Erfahrungen zeigen Erfolge und bestärken uns, diese pädagogische Chance weiter zu nutzen und auszubauen. Wir haben die Hoffnung, dass die im Bildungsbereich Verantwortlichen die Weichen für die notwendige Neuorientierung stellen und die Worte Daniel Goleman's (1995, 359) bedenken:

„Doch angesichts der Krisen, vor denen wir und unsere Kinder stehen und angesichts der Hoffnungen, zu denen die Kurse in emotionaler Erziehung berechtigen, müssen wir uns fragen: Sollten wir diese für das Leben überauswichtigen Fähigkeiten nicht jedem Kind beibringen, jetzt mehr denn je ?

Und wenn nicht jetzt, wann dann ?“

Literatur:

Amesberger, Günter: Persönlichkeitsentwicklung durch Outdoor-Aktivitäten? Untersuchung zur Persönlichkeitsentwicklung und Realitätsbewältigung bei sozial Benachteiligten. Frankfurt 1992

Bacon, Stephen: The conscious use of metaphor in Outward Bound. Denver, CO 1983

Bauer, Hans: Erleben als Aktionismus oder Bildungsansatz? In: Homfeldt, H. G. (Hg): Erlebnispädagogik. Hohengehren 1993

Bedacht, A., Dewald, W., Heckmair, B., Michl, W. & Weis, K. (Hg.): Erlebnispädagogik – Mode, Methode oder mehr? Tagungsdokumentation des Forums Erlebnispädagogik. München 1992

Caine, Renate Nummela & Geoffrey: Making connections. Teaching and the human brain. Menlo Park, CA 1994

Cajete, Gregory: Look to the mountain. An ecology of indigenous education. Durango, CO 1994

Capra, Fritjof: Lebensnetz. Ein neues Verständnis der lebendigen Welt. Bern 1996

Carratello, John & Patty: Literaturkartei Der kleine Hobbit. Mühlheim an der Ruhr 1994

Cohn, Ruth: Von der Psychoanalyse zur themenzentrierten Interaktion. Stuttgart 1975

Cornell, Joseph: Mit Kindern die Natur erleben. Mühlheim a. d. Ruhr 1991

Cornell, Joseph: Mit Freude die Natur erleben. Naturerfahrungsspiele für alle. Mühlheim a. d. Ruhr 1991

Cousins, Emily & Rodgers, Melissa (Hg.): Fieldwork. An expeditionary learning Outward Bound Reader. Vol. 1. Dubuque, IA 1995

Csikszentmihalyi, Mihaly: Das Flow-Erlebnis. Jenseits von Angst und Langeweile im Tun aufgehen. Stuttgart 1987

Daschner, Peter: Schule als Polis. Demokratie lernen. Hamburg macht Schule 5/1994, Demokratie lernen, 4–7

DeLay, Randolph: Forming knowledge. Constructivist learning and experiential education. Journal of Experiential Education 2/1996, 76–81

Dewey, John: Democracy and education. New York 1916

Dewey, John: Experience & Education. New York 1938

Dixon & Wenzel: J.R.R. Tolkien – Der Hobbit. 1990

Fischer, Dieter: Erleben statt lernen. Eine brauchbare Alternative in der schulischen Arbeit mit schwer- und mehrfachbehinderten Kindern und Jugendlichen. In: Michl, W. & Riedl, J. (Hg.): Leben gewinnen. Alling 1996

Fischer, D., Klawe, W. & Thiesen, H. J.: (Er-)leben statt reden. Erlebnispädagogik in der offenen Jugendarbeit. Weinheim 1985

Fluegelman, Andrew & Tembeck, Shoshana: New games. Die neuen Spiele. Prien 1979

Fluegelman, Andrew: Die neuen Spiele. Band 2. Prien 1982

von Foerster, Heinz: Das Konstruieren einer Wirklichkeit. In: Watzlawick, P.: Die erfundene Wirklichkeit. München 1981

Frei, Heidi: Jeux Dramatiques mit Kindern. Ausdrucksspiel aus dem Erleben. Bern o.J.

Freire, Paulo: Pädagogik der Unterdrückten. Bildung als Praxis der Freiheit. Reinbek 1973

Fuhr, Reinhard & Gremmler-Fuhr, Martina: Gestalt-Ansatz. Grundkonzepte und -modelle aus neuer Perspektive. Köln 1995

Fuhrt, Hans G.: Intelligenz und Erkennen. Die Grundlagen der genetischen Erkenntnistheorie. Frankfurt 1976

Fürst, Walter: Die Erlebnisgruppe. Ein heilpädagogisches Konzept für soziales Lernen. Freiburg 1992

Gardner, Howard: Frames of mind. The theory of multiple intelligences. New York 1983

Gass, Michael: Enhancing metaphor development in adventure therapy programs. In: ders.: Adventure therapy. Dubuque, IA 1993

Gass, Michael: Book of metaphors. Volume 2. Dubuque, IA 1995

Gass, Michael & Gillis, Lee: Focusing on the „solution" rather than the „problem": Empowering client change in adventure experiences. Journal of Experiential Education 2/1995, 63–69

Gilligan, Carol: Die andere Stimme. Lebenskonflikte und Moral der Frau. München 1984

Geissler, Uli: Jolly Joggers und Lilly Lindes großes, grasgrünes Umwelt-Spiel- und Spaßbuch. Münster 1993

Gilsdorf, Rüdiger & Kistner, Günter: Kooperative Abenteuerspiele. Praxishilfe für Schule und Jugendarbeit. Seelze-Velber 1995

Goleman, Daniel: Emotionale Intelligenz. München 1995

Gudjons, Herbert: Spielbuch Interaktionserziehung. Bad Heilbrunn 1987

Gudjons, Herbert: Handlungsorientiert lehren und lernen. Schüleraktivierung – Selbsttätigkeit – Projektarbeit. Bad Heilbrunn 1992

Handley, Ray: Strategic leadership – non-direct intervention. Being indirectly effective rather than ineffectively direct. In: Gray, T.& Hayllar, B.(Hg): Catalysts for change. 1997

Hayden, Torey: One child. New York 1980

Heckmair, Bernd & Michl, Werner: Erleben und Lernen. Einstieg in die Erlebnispädagogik. Neuwied 1998[3]

von Hentig, Hartmut: Die Schule neu denken. München 1993

Heyer, Karlheinz & Tempel, Rainer: Bewachung von Wanderfalken-Brutfelsen. Eine Aktion der Natur- und Erlebnis-AG der Nardinischule Pirmasens. Umwelterziehung praktisch, Heft 29, 1994, 4–6

Hinte, Wolfgang: Non-direktive Pädagogik. Eine Einführung in Grundlagen und Praxis des selbstbestimmten Lernens. Wiesbaden 1990

Horwood, Bert (Hg.): Experience and the curriculum. Dubuque, IA 1995

Hovelynck, Johan: Facilitating experiential learning as a process of metaphor development. Journal of Experiential Education 1/1998, 6–13

Hurrelmann, Klaus: Lebensphase Jugend. Eine Einführung in die sozialwissenschaftliche Jugendforschung. Weinheim 1993

Kauffeldt, Leo: „Denn sie wissen nicht, was sie tun." Zur Rolle von Erlebnispädagog(inn)en. In: Landeszentrale für Gesundheitsförderung in Rheinland-Pfalz e.V.: Materialien der Fachtagung „Abenteuer, Risiko, Kreativität". Mainz 1996

Kimball, Richard & Bacon, Stephen: The wilderness challenge model. In: Gass, M. (Hg.): Adventure Therapy. Dubuque, IA 1993,

Knapp, Clifford: Lasting lessons. A teacher´s guide to reflecting on experience. Charleston, WV 1992

Knapp, Clifford: Just beyond the classroom. Community adventures for interdisciplinary learning. Charleston, WV 1996

Kohlberg, Lawrence: Der „Just Community" – Ansatz der Moralerziehung in Theorie und Praxis (1982). In Pädagogisches Zentrum Rheinland-Pfalz: Wertevermittlung in der Schule. Texte zur Theorie und Praxis der Moralerziehung. Band 2 – Der Ansatz von Lawrence Kohlberg. Bad Kreuznach, PZ-Informationen 24/96

Kohlberg, L., Wasserman, E. & Richardson, N.: Die Gerechte Schul-Kooperative. Ihre Theorie und das Experiment der Cambridge Cluster School (1975). In: Pädagogisches Zentrum Rheinland-Pfalz: Wertevermittlung in der Schule. Bad Kreuznach, PZ-Informationen 24/96

Kraft, Richard & Kielsmeier, James: Experiential learning in schools and higher education. Dubuque, IA 1995

Kraus, Lydia & Schwiersch, Martin: Die Sprache der Berge. Handbuch der alpinen Erlebnispädagogik. Alling 1996

Kressel, Tilman: Sternstunden kann man nicht planen ... aber man kann sie verhindern. Hamburg macht Schule 3/1995, Lernen als Abenteuer, 6–7

Kundera, Milan: L´insoutenable légèreté de l´être. Paris 1984

Lentz, B., Seidman, M. Sentkowski, A. & Smith, M.: Teaching through adventure. Hamilton, MA 1976

Levy, Joseph: Play behaviour. New York 1978

Levy, Steven: Starting from scratch. One classroom builds its own curriculum. Portsmouth, NH 1996

Lovelock, James: Gaia – Die Erde ist ein Lebewesen. München 1991

Luckmann, Charles: Defining experiential education. Journal of experiential education 1/1996, 6–7

Margulis, Lynn & Sagan, Dorion: What is life? New York 1995

Maturana, Humberto & Varela, Francisco: Der Baum der Erkenntnis. Die biologischen Wurzeln des menschlichen Erkennens. Bern 1987

Michalski, Ute & Tilman: Ich zeig Dir was und Du machst mit. München 1986

Miles, John: Wilderness as healing place. In: Gass, M. (Hg.): Adventure Therapy, Dubuque, IA 1993

Ministerium für Bildung, Wissenschaft und Weiterbildung in Rheinland-Pfalz (Hg.): Kreative Ruhe – kreativer Unterricht. Wege zum ganzheitlichen Lernen und Erleben in der Schule. Mainz 1994

Mokrosch, R., Schmidt, H.-P. & Stoodt, D.: Ethik und religiöse Erziehung. Stuttgart 1980

Nadler, Reldan & Luckner, John: Processing the adventure experience. Dubuque, IA 1992

Nussbaum, Gary: Developing a philosophy of fun. Zip Lines – The Project Adventure Newsletter (23) 1993, 18–19

Oelkers, Jürgen: Unmittelbarkeit als Programm. Zur Aktualität der Reformpädagogik. In: Bedacht, A. et al. (Hg): Erlebnispädagogik. Mode, Methode oder mehr? München 1992

Oser, Fritz & Althof, W.: Moralische Selbstbestimmung. Modelle der Entwicklung und Erziehung im Wertebereich. Stuttgart 1992

Pädagogisches Zentrum Rheinland-Pfalz (Hg.): Umwelterziehung praktisch, Heft 34, Sport und Umwelt. Bad Kreuznach 1995

Paffrath, Hartmut (Hg.): Zu neuen Ufern. Dokumentation des internationalen Kongreß erleben und lernen. Müchen 1998

Portele, Gerhard Heik: Der Mensch ist kein Wägelchen. Gestaltpsychologie – Gestalttherapie – Selbstorganisation – Konstruktivismus. Köln 1992

Prigogine, Ilya & Stengers, Isabelle: Dialog mit der Natur. Neue Wege naturwissenschaftlichen Denkens. München 1981

Redlich, Alexander & Schley, Wilfried: Kooperative Verhaltensmodifikation im Unterricht. München 1981

Reiners, Annette: Praktische Erlebnispädagogik. Neue Sammlung motivierender Interaktionsspiele. München 1992

Robra, Andreas: Zauberstein und Riesenstab. Abenteuer-Rallyes für Kinder, Jugendliche und Erwachsene. Langenbeutingen 1995

Rogers, Carl: Therapeut und Klient. Grundlagen der Psychotherapie. München 1977

Rohnke, Karl: Silver Bullets. A guide to initiative problems, adventure games and trust activities. Dubuque, IA 1984

Rohnke, Karl: Cowstails and Cobras II. A guide to games, initiatives, ropes courses & adventure curriculum. Dubuque, IA 1989

Rohnke, Karl: Funn stuff. Volume 1. Dubuque, IA 1996

Rohnke, Karl & Butler, Steve: Quicksilver. Adventure games, initiative problems, trust activities and a guide to effective leadership. Dubuque, IA 1995

Rose, Lotte: Mädchen und Abenteuer. In: bsj Marburg (Hg.): Abenteuer – ein Weg zur Jugend? Tagungsdokumentation. Marburg 1993

Roszak, Theodore: The voice of the earth. An exploration of ecopsychology. New York 1992

Schiffer, Eckhard: Warum Huckleberry Finn nicht süchtig wurde. Anstiftung gegen Sucht und Selbstzerstörung bei Kindern und Jugendlichen. Weinheim 1993

Schödlbauer, Cornelia: Metaphern. Ein Beitrag zur erlebnispädagogischen Methodik, Ethik und Ästhetik. erleben & lernen 3&4/1997, 39–49

Schoel, J., Prouty, D. & Radcliffe, P.: Islands of healing. A guide to adventure based counseling. Hamilton, MA 1988

Schön, Donald: The reflective practitioner: how professionals think in action. New York 1982

Siebert, Walter: Das Sicherheitskonzept bei Outdoor-Aktivitäten. In: G. Amesberger: Persönlichkeitsentwicklung durch Outdoor-Aktivitäten? Frankfurt 1992

Sommer, Jörg: Oxmox ox mollox. Kinder spielen Indianer. Münster 1992

Stevenson, Robert Louis: Die Schatzinsel. Genf 1974

Tempel, Rainer: Bemerkenswerter Fund aus dem zweiten Weltkrieg am Heidenschuh. In: Heimatjahrbuch 1994 des Landkreises Südliche Weinstraße. Ottersbach 1993

Thiersch, Hans: Abenteuer – ein Weg zur Jugend? In: bsj Marburg (Hg.): Abenteuer – ein Weg zur Jugend? Tagungsdokumentation. Marburg 1993

Tolkien, John Ronald: Der kleine Hobbit. München 1974

Trommer, Gerhard (Hg.): Natur wahrnehmen mit der Rucksackschule. Braunschweig 1991

Watzlawick, Paul: „Berufskrankheiten“ systemisch-konstruktivistischer Therapeuten. In: Schweitzer; J. et al.(Hg.): Systemische Praxis und Postmoderne. Frankfurt 1992

Watzlawick, P., Beavin, J. & Jackson, D.: Menschliche Kommunikation. Bern 1969

Wittig, Reinhold: Spielecollection No. 1. Spiele zur Schatzinsel. München 1988

Wynn von Stad, Karen: Historischer Atlas von Mittelerde. Stuttgart 1994

Zacharias, Wolfgang: Umwelt als Lernraum. Die pädagogische Kolonisation des Raums. In: Heckmair, B. et al. (Hg.): Die Wiederentdeckung der Wirklichkeit. Alling 1995

Herausgeber und Autoren:

Rüdiger Gilsdorf, Jg. 1958, Dipl.-Psychologe, Mitarbeiter des Instituts für schulische Fortbildung und Schulpsychologische Beratung (IFB) in Bad Kreuznach. Weiterbildung in Gestalttherapie am Institut für Humanistische Psychologie in Eschweiler. Erlebnispädagogische Erfahrungen bei Outward Bound in Wales, Project Adventure in Massachussets und als freier Mitarbeiter von Hors-Limites – Outward Bound Frankreich.
Schulpsychologische Beratungsstelle, Reitschule 19, 55545 Bad Kreuznach,
Tel.: 0671-34281

Kathi Volkert, Jg. 1955, Hauptschullehrerin mit den Fächern Mathematik, Biologie, Deutsch und Sport. Weiterbildung im Bereich Darstellendes Spiel. Erlebnispädagogische Schwerpunktsetzung seit 1992.
Regionale Schule Brohltalschule, Arweg 19, 56651 Niederzissen,
Tel.: 02636-6693

Wolfgang Arbogast, Jg. 1957, Hauptschullehrer mit den Fächern Deutsch, Geschichte, Erdkunde, Sozialkunde, Arbeitslehre und Sport. 6 Jahre Arbeit als Sportlehrer/Sporttherapeut in einer Psychiatrischen Klinik, Referent von Fortbildungen im Bereich Erlebnispädagogik und Klettern.
Kooperative Gesamtschule Herxheim, Südring 11, 76863 Herxheim,
Tel.: 07276-9710

Katharina Becker, Jg. 1963, Dipl.-Pädagogin, Referentin für Mädchenarbeit im Stadtjugendamt Bad Kreuznach. Weiterbildung in personenzentrierter Gesprächsführung (GWG).
Jugendabteilung des Stadtjugendamtes der Stadt Bad Kreuznach,
Mühlenstr. 23, 55543 Bad Kreuznach, Tel.: 0671-9200414

Jule Elfert-Jacobi, Jg. 1942, Sonderschullehrerin mit den Schwerpunkten Kunsterziehung, Verhaltensbehinderten- und Sprachbehindertentherapie. Studium der Malerei im Atelier des Malers und Bildhauers Marc van den Broek. Einzel- und Gruppenausstellungen (abstrakte Malerei).
Astrid-Lindgren-Schule, Schule für Sprachbehinderte, Benjamin-Franklin-Straße,
55122 Mainz, Tel.: 06131-324726

Sylvia Gruber, Jg. 1967, Hauptschullehrerin mit den Fächern Physik, Mathematik, Sport und Erdkunde, Verbindungslehrerin.
Stefan Andres Hauptschule Unkel, Linzerstraße 17b, 53572 Unkel,
Tel.: 02224-71456

Matthias Hünemann, Jg. 1956, Leiter der Fachschule für Sozialwesen der kreuznacher diakonie. 7 Jahre Tätigkeit als Gymnasiallehrer für Geschichte und evangelische Religion.
Fachschule für Sozialwesen der kreuznacher diakonie, Ringstr. 58–60, 55543 Bad Kreuznach, Tel.: 0671-6053294

Günter Kistner, Jg. 1957, Dipl.-Sozialpädagoge, Leiter des Jugendreferats beim Ev. Kirchenkreis an Nahe und Glan. Langjährige Tätigkeit im Vorstand des Kreisjugendringes Bad Kreuznach. Qualifizierung zum Spielpädagogen an der Akademie Remscheid.
Jugendreferat des Ev. Kirchenkreises an Nahe und Glan, Kurhausstr. 6, 55543 Bad Kreuznach, Tel.: 0671-2985666

Heide Kunz, Jg. 1958, Gymnasiallehrerin mit den Fächern Mathematik und Sport. Zusatzausbildung zur Waldorfpädagogin, 4 Jahre Unterrichtserfahrung an verschiedenen Schulen in Südafrika und Namibia.
Gymnasium Märkische Schule, Saarlandstr. 40, 44688 Bochum, Tel. 02327-33018

Rainer Loosen, Jg.1951, Gymnasiallehrer mit den Fächern Biologie und Chemie, Beratungslehrer für Suchtprävention.
Rhein-Wied-Gymnasium, Im Weidchen 4, 56564 Neuwied, Tel.: 02631-26026

Stephanie Loser, Jg. 1966, Dipl.-Sozialpädagogin, freie Mitarbeiterin bei Outward Bound Baad, Teamerin der Zusatzqualifikation Erlebnispädagogik des JDAV, stellvertretende Bundesvorsitzende des JDAV.
Trillestr. 12, 55452 Guldental, Tel. 06707-914568

Margit Mickley, Jg. 1955, Sonderschullehrerin mit den Schwerpunkten Deutsch und Mathematik sowie Grundschulpädagogik.
Burgschule Schloßböckelheim, Schule für Lernbehinderte, 55596 Schloßböckelheim, Tel. 06758-1345

Thomas Mößer-Wolf, Jg. 1951, Gymnasiallehrer mit den Fächern Französisch, Ethik und Sozialkunde. Mitglied in den fachdidaktischen Kommissionen Französisch Sekundarstufe 1 und 2, Lehrbuchautor.
Gymnasium am Römerkastell, Heidenmauer 14, 55543 Bad Kreuznach, Tel.: 0671-66464

Martin Rink, Jg. 1951, Hauptschullehrer mit den Fächern Mathematik, Englisch, Biologie, Deutsch, Physik/Chemie und Ethik, Verbindungslehrer.
Fritz-Straßmann-Schule, Regionale Schule Boppard, Auf der Zeil 20, 56154 Boppard, Tel.: 06742-4893

Gerhard Röthig, Jg. 1952, Realschullehrer mit den Fächern Biologie, Chemie, Bildende Kunst, Erdkunde und Geschichte, Beratungslehrer für Suchtprävention, verschiedene Angebote zur Lehrerfortbildung in Sachen Erlebnispädagogik.
Realschule Rennerod, 56477 Rennerod, Tel.: 02664-6300

Ulrike Roth, Jg. 1949, Hauptschullehrerin mit den Fächern Erdkunde, Biologie, Arbeitslehre und Kunst.
Regionale Schule Langenlonsheim, 55450 Langenlonsheim, Tel.: 06704-933910

Hans-Martin Schmitz, Jg. 1960, Sonderschullehrer mit den Schwerpunkten Lern- und Sprachbehindertenpädagogik, Verbindungslehrer.
Albert-Schweitzer-Schule, Schule für Lernbehinderte, Talstr. 153, 55218 Ingelheim, Tel.: 06132-87157

Martina Sprotte, Jg. 1956, Hauptschullehrerin mit den Fächern Englisch, Deutsch, Bildende Kunst und Biologie, Beratungslehrerin für Suchtprävention.
Fritz-Straßmann-Schule, Regionale Schule Boppard, Auf der Zeil 20, 56154 Boppard, Tel.: 06742-4893

Dr. Rainer Tempel, Jg. 1950, Referent für Umwelterziehung am Pädagogischen Zentrum des Landes Rheinland-Pfalz. 15 Jahre Tätigkeit als Lehrer an einer Grund- und Hauptschule / Schule für Erziehungshilfe mit den Schwerpunkten Biologie und Englisch.
Pädagogisches Zentrum des Landes Rheinland-Pfalz (PZ), Europaplatz 7–9, 55543 Bad Kreuznach, Tel.: 0671-8408842

Kerstin Utsch, Jg. 1971, Dipl.-Sozialpädagogin, Mitarbeiterin des Jugendreferates beim Ev. Kirchenkreis an Nahe und Glan mit den Schwerpunkten Kooperation von Jugendarbeit und Schule sowie Mädchenarbeit. Anerkennungsjahr im Bereich Schulsozialarbeit.
Jugendreferat des Ev. Kirchenkreises an Nahe und Glan, Kurhausstr. 6, 55543 Bad Kreuznach, Tel.: 0671-2985666

Michael Vyskocil, Jg. 1955, Realschullehrer mit den Fächern Physik, Mathematik, Informatik, Bildende Kunst und Sozialpädagogik, langjährige Tätigkeit als Verbindungslehrer, verschiedene Angebote zur Lehrerfortbildung in Sachen Erlebnispädagogik.
Realschule Rennerod, 56477 Rennerod, Tel.: 02664-6300

Olaf Willms, Jg. 1949, Hauptschullehrer mit den Fächern Biologie, Sport, Mathematik und Arbeitslehre, Beratungslehrer für Suchtprävention.
Stefan Andres Hauptschule Unkel, Linzerstraße 17b, 53572 Unkel, Tel.: 02224-71456